Além do carnaval

FUNDAÇÃO EDITORA DA UNESP

Presidente do Conselho Curador
Mário Sérgio Vasconcelos

Diretor-Presidente / Publisher
Jézio Hernani Bomfim Gutierre

Superintendente Administrativo e Financeiro
William de Souza Agostinho

Conselho Editorial Acadêmico
Divino José da Silva
Luís Antônio Francisco de Souza
Marcelo dos Santos Pereira
Patricia Porchat Pereira da Silva Knudsen
Paulo Celso Moura
Ricardo D'Elia Matheus
Sandra Aparecida Ferreira
Tatiana Noronha de Souza
Trajano Sardenberg
Valéria dos Santos Guimarães

Editores-Adjuntos
Anderson Nobara
Leandro Rodrigues

James N. Green

Além do carnaval

A homossexualidade masculina no Brasil do século XX

3ª edição revista e ampliada

Tradução
Cristina Fino
Cássio Arantes Leite

editora
unesp

© 1999 by James N. Green. Todos os direitos reservados
Licensed by The University of Chicago Press, Chicago, Illinois, U.S.A.
Título original em inglês: *Beyond Carnival. Male Homosexuality in Twentieth-Century Brazil.*

© 2022 Editora Unesp

Fundação Editora da Unesp (FEU)
Praça da Sé, 108
01001-900 – São Paulo – SP
Tel.: (0xx11) 3242-7171
Fax: (0xx11) 3242-7172
www.editoraunesp.com.br
www.livrariaunesp.com.br
atendimento.editora@unesp.br

Dados Internacionais de Catalogação na Publicação (CIP) de acordo com ISBD
Elaborado por Vagner Rodolfo da Silva – CRB-8/9410

G795a
Green, James N.
    Além do carnaval: a homossexualidade masculina no Brasil do século XX / James N. Green; traduzido por Cristina Fino, Cássio Arantes Leite. – 3. ed. – São Paulo : Editora Unesp, 2022.

    Inclui bibliografia.
    Tradução de: *Beyond Carnival. Male Homosexuality in Twentieth--Century Brazil*
    ISBN: 978-65-5711-037-9

    1. Gênero. 2. Homossexualidade masculina. 3. Vida noturna. 4. Preconceito. 5. Homofobia. 6. Sociologia. 7. Sexo. 8. Homossexualidade masculina no Brasil. 9. LGBT. I. Título.

2021-1118   CDD 306.43
                                               CDU 316.7

Editora afiliada:

Asociación de Editoriales Universitarias
de América Latina y el Caribe

Associação Brasileira de
Editoras Universitárias

A Moshé e em memória de J. Elliott Green, Jr.

Sumário

Nota do autor à 3ª edição   9

Prefácio à 2ª edição   13
Renan Quinalha

Prefácio à 1ª edição   23
Peter Fry

Agradecimentos   31

Introdução   35

1 Os prazeres nos parques do Rio de Janeiro na *belle époque* brasileira, 1898-1914   65

2 Sexo e vida noturna, 1920-1945   133

3 Controle e cura: reações médico-legais   203

4 Novas palavras, novos espaços, novas identidades, 1945-1968   265

5 A apropriação homossexual do carnaval carioca   343

6 "Abaixo a repressão: mais amor e mais tesão", 1969-1980   405

7 Saindo do armário, 1980-2000   465

8 Considerações finais – Um novo tipo de visibilidade   533

Bibliografia   555

Índice remissivo   609

Nota do autor à 3ª edição

Quando decidi acrescentar um capítulo a *Além do carnaval* para uma nova edição que levaria o conteúdo do livro ao século XXI, enfrentei um dilema. A primeira edição era uma história social e cultural da homossexualidade do final do século XIX até 1980. Entretanto, a situação dos homens que tinham relações sexuais e amorosas com outros homens mudou drasticamente nas duas últimas décadas do século XX. No final da década de 1970, um movimento politizado, embora relativamente fraco nos primeiros anos, cresceu em termos de força e influência, colocando a questão da igualdade de direitos para a população LGBTQIA+ no centro de muitos debates políticos nacionais. Para mim, era menos interessante a recente expansão de espaços *queer* no Rio de Janeiro e em São Paulo (os centros desta investigação), imagens cada vez mais positivas de homens gays e lésbicas nas novelas ou a produção literária e cinematográfica contendo personagens gays empáticos. Essas mudanças sociais e culturais pareciam muito semelhantes às maneiras como a homossexualidade se tornava mais socialmente aceita na Europa e nos Estados Unidos em décadas recentes. No Brasil, transformações de cunho social e cultural, na minha avaliação, foram resultados diretos e indiretos do movimento LGBTQIA+, cujo tamanho e cuja força cresceram lentamente no final do século XX e no início do novo milênio. Portanto, um estudo do movimento e de seus impactos no Brasil, em vez de uma análise da sociabilidade gay, parecia adequado quando atualizei o livro.

O cerne original de *Além do carnaval* era minha tese de doutorado na Universidade da Califórnia, Los Angeles. Em 1994, eu contava com parcos fundos para passar nove meses no Brasil fazendo pesquisa, e meu orçamento só permitia que eu enfocasse a história da vida gay no Rio de Janeiro e em São Paulo. Teria sido incrível se eu tivesse recursos para viajar em busca de arquivos pelo país e contar as histórias de vida de pessoas de Manaus a Porto Alegre, mas isso não era possível. Por conseguinte, o livro original basicamente conta a história de duas cidades, infelizmente reforçando um padrão na historiografia brasileira que privilegia a antiga capital nacional e sua maior cidade em detrimento de outras áreas urbanas e regiões do país. Desde a publicação de *Além do carnaval*, tenho acompanhado de perto o aumento vertiginoso de produções acadêmicas focadas em diferentes cidades do Brasil, o que significa que agora entendemos de maneira muito mais complexa as diferentes formas como as pessoas de lugares variados do país se envolveram no homoerotismo sob condições locais particulares, embora seja possível notar padrões nacionais de sociabilidade e comportamento nesses estudos. Em vez de tentar integrar essa nova pesquisa aos seis capítulos originais do livro, decidi mantê-los como estavam, como um texto clássico. Acredito que o contorno geral da narrativa original e seus argumentos ainda se sustentem da maneira como foram originalmente escritos. Um sétimo capítulo e epílogo adicionais enfocam a história do movimento LGBTQIA+ e seus efeitos na sociedade brasileira desde 1980.

Além da rica produção acadêmica publicada nos últimos anos, outra mudança notável desde que trabalhei na 1ª edição de *Além do carnaval* foi a constante força e vitalidade do movimento LGBTQIA+. Tendo sido um dos membros fundadores do Somos: Grupo de Afirmação Homossexual em 1978 e como líder de sua ala de esquerda, estou contente que as reivindicações do movimento tenham sido incorporadas ao discurso e às ações de forças progressistas no Brasil.

Para citar um exemplo entre muitos, em junho de 2020 o ex-deputado Jean Wyllys entrevistou *online* o ex-presidente Luiz Inácio Lula da Silva.* Lula iniciou a conversa mostrando com orgulho a Wyllys a icônica imagem dos gays e lésbicas que participaram do ato de 1º de maio de 1980 durante a greve geral dos metalúrgicos, greve essa que resultou na prisão de Lula por violação da Lei de Segurança Nacional. Uma das duas faixas que os cinquenta ativistas gays e lésbicas carregavam proclamava: "Contra a discriminação do/a trabalhador/a homossexual". Lula insistiu que o contingente fazia parte do sindicato dos metalúrgicos de São Bernardo, que ele liderara, dando a entender que em 1980 o movimento sindicalista já estava na vanguarda da luta por direitos LGBTQIA+. Eu mesmo comprei o tecido e pintei a faixa, lembrando cuidadosamente que "homossexual" em português é com "ss" (enquanto em inglês é grafado com apenas um "s") e insistindo que a igualdade de gênero fosse exprimida no artigo associado ao substantivo "trabalhador", então os comentários de Lula são, para mim, particularmente encantadores, se não revisionistas. De qualquer modo, o fato de que ele queria abarcar a participação de gays e lésbicas naquele dia memorável como parte da história de seu sindicato, assim como da história da oposição à ditadura, diz muito sobre como as percepções mudaram com o passar do tempo.

Escrever *Além do carnaval* foi uma decisão política. Apesar de antropólogos terem produzido alguns estudos realmente importantes sobre a homossexualidade no Brasil na década de 1980 e no início da década de 1990, não havia nenhum relato rigoroso sobre a história da homossexualidade. Creio que o livro resistiu ao passar do tempo. Meu engajamento político também não se desvaneceu no decorrer dos anos. E apesar da recente ascensão e do fortalecimento da extrema direita e de suas atitudes e políticas homofóbicas, como um historiador e observador atento do Brasil, permaneço confiante que o movimento LGBTQIA+ brasileiro, ao lado de outras forças políticas e sociais progressistas, continuará promovendo a causa para que pessoas

---

* Disponível em: <https://www.youtube.com/watch?v=23wf3NWctvI>. Acesso em 22 fev. 2022.

cuja sexualidade, identidade de gênero, e cujas relações amorosas transgridem normas sociais e culturais antiquadas conquistem todos os seus direitos democráticos.

Nova York, 9 de novembro de 2020

Prefácio à 2ª edição

Renan Quinalha

É com sentimento de alegria proporcional a um grande senso de responsabilidade que escrevo este prefácio. Alegria porque o autor é um amigo pessoal e uma referência intelectual por quem nutro enorme respeito e admiração; responsabilidade por se tratar de um dos mais importantes trabalhos já publicados sobre o tema das homossexualidades no Brasil.

Além do carnaval é fruto da tese de doutoramento de James N. Green, defendida em 1996 nos Estados Unidos e publicada em 1999 no Brasil. A pesquisa teve como início mais imediato ou formal o ano de 1994, quando, depois de catorze anos longe do Brasil, James volta ao país para realizar as investigações de campo que dariam substrato e forma a este livro.

Com efeito, sendo estadunidense, ele vivera no Brasil entre 1976 e 1981, anos pulsantes da reorganização da sociedade civil brasileira, especialmente dos diversos movimentos sociais que se articularam na

Prefácio à 2ª edição

luta pelas liberdades democráticas e pela superação da ditadura civil--militar de 1964.

James, que já havia participado de mobilizações nos EUA contra a Guerra do Vietnã e de atos denunciando internacionalmente as violências das ditaduras do Cone Sul, chegou ao Brasil em um momento privilegiado para se afirmar como ativista. Seu engajamento, tanto como militante de um agrupamento pertencente à esquerda da época quanto do Somos, grupo pioneiro do então nascente movimento homossexual brasileiro, é um dado fundamental para compreender as motivações que realmente o levaram a escrever esta obra. O próprio autor reconhece que, de certa forma, não iniciou este trabalho em 1994, quando aqui desembarcou como um doutorando atrás de seu objeto de estudo, mas justamente naqueles longínquos e movimentados anos em que vivera intensamente no Brasil, ainda durante a ditadura.

Assim, não seria exagero afirmar que este livro é produto de uma complexa experiência intelectual e política que atravessa diferentes fases da vida do autor, sobretudo na sua profunda relação com o Brasil e no esforço de mediar suas múltiplas identidades como historiador, gay e ativista de esquerda.

A verdade é que este livro se insere em um conjunto muito mais amplo de iniciativas de colaboração e de projetos de cooperação que James tem construído com o Brasil ao longo das últimas quatro décadas. Profundamente envolvido com a intelectualidade nacional e com os movimentos sociais, desde que pisou pela primeira vez no país, James só tem feito intensificar suas contribuições e parcerias. Prova disso é seu papel de relevo no estímulo a novos trabalhos, na articulação internacional de redes de solidariedade a diversas causas, no intercâmbio de estudantes e na formação de pesquisadores de diferentes gerações no Brasil.

Desde 1999, portanto com duas décadas de existência, *Além do carnaval* tornou-se referência incontornável nos debates sobre homossexualidades e masculinidades, não apenas no campo da historiografia, mas em diversas outras áreas do conhecimento. Vale notar que o livro também obteve um notório alcance público fora do universo da academia. Extrapolando os sempre restritos círculos universitários, ele foi adotado como instrumento de formação por coletivos e organizações do movimento LGBT e conseguiu a façanha de, literalmente, "sair do gueto", sendo lido por muita gente sem prévio envolvimento acadêmico ou militante com o tema. Não à toa, o livro estava esgotado há tempos nas livrarias e já tinha se convertido em item bastante raro, só encontrado com muita sorte em sebos escondidos pelo país afora.

O objetivo central do livro é investigar o processo de emergência de subculturas homossexuais no Rio de Janeiro e em São Paulo no século XX, nas quais homens desfrutavam de relacionamentos sociais e eróticos com outros homens e que eram similares àquelas existentes no mesmo período em cidades tidas como mais cosmopolitas, como Nova York ou Buenos Aires. Um destaque significativo é conferido para a ocupação de áreas públicas por homens que buscavam sexo com outros homens, daí ser central no livro uma topografia social e cultural dos espaços urbanos, refletindo os fluxos, fixações e tensões materializados nesses territórios.

Nesse sentido, a escolha por privilegiar os centros de gravitação e de produção discursiva a partir dos quais se foram formatando essas subculturas demandaram uma periodização alternativa à cronologia tradicional. A história social do desejo sexual e afetivo entre homens no século XX, que é escrita com originalidade por James neste livro, ressignifica as datas e os acontecimentos comumente considerados relevantes. Daí o autor estruturar a exposição de suas ideias, basicamente, a partir de capítulos dedicados aos períodos que vão de 1898 a 1914, de 1920 até 1945, de 1945 a 1968 e de 1969 até 1980, quando surge aquilo que James designa como a "primeira onda" do ativismo homossexual brasileiro.

Um mérito notável deste trabalho é que há um rigor com fontes e uma metodologia cuidadosa, com delimitação temporal e geográfica da análise, características por vezes ausentes em outras obras do gênero.

Apesar do largo período examinado, o autor consegue fazer uma história das homossexualidades masculinas sem se render à tentação de um essencialismo que acabasse estabilizando uma identidade homossexual atemporal e pura. Rompendo com uma visão de história linear e algo teleológica, outra marca presente em estudos sobre gênero e sexualidade entre nós, a perspectiva construcionista do autor e seu olhar treinado de historiador permitem uma rica análise de variações de identidades e práticas ligadas ao homoerotismo, ressaltando tanto as continuidades quanto as diferenças. Isso lhe permite melhor entender os deslocamentos havidos entre as inúmeras categorias identitárias concebidas para dar conta dos homens enredados nas tramas do erotismo com o mesmo sexo, tais como sodomitas, frescos, pederastas, putos, bichas, viados, afeminados, entendidos, homossexuais e gays. Ainda que todas essas nomeações guardem aproximações e semelhanças, nas páginas que seguem é possível ver como elas foram sendo construídas e disputadas ao mesmo tempo que forjavam subjetividades.

Tal abordagem se afasta do reforço a modelos interpretativos e classificatórios excessivamente formais e estruturais, típicos de certas tendências nas ciências sociais. A partir de acervos e dados invisibilizados ou negligenciados, o livro oferece uma leitura original e bem contextualizada da complexa tessitura de discursos que formataram e constituíram o campo da sexualidade em uma sociedade heterocêntrica.

Aliás, a diversidade dos acervos e a precisão no tratamento dessas fontes são duas virtudes marcantes do livro. O autor trabalha com tipos muito distintos de documentações e materiais: registros médicos do famoso Sanatório Pinel, em São Paulo; inquéritos e ocorrências policiais tanto do Rio de Janeiro como de São Paulo; documentos oficiais de recenseamentos, censos, normas jurídicas e relatórios produzidos pelos governos brasileiro e norte-americano; trabalhos monográficos nos campos da medicina, da criminologia e do direito penal sobre sexualidade; produções culturais, como obras literárias, músicas e peças de teatro de cunho homoerótico; fotografias e pinturas representando essa temática; relatos de viajantes que tiveram contato com a homossexualidade no Brasil e a descreveram; periódicos tanto da grande imprensa quanto folhetins de circulação restrita, destacando as quase duas dezenas de publicações, revistas e jornais produzidos por e/ou voltados para homossexuais nas cidades de São Paulo e Rio de Janeiro (e também Salvador) desde o fim do século XIX até a década de 1980. Isso sem falar nas setenta entrevistas conduzidas pelo autor com homossexuais, além do diálogo direto ou indireto com uma extensa lista de livros, artigos, teses e dissertações nacionais e internacionais sobre o tema.

Se esse breve inventário já impressiona hoje, quando há um campo muito mais bem estabelecido e reconhecido de estudos homoeróticos, vale notar que, no momento em que este livro foi escrito, não era fácil ou evidente escolher quais acervos mapear e pesquisar em um amplo espectro documental. A catalogação, via de regra precária nos arquivos públicos brasileiros, em geral sequer atendia aos recortes de gênero e de sexualidade, o que dificultava ainda mais a consulta desse material a partir de palavras-chave como "homossexualidade", "gay", "bicha" ou "homossexualismo". Era, dessa maneira, preciso ler uma quantidade enorme de documentos para encontrar algo interessante para a pesquisa, em um processo que o autor denominou "garimpo das fontes".

Soma-se a isso outro desafio posto na relação com as fontes e bem trabalhado no livro como uma contribuição metodológica aos estudos que se seguiram: é a permanente desconfiança no olhar para a documentação produzida pelas elites médicas e do direito, pelos arautos de uma moral conservadora, pelo Estado e pela mídia tradicional. Afinal, a representação que tais segmentos sociais e discursos construíam do homossexual comumente era estigmatizada, reforçando imagens distorcidas de "anormais", "perigosos", "criminosos", "doentes" etc. Como antídoto a isso, James demonstra como é imprescindível recorrer aos materiais criados por homossexuais e para homossexuais. Em diversas passagens do livro, é possível notar a maneira como os discursos repressivos sobre a homossexualidade são confrontados com olhares homossexuais, a exemplo de publicações como *O Snob* e *Lampião da Esquina*, bem como dos relatos orais presentes nas já mencionadas setenta entrevistas de homens que viviam relacionamentos românticos e sexuais com outros homens entre 1930 e 1980, com uma marcante diversidade de perfis para acessar distintos universos dessa identidade em construção.

Apesar dessa consistência teórica e metodológica, há ainda um olhar sensível à realidade cotidiana dos fluxos de desejos e identidades nas cidades de São Paulo e Rio de Janeiro, com personagens cujas histórias de vida dão suporte à análise e aos argumentos mobilizados pelo autor. Não há reificação dos discursos em estruturas abstratas. Mesclam-se vidas concretas, trajetórias individuais, agenciamentos e resistências que não apenas ilustram, mas são essenciais para o desenrolar do livro. Nesse sentido, é inevitável o leitor nutrir empatia em relação a figuras como João do Rio, Napoleão B., Madame Satã, ao mesmo tempo que desenvolve um ceticismo às investidas "científicas" de autoridades médicas como Leonídio Ribeiro e Antônio Carlos Pacheco e Silva.

A oportunidade de prefaciar a obra depois de vinte anos do seu lançamento me permite visualizar impactos e consequências que só o transcorrer do tempo logrou colocar em evidência. O livro que o leitor tem em mãos contribuiu de maneira significativa para a legitimação acadêmica dos estudos sobre homoerotismo e sexualidades no Brasil, inspirando pesquisas a partir de novos recortes, identidades e regiões geográficas do país.

Quando a obra veio a público, os estudos dedicados a este tema nas universidades ainda eram poucos e incipientes. As exceções eram trabalhos como o estudo sociológico pioneiro de José Fábio Barbosa da Silva, defendido em 1960 sob orientação de Florestan Fernandes e posteriormente recuperado pelo próprio James, e as pesquisas de Peter Fry nas décadas de 1970 e 1980, que estimularam a exploração destes temas na antropologia, com ecos importantes nos trabalhos de Edward MacRae, Néstor Perlongher, Carmen Dora Guimarães, dentre outros e outras.

Mas, apesar de se valer dessas referências pontuais e esparsas, James vai além, por colocar em diálogo, como ele mesmo aponta, as análises históricas dos discursos médico-legistas dos anos 1930 e os estudos antropológicos de homossexuais brasileiros do último quartel do século XX. Pela riqueza empírica de sua pesquisa, o autor conseguiu problematizar e enriquecer formulações que já pareciam consagradas, como a análise de Peter Fry sobre o estereótipo do binário ativo/passivo. Apesar de reconhecer a força normativa desse modelo, conforme James afirma nas páginas que seguem, "o comportamento dos papéis sexuais e de gênero têm sido muito mais fluidos e mutáveis entre os homens brasileiros", resultando em um sistema sexual operante muito mais variado do que sugere o império do binarismo de gênero no campo da sexualidade.

Além disso, este texto foi se tornando um dos mais contundentes manifestos contra a sedutora visão do Brasil como país tolerante e diverso, fruto de misturas e miscigenações, terra de democracia de gênero e paraíso sexual para LGBTs. O autor relativiza essa persistente narrativa que governa nosso imaginário nacional, colocando em xeque representações culturais de licenciosidade e devassidão tropical do senso comum, de modo a afastar a lente das transgressões carnavalescas para compreender um século XX muito mais complexo e violento do que gostaríamos de admitir.

A imbricação entre gênero e sexualidade nas definições dos papéis sociais e desigualdades que marcam o sistema sexual heterodominante é outro ponto forte do livro. Nas palavras do autor, "uma história da homossexualidade no Brasil é uma história dos homens, das mulheres e das relações de gênero".

Essa compreensão mais ampla das homossexualidades a partir de seus diversos cruzamentos na vida social que permeia esse escrito se reflete também na maneira como a interseccionalidade atravessa as análises. Ainda que tenha ganhado destaque mais recentemente e nos marcos da teoria *queer*, o conceito de interseccionalidade já aparece enunciado nas primeiras páginas deste livro. Postula-se, de partida, a necessidade de observar as "formas pelas quais a raça e a classe afetam os homens que apreciam atividades eróticas com outros homens" para explicar "como diferentes posições raciais e de classe estruturaram a sociedade brasileira".

Desse modo, agregam-se mais dois temas inescapáveis que desafiam desde sempre o melhor do pensamento social brasileiro: a relação entre classes e as diferenças (e desigualdades) raciais no Brasil. Não por outra razão, James destaca que os registros históricos com que trabalha revelam muito mais sobre a vida de homens pobres, das classes operária e média-baixa que buscaram satisfação sexual em lugares públicos, permitindo um retrato do modo de vida dos setores que formam a maioria das populações.

É exatamente nesta ambiciosa tradição do pensamento social brasileiro que *Além do carnaval* se inscreve. A exemplo do que encontramos nos clássicos, há aqui uma problemática articulada em diversas dimensões com o desafio da formação nacional no Brasil, trazendo à tona e mesmo colocando em primeiro plano uma dimensão essencial da existência humana um tanto negligenciada nas macroanálises da primeira metade do século XX: a sexualidade e, mais especificamente, a homossexualidade.

É fato que, passadas duas décadas desde que este livro veio a público pela primeira vez, muitas coisas mudaram. Vale aqui destacar algumas das principais mudanças: implementação de políticas públicas de direitos humanos em âmbito nacional; criação de secretarias e coordenações para gerir a demanda de pessoas LGBT em diferentes níveis de governo; formação de frentes parlamentares em defesa das pessoas LGBT nas Casas Legislativas; as Paradas do Orgulho LGBT alastraram-se por cidades em todo o país e a edição realizada anualmente em São Paulo converteu-se no mais massivo ato da Nova República, com milhões de pessoas nas ruas; maior visibilidade das pessoas LGBT em revistas, peças de teatro, filmes, novelas e novas mídias, rompendo com as representações apenas negativas e estigmatizadoras que antes prevaleciam quase que exclusivamente na cena pública; crescimento expressivo de associações e proliferação de ativismos em diferentes esferas e frentes; emergência de identidades mais fragmentárias e específicas com o crescimento da sigla para LGBT e com variações para incorporar pessoas intersexo, assexuais, *queer* e outras; criação de redes e organizações nacionais cada vez mais representativas e abrangentes, como a ABGLT (1995) e a ANTRA (2000); institucionalização de encontros acadêmicos, publicações e grupos de pesquisa voltados exclusivamente para os estudos sobre gênero e sexualidade; reconhecimento do direito à união homoafetiva em 2011, no Supremo Tribunal Federal (STF), e do casamento civil em 2013, no Conselho Nacional de Justiça; direito de adoção por casais homossexuais consagrado em 2015 pelo STF; garantia dos direitos de identidade de gênero das pessoas trans no STF em 2018, dentre outros.

Todas essas transformações certamente apareceriam retratadas na continuidade do último capítulo do livro, que encerra a análise em 1980. Mas, infelizmente, apesar de todas essas inegáveis conquistas das lutas LGBT, ainda há muito a avançar. Não deixa de ser paradoxal verificar que James abra este livro indicando dados dos relatórios anuais do Grupo Gay da Bahia (GGB), ONG que desde 1980 produz informações sobre os brutais assassinatos de LGBTs no país. Ainda hoje, o Estado brasileiro nem sequer produz dados sobre essa violência e, tomando os levantamentos recentes do GGB, notamos o quanto tem aumentado o número de assassinatos de LGBTs no país. Se observarmos os dados de 2017, temos uma pessoa LGBT assassinada a cada 19 horas. Em 2018, uma a cada 20 horas. Também nesse mesmo ano, o Brasil elegeu como presidente o ex-deputado Jair Bolsonaro, que se notabilizou publicamente em quase 30 anos de carreira por suas campanhas de ódio dirigidas contra pessoas LGBT.

Contudo, do mesmo modo como James evidencia neste livro, é preciso lembrar que as resistências não deixam de irromper, mesmo diante das mais improváveis conjunturas, quando o assunto é a história das homossexualidades. Em tempos com ameaças de retrocessos à vista como os que vivemos atualmente no Brasil, de acirramento dos conflitos em torno da moralização da agenda dos direitos sexuais e reprodutivos, não haveria melhor hora para *Além do carnaval*, manifesto que inspirou uma geração inteira de lutadores e lutadoras LGBT, voltar a circular entre nós.

Prefácio à 1ª edição

Peter Fry

Conheci James Green nos anos 70. Ambos recém-chegados ao Brasil. James, mais jovem, dando aulas de inglês em São Paulo; eu, um pouco mais velho, dando aulas de antropologia em Campinas. Meu amigo e então aluno Edward MacRae estava muito ativo no incipiente movimento gay de São Paulo e o apartamento dele, na Praça da República, virou um ponto de encontro de muita gente, entre os quais James. Naqueles tempos idos do regime militar a "política de identidades", desenvolvida por feministas, negros, índios e gays, tinha não pouca dificuldade em ganhar a simpatia dos amigos da esquerda "marxisante". Estes pregavam que a vitória da "luta maior", ou seja, do socialismo, resultaria inexoravelmente no fim da opressão das assim chamadas "minorias" sexuais, étnicas e de gênero. Dessa óptica, os movimentos das "minorias" eram desqualificados como uma forma de "luta menor". James era um entre vários que tentavam construir pontes entre as duas posições.

Prefácio à 1ª edição

Eu não tinha muito jeito para militância. Tinha tentado me envolver com o movimento gay nos Estados Unidos, mas descobri que não me identificava com a aparente necessidade de subordinar tudo a uma única identidade. Uma das minhas identidades, a de antropólogo, vinha consolidar uma dificuldade de me conformar com aquelas identidades fixas e naturalizadas que supostamente governam ou devem governar toda nossa sociabilidade. A antropologia me ajudava a pensar essas identidades em sua gênese social e histórica, ou seja, como construções nascidas, consolidadas, enfraquecidas e mortas ao longo do tempo e nos espaços sociais.

Tentei reconciliar minha simpatia pela luta contra o preconceito em relação à homossexualidade com minhas restrições à militância por meio da pesquisa de campo e da escrita, até mesmo como membro fundador do jornal *Lampião da Esquina*. Comecei a entender que o mundo que conhecera na Inglaterra, dividido entre homossexuais e heterossexuais, representava apenas uma maneira de organizar as relações sexuais. Aqui no Brasil, ficou cada vez mais claro que para muita gente era demasiado importante saber da "atividade" ou "passividade" sexual dos homens, e que, para alguns, o parceiro sexual ideal deveria ser um "homem mesmo", de preferência com mulher e filhos. Mais importante do que o sexo dos parceiros era a sua relativa "masculinidade" ou "feminilidade". Assim, "bicha" com "bicha" seria uma forma de lesbianismo. Numa pesquisa sobre os cultos afro-brasileiros, facilitada pela minha amiga e então aluna Anaiza Vergolino e Silva, pude ver esse "sistema" na sua forma mais acabada. Com o tempo, porém, ficou também claro que essa não era a única maneira de organizar as relações sexuais e afetivas entre homens no Brasil. Surgia nas classes médias urbanas uma forma de pensar e praticar relações sexuais e afetivas entre homens que era muito semelhante ao que me era familiar na Inglaterra. Nesse meio, todos os homens que mantinham relações com outros homens, independentemente do que faziam na cama, eram considerados homossexuais. Além disso, havia um certo repúdio à divisão entre "ativos" e "passivos" e uma ênfase crescente na igualdade entre parceiros. Essa posição foi mais ou menos predominante no movimento homossexual que espelhava o movimento feminista com sua crítica aos papéis de gênero convencionais. Eu identificava essa nova forma de pensar as relações entre gente do mesmo sexo (o mesmo movimento se dava entre as mulheres) como mais um aspecto da formação da ideologia individualista nas classes médias urbanas já identificada por antropólogos amigos meus, principalmente no Museu Nacional, onde lecionava à época. Mas depois de escrever alguns artigos, parti para outras bandas. Entre outras coisas, tinha medo de me tornar um "homossexual profissional". Vi que a antropologia pós-moderna estava rumando para uma espécie de solipsismo. A sua origem calcada no encontro entre uns e outros diferentes estaria dando lugar a um novo *ethos* que privilegiaria encontros entre semelhantes; mulheres escrevendo sobre mulheres; homossexuais sobre homossexuais; negros sobre negros; subalternos sobre subalternos, e assim por diante. Pode ser que estivesse enganado, mas pressentia que essa tendência sinalizava mais uma etapa na concretização e naturalização das identidades sociais.

Mas, evidentemente, nunca deixei de me interessar por pesquisas sobre sexualidade, e fico cada vez mais feliz com a qualidade das pesquisas sobre sexualidade, em geral, e sobre homossexualidade, em particular, no Brasil. E é por isso que felicito James Green pela sua esplêndida história dos homens que gostam de outros homens no Rio de Janeiro e em São Paulo do fim do século XIX até 1980, agradecendo-lhe a honra de escrever este prefácio.

Depois da sua passagem por São Paulo na década de 1970, James Green voltou para os Estados Unidos e para a academia, cursando o seu doutorado em história na Universidade da Califórnia, em Los Angeles. Mas James não é apenas um narrador de histórias. Combina o afã do historiador de adentrar o passado por meio de cuidadosa pesquisa de arquivos, literatura de época e entrevistas com os sobreviventes de tempos idos, com clara preocupação "antropológica" em entender a lógica cultural de cada situação histórica e as continuidades e transformações que podem ser detectadas entre cada uma delas. Isso ele faz não procurando verificar uma "identidade homossexual" perene e imutável ao longo do tempo, mas justamente verificando a maneira

Prefácio à 1ª edição

pela qual os seus "nativos" (e aqui inclui os homens que gostaram de outros homens, e todos os outros, médicos, jornalistas, policiais, religiosos, psiquiatras que opinaram sobre o assunto) conceituaram o sexo entre homens e a natureza dos homens, eles próprios envolvidos nessa atividade. E, para evitar que a sua própria linguagem se imponha ao material pesquisado, mantendo, dessa forma, uma saudável distância entre os conceitos do narrador e os dos seus personagens, James Green lança mão de termos como "homens que procuraram outros homens para aventuras sexuais", "erotismo do mesmo sexo", "homens que gostam de relações sociais e eróticas com outros homens" para descrever o "objeto" do seu estudo. Perfeito! Como o leitor verá, este livro tem a seriedade que se exige de uma tese de doutorado, mas é escrito numa linguagem direta e acessível a todos.

Além do carnaval vai muito mais adiante que as minhas primeiras intuições sobre a estruturação da homossexualidade no Brasil. Embora verifique a presença de um movimento geral do modelo "ativo-passivo", "bicha-bofe" para "homossexual-homossexual" ao longo do século, James demonstra a existência de uma certa identidade entre homens que gostam de outros homens, independentemente da sua suposta "atividade" ou "passividade", anterior ao surgimento de uma identidade de "entendidos" na década de 1940, e, mais tarde, de "gay", na década de 1970. Na sua descrição da sociabilidade homoerótica no Rio de Janeiro na virada do século XIX para o século XX, James identifica a presença da figura do fanchono, que teria sido um homem associado ao papel de "ativo" nas relações sexuais, mas com uma distinta preferência para sexo com outros homens, e não *faute de mieux*. Todos, argumenta James, compartilhavam o mesmo mapa moral da cidade e as regras que subentendiam as relações sexuais e eróticas entre eles. E, embora não sendo o seu material disponível para a descrição e análise desse período relativo aos frescos e fanchonos, eles próprios, mas sim aos agentes de polícia, médicos, escritores e chargistas, a maioria deles do lado de fora do mundo das relações homoeróticas, há fortes evidências de que o que se fazia sexualmente nem sempre estava de acordo com as regras estabelecidas no modelo "ativo-passivo". Mas como poderia ser de outra forma? Afinal, são as regras que definem as contravenções e, como James nota, os médicos ficaram um tanto perplexos com os homens que se declararam simultaneamente "ativos" e "passivos". Quebrando a taxonomia estabelecida se tornam, evidentemente, anômalos.

Uma outra virtude deste livro está nas relações que o autor estabelece entre o mundo dos homens que gostam de outros homens e as grandes mudanças sociais, políticas e econômicas ao longo desses oitenta anos. James Green incorpora a história de homens que gostam de outros homens à história geral desse período. Primorosa é a sua análise da relação entre as migrações rural-urbana e Nordeste-Sudeste que acompanharam a industrialização do país, e a importância desta para a trajetória de jovens com gostos homossexuais. Estes puderam encontrar uma vibrante sociabilidade dos grandes centros urbanos, particularmente Rio de Janeiro e São Paulo, mesmo que, escapando do opróbrio familiar, corressem o risco de cair nas garras das autoridades policiais e da medicina legal. Embora a homossexualidade *per se* nunca tenha sido considerada ilegal no período que James estuda, havia leis que permitiam a repressão policial, entre as quais a da vadiagem e a do atentado ao pudor. Há uma análise extensiva da produção científica dos médicos e legistas sobre o assunto, e o autor demonstra claramente a dívida destes para com os produtores de teorias da Europa enquanto tentavam dar conta do que observavam no Brasil. Não chega a ser surpresa que a maioria dos que caíam nas mãos da polícia e dos médicos eram os sempre mais vulneráveis nesta sociedade: os negros e os pobres em geral. É por essa razão que o historiador tem mais acesso a informações sobre a homossexualidade entre pobres e negros do que entre as camadas médias e altas. Essa concentração de negros e pobres nos gabinetes de polícia, argumenta James, permite uma associação entre "doença" e "perversão sexual" com os "atavismos" associados aos descendentes de africanos no Brasil, comum na literatura médico-legal.

Outro ponto alto deste livro é a reconstrução de vida de homens que gostaram de outros homens pela análise da sua produção jornalístico-caseira ao longo das décadas de 1960 e 1970. Esse material, somado aos depoimentos de quem fez esses jornais, reproduzidos por meio de copiadores, resulta num rico entendimento da sociabilidade da época, bem como das regras implícitas que a governavam. E o que chama a atenção do autor, e do leitor também, é a capacidade que essa gente possui de criar uma solidariedade baseada em preocupações e gostos compartilhados. Essa solidariedade não é, sem dúvida, ausente de tensões internas e brigas de ciúmes, por um lado, nem, por outro, de posturas divergentes perante a homossexualidade. Ainda assim, essa solidariedade revela uma enorme capacidade para a criatividade e produção de prazer, apesar de estar rodeada pela hostilidade de grande parte do mundo. Penso, até, que a malícia, como que ritualizada, poderia ser interpretada contraintuitivamente como mais um ingrediente da solidariedade. Fale mal, mas fale de mim...

A parte final do livro trata do período militar. Apesar de ataques moralizantes sobre a imprensa homossexual e investidas dos policiais contra as travestis de São Paulo, esse período também viu o nascimento de música e teatro populares, que vão colocar em questão os papéis de gênero convencionais, viu o nascimento de uma identidade e de grupos militantes "gay", bem como o surgimento de uma imprensa profissional que vai esmagar a produção caseira anterior, e o crescimento de uma pletora de bares e boates para atender ao "mercado gay". É justamente aqui que vamos encontrar a tensão, à qual me referi no início deste prefácio, entre um socialismo convencionalmente marxista e um de viés mais libertário. Há também uma tensão entre o estilo "leve", malicioso e espalhafatoso da sociabilidade homossexual revelada no carnaval e na imprensa caseira e um novo estilo "sério" e reivindicatório que surge junto com o movimento gay.

É evidente que este livro muito interessará aos homens que gostam de outros homens. Mas não só a esses. As relações que James Green estabelece entre as mudanças na vida social dos homens que gostam de outros homens e as transformações na sociedade como um todo fazem que esta obra tenha uma importância muito mais abrangente. É de esperar que agrade também a todos aqueles que se interessam pela história recente do Brasil, afinal, acrescenta uma dimensão da história social do Brasil que não pode ser ignorada por ninguém.

A narrativa de *Além do carnaval* termina no ano de 1980. Resta ainda um outro livro a ser escrito: a calamidade da Aids, por um lado, e, por outro, a vertiginosa expansão das redes e serviços para homens que gostam de outros homens, tal como se observa ao longo dos últimos vinte anos do século XX. É de esperar que James Green tenha vontade e tempo de trazer a sua história para os dias de hoje. Creio que vai encontrar muitas das mesmas tensões que notou anteriormente, pois sabemos que o processo social não descarta o passado quando inaugura o aparentemente novo. A Aids veio para ressuscitar as velhas relações entre homossexualidade e doença. Preocupações com "atividade" e "passividade" continuam a permear o campo das relações sexuais entre homens. Há ainda os desentendimentos entre aqueles que imaginam uma identidade "gay" transcultural e transecular e aqueles que preferem pensar na particularidade dos arranjos de cada lugar e cada tempo. E é também impossível não ver no presente a mesma tensão entre o ódio homófobo, que resulta em chantagem e morte, e a persistente produção de um "mundo vibrante" pelos homens que gostam de outros homens. Viva!

Agradecimentos

De certo modo, iniciei este livro por volta de vinte anos atrás, durante os seis anos em que vivi no Brasil, nos quais testemunhei a queda em câmara lenta do regime militar e, ao mesmo tempo, o nascimento de um movimento de gays e lésbicas. Os amigos dessa época tornaram-se o principal esteio da minha vida no Brasil quando voltei, em 1994, para desenvolver o grosso da pesquisa para este projeto. Sem o apoio de Edmea Jafet, de Henrique Carneiro, de Martinha Arruda e seus dois filhos maravilhosos, Suiá e Yama, eu jamais teria sobrevivido àquele ano. Devo também mencionar outros velhos amigos que se tornaram novos amigos outra vez: Cristina Ribeiro, Edward MacRae, Gilda Penteado, Hélio Goldsztejn, Hilda Machado, Hiro Okita, Jean-Claude Bernardet, John McCarthy, Jorge Beloqui, Jussara Florêncio, Luiz Amorim, Luiz Mott, Marcelo Abboud, Marisa Fernandes, Marquinhos, Paula Maffei, Ricardo Silva, Robson Camargo, Rosa Parolari, Rosely Aparecida de Moraes, Tony Panciarelli e Veriano Terto Júnior. De incontáveis maneiras, eles ofereceram apoio pessoal e logístico para tornar minha pesquisa possível.

Uma nova geração de ativistas do movimento de gays, lésbicas e transexuais no Brasil forneceu-me assistência imprescindível no estabelecimento de contatos e na realização do meu trabalho. Eles in-

Agradecimentos

cluem Augusto Andrade, Cláudio Nascimento, Cláudio Roberto da Silva, David Harrad, Elias Ribeiro de Castro, Joaquim Posse, João Vargens, José Edwardo F. Braunschweiger, Karim Aïnour, Luiz Carlos Barros de Freitas, Luiz Ramires, Marcelo Cerqueira, Rosana Zaiden, Toni Reis e Wilson da Silva.

Por temer que o assunto da minha tese de doutorado fosse encontrar obstáculos na consulta aos arquivos brasileiros, trouxe comigo uma carta introdutória que discorria vagamente sobre um estudo da masculinidade brasileira durante a Era Vargas. Minhas ansiedades se dissiparam quando fui encontrando, uma a uma, as pessoas que me assistiram na garimpagem das fontes. No Arquivo do Estado de São Paulo, Lauro Ávila Pereira e Daniela Palma me apresentaram a um grupo amável e profissional de arquivistas que incluíam Ady Siqueira de Noronha, Maria Zélia Galvão de Almeida e Rosimeire dos Santos. Laura Guedes, Sátrio Nunes e Georgina Kaufman, do Arquivo Nacional, direcionaram-me para documentos-chave e sugeriram estratégias alternativas de pesquisa. O pessoal do Arquivo Edgard Leuenroth/Unicamp demonstrou entusiasmo e dedicação incansáveis ao me ajudar a utilizar o material pertencente ao arquivo. Ângela M. C. Araújo, Elaine Marques Zanatta, Miriam Manini e Marisa Zanatta prestaram-me auxílio imensurável, e todos trabalharam para desenvolver um importante acervo sobre gays e lésbicas no arquivo.

Um dos benefícios mais prazerosos da minha pesquisa no Brasil foi a construção de uma nova rede de amigos e estudiosos que valorizaram meu trabalho e me apoiaram de inúmeras formas. Estes incluem Afonso Carlos Marques dos Santos, Beatriz Kushnir, Carlos Bacelar, Carlos Soares, Celeste Zenha, Celso Ricardo Blanco, Cristiana Schettini Pereira, Durval Muniz de Albuquerque Júnior, Iara Lis Carvalho Souza, João Roberto Martins Filho, Joana Maria Pedro, Jorge Schwartz, Marcelo Florio, Luciana Gandelman, Marcos Luiz Bretas, Magali Engel, Margareth Rago, Maria Clementina Pereira Cunha, Maria Izilda Santos de Matos, Mary del Priore, Olívia Gomes da Cunha, Paulo Roberto Ottoni, Sílvia Miskulin, Simonne Martins, Tânia Pellegrini e Zilda M. Grícoli Iokoi. José Carlos Sebe Bom Meihy e Raquel Glazer também contribuíram com comentários valiosos sobre uma monografia baseada em minha pesquisa inicial e apresentada na Universidade de São Paulo.

Devo prestar reconhecimento especial a várias pessoas que faleceram no decorrer dos seis anos que trabalhei neste projeto. Adauto Belarmino Alves, Alcir Lenharo, Ederzil Camargo, Edwardo Toledo, James Kepner, João Antonio de Souza Mascarenhas, Juan Carlos Nagel e Rick Turner, todos eles me inspiraram e seu espírito está embutido neste trabalho. Duas outras pessoas prestaram ajuda essencial em aspectos cruciais da pesquisa: Agildo Guimarães facilitou-me o acesso ao mundo de *O Snob* e gentilmente colocou-me em contato com sua rede social no Rio de Janeiro; José Fábio Barbosa da Silva, por sua vez, generosamente cedeu-me as cópias originais de seu estudo sociológico pioneiro sobre a homossexualidade em São Paulo.

Durante meus estudos de pós-graduação em história latino-americana na UCLA, Bebe Bernstein, Hien McKnight, Nina Moss e Sheila Patel ajudaram-me a vencer obstáculos burocráticos e incentivaram o progresso dos meus estudos. O apoio generoso que recebi do UCLA Latin American Center, da Tinker Foundation e da Pauley Fellowship permitiu que eu conduzisse minha pesquisa no Brasil. John O'Brien e Walter Williams, do Center for Scholars in Residence, situado na University of Southern California, em cooperação com o ONE Institute, um programa do International Gay and Lesbian Archives, ofereceu assistência inestimável e um ambiente acadêmico fértil durante a fase da redação da tese. O Ken Dawson Award, do Center for Lesbian and Gay Studies (CLAGS), um programa de pós-graduação da City University of New York, uma bolsa da UCLA Lambda Alumni Association, uma bolsa de pesquisador-professor visitante da Comissão Fulbright e um prêmio da Fundação Monette-Hurowitz forneceram grande parte do apoio financeiro durante diversas fases deste trabalho. Daryle Williams e Phyllis Peres, diretores do 1998 National Endowment of the Humanities Summer Institute in Brazil, demonstraram flexibilidade na organização do programa de modo a permitir que eu cingisse melhor os elementos finais da minha pesquisa.

Agradecimentos

Minha banca de doutorado, José C. Moya, Ellen C. DuBois, Ramón Gutiérrez e Karen Brodkin, ofereceu constante incentivo ao meu potencial acadêmico e reconhecimento da importância da história social e cultural gay. Os membros do conselho editorial da *Latin American Perspectives*, especialmente Marjorie e Donald Bray, Fran e Ron Chilcote, e Timothy Harding, deram apoio essencial na formação da minha carreira acadêmica.

John D'Emilio, Donna J. Guy, Jeffrey Escoffier, Robert Howes, Daniel Hurewitz, Daniel Kiefer e Robert Levine forneceram sugestões cuidadosas e valiosas para melhorar meu manuscrito. Meu editor Doug Mitchell e seus assistentes Matthew Howard e Robert Devins, da University of Chicago Press, foram impecáveis em sua atenção ao processo de produção do livro como um todo. Carlisle Rex-Waller editou meticulosamente o manuscrito em inglês e Paulo Simões ajudou cuidadosamente na revisão do texto original. A equipe da Editora Unesp abraçou com entusiasmo a ideia de uma edição de *Beyond Carnival* em português. Cristina Fino e Cássio Arantes Leite, cuidadosamente e em tempo recorde, transformaram a edição em inglês numa elegante prosa em português, e Fábio Gonçalves dedicou especial atenção aos detalhes sutis, buscando captar a linguagem precisa do texto original. Quero agradecer a Áureo Silva por seu auxílio no desenho dos mapas do Rio de Janeiro e São Paulo. Sharon Sievers, chefe do Departamento de História da California State University, Long Beach, Karen Lau, gerente-administrativa, e meus colegas foram extremamente compreensivos com meus esforços para me tornar um professor e acadêmico.

Devo mencionar ainda três outras pessoas. Minha mãe, Miriam D. Green, sempre me incitou a ir em busca de meus sonhos e seu amor foi incessante durante todos esses anos. Minha irmã, Marycarolyn G. France, deu o empurrão inicial para que eu voltasse à universidade e permaneceu sempre uma amiga próxima e leal. Finalmente, o agradecimento mais importante é para Moshé Sluhovsky, meu companheiro, editor e colega. Sem seu apoio intelectual, emocional e logístico em todas as fases deste projeto, ele jamais teria se realizado.

Introdução

Em 1938, a cantora popular Carmen Miranda estrelava o filme brasileiro *Banana da terra*,[1] como uma baiana que cantava e dançava com uma pequena cesta de frutas presa de forma precária à sua cabeça. Seu modo de atuar era uma imitação exagerada das tradições das mulheres afro-brasileiras dos mercados da Bahia.[2] Logo depois, durante os quatro dias de festas do carnaval, centenas de homens tomaram as ruas do Rio de Janeiro. Vestidos com saias brancas rodadas e turbantes limpos e reluzentes, como faziam as famosas mulheres da Bahia, esses homens excederam a própria paródia da baiana encenada por Carmen Miranda.[3]

O costume, entre certos homens brasileiros, de travestir-se com roupas típicas das mulheres afro-brasileiras há muito fazia parte do carnaval. Contudo, esses foliões não eram os usuais maridos ostentando joias e vestidos chamativos emprestados de suas irmãs, mães e namoradas, no intuito de atirar-se a quatro dias de festas e desinibição.[4] Suas personificações coloridas da cantora popular mais famosa da década, e de suas roupas estilizadas, inequivocamente excederam as transgressões carnavalescas do sexo masculino da época. Essas falsas baianas *à la* Carmen Miranda engajaram-se numa subversão festiva que arremedava tanto o comportamento sexual normativo quanto o tradicional hábito de travestir-se durante o carnaval.[5] Sua *performance* festiva nas ruas do Rio de Janeiro era uma afirmação pública das próprias noções de masculinidade e feminilidade desses homens, noções que desafiavam e ao mesmo tempo reforçavam os padrões de gênero no Brasil na primeira metade do século XX.[6]

A *persona* Carmen Miranda tornou-se um dos símbolos brasileiros internacionalizados durante a Segunda Guerra.[7] Nas décadas seguintes, os gays brasileiros e norte-americanos recriaram a imagem da extravagante musa brasileira. Ao longo dos anos, inúmeras revistas musicais elevaram Carmen Miranda ao pedestal das estrelas cultuadas, e ela permanece até hoje na galáxia dos ícones hollywoodianos.[8] Em 1984, mais de 45 anos após a primeira aparição cinematográfica de Carmen como a "baiana" com seus balangandãs, e depois que seus seguidores masculinos tomaram as ruas para imitá-la, foliões de rua no Rio de Janeiro ainda utilizavam sua imagem para expressar uma ambiguidade sexual e uma sensibilidade gay. Durante as festas carnavalescas daquele ano, um grupo de homossexuais masculinos formou a Banda Carmen Miranda, uma dissidência da famosa Banda de Ipanema.[9] Organizando sua própria celebração de rua, eles criaram centenas de paródias de Carmen Miranda com trajes ainda mais extravagantes e desfilaram pelas ruas de Ipanema numa festa pré-carnavalesca. A folia liderada pela Banda Carmen Miranda tornou-se um acontecimento anual nas programações do carnaval carioca, uma crítica do comportamento sexual tradicional e um fórum público para as manifestações tanto humorísticas quanto sérias do orgulho gay.[10]

Se os trejeitos e acessórios excessivos de Carmen Miranda, em seus filmes de Hollywood, simbolizavam para o público norte-americano e europeu a feminilidade brasileira nos anos 40 e 50, a figura da menina "cheia de graça", "do corpo dourado, do sol de Ipanema" alimentou as fantasias eróticas heterocêntricas sobre a mulher tropical no início dos anos 60. Ela foi logo substituída por imagens de mulatas-claras com roupas escassas, eleitas pelas organizações turísticas estatais e privadas para promover o carnaval carioca. Nos últimos anos, homens bronzeados juntaram-se às mulatas plumadas, vestindo tangas de lantejoulas e uma indumentária *camp à la* Carmen Miranda. Uma indústria turística gay em franca expansão nos Estados Unidos produz hoje prospectos sofisticados e dirigidos a homossexuais de classe média, apresentando o "Mardi Gras" carioca como um antro de sexo efervescente e de franca permissividade.

Já em 1970, Pat Rocco, um dos realizadores pioneiros de filmes pornô-gay em Los Angeles, usou o carnaval brasileiro como cenário para uma produção erótica em 16 mm, *Marco of Rio*.[11] Numa época anterior ao vídeo, o clássico de Rocco alcançou um público relativamente limitado. Nas décadas de 1980 e 1990, contudo, a produção de vídeos de sexo explícito gay tornou-se uma indústria multimilionária, empregando técnicas cinematográficas de alto padrão e edição computadorizada. O diretor-produtor Kristen Bjorn internacionalizou o gênero sediado nos Estados Unidos, com alguns vídeos de produção impecável, rodados no Leste europeu, na América Latina e em outros lugares "exóticos", incluindo vários títulos filmados no Brasil. O primeiro longa-metragem de Bjorn, *Carnival in Rio* (1989), mostra homens com uma queda pelo "tipo moreno, bem-torneado, robusto, não circuncisado e de temperamento dócil, ao menos aparentemente".[12] Nos filmes pornô-gay de Bjorn e de outros diretores europeus e norte-americanos, o mulato musculoso tomou das bonecas do carnaval o lugar do "outro" erótico e exótico.

Para muitos observadores estrangeiros, de Buenos Aires a São Francisco e Paris, essas imagens variadas dos homossexuais brasileiros, extrovertidos e licenciosos, que expressam a sensualidade, a sexualidade ou a atitude *camp* durante o carnaval, acabaram sendo confundidas com uma suposta tolerância da homossexualidade e da bissexualidade nesse país.[13] A permissividade aberta do carnaval, assim diz o estereótipo, simboliza um regime sexual e social que aceita a ambiguidade sexual sem restrições, incluindo a sexualidade do homem em relação ao homem.[14]

Quando as fantasias do carnaval são despidas e a vida retoma seu curso normal, surge um quadro um tanto diferente da tolerância em relação aos homossexuais no Brasil. Uma pesquisa realizada em maio de 1993, numa amostra de dois mil homens e mulheres brasileiros, revelou um persistente desconforto diante da homossexualidade. Embora 50% confirmassem ter contato diário com homossexuais no trabalho, em sua vizinhança ou nos bares e clubes que frequentavam, 56% admitiram que mudariam seu comportamento em relação a um colega caso descobrissem que ele ou ela era homossexual. Um em cada cinco romperia de vez o contato com essa pessoa. Dos entrevistados, 36% não empregariam um homossexual, mesmo que ele ou ela fosse a pessoa mais qualificada para o cargo, e 79% não aceitariam que seu filho saísse com um amigo gay.[15]

A homofobia também se manifesta de formas mais violentas. Durante quase duas décadas, Luiz Mott, antropólogo e presidente-fundador do Grupo Gay da Bahia, a mais duradoura organização em defesa dos direitos dos gays, vem coletando dados sobre o assassinato indiscriminado de homossexuais homens, mulheres e pessoas travestis ou transexuais no Brasil. Em 1996, ele publicou os resultados de sua pesquisa em conjunto com a International Gay and Lesbian Human Rights Commission, num volume intitulado *Homofobia: a violação dos direitos humanos de gays, lésbicas & travestis no Brasil*. Esse estudo revelou a assustadora estatística de que "um homossexual é brutalmente assassinado a cada quatro dias, vítima da homofobia que impregna a sociedade brasileira".[16] Muitos dessas vítimas são profissionais do sexo – travestis – ou homens gays que "pegaram" alguém para uma "transa" fortuita e acabaram sendo alvo de roubos seguidos de assassinatos sádicos.[17] A maioria desses homicídios foi cometida por grupos ou indivíduos não identificados. Apenas 10% desses crimes denunciados resultam em prisões. Numa entrevista em 1995, Toni Reis, secretário-geral fundador da Associação Brasileira de Gays, Lésbicas e Travestis observou que em sua cidade natal, Curitiba, havia ocorrido vinte assassinatos documentados de homossexuais nos dez anos anteriores a essa data, com apenas duas condenações.[18] Adauto Belarmino Alves, ganhador do prêmio Reebok Human Rights, documentou o assassinato, em 1994, de 23 homens homossexuais no Rio de Janeiro.[19] O relatório do Departamento de Estado norte-americano sobre os direitos humanos no Brasil, em 1993, também apontou essa violência: "Continua a haver registros de assassinatos de homossexuais. Os jornais de São Paulo publicaram que três travestis foram assassinados em 14 de março; outros relatórios alegam que dezessete travestis foram mortos nos primeiros três meses de 1993. Um policial foi acusado dos assassinatos de 14 de março e estava aguardando o julgamento para o fim do ano. No entanto, os grupos gays organizados afirmam que a grande maioria dos praticantes de crimes contra homossexuais permanece impune".[20]

O caso que exemplifica de forma mais dramática a violência contra homossexuais no Brasil envolveu o assassinato de Renildo José dos Santos, vereador do município de Coqueiro Seco, no Estado de Alagoas. Em 2 de fevereiro de 1993, a câmara municipal aplicou-lhe uma suspensão de suas atividades por trinta dias porque ele havia declarado num programa de rádio que era bissexual. Ele foi acusado de "praticar atos incompatíveis com o decoro parlamentar". Quando terminou o período de sua suspensão, ele não foi readmitido e teve de pleitear a ordem de um juiz para que pudesse reassumir o posto na câmara. No dia seguinte, ele foi sequestrado. Seu corpo foi encontrado em 16 de março. Seus braços e a cabeça haviam sido amputados e o cadáver queimado. Apesar de cinco homens terem sido presos nesse caso, incluindo o prefeito da cidade, eles foram inocentados de qualquer envolvimento no assassinato. Ninguém foi punido por esse crime.[21]

Numa atualização do relatório de Luiz Mott de 1996, o Grupo Gay da Bahia documentou 130 assassinatos de gays, travestis e lésbicas em 1997, reconhecendo que essas estatísticas estavam incompletas dada a ausência de informações sobre vários estados brasileiros. Dos assassinatos registrados, 82 eram gays, 42 travestis e 6 lésbicas.[22] No relatório, *Violação dos direitos humanos e assassinato de homossexuais no Brasil – 1999*, Mott acrescenta: "Enquanto na década de 80 contabilizava-se a média de um assassinato de um gay, travesti ou lésbica a cada quatro dias, durante a década de 90 esta dramática violência subiu para um 'HOMOcídio' a cada três dias, em 1999 a matança de gays aumentou ainda mais: a cada dois dias um homossexual é barbaramente assassinado, vítima do ódio". Mais recentemente, o brutal assassinato de Edson Neris da Silva, em São Paulo, por um grupo de *skinheads* na Praça da República, um local público frequentado por homossexuais desde o início do século XX, chocou a nação e mostrou que a violência continua impune. Como resultado dessas contínuas violações dos direitos humanos, nos anos recentes mais de uma dúzia de gays brasileiros pediu asilo político nos Estados Unidos com a justificativa de sua orientação sexual.[23]

As imagens contraditórias das festas permissivas do carnaval e a brutalidade dos assassinatos são alarmantes, assim como as tensões entre tolerância e repressão, aceitação e ostracismo estão profundamente arraigadas na história e cultura brasileiras. Da mesma forma que o mito – bastante disseminado – de que o Brasil é uma democracia racial obscurece os padrões enraizados de racismo e discriminação, também a noção de que "não existe pecado ao sul do Equador" esconde um amplo mal-estar cultural diante dos relacionamentos entre pessoas do mesmo sexo, no maior país da América Latina.[24]

Abundam os fenômenos paradoxais quando o assunto é erotismo e ligações homossexuais. João do Rio, célebre jornalista carioca da virada do século, era bastante conhecido por apreciar o sexo com outros homens. Seus modos efeminados eram atacados por seus inimigos na imprensa. Ainda assim, estima-se que cem mil habitantes do Rio de Janeiro compareceram ao seu funeral, em 1921.[25] Mais recentemente, Dener e Clodovil, famosos estilistas; Clóvis Bornay, o mais assíduo campeão dos concursos de fantasias de luxo do carnaval carioca; Rogéria, a famosa travesti dos anos 60 e 70, e a sedutora transexual Roberta Close, todos tornaram-se personalidades públicas. Essas figuras femininas e efeminadas, que personificam o oposto dos traços comportamentais normativos de virilidade e masculinidade esperados dos homens brasileiros, alcançaram ampla aceitação popular e circulam confortavelmente na alta sociedade. Seus modos efeminados e comportamento provocativo, contudo, servem como um parâmetro contrastante, representando um modelo divertido mas inapropriado, *não* para ser imitado. As mulheres podem acolher esse tipo de celebridade desde que seus filhos ou namorados não manifestem comportamentos similares. Do mesmo modo, é possível que os homens vejam essas estrelas como figuras atraentes pelo fato de atuarem como imitações perfeitas dos arraigados estereótipos da mulher ideal no universo masculino. Travestis escandalosas ou beldades peitudas podem desfrutar uma relativa aceitação social, desde que sejam os filhos de *outras* mães e pais. Por vários aspectos, elas mais reforçam do que desconcertam o sistema de gêneros, rigidamente definido.

Quando uma família descobre que um filho é gay, pais e parentes podem vir a tolerar esse fato, contanto que ele não seja abertamente efeminado e que as pessoas fora da família não saibam. Muitas vezes, está implícita uma política do "não pergunto, não me conte". Ainda é comum que um homem adulto continue a viver com seus pais, contribuindo para a renda familiar e saindo com amigos gays nos fins de semana, sem jamais mencionar a existência de um namorado ou detalhes de sua vida social à sua família. Se ele sai de casa para montar seu próprio apartamento, buscando maior liberdade e independência, é possível que ainda continue a contribuir com as despesas familiares. A família aprende a suprimir as eternas perguntas sobre namoradas ou planos de casamento, para não ter de ouvir muitos detalhes que possam romper essa trégua silenciosa ou pôr em risco a renda suplementar que um filho solteiro pode prover. Para tantos outros homens, o casamento e os filhos, escapadas homossexuais à parte, tornam-se a resposta às constantes pressões sociais para que constitua uma família e se conforme às normas sociais.

Até muito recentemente, quando um incipiente movimento político de gays e lésbicas começou a desafiar os estereótipos reinantes, a média dos brasileiros confundia homossexualidade masculina com efeminação. Segundo antropólogos, a preponderância dessa ideia é resultado do sistema de gêneros brasileiro, hierarquicamente estruturado, que divide os homens que se envolvem em atividades homoeróticas em duas categorias – o *homem* (o homem "verdadeiro") e o *bicha*. Essa oposição binária espelha as categorias de gênero predominantes e definidas heterossexualmente, o *homem* e a *mulher*, nas quais o homem é considerado o participante "ativo" numa relação sexual e a mulher, por ser penetrada, o elemento "passivo". O antropólogo Richard G. Parker observou: "A realidade física do próprio corpo divide assim o universo sexual em dois. As diferenças anatômicas conhecidas são transformadas, através da linguagem, nas categorias hierarquicamente relacionadas de gênero definido social e culturalmente: nas classes de masculino e feminino ... construída com base na percepção da diferença anatômica, é essa distorção entre atividade e passividade que estrutura mais claramente as noções brasileiras de masculinidade e feminilidade e que tem servido tradicionalmente como o princípio organizador para um mundo muito mais amplo de classificação sexual da vida brasileira atual".[26]

Segundo esse modelo, em atividades eróticas homossexuais tradicionais, o *homem*, ou, na gíria, o *bofe*, assume o papel "ativo" no ato sexual e pratica a penetração anal em seu parceiro. O efeminado (*bicha*) é o "passivo", o que é penetrado. A "passividade" sexual desse último lhe atribui a posição social inferior da "mulher". Enquanto o homem "passivo", sexualmente penetrado, é estigmatizado, aquele que assume o papel público (e supostamente privado) do *homem*, que penetra, não o é. Desde que ele mantenha o papel sexual atribuído ao homem "verdadeiro", ele pode ter relações sexuais com outros homens sem perder seu *status* social de homem.[27]

Os papéis sexuais, portanto, são significativamente mais importantes do que o parceiro sexual que alguém possa ter. Os termos *homem* e *bicha*, baseados em papéis, definem esse universo sexual. Assim, dois "homens" não podem fazer sexo um com o outro, uma vez que um deles supostamente deve assumir o papel daquele que penetra. Da mesma forma, uma relação sexual entre dois bichas não pode ser consumada, pois se presume que cada um espere ser penetrado pelo outro, que deve assumir o papel "masculino". O antropólogo Peter Fry, ao mapear pela primeira vez esse sistema de gêneros no Brasil, afirmou que ele predominava não apenas nas áreas pobres e de classe operária da região amazônica, onde ele desenvolveu uma pesquisa no início da década de 1970, mas em toda a sociedade brasileira, coexistindo e às vezes competindo com outros sistemas. Fry supôs que o modelo *homem/bicha* ainda prevalecia nas regiões Norte e Nordeste do Brasil, nas áreas rurais e entre os pobres das grandes cidades. A esse respeito, o candomblé ofereceu um relativo espaço social e um certo *status* na sociedade brasileira para muitos *bichas* de origens humildes.[28] O candomblé é amplamente praticado pela população de baixa renda, em geral de origem africana, especialmente na cidade de Salvador. Nos últimos anos, muitos homens e mulheres de classe média tornaram-se adeptos dessa religião. Já nos anos 40, a antropóloga Ruth Landes observou que muitos pais de santo no candomblé eram homens efeminados ou homossexuais.[29] Mais recentemente, Patrícia Birman estudou as relações de gênero e a homossexualidade no candomblé e na umbanda, no Rio de Janeiro.[30]

Fry também afirmou que em algum momento dos anos 60 uma nova identidade sexual surgiu. Ela tomou forma inicialmente entre os homossexuais masculinos de classe média nos centros urbanos brasileiros e era baseada mais numa escolha do objeto sexual do que em papéis de gênero.[31] A urbanização, a expansão da classe média, uma contracultura endógena, mudanças nas relações de gênero, influências culturais gays internacionais, tudo isso contribuiu para a construção dessa nova identidade, que era semelhante à identidade gay que se desenvolveu nos Estados Unidos nas décadas de 1930 e 1940.[32] Segundo Parker, os dois padrões coexistem atualmente no Brasil. Homens de origens culturais pobres e operárias ainda moldam seu comportamento sexual segundo a tradicional díade *homem/bicha*, e os homossexuais urbanos de classe média, em geral, abraçaram o que é conhecido como uma identidade gay.[33] De fato, pode-se pensar nas múltiplas homossexualidades ou sexualidades, já que também permanece comum uma forma de bissexualidade, o fenômeno do homem casado que pratica sexo com outros homens e ainda assim mantém relações heterossexuais.[34]

Desde o fim do século XIX, quando médicos, advogados e outros profissionais no Rio de Janeiro começaram a escrever sobre o erotismo entre pessoas do mesmo sexo, a tendência tem sido a de enfatizar o indicador supostamente mais óbvio de tal comportamento. Homens efeminados que frequentam lugares públicos, vestidos de modo extravagante e adotando maneirismos e vestuário associados à mulher, figuram de modo destacado nessa literatura precoce. No entanto, o que *parece* ser o sistema sexual/de gêneros dominante, que molda a percepção e a construção da homossexualidade pela sociedade, não define o quadro como um todo. O comportamento dos papéis sexuais e de gênero têm sido muito mais fluidos e mutáveis entre os homens brasileiros, mesmo entre aqueles cujo desejo sexual primário se expressa em relação a outros homens. Na virada do século, médicos, advogados e outros profissionais desenvolveram ou confirmaram suas teorias sobre a homossexualidade baseadas nas características e atividades dos homens efeminados que estudaram. Contudo, a quantidade limitada de dados que coletaram às vezes contradizia suas próprias afirmações sobre a homossexualidade. Ao examinar os materiais que eles ignoraram, podemos detectar um sistema sexual operante muito mais variado. Isso se torna particularmente óbvio quando revemos os estudos médico-legistas dos anos 30, nos quais uma reserva muito mais rica de fontes fornece exemplos de pessoas que não se encaixavam no estereótipo do bicha efeminado, e que se articulavam livremente numa subcultura já em formação.

Um observador estrangeiro de história e cultura brasileiras deve ter um cuidado especial para não criar uma dinâmica "nós-eles" ao tentar entender o paradigma predominante num dado momento histórico. É muito fácil simplesmente notar que o sistema de gêneros que opera nos Estados Unidos é construído de modo diferente daquele enraizado no Brasil ou na América Latina, e que a organização ativa/passiva da vida sexual descrita aqui varia consideravelmente do comportamento homossexual no norte da Europa e nos Estados Unidos. Ao operar com essa estrutura bipolar, corre-se facilmente o risco de criar um falso "outro" e, consequentemente, esconder as complexidades e inconsistências de um modelo muito genérico. O mesmo pode ser dito sobre os que identificam uma certa similaridade nas construções da sexualidade no Brasil e nos Estados Unidos nas últimas décadas. Para entender o surgimento de uma nova identidade gay entre os brasileiros da classe média urbana nos anos 60, talvez seja correto afirmar que houve uma lacuna entre a representação e a experiência social. Os homens nos anos 30 (e anteriormente) muitas vezes simplesmente não se adaptavam à representação social e aos estereótipos do binário ativo/passivo. Certos homens desfrutavam de múltiplas experiências sexuais, incluindo receber e praticar a penetração anal. As mudanças culturais nos anos 60 apenas forneceram um contexto social para que múltiplas representações pudessem coexistir e mesmo desenvolver um novo espaço ou valor na subcultura.[35]

Além disso, há sinais evidentes de que uma subcultura de homens efeminados e não efeminados que desejavam e mantinham relações sexuais com outros homens existia *antes* da introdução das ideias médicas da Europa Ocidental sobre a homossexualidade no fim do século XIX. Os membros da elite brasileira recebiam as mais recentes ideias estrangeiras sobre sexualidade e sobre classificações sociossexuais relativamente rápido e as transmitiam ao público por intermédio da imprensa e das relações intrincadas entre médicos, advogados, jornalistas e outros setores da elite. No entanto, as subculturas e identidades eróticas homossexuais precederam essas construções importadas.

Donna J. Guy, em "Future Directions in Latin American Gender History", observou que a pesquisa sobre a masculinidade, a homofobia e a dominação de sistemas de gênero heterocêntricos era negligenciada em comparação com outras áreas de investigação sobre gênero na América Latina.[36] De fato, a literatura sobre o comportamento homossexual e as atitudes em relação a ele na América Latina espanhola é ainda escassa e centrada principalmente em estudos antropológicos, sociopolíticos e literários.[37] No campo da história, há alguns poucos artigos sobre a homossexualidade, a sodomia e a Inquisição durante o período colonial na América Latina espanhola e no Brasil, e um número mais minguado ainda de obras relativas aos séculos XIX e XX.[38] No entanto, o escritor argentino Daniel Bao observou a construção da homossexualidade em Buenos Aires ao longo de cinco décadas. Bao mostrou que, entre 1900 e 1950, desenvolveu-se uma subcultura homossexual em que os homens mantinham "locais de encontro, seu próprio vocabulário, moda e preferências e hábitos sexuais".[39] Segundo ele, na virada do século, outras grandes cidades latino-americanas que mantinham contato com os Estados Unidos e a Europa podem ter desenvolvido subculturas similares. Jorge Salessi documentou o crescimento dessa subcultura em Buenos Aires no fim do século XIX e início do século XX, e discutiu a elaboração taxonômica de categorias de homossexualidade definidas pela profissão médico-legista argentina para estudar e medicalizar esse fenômeno.[40] Nenhuma outra obra histórica tão substantiva foi produzida sobre outros países latino-americanos.

Os estudos iniciais das relações românticas e sexuais entre pessoas do mesmo sexo no Brasil, assim como na América Latina espanhola, em sua maioria provêm de cientistas sociais, especificamente antropólogos, embora recentemente tenham se ramificado nos campos da história, cinema e literatura.[41] Peter Fry inaugurou os estudos na área com artigos sobre a relação entre a homossexualidade e o candomblé, tentando explicar por que tantos líderes do culto eram homossexuais efeminados.[42] Os textos de Fry delineando o sistema de gênero no Brasil guiaram a obra de inúmeros antropólogos e outros estudiosos que se dedicaram ao tema da homossexualidade nas duas últimas décadas.[43]

Outra contribuição importante ao estudo dos homossexuais no Brasil no século XX é a obra do antropólogo Carlos Alberto Messeder Pereira, que examinou os escritos de médicos e criminologistas no contexto da modernização da sociedade brasileira, nos anos 20 e 30. Pereira afirma que esses profissionais transferiram o debate sobre a homossexualidade do âmbito legal, religioso e moral para a esfera da medicina, e advogaram seu direito de controlar ou curar suas manifestações.[44] Mais recentemente, a historiadora Talisman Ford, ao rever os trabalhos desses peritos médicos, concluiu que "a compreensão popular, tradicional da sexualidade, baseada numa hierarquia de gênero, sobreviveu à introdução de um modelo médico porque no Brasil os dois não são assim tão diferentes".⁴⁵ Ford argumenta que os sexologistas nos anos 30 adotaram seletivamente teorias europeias que consideravam a homossexualidade patológica, embora mantendo um construto analítico que pressupunha a dicotomia ativo/passivo. Ela ainda afirma que os membros da classe médica falharam em sua tentativa de implantar uma ideologia baseada no sistema de gêneros brasileiro e por isso malograram também seus esforços para regular e disciplinar o erotismo entre pessoas do mesmo sexo. O historiador Peter Beattie contextualizou o comportamento homoerótico no âmbito político, e não médico. Ele sugeriu que o crescimento do nacionalismo e do militarismo no fim do século XIX evocava um desejo por parte do Estado brasileiro de definir a sexualidade masculina apropriada e, portanto, de reprimir o comportamento "não natural" do homoerotismo.⁴⁶

Minha própria pesquisa atua como uma ponte entre as análises históricas dos discursos médico-legistas dos anos 30 e os estudos antropológicos de homossexuais brasileiros contemporâneos. Ela revela os mundos vibrantes de homens que desfrutaram relacionamentos sociais e eróticos com outros homens durante o século XX. Procuro mostrar que uma subcultura similar àquelas que floresceram em Nova York e Buenos Aires na virada do século também existiram no Rio de Janeiro e em São Paulo. Um fator importante do desenvolvimento dessa subcultura homossexual, eu proponho, foi a apropriação do espaço urbano. Embora percebido por um reduzido grupo de geógrafos, sociólogos e antropólogos, o fenômeno não foi examinado com profundidade.⁴⁷ Um aspecto importante dessa questão diz respeito à conexão entre a ocupação de áreas públicas e das supostas esferas tradicionais da vida social brasileira, ou seja, a casa e a rua.⁴⁸ Como veremos, uma acessibilidade maior dos homens ao espaço público, a rua, facilitou os encontros eróticos homossexuais entre eles. Entretanto, a estigmatização cultural dessa atividade às vezes incentivou a criação de uma "contra-casa", um espaço privado onde os homens podiam interagir livremente e que servia como uma alternativa à família tradicional. Quando bares identificáveis como gays começaram a surgir no fim dos anos 50 e início dos 60 no Rio de Janeiro e em São Paulo, eles passaram a funcionar como esses espaços, localizados entre o privado (a casa) e o público (a rua), protegendo seus frequentadores de uma sociedade agressiva e hostil. Da mesma forma, os bailes de carnaval serviam como uma oportunidade anual para que o privado se tornasse mais público.

Outro aspecto deste projeto de pesquisa, a análise das formas pelas quais a raça e a classe afetam os homens que apreciam atividades eróticas com outros homens explica como diferentes posições raciais e de classe estruturaram a sociedade brasileira. As relações homoeróticas muitas vezes forneceram a oportunidade para uma interação das classes e das raças, mas situações econômicas e *status* sociais desiguais geraram graves tensões e reforçaram uma relativa segregação social e racial. O nível de intersecção de classes entre homens envolvidos em relacionamentos sexuais com outros homens revela os parâmetros da segregação econômica e racial na sociedade brasileira. Este estudo pode, talvez, oferecer um meio adicional para compreender as contradições encobertas pela imagem pública do Brasil como uma democracia racial.

Além disso, esta investigação lança uma nova luz sobre a família brasileira, considerada por tanto tempo o resultado de uma herança rígida, monolítica, do passado patriarcal colonial.[49] Como veremos, algumas famílias brasileiras rejeitaram, e até mesmo hospitalizaram, membros masculinos que se desviaram das normas sociais aceitas por uma sociedade heterocêntrica, enquanto outros lares mantiveram filhos transviados em seu seio. Outros homens, ainda, fosse por sua marginalidade ou pelo distanciamento dos sistemas de apoio familiares tradicionais, construíram redes sociais alternativas do tipo familiar e encontraram apoio econômico e psicológico com amigos que compartilhavam seus desejos sexuais. Além do mais, as correntes migratórias de homossexuais masculinos do Nordeste para o Rio e São Paulo, ou do campo para a cidade, desafiam o modelo padrão apresentado por sociólogos e historiadores, segundo o qual as pessoas dependem essencialmente de laços familiares para mudar-se de uma área do Brasil para outra. Para muitos jovens que fugiram do controle e condenação da família, dos parentes e de uma cidade pequena em busca do anonimato das metrópoles, a amizade baseada numa identidade compartilhada e em experiências eróticas similares propiciou laços mais fortes que os sanguíneos.

Enquanto tentava encontrar um título apropriado para este trabalho, um acadêmico sugeriu que o subtítulo fosse: "Homossexualidade masculina no Brasil urbano do século XX" ou "Homossexualidade masculina no Rio de Janeiro e em São Paulo". De fato, o Brasil é um país de dimensões continentais com variações regionais bem marcadas. A maioria das transferências da população rural para os centros urbanos só foi ocorrer nos anos 50. Os sistemas sexuais e de gênero nas pequenas cidades e áreas rurais operam num contexto de diferentes estruturas sociais, culturais e econômicas. No decorrer do século XX, literalmente centenas de milhares de homens jovens que se conscientizaram de seus desejos e fantasias sexuais por outros homens deixaram suas famílias e amigos nas cidades do interior e migraram para a capital de seu estado, ou mudaram-se para o Rio de Janeiro ou São Paulo. Essas cidades se tornaram dois dos mais importantes centros para o surgimento de subculturas homossexuais. Este estudo combina a história da homossexualidade nessas duas cidades, em vez de tentar compor uma história da vida urbana gay no país todo. Escolhi enfocar quase que exclusivamente essas duas cidades por vários motivos. Os estereótipos populares correntes no Brasil definem os cariocas como despreocupados e amantes da diversão, que vivem para a praia, a cerveja e o carnaval. Ao contrário, os paulistas são considerados sérios, trabalhadores e empreendedores.[50] Contudo, as duas cidades compartilham muitas características não encontradas em outros centros urbanos no Brasil. São Paulo tem ocupado a liderança econômica do país desde que o *boom* do café na virada do século alçou-o a uma posição proeminente no cenário nacional. No fim da Primeira Guerra, São Paulo superou o Rio de Janeiro em força industrial.[51] Nos anos 50, a população da cidade de São Paulo ultrapassou a do Rio, que permaneceu como o segundo centro econômico mais importante do país e foi a capital da nação até 1960.[52] As duas cidades competem há longa data pela preponderância na produção cultural e excelência acadêmica, atraindo artistas e intelectuais de outras partes do país. De certa maneira, Rio de Janeiro e São Paulo juntas tecem vários padrões culturais para o país todo.

As experiências de homossexuais masculinos em ambas as cidades têm sido similares sob muitos aspectos. Durante todo o século XX e especialmente após 1930, quando houve uma melhora no sistema de transportes, esses homens passaram a transitar com maior facilidade entre as subculturas do Rio de Janeiro e de São Paulo. A comunicação rápida entre esses dois centros urbanos criou expressões culturais semelhantes, assim como códigos, gírias e comportamentos sexuais similares. Entretanto, diferenças entre as duas cidades influenciaram alguns aspectos da formação das subculturas homossexuais. As tradições e a cultura afro-brasileiras tiveram maior influência no Rio de Janeiro, enquanto a imigração europeia e japonesa em grande escala para São Paulo gerou uma diferente composição étnica, social e cultural. O acesso fácil às praias e as possibilidades físicas e sensuais nesses espaços públicos deram forma à subcultura homossexual carioca. Na industrial São Paulo, o carnaval é uma imitação pobre das festividades no Rio de Janeiro. As manifestações públicas da homossexualidade, como as expressas nos bailes carnavalescos de travestis, as celebrações de rua, escolas de samba e concursos de fantasias são mais comuns no Rio do que em São Paulo. Apesar dessas e de outras diferenças, as fontes históricas disponíveis em ambas as cidades permitiram a textura de uma história social rica e complexa. Como mostrou George Chauncey em *Gay New York*, um trabalho de investigação imaginativo, a paciência esmerada e um emprego criativo das fontes nos arquivos podem produzir resultados surpreendentes.[53] Espero que este trabalho também inspire futuros estudos sobre a história da sexualidade e socialização entre indivíduos do mesmo sexo em outros centros urbanos brasileiros, bem como nas áreas rurais.

Deve ser ressaltado que neste estudo, como um todo, os registros históricos existentes revelaram muito mais sobre a vida de homens pobres, da classe operária e da classe média-baixa que buscaram a satisfação sexual em lugares públicos, do que incidiram sobre a vida de gays da classe alta, que podiam se dar ao luxo de viver de modo mais circunspecto. Quanto mais baixo o *status* econômico ou social de uma pessoa, mais vulnerável ela se tornava aos abusos policiais. Nos anos 20 e 30, médicos e criminologistas estavam interessados em conduzir sua pesquisa entre os homens de classe média e baixa, em razão das teorias eugenistas em voga que ligavam a pobreza à degeneração, à violência, ao perigo e à desordem. Em geral, os homens da classe alta podiam ocultar sua vida sexual sob um manto de respeitabilidade. Em vista da estrutura hierárquica das relações de classe na sociedade brasileira, os membros da elite que desejavam sexualmente outros homens estavam protegidos das inconveniências da interferência policial. Um nome familiar de prestígio e adequadas conexões políticas e sociais podiam proteger um filho ou marido transgressivo contra um escândalo público. Uma renda confortável também era capaz de fornecer a privacidade necessária para encontros românticos ou sexuais, e homens mais ricos podiam até mesmo comprar, discretamente, favores sexuais quando necessário. Contanto que não houvesse o interesse por homens das classes inferiores, as interações sexuais e sociais podiam permanecer isoladas em festas privadas e reuniões entre pessoas do mesmo círculo, longe das praças e parques onde os homossexuais mais pobres se agregavam. Portanto, este estudo inclina-se inevitavelmente para o lado dos homens dos setores sociais que compõem a maioria da população brasileira.

Considerando isso, há, de fato, um espectro amplo de documentação disponível, embora os dados brutos raramente estejam catalogados sob a rubrica "homossexualidade" nos índices do Arquivo Nacional no Rio de Janeiro, ou entre os arquivos policiais ou casos judiciais em São Paulo. A impossibilidade de um acesso adequado aos registros da polícia e dos tribunais tanto no Rio quanto em São Paulo demandou caminhos alternativos para conseguir penetrar nas políticas oficiais do Estado com respeito ao policiamento e controle dos encontros eróticos entre pessoas do mesmo sexo.[54] Os registros médicos, os depoimentos de travestis que haviam sido presas no centro de São Pau-

Introdução

lo e matérias recortadas de várias publicações brasileiras estavam entre as fontes de arquivo utilizadas.[55]

Uma dependência exclusiva de fontes produzidas pela classe médica, pelo Estado e pela mídia tradicional, que documentam manifestações da homossexualidade, bem como noções de gênero e masculinidade no Brasil podiam apresentar uma visão altamente distorcida desses assuntos. Portanto, busquei a informação de uma outra fonte fidedigna: os próprios homossexuais. Em 70 entrevistas, homens numa faixa etária entre 35 e 85 anos contaram suas vidas, experiências e percepções sobre os relacionamentos românticos e sexuais com outros homens desde os anos 30 até os 90. Tive a preocupação consciente de assegurar que os entrevistados refletissem um perfil da sociedade carioca e paulista, representando uma ampla diversidade quanto a origem social, racial e posições políticas. As diferentes personalidades com as quais conversei trouxeram à luz muitos universos divergentes: os mundos dos ativistas dos movimentos gays dos anos 70 e 80; as pessoas que frequentavam os bailes de carnaval nos anos 50 e 60; os intelectuais da universidade que deliberadamente evitavam os grupos políticos gays; os profissionais do sexo; travestis; e homens gays "comuns", que viviam suas vidas e amores sem uma conexão estabelecida com nenhum dos movimentos sociais ou políticos que se desenvolveram no início dos anos 60 e durante a lenta queda da ditadura, desde 1977 até 1985. Duas gerações de revistas – produções caseiras, informais, no início dos anos 60, e publicações ligadas ao movimento, como *Lampião*, do fim dos anos 70 – ofereceram uma outra via de acesso à vida dos homossexuais brasileiros, refletindo momentos diferentes no desenvolvimento de identidades homossexuais variadas.

Finalmente, este estudo teve como referência minha própria participação nos acontecimentos em torno da fundação e das atividades do movimento de gays politizados nos anos 70. Na época em que vivi em São Paulo, de 1977 a 1981, meu papel como ativista e líder da ala progressista do movimento, em seus controversos anos de formação, colocou-me no centro do furacão. A consciência da minha proximidade com o objeto de estudo e da minha participação na forma como essa história é escrita forçou-me a agir com cautela.

De um modo significativo, esse quadro heterogêneo, desenhado com base num conjunto variado de fontes, delineou uma periodização alternativa para parte dessa história social da homossexualidade masculina no Rio de Janeiro e em São Paulo no século XX. Tradicionalmente, os historiadores do Brasil moderno dividem os períodos históricos segundo as grandes mudanças políticas nos diferentes regimes que se encadearam ao longo dos últimos cem anos: a República Velha (1889-1930); o período Vargas (1930-1945); a redemocratização (1945-1964); a ditadura militar (1964-1985); o retorno da democracia (1985 até o presente).[56] Mas as notáveis transformações sociais no Rio e em São Paulo, as quais redefiniram as relações de gênero e o uso do espaço urbano, exigiram que retornássemos ao período anterior à Revolução de 30, para que pudéssemos explicar os desenvolvimentos no Brasil desde 1930 até o fim do autoritário Estado Novo, em 1945. Da mesma forma, a mudança política no regime, em 1964, teve um impacto muito menor sobre as subculturas homossexuais do Rio de Janeiro e de São Paulo do que as medidas restritivas dos primeiros três anos do governo Médici (1969-1972).

Portanto, este livro inicia examinando o Rio de Janeiro, na época a capital nacional, durante o período 1898-1920. Esse período foi marcado pelo fim da agitação social que acompanhou a derrubada da monarquia e o estabelecimento de um governo republicano em 1889. As fontes sobre a socialização erótica homossexual no Rio de Janeiro para o fim do século XIX e as duas primeiras décadas do século XX foram qualitativa e quantitativamente mais ricas que o material encontrado em São Paulo para o mesmo período. Fugindo da cronologia tradicional, escolhi examinar o período de 1920 até 1945 como um todo, com o propósito de incluir o impacto dos acontecimentos dos anos 20 nas mudanças que tiveram lugar no Brasil após a Revolução de 30.

Da mesma forma, a abordagem do período pós-Segunda Guerra desvia-se da cronologia histórica tradicional. Dividi esse período em duas partes: 1945-1968, quando se desenvolveu uma subcultura distinta, moderna e urbana; e o período pós-1968, quando mudanças sociais e culturais redefiniram os contornos dessa subcultura. Esta obra termina quando a primeira onda do movimento brasileiro de gays e lésbicas emergiu em 1978, ano que é também associado ao início da lenta transição da ditadura para a democracia.

Inspirado na obra de John D'Emilio, *Sexual Politics, Sexual Communities: The Making of a Homosexual Minority in the United States, 1940-1970*, este estudo começou por um exame das dinâmicas que levaram ao surgimento de um movimento politizado de gays e lésbicas no fim dos anos 70.[57] Entretanto, logo ficou evidente que qualquer análise do ativismo por parte de homossexuais sob a ditadura militar requeria uma investigação mais ampla da formação de complexas subculturas urbanas encadeadas no transcorrer do século XX. Também não demorou para ficar claro que outro objetivo, o de mostrar uma história que abrangesse *ambos*, homens e mulheres, que mantêm laços sexuais e românticos com pessoas do mesmo sexo, era ambicioso demais. Se as fontes materiais sobre a homossexualidade masculina no Brasil são relativamente escassas, fontes primárias e secundárias sobre mulheres que amaram ou tiveram relações sexuais com outras mulheres são ainda mais raras. Também tive muito menos acesso às redes sociais de lésbicas no Rio de Janeiro e em São Paulo do que ao mundo gay masculino. Os dois universos se interseccionam às vezes, especialmente em algumas casas noturnas e círculos sociais, mas permanecem bastante autônomos. Além disso, a relativa invisibilidade da lesbiandade em comparação com a homossexualidade masculina requer diferentes estratégias de pesquisa. Portanto, em vez de tentar abranger um tópico demasiadamente amplo, optei por concentrar-me nas interações eróticas, românticas e sexuais entre os homens.[58]

Embora imagens de licenciosidade e devassidão tropical possam marcar a aproximação inicial do leitor ao tema da homossexualidade masculina no Brasil, este trabalho pretende olhar além das transgressões de gênero e das demonstrações públicas de sexualidade que ocorrem durante o carnaval, com o intuito de examinar a realidade social e cultural mais ampla da homossexualidade ao longo do século

XX. Nesse processo, de fato, os homens que se envolvem em relações eróticas e românticas com outros homens apropriaram-se das festividades do carnaval como um meio ideal para expressar suas próprias noções de gênero e manifestar sua sensualidade e sexualidade. Mas o sucesso em sua ocupação do espaço social é um resultado de conflitos retraídos durante várias décadas. Além disso, se as *drag queens*, imitando a baiana decorada com bananas, alcançaram um *status* elevado nos quatro dias de carnaval nas últimas décadas, a posição social dos homossexuais brasileiros no resto do ano tem sido bem menos favorável. Tendo de enfrentar prisões e violência nas ruas, negociar com as restrições familiares, desenvolver redes alternativas de apoio, permitir-se aventuras sexuais e manter seus relacionamentos são apenas algumas das muitas questões com as quais os homossexuais comuns têm de lidar em suas vidas cotidianas.

Este estudo de homens que cruzaram as fronteiras sexuais reflete ainda a estrutura global dos valores sociais e regras do comportamento aceitável no Brasil, e revela muito sobre as definições culturais de masculinidade e feminilidade. Portanto, uma história da homossexualidade no Brasil é uma história dos homens, das mulheres e das relações de gênero. O homossexual efeminado, o bicha, atua como um indicador que diferencia seu próprio comportamento "desviado" e o comportamento masculino "normal" de um homem "verdadeiro". Pela natureza de sua oposição binária à norma, o estereótipo social do homem "passivo" e efeminado define o homem "ativo" e "viril". De modo contraditório, contudo, a natureza às vezes fluida da identificação de gênero, bem exemplificada nas celebrações do carnaval, pode também gerar uma ambiguidade que subverte o sistema sexual heterodominante usualmente rígido. Este livro busca desembaraçar todas essas construções de gênero e masculinidade que são claramente inconsistentes e conflitantes. Mostra que o comportamento, as atividades e imagens de homens que praticam sexo com outros homens contribuem para a formação de múltiplas identidades de gênero assumidas pelos homens brasileiros. Ao examinar as várias formas pelas quais homens que experimentam o erotismo e relacionamentos homosse-

Introdução

xuais negociam numa sociedade hostil, este projeto também historiciza e contextualiza a crescente visibilidade do homem homossexual no carnaval e nas incomparáveis manifestações de ambiguidade de gênero cujo modelo exemplar é o admirável fenômeno da *persona camp* de Carmen Miranda e seus imitadores masculinos.

Notas

1 Nesse filme, Carmen Miranda aparece pela primeira vez com os trajes que se tornariam sua marca registrada, cantando *O que é que a bahiana tem?*. O filme estreou no cine Metro-Passeio no centro do Rio, em fevereiro de 1939, pouco antes do carnaval daquele ano.

2 Para uma análise das influências afro-brasileiras nas atuações de Carmen Miranda, ver Ligiéro, *Carmen Miranda*: um paradoxo afro-brasileiro, 1998.

3 Gil-Montero, *Brazilian Bombshell*: The biography of Carmen Miranda, 1989, p.152-3.

4 Ver Da Matta, *Carnavais, malandros e heróis*: para uma sociologia do dilema brasileiro, 1997; o capítulo "A carnavalização do mundo", in: Parker, *Corpos, prazeres e paixões*: cultura sexual no Brasil contemporâneo, 1992, p.205-42; e o Capítulo 5, "A apropriação homossexual do carnaval carioca".

5 A canção popular *Falsa baiana*, de Geraldo Pereira, faz uma distinção entre a baiana "real" e a "falsa", pela habilidade da primeira em sambar, provocando o desejo de todos. A falsa baiana não inspira tal reação. A ambiguidade da mistura de gêneros durante o carnaval, bem como os prazeres eróticos derivados do conhecimento de que um homem está vestido como uma mulher sexualmente provocante serão discutidos no Capítulo 5. Com base em fotos de pessoas travestidas no carnaval dos anos 20 e 30, a falsa baiana parecia estar mais para uma paródia *camp* de gênero do que uma tentativa de evocar o desejo sexual.

6 Sherna Gluck ajudou-me a esclarecer esse fenômeno contraditório.

7 Durante a Segunda Guerra, os chefões do cinema em Hollywood, com o apoio da "Política de Boa Vizinhança" de Roosevelt, usaram a cantora brasileira para veicular e vender uma imagem mítica da mulher e da cultura latino-americanas, buscando angariar apoio na América Latina e entre o público norte-americano para as políticas de guerra do governo dos Estados Unidos. Para informações gerais sobre o tratamento do Brasil em Hollywood nesse período, ver Augusto, "Hollywood Looks at Brazil: From Carmen Miranda to Moonraker", in: Johnson & Stam (Ed.) *Brazilian Cinema*, 1995, p.51-61; Woll, *The Latin Image in Ameri-*

can Film, 1977; e a discussão de Martha Gil-Montero, op. cit., 1989, p.110-26, sobre o papel de Carmen Miranda nos planos da Seção de Filmes da Secretaria de Assuntos Interamericanos do Departamento de Estado.

8 Para citar um exemplo, os personagens da peça teatral *Beach Blanket Babylon*, de São Francisco, exibem em suas cabeças turbantes e perucas ainda maiores, mais espalhafatosos e com frutas e objetos ainda mais cômicos, numa referência direta ao visual de Carmen Miranda. A peça, ao mesmo tempo que atraiu uma vasta fileira de admiradores gays em seus mais de vinte anos em cartaz, também alcançou popularidade num público mais amplo. A cidade de São Francisco até mesmo nomeou uma pequena rua em homenagem a essa extravagante produção teatral.

9 A Banda de Ipanema, fundada em 1966, foi uma das várias tentativas empreendidas no período pós-64 de revitalizar o carnaval de rua e a prática das folias nas ruas. Os organizadores da Banda escolhem um samba-enredo a cada ano e contratam uma banda de percussionistas para conduzir milhares de pessoas dançando um samba lento e sincopado pelas ruas de classe média-alta do bairro de Ipanema, que fora o reduto da bossa nova e da boemia brasileira dos anos 50 aos 70. A Banda Carmen Miranda separou-se da Banda de Ipanema em 1984. Ver "Ipanema cria Banda Carmen Miranda", *O Globo*, 15 dez. 1984, p.12.

10 Em junho de 1995, ativistas lésbicas e gays deram um foco mais político a essa tradição carnavalesca, organizando a Marcha pela Plena Cidadania. Usando música e influências do carnaval, mais de duas mil pessoas desfilaram pela Avenida Atlântica em Copacabana, como evento de encerramento da 17ª Conferência Anual da Associação Internacional de Gays e Lésbicas, realizada naquele ano no Rio de Janeiro. Para os organizadores veteranos, envolvidos nos grupos em defesa dos direitos de gays e lésbicas desde o início dos anos 80, a marcha simbolizou o amadurecimento do movimento e o casamento da política com a festa numa combinação tipicamente brasileira (Marisa Fernandes, Luiz R. B. Mott, Wilson da Silva, entrevistados pelo autor em 25.6.1995). Da mesma forma, o *camp* brasileiro permeou o movimento gay nos Estados Unidos. Ativistas contra a Aids em São Francisco, por exemplo, adotaram a imagem de Carmen Miranda, completa, com sapatos de plataforma exagerada, joias espalhafatosas e vestidos absurdos, desfilando nas áreas gays como "Condom Mirandas" [Camisinhas Mirandas], e distribuindo preservativos aos passantes perplexos.

11 Rocco, *Marco of Rio*, 1970.

12 Bjorn, *Carnival in Rio*, 1989. Outros filmes de Bjorn cujo cenário é o Brasil tropical incluem *Tropical Heat Wave* (1990), *Jungle Heat* (1993), *Paradise Plantation* (1994), *A World of Men* (1995) e *Amazon Adventure* (1996).

Introdução

13 Um ótimo exemplo da identificação da homossexualidade brasileira com o carnaval no Rio de Janeiro encontra-se em Gomes, *A homossexualidade no mundo*, 1979, p.153-92.

14 Ver Parker, op. cit., 1992, p.70. Pelo menos um estudo empírico conduzido em 1973 indica que os brasileiros eram menos tolerantes em relação à homossexualidade do que as imagens populares podem sugerir. Após entrevistar 112 estudantes de Campina Grande, Paraíba, o estudo conclui que os brasileiros são mais preconceituosos com respeito à homossexualidade do que os canadenses, e aponta uma probabilidade bem maior da suposição de que um homem "feminino" seja homossexual do que entre os canadenses (Dunbar, Brown, Vuorinen, "Attitudes toward Homosexuality among Brazilian and Canadian College Students", 1973, p.173-83).

15 Segundo a pesquisa, no Nordeste do Brasil o nível de não aceitação de que um filho saia com um amigo gay cresce para 87% ("O mundo gay rasga as fantasias", *Veja*, 1993, p.52-3).

16 Mott, *Homofobia*: a violação dos direitos humanos de gays, lésbicas & travestis no Brasil, 1997.

17 Um estudo de caso de vários desses assassinatos que ocorreram em São Paulo foi feito por Spagnol, *O desejo marginal*: violência nas relações homossexuais na cidade de São Paulo, 1996. Sobre a cobertura jornalística da onda de assassinatos de homossexuais de 1987-1988 no Rio de Janeiro e em São Paulo, ver Venciguerra & Maia, *O pecado de Adão*: crimes homossexuais no eixo Rio–São Paulo, 1988. Outros exemplos de violência contra homens gays no Rio no fim dos anos 60 e durante a década de 1970 estão em Machado, *Descansa em paz, Oscar Wilde*, 1982.

18 Reis, entrevistado pelo autor em 20.1.1995.

19 Alves, entrevistado pelo autor em 18.7.1995.

20 US. Congress, House, Senate, Committee on Foreign Relations and International Relations, *Country Reports on Human Rights Practices for 1993*, 1994, p.376.

21 US. Congress, House, Senate, Committee on Foreign Relations and International Relations, *Country Reports on Human Rights Practices for 1993*, 1997, p.372-3; US. Congress, House, Senate, Committee on Foreign Relations and International Relations, *Country Reports on Human Rights Practices for 1995*, 1996, p.348; US. Congress, House, Senate, Committee on Foreign Relations and International Relations, *Country Reports on Human Rights Practices for 1993*, 1994, p.376; Amnesty International Nova York, *Breaking the Silence*: Human Rights Violations Based on Sexual Orientation, 1994, p.13-4; Dignidade, Grupo de Conscientização e Emancipação Homossexual, 1994, p.2-3; "Reclamando nossos direitos", *Folha de Parreira*, 1995, p.2.

22 Mott, *Violação dos direitos humanos e assassinato de homossexuais no Brasil – 1997*, 1998, p.32-48.

23 O brasileiro Marcelo Tenório, na época um pintor de casas de 32 anos vivendo em São Francisco, foi a primeira pessoa a quem o asilo político nos Estados Unidos foi concedido, em razão de anos de perseguição por causa de sua orientação sexual. Brooke, "In Live-and-Let-Live Land, Gay People Are Slain", 1993, p.3.

24 O debate sobre o Brasil ser ou não uma democracia racial tem uma longa história que remonta aos anos 30. A clássica obra de Gilberto Freyre, *Casa grande e senzala* (1933), questiona as noções da elite dominante sobre a inferioridade dos afro-brasileiros e das pessoas descendentes de misturas raciais. Freyre afirmou que o legado dos padrões coloniais de miscigenação gerou uma tolerância social entre os descendentes de africanos, portugueses e índios que era bastante diversa das formas de discriminação que ele observou ao estudar nos Estados Unidos nos anos 10 e 30. Freyre também insistiu que a sensualidade, licensiosidade e promiscuidade dos colonos portugueses que levaram a ligações sexuais com as mulheres africanas e índias estabeleceram os moldes dos elementos libertinos da cultura brasileira contemporânea. Ao fundir a tolerância racial e a licenciosidade sexual, ele delineou a estrutura da maior parte das suposições comumente aceitas no Brasil sobre as atitudes locais em relação à raça e ao sexo. Desde os anos 60, estudiosos teceram críticas meticulosas a noções de Freyre sobre a propensão dos brasileiros para a tolerância racial, embora suas teorias sobre a permissividade sexual tenham gerado muito menos questionamentos. Ver Needell, "Identity, Race, Gender, and Modernity in the Origins of Gilberto Freyre's, 1995, p.51-77. Para uma discussão das noções da elite brasileira no fim do século XIX e início do século XX sobre raça, ver Skidmore, *Preto no branco*: raça e nacionalidade no pensamento brasileiro, 1989; e Borges, *The Family in Bahia, Brazil, 1870-1945*, 1992. Entre as obras que questionam a tese de Freyre sobre a tolerância racial no Brasil estão: Degler, *Neither Black nor White*: Slavery and Race Relations in Brazil and the United States, 1971; Conrad, *Children of God's Fire*: A Documentary History of Black Slavery in Brazil, 1984; Andrews, *Blacks and Whites in São Paulo, Brasil, 1888-1988*, 1991; e Fontaine (Ed.) *Race, Class, and Power in Brazil*, 1985. Costa, "The Myth of Racial Democracy: A Legacy of the Empire", in: *The Brazilian Empire*: Myths and Histories, 1985, p.234-46.

25 Rodrigues, *João do Rio*: uma biografia, 1995, p.255.

26 Parker, *Corpos, prazeres e paixões*: cultura sexual no Brasil contemporâneo, 1992, p.70. Boa parte dos modelos teóricos de Parker inspiraram-se na obra pioneira de Peter Fry, antropólogo inglês que reside há muito tempo no Brasil. Fry iniciou seu estudo acadêmico da homossexualidade e dos sistemas brasileiros de gênero na metade dos anos 70. Ver Fry, *Para inglês ver*: identidade e

política na cultura brasileira, 1982; e Fry & MacRae, *O que é homossexualidade*, 1983. Ver, também, Parker, *Beneath the Equator*: Cultures of Desire, Male Homosexuality, and Emerging Gay Communities in Brazil, 1999.

27 Ver Misse, *O estigma do passivo sexual*: um símbolo de estigma no discurso cotidiano, 1979. O antropólogo Stephen O. Murray questionou a afirmação de que os homens "verdadeiros" mantêm seu *status* social desde que não transgridam seu papel sexual atribuído. Ele argumenta que aventuras homossexuais praticadas por homens que assumem o papel "ativo" podem não estar tão livre de sanções como alguns observaram. Ver Murray, "Machismo, Male Homosexuality, and Latin Culture", 1995, p.59.

28 Fry, "Homossexualidade masculina e cultos afro-brasileiros", 1982, p.54-86. Uma versão desse capítulo foi publicada em inglês como "Male Homosexuality and Spirit Possession in Brazil", *Journal of Homosexuality*, v.11, n.3-4, p.137-54, 1986. Foi também reproduzido como "Male Homosexuality in Afro-Brazilian Possession Cults", in: Murray (Ed.) *Latin American Male Homosexualities*, 1995, p.193-220. Ver, também, Matory, "Homens montados: homossexualidade e simbolismo da possessão nas religiões afro-brasileiras", 1988, p.215-31.

29 Uma avaliação de sua pesquisa antropológica sobre o candomblé, com apenas breves comentários sobre o papel dos homens efeminados nessa religião, pode ser encontrada numa reimpressão de seu estudo publicado em 1947. Ver Landes, *The City of Women*, 1994. Sua documentação da homossexualidade no candomblé foi apresentada em Landes, "A Cult Matriarchate and Male Homosexuality", 1940, p.386-97. Para uma análise contemporânea do candomblé, em que homens homossexuais estão entre os adeptos da religião, ver Wafer, *The Taste of Blood*: Spirit Possession in Brazilian Candomblé, 1991.

30 Birman, *Fazer estilo criando gêneros*: possessão e diferenças de gênero em terreiros de umbanda e candomblé no Rio de Janeiro, 1995.

31 Fry, "Da hierarquia à igualdade: a construção histórica da homossexualidade no Brasil", 1982, p.87-115.

32 Chauncey, *Gay New York*: Gender, Urban Culture, and the Making of the Gay Male World, 1890-1940, 1994, p.358-61.

33 Parker, "Changing Brazilian Constructions of Homosexuality", 1995, p.241-55.

34 Parker, "After AIDS: Changes in (Homo)sexual Behaviour", 1993, p.100.

35 Uma discussão com John D'Emilio ajudou-me a esclarecer esse ponto.

36 Donna J. Guy apresentou esse ensaio pela primeira vez na Conferência sobre História Latino-Americana da American Historical Association, em janeiro de 1994. Ele foi depois publicado em *Americas 51*, n.1, p.1-9, jul. 1994.

37 O estudo antropológico de famílias nicaraguenses de classe média-baixa após

a revolução sandinista realizado por Lancaster, *Life Is Hard*: Machismo, Danger and Intimacy of Power in Nicaragua, 1992, explora noções de homossexualidade e do sistema de gêneros nesse país. Uma série de artigos em Murray, *Latin American Male Homosexualities*, focaliza a construção de múltiplas identidades homossexuais e homoeróticas no México e Peru, tanto nas populações indígenas quanto nas culturas dominadas pelo espanhol. Jacobo Schifter produziu várias obras sobre a homossexualidade na Costa Rica. Entre elas, *La formación de una contracultura*: Homosexualismo y SIDA en Costa Rica, 1989, e *Lila's House*: Male Prostitution in Latin America, 1998.

Ver, também, Adam, "In Nicarágua: Homosexuality without a Gay World", in: De Cecco &. Elia (Ed.) *If You Seduce a Straight Person, Can You Make Them Gay? Issues in Biological Essentialism versus Social Constructionism in Gay and Lesbian Identities*, 1993, p.171-80; Argüelles & Ruby Rich, "Homosexuality, Homophobia, and Revolution: Notes toward an Understanding of the Cuban Lesbian and Gay Male Experience", 1984, p.683-99; Hidalgo & Christensen, "The Puerto Rican Lesbian and the Puerto Rican Community", 1976-1977, p.109-21; Jáuregui, *La homosexualidad en la Argentina*, 1987; Leiner, *Sexual Politics in Cuba*: Machismo, Homosexuality, and AIDS, 1994; Lumsden, *Homosexuality*: Society and the State in Mexico, 1991, e *Machos, Maricones, and Gays*: Cuba and Homosexuality, 1996; Ramirez, *Dime capitán*: reflexiones sobre la masculinidad, 1993.

A obra de Foster, *Gay and Lesbian Themes in Latin American Writing*, 1991, traça um perfil geral da homossexualidade na literatura. Foster também editou *Latin American Writers on Gay and Lesbian Themes*: A Bio Critical Sourcebook, 1994. Essa obra contém 130 verbetes elaborados por 60 pesquisadores que examinam a produção literária de escritores com assumida identidade gay ou lésbica, aqueles que escreveram sobre temas relacionados aos gays ou lésbicas e autores cuja obra reflete uma sensibilidade lésbica ou gay. Ver, também, Foster & Reis (Ed.) *Bodies and Biases*: Sexualities in Hispanic Cultures and Literatures, 1996). A antologia editada por L. Bergmann & Smith, *Entiendes?* Queer Readings, Hispanic Writings, 1995, reuniu artigos que tratam da América Latina espanhola e dos latinos vivendo nos Estados Unidos. Ver, também, Howes, "The Literatures of Outsiders: The Literature of the Gay Community in Latin America", 1987, p.288-304, e, do mesmo autor, "Literature of the Contemporary Brazilian Gay Community: A Review", 1996, p.126-38.

38 Bleys, *The Geography of Perversion*: Male-to-Male Sexual Behavior outside the West and the Ethnographic Imagination, 1750-1918, 1995; Gruzinski, "Las cenizas del deseo: Homosexuales novohispanos mediados del siglo XVII", in: Ortega (Ed.) *De la santidad a la perversion, o de porque no se cumplia la ley de dios en la sociedad novohispana*, 1985, p.255-81; Taylor, "Legends, Syncretism, and Continuing Echoes of Homosexuality from Pre-Columbian and Colonial Mexico", 1995, p.80-99; e Trexler, *Sex and Conquest*: Gendered Violence, Political

Introdução

Order, and the European Conquest of the Americas, 1995.

Ver, também, Aufterherde, "True Confessions: The Inquisition and Social Attitudes in Brazil at the Turn of the Seventeeth Century", 1973, p.208-40; Belini, *A coisa obscura*: mulher, sodomia e inquisição no Brasil colonial, 1987; Mott, "Relações raciais entre homossexuais no Brasil colonial", 1985, p.89-102, e "Escravidão e homossexualidade", 1986; Vainfas, "Sodomia, mulheres e inquisição: notas sobre sexualidade e homossexualismo feminino no Brasil colonial", 1986-1987, p.233-49; e Mott, *O sexo proibido*: virgens, gays e escravos nas garras da Inquisição, 1989.

39 Bao, "Invertidos Sexuales, Tortilleras, and Maricas Machos: The Construction of Homosexuality in Buenos Aires, Argentina, 1900-1950", in: De Cecco & Elia, *If You Seduce a Straight Person...*, 1993, p.208.

40 Salessi, "The Argentine Dissemination of Homosexuality", 1995, p.49-91. Ver, também, Salessi, *Médicos, maleantes, y maricas*: higiene, criminología, y homosexualidad em la construcción de la nación Argentina, Buenos Aires, 1871-1914, 1995.

41 Estudos sobre a homossexualidade na literatura e no cinema incluem Queiroz, "Transgressores e transviados: a representação do homossexual nos discursos médicos e literários no final do século XIX, 1870-1900", 1992; Grootendorst, *Literatura gay no Brasil*: dezoito escritores brasileiros falando da temática homoerótica, 1993; Moreno, "A personagem homossexual no cinema brasileiro", 1995.

42 Fry, *Para inglês ver*, p.54-86.

43 As teorias de Fry são apresentadas em Fry, *Para inglês ver*, e Fry & MacRae, *O que é homossexualidade*. Vários alunos de Fry produziram estudos antropológicos importantes sobre a homossexualidade no Brasil. Entre eles, estão Guimarães, *O homossexual visto por entendidos*, 1977, um estudo de uma rede social de quatorze homens gays no Rio de Janeiro no início dos anos 70; MacRae, *A construção da igualdade*, uma análise antropológica da Somos, a primeira organização brasileira em defesa dos direitos gays; Perlongher, *O negócio do michê*: prostituição viril em São Paulo, 1987, um exame da prostituição masculina; e Terto Júnior, *No escurinho do cinema...*: socialidade orgiástica nas tardes cariocas, 1989, uma análise do sexo homossexual nos cinemas do Rio de Janeiro. *Corpos, prazeres e paixões*, de Parker, também se baseia na obra pioneira de Fry.

44 Pereira, "O direito de curar: homossexualidade e medicina legal no Brasil dos anos 30", 1994, p.88-129.

45 Ford, *Passion in the Eye of the Beholder*: Sexuality as Seen by Brazilian Sexologists, 1900-1940, 1995, p.179.

46 Beattie, "Asking, Telling, and Pursuing in the Brazilian Army and Navy in the

Days of *Cachaça*, Sodomy, and the Lash, 1860-1916", 1997, p.65-85.

47 A obra pioneira quanto ao mapeamento dos espaços homossexuais no Brasil foi um artigo de Barbosa da Silva, "Aspectos sociológicos do homossexualismo em São Paulo", 1959, p.350-60. Esse jovem sociólogo compôs um quadro das áreas de "pegação" no centro de São Paulo. No rastro desse trabalho, Perlongher atualiza, em *O negócio do michê*, a topografia sexual de Barbosa da Silva para os anos 80. Feldman, em *Segregações espaciais urbanas*: a territorialização da prostituição feminina em São Paulo, 1988, traça o espaço físico ocupado pela prostituição feminina em São Paulo. Mattos & Ribeiro examinam a prostituição masculina e feminina em *Territórios de prostituição nos espaços públicos da área central do Rio de Janeiro*, 1994. Mais recentemente, o historiador David Higgs mapeou o homoerotismo entre homens no Rio de Janeiro. Ver "Rio de Janeiro", 1999, p.138-63. A série recentemente editada por Bell & Valentine, *Mapping Desire*: Geographies of Sexualities, 1995, apresenta uma perspectiva internacional dos estudos da natureza do lugar e noções de espaço no que se refere ao prazer, desejo e sexualidade.

48 O antropólogo Roberto da Matta emprega o paradigma da casa e rua para mapear as esferas sociais do Brasil atual. Ver Da Matta, *Carnaval, malandros e heróis*, 1977.

49 Gilberto Freyre, em *Casa grande e senzala*, afirma que a família patriarcal agrária permaneceu como o modelo para a estrutura e funcionamento familiares ao longo do século XX. Essa perspectiva foi confirmada no artigo de Mello e Souza, "The Brazilian Family", 1951, p.291-312. Mariza Corrêa questiona essa visão em "Repensando a família patriarcal brasileira [notas para o estudo das formas de organização familiar no Brasil]", 1982, p.13-38. Nesse ensaio, ela argumenta que embora a família patriarcal possa ter sido o modelo dominante, ele era apenas uma entre muitas formas concorrentes de organização social. Para uma síntese de diferentes interpretações da família baseadas na obra de Freyre, ver Borges, *The Family in Bahia*, p.4-6, 46-7.

50 Page codifica, em *The Brazilians*, 1995, p.12, esses clichês regionais, que estão entre os primeiros estereótipos que se ouvem ao chegar no Brasil.

51 Dean, *A industrialização em São Paulo, 1880-1945*, 1991.

52 Em 1950, a população do Distrito Federal (Rio de Janeiro) era de 2.241.152 e a da cidade de São Paulo, 2.227.512. Na década de 1950, a população de São Paulo ultrapassou a da capital do país (Instituto Brasileiro de Geografia e Estatística, *Recenseamento geral do Brasil [1º de julho de 1950]*: Sinopse preliminar do censo demográfico, 1951, p.2).

53 Chauncey, *Gay New York*, 1994, p.365-72.

54 O Arquivo Nacional do Rio de Janeiro talvez tenha por volta de cem mil casos

Introdução

judiciais (a maioria não catalogado) arquivados em ordem alfabética pelo primeiro nome. Os registros de prisões e ocorrências não estavam disponíveis quando realizei a parte mais substancial de minha pesquisa, em 1994-1995. Os registros da polícia e dos tribunais em São Paulo não estão indexados, e os arquivos eram inacessíveis aos pesquisadores nessa época.

55 Infelizmente, dois dos jornais mais antigos e mais importantes do Rio de Janeiro e de São Paulo, o *Jornal do Brasil* e o *Estado de S. Paulo*, não possuem índices de fácil acesso disponíveis ao público.

56 Bello, *A History of Modern Brazil, 1889-1964*, 1966; Skidmore, *Brasil de Getúlio a Castelo (1930-1964)*, 1996; Worcester, *Brazil*: From Colony to World Power, 1973; Burns, *A History of Brazil*, 1980; Skidmore, *Brasil de Castelo a Tancredo – 1964-1985*, 1988; Penna, *Uma história da República*, 1989; Schneider, *"Order and Progress"*: A Political History of Brazil, 1991; e Fausto, *História do Brasil*, 1994.

57 D'Emilio, *Sexual Politics, Sexual Communities*: The Making of a Homosexual Minority in the United States, 1940-1970, 1983.

58 Para obras sobre o lesbianismo no Brasil, ver Belini, *A coisa obscura*; Carvalho, *Caminhos do desejo*: uma abordagem antropológica das relações homoeróticas femininas em Belo Horizonte, 1995; Heilborn, *Dois é par*: conjugalidade, gênero e identidade sexual em contexto igualitário, 1992; Martinho, "Brazil", 1995, p.18-22; e Mott, *O lesbianismo no Brasil*, 1987; Portinari, *O discurso da homossexualidade feminina*, 1989.

1
Os prazeres nos parques do Rio de Janeiro na *belle époque* brasileira, 1898-1914

Quando o Brasil entrou no século XX, a cidade do Rio de Janeiro passou por profundas transformações. Durante uma década após a abolição da escravidão, em 1888, e a proclamação da República, um ano mais tarde, a nação estivera envolvida numa intensa desordem política. Segundo um historiador desse período, "A *belle époque* carioca inicia-se com a subida de Campos Sales ao poder em 1898 e a recuperação da tranquilidade sob a égide das elites regionais. Nesse ano registrou-se uma mudança sensível no clima político, que logo afetou o meio cultural e social. As jornadas revolucionárias haviam passado. As condições para a estabilidade e para uma vida urbana elegante estavam de novo ao alcance da mão".[1]

Enquanto a elite urbana almejava a estabilidade social e política, afro-brasileiros empobrecidos continuavam a inundar a cidade, vindos das áreas rurais circundantes e de outros estados em busca de emprego. Do mesmo modo, como parte da onda de imigração europeia para as Américas do fim do século XIX, imigrantes estrangeiros, especialmente portugueses, contribuíram para o dramático crescimento da cidade. Entre 1872 e 1890, a população do Rio de Janeiro praticamente duplicou, saltando de 266.831 para 518.290 pessoas. Dezesseis anos mais tarde, em 1906, ela já se elevara para mais de 800 mil e, em 1920, a capital possuía 1.157.873 habitantes.[2] Nesse período, o número de homens era maior que o de mulheres, na cidade. No censo de 1890, o novo governo republicano registrou 238.667 homens e 184.089 mulheres residentes na capital da nação. Entre a população nativa, havia uma proporção relativamente equilibrada de 159.393 homens para 151.428 mulheres. Contudo, entre os imigrantes estrangeiros o número de homens ultrapassava em mais que o dobro o de mulheres: 79.374 para 32.561.[3] Em meio ao alvoroço diário, milhares de jovens solteiros perambulavam pelas ruas do maior centro urbano do Brasil em busca de trabalho, diversão, companhia e sexo.

A explosão demográfica do Rio também exerceu uma enorme pressão na infraestrutura da cidade, no abastecimento e na saúde pública. Em 1902, o prefeito da capital federal, Francisco Pereira Passos, com o apoio do presidente recém-eleito, Rodrigues Alves, encomendou um projeto radical de renovação urbana que iria transformar grande parte do centro da cidade. O Rio era promovido como uma versão tropical da moderna Paris.[4] Elegantes edifícios no estilo da *beaux-arts* alinhavam-se em amplos bulevares iluminados, substituindo as ruas escuras, estreitas e tortuosas e as estruturas modestas. Funcionários da saúde pública elaboravam campanhas para melhorar o saneamento e eliminar a febre amarela, por meio de um programa que, entre outras medidas, envolvia a vacinação obrigatória de toda a população. A administração municipal condenou mais de 1.600 edifícios, incluindo diversas unidades para aluguel, e forçou quase 20 mil pobres e trabalhadores residentes do Rio, muitos dos quais afro-brasileiros, a encontrar novas moradias. Alguns se mudaram para lugares próximos, enquanto muitos outros foram forçados a deslocar-se para subúrbios afastados ao norte do centro da cidade.[5] Embora protestos e tumultos populares contra os novos programas residenciais, de saúde e saneamento público revelassem um profundo ressentimento diante do plano governamental como um todo, as autoridades continuaram a implementá-lo com determinação. Em 1906, eles declararam o projeto terminado, e o Rio de Janeiro logo ficou conhecido como a *Cidade maravilhosa*.[6] A imprensa gabava-se de que a capital da nação se tornara um espaço público burguês comparável a qualquer cidade modernizada da Europa.[7]

A mudança forçada dos habitantes pobres de algumas áreas centrais e as fachadas arquitetônicas de influência francesa delineando a nova via pública principal da cidade, a Avenida Central (mais tarde rebatizada como Avenida Rio Branco), produziram um ambiente ainda mais prazeroso à elite carioca. Contudo, o plano de renovação não eliminou por completo as evidências de caos, pobreza e deterioração urbana consideradas impróprias pela alta sociedade carioca. A prostituição sobreviveu em algumas partes da área central. O crime continuou a ser uma ameaça àqueles que frequentavam as áreas recém-restauradas do centro. Homens e mulheres pobres, especialmente negros, ainda mascateavam seus artigos nas ruas. E os homens que apreciavam relações sexuais com outros homens apegaram-se, obstinadamente, aos vários pontos do centro da cidade dos quais se haviam apropriado como lugares públicos para encontrar parceiros sexuais e socializar-se com os amigos.

O espaço urbano mais conhecido para tais encontros era o Largo do Rossio, uma praça nos limites do centro antigo do Rio de Janeiro. A área teve suas fachadas remodeladas na época das reformas urbanas de Pereira Passos e se manteve como um local de socialização homoerótica desde o fim do século XIX até muito recentemente.[8] O centro do Largo do Rossio abrigava uma estátua majestosa do imperador D. Pedro I (1798-1834). Seu filho, D. Pedro II (1825-1891), mandou erguê-la em 1862 para celebrar o 40º aniversário da declaração da independência brasileira. Em 30 de março desse ano, entre pompas e clarins, o imperador e sua corte inauguraram a imagem em bronze, de cinco metros, do primeiro governante do Brasil independente, montado num corcel e levantando nas mãos um rolo de papel representando a constituição da nação. A estátua equestre, que pesava sessenta toneladas, repousava num pedestal de dez metros, decorado com figuras de bronze simbolizando os maiores rios do Brasil e placas de metal inscritas com os nomes das províncias do país.[9] Mais tarde, o governo mandou executar o paisagismo da praça em torno do monumento, com árvores, jardins, estátuas e bancos, fazendo dessa área um dos espaços mais agradáveis do centro e também uma representação pública dos sentimentos nacionalistas brasileiros. Bem próximo à praça estava o Teatro São Pedro, que durante todo o século XIX abrigara muitos dos maiores eventos culturais para a alta sociedade carioca e que ajudou a atrair outras casas de espetáculo para a praça (Mapa 1).[10]

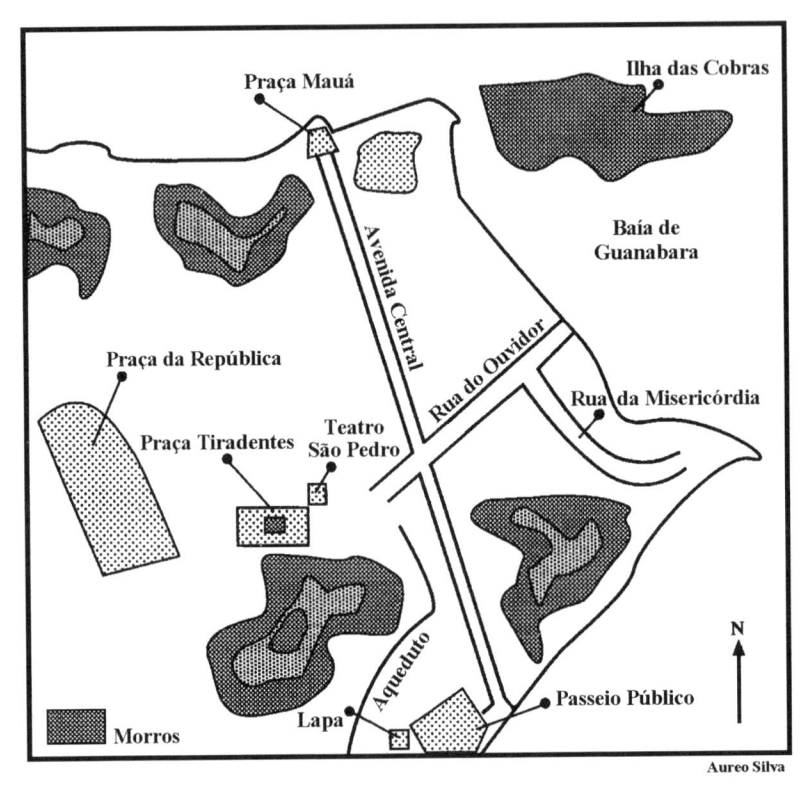

MAPA 1 – Rio de Janeiro, c. 1906.

Logo após a inauguração da estátua do imperador D. Pedro I, a praça passou a desempenhar outra função "menos patriótica", a de um local para as interações homossexuais. A atividade homossexual clandestina que se criou ali foi tamanha que, em 1870, o administrador da Intendência Municipal enviou um comunicado ao presidente desta informando a situação. Ele reclamava que a guarda municipal responsável pela vigilância dos jardins da praça havia "abandonado aqueles jardins na maior parte do dia à perversidade de garotos e de pessoas mal-intencionadas".[11] No entanto, sua reclamação praticamente não surtiu efeito, e a área continuou a atrair homens que buscavam outros homens para fins socioeróticos. A consequência foi que, em 1878, o secretário da segurança pública teve de adotar medidas mais drásticas, "há individuos que vão a deshoras a practicar abusos contrarios a moral, obrigando assim esta Repartição a ter rondantes naquelle jardim em prejuição da policia em outro lugar".[12] Ele determinou que as quatro entradas para os jardins da praça fossem fechadas diariamente à meia-noite. Duas semanas mais tarde, em resposta a outra reclamação de que, na verdade, a praça não estava sendo fechada conforme fora ordenado, um funcionário do governo assegurou ao chefe de polícia que os portões dos jardins estavam, de fato, sendo fechados à noite. Além disso, as patrulhas noturnas tocavam um apito para garantir que ninguém permanecesse na área após o horário de fechamento.[13] Apesar da vigilância e do controle da área pela polícia, os homens continuaram a usar o parque como um local de encontro com outros homens para fins sexuais (Figura 1).

Legal, mas nem tanto

No regime republicano pós-1889, a homossexualidade *per se* não era ilegal. Esse já não era o caso no Brasil colonial, quando as leis portuguesas definiam a sodomia como a penetração anal de um homem ou uma mulher. Quando dois homens estavam envolvidos, o Ofício da Sagrada Inquisição que se instalou em Portugal em 1553, assim como o código penal português consideravam tanto o penetrador quanto o receptor como sodomitas. Uma pessoa culpada por essa ofensa era condenada à fogueira e podia ter suas propriedades confiscadas.[14] Entre 1587 e 1794, a Inquisição portuguesa registrou 4.419 denúncias. Estas incluíam tanto os suspeitos de terem praticado sodomia quanto os que forneciam confissões atestando o fato de terem cometido o "pecado abominável e pervertido". Do total, 394 foram a julgamento, dos quais trinta acabaram sendo queimados: três no século XVI e 27 no século XVII. Os que não recebiam a pena de morte podiam ser condenados a trabalhos forçados nos navios de guerra do rei ou ao exílio temporário ou perpétuo na África, Índia ou no Brasil. Em geral, essas duras punições eram decretadas após o condenado já ter tido suas propriedades confiscadas e sido brutalmente chicoteado em público.[15]

FIGURA 1 – Praça Tiradentes, popularmente conhecida como Largo do Rossio, c. 1900. O paisagismo e os bancos ofereciam múltiplas oportunidades para homens encontrarem outros homens com propósitos sexuais e românticos num dos mais antigos pontos de interação do Rio de Janeiro. Foto: Marco Antônio Belandi, cortesia do Arquivo Geral da Cidade do Rio de Janeiro.

Em 1830, oito anos após a Independência, D. Pedro I promulgou o Código Penal Imperial. Entre outras provisões, a nova lei eliminava toda e qualquer referência à sodomia. A legislação fora influenciada pelas ideias de Jeremy Bentham, pelo Código Penal francês de 1791, pelo Código Napolitano de 1819 e pelo Código Napoleônico de 1810, que descriminaram as relações sexuais entre maiores de idade.[16] Entretanto, o Artigo 280 do Código brasileiro punia atos públicos de indecência com dez a quarenta dias de prisão e uma multa correspondente à metade do tempo de reclusão.[17] Essa provisão deu margem para que a polícia pudesse determinar o que constituía um ato de indecência. Deu-lhe também o poder de extorquir dinheiro daqueles ameaçados de detenção ou reclusão.[18]

O governo republicano de 1889 aprovou um novo Código Penal, em 1890, que mantinha a descriminação da sodomia. Embora não punindo explicitamente as atividades eróticas entre pessoas do mesmo sexo, a nova lei buscava controlar tais condutas por meios indiretos e restringia o comportamento homossexual de quatro maneiras distintas. O Artigo 266 referia-se a "attentar contra o pudor de pessoa de um, ou de outro sexo, por meio de violencia ou ameaças, com o fim de saciar paixões lascivas ou por depravação moral" e a punição era "de prisão cellular por um a seis annos".[19] Esse artigo foi em geral aplicado em casos envolvendo relações sexuais entre adultos e menores, incluindo homens adultos com meninos.[20]

Adultos que praticassem atividades sexuais com outros adultos, em lugares públicos, podiam ser acusados com base no Artigo 282, "Atentado Público ao Pudor". O crime era descrito como "Offender os bons costumes, com exhibições impudicas, actos ou gestos obscenos, attentatorios do pudor, praticados em lugar publico ou frequentado pelo publico, e que, sem offensa á honestidade individual de pessoa, ultrajam e escandalizam a sociedade".[21] Para esse delito, a sentença prevista era a prisão de um a seis meses. Essa provisão, um item importado e revisto do Código Penal imperial de 1830, fornecia a base legal para controlar qualquer manifestação pública de comportamento homoerótico ou homossexual. Com uma redação abrangente, a polícia ou um juiz tinha ampla liberdade para definir e punir, como ato impróprio ou indecente, comportamentos que não se adequassem às construções heterocêntricas.

O Artigo 379, "Do Uso de Nome Supposto, Títulos Indevidos e Outros Disfarces", tornou o travestismo ilegal ao proibir "disfarçar o sexo, tomando trajos improprios de o seu e trazê-lo publicamente para enganar".[22] A lei previa uma pena de quinze a sessenta dias de prisão. Embora a polícia fizesse vista grossa ao travestismo durante o carnaval, no resto do ano ela podia usar essa prerrogativa legal para prender homossexuais que tinham o hábito de usar roupas do sexo oposto.[23]

O quarto método para regular as manifestações públicas de homossexualidade era prender uma pessoa por vadiagem. O Artigo 399 do Código Penal de 1890 definia a vadiagem como "deixar de exercitar profissão, officio, ou qualquer mistér em que ganhe a vida, não possuindo meio de subsistencia e domicilio certo em que habite; prover á subsistencia por meio de occupação prohibida por lei, ou manifestamente offensiva da moral e dos bons costumes".[24] Uma pena de quinze a trinta dias de encarceramento podia ser imposta a qualquer um que fosse detido sem carteira de trabalho ou que estivesse envolvido em prostituição masculina. A pessoa também deveria encontrar emprego remunerado dentro de quinze dias após sua libertação.[25]

Juntas, essas quatro provisões impuseram restrições legais àqueles que se congregassem em espaços públicos no intuito de encontrar pessoas de seu mesmo sexo interessadas em relacionar-se eroticamente. As provisões deram à polícia o poder de encarcerar arbitrariamente homossexuais que mostrassem em público um comportamento efeminado, usassem cabelos longos, roupas femininas ou maquiagem, ganhassem a vida com a prostituição ou aproveitassem o abrigo dos arbustos nos parques para desfrutar de um contato sexual noturno. A sodomia havia sido descriminada no início do século XIX. Contudo, códigos penais com noções vagamente definidas de moralidade e decência pública, assim como provisões que limitavam o travestismo e controlavam rigidamente a vadiagem forneciam uma rede jurídica pronta para capturar aqueles que transgredissem as normas sexuais aprovadas socialmente. Embora a homossexualidade em si não fosse tecnicamente ilegal, a polícia brasileira e os tribunais dispunham de múltiplos mecanismos para conter e controlar esse comportamento.

Esquinas do pecado

Em 21 de fevereiro de 1890, apenas três meses após a deposição do imperador D. Pedro II e da monarquia brasileira, o novo governo republicano mudou o nome oficial do Largo do Rossio, então Praça da Constituição, para Praça Tiradentes, comemorando a aproximação do centenário da execução do mártir da Independência.[26] Consta que Tiradentes havia sido torturado e executado próximo daquele local, e o rebatismo da praça reafirmava os sentimentos antimonarquistas do novo regime republicano.[27] Apesar da mudança do nome oficial, a praça continuou a ser o Largo do Rossio no imaginário e no linguajar dos cariocas da virada do século, e ainda era associada, pela maioria das pessoas, a um lugar de encontros eróticos homossexuais.

A praça Tiradentes era circundada por edifícios públicos em processo de remodelação, nas linhas do mais recente estilo arquitetônico francês. Como as ruas próximas ao parque eram também os terminais das linhas de bonde que serviam a Zona Norte da cidade, incluindo as áreas que receberam os antigos residentes do centro deslocados com a renovação urbana, esse espaço público alvoroçava-se em movimento. A localização estratégica da praça favorecia uma combinação eclética de teatros, os recentíssimos cinemas, uma sala de concertos que apresentava números musicais e espetáculos de variedades – o chamado teatro de revista –, sem mencionar os cabarés, cafés populares, além dos bares. A burguesia carioca frequentava o elegante e espaçoso Teatro São Pedro, enquanto os fregueses das classes média e operária tinham à mão uma série de distrações culturais, culinárias, libacionais e sexuais.[28]

Na virada do século, Pascoal Segreto, um imigrante italiano que se tornara empresário, construiu seu império do entretenimento na Praça Tiradentes. Entre seus investimentos estava a Maison Moderne, um parque de diversões urbano que incluía uma pequena montanha-russa, um carrossel, roda-gigante, uma galeria de tiro ao alvo e, nos fundos, um pequeno teatro parcialmente aberto, além de um café onde os trabalhadores costumavam tomar cerveja.[29] Partindo desse e de vários outros estabelecimentos modestos no ramo do entretenimento, Pascoal Segreto expandiu seus negócios comprando ou alugando a maioria das casas públicas de espetáculo ao redor da praça. Quando morreu, em 1920, o humilde imigrante que começara como engraxate controlava a maioria dos teatros e cinemas do bairro, desde o elegante

São Pedro, que incluía em sua programação os maiores talentos europeus, até as salas de *shows*, que exibiam as diversões apimentadas do momento para as classes populares do Rio de Janeiro.[30]

Bordéis e pensões aninhavam-se entre essas casas de diversão pública nos arredores da praça, em edifícios que outrora serviram como amplas moradias para as famílias da elite. O desequilíbrio demográfico da cidade em favor de homens jovens e solteiros, especialmente imigrantes, e o grande número de mulheres de baixa renda provenientes do campo e do estrangeiro favoreciam esse comércio sexual. As prostitutas variavam desde as francesas de alta estirpe, com o fascínio exercido por sua nacionalidade, e as recém-chegadas imigrantes judias da Europa oriental, conhecidas como polacas, até as mulatas claras.[31] Os homens das classes média e alta, que se lançavam a incursões boêmias e fugazes nesse submundo, podiam unir-se às prostitutas em estabelecimentos populares como o bar e restaurante Stadt München e o Café Suíço, ambos numa rua que saía da praça.[32] Quando não satisfeitos com o público desses locais de encontro, os homens cariocas podiam também perambular por mais alguns quarteirões e buscar companhia ou prazeres carnais num outro vibrante centro da vida noturna do bairro da Lapa. Lojistas, estudantes e funcionários públicos modestos, que não podiam pagar pelos serviços sexuais de mulheres que ostentavam uma certidão de nascimento francesa, podiam ainda encontrar polacas das classes inferiores e mulatas trabalhando na vizinhança da Praça Tiradentes.[33]

Embora essa não fosse a única zona de prostituição no centro do Rio, a proximidade de tantos teatros, lugares para comer e beber e casas de entretenimento populares supriam de clientes as mulheres no ramo dos negócios sexuais, que os atendiam nos bordéis vizinhos ou na privacidade de um quarto alugado. Como vimos, as renovações urbanas de Pereira Passos na primeira década do século haviam sido desenhadas para modernizar o centro do Rio e equiparar a cidade às capitais europeias. Apesar da resistência popular, o governo foi bem-sucedido em expulsar dos bairros centrais grande parte da população de baixa renda, especialmente os afro-brasileiros. Contudo, o controle da prostituição na área nos dois primeiros decênios do século manteve-se esporádico.³⁴ O número de jornalistas, intelectuais, artistas e políticos de famílias bem-relacionadas que procuravam mulheres nos arredores da praça Tiradentes e em outras regiões do centro era elevado demais para que a polícia pudesse efetivamente ocupar-se em livrar essas áreas da prostituição feminina.³⁵

Em meio a essa intensa atividade noturna que circundava o monumento ao primeiro imperador do Brasil, nos teatros escuros, sob as luzes oscilantes dos recém-inventados cinematógrafos, nos bancos e arbustos do parque, homens que buscavam outros homens para relações sexuais fortuitas beneficiavam-se da moralidade frouxa nessa parte da cidade para satisfazer seus próprios prazeres. O monarca montado continuava a ser um ponto de referência para os encontros sociais e sexuais entre homens. O cronista carioca Luiz Edmundo lembra uma cena típica de 1901: "Depois de oito horas da noite, moços de ares feminis, que falam em falsete, mordem lencinhos de cambraia, e põem olhos acarneirados na figura varonil e guapa do Senhor D. Pedro I, em estátua".³⁶

Tanto os espaços públicos quanto as variadas opções de diversão ofereciam amplas oportunidades para que homens pudessem se agregar a outros homens com afinidades sexuais e sociais. A meia dúzia de teatros, a infinidade de bares, cabarés e as casas de espetáculos musicais populares também empregavam alguns desses homens como atores, dançarinos, cantores, garçons e funcionários para serviços diversos. Um local favorito de encontro para esse grupo era o Café Criterium, localizado do outro lado da rua em frente ao parque, "onde param atores e mocinhos de voz aflautada, que usam pó de arroz e carmim" para socializar-se.³⁷ Um desses jovens maquiados que frequentavam o Largo do Rossio era José N., um vendedor de rua de 19 anos nascido na Turquia. Em 13 de abril de 1905, seu vizinho Baudílio G., um barbeiro espanhol de 45 anos, foi preso por chamar José N. de um "puto do Largo do Rossio".³⁸

A polícia acusou o barbeiro de ter violado o Artigo 282 do Código Penal, "Atentado Público ao Pudor". Perante o tribunal, Maria dos Anjos, uma portuguesa que exerce a profissão de lavadeira, declarou ter testemunhado o fato de que às 10h30 da manhã daquele dia Baudílio havia se desentendido com o turco José N. Ela afirmou que o homem mais velho o chamara de "puto, safado, puto do Largo do Rossio" e que tais palavras imorais tinham sido ouvidas por muita gente, incluindo algumas meninas novas. Três outros vizinhos, dois imigrantes e um brasileiro, repetiram o testemunho de Maria dos Anjos.

Em seguida, o jovem turco, que vivia no mesmo edifício que o acusado, foi chamado a depor, e também confirmou a versão dos fatos fornecida pela lavadeira portuguesa. José N. acrescentou que Baudílio G. o havia acusado de ter "tomado sua mulher" e que "estava com o rosto pintado". O acusado, Baudílio G., apresentou uma versão diferente da troca de desaforos. Segundo o espanhol, ele ficara furioso com José "por motivos da honra".[39] Ele ainda confirmou que chamara José de "puto", porque o turco usava ruge em sua face. O barbeiro acabou sendo isentado das acusações.

No Rio de Janeiro da virada de século, as rivalidades raciais e nacionais entre imigrantes e escravos recém-libertos formavam um conflituoso pano de fundo para as interações sociais da classe trabalhadora.[40] Essa contenda específica, travada na arena pública de um bairro de classe operária e envolvendo tanto afro-brasileiros quanto imigrantes espanhóis, portugueses e um turco, indica que a acusação de "ser um puto" podia unir diversos grupos contra um inimigo comum da moral social – o homem efeminado que, segundo se supunha, trabalhava como prostituto. O registro não indica se José, um imigrante recém-chegado que ainda assinava seu sobrenome no registro da polícia conforme a grafia de seu país de origem, era de fato um "puto", ou seja, que tinha relações sexuais com outros homens no Largo do Rossio em troca de dinheiro. Contudo, embora Baudílio G. fosse acusado formalmente pela ofensa de ter proferido a palavra "indecente" puto, o jovem vendedor de rua foi quem acabou sendo julgado. A indumentária pessoal de José e possível fonte secundária de renda tornou-se o objeto de escrutínio público. O fato de usar ruge e outros acessórios marcadamente femininos representava um comportamento inadequado e imoral, que merecia a condenação social. A resolução do caso isentou Baudílio, embora várias testemunhas, incluindo o próprio acusado, admitissem que o barbeiro tinha de fato pronunciado a expressão "indecente". Embora o uso da palavra "puto" escandalizasse a vizinhança, *ser* um puto era uma infração muito maior.

No Brasil colonial, e também em Portugal, o termo puto era empregado para referir-se ao "moço, que se prostitue ao vicio dos sodomitas, ou a mollicie, e masturpação [*sic*]".[41] Era uma versão popular do antigo termo *sodomita*, de origem bíblica, e o modo empregado pela religião e a lei para descrever pessoas que praticavam sexo anal com homens ou mulheres. Durante a *belle époque* brasileira, o estereótipo mais comum sobre os homens que praticavam sexo com outros homens enfatizava sua ligação com a prostituição. Físicos, políticos, advogados, intelectuais e artistas retrataram os sodomitas modernos como homens efeminados que praticavam sexo anal como elementos passivos e ganhavam a vida com a prostituição nas ruas. Como veremos no decorrer deste trabalho, a conexão entre a prostituição, a efeminação no homem e a homossexualidade persistiu como uma forte representação do comportamento homoerótico até a segunda metade do século XX, quando surgiram noções alternativas de identidade sexual que contestaram esse paradigma dominante.

Em algum momento no fim do século XIX, tornou-se popular no Brasil uma nova expressão pejorativa, *fresco*. Francisco José Viveiros de Castro, professor de criminologia na Faculdade de Direito do Rio de Janeiro e desembargador da Corte de Apelação do Distrito Federal, empregou o termo no livro *Attentados ao pudor: estudos sobre as aberrações do instincto sexual*, de 1894. No capítulo intitulado "Pederastia", ele descreveu os "frescos" do Rio de Janeiro, referindo-se aos homens que, em 1880, nos últimos anos do Império, invadiram o baile de máscaras do carnaval no Teatro São Pedro, no Largo do Rossio: "Um destes *frescos*, como eram elles conhecidos na gyria popular, tornou-se celebre pelo nome de *Panella de Bronze*. Vestia-se admiravelmente de mulher, a ponto de enganar os mais perspicazes. Dizem que chegou a adquirir alguma fortuna por meio de sua torpe industria e que era tão grande o numero de seus frequentadores, pessoas de posição social, que era necessário pedir com antecedência a entrevista".[42]

No Brasil, na virada do século, a palavra *fresco*, com o duplo sentido de "puto" e também conotando frescor, jovialidade ou amenidade no clima, tornou-se o termo ambíguo comum usado para zombar dos homens efeminados ou daqueles que supostamente mantinham relações anais "passivas" com outros homens. Além disso, os frescos estavam intimamente associados com o Largo do Rossio. Os múltiplos usos do termo apareceram no *Dicionário moderno*, uma pequena compilação satírica da gíria erótica e pornográfica publicada em 1903: "*Fresco* – Adjetivo arejado de modernização depravada. Quase frio, ameno, suave, que não tem calor nem quenturas. Que faz frescuras, que tem o sopro da brisa. Encontra-se muito nos morros e no largo do Rossio".[43] Não se tratava apenas de um espaço associado com o fresco, mas a imagem evoca uma relação entre a degeneração social e a modernização, como se o processo de urbanização e a transformação dos costumes tradicionais fossem os culpados pelo comportamento homoerótico. Como veremos adiante, os profissionais médicos e jurídicos que comentaram o assunto nesse período traçaram paralelos similares entre a homossexualidade e a modernização.

A renovação do Largo do Rossio, como parte do projeto de reurbanização do início do século XX, deu motivo para que um chargista conectasse os *frescos* à praça. Um desenho a nanquim e um poema sardônico intitulado "Fresca Theoria (Requerimento)" foram publicados em 1904 em um número da revista *O Malho*, especializada em humor e sátira política (Figura 2). A charge mostrava um homem com um chapéu de palha da moda, gravata borboleta florida, paletó justo e curto e calças coladas e chamativas fazendo ressaltar as nádegas e dando a sua figura um formato em S, a pose clássica da mulher nas ilustrações da virada do século. Seu dedo indicador descansa pensativamente no queixo, enquanto ele pondera sobre sua nova ideia e o pedido que vai fazer à Prefeitura da cidade. Atrás dele, há um jardim com a estátua de D. Pedro I no fundo, uma referência óbvia ao Largo do Rossio. Como o recente replanejamento do paisagismo do parque reduziu temporariamente o acesso às áreas para os encontros e o flerte, o protagonista, representado pelo artista como um prostituto, viu-se desempregado. No poema lê-se: "Ante a cruel derrocada/ Do Rocio dos meus sonhos,/ A musa desoccupada,/ Embora em versos tristonhos, /Vai jogar uma cartada: // É bem dura a collisão/ Que me tolhe a liberdade/ Desta ingrata profissão;/ E ao prefeito da cidade/ Requeiro indemnisação!..."[44]

FIGURA 2 – As charges que retratavam os homens efeminados, nas ruas em busca de prazeres sexuais com outros homens, também os ligavam à Praça Tiradentes. Ilustração de *O Malho (Rio de Janeiro)*, v.3, n.93, jun. 1904, p.31, cortesia da Biblioteca Nacional, Rio de Janeiro.

Do mesmo modo que o barbeiro espanhol que acusou José N. de usar maquiagem e de ser um "puto do Rossio", o autor desse poema associa a praça à efeminação e prostituição masculinas, como se o sexo entre homens apenas fosse possível mediante a troca de dinheiro. Na charge, o almofadinha considera até mesmo a possibilidade de requerer à prefeitura algum tipo de indenização por conta da temporária interdição da praça. O estereotipado dândi, que carece de um comportamento masculino e alimenta ideias descabidas, é prontamente identificado com a prostituição homossexual. Assim como os vizinhos operários de José N. relacionaram o fato de ele usar maquiagem com o Largo do Rossio e com a prostituição masculina, podemos supor que o leitor de classe média de *O Malho* entendeu a constelação de indicadores convergindo na ridicularizada figura do *fresco*.

A conjunção entre modos particulares de se vestir, a prostituição, o comportamento exageradamente não masculino, o termo *fresco* e a especificidade do Largo do Rossio como um espaço privilegiado para aventuras eróticas entre pessoas do mesmo sexo aparecem em outra charge publicada no mesmo período em *O Malho* (Figura 3). A ilustração, intitulada "Escabroso", capta a cena de dois homens conversando. Um deles é um homem maduro, corpulento, quase monstruoso em tamanho, com cavanhaque, bengala, e de uma aparência masculina um tanto grosseira. O outro personagem, um homem de constituição bem mais franzina e um bigode bastante sutil, está vestido de modo estiloso e tem uma flor na lapela. Ele olha para baixo, recatadamente, e segura um leque na mão esquerda. O dedo mindinho curvado sugere efeminação. Sua outra mão acaricia a beirada do leque. O homem mais delicado comenta: "Mas que calor tem feito! Não há cajuada, nem refrescos que cheguem ... seu comendador! Calcule que todas as noites levo ... à procura de algum lugar em que possa haver fresco". E o outro responde: "O largo do Rossio não serve?".[45]

Mais uma vez, um jogo de palavras permite que o chargista retrate as noções sociais correntes sobre o *fresco* e seu território. O cavalheiro corpulento, masculino, é capaz de classificar seu amigo pudico e reservado e de relegá-lo a um território urbano onde ele possa se refres-

FIGURA 3 – *Homem pequeno*: "Mas que calor tem feito! Não há cajuada, nem refrescos que cheguem ... seu comendador! Calcule que todas as noites levo ... à procura de algum lugar em que possa haver fresco". *Homem grandalhão*: "O largo do Rossio não serve?". Ilustração de K. Lixto [Calixto Cordeiro], *O Malho (Rio de Janeiro)*, v.2, n.20, 28 mar. 1903, p.14, cortesia da Biblioteca Nacional, Rio de Janeiro.

car, e ao mesmo tempo se aquecer com alguma aventura sexual. O artista opera com a suposição de que o leitor médio conhece a gíria usada para o homem efeminado e, portanto, entende o duplo significado de seu comentário. É interessante notar que essa charge provocou um comentário em *Rio Nu*, uma publicação erótica lançada em

1898 que trazia em suas páginas mulheres seminuas, cartuns picantes, contos e colunas de fofocas.⁴⁶ Referindo-se à charge, o editor da revista comentou: "*O Malho* de sábado último trouxe uma gravura que representava um velhote conversando com um pequeno todo catita, todo apertadinho, com ares de sinhazinha (dos tais do largo do Rocio)". Depois de reproduzir o diálogo impresso entre os dois personagens, o editor comenta de modo sarcástico: "Ora, seu *Malho*, você que tem a pretensão de jornal sério e que diz que as famílias o leem publica inocências como esta? Se fosse n'*O Rio Nu* era pornografia, no *Malho* é humorismo".⁴⁷

Segundo Cristina Schettini Pereira, que estudou a pornografia brasileira na virada do século, o editor de *Rio Nu* usou a charge para destacar o perfil da revista em comparação com seus concorrentes.⁴⁸ Ao caracterizar como hipócrita a atitude dos editores de *O Malho* pelo fato de ter publicado a ilustração com suas referências explícitas ao comportamento homoerótico, *Rio Nu* efetivamente traça o limite entre o aceitável e o não aceitável na moralidade da classe média. Fazendo isso, *Rio Nu* marcou sua posição eminente na área do jornalismo satírico e ridicularizou seus concorrentes por seu moralismo de classe média. Piadas sobre *frescos*, embora apropriadas numa revista dedicada ao humor pornográfico, transgrediam os limites da respeitabilidade quando encontradas em publicações que atendiam a um público familiar, ou pelo menos assim argumentaram os editores de *Rio Nu*.

Putos e pornografia

A crítica aos padrões escorregadios de seus concorrentes não significou, contudo, que os editores de *Rio Nu* deixassem de promover uma pornografia destinada a agradar um público animado por fantasias sexuais de homens em relação a homens. De fato, propagandas para encomendas, via correio, do que parece ser a primeira história pornográfica homoerótica brasileira, *O menino do Gouveia*, apareceram na revista em 1914. O livreto de 15 páginas, dividido em quatro capítulos e incluindo uma ilustração de dois homens praticando o intercurso anal, foi publicado como o sexto de uma série de dezesseis "contos rápidos", que provavelmente eram produzidos para escorar a debilidade financeira da editora de *Rio Nu*.[49] Os interessados podiam adquirir tais brochuras em bancas de jornais – e outros distribuidores da revista erótica semanal – por trezentos réis, ou recebê-las pelo correio por quinhentos réis, somas modestas na época. Baratos, portanto, os livretos eram acessíveis a qualquer pessoa que ganhasse um pouco mais que o necessário à sobrevivência. A tiragem exata dessas publicações pornográficas é desconhecida, mas o simples fato de que o sexto da série reproduza um conto insolente sobre deleites eróticos entre homens indica, no mínimo, a existência de algum mercado para o tema homossexual.

Tudo indica que o autor anônimo de *O menino do Gouveia* era um participante real da vida sexual no mundo dos parques públicos do Rio de Janeiro. O título desse conto erótico faz um jogo com o termo, da gíria da época, "gouveia", ou um homem velho que deseja garotos jovens. A incrível similaridade entre elementos dessa história e os relatos – da época e posteriores – sobre a vida pública dos homossexuais no Rio confere ainda maior valor ao conto, como uma fonte para decodificar os meandros das atividades homoeróticas dos *putos* e *frescos* no Rio de Janeiro do início do século XX. Fiel ao gênero da literatura pornográfica, *O menino do Gouveia* não é exatamente uma obra-prima de estilo ou de prosa, embora o conto seja escrito num tom agradável, positivo, destituído de qualquer condenação moralista e subliminar das relações sexuais entre homens.

O conto começa com o protagonista na cama com o autor, cujo pseudônimo, Capadócio Maluco, sugere uma devassidão incontrolável. O autor descreve o menino, que ele acabava de penetrar pela segunda vez, como um prostituto bem treinado e de voz macia, a caracterização reforçando a crença popular de que os homens efeminados que mantinham relações sexuais com outros homens eram prostitutos profissionais. O jovem, o menino de Gouveia, acaricia o membro sexual de seu companheiro mais velho, enquanto lhe conta as origens de seus desejos sexuais: "Eu lhe conto. Eu tomo dentro por vocação; nasci para isso como outros nascem para músicos, militares, poetas ou até políticos. Parece que quando me estavam fazendo, minha mãe, no momento da estocada final, peidou-se, de modo que teve todos os gostos no cú e eu herdei também o facto de sentir todos os meus prazeres na bunda".[50]

Para o garoto, a sodomia "passiva" torna-se o elemento essencial de seu prazer sexual. Esse desejo inato se manifesta na tenra adolescência. Ao contrário de outros meninos, que tentam espiar as mulheres nuas às escondidas, ele só deseja ver o pênis do seu tio. Para alcançar seus objetivos voyeurísticos, numa manhã ele entra correndo no banheiro enquanto seu tio se prepara para tomar um banho. Mostrando suas nádegas tenras ao tio, o menino implora: "Titio, você faz commigo o que fez esta noite com titia! Faz, sim?".[51]

O tio, enojado com a proposta, chama o menino de *puto* e o expulsa de casa. O menino, rejeitado, perambula pelas ruas do Rio em busca de um homem, com características masculinas, que goste de sexo com efeminados. Horas depois de examinar, em vão, os banheiros públicos da cidade à procura de um parceiro capaz de satisfazer seus desejos, o menino vai descansar num banco do Largo do Rossio. Lá, um homem mais velho chamado Gouveia pega o menino e o leva para o cinema, onde acaricia seu pênis e depois o convida para ir à sua casa no bairro da Lapa, onde pretende ter relações sexuais com o garoto. No fim da história, tanto o autor quanto Gouveia chamam o jovem de *puto*, como se o homoerotismo de jovens efeminados e a prostituição fossem sinônimos. Tanto o escritor quanto o personagem Gouveia sentem-se atraídos pela *persona* feminina do garoto, que só se satisfaz sexualmente quando seus parceiros o penetram (Figura 4).

Na gíria da virada do século e na linguagem desse conto pornográfico, Gouveia é um *fanchono*, o homem masculino que deseja relacionar-se sexualmente com homens femininos.[52] O erotismo da história provém da disponibilidade sexual do garoto, que busca avidamente o prazer anal e se permite ser tratado como objeto de desejo pelo fanchono. Assim, embora papéis de gênero estejam presentes na representação do *puto* e do *fanchono*, ambos nutrem desejos por indivíduos de seu sexo, o que os diferencia de outros homens. Além disso, o fanchono não é simplesmente um homem casado, ou um solteiro sexualmente frustrado, que sai pela cidade atrás de garotos porque não há mulheres disponíveis. Sua opção como objeto sexual é alguém que, embora feminilizado e jovem, não é uma mulher. O fanchono, portanto, é parte da subcultura homossexual, pode navegar em sua topografia sexual, e é um participante ávido nas interações sexuais com aqueles que compartilham o mesmo desejo. Contudo, como veremos adiante, o fanchono – definido mediante seu papel sexual, como aquele que penetra – era relativamente invisível aos observadores externos que descreviam esse mundo de putos e frescos. Isso devia ocorrer, em parte, porque sua aparência e comportamento público menos feminilizados permitiam que ele passasse despercebido. A aparente masculinidade dos fanchonos os protegia das prisões e do olhar dos médicos, advogados e de outros *voyeurs* responsáveis pela maior parte da documentação escrita sobre o homoerotismo na *belle époque* brasileira.

FIGURA 4 – Ilustração de *O menino do Gouveia* (1914), talvez a primeira pornografia homoerótica brasileira para homens, cortesia da Biblioteca Nacional, Rio de Janeiro.

Embora *O menino do Gouveia* seja uma obra ficcional de pornografia, o conto mapeia, de forma bastante precisa, a territorialidade e as opções sociossexuais disponíveis para a maioria dos putos, frescos e fanchonos no Rio de Janeiro da virada do século. Os mictórios das praças e parques da cidade funcionavam como dependências anônimas para a descoberta de potenciais parceiros sexuais. Entre os espaços públicos da cidade, o Largo do Rossio particularmente oferecia oportunidades especiais para novos encontros. Assim como Gouveia e o menino se encontravam nas praças públicas, aos homens que ficavam descansando em bancos de jardim ofereciam-se oportunidades intermináveis para encontrar os companheiros sexuais esperados. O interior dos cinemas do bairro também propiciava outro ambiente discreto para atividades sexuais. As pensões ou hotéis baratos da redondeza, em meio aos bordéis que circundavam o Largo do Rossio, por sua vez, constituíam espaços fechados nos quais era possível desfrutar paixões eróticas mais confortavelmente.

Essa ampla rede de conexões para as atividades homoeróticas no Largo do Rossio continuou operando durante os anos 20 e 30. Um gracejo popular da época confirma essa duradoura associação. Referindo-se às balaustradas que circundavam o monumento de D. Pedro I até 1902, assim dizia o chiste: "Você se lembra da Praça Tiradentes com grades?"/"Lembro-me."/"Então, é veado velho".[53]

Sexo e marinheiros

O texto pornográfico e as expressões do humor popular anteriormente descritas enfatizavam e promulgavam os estereótipos dos frescos como homens bem-vestidos, efeminados, que se prostituíam para satisfazer seus impulsos sexuais. Nem todas as imagens literárias, porém, reproduzem esse clichê. Em 1895, Adolfo Caminha, um jovem autor, escrevia seu segundo romance, *Bom-Crioulo*, que apresentava uma visão alternativa do erotismo entre indivíduos do sexo masculino no Brasil.[54] Sem empregar o termo, Caminha conta a história de um fanchono e seu amor por um garoto pubescente. O romance retrata a vida de Amaro, um escravo fugitivo afro-brasileiro que buscou refúgio trabalhando num navio da marinha brasileira. Quando está no mar, o alto e musculoso Amaro conhece Aleixo, um jovem e delicado grumete, de pele clara e olhos azuis, por quem se apaixona. Quando em terra novamente, Amaro leva o menino para viver num quarto alugado no Rio de Janeiro, onde iniciam um relacionamento sexual livre e desinibido. A história de amor, porém, termina em tragédia. Carolina, a senhoria e possivelmente uma ex-prostituta, seduz Aleixo enquanto Amaro está no mar. Num acesso de ódio passional, Amaro mata Aleixo por tê-lo traído. Esse romance raro do fim do século XIX, da escola literária naturalista, é uma das primeiras obras com tema explicitamente homossexual na literatura latino-americana.[55] Além disso, é notável como Caminha descreve o homoerotismo com uma ousada franqueza.

Bom-Crioulo é um romance complexo que envolve múltiplas noções de raça e de sexualidade no Brasil da virada de século.[56] O próprio título faz alusão às qualidades afáveis do protagonista, reforçando os estereótipos pejorativos associados aos afro-brasileiros na época.[57] Mas, apesar dos sentimentos racistas que salpicam por toda a obra, o retrato feito pelo autor é, em última análise, simpático. Amaro, prisioneiro de suas inclinações sexuais e de sua paixão, é um herói nobre e trágico.

O próprio Adolfo Caminha teve uma vida curta e trágica. Nascido no Estado do Ceará em 1867, ficou órfão ainda novo e foi levado ao Rio de Janeiro por um tio, que o matriculou na Escola Naval. Voltou à sua cidade natal em 1887, como segundo-tenente, e passou a frequentar as rodas intelectuais e políticas do Ceará. Também embarcou num ardente caso amoroso com a mulher de um oficial do Exército. O escândalo resultante levou ao seu afastamento da Marinha. Em 1892, voltou ao Rio com sua amante e passou a trabalhar como um escriturário de nível inferior para manter sua carreira literária. Em 1º de janeiro de 1897, morreu de tuberculose, com 29 anos.[58]

Quando Caminha escreveu *Bom-Crioulo*, haviam transcorrido apenas sete anos desde que fora abolida a escravidão no Brasil, em 1888, e seis desde que os líderes militares depuseram a monarquia e estabeleceram um governo republicano.[59] O romance é ambientado em alto-mar e também no Rio de Janeiro, num ano indeterminado, talvez por volta de 1870, quando o imperador Pedro II ainda reinava sobre o país-continente. De fato, espaço e movimento são duas metáforas importantes empregadas pelo autor. Amaro, o fugitivo, desloca-se da servidão rural para o mar aberto, onde alcança sua liberdade revertendo o caminho de seus ancestrais escravos. Como marinheiro, ele é sujeito ao trabalho pesado e ao castigo brutal do chicote, e ainda assim sente o gosto da liberdade. Lá, no navio, ele encontra também sua liberdade sexual, descobrindo seus próprios desejos pelo inocente Aleixo. Embora a relação dos dois seja consumada em alto-mar, eles criam um ninho de amor no Rio de Janeiro num quarto alugado na Rua da Misericórdia, próxima ao porto da cidade. Pouco antes de chegar à capital imperial, Amaro adverte seu amante sobre os perigos do Rio:

> Mas, olhe, você não queira negócio com outra pessoa, disse Bom-Crioulo. O Rio de Janeiro é uma terra dos diabos ... Se eu o encontrar com alguém, já sabe.
>
> O rapazinho mordia distraidamente a ponta do lenço de chita azul-escuro com pintinhas brancas, ouvindo as promessas do outro, sonhando uma vida cor-de-rosa lá nesse Rio de Janeiro tão falado, onde havia uma grande montanha chamada Pão d'Açúcar e onde o imperador tinha o seu palácio, um casarão bonito com paredes de ouro...
>
> Tudo avultava desmesuradamente em sua imaginação de marinheiro de primeira viagem. Bom-Crioulo tinha prometido levá-lo aos teatros, ao Corcovado (outra montanha donde se avistava a cidade inteira e o mar...), à Tijuca, ao Passeio Público, a toda parte. Haviam de morar juntos, num quarto da Rua da Misericórdia, num comodozinho de quinze mil-réis onde coubessem duas camas de ferro, ou mesmo só uma, larga, espaçosa ... Ele, Bom-Crioulo, pagava tudo com o seu soldo. Podia-se viver uma vida tranquila.[60]

O Rio de Janeiro oferecia a ambos o anonimato e um espaço distante dos intrometidos companheiros de bordo, onde podiam se entregar ao seu apaixonado relacionamento sem ser incomodados. Amaro, um experiente marinheiro, também podia ensinar ao jovem como sobreviver na cidade. Os aspectos do conflito de gerações no relacionamento entre Amaro e Aleixo parecem espelhar as noções do paradigma grego da homossexualidade – ao qual Caminha se refere em inúmeras ocasiões no texto – em que homens mais velhos seduzem garotos de pele tenra para obter prazeres sexuais, ao mesmo tempo que lhes oferecem uma orientação paternal para enfrentarem o mundo. Na verdade, isso não difere muito das relações descritas em *O menino do Gouveia*. Os avisos de Amaro sobre os perigos do Rio também refletem seu próprio medo de que algum homem mais abastado seduza seu grumete loiro e o leve para longe dele. Seu refúgio alugado torna-se o único lugar no Rio em que podem divertir-se juntos. Ironicamente, é nesse mesmo local, que Amaro acredita estar protegido contra a crueldade da cidade, que sua amiga Carolina rouba seu amor, provocando assim a ruína de Amaro.

Por vários motivos, Amaro não se enquadra no estereótipo do homem efeminado tal como era reproduzido por chargistas e médicos brasileiros na virada do século. O Bom-Crioulo é uma figura forte, viril, cuja masculinidade não é questionada. Como o parceiro penetrador na relação de sexo anal com o jovem Aleixo, Amaro também é similar ao fanchono Gouveia, que inicia e comanda a relação sexual. Sua homossexualidade é dirigida por condições orgânicas congênitas, sobre as quais ele tem pouco controle, se é que tem algum. Contudo, apesar das descrições feitas por Caminha dos instintos animalescos que comandam os desejos sexuais de Amaro, o protagonista é retratado como um ser humano piedoso. Como notou Robert Howes num ensaio introdutório à edição inglesa do romance em 1982, Caminha, com "dignidade e seriedade contidas", constrói Amaro como "um personagem forte, vigoroso" cujo amor por Aleixo reflete seu profundo respeito e cuidado com o rapaz.[61] Por outro lado, Aleixo, como o objeto do desejo sexual, é apresentado em termos menos favoráveis. O jovem delicado, que é inocentemente seduzido para as atividades homossexuais, transfere sua lealdade amorosa quando Carolina o cobre de atenções. Ao contrário do menino do Gouveia, Aleixo não tem uma orientação sexual definida. No fim da história, quando Amaro o mata num acesso de ciúme, o autor gera uma empatia não com o jovem volúvel, mas com o nobre marinheiro, cuja paixão o conduz à própria morte.

Embora o próprio Caminha não fosse um homossexual, ele descreve realisticamente o comportamento homoerótico, e pôde fazer isso, ele próprio admitiu, porque havia observado tais atividades quando serviu como oficial na Marinha.[62] O historiador Peter Beattie, que examinou casos julgados pela corte marcial envolvendo sodomia no Exército e na Marinha brasileiros, de 1861 a 1908, concluiu que os detalhes referentes a interações sexuais retratados nesse romance equiparam-se aos depoimentos fornecidos em audiências jurídicas reais do período. Como no romance, os papéis sexuais entre parceiros militares tendiam, caracteristicamente, a envolver um introdutor "ativo" no intercurso anal e um receptor "passivo". Quando o sexo era consensual e os envolvidos eram considerados culpados por cometer sodomia, ambos os parceiros eram punidos pela ofensa.[63] Em outras palavras, os militares não estabeleciam distinção, ao menos no que se referia à punição, entre o participante "ativo" e o "passivo" na intimidade sexual. Esses registros de julgamentos de sodomia limitam-se rigorosamente aos acontecimentos que envolvem de modo direto a transgressão sexual. Os incidentes também são bastante filtrados pelos escriturários, cuja tarefa era sumarizar os testemunhos em termos técnicos ou legais. A contar pelos depoimentos, não se pode determinar se esses homens participavam do submundo sexual de lugares como o Largo do Rossio ou se identificavam a si próprios como fanchonos ou frescos.[64] No entanto, eles confirmam a descrição literária de Caminha de pelo menos um tipo de ligação sexual e romântica entre certos membros da Marinha.

A franqueza e a imparcialidade de Caminha perante o tema da homossexualidade chocaram os leitores da época.[65] As reações negativas ao seu livro afrontaram o autor e o levaram a redigir uma curta resposta no ano seguinte, intitulada "Um livro condenado", publicada na revista literária *A Nova Revista*. Em sua réplica às críticas desfavoráveis à sua obra, Caminha caracterizou a indignação popular como "um verdadeiro escandalo o acto inquisitorial da critica, talvez o maior escandalo do anno passado". Caminha apontou a postura hipócrita dos comentadores literários cariocas, que louvavam escritores europeus como Flaubert, Zola, Maupassant e Eça de Queiroz, cujos romances continham adultério, blasfêmia e imoralidade, e todavia condenavam *Bom-Crioulo*: "Qual é mais pernicioso: o *Bom-Crioulo* em que se estuda e condena o homossexualismo, ou essas páginas que ahi andam pregando, em tom philosóphico, a dissolução da família, o concubinato, o amor livre e toda a espécie de imoralidade social?".[66]

A reação pública de Caminha aos seus críticos indica uma familiaridade com a literatura europeia sobre o erotismo entre pessoas do mesmo sexo. De fato, o uso da palavra homossexualismo em sua defesa de *Bom-Crioulo*, em 1896, era uma das primeiras aplicações literárias, no Brasil, do termo que fora cunhado em 1869 pelo escritor vienense Karoly Maria Benkert.[67] Ele indicou aos detratores as obras de médicos e psiquiatras franceses e alemães que tratavam do assunto para mostrar que sua caracterização de Aleixo não era inventada.[68] Contudo, a aparente falta de familiaridade de Caminha com a rica subcultura homoerótica do Rio de Janeiro na virada do século (diferente das atividades que ele observara quando a serviço da Marinha) resultou num retrato unilateral dos romances homoeróticos, como casos clandestinos e enclausurados, fadados a terminar em tragédia.[69]

Médicos, advogados e homens efeminados

As críticas literárias brasileiras ao conteúdo homossexual de *Bom-Crioulo* basearam seus argumentos, em última instância, numa rede intrincada de discursos religiosos, jurídicos e médicos sobre o homoerotismo, que criou uma noção coletiva do homem efeminado como um ser imoral e degenerado. Embora diferentes autores tenham articulado teorias diversas sobre a origem, a natureza e a atitude apropriada do público e do Estado diante dos homens que apreciavam o sexo com outros homens, o efeito global dessas várias abordagens acaba por criar uma imagem negativa daqueles que se envolviam em tais atividades eróticas. A Igreja Católica ainda defendia que o sexo deveria restringir-se ao casamento, e para o único propósito da procriação. Embora as atividades sexuais entre homens já não fossem mais punidas com a morte, a sodomia ainda era considerada um pecado. O Estado brasileiro havia descriminado a prática no início do século XIX, porém a polícia desencorajava a homossexualidade por meio da aplicação de outras provisões legais que proibiam a vadiagem e as demonstrações públicas de impudência. Membros da classe médica ocasionalmente escreveram sobre o assunto, combinando a tradicional aversão moral e religiosa ao erotismo entre pessoas do mesmo sexo com teorias de que a homossexualidade se devia ou a distúrbios psicológicos ou à falta de escapes sexuais "normais". Esses profissionais também criaram uma taxonomia que dividia os homossexuais em indivíduos "penetradores" e "penetrados", embora os critérios para empregar tais categorias fossem variáveis e inconsistentes.

A literatura médica produzida nesse período fornece informações valiosas para compreender as noções conflitantes sobre a natureza, causas e manifestações do comportamento homoerótico, o corpo masculino e seus pontos erógenos. A intenção desses observadores médicos era documentar um problema social, oferecer soluções para melhorar a saúde pública da capital imperial (e depois republicana) e criar um papel ascendente dos profissionais médicos na manutenção da ordem e da saúde públicas.[70] Seus textos revelam o processo pelo qual os argumentos morais sobre a depravação da sodomia favoreceram as discussões médicas sobre a patologia da pederastia.[71] Acima de tudo, eles permitiram uma entrada na subcultura dos homens cariocas que se envolveram em atividades homoeróticas no período de transição do Império para a República.

Em 1872, Francisco Ferraz de Macedo, um médico e farmacologista, publicou um estudo intitulado *Da prostituição em geral e em particular em relação ao Rio de Janeiro*. O objetivo desse tratado era documentar a prática da prostituição na capital imperial, para subsidiar a elaboração de medidas de saúde pública no intuito de conter a disseminação da sífilis. O volume incluía um levantamento detalhado dos vários tipos de comportamento homoerótico praticado pelos "sodomitas" no Rio de Janeiro. Notando a grande incidência de sodomitas na cidade, Ferraz de Macedo registrou: "em todas as idades vemos devotos dessa facção, quer por passividade, quer por actividade, quer em condições mixtas".[72] Ferraz de Macedo, portanto, classificou aqueles que observara em múltiplas categorias: o penetrador no intercurso anal (ativo), o receptivo nessa relação (passivo), ou a pessoa que apreciava ambas as formas de prazer sexual (misto), às vezes como o penetrador e outras como o receptor.[73]

Ferraz de Macedo considerava o penetrador no intercurso anal um sodomita, tanto quanto seu parceiro receptor. Nesse sentido, ele acompanhava a visão tradicional da Igreja Católica e do Estado português durante o período colonial, bem como as políticas de perseguição de fato na Marinha e no Exército brasileiros durante o império. O ato sexual caracterizava *ambos* participantes como sodomitas. Ferraz de Macedo, contudo, foi mais longe ao definir esses homens por meio de uma análise de seus desejos e apresentação pessoal. Segundo o médico, o sodomita "ativo" era mais difícil de identificar do que o "passivo", porque o primeiro tinha a aparência e a atitude de qualquer outro homem, enquanto o último era efeminado. Ambos, contudo, pertenciam claramente à subcultura carioca. Além disso, o sodomita "ativo" às vezes iniciava os relacionamentos sexuais com uma "cantada", ou seja, palavras ou gestos indicando um interesse sexual. Ele podia entabular uma conversa com um jovem desconhecido num lugar público, dar-lhe muita atenção, oferecer-lhe entradas para o teatro e, por fim, seduzi-lo. Nesse sentido, o relacionamento permanecia hierárquico e imitativo das relações de gênero e do cortejamento entre homens e mulheres, mas tanto o homem "ativo" quanto o "passivo", bem como aqueles que assumiam papéis sexuais mais fluidos eram considerados parte de um mundo de desejos dos sodomitas.[74]

Apesar de sua formação como médico, Ferraz de Macedo não oferecia nenhuma explicação médica para as origens da sodomia, tampouco considerava a prática patológica, como os peritos europeus começaram a sustentar já em 1850.[75] Em vez disso, ele atribuía a ocorrência desse comportamento a uma criação moral imprópria: "Assim, também, um menino a quem as virtudes e conselhos paternos, corroborados pelos seus mestres, edifiquem a alma; um menino a quem a instrucção guie e mostre desenganos, nunca se curva às ordenações do negro pecado; nunca se mystifica, se confunde com o turbilhão de sodomitas: nunca o encontramos no Rio de Janeiro confundido com a turba dos bagaxas".[76] A moralidade, e não a medicina, é o meio apropriado para evitar essa "aberração da natureza".

Ao observar que os sodomitas proliferavam em todo o Rio de Janeiro, Ferraz de Macedo notou que eles eram mais frequentemente encontrados no distrito do Sacramento (onde estava localizado o Largo do Rossio) e em outras partes do centro da cidade. Ele também registrou que muitos proprietários de imóveis cariocas lucravam bastante alugando quartos a qualquer hora do dia ou da noite para servir pessoas que queriam praticar "atos hedonistas". Soldados, homens de negócios e artistas compunham a maior fração dos sodomitas "ativos". A prática estava disseminada "na classe militar, ou seja por falta de tempo, ou por falta de meios". Presumia-se que seu confinamento aos quartéis ou aos navios dificultava o acesso às mulheres. Os médicos ainda argumentavam que a natureza hierárquica das forças armadas sancionava a dominação dos homens alistados. Os oficiais podiam ordenar a uma pessoa de baixa patente que participasse em atividades eróticas homossexuais contra a sua vontade.[77] A observação de que os militares praticavam atividades homossexuais em razão da não disponibilidade de mulheres e pela natureza controlada da vida nos quartéis implicava que o desejo sexual estava divorciado de qualquer ligação romântica ou duradoura. O soldado, exposto à companhia feminina, supostamente abandonaria o comportamento sodomita que as circunstâncias lhe haviam imposto.

Ferraz de Macedo estendeu sua teoria para além do exemplo dos militares, argumentando que a sodomia era um resultado de circunstâncias e não de inclinação, também em outros setores da sociedade brasileira. Ele relatou o fato de que alguns artistas e homens empregados no comércio escolheram as atividades homoeróticas por causa de seu "horror à sífilis" e pelos altos preços cobrados pelas prostitutas. Mesmo se tomarmos literalmente a palavra do médico, e concordarmos com ele que o custo de uma prostituta era excessivo, ele ainda não explica por que o fato de envolver-se em atividades homossexuais protegia os homens da sífilis. Sua lógica reflete a suposição médica em voga na época, a de que as prostitutas, como os principais repositórios das doenças sexualmente transmissíveis, eram as principais responsáveis pela contaminação da população masculina.[78] Se dois homens praticavam sexo entre si, ele parece afirmar, não podiam transmitir a sífilis ou outra dessas doenças. A redução, por parte do médico, do desejo sexual do "sodomita ativo" a situações específicas também falha em explicar suas próprias constatações de que sodomitas "mistos" transitavam livremente de um papel sexual para outro. Seriam esses homens, que desfrutavam dos múltiplos prazeres do corpo, sodomitas inatos ou circunstanciais? O fato de que eles eram tanto ativos como passivos sugere que os desejos desses homens eram mais complexos do que aqueles explicados pelo médico. Se um sodomita ativo escolhia outro homem como parceiro sexual porque não havia uma mulher disponível, que outra razão teria para buscar também outras formas de satisfação sexual, senão a de que obtivesse prazer com a experiência? A admissão de Ferraz de Macedo de que ele apenas observara sodomitas passivos pode explicar o confuso paradigma que estabeleceu para descrever o sistema de gêneros dos cariocas.

O médico apresentou uma série de características para identificar os *passivos*. Ao apresentá-los, ele também fundiu prostituição com efeminação, e com isso adotou essa posição sexual como a do sodomita no intercurso: "Assim, se virmos um *rapazito* com andar sereno, grave, com os passos curtos acompanhados de movimentos do tronco e dos membros superiores; com as pernas um pouco abertas e o bico de pé muito voltado para fóra; emfim, se virmos um rapaz arremedar no andar uma dama (cantoneira bem entendido) que tenha estudado ao seu espelho os movimentos semilascivos do corpo e que os ponha em pratica quando passeia, com o fim de excitar e atrahir as vistas e desejos dos transeuntes: podemos suspeitar que é um rapaz infame que passa".[79] Em outras partes do texto, Ferraz de Macedo se refere ao prostituto profissional masculino como "o bagaxa", presumivelmente outra gíria. (*Bagaxa* significa uma mulher que se prostitui. Ao juntar o artigo masculino nesse nome feminino, a expressão transmite a noção de um homem prostituto feminilizado.) Ferraz de Macedo descreve o bagaxa como tendo "uma falla verdadeiramente effeminada, doce, agradável" e um estilo exagerado no vestuário. Aos olhos do médico, o atrativo desses prostitutos de rua era sua imitação do feminino – o andar provocante, a fala doce e aguda e a maneira meticulosa de se vestir. Seu porte e comportamento femininos faziam-nos sedutores e desejáveis. Destituídos de virilidade, tornavam-se os objetos da lascívia masculina. Seu comportamento transgenerificado faz sentido apenas numa construção bipolar da sexualidade. Sua feminilidade inferia sua passividade sexual como meio de vazão para o desejo de outros homens, estivesse ou não sua conduta erótica real em conformidade com as especulações do médico quanto à natureza de sua atividade sexual. Como substitutos para as putas sifilíticas e caras, seus corpos ofereciam prazeres comparáveis àqueles das mulheres inacessíveis.

Ferraz de Macedo mais tarde reconheceu que, assim como as prostitutas, esses homens possuíam suas próprias gírias e sinais para executar uma "cantada". Eles conseguiam identificar-se perante outros nos espaços urbanos por suas conversas, gestos das mãos e sua "pouca serenidade e circunspecção".[80] Embora assumissem uma aparência feminilizada, esses homens ainda desfrutavam de privilégios masculinos. Como as prostitutas, eles podiam frequentar as ruas, parques e locais de entretenimento sem estarem acompanhados, numa época em que a maioria das mulheres jovens era mantida sob estrita vigilância familiar, para que sua "pureza" ficasse resguardada. Eles podiam ser encontrados em casas de bilhar, bares e cafés, nas praças públicas sentados nos bancos de pedra ou conversando alegremente e fumando em grupos de dois ou três. Mais do que qualquer outra atividade, gostavam de ficar à toa em lugares públicos, especialmente nas ruas mais movimentadas, em procissões religiosas, em frente de teatros e durante romarias.

Assim como as "francesas", que se faziam passar por cortesãs refinadas e sofisticadas da França, que ofereciam seus serviços sexuais aos membros da elite do Rio, esses homens possuíam uma elegância e um estilo que imitavam a privilegiada alta sociedade carioca, ou mesmo sugeriam pertencer a ela. Eles faziam questão de estar bem vestidos, especialmente quando iam ao teatro. Usavam paletós feitos sob medida, calças com tecidos extravagantes que acentuavam suas formas, botas finas e polidas, camisas primorosamente bordadas, lenços (geralmente vermelhos ou azuis) e gravatas de seda. Perfumavam seus cabelos e usavam cartolas brancas. Berloques e correntes de ouro pendiam de seus coletes. Levavam bengalas caras, usavam luvas de pelica e fumavam charutos cubanos.[81] As descrições de Ferraz de Macedo favorecem uma conclusão precipitada de que os dândis do Rio de Janeiro eram todos sodomitas e, além disso, prostitutos. Certamente, nem todos os jovens vestidos de maneira sofisticada na capital imperial envolviam-se em atividades homoeróticas, como Ferraz de Macedo poderia levar-nos a acreditar.

Esses almofadinhas tropicais não eram os únicos sodomitas passivos descritos. Os médicos também incluíram nessa categoria os meninos de rua, cujas atividades sexuais lhes permitiam sobreviver da caridade dos mais afortunados. A pobreza e a falta de oportunidade, não a efeminação congênita, eram forças que levavam esses garotos a oferecer favores sexuais em troca de pequenos presentes, uma refeição num hotel ou um lugar para dormir à noite. A elegância excessiva e a falta de masculinidade, ao menos ao médico observador, implicavam uma disposição voluntariosa para o homoerotismo. A pobreza, assim como a inacessibilidade das mulheres e as preocupações com a higiene pessoal resultavam em incursões desafortunadas, porém perdoáveis, nesse mundo "depravado", como afirmava Ferraz de Macedo.

Quando concluiu sua tese médica em 1872, Ferraz de Macedo estava esperançoso sobre a possibilidade de eliminar, ou ao menos de diminuir, o número de homens que apresentavam esse tipo de comportamento: "Quando o terror pânico da existência da syphilis nas prostitutas públicas deixar de invadir a mocidade do Rio de Janeiro; quando o immenso numero das fingidas prostitutas clandestinas deixar de existir, para estas serem obrigadas a declarar-se publicas; quando por consequência, baixar o numero das fingidas barregãs e crescer o das cantoneiras; certamente que se terá desilludido a sociedade e dado um passo mais para a civilisação; e é inconstestável, ainda, que se terá ferido gravemente a serpe terrivel da sodomia!". A proposta do médico de eliminar essa "peste" que infectara o corpo social do Rio de Janeiro envolvia a regulação policial da prostituição masculina e feminina, bem como a educação das classes mais baixas, as quais, na opinião de Ferraz de Macedo, eram os setores sociais mais envolvidos nesse vício. Pois, como observou o eminente doutor: "raro se encontra entre a chusma dos propugnadores do peccado nefando um homem illustrado e de educação esmerada".[82]

A ampla generalização de Ferraz de Macedo sobre a ausência de sodomitas entre os cidadãos bem-nascidos do Rio de Janeiro é, obviamente, contradita por suas próprias descrições detalhadas dos dândis que vadiavam do lado de fora dos teatros ou percorriam os parques da cidade. Na verdade, não se pode saber ao certo se ele está descrevendo prostitutos elegantemente vestidos ou simplesmente sodomitas da classe alta. Se os homens que retratou, fossem ou não prostitutos de rua, não pertenciam às famílias da elite da cidade, eles certamente aspiravam a esse *status* social e vestiam-se de acordo com ele. A posição social de Ferraz de Macedo, como um médico laureado no Brasil imperial, situava-o, também, entre os homens "de educação esmerada". Sua negação do fato de os sodomitas pertencerem à sociedade "decente" pode refletir seus próprios preconceitos de classe. Sua documentação, entretanto, supera suas definições. Os indicadores sociais que ele registrou – moda, códigos, padrões de sociabilidade e de territorialidade – revelam algo bastante diferente. O tratado de Ferraz de Macedo sobre a prostituição nos fornece novas evidências de que, já em 1870, uma discreta subcultura havia se desenvolvido no Rio de Janeiro, envolvendo muito mais do que relacionamentos sexuais. As ligações sexuais e sociais entre homens eram visíveis o bastante para provocar um extenso comentário, ao menos por parte de um médico. Os homens observados por ele haviam criado um universo específico baseado numa identidade comum, vestindo-se de uma determinada maneira, comunicando-se com códigos e gestos similares e encontrando-se nas ruas e nos parques públicos do Rio de Janeiro.

Gravatas vermelhas, ruge e maquiagem pérola

Em 1894, quatro anos depois que o Largo do Rossio foi rebatizado como Praça Tiradentes, e no mesmo ano em que Adolfo Caminha terminou de escrever *Bom-Crioulo*, Francisco José Viveiros de Castro publicou *Attentados ao pudor: estudos sobre as aberrações do instincto sexual*. Viveiros de Castro, como já foi mencionado, era professor de direito criminal na Faculdade de Direito do Rio de Janeiro e desembargador da Corte de Apelação do Distrito Federal. Sua obra incluiu um capítulo sobre a pederastia, que abordava as atividades homossexuais entre adultos.[83] Duas décadas antes, Ferraz de Macedo propusera explicações morais para o fato de os homens praticarem a sodomia. Viveiros de Castro argumentou que a inversão era um problema médico e, ao contrário de Ferraz de Macedo, cujas teorias se baseavam nas suas observações da população do Rio, obteve a maior parte de suas informações em obras de sexólogos europeus. Ele chegou a admitir, no capítulo sobre a pederastia, que grande parte do material apresentado constituía um resumo traduzido de *De l'inversion de l'instinct sexuel au point de vue médico-légal* [A inversão do instinto sexual do ponto de vista médico-legal] do Dr. Julien Chevalier (1885) e de *Les perversions de l'instinct génital* [As perversões do instinto genital] de Albert Moll (1893). Embora não oferecesse contribuições teóricas originais ao estudo da homossexualidade, sem dúvida o jurista brasileiro estava em dia com as ideias mais recentes importadas da Europa a respeito dos "invertidos", chegando a utilizar esse termo, que acabara de ser popularizado na França.[84] Porém, Viveiros de Castro não apresentou ao leitor uma teoria médica clara e exclusiva sobre a homossexualidade, e sim um *pot-pourri* de explicações sobre a natureza e as causas da inversão sexual, citando uma série de médicos, sexólogos e psiquiatras, com opiniões divergentes e contraditórias. Tais opiniões abrangiam desde a ideia de que a inversão sexual era congênita, patológica e hereditária, até a teoria de que se tratava de um comportamento adquirido.

Além de suprir os leitores com um compêndio das construções médicas importadas sobre homens que apreciavam o comportamento homoerótico, Viveiros de Castro também descreveu lugares onde esses homens se reuniam no Rio de Janeiro: "O largo do Rocio foi antigamente celebre por ser o logar onde á noite reuniam-se os pederastas passivos á espera de quem os desejasse. Tinham elles uma *toilette* especial por onde podiam ser facilmente reconhecidos. Usavam paletot muito curto, lenço de sêda pendente do bolso, calças muito justas, desenhando bem as fórmas das coxas e das nadegas. Dirigiam-se aos transeuntes pedindo fogo para accender o cigarro, em voz adocicada, com meneios provocantes e lascivos. Durante o carnaval, vestidos de mulher, invadiam os bailes de mascara do theatro São Pedro".[85] Essas descrições oferecidas por Viveiros de Castro, das pessoas que frequentavam o Largo do Rossio "antigamente", assemelham-se tanto ao retrato produzido por Ferraz de Macedo, dos homens bem-vestidos e efeminados que perambulavam nas ruas do Rio de Janeiro à procura de parceiros sexuais, no início da década de 1870, quanto às representações dos frescos nas charges da virada de século. Mais uma vez, suas roupas bem-talhadas e porte delicado sugeriam a disponibilidade sexual. Lenços de seda pendurados pareciam constituir um sinal de feminilidade, assim como um código para permitir a aproximação. O carnaval oferecia a oportunidade para desafiar os costumes sociais num espaço público, com a prática aberta do travestismo nos bailes de máscaras, quando as restrições legais a tais atitudes eram temporariamente suspensas.

A mensagem essencial de Viveiros de Castro ao leitor era contraditória. No que dizia respeito à questão de o pederasta ser ou não punido, o jurista claramente argumentava com um certo teor de compaixão. Recorrendo ao médico alemão Albert Moll e ao psiquiatra austríaco Richard von Krafft-Ebing para fortalecer sua posição, Viveiros de Castro insistia: "Mas quando se trata de *uranistas*,* isto é, de indivíduos attingidos de inversão congenita ou psychica a punição seria uma verdadeira crueldade, porque elles não podem furtar-se a estas inclinações, elementos integrantes de sua personalidade".[86] Por outro lado, o jurista gastou grande parte do capítulo a descrever "três casos notáveis de pederastia nesta cidade, estudados, scientificamente e por observadores competentes".[87] Esses indivíduos eram bem diferentes dos "frescos" que invadiam os bailes de carnaval no Largo do Rossio. O primeiro envolvia o caso de um homem que levava uma vida isolada, junto com dois empregados domésticos com quem mantinha relações sexuais. Ele acabou sendo internado num hospital para doentes mentais. O segundo caso inclui uma longa história de um jovem balconista de uma mercearia de secos e molhados que mantinha relações sexuais com o dono da loja. Ao descobrir que o patrão pretendia casar-se com uma moça, o balconista mata o ex-amante brutalmente, num acesso de ciúme. O terceiro caso documenta o estupro e o assassinato de um menino de quatro anos, cometidos por um adulto. Essas histórias, longe de inspirar uma simpatia para com os pederastas cariocas, reforçaram a ideia de que os homens envolvidos em relacionamentos homossexuais eram doentes mentais, assassinos apaixonados, ou molestadores de crianças. A demonstração de compaixão por pederastas degenerados e efeminados, aliada à propagação de estereótipos de maníacos homicidas, continuaria a ser uma fórmula potente nos escritos de outros médicos, juristas e criminologistas que adentrou o século XX. Ainda assim, o trabalho de Viveiros de Castro é significativo, pois representa uma das primeiras tentativas por parte de um profissional brasileiro de ir além de uma análise moral do homo-

---

* O termo uranista ou uraniano foi cunhado na década de 1860, por Karl Heinrich Ulrichs, referindo-se à teoria de que um homem que sentisse atração sexual por outro homem era, na verdade, "uma mulher presa no corpo de um homem" (o "terceiro sexo").

erotismo e investigar as possíveis causas médicas, biológicas ou psíquicas desse comportamento. *Attentados ao pudor: estudos sobre as aberrações do instincto sexual* é um tratado intermediário entre as tradicionais condenações religiosas e morais da sodomia e a medicação do pederasta.

Uma década depois, em 1906, outro médico carioca, José Ricardo Pires de Almeida, publicou uma extensa monografia sobre a homossexualidade no Rio de Janeiro, intitulada *Homossexualismo (a libertinagem no Rio de Janeiro): estudo sobre as perversões do instinto genital.*[88] Embora tanto Viveiros de Castro quanto Adolfo Caminha, dez anos antes, tivessem empregado esporadicamente o termo *homossexualismo* para se referir ao comportamento homoerótico, agora a palavra parecia estar sendo usada mais amplamente pelos profissionais de saúde como sinônimo de uranista. No entanto, "pederasta" permanecia ainda a expressão mais usada para designar as atividades homossexuais entre adultos. Pires de Almeida confirmou as descrições produzidas por Ferraz de Macedo e Viveiros de Castro acerca da topografia sexual homoerótica do Rio de Janeiro: "Até dez anos passados, os uranistas entregavam-se aos prazeres lubricos em hospedarias, em casas de alugar quartos por hora, ou em domicílio próprio, sendo todos esses lugares de *rendez-vous* mais ou menos conhecidos pela Policia, toleradora do exercicio da libertinagem masculina, que tão afrontosamente campeava de fronte erguida à luz do sol e ao sombrio da noite".[89] A afirmação de Pires de Almeida, de que o erotismo entre indivíduos do mesmo sexo não era reprimido pela polícia, parece indicar que, embora a homossexualidade, assim como a prostituição feminina, não fosse em si ilegal no Código Penal de 1890, as autoridades possuíam ampla liberdade de ação no controle de suas manifestações públicas. Diferentemente das prostitutas, que tinham de conviver com as periódicas campanhas de limpeza promovidas pelos chefes de polícia, os homens transgressivos parecem ter enfrentado um controle menos frequente e previsível de suas ações.[90]

Como fizera Ferraz de Macedo no fim do século XIX, Pires de Almeida viu uma associação estreita entre a homossexualidade e a prostituição e observou que "A prostituição masculina existe em todos os paises e em todas as civilizações; mas, pode-se afirmar que, até cinquenta anos passados, em lugar algum lastrou ella tão ostentosamente como no Rio de Janeiro...".[91] Seguindo um raciocínio semelhante ao de Ferraz de Macedo, Pires de Almeida reafirmou o argumento demográfico e funcionalista de que as relações homossexuais resultariam da falta de mulheres disponíveis. Ele insistia que, até o fim do século XIX, a prostituição masculina diminuíra no Rio de Janeiro em razão do número crescente de mulheres que trabalhavam nas ruas. Depois da Abolição, em 1888, segundo ele explicou, o número de prostitutas aumentara, especialmente entre mulheres imigrantes, porque as escravas não estavam mais disponíveis para fins sexuais.[92]

Embora a obra de Pires de Almeida tivesse entre suas metas documentar o comportamento libertino no Rio de Janeiro da virada do século, os perfis que traçava de indivíduos pederastas, termo que usava para referir-se a qualquer homem, fosse ele ativo ou passivo, centravam-se em personagens dos dias do Império. Contradizendo a afirmação de Ferraz de Macedo, de que não ocorriam comportamentos homossexuais entre a elite carioca, Pires de Almeida observou que existiam "pederastas ativos e passivos" em todas as classes sociais, inclusive nas ordens monásticas, entre altos oficiais do Exército e das Forças Navais, juízes, funcionários públicos, no corpo diplomático e no clero comum. Com esses exemplos, argumentou que a classe dominante não estava imune a essa "perversão moral".[93] Descreveu com detalhes bastante específicos o comportamento escandaloso de um político conhecido do governo imperial e de um general-brigadeiro do Exército imperial. Esses comentários, assim como suas observações a respeito da "tolerância" da polícia durante o Império, podem também ter sido uma crítica republicana velada ao estado decadente da recém-deposta monarquia.

Em seu tratado, Pires de Almeida apresentou breves esboços de vários membros coloridos e exóticos das classes mais baixas no Rio de Janeiro do fim do século XIX. Um destes, que se autodenominava Traviata, era conhecido por suas roupas vistosas. Usava geralmente um paletó mexicano com colarinho de veludo, calças da cor de flor-de-alecrim, gravata vermelha, um lenço branco pendurado no bolso, sapatos rasos polidos que deixavam ver meias de seda e um chapéu de palha envolto numa fita azul. Era um chapeleiro estabelecido, que criava e decorava chapéus femininos para os maiores vendedores de roupa da cidade. Cabelos negros encaracolados e um bigode preto acentuavam seu rosto de bochechas pronunciadas, sempre pintado com rouge e maquiagem pérola. Ele preferia sair tarde da noite para o Largo do Rossio ou para o Passeio Público, outro parque bastante conhecido no Rio. Um cantor consumado de voz contralto, segundo relatos, ele se destacava na interpretação do papel de Violetta em *La Traviata* de Verdi, daí sua alcunha. O médico notou que ele apresentava o andar típico da maioria dos "uranistas", rebolando as ancas e salientando as nádegas.[94] Ao usar essa terminologia, assim como ao citar as obras de Moll, Krafft-Ebing, Chevalier e Tardieu, o autor se mostrava familiarizado com as últimas teorias dos principais sexólogos europeus, incluindo a noção de que os uranistas não eram nem homens nem mulheres, mas sim membros de um "terceiro sexo", cuja alma feminina se encontrava presa no corpo de um homem. No entanto, ele descreveu Traviata como um "pederasta ativo e passivo", contradizendo assim sua própria construção do carioca homossexual "típico" como um macho efeminado e exclusivamente receptivo. Como fizera Viveiros de Castro na década anterior, Pires de Almeida apresentou e repetiu noções europeias sobre a homossexualidade, mas seus próprios relatos impressionistas do homoerotismo no Rio contradiziam com frequência as teorias estrangeiras tão fielmente reproduzidas.

Pires de Almeida descreveu outra figura do século XIX, um vendedor ambulante negro chamado Athanasio, que vendia doces no Largo do Rossio e nas áreas contíguas. Como Traviata, ele praticava sexo anal tanto ativa como passivamente. Sua indumentária, refletindo o *status* social inferior de um negro livre, era menos extravagante do que a dos cariocas brancos da mesma época. Trajava uma calça de algodão cru branco ou amarelo, com as barras presas no tornozelo, uma camisa solta com a gola aberta e as mangas arregaçadas e andava sempre descalço. Morava na Rua dos Ciganos, como era conhecida na época, ao lado do Largo do Rossio, e comentava-se que ele recebia visitas particulares em casa, desde simples escriturários até senadores do governo imperial.[95] Embora fosse provável que alguns dos funcionários públicos que visitavam Athanasio tivessem ascendência africana ou mestiça, os senadores imperiais certamente pertenciam à elite branca do país. O fato de que esse vendedor ambulante atraísse ao seu humilde lar homens de várias classes e raças demonstra que os encontros homossexuais, assim como as relações heterossexuais entre prostitutas e homens das classes média e alta da sociedade brasileira propiciavam momentos nos quais as barreiras de classe e de raça eram transgredidas. O antropólogo e historiador Luiz Mott documentou ligações homossexuais entre senhores e seus escravos e entre homens de distintas classes sociais, já no período colonial.[96] Os indícios apontados por Pires de Almeida sugerem que esse tipo de relação continuou a ocorrer pelo menos até o fim do século XIX. Além disso, embora esses casos que transcendiam a raça e a classe social envolvessem homens com poderes e posições sociais distintas, essas diferenças não parecem ter-se manifestado nas suas práticas sexuais. A disponibilidade de Athanasio para penetrar ou ser penetrado demonstra que um determinado papel desempenhado na cama não tinha nenhuma ligação com o *status* social inferior da pessoa. Pode ter havido coerção entre altos oficiais do Exército e os soldados comuns, mas a superioridade social nem sempre se traduzia na dominação sexual, nem significava que houvesse uma anulação automática da dinâmica do poder racial ou de classe durante as relações sexuais.

Apesar de Pires de Almeida ter divergido das observações de Ferraz de Macedo quando descreveu "pederastas e uranistas de todas as classes, categorias e condições", ele concordou com os observadores do fim do século XIX a respeito dos espaços ocupados pelos invertidos – "As portas dos teatros, os cafés, os restaurantes, os bilhares, as portarias dos conventos, as escadarias das igrejas, os arvoredos do campo de Sant'Anna, as casas de banhos, os porões dos teatros". Notou que eles se socializavam em grupos de dois ou três, ou então perambulavam pelas ruas a sós. Demonstravam um humor espirituoso e afiado para caçoar um do outro e se utilizavam de seus sócios para intermediar contatos com parceiros potenciais.[97] Vestiam-se com elegância, escondendo sua idade verdadeira sob roupas juvenis e usavam gravatas vermelhas como uma espécie de código para indicar suas inclinações sexuais, prática esta que parece remontar a meados do século XIX no Brasil.[98]

No livro *Gay New York: Gender, Urban Culture, and the Making of the Gay Male World, 1890-1940* [Nova York Gay: sexo, cultura urbana e a construção do mundo gay masculino, 1890-1940], George Chauncey registra que os "frescos" de Nova York usavam gravatas vermelhas, tiravam suas sobrancelhas, aplicavam ruge no rosto e usavam pó de arroz nos anos 10, 20 e 30 "para sinalizar seu *status* sexual anômalo".[99] Essas mesmas modas eram comuns no Rio de Janeiro na virada do século e igualmente predominantes em São Paulo na década de 1930, como veremos a seguir. Não há indícios de que essas práticas tivessem sido difundidas a partir de Nova York e da Europa para o Brasil por redes informais, nem por meio de qualquer outra espécie de intercâmbio internacional entre homens adeptos desses estilos, como evidentemente aconteceu com a globalização da cultura gay norte-americana e europeia a partir dos anos 60. Devemos, portanto, perguntar-nos por que se desenvolveram padrões de comportamento semelhantes e até códigos que indicavam a disponibilidade, por meio do uso de determinadas cores nos dois continentes ao mesmo tempo. A gravata vermelha, mais provavelmente, servia como uma peça fácil de avistar, cujo propósito era atrair as atenções de transeuntes interessados nas ruas movimentadas. Além disso, a cor vermelha tem-se associado, tradicionalmente, à prostituição, à sedução e à sensualidade nas sociedades mediterrâneas, ibéricas e nórdicas. No Brasil, os jornais e revistas, junto com os filmes americanos projetados nos cinemas, difundiam imagens de beleza, estilo e moda femininos que as mulheres buscavam imitar. Parece bem possível que os homens efeminados tenham se apropriado de algumas dessas representações do sexo feminino para expressar suas próprias noções de estética e sedução.

Embora o tratado de 259 páginas sobre a homossexualidade e a libertinagem no Rio de Janeiro, escrito por Pires de Almeida, muitas vezes se desvie do assunto principal, a análise básica que faz da natureza e do comportamento dos homens que manifestavam desejos eróticos homossexuais apresentou a maioria dos argumentos que profissionais brasileiros acabariam usando mais tarde para descrever "a degeneração do instinto sexual". O médico insistia em que a homossexualidade poderia ser ou congênita ou o resultado de uma educação imprópria. Contraditoriamente, afirmava que, de um lado, o "típico pederasta passivo" era um homem efeminado, mas, de outro, admitia que "não há nenhuma manifestação externa do pederasta que indique ou denuncie sua perversão". Porém, ele também sugere que outros peritos europeus talvez encontrassem alguma ligação entre a homossexualidade e os traços físicos. A esse respeito, citou o trabalho do criminologista italiano Cesare Lombroso, cujos estudos antropométricos da relação entre as características físicas do corpo e a "degeneração" serviriam de base para estudos elaborados no Brasil nos anos 30.[100]

Pires de Almeida chegou a travar uma modesta polêmica com os mestres europeus, revelando mais uma vez sua confusão a respeito da possibilidade de detectar ou não alguma diferença física nos pederastas. Por exemplo, ele citou Ulrichs, que argumentou que os uranistas, assim como as mulheres, não sabiam assobiar e tinham dificuldade para aprender a realizar essa proeza. Logo em seguida, referiu-se às entrevistas realizadas por Moll com um bom número de uranistas, nas quais descobriu que eles, na verdade, conseguiam assobiar, assim como os homens "normais". Pires de Almeida ofereceu aqui sua contribuição ao debate. Sugeriu que as observações feitas por Moll foram corretas em um sentido e erradas em outro, já que somente os "pederastas passivos" não conseguiam assobiar.[101] Por mais tola que fosse essa afirmação, Pires de Almeida estava tentando participar do debate que se travava na Europa sobre as características biológicas e psicológicas dos pederastas. Ao procurar qualidades que distinguissem os uranistas dos homens "normais", Pires de Almeida, como fizera Viveiros de Castro, participava da medicalização do homossexual, ou seja, a criação e descrição de uma categoria distinta de homens que apresentavam traços físicos e patológicos únicos.

Uma divergência mais significativa das teorias de Moll foi a afirmação do médico carioca de que existia uma diferença fundamental entre as naturezas dos pederastas "ativos" e "passivos". Pires de Almeida insistia que era problemática a confluência dessas categorias num único ser homossexual.[102] Como veremos, médicos e outros profissionais brasileiros que estudavam o homoerotismo demonstrariam receio em abandonar o modelo que estabelecia a distinção entre a pessoa "ativa", que representava o papel masculino nas atividades sexuais, e o homem efeminado, associado ao papel "passivo" no ato sexual.

Independentemente das ideias gerais de Pires de Almeida sobre a decadência do comportamento erótico homossexual, ele, assim como Viveiros de Castro, argumentava contra a ideia de que todos os homossexuais deveriam ser hospitalizados ou encarcerados, e sugeria, pelo contrário, o tratamento clínico dessa "inversão" por meio da "educação moral". No entanto, admitia sem ressalvas que as pessoas nascidas homossexuais ou que tivessem praticado a homossexualidade durante longos períodos muito provavelmente se tornariam imunes a tais tratamentos morais, e sugeria o monitoramento estreito das práticas educativas das crianças a fim de descobrir a degeneração antes que esta avançasse demasiadamente. A ambiguidade de sua abordagem refletia a confusão geral entre médicos da virada do século acerca da etiologia da homossexualidade e, portanto, a respeito da maneira mais adequada de "tratá-la".

João do Rio e as ruas encantadoras da capital

Sob vários aspectos, as formas públicas de sociabilidade utilizadas pelos "frescos" e descritas por esses médicos e advogados correspondiam às interações heterossociais normativas entre as classes média e alta durante a época de ouro brasileira.[103] Antes da primeira década do século XX, a elite carioca frequentava a Rua do Ouvidor, uma via estreita no centro do Rio de quase um quilômetro de extensão, onde proliferavam lojas oferecendo a última moda vinda de Londres e Paris, além de outros produtos de luxo europeus.[104] A inauguração da Avenida Central em 1905, menina dos olhos das renovações urbanas de Pereira Passos, deslocou as interações sociais da moda para o novo e amplo bulevar. Conhecida mais tarde como Avenida Rio Branco, a Central estava ligada à Avenida Beira-Mar e, portanto, ligava a região aos bairros do sul que cercavam a Baía de Guanabara. Nesses três locais, pedestres bem de vida exibiam seus atavios importados mais chiques, passeando pelas ruas *à la flâneur*.

A arte da *flânerie*, ou *footing*, como também era chamada, consistia em perambular pela cidade para ver e ser visto. Deter-se para cumprimentar conhecidos, trocar fofocas com amigos ou ver os produtos expostos nas vitrines refletiam um *status* social privilegiado. A riqueza, bem como o exercício de certas profissões, fazia que os homens das classes alta e média-alta pudessem dedicar seu tempo de lazer a essas excursões aparentemente fúteis. Embora as classes mais pobres frequentassem as mesmas ruas, seus movimentos estavam ligados às necessidades do trabalho. O *flâneur*, por outro lado, dispunha de tempo e de recursos para gozar dos aspectos mais refinados da cidade moderna num ritmo mais distraído. Mulheres de classe média ou alta que estivessem devidamente acompanhadas também podiam desfrutar dessa atividade prazerosa, à medida que calçadas largas e pavimentadas tomavam o lugar de vielas estreitas e esburacadas e acessos inadequados.[105]

John Otway Percy Bland, viajante britânico que percorreu a América do Sul durante a Primeira Guerra Mundial, descreveu esses passeios tranquilos no centro do Rio de Janeiro:

> Quando, depois da hora da siesta, as esposas e filhas das pessoas se vestem em trajes respeitáveis e tomam ar *en famille* na Avenida [Central] ou nos jardins públicos, a ausência geral de todo e qualquer motivo aparente em seus movimentos também lembra um Oriente contemplativo. Tanto homens quanto mulheres perambulam pelas ruas como sonâmbulos; os rostos das mulheres exibem, geralmente, uma expressão impassi-

velmente desinteressada, enfatizada pelo decoro convencional, que nos espaços públicos não faz caso do sexo oposto e finge não ouvir seus gracejos rabelaisianos. Os homens, ou passeiam com vagar, ou aglomeram-se de pé em pequenos grupos, dando-se uns aos outros leves palmadas afetuosas nos ombros e comentando com uma riqueza gestual a cena política local, sem se incomodarem com o fato de estarem obstruindo a calçada. A Avenida, após as quatro da tarde, é um lugar de conversação e não de locomoção; os europeus, assim como outros tolos apressados, em geral tomam um táxi.[106]

Embora Bland tenha conseguido capturar o ritmo lento do *footing* brasileiro, o fato de ser apenas um observador provavelmente o impediu de notar outras interações que ocorriam simultaneamente à rejeição desinteressada das mulheres finas perante as atenções dos homens e à preocupação política dos senhores gesticuladores.

A zanzar por esses lugares elegantes, homens solteiros e mulheres "decentes" se permitiam flertar quando devidamente acompanhados ou vigiados. Podiam inteirar-se das últimas fofocas com os amigos, ou então apresentar a alguma candidata promissora um primo solteirão em visita do interior ou de outra cidade. Homens à procura de outros homens para aventuras sexuais nos parques públicos ou nas avenidas da moda no centro da cidade misturavam-se facilmente nas multidões que olhavam as vitrines das lojas, parando em cafés para discutir política ou entrando nas confeitarias para comprar doces. Assim como duas amigas talvez saíssem para fazer compras na Rua do Ouvidor e, ao mesmo tempo, notar os advogados e empresários solteiros e bem-sucedidos que por ali passavam, ou dois estudantes da Escola de Medicina talvez bebericassem seus cafezinhos enquanto observam as belas filhas da burguesia carioca tomando um pouco de ar, dois frescos também podiam utilizar esse espaço público para procurar novos parceiros e novas aventuras. Além disso, já que os homens gozavam de muito mais liberdade para ocupar as ruas do que as mulheres, não seria nada inusitado um moço solteiro vagar entre o Largo do Rossio e a Avenida Central ou então sentar num banco e aguardar pacientemente que outro rapaz se aproximasse, como fez nosso personagem fictício Gouveia. Enquanto nenhuma mulher de boa família ousaria sair de casa desacompanhada depois do pôr-do-sol, os frescos podiam percorrer sem problemas as ruas e parques do centro à procura de aventuras sexuais até alta madrugada.

Talvez ninguém personificasse tanto o *flâneur* quanto os dândis cariocas, descritos por Ferraz de Macedo, Viveiros de Castro e Pires de Almeida, como o jornalista, crítico social e escritor Paulo Alberto Coelho Barreto, amplamente conhecido como João do Rio, um de seus pseudônimos literários.[107] Essa figura literária da *belle époque* escreveu com eloquência sobre a arte da *flânerie* numa coleção de ensaios intitulada *A alma encantadora das ruas*, publicada pela primeira vez em 1908. Em sua introdução ao livro, ele descreve o que é flanar, ou passear: "Flanar é ser vagabundo e refletir, é ser basbaque e comentar, ter o vírus da observação ligado ao da vadiagem. Flanar é ir por aí, de manhã, de dia, à noite...".[108]

A definição de *flânerie* apresentada por João do Rio é um tanto diferente do perambular sem rumo da alta sociedade carioca pela Rua do Ouvidor ou pela Avenida Central. A disposição do escritor para explorar os bairros pobres da cidade estava bem distante da vontade de passear com trajes sofisticados nas redondezas exclusivistas do centro. Seu interesse por investigar os pontos exóticos e perigosos da cidade, a qualquer hora do dia ou da noite, como uma espécie de jornalista das ruas, no entanto, acabou resultando em crônicas imaginativas da vida cotidiana do Rio de Janeiro da virada do século. Mas as perambulações urbanas de João do Rio podem ser lidas como algo mais profundo do que a curiosidade de um correspondente de jornal à procura de uma matéria intrigante para satisfazer ávidos leitores. A preferência sexual evidente de João do Rio por outros homens nos leva a especular a respeito dos sentidos múltiplos de sua celebração da arte de passear. Embora pouco se conheça dos detalhes de suas aventuras eróticas, suas andanças noturnas pelas ruas da capital à procura de materiais jornalísticos inovadores podem também ter-lhe proporcionado a oportunidade de desfrutar da companhia sexual dos marinheiros, soldados e figuras comuns, que eram os personagens de seus artigos e relatos.[109]

Um ensaio que escreveu para um jornal em 1907, sobre os parques e jardins urbanos, revela sua compreensão ampla dos vários usos potenciais dos espaços públicos: "Não fosse o jardim a revivência da floresta antiga e não precisasse de bacchantes e de satyros", escreveu. "E haveis de ver sujeitos nervosos que entram desconfiados, torcendo o bigode, approximam-se de um, do outro, rodam como milhafres, ciciam propostas de arrepiar, metem-se na sombra com criaturas que a tudo se prestam. As maiores devassidões, lembrando as orgias de Tibério, ao ar livre, a polícia tem encontrado nos jardins." Embora João do Rio raramente descrevesse dessa forma tão explícita as atividades homoeróticas em seus escritos, esse trecho capta bem a emoção e a tensão dos encontros sexuais ocorridos em espaços públicos. Quando alguém penetrava nesses "guardiões da sensualidade", como costumava chamá-los, esses espaços pareciam receber a pessoa com o sorriso ansioso de um velho sátiro, e o vigia noturno, compreendendo o que acontecia em seus domínios, sempre comentaria com outro guarda: "Esta cabra vem para alguma!". Finalmente, João do Rio escreveu, "e a ultima hora, quando os sinos tangem para fechar as portas, enquanto a grossa onda sai aos encontrões, fatigada como se viesse de uma enorme viagem, os retardatários aproveitam a relativa solidão, e o jardim convulsiona-se num supremo espasmo".[110]

Para os leitores atuais, a ideia de encontros sexuais anônimos em espaços públicos como jardins, parques, cinemas e banheiros talvez seja completamente estranha às suas experiências de vida. Mas para muitos frescos e fanchonos, que tinham de esconder as suas predileções sexuais de parentes, amigos e patrões, esses encontros eróticos aleatórios constituíam um dos únicos meios de conhecer parceiros em potencial. A maioria dos homens que vivia com suas famílias, pais ou parentes, ou que talvez dividisse um quarto de pensão, não tinha a opção de marcar um encontro dentro de casa. Podiam alugar um quarto num hotel decadente, ou noutro estabelecimento especializado em atender prostitutas e homens que quisessem compartilhar uma cama por algumas horas ou durante toda a noite. Porém, nem todos estavam dispostos a correr o risco que implicava registrar o nome com o proprietário e, possivelmente, tornar-se a vítima da desaprovação, do desprezo ou até de chantagem.[111] Para alguns, esses espaços públicos alternativos se tornaram necessários para a realização sexual. Para outros, o desafio da caça, o erotismo inerente à sedução, a emoção do encontro fugaz, do perigo sempre presente aumentavam o prazer do parque. O que os escritos de João do Rio tinham de genial era a sua capacidade de descrever esse submundo obscuro e o que, hoje em dia, a gíria conhece por "caçação" ou "pegação", de tal maneira que o típico leitor burguês da virada do século provavelmente não entendia o subtexto, que, no entanto, era óbvio para aqueles com um conhecimento mais profundo do mundo alternativo que operava nesses espaços públicos.

João do Rio nasceu numa família da classe média carioca em 1881. Destacou-se na literatura aos 23 anos, por meio de uma série de reportagens jornalísticas sobre os cultos afro-brasileiros e outras práticas religiosas não católicas na capital nacional.[112] Sua disposição para percorrer favelas e morros e para conhecer os subúrbios pobres e operários, em busca de relatos sensacionalistas sobre os submundos da capital, também revolucionou o jornalismo carioca, e João é considerado o primeiro repórter moderno do Brasil. Ao longo de sua vida, produziu mais de 2.500 artigos de jornal, contos e ensaios sobre a vida urbana.[113] Aos 29 anos, João do Rio foi eleito para a Academia Brasileira de Letras, uma honra pela qual teve de lutar pessoalmente, com uma força de vontade singular.

Sua ascensão meteórica aos mais elevados círculos literários não foi tão fácil quanto se poderia julgar pela sua juventude. De fato, a juventude foi um dos vários obstáculos enfrentados por João do Rio na sua busca pela honra literária. Sua ascendência racial foi outro ponto contra: sua mãe era de origem afro-brasileira. Além do mais, a sua atividade principal era a de jornalista e repórter, e não a de romancista ou poeta. Nenhum desses fatores constituía uma barreira automática ao círculo restrito dos letrados brasileiros. Afinal de contas, até Machado de Assis, fundador e primeiro presidente da Academia Brasileira de Letras, era mulato de origem humilde e outros jornalistas já haviam sido admitidos entre os imortais antes da eleição de João do Rio. Mesmo assim, o racismo entre membros da elite, somado à crença de que sucesso alcançado com o jornalismo não era tão admirável quanto outros esforços literários e sua pouca idade complicaram seu acesso aos corredores sagrados da alta cultura. Mais importante, porém, foi o fato de sua homossexualidade ser reconhecida pelo público. Segundo um de seus biógrafos, Machado de Assis e o barão do Rio Branco organizaram uma bancada para impedir a eleição de João do Rio à Academia Brasileira de Letras, em duas ocasiões, por causa de sua torpeza moral.[114]

Não obstante, após se empenhar numa elaborada campanha em seu próprio favor, João do Rio foi admitido à prestigiosa associação na sua terceira indicação. Emílio de Meneses, membro importante dos círculos literários da capital, é o suposto compositor de um dístico que revelava um certo desdém pelo jovem autor por parte do público. Aproveitando-se do duplo sentido da palavra fresco, Meneses escreveu: "Na previsão de próximos calores / A Academia, que idolatra o frio / Não podendo comprar ventiladores / Abriu as portas para o João do Rio".[115]

O escritor Lima Barreto foi outro dos adversários literários de João do Rio. Não só considerava João do Rio um depravado moral como também ressentia o fato de seu rival ter entrado para a Academia, enquanto os seus próprios esforços para ser eleito não haviam rendido frutos.[116] Lima Barreto parodiou o jovem autor e jornalista em seu romance *Recordações do escrivão Isaías Caminha*, de 1909. No romance, João do Rio se torna Raul de Gusmão, um "rapaz talentoso" que é visto entrando num hotel decadente com um fuzileiro naval. No livro, espalha-se o boato de que o rapaz pagou para fazer sexo com o fuzileiro.[117] Segundo relatos, João do Rio ficou indignado com a caricatura de sua vida pessoal e assim respondeu a Lima Barreto com alguns desaforos. Nas correspondências em que relata o ocorrido a seus amigos, Lima Barreto se demonstrava tão amargurado e áspero para com João do Rio quanto em sua obra publicada.[118]

Em várias outras ocasiões ao longo de sua carreira, os inimigos de João do Rio associaram-no a símbolos facilmente reconhecidos pelo público para denotar sua homossexualidade, na tentativa de difamar sua reputação. Uma dessas referências apareceu no primeiro número de *O Gato*, uma revista de sátira e humor que começou a ser publicada em 1911. Uma charge que ocupava uma página inteira mostra João do Rio e Olavo Bilac, o maior poeta brasileiro do fim do século XIX, admirando uma estátua do imperador romano Heliogábalo dentro de um museu. O indicador de Bilac acaricia a nádega empinada da musculosa figura de mármore, enquanto, do outro lado, João do Rio fita a área genital desnuda. Um dos dois comenta: "Soberbo, heim!" O outro responde: "Que delicioso seria se todos os homens fossem assim!" (Figura 5). O autor do desenho insinua que os interesses sexuais dos dois escritores são direcionados para os homens, a pessoa de Bilac talvez mais interessada em penetrar um determinado parceiro e João do Rio se deliciando com um falo. Não se sabe se Olavo Bilac, autor do "Hino à Bandeira", sentia ou não desejo sexual por outros homens. Os biógrafos de Bilac insistem que o fato de ele ter passado a vida inteira solteiro se deve ao amor frustrado que sentia por uma moça quando ainda rapaz, incidente este que teria azedado seu desejo de casar-se.[119] Ele certamente não foi alvo das mesmas críticas e hostilidades recebidas por João do Rio, nas quais o jornalista era repetidamente acusado de ser "pederasta passivo". Mesmo que as insinuações paródicas contra Bilac não tivessem nenhum fundamento, essa representação de dois membros proeminentes da sociedade letrada carioca revela a vulnerabilidade de personalidades públicas suspeitas de acolherem desejos sexuais por indivíduos do mesmo sexo.

Um dos meios favoritos de atacar João do Rio era apelidá-lo João do Rossio, associando-o, assim, aos frescos que frequentavam o Largo do Rossio. Por exemplo, em 1920, ano que precede a sua morte, um oficial do governo, irritado com a posição editorial de João do Rio a respeito da questão do direito dos portugueses de pescar no litoral brasileiro, abordou-o num restaurante com a seguinte pergunta: "A Madame é o traidor Joãozinho do Rossio?". Esse insulto público à sua honra foi seguido de um panfleto criticando sua posição na polêmica. Referindo-se a João do Rio, que na época era diretor do jornal

A Pátria, por seu nome de batismo e chamando-o de "invertido", o autor anônimo do panfleto declarou que "João do Rocio ... fundou aí um jornal que ele chama *Pátria*, mas que deve ser chamado *Mátria*, pois em se tratando de Paulo [Barreto], tudo é feminino". E o folheto continua, advertindo que "os pobres e perseguidos pescadores brasileiros ... que sabem matar peixe sabem também matar traidores e pederastas passivos".[120]

João se vestia impecavelmente, com trajes elegantes que incluíam chapéu, monóculo e bengala.[121] Ele encarnava as aspirações culturais da elite brasileira, que imitava meticulosamente todos os últimos estilos europeus, para se manter *à la mode* ou *up to date*, como costumavam dizer em francês ou inglês emprestados. Tornou-se admirador ardente de Oscar Wilde e traduziu sua peça *Salomé* para o português. Em seus ensaios, contos e colunas, João do Rio copiava livremente as últimas ideias e modas vindas daquele continente e as reciclava no Brasil para um público receptivo de classe alta.[122] Ao mesmo tempo que João do Rio representava à perfeição o papel do janota sofisticado e europeizado, ele mantinha discrição sobre sua vida privada no Brasil.[123] A Europa, aparentemente, dispunha de um ambiente mais propício e sem punições aos comportamentos licenciosos, e uma das poucas vezes que João do Rio revelou explicitamente ter vivido emoções amorosas foi numa correspondência pessoal em que descrevia uma viagem à riviera francesa em 1910: "Esta costa azul! Como seria bom ter dinheiro e nunca mais deixá-la, a amar, amar, amar. O amor nesse pessoal rico que nada tem que fazer toma proporções inauditas ... Há para todos os gostos ... e com uma naturalidade!".[124] De fato, para os homens brasileiros de gosto erótico homossexual e recursos financeiros substanciais, a Europa, em particular Paris, tornou-se uma espécie de refúgio, longe dos olhos invasivos dos meios familiares que exigiam a dignidade, o casamento e a criação de filhos. Emílio Cardoso Ayres, chargista conhecido e membro de uma tradicional família de Pernambuco, também escolheu a Europa para suas relações afetivas com outros homens e acabou, tragicamente, suicidando-se dentro de um hotel de Marselha em meio a circunstâncias nebulosas em 1916.[125]

FIGURA 5 – Olavo Bilac (à esquerda) e João do Rio (à direita). Charge de Seth [Álvaro Martins], *O Gato* (1911), cortesia da Biblioteca Nacional, Rio de Janeiro.

Talvez a preocupação de João do Rio com a circunspecção pessoal no Brasil possa explicar como um fresco assumido, que se enquadrava em todos os estereótipos vigentes do janota efeminado, conseguiu se elevar aos mais altos patamares da sociedade brasileira. Desde que João do Rio louvasse e reproduzisse as normas valorizadas pelas classes altas, continuava o queridinho da elite. Em seu trabalho sobre o Rio de Janeiro da virada de século, o historiador Jeffrey Needell também faz essa observação. João do Rio, segundo ele afirma, "escreveu sobre o próprio mundo da elite carioca, não como ele era, mas como a elite *gostaria* que fosse. Nas fantasias assim criadas da *belle époque* carioca, ele contribuiu para que a elite tomasse consciência de si mesma, da maneira mais agradável possível. Mais ainda, ao fazer da cultura e da sociedade de elite o centro de sua atenção lisonjeira, ele contribuiu para legitimá-la".[126] Quando questionava alguma opinião popular, como foi o caso de sua posição editorial a favor dos interesses dos pescadores portugueses no Brasil, desfazia-se a fachada de tolerância, e João do Rio se via vulnerável a todos os estereótipos e preconceitos vigentes na sociedade a respeito dos frescos.

Resumindo, o janota aparentemente frívolo podia gozar de fama e riqueza desde que sua vida pessoal permanecesse discreta, suas atividades não fossem nem comentadas nem registradas e suas opiniões públicas não gerassem polêmica. Poderia se dizer o mesmo de outras importantes personagens literárias como Olavo Bilac e Mário de Andrade, cujos encontros sexuais e afetivos com homens permanecem até os dias de hoje envoltos em mistério e protegidos por seu *status* de mitos nacionais. Como veremos, o padrão de tolerância social para com personalidades audaciosas e efeminadas que reproduziam o *status quo* cultural perduraria ao longo do século XX. Costureiros de grife, cabeleireiros da moda e travestis famosas que se têm conformado às ideias normativas do feminino conseguem cavar um nicho protegido entre a elite, desde que aparentem reforçar as representações tradicionais do feminino ou do efeminado.

O retrato do fresco fútil, elegante e afetado, descrito por Viveiros de Castro e Pires de Almeida no fim do século XIX e encarnado por João do Rio, permaneceria no imaginário popular até pelo menos a década de 1920. Uma charge que retrata dois homens impecavelmente vestidos reflete esse estereótipo (Figura 6). A dupla perambula, ao que parece, com algum propósito. Um deles, de bengala na mão, traços delicados, sobrancelhas tiradas e traços de maquiagem ao redor dos olhos, comenta com seu amigo também primorosamente vestido: "Dizem que Diogenes procurava um homem com uma lanterna". Ao que seu companheiro elegante responde: "Que bobagem! Nós para isso não precisamos de lanterna".[127]

FIGURA 6 – Charge de Alvarus [Álvaro Cotrim] (1925), cortesia de Celeste Zenha Guimarães.

Assim como várias charges publicadas duas décadas antes, a referência feita nesse desenho à "caça" nas ruas, à rua como arena do desejo sexual, transmite ao leitor uma mensagem bem clara. Os traços delicados dos personagens, além de sua atenção à moda, os feminizam. Mas mesmo no papel de homens efeminados, eles operam num espaço dominado pelo sexo masculino – a rua –, onde têm a liberdade de encontrar e de seduzir um homem. O autor dessa ilustração, assim como os leitores, que supostamente conhecem os códigos e comportamentos dos dois homens, podem facilmente identificá-los como frescos ou putos e, portanto, achar graça no trabalho.

Grande parte da descrição dos aspectos da vida dos sodomitas e pederastas no Rio de Janeiro do fim do século XIX e início do século

XX depende do olhar dos médicos, chargistas e romancistas observadores do Rio antigo, e não da voz "autêntica" dos próprios homens. No entanto, um quadro abrangente da vida homossocial/sexual do Rio de Janeiro pode ser traçado. No fim do Império e nas primeiras décadas da República, existia um mundo social vibrante composto de homens que utilizavam de forma criativa o espaço público, muitas vezes ocupado também por prostitutas e boêmios, para desfrutar seus prazeres e paixões. Alguns passaram a usar roupas e estilos que serviam de indicativos de suas predileções sexuais e projetavam imagens efeminadas a fim de veicular sua disponibilidade para interações sexuais e sociais com outros homens. Embora a *persona* e os traços físicos generizados de alguns desses homens derivassem das noções comumente aceitas sobre o comportamento e desempenho femininos, sua autorrepresentação não significava, necessariamente, que adotavam comportamentos sexuais passivos em geral associados aos homens efeminados. Outros retinham uma imagem masculina, mas isso não quer dizer que se conformavam exclusivamente ao papel socialmente atribuído de penetrador nas relações sexuais. Entre alguns, os papéis sexuais eram bastante fluidos, e os usos que faziam do corpo para fins prazerosos não podem ser rigidamente classificados. Distinções raciais e de classe tampouco consistiam, necessariamente, em barreiras às interações sociais e sexuais. As roupas, costumes e códigos desses homens indicam que haviam construído uma identidade social comum ligada ao seu comportamento sexual. Alvo de desprezo pelos profissionais de saúde e pela sociedade de forma geral, ainda assim demonstravam uma resistência surpreendente ao manter múltiplas formas de se socializarem, enquanto desafiavam o comportamento normativo da sociedade brasileira.

Notas

1 Needell, *Belle époque tropical*: sociedade e cultura de elite no Rio de Janeiro na virada do século, 1993, p.39. Segundo esse autor, a *belle époque* brasileira começou em 1898, com a estabilidade política nacional restaurada no governo do pre-

sidente Campos Sales, transpôs uma década e meia do século XX e terminou em 1914, com o início da Primeira Guerra Mundial.

2 Directoria Geral de Estatística, *Recenseamento geral da República dos Estados Unidos do Brasil em 31 de Dezembro de 1890*, 1895, p.lxxiii; Directoria Geral de Estatística, *Recenseamento do Rio de Janeiro realizado em 20 de Setembro de 1906*, 1907, p.180-261; Directoria Geral de Estatística, *Recenseamento do Brazil realisado em 1 de Setembro de 1920*: População do Rio de Janeiro, v.2, 1923, p.xxvi.

3 Directoria Geral de Estatística, *Sexo, raça e estado civil*: Nacionalidade, filiação, culto e analphabetismo da população recenseada em 31 de dezembro de 1890, 1898, p.30-1.

4 O projeto como um todo, que também incluiu a modernização do porto da capital, envolveu a colaboração entre Lauro Müller, ministro dos transportes e obras públicas, e o prefeito do Rio de Janeiro, Pereira Passos. O engenheiro Paulo de Frontin projetou e coordenou a construção da Avenida Central, o novo bulevar que iria atravessar o centro do Rio, enquanto o especialista em saúde pública, Oswaldo Cruz, dirigia uma campanha para livrar a cidade da peste bubônica, varíola e febre amarela. As reformas urbanas empreendidas por Eugène Haussman em Paris nos anos 1860 exerceram forte influência nessa equipe que coordenou a renovação do Rio (Needell, *Belle époque tropical*, 1993, p.55-73).

5 Rocha, *A era das demolições*: cidade do Rio de Janeiro, 1870-1920, 1995, p.69, 77-8.

6 O termo "Cidade maravilhosa" foi cunhado por Coelho Neto num artigo intitulado "Os sertanejos", publicado em *A Notícia*, 1908, p.3.

7 As fontes a seguir tratam de vários aspectos das transformações urbanas do Rio de Janeiro na virada do século: Abreu, *Evolução urbana do Rio de Janeiro*, 1988; Benchimol, *Pereira Passos, um Haussmann tropical*: a renovação urbana da cidade do Rio de Janeiro no início do século XX, 1992; Carvalho, *Os bestializados*: o Rio de Janeiro e a república que não foi, 1987; Carvalho, *Habitações populares*, 1995; Damazio, *Retrato social do Rio de Janeiro na virada do século*, 1996; Meade, *"Civilizing" Rio*: Reform and Resistance in a Brazilian City, 1889-1930, 1997; Moura, *Tia Ciata e a pequena África no Rio de Janeiro*, 1995; Needell, *Belle époque tropical* e "The *Revolta Contra Vacina* of 1904: The Revolt against 'Modernization' in Belle-Époque Rio de Janeiro", 1987, p.233-69; Pamplona, *Riots, Republicanism, and Citizenship*: New York City and Rio de Janeiro City during the Consolidation of the Republican Order, 1996; Rocha, *A era das demolições*; Brenna (Ed.) *O Rio de Janeiro de Pereira Passos*: uma cidade em questão II, 1985; Sevcenko, *A revolta da vacina*: mentes insanas em corpos rebeldes, 1984.

8 A área que circundava a praça era conhecida originalmente como Campo dos Ciganos. No século XVIII, quando os portugueses proibiram os ciganos de residir

dentro da cidade do Rio de Janeiro, essa área, fora do perímetro urbano, serviu de lugar para que eles acampassem. À medida que a cidade se expandiu, as autoridades deram outro destino a esse território. Por volta de 1780, a Câmara inaugurou uma feira de animais na área e deu-lhe o nome de Largo do Rossio. Coaracy, *Memórias da cidade do Rio de Janeiro*, 1988, p.79.

9 *Diário do Rio de Janeiro*, 31.3.1862, p.1; Souza, *Pátria coroada*: o Brasil como corpo político autônomo, 1780-1863, 1997, p.436-55. Agradeço a Iara Lis Carvalho Souza por ter compartilhado seu trabalho comigo.

10 Em 1811, o cabeleireiro da corte, Fernando José de Almeida, angariou fundos para construir o Teatro São João no local. O teatro foi inaugurado em 12 de outubro de 1813 e foi dedicado a D. João XVI, o príncipe herdeiro de Portugal, em homenagem ao seu aniversário. Em 26 de fevereiro de 1821, respondendo à pressão popular em favor de uma monarquia constitucional em Portugal, os filhos de D. João VI, D. Pedro e D. Miguel, apresentaram-se na varanda do teatro e, em nome de seu pai, o rei de Portugal, Brasil e Algarve, jurou defender a constituição que a Assembleia Constituinte portuguesa estava se preparando para redigir. No ano seguinte, o Largo do Rossio foi rebatizado pelo governo como "Praça da Constituição", em homenagem a esse evento. Quando o Teatro São João foi destruído por um incêndio em 1824, Fernando José de Almeida obteve permissão para construir outro no mesmo lugar, que foi denominado, por ele, Teatro Imperial de São Pedro de Alcântara, em homenagem ao recém-proclamado imperador do Brasil, D. Pedro I. O teatro, mais tarde, ficou conhecido simplesmente como Teatro São Pedro (Maurício, *Algo do meu velho Rio*, 1966, p.75-80).

11 Arquivo da Cidade do Rio de Janeiro, códices 15.4.29. p.29, 9.4.1870.

12 Ibidem, p.14, n.5.841, 26.8.1878.

13 Ibidem, p.15, 10.9.1878.

14 O Título XIII, de 1603, do Código Filipino, "Dos que commettem peccado de sodomia e com alimarias" dizia:

"Toda a pessoa, de qualquer qualidade que seja, que peccado de sodomia, per qualquer maneira, cometter, seja queimado e feito pelo fogo em pó; para que nunca do seu corpo e sepultura possa haver memoria; e todos os seus bens sejam confiscados, para a Corôa de nosso Reino, posto que tenha descendentes; pelo mesmo caso seus filhos e netos ficarão inhabilies e infames, assi como os daquelles que cometem crime de Lesa Magestade.

1. E esta Lei queremos, que tambem se entenda, e haja lugar nas mulheres, que humas com outras, commettem pecado contra a natura e da maneira que temos dito nos homens.

2. Outrosi qualquer homem, ou mulher, que carnalmente tiver ajuntamento com alguma alimaria, seja queimado e feito em pó.

Porém per tal condenação não ficarão seus filhos, nem descendentes neste caso inhabiles, nem infames, nem lhes fará prejuizo algum acerca da successão, nem a outros; que per Direito seus bens devam herdar.

    3. E as pessoas, que com outras do mesmo sexo commeterem o peccado de mollicie, serão castigadas gravemente com o degredo de galés, e outras penas extraordinarias, segundo o modo e persevarança do pecado."

Pierangelli, *Códigos penais do Brasil*: evolução histórica, 1980, p.26.

15 Mott, "Pagode português: a subcultura gay em Portugal nos tempos inquisitoriais", 1988, p.121-3.

16 Sobre os precedentes franceses, ver Daniel, "Histoire de la législation pénale française concernant l'homossexualité", s. d.

17 Pierangelli, *Códigos penais do Brasil*, p.259-60.

18 Para um estudo detalhado da polícia imperial do Rio de Janeiro, ver Holloway, *Policing Rio de Janeiro*: Repression and Resistance in a Nineteenth-Century City, 1993.

19 Pierangelli, *Códigos penais do Brasil*, p.299.

20 Por exemplo, em 1890, José Antônio de Oliveira foi acusado de molestar garotos que vinham à sua casa para aprender a ler (Arquivo Nacional, 028C 1890 7H.163). Em 1891, o menor de 12 anos José Edmundo acusou Antônio Francisco Vieira Rodrigues de tê-lo penetrado analmente quando trabalhava como criado na casa deste (Arquivo Nacional, 029 1891 MV.18). Em 1906, Ambrósio Roque de Belém, de 19 anos, foi acusado de "atentado ao pudor" contra o menino João Batista da Conceição, de dez anos (Arquivo Nacional, 040 1906 T8.2021).

21 Pierangelli, *Códigos penais do Brasil*, p.301.

22 Ibidem, p.314.

23 Lutz, *Autoacusação, homossexualismo e transvestismo*: contribuição à prática da criminologia psicanalítica, 1939, p.199. Lutz analisou a estrutura psicológica de um homem jovem que praticava o travestismo e confessou um assassinato que não cometera. Nesse caso, a polícia não processou a travesti porque ela era emocionalmente desequilibrada. "Jurema", um dos nove homossexuais entrevistados por estudantes do Instituto de Criminologia em 1938 ou 1939, declarou que ele não gostava de se vestir como mulher em público porque, na primeira vez que o fizera, havia sido preso pela polícia. Outro informante, "Gilda de Abreu", preferia não andar nas ruas porque tirava as sobrancelhas, mantinha os cabelos longos como os de uma mulher e andava de um jeito efeminado. Seu vestido era geralmente notado e provocava escândalos, vaias, palavrões e perseguições da polícia. (Whitaker et al., "Estudo biográfico dos homossexuais [pederastas passi-

vos] da Capital de São Paulo: aspectos de sua atividade social, costumes, hábitos, 'apelidos', 'gíria'", *Arquivos de Polícia e Identificação*, 1938-1939, p.244-62.

24 Pierangelli, *Códigos penais do Brasil*, p.316.

25 Madame Satã, o famoso homossexual negro e um tipo malandro do bairro carioca da Lapa, relata como ele e seus amigos homossexuais haviam sido presos em inúmeras ocasiões nos anos 30 por vadiagem. Ver Paezzo, *Memórias de Madame Satã, conforme narração a Sylvan Paezzo*, 1972, p.61-5.

26 Coaracy, *Memórias da cidade do Rio de Janeiro*, p.71-104; Maurício, *Algo do meu velho Rio*, 1966, p.73.

27 Os historiadores não chegaram a um acordo sobre o local exato de sua execução, mas não foi no Largo do Rossio.

28 Lima, *Arquitetura do espetáculo*: teatros e cinemas na formação do espaço público das Praças Tiradentes e Cinelândia. Rio de Janeiro, 1813-1950, 1997, p.112-25. Para uma história do teatro de revista, ver Ruiz, *O teatro de revista no Brasil*: do início à Primeira Guerra Mundial, 1988.

29 "A Maison Moderne", *O Malho*, 1904, p.10.

30 Nóbrega, "Tudo começou com 'seu' Paschoal", *Lampião da Esquina*, 1981, p.15; Veneziano, *O teatro de revista no Brasil*: dramaturgia e convenções, 1991, p.38-42. Ver, também, para uma história do teatro de revista no Rio de Janeiro, Paiva, *Viva o rebolado! Vida e morte do teatro de revista brasileiro*, 1991. Para um estudo do impacto do cinema brasileiro no Rio de Janeiro da virada do século, ver Araújo, *A bela época do cinema brasileiro*, 1976.

31 Sobre as francesas, ver Needell, *Belle époque tropical*, p.202-6. Para um estudo da prostituição de polacas e judias no Brasil, ver Kushnir, *Baile de máscaras*: mulheres judias e prostituição, as polacas e suas associações de ajuda mútua, 1997; Lesser, *Welcoming the Undesirable*: Brazil and the Jewish Question, 1995; e Menezes, *Os estrangeiros e o comércio do prazer nas ruas do Rio, 1890-1930*, 1992. Um exame da prostituição no Rio de Janeiro do século XIX é realizado por Soares em *Rameiras, ilhoas, polacas... a prostituição no Rio de Janeiro do século XIX*, 1992.

32 Para um levantamento dos cafés no Rio de Janeiro durante a *belle époque*, ver Gomes, *Antigos cafés do Rio de Janeiro*, 1989.

33 Coaracy, *Memórias da cidade do Rio de Janeiro*, p.97.

34 Bretas, *Ordem na cidade*: o exercício cotidiano da autoridade policial no Rio de Janeiro, 1907-1930, 1997, p.198-204.

35 Caulfield, "The Birth of Mangue: Race, Nation, and the Politics of Prostitution in Rio de Janeiro, 1850-1942", 1997, p.88-92.

36 Edmundo, *O Rio de Janeiro do meu tempo*, 1938, v.1, p.151-2.

37 Gomes, *Antigos cafés do Rio de Janeiro*, p.108.

38 Arquivo Nacional, 039 1905 T 7.492.

39 O registro do tribunal pouco revela sobre a alegada ofensa à honra cometida pelo vendedor de rua contra o afrontado barbeiro, por ter supostamente tomado sua mulher. O questionamento público da masculinidade de José, por Baudílio, sem dúvida foi visto como um meio legítimo de defender sua honra. Contudo, essa justificativa para os ditos imorais de Baudílio pode ter sido um recurso de defesa de último momento para desculpar sua conduta.

40 Chalhoub, *Trabalho, lar e botequim*: o cotidiano dos trabalhadores no Rio de Janeiro da belle époque, 1986, p.38.

41 *Diccionário da lingua portugueza recopliado dos vocabulários impressos até agora e nesta segunda edição novamente emendado e muito accrescentado por Antônio de Maraes Silva Natural do Rio de Janeiro offerecido ao muito alto e muito poderosos Principe Regente N. Senhor*. Tomo Segundo F-Z, 1813.

42 Viveiros de Castro, *Attentados ao pudor*: estudos sobre as aberrações do instincto sexual, 1934, p.222. Essa obra, originalmente editada em 1894, foi republicada em 1934 como uma edição ampliada, baseada nos manuscritos deixados pelo autor.

43 Bock [J. Brito] *Dicionário moderno* (Rio de Janeiro: Ed. Rebello Braga, 1903), p.39, reimpresso em Preti, *A linguagem proibida*: um estudo sobre a linguagem erótica, 1983, p.270.

44 "Fresca Theoria (Requerimento)", *O Malho*, 1904, p.31.

45 K. Lixto [Calixto Cordeiro], *O Malho*, 1903, p.14.

46 Pereira, *Um gênero alegre*: imprensa e pornografia no Rio de Janeiro, 1898-1916, 1997. Agradeço a Cristiana Schettini Pereira por ter gentilmente compartilhado comigo sua dissertação de mestrado.

47 *Rio Nu*, 1º abril 1903, citado em Pereira, *Um gênero alegre*, p.39.

48 Ibidem, p.39-40.

49 Ibidem, p.229.

50 Capadócio Maluco, *O menino do Gouveia*, Contos Rápidos n.6 (Editora Cupido & Comp: Ilha de Vênus [1914]), p.3.

51 Ibidem, p.7.

52 *Fanchono* era um sinônimo popular de sodomita no século XVI. Mott, *O sexo proibido*: virgens, gays e escravos nas garras da inquisição, 1989, p.14; Dynes, "Portugayese", 1995, p.261. Com o passar do tempo, o termo foi mudando de

significado, que originalmente era um homem efeminado que gostava de praticar penetração anal em outros homens. Por exemplo, em 1849, um dicionário publicado em Portugal considerou a palavra "obscena" e definiu fanchono como "alguém que dedica paixão libidinosa a alguém de seu sexo, efeminado". Faria, *Novo diccionario da lingua portugueza*, 1849, v.3, p.12. Em *O menino do Gouveia*, o autor se refere ao Gouveia como um fanchono. Um quarto de século mais tarde, a palavra foi definida como "homem lúbrico, que procura prazeres sensuais nos indivíduos do próprio sexo; pederasta ativo". O mesmo dicionário definiu o feminino da palavra, fanchona, "mulher robusta, de aspeto viril e de hábitos ou predileções próprias do sexo masculino". Freire (Ed.) *Dicionário da língua portuguesa*, 1941, v.3, p.2484. A atribuição de conteúdo masculino ao termo, referindo-se tanto ao homem quanto à mulher, reflete não apenas a transformação dessa alcunha em relação ao seu uso original, que se dirigia ao efeminado, mas também ao fato de que tanto a subcultura homossexual como a sociedade brasileira reconheceram amplamente a identidade do homossexual "viril" e "masculino", que apreciava o sexo com outro homem.

53 Holanda, *Memórias do café Nice*: subterrâneos da música popular e da vida boêmia do Rio de Janeiro, 1970, p.166.

54 Caminha, *Bom-Crioulo*, 1991. Há uma versão em inglês, *Bom-Crioulo*: The Black Man and the Cabin Boy, 1982.

55 Foster, *Gay and Lesbian Themes in Latin American Writing*, 1991, p.10.

56 Cf. Fry, "Léonie, Pombinha, Amaro e Aleixo: prostituição, homossexualidade e raça em dois romances naturalistas", 1982, p.33-51; e Castro, *No limiar do permitido*: uma introdução ao espírito carnavalesco do romance de Adolfo Caminha, 1997.

57 O termo *crioulo* tem uma variedade de significados, incluindo o que se refere a qualquer um, seja descendente de europeu ou africano, nascido nas Américas. Contudo, crioulo é, em geral, usado de forma menos respeitosa, para se referir a uma pessoa de origem afro-brasileira.

58 Ribeiro, *Roteiro de Adolfo Caminha*, 1957, p.84-5.

59 Os fortes sentimentos antimonarquistas de Caminha reverberam por todo o romance. Suas vívidas descrições do uso disseminado do chicote, como uma forma comum de castigo nos meios militares, são também uma acusação contra a Marinha, que o forçou a desligar-se como resultado do escândalo amoroso no Ceará.

60 Caminha, *Bom-Crioulo*: The Black Man and the Cabin Boy (Bom-Crioulo: o negro e o taifeiro), p.52-3.

61 Howes, introdução a *Bom-Crioulo*: The Black Man and the Cabin Boy, p.15-6.

62 Caminha, "Um livro condenado", *A Nova Revista*, 1896, p.41. Agradeço a Robert Howes por ter obtido uma cópia desse artigo para o meu uso.

63 Beattie, "Asking, Telling, and Pursuing in the Brazilian Army and Navy in the Days of *Cachaça*, Sodomy, and the Lash, 1860-1916", 1997, p.72-84. Dos dez casos citados por Beattie nesse artigo, os homens alistados e oficiais não comissionados acusados de cometer "atos imorais" consentidos com outros homens receberam sentenças que variaram de uma semana a seis meses. Num caso em que a força foi envolvida, os perpetradores do delito receberam uma sentença de quatro anos, o tempo máximo permitido para esse crime no código penal militar, e a vítima não foi culpabilizada por nenhuma ofensa.

64 Embora eu não tivesse a oportunidade de examinar esses casos diretamente, Peter Beattie gentilmente dividiu comigo suas observações sobre a natureza filtrada e o tom técnico desses processos militares.

65 Alcoforado, "*Bom-Crioulo* de Adolfo Caminha e a França", 1988, p.85-6.

66 Caminha, "Um livro condenado", p.42. O tom irônico e amargo do comentário de Caminha contra os seus detratores parece ser mais que um posicionamento defensivo de um autor que recebeu críticas desfavoráveis. Parece também refletir um desprezo pelas normas sociais que resultaram em seu ostracismo perante a sociedade do Ceará logo após seu caso com a esposa de um oficial naval. Seu retrato relativamente sensível e de certa forma solidário de Amaro deve também derivar dessas experiências.

67 Greenberg, *The Construction of Homosexuality*, 1988, p.409. Aparentemente, o termo homossexual foi usado pela primeira vez no Brasil por Viveiros de Castro em sua obra de 1894, *Attentados ao pudor*: estudos sobre as aberrações do instincto sexual, p.217-20.

68 Caminha citou Dr. Ambroise Tardieu, *Étude médico-légale sur les attentats au moeurs* (1857); Dr. Albert Moll, *Les perversions de l'instinct génital* (1893); e Richard von Krafft-Ebing. Caminha, "Um livro condenado", p.41.

69 *Bom-Crioulo* não foi o único romance a retratar a homossexualidade nos primeiros anos da República. Várias outras obras que também descreveram o homoerotismo durante o fim do Império e os primeiros anos da República também sustentavam a ideia de que esse comportamento era imoral e antinatural. Por exemplo, em 1885 o médico Ferreira Leal publicou *Um homem gasto*: episódio da história social do XIX século. Estudo naturalista por L. L., sobre o declínio e queda de um homem da elite brasileira. Três anos mais tarde, Raul Pompeia publicou *O Ateneu* (1888), que retratava atividades eróticas entre estudantes cariocas numa escola particular no Rio de Janeiro. O romance português de Botelho, *O Barão de Lavos (pathologia social)* (1891), uma crônica da vida decadente dos nobres portugueses com desejos homoeróticos, circulou no Brasil e era conheci-

do por Caminha (Botelho, *O Barão de Lavos*, 1908). Para uma discussão dos retratos científicos e literários da homossexualidade no Brasil na virada do século, ver Queiroz, *Transgressores e transviados*: a representação do homossexual nos discursos médico e literário no final do século XIX (1870-1900), 1992.

70 Muitos historiadores brasileiros discutiram esse ponto em análises específicas de diferentes profissões e instituições que se "modernizam" durante o período. Ver, por exemplo, Borges, *The Family in Bahia, Brazil*, p.85-111; Caulfield, *In Defense of Honor*: The Contested Meaning of Sexual Morality in Law and Courtship, Rio de Janeiro, 1920-1940, 1994; Costa, *Ordem médica e norma familiar*, 1979; Cunha, *O espelho do mundo*: Juquery, a história de um asilo, 1986; Engel, *Meretrizes e doutores*: saber médico e prostituição no Rio de Janeiro (1840-1890), 1988; Esteves, *Meninas perdidas*: os populares e o cotidiano do amor no Rio de Janeiro da *belle époque*, 1989; Ford, *Passion in the Eye of the Beholder*: Sexuality As Seen by Brazilian Sexologists, 1900-1940, 1995; Herschmann & Pereira, "O imaginário moderno no Brasil", 1994, p.9-42; Rago, *Os prazeres da noite*: prostituição e códigos da sexualidade feminina em São Paulo (1890-1930), 1991; Schwartzman, *A Space for Science*: The Development of the Scientific Community in Brazil, 1991; Stepan, *Beginnings of Brazilian Science*: Oswaldo Cruz, Medical Research and Policy, 1890-1920, 1981.

71 Nesse sentido, a "patologização" da pederastia ou da homossexualidade no Brasil, iniciada no fim do século XIX, caminha em paralelo com o processo na Europa descrito por Foucault em *História da sexualidade*. A vontade de saber, v.1, 1990, p.43-4.

72 Ferraz de Macedo, *Da prostituição em geral e em particular em relação ao Rio de Janeiro*, 1872, p.2.

73 Em toda a obra, os termos passividade e atividade se referem à penetração ou receptividade anal, e não a um comportamento ativo em geral ou à ausência dele.

74 Ferraz de Macedo, *Da prostituição em geral*, p.118-9.

75 Por exemplo, o médico francês, Bénédict A. Morel escreveu *Traité des dégénérescences physiques*, em 1857, que apresentava a homossexualidade como uma condição degenerativa. Naquele mesmo ano, o perito médico legal, Ambroise-Auguste Tardieu, publicou *Étude medico-légale sur les attentats aux moeurs*, que afirmava serem os sodomitas exclusivamente "ativos" ou "passivos" e que entre os pederastas "passivos", a efeminação ou outra característica física podia facilmente identificá-los. Essas obras moldaram as ansiedades da cultura francesa diante das relações homoeróticas durante mais de meio século. Rosario, *The Erotic Imagination:* French Histories of Perversity, 1997, p.72-5.

76 Ferraz de Macedo, *Da prostituição em geral*, p.120.

77 Ibidem.

78 Engel, *Meretrizes e doutores*, p.71-102.

79 Ferraz de Macedo, *Da prostituição em geral*, p.116.

80 Ibidem, p.117.

81 Ibidem, p.116-7. Jeffrey Needell apontou, numa correspondência particular com o autor, que, se Ferraz de Macedo tivesse sido realmente preciso em sua descrição de que alguns desses homens usavam cartolas brancas, eles deviam destacar-se muito na vida social da classe alta brasileira.

82 Ferraz de Macedo, *Da prostituição em geral*, p.120-1.

83 O uso que Viveiros de Castro fez do termo "pederasta" para referir-se aos homens que participavam em atividades homossexuais corresponde ao sentido que ele assumiu entre os sexólogos na Europa na virada do século. Em meados do século XIX, Johann Ludwig Casper, um perito da medicina forense, emprestara o termo "pederastia" do grego clássico, para o qual significava "amor de menino". No entanto, já no fim do século XIX, a palavra confundia-se com o termo *paedicatio*, do latim, que significa intercurso sexual anal, e era empregada para se referir a essa atividade sexual e não ao desejo sexual que os adultos sentem pelas crianças. Ver Kennedy, "Karl Heinrich Ulrichs: The First Theorist of Homosexuality", 1997, p.30.

84 Arrigo Tamassia, médico-forense italiano, foi quem inventou o termo "invertido" (*inversione dell'instinto sessuale*). Os neurologistas Jean-Martin Charcot e Valetin Magnan empregaram o conceito para descrever o caso de um francês em 1882 (Rosario, *The Erotic Imagination*, p.70). Além de Chevalier e Moll, Viveiros de Castro menciona praticamente todos os sexólogos europeus que haviam escrito sobre a homossexualidade, Richard von Krafft-Ebing, Karl Heinrich Ulrichs e Ambroise-Auguste Tardieu. Viveiros de Castro também avisou ao leitor que Adolfo Caminha escrevia *Bom-Crioulo*. É bastante provável que ele tenha conversado com Caminha a respeito dessas obras ou fornecido ao escritor cópias dos escritos de Tardieu, Moll e Krafft-Ebing, os quais são citados por Caminha em sua defesa de *Bom-Crioulo*.

85 Viveiros de Castro, *Attentados ao pudor*, p.221-2.

86 Ibidem, p.233. O termo "uranistas" é uma referência a Aphrodite Uranus no *Banquete* de Platão (Kennedy, "Karl Heinrich Ulrichs", 1997, p.26-9).

87 Ver Viveiros de Castro, *Attentados ao pudor*, p.235-45.

88 Pires de Almeida, *Homossexualismo (a libertinagem no Rio de Janeiro)*: estudo sobre as perversões do instinto genital, 1906.

89 Ibidem, p.73.

90 Bretas, *Ordem da cidade*, p.176, n. 9.

91 Pires de Almeida, *Homossexualismo*, p.49-50.

92 Ibidem, p.50-7.

93 Ibidem, p.77.

94 Ibidem, p.78-81.

95 Ibidem, p.80.

96 Mott, "Relações raciais entre homossexuais no Brasil colonial", 1985, p.89-102.

97 Pires de Almeida, *Homossexualismo*, p.78-82.

98 Segundo Pires de Almeida, as comédias do dramaturgo brasileiro Martins Pena, escritas na década de 1840, contêm referências ao uso de gravatas vermelhas por homens efeminados (ibidem, p.82). Não consegui, no entanto, encontrar nenhuma referência do tipo na obra de Pena, embora o autor empregasse o travestismo na montagem de suas peças.

99 Chauncey, *Gay New York: Gender, Urban Culture, and the Making of the Gay Male World, 1890-1940*, 1994, p.54.

100 Pires de Almeida, *Homossexualismo*, p.184-91. Ver o Capítulo 3 do presente livro, "Controle e cura: reações médico-legais", para mais informações quanto à influência de Lombroso sobre as teorias médicas brasileiras a respeito da homossexualidade.

101 Ibidem, p.81-2.

102 Ibidem, p.165.

103 Em grande parte, os profissionais de saúde e de direito que documentavam os "frescos" e janotas cariocas empreendiam um processo seletivo pelo qual as descrições da homossexualidade passavam pelo filtro de seus próprios preconceitos de classe. Embora Ferraz de Macedo, Viveiros de Castro e Pires de Almeida descrevam detalhadamente alguns membros das classes populares do Rio de Janeiro que praticavam o homoerotismo, no fim das contas se pode inferir muito menos sobre o comportamento homossexual entre a grande maioria dos cidadãos pobres e trabalhadores da capital do que entre as classes privilegiadas durante a *belle époque* brasileira. As condições sociais que prevaleciam para a esmagadora maioria da população carioca podem ser avistadas em Hahner, *Poverty and Progress: The Urban Poor in Brazil, 1870-1920*, 1986; Esteves, *Meninas perdidas*, 1989; Soihet, *Condição feminina e formas de violência: mulheres pobres e ordem urbana, 1890-1920*, 1989; e Damazio, *Retrato social do Rio de Janeiro*.

104 Define, "A Rua do Ouvidor", 1905, p.37-9; Needell, *Belle époque tropical*, 1993, p.191-6. Ver, também, Macedo, *Memórias da Rua do Ouvidor*, 1988; e Gomes, *Uma rua chamada Ouvidor*, 1980.

105 Araújo, *A vocação do prazer*: a cidade e a família no Rio de Janeiro republicano, 1995, p.326-8; Fantásio (pseudônimo) "O namoro no Rio de Janeiro", 1906, p.43-5.

106 Bland, *Men, Manners and Morals in South*, 1920, p.51.

107 Recolhi informações sobre João do Rio das seguintes fontes: Amado, *Mocidade no Rio e primeira viagem à Europa*, 1958, p.44-65; Antelo, *João do Rio*: o dândi e a especulação, 1989; Faria, *A presença de Oscar Wilde na* belle époque *literária brasileira*, 1988; Gomes, *João do Rio*: vielas do vício, ruas de graça, 1996; Magalhães Júnior, *A vida vertiginosa de João do Rio*, 1978; Manta, *A arte e a neurose de João do Rio*, 1977; Needell, *Belle époque tropical*, p.241-60; Rodrigues, *João do Rio*: uma biografia, 1996; e Secco, *Morte e prazer em João do Rio*, 1978.

108 João do Rio [Paulo Barreto], *A alma encantadora das ruas* (1908); 1995, p.5.

109 Jean-Claude Bernardet despertou meu interesse sobre João do Rio por meio de uma leitura similar das andanças noturnas do autor.

110 João do Rio, "A fisionomia dos jardins", 1907, p.2.

111 João do Rio fez um quadro do perigo de batidas policiais nas pensões e hotéis baratos numa outra matéria intitulada "Sono calmo", que apareceu na coletânea *A alma encantadora das ruas*, p.119-24.

112 Os artigos foram publicados sob o título *As religiões do Rio*, 1904.

113 Rodrigues, *João do Rio*: catálogo bibliográfico, 1899-1921, 1994.

114 Rodrigues, *João do Rio*, 1996, p.59.

115 Magalhães, *A vida vertiginosa de João do Rio*, p.126.

116 Monteiro Lobato, um dos defensores de Lima Barreto, respondeu ao desalento do autor perante o fracasso de suas tentativas de ser eleito à mais conceituada associação literária do Rio, em razão de suas bebedeiras boêmias, com um ataque a João do Rio: "Não podes entrar para a academia por causa da 'desordem de sua vida urbana'; no entanto, ela admite a frescura dum J[oão] do R[io]". (in: Needell, *Belle époque tropical*, p.59).

117 Barreto, *Recordações do escrivão Isaías Caminha*, 1989, p.100.

118 Barreto, *Um longo sonho do futuro*: diários, cartas, entrevistas, e confissões dispersas, 1993, p.214.

119 Ver Magalhães Júnior, *Olavo Bilac e sua época*, 1974, p.84-91; e Jorge, *Vida e poesia de Olavo Bilac*, s. d., p.97-136, 150-62, 306-12.

120 Rodrigues, *João do Rio*, p.243, 245.

121 Ibidem, p.38.

122 Para saber detalhes sobre a promoção de Oscar Wilde que João do Rio fazia no Brasil, assim como suas ligações com a literatura e cultura francesas, ver Faria, *A presença de Oscar Wilde na* belle époque *literária brasileira*, 1988.

123 Uma das poucas vezes em que João do Rio se referiu à homossexualidade masculina em seus escritos foi no conto "Impotência", escrito quando o autor tinha apenas 18 anos e publicado no jornal *A Cidade do Rio*, 1899, p.2. O conto descreve os desejos homoeróticos frustrados de um homem idoso.

124 Carta a Irineu Marinho, dia 28 de fevereiro de 1910, citada em Magalhães, *A vida vertiginosa de João do Rio*, p.153.

125 Gilberto Freyre, *Ordem e progresso*, 1959; Lima, *História da caricatura no Brasil*, 1963, v.3, p.1289-98; Fey, *First Tango in Paris*: Latin Americans in Turn-of-the--Century France, 1880 to 1920, 1996, p.280-1.

126 Needell, *Belle époque tropical*, p.43.

127 Celeste Guimarães fez a gentileza de emprestar-me uma cópia desse desenho, assinado pelo famoso chargista Alvarus (Álvaro Cotrim), datado de 1925.

2
Sexo e vida noturna, 1920-1945

Talvez a melhor vista do Rio de Janeiro seja a que oferece o topo do Corcovado: um vasto panorama do Oceano Atlântico, a Baía de Guanabara e a cadeia de montanhas que circunda a cidade. A imagem *art déco* do Cristo Redentor, com seus 30 metros de altura, coroa o Corcovado, um dos picos mais altos do Rio. A estátua foi originalmente concebida como um monumento nacional para comemorar os cem anos da Independência do Brasil, mas o centenário veio e se foi, em 1922, sem os recursos para começar a construção. Em 12 de outubro de 1931, o Cristo foi finalmente inaugurado (Mapa 2).[1]

Olhando para o Rio, lá embaixo, naquele outubro de 1931, podia-se avistar outra escarpa de granito ao sul do Corcovado. Era o Pão de Açúcar, fazendo a divisa entre a Baía de Guanabara e o Oceano Atlântico. A oeste, ao longo da costa, estendiam-se os cinco quilômetros da praia de Copacabana, e o internacionalmente famoso Copacabana Palace, inaugurado em 1923, sobressaía no horizonte construído. No fim da praia estava o Forte de Copacabana, local da rebelião dos tenentes contra a velha ordem republicana. Mais além, a oeste, podiam-se observar as praias de areia branca de Ipanema e do Leblon que, nos anos 30, assim como Copacabana, ainda eram ornadas por elegantes casas de verão, com apenas alguns prédios de apartamentos dispersos.

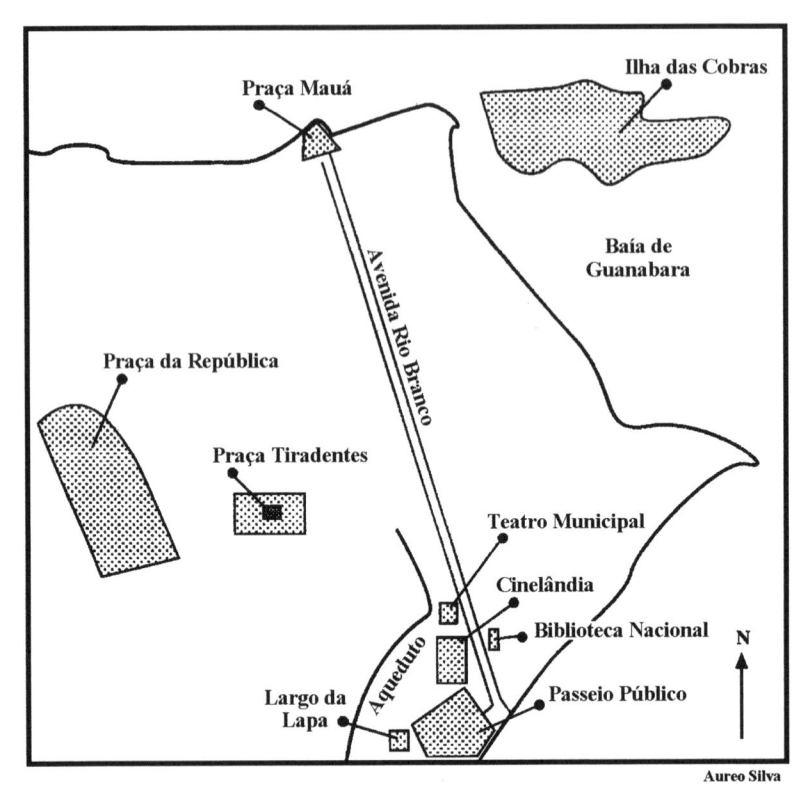

MAPA 2 – Rio de Janeiro, 1932.

Desviando o olhar do Corcovado para o norte, podia-se entrever a Quinta da Boa Vista, o antigo palácio e os jardins imperiais. A nordeste, estava o centro da cidade, com a cidade velha cortada ao meio pela Avenida Rio Branco. A rua mais larga do Rio de Janeiro, na época, começava na Praça Mauá, onde em 1930 a maioria dos turistas estrangeiros desembarcava de luxuosos transatlânticos, e terminava na Baía de Guanabara à Avenida Beira-Mar. Amplas calçadas com pequenas pedras pretas e brancas dispostas em mosaicos rematavam o bulevar de 30 metros de largura, com árvores de pau-brasil enfileiradas no seu centro.

Desde os anos 10, a Praça Floriano Peixoto, confinando com a Avenida Rio Branco no centro do Rio, era o centro geográfico da cultura e da política brasileiras. O Teatro Municipal, modelado segundo o Opéra de Paris, dominava o lado norte da praça. Logo atrás situava-se o magnífico Clube Naval. Atravessando a rua, em frente ao Teatro Municipal estava a Escola Nacional de Belas-Artes e, ao lado dela, a Biblioteca Nacional, ambas construídas com todo o esplendor da *belle époque*. Ao sul da Biblioteca Nacional imperava a Suprema Corte, e mais adiante, o Clube Militar. Descendo a rua, o Palácio Monroe, uma reprodução exata do pavilhão do Brasil na Exposição do Centenário da Compra de Louisiana em 1904, abrigava o Senado.[2] Completando o quadrilátero ao redor da praça, do lado sudeste do Teatro Municipal, assentava-se a Prefeitura da Cidade do Rio de Janeiro. Em frente, o bairro da Cinelândia, financiado e construído pela Companhia Cinematográphica do Brasil e inaugurado em 1925 no lugar do antigo Convento da Ajuda. Ali, suntuosos edifícios de escritórios e apartamentos abrigavam, nos seus pavimentos térreos, cafés, restaurantes, confeitarias e cinemas luxuosos, como Odéon, Império, Glória, Pathé-Palácio e Capitólio.[3] Em 1928, um repórter do *Jornal do Brasil* escreveu sobre as mudanças que haviam ocorrido no centro do Rio: "A Avenida Rio Branco e a Cinelândia pareceram-me o Times Square, em robusta miniatura transplantada da grande metrópole *yankee*. Os jardins e os parques bem cuidados lembraram-me os de Washington, New York, Paris e Londres; nenhum desses centros possui uma praça tão bela, com a moldura e o suntuoso fundo da praça Floriano Peixoto".[4] Uma década mais tarde, Hugh Gibson, embaixador dos Estados Unidos no Brasil, descreveu a Cinelândia de modo similar: "O bairro é vivamente iluminado à noite, e os parques e árvores sobressaem-se durante o dia. Os brasileiros às vezes se referem a ele como 'pequena Broadway' – o que é, na verdade, lisonjeiro para a Broadway".[5]

Esse majestoso agrupamento de edifícios de inspiração parisiense, com suas fachadas ecléticas no estilo *beaux-arts*, maravilhava os brasileiros tanto quanto os visitantes estrangeiros.[6] O espaço físico convidativo era o cenário perfeito para uma sociedade sofisticada e cosmopolita. Ao mesmo tempo, ele tornou-se um novo território para um mundo menos visível. Assim como na virada do século, em meio à agitação do centro da cidade, os homens atraídos por outros homens flertavam, fofocavam, socializavam-se e desfrutavam juntos das atividades culturais sem atrair muita atenção. À noite, deixavam-se ficar ao lado dos postes, demoravam-se nos bancos dos parques, trocavam olhares desejosos e, depois, retiravam-se para as sombras de um edifício ou para um quarto alugado na zona de prostituição do bairro vizinho da Lapa, ou nas pensões ao redor da Praça Tiradentes, jamais perturbando a superfície da vida social glamorosa do Rio. Enquanto o parque que circundava a estátua do imperador Pedro I continuava servindo como um espaço público para as interações homossexuais, a bela praça central em frente ao Teatro Municipal tornou-se um novo local para ligações homoeróticas. A área atraiu não apenas os poucos privilegiados que se orgulhavam de ter essa elegância europeia ao seu alcance, mas brasileiros de todas as classes sociais, origens raciais e étnicas. Aqui, homens que nutriam desejos por outros homens podiam interagir, estabelecer novas amizades e procurar parceiros sexuais.

Um dos milhares de jovens que migraram do campo para o Rio de Janeiro nos anos 30 foi um garçom "pardo" de vinte anos.[7] Leonídio Ribeiro, o médico criminologista cujos escritos sobre o garçom nos deram uma ideia geral sobre sua vida, apenas identificou o jovem por suas iniciais, H. O. O rapaz, a quem vou chamar de Henrique, era proveniente do Estado do Espírito Santo e, no Rio, trabalhava servindo refeições numa pensão do centro. Em 6 de dezembro de 1936, ele foi pego pela polícia.

Aquela não era a primeira prisão de Henrique. Ele havia sido detido uma outra vez, por volta da meia-noite, alguns meses antes. Em ambas as ocasiões, ele afirmou desconhecer o motivo pelo qual fora preso. Na noite de sua segunda prisão, ele terminara seu turno na pensão e andava com alguns amigos na direção do Teatro Olímpio. Porém, insistiu Henrique, não estavam praticando nenhum ato ilícito. "Passava o carro da Polícia e nos pegou. De lá eles nos mandaram para aqui; para sermos examinados", disse ao oficial que tomou seu depoimento na delegacia. Durante a investigação, Henrique admitiu que ele não se interessava por mulheres e que se sentia atraído por homens desde os treze anos, quando teve seu primeiro contato sexual com um soldado, num cinema. Ele também admitiu que gostava de receber a penetração anal, e que preferia jovens garotos como parceiros sexuais. No Rio, quando "pegava" alguém, iam para um quarto alugado onde podiam praticar sexo. Henrique costumava receber mil-réis de seu companheiro noturno, o que equivalia a 10% de seu salário mensal como garçom. Contudo, Henrique insistia em afirmar que não era um prostituto profissional, porque mantinha um trabalho regular. Ao contrário de outras pessoas sem emprego fixo, e que numa só noite mantinham relações sexuais com quatro ou cinco parceiros, Henrique afirmou, ele não ficava com mais de um numa noite.

No ano anterior, antes de mudar para o Rio, o jovem migrante explicou, ele *não* saía à noite em busca de aventuras. (Provavelmente não havia uma subcultura homossexual aberta no seu estado de origem.) Chegando à capital federal, contudo, ele encontrou outras pessoas com as mesmas inclinações sexuais, com as quais gostava de passear à noite. Talvez como uma tentativa de afirmar seu caráter moral, ele explicou à polícia que evitava certos lugares, tais como a Estação Ferroviária Central. Ali se congregavam os soldados, que eram procurados por outros jovens para o sexo, mas Henrique insistiu que ele não frequentava esse meio. Apontando o efeito da vigilância da polícia sobre suas atividades sexuais e a de seus amigos, ele relatou que "antes da Polícia iniciar a campanha de repressão, contra eles, no ano passado, ficavam na calçada da rua S. Pedro, onde se localizavam as hospedarias que visitavam, bastando andar um pouco para fazer logo uma conquista, com a maior facilidade".

Usando a terminologia freudiana, mas sem compartilhar da visão do próprio Freud a respeito da homossexualidade, Dr. Ribeiro considerou Henrique "dentro do grupo dos indivíduos de homossexualidade declarada, completa e permanente, cuja libido está francamente invertida, desde os começos de sua atividade sexual". Ao perceber a postura recalcitrante desses homens, Ribeiro escreveu de um modo um tanto obscuro: "Sabemos que são homosexuais e adotam, diante de si próprios e da sociedade, uma atitude com plena consciência de sua inversão. A vida humilhante com que a moral social marca esses indivíduos ... é anulada por essa consciência profunda da normalidade e até da excelência de seus desvios". Ele então aponta o fato de que "não existem, por isso, as inibições sociais que em outros invertidos mantêm a anormalidade praticamente inexistente, ou soterrada na consciência. E assim atuam na vida dos instintos com natural liberdade e, às vezes, até com cinismo".[8] Em outras palavras, muitos homossexuais jovens não apenas aceitavam sua sexualidade, mas de fato a reafirmavam.

Esse relato da prisão de Henrique revela informações significativas sobre o comportamento homoerótico no Rio de Janeiro nos anos 30. A subcultura subsistia na capital federal, tal como se manifestara no fim do século XIX e início do século XX. Homens da classe média e baixa ainda se reuniam no centro do Rio à procura de parceiros sexuais, os quais levavam para os quartos alugados. Os migrantes recentes na cidade, mediante o contato com outros que compartilhavam seus desejos, eram integrados num novo mundo social que lhes permitia familiarizar-se rapidamente com a topografia sexual do Rio. Cinemas, estações de trem e determinadas ruas estavam entre os múltiplos locais onde podiam encontrar outros homens, e, no entanto, deveriam manter-se cautelosos para evitar as prisões. Alguns homens frequentavam todos esses espaços. Outros, como Henrique, evitavam certas localidades, por considerá-las pontos de concentração social e sexual de homens moral ou socialmente inferiores. Alguns cobravam pelas relações sexuais para poderem se manter; outros aceitavam gorjetas, mas dependiam de um emprego para se sustentar. Outros, ainda, mantinham relações sexuais sem nenhuma compensação financeira. Alguns adotavam uma atitude desafiadora perante a reprovação social e consideravam sua sexualidade normal, se não algo único e especial, e expressavam-na com grande liberdade. As observações de Ribeiro revelam a existência de uma subcultura multifacetada, autoafirmativa e consciente, nos maiores centros urbanos do Brasil nos anos 30.

Transformações importantes ocorreram no Brasil entre 1920 e 1945. Nessas duas décadas e meia, o Rio de Janeiro e São Paulo – os centros econômicos, políticos e culturais do Brasil – tornaram-se campos de batalha para ideias conflitantes em torno da identidade nacional e visões divergentes quanto ao futuro político e econômico do país. Os acontecimentos que tiveram lugar nesse período e as construções ideológicas e sociais controvertidas sobre nação, raça, identidade, cultura e gênero moldaram tanto uma subcultura homossexual urbana nascente quanto um discurso médico-legal sobre ela. Neste capítulo e no próximo examinarei a relação entre a crescente visibilidade da homossexualidade masculina nos dois centros urbanos mais importantes do Brasil e o aumento dos trabalhos escritos sobre esse tema por médicos, criminologistas e juristas. O presente capítulo explora os espaços físicos urbanos apropriados por homossexuais e descreve as interações sociais no interior dessa subcultura. O Capítulo 3 analisa a reação dos profissionais da saúde, dos antropólogos criminais e do Estado ante esse mundo cada vez mais visível.

Mudanças na sociedade e na cultura brasileiras

A urbanização e a industrialização após a Primeira Guerra tiveram um impacto tremendo sobre os homens, as mulheres, a família e as relações de gênero no Brasil. A migração, a imigração e a urbanização aglomeraram centenas de milhares de pessoas (em sua maioria homens) nos maiores centros urbanos do país. A população do Rio de Janeiro cresceu em mais de 157% entre 1900 e 1940, passando de 691.565 habitantes para 1.764.141.[9] O aumento da população em São Paulo foi ainda maior. Em 1900, a cidade contava com 239.820 habitantes. Em 1920, esse número havia crescido em 141%, para 579.033 moradores, e nas duas décadas seguintes a população registrou um aumento de mais 131%, saltando para a marca de 1.326.261 habitantes.[10]

Antes da guerra, a maioria das mulheres que trabalhava fora de casa, em setores não agrícolas, estava empregada no serviço doméstico. Porém, entre 1920 e 1940, o número de mulheres de baixa renda trabalhando nesse setor caiu para aproximadamente 35% do total de mulheres ativas. Outras mulheres das classes menos favorecidas encontraram empregos nas fábricas, especialmente na produção têxtil, e no setor de serviços, como atendentes de lojas, escriturárias e telefonistas. Outro fator significativo, nesse período, foi que um número cada vez maior de mulheres de classe média deixou a reclusão da esfera doméstica e juntou-se às mulheres pobres como assalariadas e provedoras de suas próprias necessidades de renda, ou de sua família. Essa mudança no perfil das mulheres assalariadas deveu-se, em parte, à inflação exorbitante e seu efeito no orçamento doméstico, a um mercado consumidor em expansão com base na produção industrial e a um aumento na demanda de mulheres para preencher as vagas nos setores de serviços.[11] Como resultado dessas mudanças, aumentou ainda o número de mulheres de classe média que se tornaram funcionárias públicas, professoras primárias, enfermeiras e profissionais liberais, desconcertando a ideia de que a função social primeira da mulher era ser esposa, mãe e guardiã de um lar estável. Enquanto, no passado, somente as mulheres de baixa renda tinham de equacionar sua vida entre a família e a necessidade de suprir ou complementar o orçamento doméstico, agora também as mulheres de classe média estavam enfrentando as contradições entre as necessidades econômicas e a realização profissional, de um lado, e as normas sociais tradicionais que haviam restringido sua participação na força de trabalho, de outro.

Os filmes importados de Hollywood e as revistas femininas glamorizavam a mulher moderna, independente, e além disso promoviam valores culturais que acabavam incentivando a mulher a assumir um perfil mais público. A nova mulher tinha também uma nova aparência. Contudo, "as mudanças na moda resultaram num mal-estar generalizado a respeito da aparente 'masculinização' das mulheres e 'feminilização' dos homens".[12] O novo estilo de cabelos *à la garçonne* para as mulheres provocou, em charges e artigos de revistas, o comentário de que não se podia mais distinguir o sexo de uma pessoa por meio dos parâmetros tradicionais. Durante a *belle époque*, a existência dos dândis pode ter indicado uma desmasculinização de certos homens. Agora, as diferenças entre os sexos pareciam estar duplamente enevoadas.

Essa série de transformações desafiou por completo o sistema de gêneros, especialmente como ele estava estruturado para as mulheres de classe média. Ao mesmo tempo, os valores morais, religiosos e sociais arcaicos pressionavam as mulheres para que se conformassem aos seus papéis tradicionais. Segundo a historiadora Susan K. Besse,

> A mudança rápida gerava tantas mensagens conflitantes que, frequentemente, homens e mulheres manifestavam ansiedade sobre o modo de adaptar seus valores a novas realidades e de definir comportamento adequado à luz das novas necessidades e oportunidades. As mulheres que deixavam de adquirir um verniz de modernidade eram submetidas ao ridículo e ao ostracismo social, enquanto as que levavam a sério as mensagens que transmitiam a possibilidade e a desejabilidade da emancipação social, econômica e sexual das mulheres ou eram encaradas como imorais ou estereotipadas como mulheres briguentas, feias e velhas. Esperava-se que as mulheres cultivassem uma aparência exterior de sofisticação moderna e ao mesmo tempo conservassem as "eternas" qualidades femininas de recato e simplicidade. Deveriam ser, ao mesmo tempo, símbolos de modernidade e baluartes de estabilidade contra os efeitos desestabilizadores do desenvolvimento industrial capitalista, protegendo a família das influências "corruptoras".[13]

A tensão entre a organização tradicional das instituições e da sociedade brasileiras e as mudanças geradas pela urbanização, modernização e industrialização manifestaram-se também em outros campos. As décadas de 1920 e 1930 testemunharam uma crescente intervenção dos médicos, juristas e criminologistas brasileiros em questões sociais que abrangiam desde a função "higiênica" da mulher na família até a relação entre raça e crime. Os problemas sociais e morais, argumentavam esses profissionais, não eram assuntos para serem tratados pela polícia ou Igreja, mas pertenciam ao domínio da ciência e da medicina. Com esse argumento, pressionaram para adquirir maior influência no estabelecimento de políticas governamentais e na formação da opinião pública. Uma medida de seu sucesso foi o modo como as teorias eugenistas importadas da Europa e dos Estados Unidos nos anos 20 e 30 foram adaptadas às condições brasileiras. Apesar de contestadas por alguns médicos e outros profissionais, essas teorias dominaram o pensamento da Liga Brasileira para a Higiene Mental e influenciaram os mais importantes criminologistas e antropólogos da época.[14]

Nesses mesmos anos, o Brasil viveu um renascimento cultural que abarcou desde a emergência do movimento modernista até novos debates sobre raça e nação. Dois acontecimentos separados por uma década simbolizaram essas mudanças. Em 1922, durante a Semana de Arte Moderna em São Paulo, organizada para celebrar o centenário da Independência, um grupo de jovens artistas e intelectuais lançou um manifesto desafiando a nação a voltar-se para si própria e descobrir as "autênticas" raízes culturais do Brasil. Entre os princípios inovadores do movimento estava a ideia da antropofagia, ou a canibalização da cultura europeia e sua reinvenção no contexto brasileiro. Ao questionar a orientação eurocêntrica do consumo cultural pelas classes média e alta, o movimento promovia um retorno aos temas brasileiros na arte, na arquitetura, na literatura e na música. Novas abordagens sobre a natureza da identidade nacional brasileira teriam lugar após a publicação, em 1933, do clássico estudo histórico e sociológico de Gilberto Freyre, *Casa grande e senzala*. Freyre afirmava que o Brasil moderno havia sido forjado por meio da mistura e síntese das raças e culturas africanas, índias e europeias.[15] Essa celebração do aspecto positivo da miscigenação na formação da nação brasileira encontrou resistência por parte dos eugenistas, médicos, antropólogos criminologistas e setores da elite que defendiam a superioridade das influências europeias.[16] Tanto o movimento modernista quanto a ênfase de Freyre na riqueza da herança cultural e social brasileiras forneceram uma base ideológica para o surgimento de sentimentos nacionalistas que contrabalançaram as posições eurocêntricas, e muitas vezes racistas, de muitos profissionais das classes média e alta.

Essas mudanças, isto é, a modernização, a urbanização e a crescente medicalização dos assuntos sociais, ocorreram todas em meio à instabilidade política que se instaurou, sem interrupção, durante as décadas de 1920 e 1930. Em 1917 e 1919, os anarquistas e socialistas lideraram duas greves gerais em São Paulo. A inquietação dos trabalhadores tornava evidente que a industrialização e a urbanização não ocorreriam sem a instabilidade social. Durante os anos 20, jovens oficiais do exército organizaram uma série de revoltas malogradas contra o governo e articularam um programa vago de oposição à oligarquia dominante e em favor de reformas no processo eleitoral. A formação, em 1927, de uma coalizão eleitoral conhecida como Bloco Operário e Camponês, liderada pelo recém-formado, e já proscrito, Partido Comunista, fez crescer a ansiedade da elite diante de uma classe trabalhadora insurreta.[17]

Em 1930, a economia brasileira mergulhou no caos, depois que o preço do café despencou com o início da Grande Depressão. Naquele mesmo ano, Getúlio Vargas, o candidato presidencial derrotado e antigo governador do Rio Grande do Sul, liderou uma revolta militar que o levou à presidência e pôs fim à hegemonia política de 35 anos dos Estados de São Paulo e Minas Gerais. Os conflitos políticos internos que se seguiram – a rebelião do Estado de São Paulo contra o governo central em 1932, a malograda insurreição comunista de 1935, o golpe fascista abortado em 1938 – aumentaram as preocupações com a estabilidade da ordem política e social. O resultado político desse tumultuado período foi a instauração, em novembro de 1937, do autoritário Estado Novo, liderado pelo presidente Vargas. Em pouco tempo, o novo regime afastou toda a oposição de esquerda e de extrema direita, concentrou os poderes na figura do presidente e ampliou o papel centralizador do Estado na economia e nos assuntos sociais, permanecendo no poder até o fim da Segunda Guerra.

Como os homens que mantinham laços românticos e sexuais com outros homens se relacionavam com esse turbilhão de mudanças? Como construíam noções de gênero e identidade? Em suma, como ficara a vida dos homossexuais que frequentavam os cafés, os cinemas e as ruas do centro do Rio de Janeiro e de São Paulo?

Observando os homossexuais

Logo após Getúlio Vargas ter tomado o poder nacional na Revolução de 30, Baptista Luzardo, o novo chefe de polícia do Rio de Janeiro, nomeou Leonídio Ribeiro, então membro da Faculdade de Medicina, como diretor do Instituto de Identificação da Polícia Civil do Distrito Federal.[18] Segundo as memórias de Ribeiro, "Fui obrigado, porém, a ceder ao seu apelo e diante dos argumentos de que a Revolução precisava da colaboração dos técnicos apolíticos, para realizar a obra de renovação dos métodos de administração pública, no Brasil".[19] A tarefa de Ribeiro era planejar um sistema que permitisse ao novo governo emitir uma carteira de identidade nacional. Seu papel como um médico "apolítico" fornecia-lhe a aura de um "cidadão acima de qualquer suspeita", necessária para realizar essa incumbência. Imediatamente após assumir o cargo, Ribeiro deu início a uma torrente de atividades. Organizou o Congresso Nacional de Identificação e publicou uma revista sobre o tema. Trouxe peritos internacionais para o Brasil e organizou sessões de treinamento com os comandantes e comissários de polícia do Rio, de São Paulo e de Belo Horizonte. Além disso, montou o Laboratório de Antropologia Criminal, para realizar experimentos científicos em torno da identificação civil e criminal.[20]

Os esforços de Ribeiro foram reconhecidos internacionalmente. Em 1933, a Academia Real de Medicina Italiana outorgou-lhe o Prêmio Lombroso por um relatório de três volumes sobre sua pesquisa no Brasil. O prêmio foi recebido por ele com todas as honras numa cerimônia realizada em Turim, em 1935. A obra laureada de Ribeiro incluía os resultados de uma pesquisa científica desenvolvida no Instituto de Identificação sobre quatro tópicos diferentes: a patologia da impressão digital, os tipos sanguíneos dos índios guaranis, os biótipos criminais afro-brasileiros e as relações entre a homossexualidade masculina e o mau funcionamento endócrino. Ribeiro recapitulou os pontos principais de seu estudo em uma dezena de artigos publicados entre 1935 e 1938.[21] Mais tarde ele compilou todo esse material em *Homossexualismo e endocrinologia*, que apareceu no Brasil em 1938 e foi traduzido para o italiano e publicado em Roma, em 1939, e em Milão, em 1940.[22] Em toda a sua longa e ilustre carreira como membro da elite intelectual brasileira, até sua morte em 1976, Ribeiro manteve-se convicto quanto à validade dos resultados de sua pesquisa.[23]

Para realizar seu estudo em 1932, Ribeiro solicitou o apoio do Dr. Dulcídio Gonçalves, um oficial da polícia do Rio de Janeiro, que trouxe um "precioso contingente" de 195 homossexuais "profissionais" ao laboratório de Antropologia Criminal para serem fotografados e medidos, com o objetivo de determinar se havia alguma relação entre sua sexualidade e sua aparência física.[24] Não se sabe exatamente o que Ribeiro queria dizer com homossexuais "profissionais". Alguns dos homens que observou podiam estar recebendo algum dinheiro extra enquanto mantinham outro emprego durante o dia, como era o caso de "Henrique".[25] Outros podiam, de fato, estar ganhando a vida com a prostituição. Muitos dos homens recolhidos pela polícia no centro do Rio estavam provavelmente socializando-se com amigos ou procurando possíveis parceiros sexuais com nenhuma intenção de proveito financeiro, mas sua interação com outros homens numa área da cidade onde o erotismo entre homens era comum lançou-os automaticamente na categoria de homossexuais "profissionais".[26] Talvez a noção de "profissional" de Ribeiro se referisse ao fato de que esses homens dedicavam muito do seu tempo livre para procurar parceiros sexuais, ou que suas vidas gravitavam em torno de seus desejos eróticos.

As próprias estatísticas de Ribeiro confirmam o fato de que a maioria desses homens presos tinha emprego remunerado. Uma discriminação de suas profissões revela uma variedade de ocupações (Tabela 1). O grande número de empregados em serviços domésticos (43%) parece confirmar as observações oculares feitas em 1930 de que muitos homossexuais efeminados trabalhavam em bordéis e pensões como camareiros e faxineiros. Embora seja provável que alguns desses trabalhadores domésticos oferecessem serviços sexuais paralelamente a suas tarefas domésticas, muitos outros (34%) trabalhavam em fábricas, no comércio e como costureiros. É impossível saber exatamente o que a equipe de Ribeiro queria dizer com a categoria "outros profissionais". Se o termo se referia a ocupações de "colarinho branco" ou de classe média, tais como o funcionalismo público, ele ainda representa apenas 22,5% do total do número de presos, indicando que mais de 75% dos jovens do sexo masculino apanhados pela polícia carioca pertenciam às classes operárias e de baixa renda.

Tabela 1 – Profissões de homossexuais estudados por Ribeiro, Rio de Janeiro, 1932

Profissão	Número	Porcentagem
Ocupações domésticas	84	43,07
Comércio/vendas	34	17,43
Costureiros	17	8,71
Operários	16	8,20
Outras ocupações	44	22,56
TOTAL	195	100,00

Fonte: Ribeiro, 1938, p.108.

Não podemos admitir que os objetos de estudo de Ribeiro constituíssem necessariamente uma amostra representativa da subcultura homossexual masculina do Rio de Janeiro. Sua informação, embora ofereça um quadro genérico desse mundo, ainda é distorcida. Tendo em vista a própria afirmação do criminologista de que os alvos de sua pesquisa eram homossexuais "profissionais", é possível que a polícia apenas visasse homens vestidos de modo extravagante ou obviamente efeminados, que andassem pelas ruas do Rio de Janeiro nas conhecidas áreas de interação homossexual. A representação exagerada desses homens nos registros criminais indica que eles eram os mais suscetíveis de serem presos. A prisão deles, por sua vez, estava de acordo com os estereótipos sociais que equiparavam a homossexualidade com a efeminação. É provável também que poucos homens de classe média ou alta fizessem parte da amostra final da pesquisa de Ribeiro. Aqueles que porventura fossem apanhados pelas patrulhas policiais provavelmente tinham dinheiro, conexões ou a posição social necessária para evitar o encarceramento. Levando tudo isso em conta, e considerando que o grupo de homens estudados pertencia, em sua maioria, às classes operárias, às classes baixa e média-baixa, podem-se observar ainda padrões interessantes.

A composição racial dos presos, embora espelhando os números do Censo para o Rio de Janeiro em termos gerais, mostra uma diversidade maior do que a que ocorre na população como um todo (Tabela 2).[27] As estatísticas de Ribeiro mostram que mais de 60% dos homossexuais detidos eram brancos e que apenas 4,6% eram identificados como negros. A equipe de Ribeiro classificou mais de um terço como mestiços, ou seja, pessoas de origens raciais mistas.

Tabela 2 – Conformação racial dos homossexuais estudados por Ribeiro, Rio de Janeiro, 1932

Raça	Número	Porcentagem	Porcentagem segundo Censo de 1940
Brancos	119	61,05	73,11
Mestiços	67	34,35	16,52
Negros	9	4,60	10,07
TOTAL	195	100,00	100,00

Fonte: Ribeiro, 1938, p.107; Instituto Brasileiro de Geografia e Estatística, Recenseamento geral do Brasil (1º de setembro de 1940), parte 16, *Distrito Federal* (Rio de Janeiro: Serviço Gráfico do Instituto Brasileiro de Geografia e Estatística, 1951), p.6.

Codificar a identidade racial no Brasil sempre foi tarefa complicada, por diversas razões. Historicamente, tem havido uma propensão cultural de as pessoas se "branquearem", isto é, dissociar-se dos membros da população de pele mais escura e, com isso, obter um maior *status* social.[28] Além disso, a própria metodologia do Censo era problemática. Não sabemos quais critérios Ribeiro e seus assistentes usaram para determinar as categorias raciais. Se eles se basearam na interpretação dos próprios presos quanto à sua identidade racial, as estatísticas provavelmente refletiram o mesmo viés embranquecedor contido nos números do censo.[29]

Ademais, nos anos 30, muitos intelectuais brasileiros ainda defendiam ser do interesse do país ter uma população mais branca. Em vista das teorias do próprio Ribeiro sobre as relações entre raça e comportamento criminoso, é possível que seu laboratório tivesse praticado uma distorção "desembranquecedora", consciente ou não, que implicava classificar os homens como mestiços quando eles próprios podem ter-se identificado como brancos. O fato de associar o desvio com a raça, ou de sugerir que as pessoas de pele escura tivessem maior propensão à homossexualidade do que as pessoas de ascendência europeia, coincidia com as teorias eugenistas em voga, as quais enfatizavam a natureza degenerada de certas raças. A representação minimizada de homens brancos no grupo, quando comparada ao total da população, pode também ter resultado do fato de que homens de classe média e alta tinham mais facilidade para evitar as prisões. Por outro lado, o número mais baixo de homens negros pode refletir um menor grau de acesso desses homens às áreas centrais do Rio, onde os homossexuais se socializavam e, nesse caso, eram presos.

Dos 195 homens estudados, 183 admitiam que eram homossexuais, enquanto 12 negavam o fato. Mais de 98% (193) eram solteiros, e apenas 2% eram casados. A distribuição etária desses presos mostra a composição jovem dos grupos que cruzavam as ruas do Rio nos anos 30 (Tabela 3). Por outro lado, o fato de que quase 40% dos homens tivessem 20 anos ou menos pode simplesmente indicar que os frequentadores jovens das ruas do centro eram mais vulneráveis à prisão. Isso também pode explicar por que os presos, na maioria, eram solteiros. Segundo o Censo de 1920 no Rio de Janeiro, 18% dos homens entre 16 e 29 anos eram casados. O número cresceu para quase 24% em 1940.[30] Pode-se supor que os homens casados cuja preferência sexual dirigia-se para outros homens fossem mais discretos e evitassem ser presos pelo seu "vício" no centro da cidade, ou que usassem sua condição de homens casados para se diferenciar dos outros quando a polícia reuniu o grupo que se tornou objeto dessa investigação.

Tabela 3 – Distribuição etária dos homossexuais estudados por Ribeiro, Rio de Janeiro, 1932

Idade	Número	Porcentagem
20 ou menos	74	37,94
21 a 30	99	50,76
31 a 40	20	10,25
Acima de 40	2	1,02
TOTAL	195	100,00

Fonte: Ribeiro, 1938, p.107.

Efeminados e homens "verdadeiros"

Os estudos estatísticos de Ribeiro não detalharam as histórias de vida dos 195 indivíduos presos. Contudo, as poucas biografias que ele registrou, de indivíduos como Henrique, indicam que esses homens ainda pareciam conformar-se às normas de gênero hegemônicas que operavam na virada do século. Essas normas dividiam as atividades sexuais em parâmetros de gênero tradicionais. Ou o indivíduo era um homem "verdadeiro", que assumia o papel do penetrador durante o sexo, ou era o penetrado, o receptor "passivo", feminino. Contudo, como veremos adiante, a prática sexual de muitos homens era muito mais complexa do que esse modelo prescrito. Alguns homens praticavam tanto o sexo "ativo" quanto o "passivo", e portanto minavam o paradigma reinante, com sua lógica bipolar implícita que estruturava as relações sexuais. Outros homens "verdadeiros" não se fixavam na subcultura homossexual, e por isso deixaram pouca informação sobre suas próprias noções de desejo e identidade sexual. Pode-se dizer mais sobre os homens efeminados que assumiram um perfil mais visível nesse submundo urbano.

Ribeiro descreveu a vida de um desses homens, M. S., conhecido pelo cognome feminino de "Marina".* Segundo Ribeiro, já na tenra idade Marina expressara preferências e atitudes associadas com meninas, tais como brincar com bonecas e gostar de tarefas domésticas. Quando foi mandado para uma escola interna com 12 anos, ele já sentia fortes atrações por outros garotos. Sua primeira experiência sexual foi com um inspetor escolar, que o submeteu à penetração anal. Poucos anos depois, Marina deixou sua família no Norte do Brasil, mudou-se para o Rio de Janeiro e conseguiu emprego no teatro de revista como dançarino e membro do coro. No Rio, conheceu um homem de *status* social superior ao seu, e os dois iniciaram um relacionamento de seis anos, no qual Marina assumiu o papel tradicional da mulher. Como Marina, ela cuidava da casa, possuía um guarda-roupa repleto de trajes femininos e assumiu o que Ribeiro considerava uma *persona* feminina: "o prazer de servir, a dedicação, o espírito de sacrifício e passividade, o sentimento de dependência".[31] O relacionamento se desfez, no entanto, quando o "parceiro ativo" de Marina, como Ribeiro o descrevia, decidiu casar-se com uma mulher. Marina embarcou numa depressão tão profunda por causa de seu amor perdido, que seu antigo parceiro teve de garantir que manteriam uma duradoura amizade, por meio de telefonemas frequentes e de longos passeios sentimentais. Ele chegou a passar na frente da casa de Marina, a seu pedido, num carro com a noiva.

Ao retratar a personalidade feminina de Marina, Ribeiro o descreve como uma "mulher presa no corpo de um homem". Esse era precisamente o modo como alguns homens entendiam suas atrações por outros homens no rígido sistema de gêneros desse período. Nascidos com genitais masculinos mas sexualmente atraídos por outros homens, alguns pensavam que sua essência, alma, espírito, ou pensamento eram, na verdade, femininos, e estavam encarcerados erroneamente

---

* Mantive os pronomes coerentes com o sexo da pessoa, a não ser que o indivíduo use especificamente os marcadores do sexo oposto para referir-se a si próprio. Também indiquei, entre aspas, o apelido/cognome das pessoas ou a *persona* assumida na primeira vez em que são mencionados.

num corpo masculino.[32] Nem sua provável formação católica, ou o meio social em que foi criado no Brasil rural, nem o aconselhamento médico ofereceram a Marina um modelo alternativo para construir sua identidade sexual e social. Seu desejo de servir, de assumir o papel tradicional da mulher num relacionamento, parecia-lhe a única opção disponível.*

Outros homens desse período reproduziram essa visão bastante difundida, mas não exclusiva, de que os relacionamentos entre pessoas do mesmo sexo só podiam se desenvolver quando papéis rigidamente definidos de homens masculinos "ativos" e homens femininos "passivos" fossem desempenhados. Uma vez que as vozes desses homens eram filtradas pela óptica de médicos que consideravam a homossexualidade um desvio, devemos examinar com cautela esses relatórios médicos e sociológicos. No entanto, eles fornecem pistas valiosas para conhecermos a vida desses homens e o modo como construíam sua identidade de gênero.

Em 1938, um grupo de alunos do Instituto de Criminologia estudou os "costumes, hábitos, apelidos, gíria" de homossexuais em São Paulo. Entre o material coletado por esses pesquisadores de campo havia uma autobiografia de cinco páginas escrita por Z. B. G, conhecido como "Zazá".[33] Segundo essa história, Zazá (assim como Marina) veio do campo para a cidade grande em 1928, em busca de trabalho. E, como Marina, foi inicialmente seduzido por um homem mais velho e assumiu o papel passivo nas relações sexuais. Alternando-se entre o Rio e São Paulo, ele trabalhava como prostituto e oferecia favores sexuais para "pederastas ativos". Ao usar essa expressão, Zazá, obviamente, está repetindo um termo introduzido no Brasil pelo discurso médico do século XIX. Nos anos 30, o termo "pederasta" era amplamente empregado como uma das diversas expressões para designar

---

* Muito se avançou nos estudos sobre transexualidade, transgeneridade e travestilidade na historiografia a respeito das identidades de gênero. Por não termos registro do depoimento da própria Marina, não avanço na inferência de que ela se enquadraria em um dos termos que descreve pessoas que se identificam com o gênero com o qual não foram designadas ao nascer.

homens que praticavam sexo com outros homens. Embora não se saiba se Zazá de fato usou o termo, ou se este foi assim "traduzido" pelos estudantes que publicaram o relatório, ao menos indica que homens feminilizados não eram os únicos participantes da subcultura descrita por Zazá. Segundo o narrador dessa história, os homens que assumiam o papel "ativo" em relações homoeróticas buscavam outros homens e não mulheres, e pagavam para ter sexo com eles. Isso contradiz tanto as construções médico-legais quanto populares sobre o que constituía o comportamento homossexual normativo.

Em 1935, Zazá apaixona-se pela primeira vez. Ele relata romanticamente o caso: "Comecei a amar um rapaz moreno, de olhos negros, gracioso! E a minha paixão foi crescendo! Eu ia morrendo de amor! Que cousa sublime o amor! Mais que amor, mais que loucura, eu tinha por ele! Quantos ciúmes! Até da sua sombra! Se eu brigava e me separava dele, era por umas horas apenas, porque eu não resistia à separação e logo corria a implorar-lhe que não me deixasse! Eu morreria se ele abandonasse a mim!".

Como uma prostituta dependente de seu cafetão, Zazá mantém financeiramente seu amante e também tem relações sexuais com outros homens – os quais, do contrário, recusaria – para que não falte o pão ao seu "homem". Porém, assim como Marina, perde seu homem "verdadeiro"; uma mulher "verdadeira" leva o parceiro de Zazá. O sofrimento de Zazá é tamanho que ele precisa partir de São Paulo, mudando-se para Santos, a fim de esquecer seu amor. Lá, encontra a segunda paixão de sua vida: "Dizia um amigo meu que uma paixão mata outra. E assim sucedeu comigo ... Uma noite, estando eu em um bar, deparei com um rapaz que me olhava atentamente, como se eu fosse uma pessoa de quem ele já tivesse gostado. Depois, chegou-se a mim, delicadamente, ofereceu-me seus préstimos e, em seguida, seu amor". O caso faz Zazá reviver: "Com a continuação dos tempos comecei a apaixonar-me por ele. Namorávamos como se fosse eu uma garota-donzela. Acordava-me sempre ao toque da buzina do seu caminhão, pois nesse tempo ainda não morávamos juntos".

Mais uma vez o relacionamento termina quando o homem de Zazá o deixa por uma mulher. Então, Zazá encontra um terceiro homem e passa a morar com ele. Mas, depois de algum tempo, seu segundo amor reaparece e começa a segui-lo, dizendo estar arrependido do rompimento. Ele também confessa que não consegue se acostumar com uma mulher. Quando Zazá diz ao homem que deixou de amá-lo, este o ameaça com uma faca. "Precisamente nesse momento o meu então atual 'amigo' vai passando. E eles se atracam. Felizmente não houve ferimentos. E foi só assim que ele deixou de perseguir-me".

A disputa transforma nosso narrador: "Esse dia foi para mim um dia memorável! Por sentir que amava, mas que era amado também. E amado por dois. Pois eu amava só o terceiro e era amado por ele e pelo segundo que, ainda dando provas de amor, humilhava-se ao ponto de querer matar-me. Senti-me mulher!... Não sei, enfim, explicar... Mas parece que o amor entre os homens é mais violento do que o que existe entre o homem e uma mulher, isto é, o passivo e o ativo, quando se gostam, gostam-se mais que um homem e uma mulher". Zazá não apenas se identificava com a construção ativo/passivo, feminino/masculino, como também sentia que quando dois homens se envolviam nesse tipo de relação a intensidade e a paixão eram, na verdade, superiores à norma tradicional heterossexual.

Após esse dramático acontecimento, um rito de passagem de uma "garota de programa" para uma mulher "total", Zazá finalmente encontra a felicidade doméstica. "O meu terceiro amor fez questão de levar uma vida comigo, como se fosse eu uma mulher verdadeira: comprou utensílios de cozinha, ferro-de-passar roupa etc. Enfim, eu cozinhava e lavava como se fosse uma boa e devotada esposa". Zazá até mesmo desistiu da prostituição, porque seu "marido" não queria dividir seu corpo com outros. Entretanto, essa relação também chega ao fim, e Zazá lamenta seu destino: "Estou com 24 anos e acho que estou envelhecendo antes do tempo, devido às muitas prisões injustas, amores loucos e desenfreados que eu tive para poder cumprir o meu destino e sentir o que as mulheres sentem, isto é, o prazer de gozar com o membro do homem, o membro que ainda adoro como adoro a minha liberdade!".

A história confessional de Zazá lembra os romances de bancas de jornal ou os filmes "b" de Hollywood desse período. A história é simples e a trama, previsível. Um menino pobre e inocente vem do interior para a cidade grande, é seduzido por um homem mais velho que lhe oferece presentes e lhe promete o mundo. Com sua virgindade e virtude arruinadas, ele se torna um homem perdido (ou uma mulher perdida). A cena da sedução parece ter sido retirada de um romance farsesco: "numa noite ele agarrou-me beijando com frenesi a minha boca virgem fez com que eu tivesse a impressão de que se desmoronava tudo em mim. Ao seu calor, ao sentir os seus lábios quentes que colaram aos meus, entreguei-me de corpo e alma e ele fez de minhas carnes ainda jovens o que entendeu que devia fazer ... Eu poderia resistir por mais tempo, sem fazer esta loucura ... Mas o beijo em minha boca ... Senti que era incapaz de defender-me de suas garras...". As memórias de sua primeira paixão persistem mesmo quando Zazá volta à sua cidade natal, São Carlos, e não pode ter relações sexuais pois está rodeada por sua família. "Não esqueci, porém, aquele gozo emocionante, o gozo de um homem saciar-se de minhas carnes e eu saciar-me daquele membro que já tinha manchado a minha moral de rapazinho".

De volta à cidade grande, com sua pureza e inocência perdidas, Zazá, a heroína decaída, assume agora um novo destino, o da vampe, da mulher fatal e prostituta das ruas. "Tornei-me vaidoso, chegando ao ponto de julgar-me mulher. Já depilava as sobrancelhas, empoava-me, passava batom nos lábios e saía à rua à cata de homens, que logo me seguiam. E não era um; eram muitos." A transformação é completa. Do menino inocente ele se torna uma mulher maquiada, com uma multidão de homens "verdadeiros" aos seus pés, desejosos de sua forma feminina.

E então vem um amante garboso, e depois outro, e finalmente uma luta de facas entre o número dois e o número três. Zazá, agora uma princesa medieval, assiste aos dois cavaleiros exibindo suas lanças (ou facas, ou falos) numa batalha pelo afeto de sua amada. A disputa pela mão de Zazá eleva-o ao *status* de esposa quando o número três, o vitorioso, arrebata Zazá para o seu castelo doméstico, onde se torna a rainha do lar: "Foi a minha mais bela 'amigação'. Na qual eu encontrei mais felicidade, na qual eu fui mais mulher, pois lavava, arrumava, passava e gozava o máximo possível daquela felicidade, porque eu previa que tanta coisa boa ao mesmo tempo não seria natural que durasse eternamente".

O final, também, é previsível. Não é o final feliz da maioria dos filmes hollywoodianos, mas o trágico, operístico, da mulher só e abandonada, velha antes do tempo, pagando por seus pecados. Pagando também pelos pecados de seus ancestrais, pois Zazá relembra ou inventa um passado aristocrático, amplificando a carga dramática do desenlace: "que foram barões e baronesas, ao passo que eu sou simplesmente um passivo sem remédio e sem esperanças de deixar de ser repudiado; eu sou o Zazá das noites quentes ou frias desta Pauliceia querida".

Como muitas obras literárias, esta conclui com um tributo e uma autoisenção: "Peço perdão ao senhor psiquiatra pelos meus inúmeros erros pelo meu mau português, que usei neste estúpido e rápido resumo do meu inglório passado. E desejo que seja feliz em seus estudos e se forme sem repetir ano nenhum". A narrativa de Zazá termina, apropriadamente, com a famosa frase-desfecho de todos os filmes de Hollywood dos anos 30: "The End".

É muito fácil menosprezar essa história como a imitação pobre de um romance barato, cujo desenlace é uma tragédia autodepreciativa e coerente com as restrições sociais estruturadas pelas normas heterossexuais. A narrativa é tão melodramática e parece tão propositalmente moldada para atrair o seu público, no caso os olhos inquisidores dos estudantes de criminologia, que podemos questionar a capitulação da vida de Zazá, assim como devemos ver com ceticismo as observações de Ribeiro e de outros médicos a respeito dos "pederastas" brasileiros. Certamente, é possível que essa história exagerada seja uma criação de Zazá segundo o modo como concebe sua própria pessoa, e que somente fazendo de si uma heroína pode fazer que acontecimentos disparatados formem um relato coerente de sua vida. Há, com certeza, um tom confessional na crônica de Zazá, como se ele esperasse que os estudantes, ao ouvir a história, fossem entendê-lo e talvez aceitá-lo pelo fato de ter sofrido tanto. Essa história, seja ela um relato autobiográfico preciso ou uma interpretação ficcional de um passado utópico, ao menos indica que Zazá e outros homens como ele conseguiam encontrar meios para se ajustar aos seus próprios desejos sexuais e moldar suas vidas de acordo com eles. A autoaversão internalizada por um "pederasta" desajustado, cuja felicidade parece efêmera, combina-se com um espírito combativo imbuído de ingenuidade, bravura e perseverança. Zazá, como outros homens efeminados, assumia sua identidade como "mulher" com uma ampla dose de autoconfiança. Embora sua narrativa seja entremeada por referências indicando que ele às vezes sentia a pederastia deplorável, o tom geral da autobiografia é apaixonado e otimista. A história de Zazá enfatiza o fato de que o herói (heroína) viveu corretamente seu destino, ao experimentar os prazeres físicos, emocionais e espirituais de uma mulher.

Essa narrativa também indica que os papéis sexuais entre homens que mantinham relações sexuais com outros homens eram muito mais complexos do que a compreensão de Zazá acerca de sua própria identidade, e que as transgressões da construção bipolar passivo/ativo ou fresco/homem eram tão problemáticas para Zazá quanto era a homossexualidade em si para os observadores médicos que documentaram sua vida. Zazá expressa sua própria confusão e ansiedade numa passagem de sua narrativa. Um dia, ele decide procurar o homem que o havia iniciado sexualmente, ou, como ele afirma, "que tinha feito em minha carne a vacina de pederastia, da desgraça e da deshonra". É surpreendente que, quando esse homem fica excitado, ele pede a Zazá que o penetre. Zazá fica horrorizado com o fato de que um "homem verdadeiro", que o havia seduzido, também aprecie o sexo "passivo". "Ele cinicamente pegou no meu membro, fez com que ele se endurecesse e exigiu, depois, que eu colocasse no seu ânus. Eu, então, gozei nele e fiquei boquiaberto ao perceber que havia me entregado a um homem que não era completamente macho e que era, sim, um passivo como eu. Compreendam-se estes homens, pensei eu". O primeiro parceiro sexual de Zazá, o homem que permanecera em suas fantasias quando voltou a viver com sua família em São Carlos, não mais cabia nas categorias sociais claras como um parceiro sexual, nem exclusivamente "ativo" nem "passivo". Ele não era mais o macho "verdadeiro" dos desejos de Zazá. Essa relação desafiou as concepções básicas sobre a suposta essência natural do homem "passivo", feminino, que Zazá havia adotado como um componente integral de sua própria *persona*. Ele tentou entender o fato de um homem macho e viril, "ativo", poder sucumbir aos prazeres da penetração anal e, portanto, ir além do paradigma homem "verdadeiro"/fresco até alcançar noções mais fluidas de identidade sexual. A narrativa deixa a impressão de que Zazá não foi bem-sucedido na tarefa de conceber uma forma alternativa para definir os papéis sexuais.

Dar nomes e proferir nomes

Em algum momento da década de 1920, ou mesmo antes, o termo *viado* uniu-se aos epítetos puto e fresco, no linguajar popular, como outra palavra depreciativa para referir-se a homens efeminados que praticavam sexo com outros homens. O termo vem da palavra veado, mas talvez tenha adquirido outra pronúncia para distinguir o termo pejorativo de qualquer referência ao animal.[34] Como o termo viado se desenvolveu é um completo mistério. Uma teoria afirma que a expressão se originou no Rio em 1920, quando um comissário de polícia ordenou a prisão de todos os homens homossexuais que fossem encontrados num certo parque (algumas versões apontam a Praça Tiradentes, outras a Praça da República, nas mesmas proximidades). Seu subordinado tentou executar a tarefa, mas voltou ao superior admitindo o fracasso. Explicou que, quando os policiais tentavam prender os jovens, eles corriam como veados. Diz-se que o incidente foi amplamente divulgado pela imprensa e, assim, tornou-se um mito do folclore gay.[35]

Um exemplo do poder pejorativo do termo pode ser encontrado nos registros do Sanatório Pinel em São Paulo. Em 10 de agosto de

1937, a família de Bernardino de C. A., de 43 anos e funcionário público da cidade de São Paulo, internou-o no sanatório porque ele estava tendo alucinações.[36] Segundo o registro médico, Bernardino morava sozinho, bebia muito e gostava de frequentar a zona de prostituição da cidade. Ele era tímido, mas com frequência apaixonava-se por jovens garotas, embora sempre a distância. Num certo ponto, enamorou-se de uma jovem prostituta que vivia com outro homem. Bernardino estava tão apaixonado por ela que, aflito e bêbado, buscou o amante da mulher e, em lágrimas, confessou sua paixão pela prostituta. Ele então inicia uma ligação sexual secreta com ela, mas não consegue manter uma ereção e ter um orgasmo. A experiência o traumatiza e ele começa a questionar sua própria masculinidade. O médico que o examinou, e que registrou sua história duas semanas após Bernardino ter sido internado no hospício, relatou: "Começou a escutar vozes que da rua chegavam até seu quarto, e que distintamente o injuriavam, gritando o nome de certo animal, símbolo dos invertidos".

O animal, obviamente, era o veado. A ansiedade de Bernardino sobre a possibilidade de que ele fosse um homossexual e que toda a sociedade soubesse quase o levou à loucura. Sob a alegação de ouvir transeuntes chamando-o de viado, ele procurou os parentes para que fizessem uma reclamação à polícia, a seu favor, contra as "atitudes antissociais" dos pedestres em São Paulo. Alarmados com seu comportamento, eles o levaram a um médico, que recomendou sua hospitalização. Diagnosticado com esquizofrenia, recolhido e deprimido, Bernardino permaneceu nesse hospital privado pouco menos de um mês. Quando recebeu alta, o médico responsável comentou em seu registro que, por causa de seu alcoolismo excessivo, os problemas mentais de Bernardino provavelmente retornariam.

Não há indicação de que o hospital tentasse dirigir a atenção para as ansiedades de Bernardino sobre sua sexualidade e masculinidade. Esse caso, contudo, revela os mecanismos psicológicos e sociais que imputavam a homossexualidade à impotência e ao mau desempenho sexual. O fato de ter sido chamado de viado desafiou a masculinidade de Bernardino, questionou o âmago de sua identidade e evocou um medo enlouquecedor da rejeição e da marginalidade. Talvez Bernardino tenha, de fato, reprimido desejos homoeróticos que o levaram a projetar suas próprias inseguranças em outros, tornando-os acusadores do que ele próprio sentia. Isso jamais saberemos. Porém, independentemente de suas propensões e ansiedades, o temor de ser chamado de viado quase o levou à insanidade e revelou o poder que está por trás dessa expressão e de suas implicações para os homens brasileiros.

A palavra viado é tão pejorativa que às vezes símbolos alternativos eram usados para evitar o termo. Por exemplo, o jogo do bicho, que data do fim do século XIX, utiliza o número 24 como uma possibilidade de aposta. A cada número corresponde um animal, e o 24 é o veado. Portanto, para insinuar que uma pessoa é homossexual, podia-se chamar a pessoa de "vinte e quatro". Esse valor numérico possui tantas associações negativas que algumas pessoas preferiam usar a expressão "três vezes oito", para evitar o número 24.[37]

Bicha, outro termo para homem efeminado que mantém relações sexuais com outros homens, foi criado nos anos 30.[38] Apesar dos seus outros significados, incluindo o de parasita intestinal, ele permanece hoje em dia como a forma mais comum de referir-se pejorativamente a um gay. Assim como para a palavra viado, há versões controversas sobre suas origens como gíria escarnecedora.[39] Um estudo de 1939 sobre as atividades sociais, costumes, hábitos, apelidos e gírias para homossexuais na cidade de São Paulo, dirigido pelo Dr. Edmur de Aguiar Whitaker, incluiu uma lista de expressões vernaculares empregadas por homens jovens. Entre os códigos adotados havia três referências ao termo. *Bicha* foi definido como pederasta passivo. *Bicha sucesso* significava um pederasta passivo que levava uma boa vida. *Bicha bacana* referia-se a um pederasta com uma boa conta bancária.[40]

Seria a palavra bicha, então, criada por esses próprios homens ou teria ela se originado fora de seu grupo social como um epíteto designado para questionar a masculinidade e imputar a efeminação?[41] Uma explicação para a origem do termo como uma expressão endógena da subcultura homossexual é a de que ele seria uma adaptação espirituosa da palavra francesa *biche*, que significa corça, feminino de veado.

Parece plausível que os homens que frequentavam essa subcultura estivessem simplesmente fazendo um trocadilho com a palavra viado, ao que adicionavam um toque de sofisticação com o uso do termo francês. Além disso, *biche* era também usado na França como um termo afetuoso para uma jovem mulher.[42] Portanto, os jovens homossexuais podem ter criado um novo uso da palavra bicha, tanto como um jogo de palavras como para ironizar com a mordacidade do termo viado, ao adotá-lo como uma expressão afetiva para se referir a outro homem efeminado.

Por outro lado, uma das 21 definições da palavra em português pode indicar a etimologia dessa expressão. Bicha significa também uma mulher irritada ou com raiva, e no Nordeste é também sinônimo para prostituta.[43] Num mundo de homens e mulheres maquiados, onde brincadeiras e provocações eram lugar-comum, é plausível que prostitutos efeminados costumassem referir-se aos seus amigos e colegas como bichas (mulheres irritadas), quando o último estava – por diversão ou de fato – contrariado. Na verdade, os significados que acompanhavam a palavra francesa *biche* podem ter-se combinado com as definições locais mais explosivas, para criar uma gíria adornada com a sofisticação europeia.[44] Seja qual for a sua verdadeira origem, ambas as hipóteses ligam a expressão ao meio social do qual parece ter-se originado, ou seja, o submundo das prostitutas, cafetões, malandros e pequenos ladrões.

O emprego difundido da palavra bicha como um rótulo depreciativo parece ter ocorrido apenas no início dos anos 60, quando começou a competir com viado como uma forma de insulto comum por parte de pessoas estranhas ao meio. Embora talvez jamais se possa descobrir a origem exata da expressão, a possibilidade de que a palavra bicha tenha se desenvolvido dentro do próprio mundo de homens efeminados e prostitutos nos anos 30 amplia sua potência simbólica. A viagem da expressão é reveladora. Gerado de dentro de uma subcultura, o termo foi mais tarde apropriado para desmerecer as mesmas pessoas que o criaram. Transmitido de um mundo colorido e semi-clandestino de homens e mulheres prostitutos para um universo mais amplo, ele retornou como instrumento de agressão, hostilidade e marginalidade.

Tal como o uso anterior de fresco e puto, os termos viado e bicha também serviram para definir socialmente comportamentos sexuais masculinos adequados e inadequados. A imagem do bicha como um homossexual desmunhecado, efeminado tornou-se o elemento de contraste que confirmava a masculinidade do macho heterossexual brasileiro. A transgressão, realizada pelo bicha, das demarcações de gênero e a ambiguidade de um comportamento feminino num corpo masculino também provocaram a ansiedade masculina e despertaram o medo de que o feminino no "outro" também pudesse estar nele próprio. Como veremos no decorrer desta obra, imagens do bicha, viado, pederasta e homossexual tornaram-se elementos fundamentais para estruturar as definições culturais da masculinidade e do gênero no Brasil.

Os bares e cabarés da Lapa

Nos anos 30, a topografia homoerótica do Rio de Janeiro estendia-se num semicírculo que começava na Praça Floriano Peixoto e no Passeio Público, na Cinelândia, passando pelo bairro boêmio e operário da Lapa, até a Praça Tiradentes. As duas pontas dessa longa área arqueada, a Cinelândia e o antigo Largo do Rossio, ofereciam ambientes públicos para interações homossociais e homossexuais. A Lapa, com suas pensões, edifícios de aluguel, bordéis e quartos para alugar por hora, oferecia outros espaços para interações com maior privacidade, tanto heterossexuais quanto homossexuais. Os bares e cabarés da Lapa eram também lugares frequentados por homens em busca de mulheres "fáceis" para momentos de prazer, bem como por homens desejosos de sexo com outros homens.[45] Funcionários públicos, jornalistas, profissionais da classe média, intelectuais boêmios e jovens de famílias tradicionais, amantes da aventura misturavam-se livremente com escroques e ladrões de fim de semana, apostadores, cafetões, frescos e putas. Personalidades literárias do movimento modernista, artistas e estrelas em ascensão nos círculos intelectuais brasileiros, tais como Jorge Amado, Cândido Portinari, Sérgio Buarque de Holanda e Mário de Andrade, vinham aos bares e cabarés da Lapa para reunir-se com nomes importantes da música popular brasileira – Noel Rosa, Cartola, Nelson Cavaquinho, Chico Alves – e ouvir suas mais recentes composições.[46]

O ambiente social relativamente descontraído da região boêmia do Rio não significa necessariamente que os homens interessados em sexo com outros homens estivessem livres da hostilidade social, ou que eles automaticamente se sentissem confortáveis para expressar com liberdade seus interesses homoeróticos em suas noitadas na Lapa ou nos distritos contíguos. Mário de Andrade, membro fundador do movimento modernista e um dos mais celebrados autores brasileiros do século XX, mudou-se de São Paulo para o Rio em 1938, para morar no bairro da Glória, vizinho à Lapa. Entre os literatos modernistas em São Paulo, não era segredo que Mário de Andrade era homossexual. De fato, o autor rompeu relações com Oswald de Andrade, outro titã do movimento, em 1928, depois que Oswald, usando um pseudônimo, publicou uma referência a Mário no *Diário de São Paulo* como "o nosso Miss São Paulo traduzido em masculino".[47] Mário, contudo, manteve discreta a sua vida privada enquanto morou no Rio, de 1938 a 1941, e aparentemente os rumores sobre suas tendências sexuais não alcançaram os ouvidos de alguns de seus novos amigos e companheiros na capital da nação. Moacir Werneck de Castro, membro de um grupo de boêmios cariocas que se relacionava socialmente com o famoso escritor paulista, comentou mais tarde que ele e seus consortes não faziam ideia de que Mário de Andrade levava uma vida dupla ou que era homossexual. O autor da obra-prima brasileira *Macunaíma* costumava passar horas intermináveis com essa nova geração de escritores e intelectuais novatos, da *Revista Acadêmica*, desfrutando de sua companhia, mas, segundo consta, jamais estabeleceu qualquer contato sexual com seus jovens colegas. Contudo, retrospectivamente, quando soube dos desejos homoeróticos de Mário de Andrade, Werneck de Castro foi capaz de visualizar um forte conteúdo homossexual em alguns de seus escritos.[48]

Outros artistas, compositores e escritores que frequentavam essas localidades boêmias do Rio, durante os anos 30 e 40, alcançaram uma relativa aceitação dentro de seu meio social, desde que mantivessem seus desejos sexuais mais íntimos cuidadosamente ocultos para um público mais amplo. Esse era o caso do cantor Chico Alves, que tinha uma "preferência por garotos" e que, segundo uma testemunha da época, não se dava ao trabalho de esconder o fato de que mantinha relações sexuais fortuitas com homens em lugares públicos. O cantor popular Jorge Goulart lembra como as pessoas protegiam o mito em torno da figura de Chico Alves: "No nosso grupo falava-se abertamente dos hábitos sexuais do Chico, diziam que era 'fanchono', que gosta de transar com garotinhos. Já comentei esse fato com algumas pessoas, o assunto é tabu. Não admitem tocar no mito, ou melhor, o mito não comporta uma informação como essa, como se fosse o fim do mundo".[49] Alcir Lenharo, historiador dos cantores populares brasileiros desse período, explicou que, embora membros de um grupo de boêmios cariocas pudessem resguardar a imagem pública de algum colega artista ou companheiro de bar, mantendo segredo sobre sua homossexualidade perante o mundo externo, dentro de sua rede social eles próprios sujeitavam o fanchono ao ridículo e à discriminação.[50]

Madame Satã, a "rainha" negra da boemia brasileira

Os artistas e escritores principiantes provavelmente precisavam proteger sua imagem pública, exposta aos comentários maliciosos de seus contemporâneos, mas nem todos os fanchonos boêmios escondiam seus desejos sexuais do escrutínio público. Entre as várias figuras folclóricas que frequentavam essa área do Rio nos anos 30 estava Madame Satã, um afro-brasileiro que já havia matado mais de um homem nas ruas da Lapa com o uso hábil de sua faca. Sua história, de certa forma, equipara-se à vida de muitos outros que migraram do interior e do Nordeste para o Rio de Janeiro nos anos 20 e 30. Porém, sob outros aspectos, ele se diferencia de outros homossexuais, por ter sido um bicha que buscou defender-se, por todos os meios necessários, contra seus agressores. Madame Satã jamais tentou esconder o fato de que gostava de sexo com homens. Ao contrário de Mário de Andrade ou outras figuras destacadas nas artes e nas letras, Madame Satã teve origem humilde e viveu uma vida modesta, sem guardiões dedicados a proteger sua reputação. Contudo, porque ele se tornou uma figura de certo modo folclórica, sua vida foi mais bem documentada que a de outros jovens observados pela investigação dos médicos e estudantes de criminologia nos anos 30, ou de incontáveis outros que desapareceram do registro histórico.

Madame Satã nasceu João Francisco dos Santos em 25 de fevereiro de 1900, na cidade de Glória do Goitá, no sertão de Pernambuco, numa família de 17 filhos, entre homens e mulheres.[51] Sua mãe, descendente de escravos, pertencia a uma família humilde. O pai, descendente de um ex-escravo e filho da elite latifundiária local, morreu quando João Francisco tinha sete anos. No ano seguinte, com 17 bocas para alimentar, sua mãe entregou o menino para um negociante de cavalos em troca de uma égua. Num espaço de seis meses, João Francisco conseguiu escapar desse duro aprendizado, fugindo com uma mulher que lhe oferecera emprego como ajudante numa pensão que pretendia abrir no Rio de Janeiro. Madame Satã, mais tarde, recapitulou a mudança: "Fiquei com ela de 1908 a 1913 e a diferença entre Dona Felicidade e seu Laureano é que para ele eu tomava conta dos cavalos o dia inteiro e para ela eu lavava os pratos e lavava a cozinha e carregava as marmitas e fazia compras no Mercado São José, que ficava localizado no Praça XV. Também o dia inteiro. E não tinha folga. E não ganhava nada. E não tinha estudo e nem carinho. E era escravo do mesmo jeito. Sem ter nada que uma criança precisa".[52]

Com 13 anos, João Francisco deixou a pensão e passou a viver nas ruas, dormindo nos degraus das casas de aluguel na Lapa. Durante seis anos ele trabalhou em serviços esporádicos na vizinhança, desde carregar sacolas de compras do mercado até vender potes e panelas de porta em porta. Quando completou 18 anos, foi contratado como garçom em um bordel, conhecido como Pensão Lapa. As donas de bordéis, em geral, contratavam jovens homossexuais para trabalhar como garçons, cozinheiros, camareiros e também como eventuais prostitutos, caso um cliente assim o desejasse. Já que muitos desses jovens haviam adquirido certos maneirismos tradicionalmente femininos, supunha-se que eles podiam desempenhar tarefas domésticas com facilidade e eficiência e viver entre as prostitutas sem criar uma tensão sexual. Sua identidade marginalizada, cujos atributos de gênero constituíam-se de forma anômala, coexistia confortavelmente com as francesas, polacas e mulatas que trabalhavam nos vários bordéis que funcionavam na Lapa.

"Kay Francis", outro jovem migrante de Pernambuco, adotara o nome e a personalidade da estrela americana após ter visto um de seus filmes no Recife em meados da década de 1930. Bastante efeminado e sem nenhuma instrução ou habilidade especial, ela relembra suas experiências quando procurava emprego ao chegar ao Rio no fim dos anos 30: "Eu precisava de um emprego, e meus amigos disseram-me para procurar Madame X numa casa de prostituição. Muitos bichas jovens trabalhavam nos bordéis em toda a Lapa e no Mangue. Eles limpavam e cozinhavam. As madames gostavam deles porque não estavam interessados nas prostitutas. Quando Madame X olhou para mim, disse que eu era um garoto bom demais para trabalhar com ela, e me mandou para uma família que me deu um emprego como criado da casa, então eu nunca trabalhei num puteiro nem me tornei um prostituto".[53]

Kay Francis foi mandada embora da Lapa para evitar ser corrompida pela má influência do local. João Francisco, contudo, permaneceu lá entre as ruas tortuosas, os edifícios de um ou dois andares com seus amplos portais e uma colmeia de quartos e apartamentos, além dos bares de esquina onde os homens se reuniam para beber cerveja e cachaça. Nesse meio, o jovem João Francisco tornou-se um malandro e um prostituto eventual. Em *O último malandro*, Moreira da Silva define o malandro como "o gato que come peixe sem ir à praia".[54] Já um antigo garçom de um bar da Lapa descreveu o tipo em termos mais floreados: "Malandro de antigamente, malandro autêntico, era homem até certo ponto honesto, cheio de dignidade, consciente de sua profissão. Vivia sempre limpo, usava camisa de seda-palha com botões brilhantes, gravata de *tussot* branco e sapatos com salto carrapeta. Na cabeça, chapéu panamá de muitos contos de réis. Os dedos cheios de anéis".[55] O próprio João Francisco definia o malandro como "quem acompanhava as serenatas e frequentava os botequins e cabarés e não corria de briga mesmo quando era contra a polícia. E não entregava o outro. E respeitava o outro. E cada um usava a sua navalha".[56] No Rio de Janeiro, onde o desemprego era elevado e a pobreza disseminada entre as classes mais baixas, o malandro sobrevivia praticando o jogo, a prostituição, a cafetinagem, roubando, compondo sambas ou aplicando eventualmente algum golpe. Sua imagem sugeria masculinidade e virilidade. Sua arma, a navalha, estava sempre pronta para selar o destino de alguém que ofendesse a sua honra, o enganasse no jogo ou traísse sua confiança. O malandro tornou-se um personagem tão forte na imaginação popular brasileira sobre o Rio de Janeiro que é figura obrigatória em todos os desfiles das escolas de samba no carnaval.

Embora João Francisco mantivesse a imagem do malandro viril quando frequentava a vida noturna da Lapa, ele continuava a trabalhar na cozinha durante o dia. Em 1928, conseguiu emprego como ajudante de cozinheiro numa outra pensão, onde conheceu uma jovem atriz que se encantou com suas imitações de Carmen Miranda e de outras mulheres famosas.[57] Por meio de suas conexões, ela conseguiu-lhe trabalho num show na Praça Tiradentes, onde se concentravam diversas casas de espetáculo. Ele obteve um papel secundário, em que cantava e dançava usando um vestido vermelho, com cabelos longos caindo sobre seus ombros. Sua carreira artística, contudo, foi abortada por um incidente que questionou sua masculinidade e criou em torno dele um mito que subverteu a imagem popular do homossexual passivo e indefeso.

Anos mais tarde, Madame Satã foi entrevistado por um jornalista que queria produzir uma versão romanceada de sua vida. Segundo seu relato, escrito nos anos 70, uma das noites após a apresentação

João Francisco voltava para o seu quarto na Lapa.[58] Era tarde da noite e ele decidiu comer alguma coisa no bar da esquina. Enquanto tomava uma cachaça e aguardava sua refeição, um policial local entrou no bar. Ao notar João Francisco vestindo uma fina camisa de seda, calças elegantes e sandálias, o guarda noturno abordou-o agressivamente.[59] "Viado", ele disse. João Francisco ignorou o nome, então o homem repetiu. "Nós já estamos no carnaval, viado?" De novo, nenhuma resposta de João Francisco. "Estamos ou não estamos no Carnaval seu viado?" João Francisco permaneceu em silêncio, e então o guarda aproximou-se dele e gritou: "Viado vagabundo!". "Vim do trabalho", João Francisco finalmente respondeu. O guarda noturno retorquiu: "Só se foi do trabalho de dar a bunda ou de roubar os outros". E o ofensor foi aumentando a provocação, chamando o outro para a briga. João Francisco foi até seu quarto, próximo dali, e voltou com uma arma.

"O viado voltou?", o policial desafiou. "Sua mãe!", gritou de volta João Francisco. "Vai apanhar", o guarda ameaçou. "Tenta", respondeu João Francisco. "E vai dormir no Corpo de Segurança." "Com a sua mãe", respondeu João Francisco. Seguiu-se então a briga. João Francisco sacou a arma e matou o policial. Condenado a 16 anos de prisão, foi liberado após cumprir dois anos de pena, com base na alegação de que agira em legítima defesa. O incidente e o período que passou na prisão lançaram-no definitivamente na carreira de malandro. Sua fama como um matador inflexível de policiais, que não tolerava desaforos, permitiu-lhe trabalhar "protegendo" bares locais mediante o pagamento de gratificações. Sua fama também provocou muitos confrontos com a polícia, que o levou para o distrito policial mais de uma vez sob a acusação de ter atirado num oficial da lei. Entre 1928 e 1965, ele passou mais de 27 anos na prisão.[60]

Embora projetasse uma imagem de durão, o nome que adotava, Madame Satã, denegria a associação tradicional do malandro com a masculinidade, evocando uma figura ao mesmo tempo misteriosa, andrógina e sinistra. João Francisco recebeu esse nome quase que por acidente. Em 1938, alguns de seus amigos o convenceram a participar do concurso de fantasias do baile de carnaval no Teatro República, próximo da Praça Tiradentes. O acontecimento, promovido pelo grupo de carnaval de rua Caçadores de Veados, era uma oportunidade para os homossexuais travestirem-se com roupas vistosas para as festas de carnaval. Segundo Madame Satã, "Era realmente um desfile que atraía turistas de todas as partes do Brasil e de países estrangeiros. Todos aplaudiam muito e as bichas concorrentes ganhavam prêmios bons e retratos em alguns jornais e iam ficando famosas".[61]

João Francisco criou uma fantasia decorada com lantejoulas, inspirada num morcego do Nordeste do Brasil, e ganhou o primeiro prêmio – um rádio Emerson e um enfeite de parede. Várias semanas depois, ele foi preso junto com muitos outros bichas que andavam pelo Passeio Público, o parque adjacente à Cinelândia e que era ponto de encontro de homossexuais. Quando o escrivão da polícia pediu a todos os bichas que dissessem seus apelidos, João Francisco declarou que não possuía nenhum. Ele temia represálias por parte do policial que o prendera, caso o reconhecesse como malandro. Subitamente, o oficial lembrou que tinha visto João Francisco no desfile de fantasias durante o carnaval. Associando a fantasia com a atriz principal de um filme americano recentemente lançado, que fazia sucesso no Rio no momento e recebera o título em português de *Madame Satã*, ele perguntou: "Não foi você que se fantasiou de Madame Satã e ganhou o desfile das bichas no República esse ano?".[62] E foi assim que João Francisco acabou sendo rebatizado.

Logo que os bichas presos com João Francisco foram soltos, a história espalhou-se pela cidade. O apelido pegou, embora no início João Francisco tenha ficado incerto quanto à sua própria aprovação: "Eu não queria ter apelido de bicha porque achava que assim eu estava me declarando demais e bronqueei muito mesmo. Cheguei ao ponto de dar umas bolachas nos primeiros que me chamaram pelo nome de Madame Satã. Mas isso só piorava a situação ... E então fui me conformando aos poucos. E mais tarde comparando o meu apelido com os apelidos das outras eu vi que o meu era muito mais bonito. E marcante".[63]

Madame Satã projetava imagens múltiplas, aparentemente contraditórias. Ele se identificava como um malandro corajoso, disposto a lutar e até mesmo a matar para defender sua honra. Contudo, era um bicha autodeclarado. Num caso judicial, de 1946, quando Madame Satã foi preso por perturbar a ordem após ter sido impedido de entrar no Cabaret Brasil porque não estava vestido adequadamente, o comissário de polícia fez uma descrição detalhada do infame viado: "é um indivíduo de estatura modesta e aparenta gozar de boa saúde. É conhecidíssimo na jurisdição desse DP, como desordeiro, sendo frequentador contumaz do Largo da Lapa e imediações. É pederasta passivo, usa as sobrancelhas raspadas e adota atitudes femininas alterando até a própria voz. Entretanto é um indivíduo perigosíssimo pois não costuma respeitar nem as próprias autoridades policiais. Não tem religião alguma. Fuma, joga e é dado ao vício da embriaguez. A sua instrução é rudimentar. É solteiro e não tem prole. É visto sempre entre pederastas, prostitutas e outras pessoas do mais baixo nível social".[64] Embora Satã não usasse pó de arroz e ruge, como Zazá e tantos outros bichas, ele pinçava suas sobrancelhas, sugerindo uma aparência feminina. E embora o comissário de polícia estivesse enganado quanto ao seu hábito de jogar, ele de fato captou a combinação enigmática da imagem de Madame Satã como um "pederasta" com voz "alterada" e sua reputação como um dos criminosos mais perigosos do Rio.

Satã orgulhava-se de sua habilidade de manejar uma navalha e vencer uma luta, duas marcas da bravura e virilidade de um malandro. Contudo, ele admitia abertamente que gostava da penetração anal, um desejo sexual que era estigmatizado socialmente e que constituía a antítese da masculinidade representada pela cortante lâmina da navalha. Enquanto o respeito popular geralmente dedicado a um malandro estava ligado à sua potência, masculinidade e sua disposição para morrer por sua honra, Madame Satã simplesmente contradizia o estereótipo. Ele tinha consciência do desconforto que sua personalidade provocava, especialmente entre os homens que o chamavam para a briga:

> Eles não se conformavam com a minha valentia, porque eu era homossexual conhecido. Achavam que não podiam perder para mim e por

isso estavam sempre querendo me provocar e me bater. Por outro lado, os jornais davam muito mais destaque para as minhas façanhas exatamente pelo mesmo motivo de eu ser homossexual. Mas o que devia fazer? Tornar-me um covarde só para satisfazer as pessoas deles? Deixar que fizessem comigo o que faziam com as outras bichas que viviam apanhando, e eram presas todas as semanas, só porque os policias achavam que as bichas deviam apanhar e fazer a limpeza de todos os distritos? E de graça. Não, eu não podia me conformar com a situação vexatória que era aquela. Eu achava que ser bicha era uma coisa que não tinha nada demais. Eu era porque queria, mas não deixava de ser homem por causa disso. E me tornei bicha por livre vontade e não fui forçado pelos outros.[65]

Muitos temas diferentes estão combinados nesse depoimento. Madame Satã claramente se identificava como bicha, um homem que "funcionava" como uma mulher na cama: "Comecei minha vida sexual aos 13 anos, quando as mulheres da Lapa organizavam bacanais dos quais participavam homens e mulheres e bichas. Com essa idade de 13 anos eu fui convidado para alguns, e funcionei como homem e como bicha, e gostei mais de ser bicha, e por isso fui bicha".[66] Ele não apenas se identificava como bicha, mas orgulhava-se disso. Era uma prática comum para a polícia no Rio e em São Paulo perseguir os homossexuais nas áreas do centro e detê-los durante várias semanas, de modo que pudessem usar seus serviços para limpar as delegacias de polícia. Ao contrário de outros bichas, que eram presos rotineiramente sob a alegação de estarem violando o Artigo 282 do Código Penal (ultraje público ao pudor) ou o Artigo 399 (vadiagem), de forma que a polícia podia exigir que desempenhassem tarefas domésticas nos distritos policiais, Madame Satã se recusava a submeter-se a tamanha humilhação e abuso. Sua atitude rebelde ultrajava seus inimigos e a polícia, e rendia assunto na imprensa precisamente porque ele não se adequava ao estereótipo padrão do homossexual.

Os mitos em torno das proezas e da valentia de Satã cresceram com o tempo, e o seguiram até a prisão, onde ele impunha grande respeito apesar de ser bicha.[67] Um memorialista, relembrando a vida boêmia da Lapa, contou outra história sobre o malandro negro e homossexual, retratando-o como um super-herói invencível que não se submetia ao controle da polícia: "Contavam que cinco choques do Socorro-Urgente foram a Lapa, somente para prender Madame Satã. Mal o avistaram, um policial gritou: 'Madame, entre no carro e não se coce, porque leva chumbo'. Ao que respondeu, calmo: 'Mande buscar mais carros. Cinco, apenas, é pouco, para me levar...' Tiveram de pedir socorro e mais três choques. E, mesmo assim, Madame só foi levado para o xadrez, porque o amarraram num carrinho de mão...".[68]

Madame Satã continuou rebelde e orgulhoso até a velhice. Um jornalista que o entrevistou nos anos 70 foi tomado pelo nervosismo ante a expectativa de encontrar a épica figura, e apenas conseguiu tratá-lo como "Madame". "Você quer me ofender?", inquiriu Madame Satã. O jornalista respondeu que não, e perguntou por quê. "Porque o meu nome é Satã. Madame é a sua mãe."[69]

O que essa figura excêntrica tinha em comum com os milhares de homens jovens que frequentavam a Cinelândia no Rio de Janeiro ou outros espaços de encontros homoeróticos em São Paulo? Apesar da fama ao redor da personalidade criada por ele, Satã viveu e morreu como um homem pobre.[70] Como Zazá e tantos outros que se sustentavam com a prostituição ou outros empregos mal remunerados e tradicionalmente ocupados por mulheres, a pobreza e a marginalidade social relegaram Satã à Lapa, um bairro decadente e repleto de bordéis e bares. Satã, como Henrique e milhares de outros homens efeminados, só podia conseguir trabalho "legítimo" em pensões, bares ou bordéis. Numa sociedade em que a família e as conexões pessoais eram as vias mais frequentes para conseguir um emprego, aos homossexuais, comumente segregados por seus parentes, não restavam muitas outras opções. Embora a vida de Madame Satã como um malandro o distinguisse da maioria dos outros pederastas do Rio e de São Paulo nos anos 30, o que tinham em comum era a livre aceitação de seus próprios desejos sexuais. E, como o homem que deflorou Zazá, ele transgrediu as pressuposições e associações de feminilidade e passividade que supostamente definiam os bichas.

Parques e "pederastas" em São Paulo

Como o Rio de Janeiro, a cidade de São Paulo também experimentou mudanças fundamentais nas três primeiras décadas do século XX. Em 1880, São Paulo ainda era uma cidade provinciana, mas, na virada do século, o Estado já produzia mais de 65% do café nacional e atraía centenas de milhares de imigrantes europeus, que vieram trabalhar nas fazendas de café.[71] Muitos desses trabalhadores foram rapidamente atraídos para a cidade de São Paulo, que se tornou uma metrópole agitada, de múltiplas nacionalidades. Um viajante alemão, escrevendo sobre a diversidade étnica da cidade na primeira década do século XX, comentou: "São Paulo não é uma cidade brasileira de 450 mil habitantes, mas uma cidade italiana de aproximadamente cem mil, uma portuguesa de talvez quarenta mil, uma espanhola de igual tamanho e uma cidade pequena alemã de mais ou menos dez mil habitantes, com poucas de suas vantagens, mas muitas de suas desvantagens. Ainda há uns cinco mil sírios, que, sozinhos, possuem três jornais, impressos em caracteres arábicos, alguns mil franceses, russos, japoneses, poloneses, turcos, ainda ingleses, escandinavos, americanos em número desconhecido por falta de uma estatística fidedigna. O resto, provavelmente um terço do total, deve ser de brasileiros".[72] Assim como o Rio, São Paulo também atraiu centenas de milhares de migrantes do interior do estado e do Nordeste empobrecido. Por volta da década de 1930, a cidade já se tornara o maior centro industrial da nação.[73]

Esse rápido crescimento demográfico provocou uma equivalente expansão física da cidade. Na virada do século, o centro da cidade localizava-se numa área triangular num promontório, circundado por vales estreitos e dois pequenos leitos de rio. Os edifícios governamentais, as escolas de direito, bancos, estabelecimentos comerciais, pequenas oficinas e escritórios amontoavam-se nesse centro histórico. Em 1892, a cidade construiu uma ponte de cem metros, o Viaduto do Chá, que transpôs um desses desfiladeiros, o Vale do Anhangabaú, e permitiu o acesso aos bondes, carruagens e pedestres da periferia da cidade, em expansão, até o centro.[74] O viaduto também favoreceu a criação de um novo distrito comercial e residencial, onde a elite paulista construiu casas elegantes e erigiu o Teatro Municipal, no estilo da *belle époque*, inaugurado em 1911. Esse elegante edifício tornou-se o centro da vida cultural burguesa em São Paulo (Mapa 3).

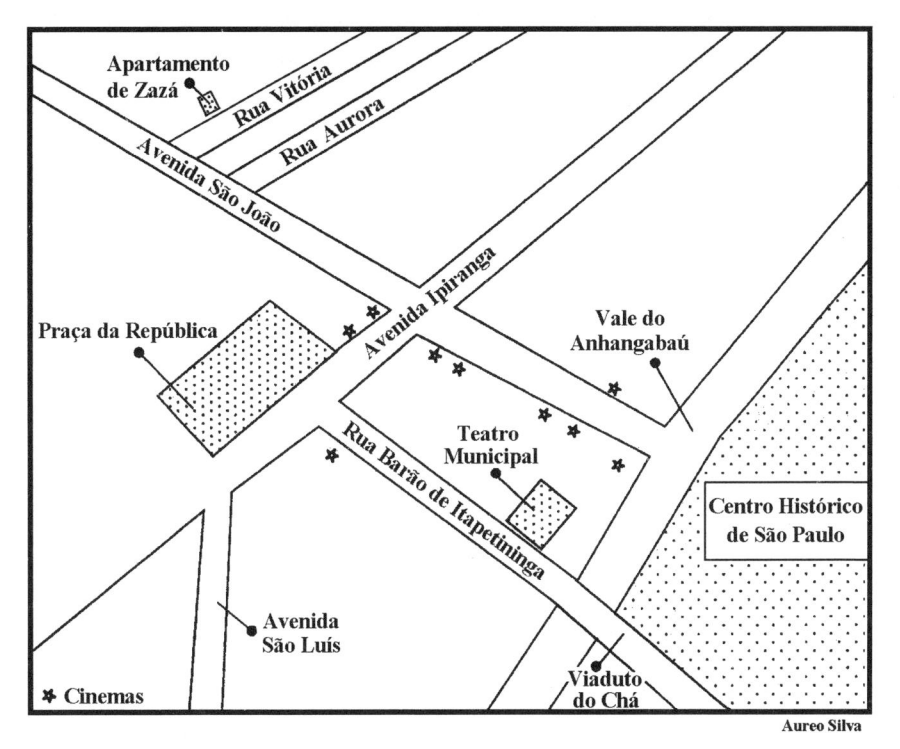

MAPA 3 – São Paulo, 1930.

Os urbanistas passaram então a dedicar-se ao melhoramento do Vale do Anhangabaú. Eles queriam integrar o vale aos projetos globais de renovação urbana. Em maio de 1911, Joseph Antoine Bouvard, diretor honorário dos serviços arquitetônicos, urbanos e de circulação de Paris, submeteu um relatório aos dirigentes da cidade de São Paulo, apresentando sua visão do novo espaço urbano: "Em todas estas disposições cumpre não esquecer a conservação e criação de espaços livres, de centros de vegetação e reservatórios de ar. Mais a população aumentará, maior será de construção, mais alto subirão os edifícios, maior se imporá a urgência de espaços livres, de praças públicas, de *squares*, de jardins, de parques".[75] O Vale do Anhangabaú transformou-se no que, durante um tempo, foi chamado de Central Park do Brasil, uma comparação ultraentusiástica, uma vez que o parque paulista era significativamente menor que o de Nova York. Contudo, os extensos passeios e espaços abertos do parque, dotados de árvores, arbustos e bancos, realmente ofereciam uma ampla área ajardinada anexa ao Teatro Municipal (Figura 7).

FIGURA 7 – O Vale do Anhangabaú, no centro de São Paulo, era um local favorito para aventuras e socialização homoerótica nos anos 20 e 30. Foto: cortesia do Arquivo do Estado de São Paulo.

Essa área logo tornou-se um ponto de encontro para homens interessados em atividades homoeróticas. O parque localizava-se a uma pequena distância de hotéis baratos e quartos para aluguel e, nos anos 30, próximo de numerosos cinemas que também serviam como espaços semipúblicos para atividades homossexuais. Bordéis, pensões e edifícios de apartamentos para aluguel espalhavam-se nas áreas acomodadas entre o centro histórico e o novo centro, e os bairros residenciais que se distribuíam ao redor do centro. O Largo do Paissandu, nas proximidades, atraía um público boêmio muito semelhante ao da Lapa, no Rio de Janeiro.[76] As atividades adequadas e as inadequadas socialmente, a respeitabilidade burguesa e a homossociabilidade erótica coexistiam de forma precária nessa paisagem urbana.

Outra área de interações homoeróticas em São Paulo era a Avenida São João. A avenida se estendia desde o centro histórico e o Parque do Anhangabaú, passando por um centro comercial, até os bairros residenciais. Em meados da década de 1930, os empresários começaram a construir uma série de cinemas luxuosos ao longo da avenida, nas proximidades do centro. Em 1945, a Avenida São João era conhecida como a Cinelândia paulistana, com seis das dez salas de cinema mais destacadas da cidade, em vários pontos da movimentada via pública.[77] Diretamente contígua a essa área de entretenimento, havia uma "zona de transição" entre o centro da cidade e os bairros residenciais nas adjacências.[78]

Em 1935, em um estudo econômico e social sobre a utilização da Avenida São João, Lucília Herrmann descreveu a região: "É uma área de grande mobilidade material, locomoção, mudança de residências, viagens. Os indivíduos desta área não se sentem presos a ela por laços econômicos (propriedade de imóveis, emprego fixo etc.). Apenas as meretrizes, poderíamos dizer, encontram aí afinidade e centro profissional. Mas essas não possuem a mesma liberdade de escolha dos outros grupos sociais. Constantemente controladas pela polícia de costumes, são frequentemente obrigadas a se mudarem para outras zonas, impostas pelas autoridades. Não possuem também laços sociais (família, parentela, relações sociais e vizinhança, respeito humano, associações etc.) assim, se sentem mais independentes para se afastarem e mudarem". Embora Herrmann possa ter subestimado a coesão social e a solidariedade das prostitutas da área, ela apontou uma interessante conexão entre a mobilidade e a tolerância social. Notando que o distrito continha um mosaico de religiões, culturas, ideias políticas, nacionalidades, cores e raças, Herrmann afirmou que essa diversidade, combinada com uma disposição para a mobilidade, criava uma "propensão mental para uma rápida aceitação da inovação e um mínimo de fixação dos tabus, convenções e códigos morais comuns".[79]

Essa deve ser uma das razões pelas quais os jovens homossexuais gravitavam nessa área. As prostitutas, estigmatizadas e marginalizadas pela cultura e moralidade da burguesia paulista, iriam logicamente identificar-se com os bichas, ou ao menos demonstrar menor hostilidade em relação a eles, que também enfrentavam o preconceito social e a condição de viver como párias.

O mapeamento da topografia sexual dessa área é, de certa forma, problemático. Segundo a análise feita por Herrmann do censo estatístico para a região em torno da Avenida São João, 32% da população eram estrangeiros, 52% homens, 72% adultos solteiros e apenas 6% dos residentes eram crianças.[80] Obviamente, nem todos os homens solteiros eram homossexuais nem todas as mulheres solteiras, prostitutas, mas o pequeno número de crianças e a alta porcentagem de adultos solteiros é coerente com o estudo de 1938, realizado pela equipe de estudantes do Instituto de Criminologia do Estado de São Paulo, que examinou os "costumes, hábitos, apelidos e gírias" dos homossexuais em São Paulo. A maioria dos homossexuais entrevistados vivia nessa área. "Gilda de Abreu", Zazá e "Tabu", todos alugavam quartos modestos no mesmo edifício na Rua Vitória. Gilda e Zazá moravam sós, enquanto Tabu dividia o quarto com um amigo, "Preferida". Gilda também alugava um quarto subindo a rua, onde levava seus clientes para o sexo. "Damé", um alfaiate, ocupava um apartamento mais confortável nas proximidades. Ele fazia roupas exclusivamente para prostitutas e também sublocava quartos mobiliados no seu apartamento para prostitutas de rua.[81]

A Avenida São João e o Parque do Anhangabaú não eram os únicos espaços públicos no centro de São Paulo, nos anos 30, onde os homossexuais se reuniam. Outro ponto era a elegante Praça da República, próxima dos bordéis e também da área comercial burguesa ao longo da Rua Barão de Itapetininga.[82] Do outro lado do centro histórico, o parque conhecido como Jardim da Luz, bem como o banheiro público da contígua Estação da Luz também atraíam um movimentado tráfego de homens buscando contatos sexuais com outros homens.[83] Entre a multidão de passageiros chegando e partindo, alguns deles podiam desviar-se para dentro do parque do outro lado da rua, de frente para a estação, sem atrair muito a atenção da polícia. Os toaletes da estação ferroviária de São Paulo, assim como os da Estação Central do Rio de Janeiro constituíam um ambiente um tanto perigoso, e no entanto promissor, para identificar outros homens interessados em sexo. Demorar-se nos mictórios, tocando ou estimulando os próprios genitais, e transmitir aos outros sinais de interesse e disponibilidade tornaram-se meios rápidos e anônimos para atrair potenciais parceiros sexuais. Os banheiros públicos ofereciam um acesso fácil a um grande número de homens, num espaço relativamente privado, para contatos sexuais rápidos.[84] Os homens que não se identificavam como homossexuais e que ainda assim apreciavam atividades homoeróticas podiam encontrar parceiros interessados nesses locais.[85] Os hotéis baratos e bordéis ao redor da estação forneciam, então, maior privacidade para que desfrutassem desses desejos mútuos.

Salas e estrelas de cinema

Os contatos sexuais em parques e banheiros públicos corriam o risco de terminar em prisão por "atentado ao pudor". Por isso, os homens também se apropriaram de um local público mais discreto para buscar potenciais parceiros. A escuridão das salas de cinema, a atenção do público focalizada na tela e os luxuosos e amplos saguões, salas de espera e banheiros, típicos dos modernos cinemas, ofereciam ambientes ideais para aventuras homoeróticas. Podia-se escapar do trabalho por uma ou duas horas durante o dia e envolver-se numa ligação clandestina e anônima nesse espaço pouco iluminado. Para um "homem verdadeiro" que apreciava as relações sexuais com bichas, para a pessoa com sentimentos ambivalentes ou confusos em relação ao sexo com outros homens e aqueles ainda não familiarizados com a topografia sexual do Rio de Janeiro ou São Paulo, os cinemas tornaram-se espaços exemplares para praticarem atividades sexuais encobertas. Pelo fato de se localizarem próximos das áreas onde muitos homens moravam, as salas de cinema da Cinelândia, no Rio, e os novos elegantes "palácios" do cinema na Avenida São João, em São

Paulo, tornaram-se locais favoritos dos homossexuais. O cinema era também uma das formas mais populares de entretenimento para pessoas de baixa renda.[86] O preço relativamente barato das entradas fez dos cinemas um dos locais semipúblicos mais acessíveis para que homens com recursos econômicos modestos pudessem ter contatos sexuais com outros homens.

Henrique mencionou que sua primeira atividade homoerótica teve lugar num cinema.[87] "Jurema" admitiu que ele às vezes ia para os cinemas para arranjar parceiros "ativos". No escuro do cinema, ele iria "fazer crochê", ou seja, alcançar e tocar a virilha de outro homem para indicar suas intenções sexuais.[88] Esses contatos sexuais anônimos podiam terminar em masturbação mútua, em intercurso se as condições o permitissem, ou em um hotel barato fora do cinema.

Os homossexuais, contudo, não frequentavam o cinema apenas para o sexo. Os filmes brasileiros, norte-americanos e europeus exerciam, de qualquer maneira, um papel importante em suas vidas. Kay Francis, que nasceu João Ferreira da Paz em 1912 na pequena cidade de Água Preta, no interior do Estado de Pernambuco, cresceu em meio à mais extrema pobreza rural. Em 1932, mudou-se para Recife, a capital do estado, e passou a trabalhar como empregado doméstico. Ele ia ao cinema com muita frequência e tornou-se fanático por Kay Francis, uma das estrelas hollywoodianas mais bem pagas dos anos 30. Sessenta anos mais tarde, ele ainda construía sua *persona* em torno dessa atriz dos anos 30. Lembrando a magia de sua imagem projetada na tela, ele explicou: "Eu queria ser como ela. Ela era tão glamorosa. Então comecei a imitá-la".[89] No meio século seguinte, sempre que a oportunidade se apresentava, João Ferreira da Paz tornava-se Kay Francis. Durante o carnaval, em festas de amigos e, mais tarde, em concursos de travestis no Rio de Janeiro nos anos 50, ela se transformava numa cópia deslumbrante da estrela de Hollywood. Como explicou a Kay Francis brasileira, sua contraparte norte-americana tomou conta de sua imaginação porque, embora sofresse tanto em seus papéis, sempre permanecia elegante e glamorosa.

As revistas sobre cinema, tais como *A Cena Muda* e *Eu Sei Tudo*, além das revistas semanais ilustradas, como *O Cruzeiro*, acompanhavam de perto a vida das estrelas de Hollywood, bem como a vida das cantoras e atrizes do rádio brasileiro. Essas publicações lançavam padrões de moda, maquiagem e estilos de cabelo, todos os quais eram imitados à risca por seus leitores. Os filmes e as revistas oferecem a oportunidade para desenvolver uma relação mais íntima com as representações de beleza, estilo e graça feminina que traziam à tona. O olho fotográfico dos alunos do Instituto de Criminologia captou essa relação entre os jovens homossexuais e as famosas modelos e atrizes. Assim, entre as decorações modestas do quarto parcamente mobiliado de Zazá, eles observaram quatro fotografias emolduradas de estrelas femininas penduradas na parede sobre a cama. No chão, uma pilha de revistas femininas. O quarto mais elegante era o de Damé: mobiliado com uma imensa cama turca coberta com uma colcha de renda, também continha quadros de estrelas e astros do cinema graciosamente emoldurados, ao lado de retratos de pessoas de sua família.[90]

Noções de ideal feminino, é claro, diferem umas das outras. Kay Francis, nascida em Pernambuco, voltava-se para Hollywood. A travesti e prostituta Gilda de Abreu moldava-se segundo a estrela nacional cujo nome adotou. "Lena Horne", amigo de Madame Satã, escolheu a cantora e atriz afro-americana como modelo.[91] Kay Francis identificava-se com a dor e o sofrimento das mulheres aristocráticas representadas por sua sósia hollywoodiana. Gilda de Abreu pintava meticulosamente seus lábios de acordo com os cosméticos escolhidos por seu ídolo feminino.[92] Pode-se imaginar que Lena Horne orgulhava-se por se identificar com uma estrela de cinema e cantora famosa de ascendência africana. Os atores românticos masculinos também podiam provocar fantasia e desejo sexual. Alfredinho, por exemplo, apaixonava-se pelos atores fortes, masculinos, dos filmes que vira quando adolescente.[93] Em vista da enorme popularidade dos filmes nesse período, essas representações cinematográficas, tanto as importadas quanto as brasileiras, constituíram poderosos pontos de referência para os homossexuais paulistas e cariocas à medida que moldavam e reforçavam padrões de masculinidade e feminilidade.

Pensões e bordéis

Enquanto a rua oferecia oportunidades variadas para a aventura sexual, assim como constituía um espaço para a socialização e o entretenimento popular, um apartamento ou quarto alugado podia tornar-se um refúgio contra a censura social e as perseguições policiais.[94] Entre as paredes de um quarto modesto ou num apartamento elegante, esses homens ofereciam uns aos outros apoio moral e companhia. Podiam convidar amigos para trocar fofocas, roupas e planejar um programa noturno. Podiam também experimentar diferentes estilos de maquiagem e usar acessórios femininos. Gilda preferia visitar amigos a demorar-se na rua, onde o provocavam e atormentavam. Na privacidade de seu quarto, tinha a liberdade de vestir uma camisola sensual que fazia seu corpo sentir-se nu. "Conchita", embora relativamente discreto em público, preferia vestir-se como mulher no quarto que alugava numa pensão. Em fotos tiradas pelos estudantes de criminologia, Zazá vestiu-se para a câmera com uma camisola elegante. O modelo usado por seu amigo Tabu foram roupas íntimas femininas.[95] Esses homens criaram seu próprio lar e rede de amigos, os quais muitas vezes suplantaram o sistema de apoio da tradicional família brasileira.

A moradia era um problema para homens com recursos econômicos limitados, que se mantinham distantes de suas famílias, ou que simplesmente desejavam viver nas proximidades do Parque do Anhangabaú e outros pontos de encontros homoeróticos da cidade. À medida que São Paulo foi crescendo e as famílias de classe média e alta foram se afastando do centro, as casas mais amplas e antigas foram convertidas em pensões ou cortiços, divididas em unidades individuais alugadas nas quais famílias inteiras podiam ocupar um quarto ou dois.[96] Esses espaços ofereciam alojamentos baratos para famílias que haviam migrado recentemente para São Paulo, assim como para homens e mulheres solteiros.

A maioria das pensões era segregada por sexo, para proteger a "moralidade" das jovens trabalhadoras que viviam na cidade, distantes de suas famílias e parentes. Contudo, muitas pensões para mulheres serviam como fachadas que acobertavam o funcionamento de bordéis. Em 1934, por exemplo, a polícia de São Paulo registrou 283 dessas casas por toda a cidade.[97] Portanto, como um meio de manter claramente o caráter moral de um estabelecimento, o gerente de uma pensão "decente" para mulheres não permitia visitas masculinas a não ser que fossem rigidamente supervisionadas. Do mesmo modo, nas pensões para cavalheiros, as visitas de mulheres não eram autorizadas. Essa prática de moradias só para homens, contudo, fornecia uma cobertura conveniente para jovens que queriam escapar aos olhares controladores da família, dos vizinhos e outros. Por não ser incomum que dois ou mais homens dividissem um quarto numa pensão, era menos provável que seu proprietário ou proprietária questionasse o fato de dois homens buscarem uma moradia conjunta, especialmente se nenhum dos dois fosse extravagante ou feminino demais. Tal era o caso dos dois jovens professores de uma escola particular que se apaixonaram e passaram a viver juntos num quarto alugado, no bairro operário do Brás, em 1935.[98] Outros edifícios, conhecidos como *rendez-vous* ou hospedarias, ofereciam quartos baratos para ligações homossexuais ou heterossexuais. Esse era o tipo de estabelecimento para onde Henrique levava seus parceiros sexuais no Rio de Janeiro.[99]

Trabalhando para viver

Uma pessoa de origem humilde, sem nenhum apoio financeiro da família e que era excessivamente efeminado, tinha poucas opções de emprego. Muitos homens, portanto, empregavam-se nas pensões, onde podiam assumir papéis tradicionalmente atribuídos às mulheres, como cozinheiros, garçons e faxineiros. No Rio, tanto Madame Satã quanto

Henrique se mantinham dessa forma. Outros encontravam trabalho como ajudantes nos vários bordéis que serviam à crescente população masculina de São Paulo. "Flor-de-Abacate" trabalhava fazendo limpeza num desses estabelecimentos. Ocasionalmente, os proprietários de outras casas de prostituição chamavam-no para prestar serviços sexuais, atendendo algum cliente que não queria ser visto abordando outro homem na rua.[100]

Não se podia dizer que a prostituição masculina era uma profissão lucrativa para os homens efeminados. Gilda gabava-se aos inquisidores alunos do Instituto de Criminologia de São Paulo, dizendo que tivera uma vida confortável quando trabalhava como atendente de loja no Rio de Janeiro, possuindo um apartamento com cômodos luxuosos, vários ternos e um rádio. Não sabemos se essa história de sucesso econômico é verdadeira ou não, mas, de qualquer modo, em São Paulo Gilda passara por maus bocados quando trabalhava como prostituto. Ele insistia, contudo, que não queria mudar de vida, pois amava a "pederastia".[101]

Tabu também trabalhava como prostituto. Ele havia se mudado da Bahia para o Rio com 16 anos, com um português que o sustentou até ser transferido de volta para Portugal pela empresa em que trabalhava. No Rio, Tabu foi preso pela polícia e foi fotografado como um dos objetos do estudo realizado por Leonídio Ribeiro sobre a homossexualidade, em 1932. Mudou-se então para São Paulo, onde passou a ganhar a vida "pegando" homens na rua e levando-os para um quarto que alugava exclusivamente para seus parceiros pagantes. O amigo de Tabu, Zazá, também trabalhava como prostituto numa hospedaria (Figura 8). Dezenas de outros homossexuais também residiam nesse estabelecimento. Alguns eram velhos e enfermos, e viviam da caridade e generosidade dos outros moradores.[102]

O sexo com prostitutos oferecia riscos para os homens "verdadeiros", que podiam acabar envolvidos numa trama conhecida como conto do suador. O perito médico-legal Edmur de Aguiar Whitaker descreveu o que podia acontecer: "Um pederasta passivo convida determinado indivíduo, que encontra ocasionalmente a transitar pela rua, para práticas homossexuais, e o leva para o seu quarto (ou ao quarto de um colega); já de prévia combinação, entretanto, com mais companheiros. Um deles acha-se escondido no quarto, sob uma mesa recoberta de toalha suficientemente comprida, de modo a ocultar o móvel até o pavimento; a vítima coloca a sua roupa em uma cadeira, próxima à mesa referida, entre esta e a cama; deita-se com a cabeça voltada para a mesa; enquanto se entrega às praticas homossexuais, o indivíduo escondido examina a sua carteira e retira-lhe o conteúdo. Somente mais tarde a vítima, cuja carteira foi reposta no respectivo bolso, descobre o furto".[103] Whitaker registrou o caso de um alfaiate de 23 anos, de São Paulo, que recebeu uma sentença de seis meses de prisão por ter aplicado esse conto do suador. Em 13 de julho de 1934, o jovem convidara outro homem, referido como B. de G., à residência de dois amigos. Enquanto o jovem alfaiate praticava sexo com a vítima, seus dois amigos roubaram sua carteira. Em seguida, os três dividiram o dinheiro. Dois foram apanhados pela polícia logo depois, enquanto o terceiro conseguiu fugir para o Rio.

FIGURA 8 – Tabu e Zazá, dois homossexuais paulistas entrevistados pelos estudantes de criminologia nos anos 30. Extraído dos Arquivos da Polícia e Identificação, v.2, n.1, 1938-1939, p.250-1.

Outro ladrão condenado, E. L., trabalhava como garçom em São Paulo. Ele tinha apenas 9 anos quando fez sexo pela primeira vez com outro homem. Seu pai descobriu suas atividades e forçou-o a se casar. Depois de gerar dois filhos, ele abandonou a mulher para procurar um parceiro masculino. Entre 1935 e 1937, a polícia prendeu-o nove vezes por roubo e pederastia. Ele passou algum tempo na penitenciária estadual, condenado por ter praticado um conto do suador em 1935. E. L. explicou que ele e um amigo haviam roubado o homem com quem ele tivera relações sexuais porque estavam desempregados na época.[104]

Essas histórias trazem à tona dois aspectos da marginalidade da subcultura homossexual, na forma como é revelada nos documentos. Por um lado, o ostracismo social levou muitos a viverem em áreas urbanas onde abundavam as atividades ilícitas. As dificuldades em encontrar emprego levaram muitos deles à prostituição e aos pequenos furtos. Receber para ter relações sexuais com outros homens e depois roubar sua carteira era, ao menos para alguns, a única e árdua maneira de reunir migalhas para a sobrevivência, particularmente nos anos 30, quando a economia brasileira estava ainda sofrendo os efeitos da depressão mundial. Por outro lado, aqueles que buscavam contatos sexuais entre os bordéis e as pensões nas áreas do centro também enfrentavam perigo, caso dependessem do sexo com um prostituto ou com algum desconhecido como meio de satisfazer desejos eróticos. Além disso, muitas vítimas do conto do suador não podiam ir à polícia, pois isso significaria ter de explicar como chegaram a tal situação comprometedora. Portanto, homens casados e aqueles que temiam a exposição de suas práticas homossexuais eram particularmente vulneráveis quando ousavam passar uma hora ou uma noite com um homem maquiado.

Uma leve camada de pó de arroz, um toque de ruge

Gilda de Abreu, que criou seu personagem inspirado na famosa estrela de filmes brasileiros dos anos 30, morava na vizinhança dos bordéis, cinemas e locais de encontros homoeróticos do Vale do

Anhangabaú. De sua cidade natal, no Estado da Bahia, Gilda migrara inicialmente para o Rio de Janeiro, com 17 anos. Durante o dia, trabalhava como atendente de uma loja. À noite, saía para encontrar parceiros sexuais. Com 18 anos, ele resolveu desistir da "vida" e arranjar uma namorada, mas voltou às relações homossexuais dois anos depois, concluindo que preferia o sexo com homens. Após mudar-se para São Paulo no início dos anos 30, ele passou a se manter exercendo a prostituição. Gilda vivia num quarto modesto. A mobília consistia de uma cama, uma mesa rústica e uma cadeira. Na parede havia fotos de estrelas famosas e alguns cabideiros para pendurar suas roupas. Para divertir-se, ele ia ao cinema ou visitava outros homossexuais na vizinhança. Preferia não andar nas ruas durante o dia, porque tirava as sobrancelhas e seus cabelos eram longos como os de uma mulher. Ele também andava de modo efeminado. Seu jeito exagerado de se vestir era geralmente notado e provocava escândalos, vaias, palavrões e perseguições da polícia. Por volta das seis da tarde, ele jantava e depois ia até o Parque do Anhangabaú, para procurar parceiros "ativos".[105]

O uso expressamente feminino de roupas, maquiagem e sobrancelhas tiradas e os apelidos não masculinos eram comuns entre os bichas dos anos 30. A adoção de um "nome de guerra" feminino, tais como Gilda, Zazá, Tabu, Marlene, Conchita e Damé, assim como outros indicadores tradicionais de gênero, expressava a noção difundida de que os homossexuais eram seres transgêneros. Para aqueles que exerciam a prostituição, as marcas de estilo tradicionalmente femininas funcionavam como sinais de disponibilidade sexual. Para aqueles empregados em outras atividades, as quais permitiam algum grau de transgressão de gênero nas roupas e na aparência, as autoapresentações não convencionais ajudavam a definir uma identidade que correspondia à imagem padrão da mulher na sociedade brasileira. Essas representações femininas tradicionais também implicavam uma imitação alegre, exagerada, satírica das qualidades que esses homens efeminados possuíam de fato ou achavam que deviam possuir. Contudo, para essas pessoas que tinham de esconder seus desejos sexuais a maior parte do tempo, um apelido significativo compartilhado com os amigos ou uma discreta camada de pó de arroz e um toque de ruge, aplicados pouco antes de sair para um passeio noturno no Parque do Anhangabaú, fornecia uma leve indicação do feminino, embora preservasse uma representação, no geral, masculina.

Até 1940, o travestismo em público constituía uma violação do Código Penal. Os homens que apareciam nas ruas vestidos como uma mulher ou com acessórios excessivamente femininos ou maquiagem estavam sujeitos a detenção e a uma permanência prolongada na cadeia. Portanto, muitos homens usavam trajes masculinos, mas os subvertiam para sugerir um estilo feminino. Gilda, por exemplo, vestia um paletó curto e acinturado. Zazá, quando usava terno, também optava por um estilo exagerado. Ele usava um paletó curto e calças de cintura alta, que eram justas nos quadris e largas nas barras. Quando descreveram Conchita, um alfaiate de profissão, os alunos do Instituto de Criminologia notaram que sua indumentária era menos exagerada que a dos seus amigos, com uma pequena exceção: "O seu modo de vestir, ao contrário dos outros pederastas que costumam frequentar o Parque do Anhangabaú, é de certo bom gosto, acompanhando a moda, mas fazendo-o sem exagero. Traja-se muito bem e com sobriedade. Não usa pinturas, não depila as sobrancelhas, passando apenas uma leve camada de pó de arroz no rosto". Damé, que como Conchita trabalhava como alfaiate, também usava ternos com corte masculino e sem um estilo excessivo. Ele admitia, contudo, que gostaria de se vestir com roupas femininas, mas não o fazia para evitar o constrangimento de sua família. Não sabemos se Conchita usava a camada de pó de arroz para sugerir a identificação com o feminino, a disponibilidade sexual ou ambos. Porém, quando Kay Francis foi pressionada a responder por que ela e suas amigas no Rio gostavam de usar ruge, pó de arroz e maquiagem nas ruas nos anos 30, ela respondeu mais pragmaticamente: "Porque me cai bem".[106]

O medo de perder o emprego ou de ter problemas com os vizinhos também motivava muitos jovens a ter cuidado com o modo de se comportar e de se vestir. Jurema, um escriturário de 19 anos, havia fugido da casa de seus pais em busca de maior liberdade. Ele vivia com um amigo, próximo ao centro. Contudo, ninguém no seu escritório ou no edifício de apartamentos em que morava sabia que ele era um "pederasta", e nem ele queria que soubessem. Jurema se vestia de acordo com a última moda, mas sem exageros, e não usava maquiagem. Tampouco se vestia como mulher, porque a primeira vez que o havia feito foi detido pela polícia e teve de passar algum tempo na cadeia.[107] Marcadores femininos, obviamente, podiam resultar em ostracismo social, especialmente se a pessoa vivesse com os pais ou parentes. Conchita, cujos pais moravam em Santos, saiu de casa para não causar problemas à sua família.

Modos de vestir não convencionais podiam, até, levar à internação numa instituição para doentes mentais. O pai de um advogado de 29 anos, do Rio de Janeiro, internou seu filho no Sanatório Pinel, um hospital psiquiátrico particular em São Paulo, porque o jovem estava demonstrando "excessiva preocupação com sua beleza"; passava "horas, quatro ou cinco, no banheiro 'preparando-se'. Saía ao anoitecer". Segundo seu histórico médico no arquivo do sanatório, o jovem advogado usava batom, uma "cabeleira postiça" e raspava os pelos do peito e do abdômen. O médico que lhe atendia receitou um tratamento de eletrochoques durante seis semanas para corrigir esse comportamento.[108]

Nem todos os homens que admitiam abertamente sua atração sexual por outros homens usavam marcadores femininos para se identificar aos potenciais parceiros. Alfredinho, que tinha um apelido masculino e trabalhava como impressor, vestia-se com roupas masculinas comuns e não usava nenhum tipo de maquiagem. Ele veio a ter contato com os entrevistadores por meio de um encontro acidental, na casa de um amigo que morava na zona de prostituição. Solteiro, com 24 anos na época em que foi entrevistado, ele morava com sua família no bairro operário do Brás. Alfredinho relatou que ele não tentava "pegar" ativos nas ruas, porque vinha de "uma família honesta" e tinha muitos conhecidos que provavelmente o reconheceriam. Pelo fato de o Parque do Anhangabaú ser conhecido como um local público para viados, Alfredinho não queria correr o risco de ser visto lá; isso só causaria tensões com sua família e amigos.[109]

Homens como Alfredinho, que gostavam de dormir com outros homens mas não se encaixavam nos estereótipos comuns dos "pederastas" efeminados, são apenas raramente representados nos estudos sobre a subcultura homossexual de São Paulo nos anos 30. É possível supor que o número desses homens era relativamente pequeno. Contudo, é mais provável que homossexuais como Alfredinho, que não se vestiam de modo efeminado e que evitavam essas áreas da cidade onde podiam ser reconhecidos e associados com um comportamento "imoral e impróprio", eram em geral invisíveis para os observadores externos, que procuravam marcadores óbvios para identificar "pederastas", em lugares onde eles notoriamente se reuniam. De fato, Alfredinho só apareceu nesse estudo de 1939 por acaso, e não por meio de uma amostragem sistematizada efetuada pelos estudantes de criminologia. Dada a quantidade de evidências disponíveis, é impossível reconstruir um perfil acurado de todos os tipos de homem que se engajavam em atividades homoeróticas nesse período. Também não é possível desenvolver um modo preciso de calcular a proporção relativa daqueles cujo comportamento, identidade e vida social conformavam-se a padrões mais semelhantes ao de Gilda do que ao de Alfredinho. Os documentos históricos disponíveis, contudo, ao menos revelam que as construções de identidade de gênero, comportamento sexual e interações sociais eram muito mais disparatadas e complexas do que os cientistas sociais brasileiros dos anos 30 levavam o leitor a acreditar.

Embora as noções populares de transgressões de gênero, no Brasil, dividissem os homens entre bichas "passivos", efeminados e homens "ativos", "penetradores", "verdadeiros", os indivíduos nos anos 30 não se encaixavam perfeitamente nesses parâmetros. Em primeiro lugar, por que os homens "verdadeiros" preferiam os bichas e não as mulheres? Uma possibilidade pode ter sido porque as mulheres moralmente honradas não estavam facilmente acessíveis para os prazeres sexuais. Com o tabu criado em torno da virgindade das mulheres, alguns homens "verdadeiros" podem ter sido forçados a buscar homens efeminados como substituições sexuais temporárias. Francisco Ferraz de Macedo, em 1872, explicou a proliferação da sodomia no Rio de

Janeiro imperial empregando essa lógica. Por que, então, os ativos escolhiam Zazá ou Gilda de Abreu em vez de alguma prostituta feminina que vivesse na mesma área? Os prostitutos aparentemente ganhavam o mesmo que as prostitutas e mantinham padrões de vida igualmente precários, e portanto não seria mais barato para um homem com dificuldades financeiras escolher um bicha em vez de uma mulher.[110] Também não há nenhuma indicação de que os homens que buscavam prostitutos fossem particularmente pobres. Se esse fosse o caso, o crime supostamente comum, o conto do suador, teria sido uma iniciativa bem pouco lucrativa para aqueles que atendiam clientes masculinos. Eu afirmaria, ao contrário, que alguns homens "verdadeiros" sentiam uma atração especial por homens com traços delicados, com sobrancelhas tiradas e ruge nas bochechas, que seus desejos iam além da necessidade pragmática de obter um corpo, qualquer corpo, para penetrar por prazer sexual.

A lógica por trás da ideia da universalidade do paradigma homem "verdadeiro"/bicha também implica a inviolabilidade do papel sexual "ativo" do homem "verdadeiro". Mesmo que alguns homens "verdadeiros" tenham optado por homens e não por mulheres, por sentirem desejos específicos ligados aos corpos de homens em oposição aos corpos de mulheres, esses homens "verdadeiros", assim diz esse argumento, ainda exercem o papel de penetradores. Mais uma vez, a realidade se mostra mais rica do que a construção teórica. Flor de Abacate viveu com um caminhoneiro durante dois anos, e depois com um cabo da Polícia Especial. Presume-se que esses dois amantes eram homens "verdadeiros" que o penetravam sexualmente. Contudo, quando entrevistado pelos estudantes de criminologia, Flor de Abacate estava vivendo e supostamente tendo relações sexuais com uma mulher prostituta.[111] Zazá ficou chocado quando seu primeiro parceiro sexual quis alternar os papéis e ser penetrado em vez de exercer o papel de penetrador. Alfredinho surpreendeu os estudantes que o entrevistaram porque, embora tivesse iniciado suas atividades homoeróticas penetrando seus parceiros, logo passou a permitir que outros o penetrassem. A situação de Alfredinho foi descrita nos seguintes termos: "Cumpre notar aqui que, quando ingressou nesse meio, o fez na qualidade de pederasta ativo; chegou mesmo a ter, por duas vezes, doenças venéreas, moléstias estas que contraiu mantendo relações com pederastas passivos. Continuou a frequentar tal meio e mais tarde, com o correr do tempo, inverteu-se, passando a ser passivo. Todavia, a característica mais interessante deste pederasta é a circunstância de ser passivo e ativo ao mesmo tempo. Mantém não poucas vezes, como qualquer homem normal, relações sexuais com mulheres...".[112] Madame Satã também gerou uma ansiedade social porque ele não se adequava nitidamente às concepções populares acerca do comportamento sexual "apropriado" para os bichas. Ele era agressivo e violento, dois indicadores de masculinidade, e contudo admitia abertamente seu desejo de ser penetrado por outro homem.

O fato de os criminologistas, médicos, psiquiatras e juristas que investigaram e escreveram sobre a homossexualidade nos anos 30 terem fundamentado seu pensamento na teoria hiperabrangente da imutabilidade do modelo ativo/passivo, homem/bicha, impediu-os, em geral, de tomar conhecimento dos homens que não se encaixavam no molde do efeminado. Os homens que eram vulneráveis às prisões e ao poder disciplinador resultante das observações médico-legais, conduzidas sob a supervisão da polícia, eram visíveis precisamente porque transgrediam as normas de gênero. Por circular em áreas da cidade onde a homossociabilidade podia resultar em ligações homoeróticas, mediante a exibição de comportamentos femininos, ou por meio da prática de atos sexuais públicos, os indivíduos estudados por Ribeiro tornaram-se objetos de uma investigação "científica" sobre os homossexuais. Os resultados desse estudo baseiam-se no exame daqueles que, em algum grau, já se conformavam a uma noção preconcebida do comportamento homossexual. No próximo capítulo, examinaremos as formas pelas quais a predisposição, por parte dos profissionais, para vincular seu pensamento a parâmetros de gênero moldou os discursos oficiais a respeito da homossexualidade, bem como as ações do Estado.

Notas

1 Gautherot, *Rio de Janeiro*, 1965, p.57; e Orazil, *Rio de Janeiro and Environs, Travelers's Guide*, 1939, p.485-6.

2 Rosa, *Rio de Janeiro, notícias históricas e descritivas da capital do Brasil*, 1978, p.43-5.

3 "Copacabana, Ipanema e Leblon parecem destinadas a representar no litoral Atlântico da América do Sul, o papel que Ostende, Biarritz, Deauville, o Lido e Miami representam na Europa e nos Estados Unidos", *O Cruzeiro*, 1928, p.7; Lima, *Arquitetura do espectáculo*: teatros e cinemas na formação do espaço público das Praças Tiradentes e Cinelândia. Rio de Janeiro 1813-1950, 1997, p.235-85.

4 Andrade, "As transformações do Rio de Janeiro", *Jornal do Brasil*, 1928, p.5, citado em Lima, *Arquitetura do espectáculo*, p.246.

5 Gibson, *Rio*, 1937, p.49-50.

6 Caulfield, *In Defense of Honor*: The Contested Meaning of Sexual Morality in Law and Courtship, Rio de Janeiro, 1920-1940, 1994, p.74-87. Caulfield descreve a visita oficial do rei Albert e da rainha Elizabeth da Bélgica ao Rio de Janeiro, em 1920, e a forma pela qual as reformas urbanas de influência europeia foram usadas pelo governo para promover a imagem de um país sofisticado e civilizado.

7 Ribeiro, *Homossexualismo e endocrinologia*, prefaciado por Gregório Marañón, 1938, p.109-10.

8 Ibidem, p.109.

9 Instituto Brasileiro de Geografia e Estatística, *Recenseamento geral do Brasil [1º de setembro de 1940], Parte XVI-Distrito Federal*, 1951, p.1.

10 Araújo Filho, "A população paulistana", v.2, A evolução urbana, 1958, p.169.

11 Besse, *Modernizando a desigualdade*: reestruturação da ideologia de gênero no Brasil, 1914-1940, 1999, p.135, 143-7.

12 Ibidem, p.33.

13 Ibidem, p.40.

14 Ver Costa, *História da psiquiatria no Brasil*: um corte ideológico, 1976.

15 Freyre, *Casa grande e senzala*. A formação da família brasileira sob o regime da economia patriarcal, 1983.

16 Ver Stepan, *The Hour of Eugenics*: Race, Gender and Nation in Latin America, 1991.

17 O Bloco Operário e Camponês (BOC) malogrou em sua tentativa de desafiar a oligarquia brasileira nas eleições de 1928. Para uma análise da relação entre o

fracasso do BOC em 1928 e a criação de um discurso a respeito da "Revolução de 30" na perspectiva dos vitoriosos, ver Decca, *1930: o silêncio dos vencidos*, 1981.

18 A proposta de Luzardo para reformar a polícia do Rio de Janeiro foi, em parte, uma tentativa de afastar do corpo policial os oponentes do novo regime. Quando o chefe da Polícia Militar protestou contra o plano Luzardo por estar centralizando a força policial, o novo chefe de polícia de Vargas renunciou. Conniff, *Urban Politics in Brazil*: The Rise of Populism, 1925-1945, 1981, p.138. Ribeiro, no entanto, continuou em seu posto como chefe do Instituto de Identificação até 1946, um ano após o fim do Estado Novo. Ribeiro, *De médico a criminalista*: depoimentos e reminiscências, 1967, p.3.

19 Ribeiro, *De médico a criminalista*, p.105.

20 Ibidem, p.116-7. Ao estabelecer um sistema uniformizado para identificar a população, Ribeiro convenceu o governo a usar as impressões digitais como uma técnica única e diferenciada. Segundo uma matéria de jornal citada por Ribeiro em suas memórias, o propósito do Instituto era estabelecer um sistema para a identificação eleitoral. Contudo, suas atividades foram além dessa meta, para incluir também assuntos criminais e civis, levando à criação do Instituto Félix Pacheco, que passou a controlar passaportes, carteiras de identidade e os estrangeiros residentes no Brasil.

21 Esses artigos, que em geral repassavam as mesmas informações, incluíram: "Aspectos médico-legais da homossexualidade." *Arquivo de Medicina Legal e Identificação*, v.5, p.12, 1935; "El problema medicolegal del homosexualismo. Contribución a su estudio bajo el punto de vista endocrinológico." *Archivos de Medicina Legal (Buenos Aires)*, p.362, 1935; "Homossexualismo e endocrinologia." *Revista Brasileira (Rio de Janeiro)*, v.5, p.155, 1935; "O problema medico-legal do homossexualismo sob o ponto de vista endocrinológico." *Revista Jurídica (Rio de Janeiro)*, v.3, p.185, 1935; "O problema medico-legal do homossexualismo." *Arquivo de Medicina Legal e Identificação (Rio de Janeiro)*, v.5, p.145-60, 1936; "Aspectos médico-legais da homossexualidade." *Arquivo de Antropologia Criminal*, v.56, p.425-36, 1936; "Homossexualismo e endocrinologia." *Arquivos de Medicina Legal e Identificação*, p.167, 1937; "Omosessualitá ed endocrinologia." *La Giustizia Penale (Roma)*, v.44, n.1, p.527, 758, 1938; "Homosexuality: Etiology and Therapy." *Arquivos de Medicina Legal e Identificação*, p.8-15, 1938; "Etiologia e tratamento da homossexualidade." *Arquivos de Medicina Legal e Identificação*, v.1, p.xcvii-c, 1938; "Homossexualité et glandes endocrines." Parte 1. *Arquivos de Medicina Legal e Identificação*, p.98, 1938.

22 As edições italianas, intituladas *Omosessualità e endocrinologia*, foram publicadas em Roma pela Livraria Città de Casttello, e em Milão por Fratelli Bocca. La Caz, *Vultos da medicina brasileira*, v.4, 1977, p.42.

23 Em 1975, um ano antes de sua morte, Ribeiro publicou suas memórias. Incluiu no volume uma versão adaptada de um artigo intitulado "Problemas médico--sociais da homossexualidade", que apresentara numa conferência em Lisboa em 1935. Ribeiro referiu-se aos resultados de pesquisa do relatório de Kinsey e reconheceu os fatores psicológicos apontados por Freud que afetavam o comportamento homossexual. Ele também mencionou uma matéria jornalística sobre uma manifestação de cinco mil homossexuais no Central Park, em Nova York, que protestavam contra a discriminação, sem dúvida uma referência à Gay Pride March. No entanto, ele ainda insistia na validade de sua teoria sobre a causa da homossexualidade, a qual defendera nos anos 30. Ver Ribeiro, *Memórias de um médico legista,* 1975, v.1, p.83-94.

24 Gonçalves era um delegado auxiliar. Ribeiro, *Homossexualismo e endocrinologia,* p.105.

25 "Henrique", provavelmente, não fazia parte do grupo dos 195 homens estudados, uma vez que foi preso em 1935.

26 Essa batida policial não foi um acontecimento único. Em 1923, por exemplo, o chefe de polícia do Rio, Franca, havia "expedido determinações no sentido de uma rigorosa fiscalização nas hospedarias e casas de tolerancia afim de cohibir o commercio carnal de menores e o desenvolvimento da pederastia". Franca, "Serviço Policial", 1920, p.75; citado em Caulfield, *In Defense of Honor,* p.119.

27 A distribuição racial para os homens no Distrito Federal era: total, 878.299; brancos, 642.207; mestiços, 145.179; negros, 88.451. O censo de 1920 não incluiu questões sobre raça e o de 1930 não ocorreu por causa dos levantes políticos daquele ano. Portanto, usei as estatísticas que foram coletadas oito anos após o estudo de Ribeiro, o que pode ser outra razão para que a composição racial do grupo seja diferente das estatísticas para a população do Rio de Janeiro como um todo.

28 Ver Skidmore, *Preto no branco:* raça e nacionalidade no pensamento brasileiro, 1989.

29 Para a categoria raça, o entrevistador do censo foi instruído a proceder da seguinte maneira: em primeiro lugar, perguntava ao entrevistado se ele ou ela era preto, branco ou amarelo. Se o indivíduo declarasse que tinha uma diferente identidade racial, era classificado como pardo. Instituto Brasileiro de Geografia e Estatística, *Recenseamento geral do Brasil,* xv. Desse modo, o censo direcionava as pessoas para três categorias principais, e aqueles que desejassem se identificar como brancos podiam fazê-lo. Considerando a tendência ao autobranqueamento, aqueles de pele bastante escura podiam também escolher classificar a si próprios como pardos.

30 Segundo o censo de 1920 para o Rio de Janeiro, dos 181.152 homens entre as idades de 16 e 29 anos, apenas 33.127, ou 18,3%, eram casados. Directoria Geral

de Estatística, *Recenseamento realizado em 1º de setembro de 1920*, v.II, parte 1, *População do Rio de Janeiro*, 1923, p.116. No censo de 1940 para o Distrito Federal, dos 198.402 homens entre as idades de 16 e 29 anos, apenas 47.045, ou 23,7%, eram casados. Instituto Brasileiro de Geografia e Estatística, *Recenseamento geral do Brasil*, p.6-7.

31 Ribeiro, *Homossexualismo e endocrinologia*, p.155-6.

32 Karl Ulrichs criou o conceito de "uma mulher presa no corpo de um homem" em 1860 e atribuiu a condição ao desenvolvimento anômalo de um embrião originalmente não diferenciado. Kennedy, "Karl Heinrich Ulrichs: The First Theorist of Homosexuality", 1997, p.26-45. Ver Capítulo 3, "Controle e cura: reações médico-legais", para uma discussão sobre as definições médicas da homossexualidade.

33 Whitaker et al. "Estudo biográfico dos homossexuais (pederastas passivos) da capital de São Paulo. Aspectos da sua atividade social (Costumes, hábitos, 'apelidos', 'gíria')", 1938-1939, p.248-53.

34 Rasmussen, *Brazilian Portuguese Words and Phrases for Certain Aspects of Love and Parts of the Body*, 1971, p.144-6. Nos anos recentes, os editores começaram a grafar a palavra *viado* em textos publicados.

35 Membros do Grupo Arco-Íris, entrevistados pelo autor em 4 ago. 1995. Ouvi essa história desde 1970, mas jamais encontrei qualquer confirmação escrita ou documentada. Em razão do significado literal da palavra veado, aventou-se a possibilidade de que o clássico *Bambi* (1942), de Disney, fosse o responsável por introduzir o termo na linguagem popular brasileira. Segundo essa visão, as pessoas associavam os homossexuais à personalidade dócil e feminina do inocente cervo que estrelava o filme. Parker, *Corpos, prazeres e paixões*, 1992, p.77. Entretanto, Leonídio Ribeiro já havia documentado o uso da palavra *veado* na gíria brasileira em 1938. Ribeiro, *Homossexualismo e endocrinologia*, p.224. Ver, também, Mott, "Os veados são viados", 1994, p.13. Como apontou Parker, a imaginação popular deve ter feito a conexão, independentemente da precisão histórica dessa suposição.

36 Bernardino de C. A., caso n.1.812, Sanatório Pinel, Pirituba, São Paulo.

37 Rasmussen, *Brazilian Portuguese Words and Phrases*, p.147-8.

38 O termo implica que o bicha será receptivo, e que deseja ser "comido" ou penetrado por um homem "verdadeiro".

39 De uma perspectiva antropológica, Richard Parker afirmou que *bicha*, "[a] palavra designando uma variedade de parasitas intestinais ... é também feminino de *bicho* (classe de animais inespecíficos que abrange desde insetos até mamíferos), e é o seu segundo termo, com sua ênfase numa feminilidade de animal, que atrai mais claramente a imaginação popular". Parker, *Corpos, prazeres e paixões*, p.77.

40 Whitaker et al. "Estudo biográfico dos homossexuais", p.254. Whitaker e seus colegas provavelmente não mencionaram as palavras fresco e viado, porque esses termos não se originaram dos homens que eles observaram, mas eram expressões exógenas.

41 A ocorrência mais antiga da palavra *bicha* num dicionário convencional aparece numa edição de 1940, que inclui a definição "Gír. Homem afeminado", como a 18ª entre 21 acepções. Freire, (Ed.) *Grande e novíssimo dicionário da língua portuguesa*, v.III, 1940, p.1029. Como, em geral, decorre algum tempo até que um jargão seja incorporado a um dicionário, pode-se pensar que o termo tenha se originado no início da década de 1930, se não antes. É interessante notar que a palavra veado não é mencionada nessa edição. Uma compilação de 1946, do vocabulário empregado no interior do Estado de São Paulo, registra veado como "macho invertido sexual". Teixeira, "Vocabulário do caipira paulista", 1946, p.84, 103. *Vinte e quatro* é incluído como outro termo para veado. A definição alternativa de fresco é "invertido sexual masculino", ou veado. Contudo, bicha é definido como "onça" e não como invertido sexual, indicando que a palavra possivelmente ainda não havia sido popularizada no Estado de São Paulo como um termo negativo para homossexual. A compilação também define bicha no plural, como vermes ou sanguessugas, ibidem, p.73.

42 *Trésor de la langue française*, 1975, p.461-2.

43 Almeida, *Dicionário de termos eróticos e afins*, 1981, p.44.

44 Outra gíria corrente sugere uma conexão similar entre raiva, marginalidade e prostituição. O adjetivo emputecido(a) e a expressão puto(a) da vida, ambos derivam do nome puta (prostituta) e significam que a pessoa está com muita raiva. A fama das travestis de rua como brigonas inveteradas, quando vestidas como mulher, foi uma das razões citadas por um comissário de polícia para suas avassaladoras *blitze* e prisões nos anos 70. Guido Fonseca, entrevistado pelo autor em 8 de março de 1995.

45 Ver Martins, *Noturno da Lapa*, 1964; e Irajá, *Adeus! Lapa*, 1967.

46 Graham, "An Interview with Sérgio Buarque de Holanda", 1982, p.4-7. Paezzo, *Memórias de Madame Satã*: conforme narração a Sylvan Paezzo, 1972, p.17. Embora alguns boêmios das classes média e alta frequentassem as áreas miseráveis da Lapa para ouvir as canções "autênticas" do povo, a maior parte da elite carioca preferia ir às elegantes casas noturnas e cassinos localizados na Zona Sul, ao longo das praias do Leme e de Copacabana. O Hotel Copacabana Palace inaugurou o primeiro estabelecimento luxuoso de jogo da cidade em 1932, seguido um ano depois pelo Cassino da Urca, no sopé do Pão de Açúcar. Um terceiro cassino, o Atlântico, foi também inaugurado em Copacabana em 1935. Bororó [Alberto de Castro Simoens da Silva], *Gente da madrugada*: flagrantes da vida noturna,

1982, p.37-8. Carmen Miranda estrelava um musical no Cassino da Urca quando recebeu a proposta de contrato para um teatro da Broadway, por iniciativa de Lee Shubert, que a lançou no estrelato internacional como cantora e atriz de cinema. Cardoso Junior, *Carmen Miranda*: a cantora do Brasil, 1979, p.129-33. Um cronista da época descreveu Copacabana do fim dos anos 30 como "o bairro aristocrático da metrópole [com] os arranha-céus mais faustosos e as vivendas mais principescas", onde trajes de gala são requeridos nos "palácios do jogo e nos salões de festas". Leite, *Flagrantes da "cidade maravilhosa"*, 1939, p.59-60.

47 Oswald de Andrade publicou seus comentários sobre "Miss São Paulo" num artigo intitulado "Os três sargentos", na coluna literária "Revista de Antropofagia" do *Diário de São Paulo*, em 14 de abril de 1929, p.6. A matéria foi assinada por Cabo Machado, em referência ao poema sensual e nacionalista escrito por Mário em 1926, sobre um soldado com esse nome. Agradeço a Jorge Schwartz por essa referência.

48 Castro, *Mário de Andrade*: exílio no Rio, 1989, p.83-102. Beatriz Kushnir gentilmente mostrou-me essa fonte. Ver o capítulo 4 para uma discussão do subtexto homoerótico no conto de Mário de Andrade "Frederico Paciência", escrito e revisto várias vezes entre 1924 e 1942, publicado postumamente em 1947, em *Contos novos*, e reproduzido em Leyland, *My Deep Dark Pain is Love*: A Collection of Latin American Gay Fiction, 1983, p.151-63.

49 Lenharo, *Cantores do rádio*: a trajetória de Nora Ney e Jorge Goulart e o meio artístico de seu tempo, 1995, p.28.

50 Ibidem, p.27.

51 A maior parte das informações sobre Madame Satã provém de Paezzo, *Memórias de Madame Satã*; Sérgio Cabral, Millôr Fernandes, Chico Júnior, Paulo Francis, "Madame Satã", 1971, p.2-5; e Machado, "Madame Satã para o *Pasquim*: 'Enquanto eu viver, a Lapa viverá'", 1976, p.6-11.

52 Machado, "Madame Satã", p.9.

53 Francis [João Ferreira da Paz], entrevistado pelo autor em 3.11.1994.

54 Citado em Durst, *Madame Satã*: com o diabo no corpo, 1985, p.12.

55 Ibidem, p.10-1.

56 Paezzo, *Memórias de Madame Satã*, p.17.

57 Madame Satã menciona suas imitações de Carmen Miranda em 1928, mas a estrela brasileira apenas começara sua carreira como cantora naquele ano. Seu primeiro disco foi lançado em 1929. Contudo, Carmen Miranda cresceu no bairro da Lapa, e sua mãe mantinha uma pensão nesse bairro. Madame Satã conta a história de que ele cantava com Carmen e seus irmãos nas ruas da Lapa, quando ele

Além do carnaval

ganhava a vida como vendedor de potes e panelas. Embora seja possível que os dois se conhecessem e que Madame Satã estivesse ciente da carreira ascendente de Carmen em 1928, é mais provável que ele tenha confundido os acontecimentos ou que estivesse construindo seu próprio mito. Em 1951, Satã voltou ao palco numa produção em que ele, de fato, imitava Carmen Miranda. Durst, *Madame Satã*: com o diabo no corpo, p.72.

58 Satã gostava de contar essa história do seu primeiro grande "arranca-rabo" com a lei. O relato de Paezzo, em *Memórias de Madame Satã*, é essencialmente coerente com as duas entrevistas que Satã concedeu ao jornal *O Pasquim* no início dos anos 70.

59 Paezzo, *Memórias de Madame Satã*, p.23-6. Reduzi o relato de Paezzo sobre esse evento sem modificar a essência do confronto entre João Francisco e o guarda noturno. O próprio Paezzo recriou o incidente a partir de entrevistas que realizou com Satã quando preparava seu livro. Também mudei a grafia de veado para viado, para refletir o uso popular do termo.

60 Antônio Correa Dias, antigo proprietário do Café Colosso, onde Satã passava grande parte do seu tempo, insistiu em dizer que, embora Satã mantivesse a ordem nos bares que frequentava, ele não extorquia dinheiro para proteção e fazia questão de pagar suas contas. Machado, "Madame Satã", p.9. Contudo, o próprio Satã admitiu que protegia os bares: "Eu dava proteção aos botequins e tinha muito dinheiro, e muitos deles [rapazes] é que me procuravam, porque sabiam que quem estava comigo estava com um rei". Cabral, "Madame Satã", p.3.

Satã relata numerosos exemplos de perseguições policiais em suas memórias. Os registros de suas prisões e julgamentos nos anos 40 confirmam a atitude hostil e retaliadora por parte da polícia. Processo n.6.262, Delito 29.10.1946, 14ª Vara Criminal, Arquivo Nacional; Processo n.2.230, Delito 4.12.1948, 15ª Vara Criminal, Arquivo Nacional; Processo n.481, Delito 24.9.1949, Arquivo Nacional. Agradeço a Karim Aïnour por ter compartilhado esses documentos jurídicos comigo.

Segundo seu arquivo no Instituto Félix Pacheco, as acusações contra Madame Satã em 26 julgamentos incluíam 13 assaltos, 4 resistências a prisão, 2 recepções de bens roubados, 2 roubos, 1 atentado ao pudor e posse de armas. Machado, "Madame Satã", p.6.

61 Paezzo, *Memórias de Madame Satã*, p.59.

62 Ibidem, p.64.

63 Ibidem, p.64-5.

64 Caso n.6.262, Delito 29.10.1946, 14ª Vara Criminal, Arquivo Nacional, Rio de Janeiro.

65 Paezzo, *Memórias de Madame Satã*, p.115-6.

66 Ibidem, p.116.

67 As memórias de Clive Maia sobre sua vida na prisão contêm uma descrição de seu contato com Madame Satã na penitenciária da Ilha Grande. Satã mantinha uma presença marcante atrás das grades como um bicha poderoso, que não devia ser provocado. Maia, *Sol quadrado (Da vida de um ex-presidiário)*, 1962, p.177-80.

68 Holanda, *Memórias do Café Nice*: subterrâneos da música popular e da vida boêmia do Rio de Janeiro, 1970, p.171.

69 Silva, "Balada para Madame Satã", 1981, p.25.

70 Em 1965, Satã terminou de cumprir sua última pena e passou a viver numa pequena casa na Ilha Grande, próxima à penitenciária onde ele ficara recluso tantos anos. Uma entrevista, em 1971, ao semanário carioca *O Pasquim* retirou-o da obscuridade e reviveu sua fama. Suas memórias foram publicadas no ano seguinte, e ele apareceu numa peça dois anos mais tarde. Morreu de câncer no pulmão em 12 de abril de 1976, e foi enterrado na Ilha Grande com seu chapéu panamá branco e duas rosas vermelhas sobre seu caixão modesto. Durst, *Madame Satã*, p.56-70.

71 Queiroz, *São Paulo*, 1992, p.162.

72 Ernst von Hesse-Wartegg, *Zwischen Anden und Amazonas* [Entre os Andes e o Amazonas], 1915, p.15, citado em Petrone, "São Paulo no século XX", 1958, p.113.

73 Dean, *Industrialização em São Paulo; 1880-1945*, 1991.

74 Toledo, *Anhangabaú*, 1989, p.44.

75 Ibidem, p.65.

76 Müller, "A área central da cidade", 1958, p.175-80.

77 Simões, *Salas de cinema em São Paulo*, 1990, p.48.

78 Müller afirma que o início da formação dessa área, imediatamente além do triângulo histórico de São Paulo e do outro lado do Vale do Anhangabaú, remonta aos anos 1870. A "zona de transição" era caracterizada por um amálgama de residências e pequenas lojas, diversas oficinas, quartos que podiam ser alugados por hora (*rendez-vous*) e "pensões suspeitas" (bordéis). Müller, op. cit., 1958, p.175.

79 Herrmann, "Estudo do desenvolvimento de São Paulo através da análise de um radial – a estrada do café (1935)", 1944, p.30.

80 Ibidem, p.33.

81 Whitaker et al., "Estudo biográfico dos homossexuais", p.244-62.

82 Guido Fonseca, um historiador da prostituição em São Paulo, relata um inciden-

te quando Benedito Brasiliense da Silva, frequentando a Praça da República em trajes femininos, foi atacado por dois soldados que o confundiram com uma mulher. Fonseca, *História da prostituição em São Paulo*, 1982, p.223. A Praça da República é também citada por alunos do Instituto de Criminologia como um dos pontos de encontro homossexuais. Whitaker et al., "Estudo biográfico dos homossexuais", p.254.

83 Whitaker et al., "Estudo biográfico dos homossexuais", p.254.

84 Um garçom de 20 anos, preso em 1937, encontrou um modo criativo de ter relações sexuais furtivas em banheiros públicos. Nessas ocasiões, ele usava calças especialmente desenhadas que tinham aberturas nas laterais, e não na frente. Os tecidos superpostos nas laterais davam a impressão de serem bolsos. Quando queria praticar sexo anal, ele simplesmente soltava as presilhas dos suspensórios, e a aba traseira da calça dobrava-se para baixo, facilitando o intercurso. Um dos pesquisadores criminologistas fotografou a engenhosa invenção que, segundo o jovem garçom, tratava-se apenas de uma questão de moda e não servia a outro propósito. Whitaker, "O crime e os criminosos à luz da psicologia e da psiquiatria – Estudo acerca de 50 delinquentes – Considerações sobre o problema da delinquência em São Paulo", 1942, p.435-8.

85 Os mictórios da Estação da Luz são mencionados explicitamente pelos estudantes do Instituto de Criminologia como um dos "lugares habitualmente frequentados por pederastas". Para um estudo do sexo homossexual em banheiros públicos nos Estados Unidos, ver Humphrey, *Tearoom Trade*: Impersonal Sex in Public Places, 1970.

86 Em 1940, havia 95.754 cadeiras de cinema na cidade de São Paulo. Os cinemas venderam 19.526.224 entradas naquele ano, o que significa uma média de 15 filmes por ano *per capita*. Simões, *Salas de cinema em São Paulo*, p.48.

87 Ribeiro, *Homossexualismo e endocrinologia*, p.109.

88 "Fazer crochê" pode ser uma adaptação do verbo francês *raccrocher*, que significava "pegar" ou fazer uma conexão sexual. Agradeço a Rudi Bleys por chamar minha atenção para isso.

89 Francis, entrevistado pelo autor em 3 de novembro de 1994.

90 Whitaker et al., "Estudo biográfico dos homossexuais", p.244-5.

91 Caso n.2.230, delito 4.12.1948, 15ª Vara Criminal, Arquivo Nacional, Rio de Janeiro. Lena Horne, também conhecido como Osvaldo, foi acusado de auxiliar Madame Satã no roubo de algumas joias neste caso.

92 Whitaker et al., "Estudo biográfico dos homossexuais", p.257. Uma foto de Gilda de Abreu reproduzida no artigo indica uma meticulosa aplicação de maquiagem.

93 Ibidem, p.247.

94 Ver Da Matta, *Carnavais, malandros e heróis*: para uma sociologia do dilema brasileiro, 1992, p.63-73. Da Matta afirma que a oposição rua/casa separa dois domínios mutuamente exclusivos que constituem a estrutura que permeia toda a vida social brasileira.

95 Ibidem, p.244-57.

96 Kowarick & Ant, "One Hundred Years of Overcrowding: Slum Tenements in the City", 1994, p.62-4.

97 Franco, *Gabinete de Investigações. Relatório apresentado ao Exmo. Snr. Dr. Secretário da Segurança Pública do Estado de São Paulo, 1934*, 1935, p.82. Madame Satã abriu uma pensão para mulheres na Lapa, a qual, segundo ele, era uma moradia para mulheres que trabalhavam nas ruas. A polícia acusou Satã de estar dirigindo um bordel. Para uma história geral da prostituição em São Paulo escrita por um antigo delegado, ver Fonseca, *História da prostituição em São Paulo*. Para uma história do espaço social ocupado por prostitutas, ver Feldman, *Segregações espaciais urbanas*: a territorialização da prostituição feminina em São Paulo, 1988. Feldman mapeia o processo de segregação espacial da prostituição feminina em São Paulo desde 1924 até o início dos anos 70. Para uma história da prostituição feminina em São Paulo, ver Rago, *Os prazeres da noite*: prostituição e códigos da sexualidade feminina em São Paulo (1890-1930), 1991.

98 Caso n.1.126, Sanatório Pinel, Pirituba, São Paulo, Arquivo do Estado de São Paulo.

99 Ribeiro, *Homossexualismo e endocrinologia*, p.109.

100 Whitaker et al., "Estudo biográfico dos homossexuais", p.253.

101 Ibidem, p.244. O termo pederastia era comumente usado para referir-se aos homossexuais, tanto pelo estabelecimento médico quanto pelas pessoas que ele observava.

102 Ibidem, p.246, 249.

103 Whitaker, "O crime e os criminosos", p.427. Whitaker, que na época era professor de Psicologia Jurídica na Escola de Polícia de São Paulo e médico psiquiatra do Serviço de Identificação, ganhou em 1941 o Prêmio Oscar Freire em Criminologia, oferecido pela Sociedade de Medicina Legal e Criminologia, por esse artigo.

104 Ibidem, p.428-9.

105 Whitaker et al., "Estudo biográfico dos homossexuais", p.244-8.

106 Francis, entrevistado pelo autor em 3 de novembro de 1994. Kay Francis referiu-se a si próprio no feminino, durante toda a entrevista.

107 Whitaker et al., "Estudo biográfico dos homossexuais", p.247-8.

108 Caso n.3.571, Sanatório Pinel, Pirituba, São Paulo, Arquivo do Estado de São Paulo. Ver o Capítulo 3 para uma discussão do papel das instituições mentais em disciplinar o que era considerado um desvio comportamental.
109 Whitaker et al., "Estudo biográfico dos homossexuais", p.247.
110 Os estudantes do Instituto de Criminologia relataram que aqueles que "viviam exclusivamente do vício" ganhavam 10 ou 20 mil réis por relação sexual e notaram que a maior parte das pessoas que eles visitaram vivia em condições miseráveis. Whitaker et al., "Estudos biográficos dos homossexuais", p.260.
111 Ibidem, p.253.
112 Ibidem, p.247.

3
Controle e cura: reações médico-legais

No dia 16 de janeiro de 1935, oficiais da polícia conduziram Napoleão B., solteiro, 25 anos, professor, ao Sanatório Pinel de São Paulo.[1] Ao dar entrada nessa instituição, ele gozava de perfeita saúde mental, ainda que estivesse um pouco agitado porque fora seu pai que o mandara internar. Segundo os registros médicos dos formulários de admissão, Napoleão havia fundado, com a ajuda de sua irmã, uma escola particular que prosperava. No entanto, sete meses antes de sua internação, ele dispensara o auxílio da irmã para se apoiar unicamente na opinião de outro professor, João Cândido F., de 28 anos, que passou a ajudá-lo a administrar a escola. Pouco depois, Napoleão saiu da casa dos pais para dividir um quarto alugado com João Cândido num bairro operário de São Paulo. Desconfiando que seu filho estivesse envolvido em práticas homossexuais com João Cândido, os pais de Napoleão o internaram.

Ao contrário da maioria dos registros dessa instituição psiquiátrica, que compreendem o histórico do caso, as observações psiquiátricas e os resultados dos exames médicos, a pasta relativa a Napoleão inclui apenas três cartas manuscritas. A primeira, datada de 25 de janeiro de 1935 (nove dias depois de sua internação no sanatório), é endereçada a João Cândido. O hospital interceptou a carta, que jamais chegou às suas mãos. Seu conteúdo era mais ou menos o seguinte: "Amigo e mano F. Não perca a coragem, faça ver que tudo que está acontecendo é devido à minha família. Não deixe ninguém tomar conta do Lyceu, eu lhe dei a autorização necessária. Você há de reagir, custe o que custar". Em seguida, Napoleão dá a seu amigo alguns conselhos sobre assistência jurídica e a folha de pagamento da escola. E prossegue: "F. Não suporto as saudades, mas tenho coragem de sofrer e de lutar ainda, custe o que custar. Só a morte nos separará". E assinava, misturando inglês e português: "*Your, your brother and friend.* Napoleão. Lembranças a todos". Ao final, acrescentava: "Não telefone e nem mande cartas para cá, pois se eles descobrem que pessoas estranhas à minha família sabem que estou aqui são capazes de me mudarem para outro lugar. Nem conte a ninguém de que maneira vieram as cartas. *Your brother,* Napoleão".

Embora sua correspondência fosse interceptada, Napoleão conseguiu contratar um advogado e mover uma ação contra seu pai a fim de conseguir sua alta. Segundo o relato de um jornal sobre o julgamento, o Dr. Antônio Carlos Pacheco e Silva, investido de sua autoridade como diretor do sanatório, testemunhou em prol da família, defendendo a necessidade médica da hospitalização de Napoleão.[2] O juiz indeferiu a petição do paciente para ser liberado, e Napoleão permaneceu no hospital por mais sete meses.

O último registro em sua ficha médica sugere que Napoleão, depois de perder a batalha legal com a família e o hospital, caiu num estado moderado de depressão: "No princípio revoltava-se contra a internação. Vendo, porém, que os seus esforços e o do companheiro interessado na sua saída tinham sido infrutíferos, acomodou-se com a situação. A não ser por certa apatia e indolência, nada mais notamos durante a estada no Sanatório do Sr. Napoleão, que se dizia arrependido da conduta que tivera, e disposto a se regenerar depois de volver à vida comum".[3] Ironicamente, Napoleão recebeu alta no Dia da Independência, 7 de setembro de 1935. Não se sabe se voltou para o seu amigo João Cândido ou se tentou "mudar". Provavelmente as pressões sobre ele, exercidas pela família, a sociedade e o Estado, pesaram demais, e ele cortou as relações com seu "amigo e mano".[4]

A provação de Napoleão e João Cândido é emblemática dos diferentes modos pelos quais a profissão médica, as instituições legais e psiquiátricas, a família e as pressões sociais contribuíram para aviltar homens envolvidos em práticas homossexuais nas décadas de 1930 e 1940. Códigos de moralidade tradicionais, amparados pela Igreja Católica, condenavam a homossexualidade. Os especialistas profissionais consideravam o comportamento homoerótico patológico, necessitando de assistência médica ou psicológica para modificar a conduta e curar o indivíduo. Muitos membros da família tentavam reprimir e controlar o que consideravam uma conduta embaraçosa e imprópria de parentes envolvidos em relações sexuais "perversas". Quando fracassavam, às vezes recorriam à intervenção do Estado. A polícia, a justiça e a medicina trabalhavam em uníssono para conter e controlar esse "desvio". Presume-se que esse tipo de pressão institucional a fim de desencorajar atividades homossexuais servia para disciplinar e desmoralizar alguns indivíduos, que acabariam por reverter a um estado de "normalidade" heterossexual. Alguns, contudo, como Napoleão e João Cândido, tentavam resistir, mesmo que apenas por algum tempo. Outros, ainda, ao que parece, atravessavam o período de internação relativamente sem mudanças e continuavam a expressar seus desejos homossexuais durante o confinamento, para serem enfim liberados, declarados "incuráveis".

A preocupação médico-legal com a homossexualidade

A crise do regime político na década de 1920, aliada aos problemas relativos à urbanização, industrialização e modernização e, depois de 1930, à Grande Depressão, provocou uma espécie de comoção na sociedade brasileira. As greves gerais, a insatisfação dos trabalhadores, a ascensão do comunismo e do fascismo, a mudança do papel feminino, o debate sobre raça e nacionalidade, o descontentamento entre jovens oficiais militares e setores da classe média e a ascensão de Vargas ao poder, em 1930, foram apenas algumas das manifestações dos conflitos geradores de tensão no tecido social brasileiro. Embora a visibilidade crescente de uma subcultura homossexual nos principais centros urbanos pudesse passar despercebida para muitas pessoas que viviam nesses tempos incertos, não deixou de chamar a atenção e provocar um certo alarme entre os membros da profissão médico-legal. Os jovens do centro do Rio e de São Paulo estudados por Ribeiro, Whitaker e outros médicos e criminologistas representavam uma sexualidade desenfreada. Os modos efeminados de muitos desses homens e seu aparente inconformismo com as tradicionais representações da masculinidade perturbaram os papéis de gênero normativos. Além do mais, novas teorias sobre a origem da homossexualidade vindas da Europa sugeriam que o comportamento desses homens devia-se a desequilíbrios hormonais congênitos. Assim como o corpo social brasileiro dos anos 20 e 30 estava "fora de controle" com as inquietações políticas e sociais, do mesmo modo, ao que parece, estava o corpo do homossexual, cuja disfunção do sistema hormonal levava a uma conduta imoral e degenerada e cujo comportamento desafiava os padrões estabelecidos de masculinidade e feminilidade.

Ao longo de todo esse período, aqueles dedicados a estudar o aparente crescimento de manifestações de homossexualidade sugeriram vários meios de conter ou curar a "perversão" sexual, incluindo um papel maior do Estado em reagir a essa patologia social. A tradição positivista no Brasil, que enfatizava a "ciência" aplicada como mola propulsora do progresso social e mantenedora da ordem social, respaldava a intervenção do Estado para resolver os males da sociedade.[5] Assim, essa filosofia, que serviu ainda de estrutura ideológica para a maioria dos profissionais nas décadas de 1920 e 1930, legitimava o papel de médicos, juristas e criminologistas em sua tentativa de descobrir e estudar as doenças, bem como em propor suas curas, de modo a promover uma nação saudável e vigorosa. A tradição positivista serviu também como referência para os debates sobre raça, eugenia, papéis de gênero, o lugar da mulher na sociedade brasileira e as causas da degeneração homossexual.

Nesse contexto, as propostas dos adeptos da eugenia – exames pré-nupciais e restrições na imigração baseadas na seleção racial, assim como campanhas contra o alcoolismo – enfatizavam o papel benevolente do Estado em controlar a degeneração social. Em seu estudo da eugenia na América Latina, Nancy Leys Stepan argumenta que logo após a greve geral de 1917, quando 40 mil trabalhadores paralisaram a cidade de São Paulo, médicos fizeram a primeira reivindicação formal pela eugenia como um "caminho suprapolítico e médico para aliviar as tensões sociais num contexto de crescimento acelerado da população urbana ... A ameaça de agitação na cidade grande trouxe à tona a questão da adequação do velho estilo *laissez-faire* do liberalismo em resolver problemas sociais e sugeria novos papéis para o Estado na regulação das relações entre trabalhadores e patrões, até mesmo intervindo diretamente na vida social".[6]

Embora nem todos os profissionais que estudavam a homossexualidade defendessem o rol de propostas apresentado pelo movimento eugênico no Brasil, eles compartilhavam da perspectiva de que as profissões médicas e legais, bem como o Estado, deveriam desempenhar um papel mais incisivo ao lidar com os problemas sociais. Até onde muitos dos doutores e advogados de classe média e alta podiam conceber, comunistas, fascistas, criminosos, negros degenerados, imigrantes e homossexuais deveriam ser contidos, controlados e, no caso destes últimos, se possível, curados. Os anos 30, assim, transformaram-se num campo de testes sobre qual o melhor meio de purificar a nação brasileira e curar seus distúrbios sociais.

Neste capítulo, examino as diferentes teorias sobre a homossexualidade debatidas entre o pequeno número de médicos, juristas, psiquiatras e criminologistas que exibiram algum interesse a respeito das manifestações de atividade homoeróticas nos centros urbanos brasileiros. Em seguida, exploro os vários métodos propostos para conter, controlar e curar essa doença social. Essas sugestões foram oferecidas por mais de uma dúzia de médicos e outros profissionais e publicadas em mais de trinta livros, panfletos e artigos, dos últimos anos da década de 1920 ao fim dos anos 30. Seus autores não compartilham de uma visão uniforme sobre as origens, expressões e possíveis curas da conduta homoerótica. Contudo, seu treinamento combinando direito, medicina, psiquiatria e criminologia permite situar seu trabalho no contexto interdisciplinar mais amplo dos discursos e investigações médico-legais. Muitos detinham posições múltiplas como professores universitários e diretores de institutos ou agências governamentais, ao mesmo tempo que exerciam uma prática particular, todas lhes forneciam proventos.[7] Seu treinamento em medicina ou direito, e muitas vezes em ambos os campos, os situava dentro de uma pequena elite de profissionais de classe média e alta que tinham o apoio em laços de família, apadrinhamento e lealdade pessoal aos seus mestres, veículo para firmar e fazer avançar suas carreiras.[8] Esse pequeno círculo de médicos, advogados, criminologistas e psiquiatras interagia nas mesmas escolas médicas e organizações profissionais, e publicava artigos na mesma série restrita de periódicos sobre assuntos relacionados ao crime, à sexualidade, à lei e à medicina.[9] Seus escritos sobre homossexualidade, ainda que divergindo em muitos detalhes, eram, em última instância, similares em sua abordagem do assunto como um todo. A consolidação do Estado Novo (1937-1945) sob a ditadura Vargas coincidiu com um marcado declínio nas publicações desses profissionais sobre o tema. No fim deste capítulo, apresento algumas hipóteses sobre a diminuição da produção intelectual desses "especialistas" em homossexualidade a partir do começo da década de 1940.

Por toda a parte, e em número crescente

Os homens que escreveram sobre o homoerotismo nos anos 20, 30 e começo dos 40 concordavam todos em uma premissa: a homossexualidade sempre existiu ao longo da história, em todas as classes sociais e em todas as sociedades.[10] Em geral, suas histórias superficiais da homossexualidade incluíam uma teoria de que Deus aniquilara a cidade bíblica de Sodoma porque seus habitantes praticavam o "pecado nefando" e uma menção de que o "vício" fora amplamente praticado na Grécia e em Roma, mesmo depois de duramente criticado por São Paulo e os primeiros cristãos. Alguns escritores apontam para a natureza licenciosa dos diferentes grupos indígenas brasileiros, à época da chegada dos portugueses, como uma prova da ampla disseminação da sodomia em diferentes culturas.[11] Outros autores fazem referências esporádicas a líderes políticos e militares famosos, como Júlio César e Frederico II, da Prússia, e a artistas, como Michelangelo e Shakespeare, como exemplos de homossexuais eminentes do passado. Um dos favoritos entre os mencionados é Oscar Wilde, provavelmente porque, na imaginação dos sexólogos, médicos e criminologistas, simbolizava o homossexual "moderno". Certo autor chegou a escrever um extenso tratado sobre Wilde, relacionando sua corpulência a desequilíbrios endócrinos e à homossexualidade.[12]

Vale notar que os intelectuais que escreveram sobre homossexualidade na década de 1930 não citam a obra de Gilberto Freyre sobre o legado do passado colonial na formação da sexualidade brasileira. Embora Freyre houvesse escrito apenas ocasionalmente sobre a homossexualidade em seu próprio trabalho, ele mencionava o fenômeno de "homens efeminados ou bissexuais" e de "invertidos" entre os nativos brasileiros. Ele também faz referência a atos de sodomia cometidos por europeus no Brasil colonial como parte de um argumento mais amplo a respeito da natureza licenciosa do colonizador português.[13] É provável que sua obra tenha sido ignorada porque *Casa grande e senzala* veio a público em 1933, numa época em que os profissionais médico-legais buscavam na Europa sua inspiração intelectual. Além disso, uma das teses da obra de Freyre, as contribuições positivas da cultura africana na sociedade brasileira, ia contra os pressupostos racistas ainda mantidos por alguns desses autores.

A obra de Freyre, contudo, contribuiu para o principal argumento dos "especialistas" brasileiros em torno do tema da "inversão" sexual. A homossexualidade era universal, transcendia a história e, segundo muitos médicos que escreveram sobre o assunto, crescia a uma taxa alarmante. O Dr. Viriato Fernandes Nunes, por exemplo, apresentou uma tese intitulada "Perversões sexuais na medicina legal" à Escola de Direito de São Paulo, em 1928, em que enfatizava que o número de homens envolvidos em atividades sexuais com outros homens crescia a olhos vistos. "Invertidos", argumentava ele, "vêm de todas as idades e classes. Esta depravação é muito prevalecente e parece estar cada vez mais difundida".[14] Leonídio Ribeiro, resenhando teorias e estudos europeus acerca da homossexualidade, encarava o problema como um fenômeno global e notava que "aumentava, por toda a parte, o número de indivíduos, de todas as classes sociais, apresentando manifestações disfarçadas ou evidentes de perversões sexuais".[15]

Afrânio Peixoto, um especialista em saúde pública e uma figura proeminente entre a elite culta que dirigia as escolas de medicina, as instituições mentais, os laboratórios de criminologia e várias sociedades profissionais relacionadas, comentava a visibilidade crescente de homossexuais na "Introdução" à obra de 1935 de Estácio de Lima, *A inversão dos sexos*. Após contar a história de Sodoma e Gomorra, Peixoto afirma que o mundo estava bastante diferente em 1935: "Há, porém, alguma coisa mudada, não só na ciência, como na vida. Pelas estatísticas de Inglaterra, França, Alemanha, Estados Unidos, calcula-se em 10 por cento dos homens (a inversão masculina é mais fácil de se verificar, mais frequente, mais declarada) ou 5 por cento da população total, o número de invertidos. Portanto, o mundo teria hoje, se tem 2 bilhões, 100 milhões de invertidos ... Este número não é arbitrário, pois os mais honestos ou menos hipócritas daqueles povos, os norte-americanos, falam dos seus 6 milhões, numa população de 120 milhões, repetidamente, por médicos, sociólogos, moralistas".[16] Curiosamente, Peixoto deixa de fazer o cálculo correspondente para o Brasil. (Se sua estatística está correta, haveria 88.207 homossexuais masculinos no Rio de Janeiro e outros 66.881 em São Paulo à época do Censo de 1940.) De fato, nenhum dos médicos e criminologistas que se debruçaram sobre a homossexualidade na década de 1930 tentou verdadeiramente fazer uma estimativa precisa, nem ao menos aproximada, do número de "invertidos" no país. A despeito de toda precaução dos "especialistas" em fornecer números exatos, praticamente todos eram unânimes em afirmar enfaticamente que a quantidade desses "indivíduos doentes" estava crescendo.

Curiosamente, a Igreja Católica pareceu ficar de fora do debate a respeito da homossexualidade. Embora os médicos e juristas citassem a Bíblia ao contextualizar a sodomia, e sugerissem ao clero que pregasse contra a imoralidade de atividades sexuais entre homens, insistiam em coro que os profissionais médicos e legais – e não a Igreja – deveriam ser os árbitros sobre o melhor modo de compreender e tratar esse desvio sexual. O silêncio da Igreja Católica diante de um assunto tão fervorosamente debatido entre certos profissionais pode ter tido mais a ver com o rumo das relações entre Estado e Igreja nos anos 20 e 30 do que com alguma falta de interesse em assuntos relacionados à homossexualidade. Após a proclamação da República, em 1889, e a separação entre Igreja Católica e Estado, as instituições religiosas dominantes no Brasil deram início a um processo de reajuste interno. O catolicismo deixou de ser a religião oficial, e a Igreja perdeu seu *status*, seus privilégios e seus benefícios ante o processo republicano de laicização do Estado.

Após o fim da Primeira Guerra Mundial, a hierarquia da Igreja deu início a uma articulada campanha a fim de restaurar a união com o Estado. Emblemática de seus esforços foi a consagração, em 1931, da estátua do Cristo Redentor no alto do morro do Corcovado, dominando e supostamente protegendo a capital nacional e, por extensão, todo o Brasil. O cardeal dom Sebastião Leme, do Rio de Janeiro, celebrou a cerimônia, aproveitando a ocasião para advertir o novo regime varguista a considerar a força, o poder e a influência da Igreja. Durante toda a década seguinte o prelado católico conseguiria atingir a maior parte de seus objetivos – a proibição do divórcio e o reconhecimento do sagrado matrimônio pela lei civil; a permissão para aulas de religião nas escolas públicas; e financiamento estatal para escolas, seminários e hospitais religiosos.[17] A campanha do cardeal envolveu uma mobilização em larga escala de fiéis espalhados por uma miríade de organizações apadrinhadas pela Igreja.[18]

Controle e cura: reações médico-legais

Durante essa ofensiva política e social, a Igreja Católica optou por não atacar a homossexualidade. O próprio livro do padre Álvaro Negromonte, *A educação sexual*, um sucesso de vendas, mencionava a luxúria, a masturbação e outros vícios sexuais, mas não a homossexualidade.[19] É provável que o padre Negromonte, diretor de ensino religioso da arquidiocese do Rio de Janeiro, achasse melhor não expor pais, educadores e crianças curiosas a tais práticas imorais. Mas enquanto a liderança da Igreja optasse por se manter afastada do debate com médicos e juristas que reivindicavam uma abordagem mais "científica" do que religiosa ou moral na compreensão da homossexualidade, sua participação ativa não era, de fato, necessária. Os próprios profissionais médico-legais insistiam, num parágrafo de seus escritos, que a homossexualidade não deveria continuar a ser encarada como um vício ou um pecado, para no parágrafo seguinte aconselhar os pais a promoverem uma moral saudável na educação de seus filhos, prevenindo desde cedo manifestações de perversão. O antiquíssimo conceito católico da imoralidade do "amor que não ousa dizer seu nome" estava tão internalizado entre os íntegros doutores, advogados e outros profissionais das classes média e alta, que se constituía em um pressuposto subjacente a seus trabalhos, e nos discursos médicos e científicos desses profissionais estavam amplamente disseminados os ensinamentos dessa moral.

Se a doutrina católica não era um ponto de referência explícito para aqueles que escreviam a respeito da homossexualidade, os estudiosos europeus certamente eram. Assim como Viveiros de Castro e Pires de Almeida, na virada do século, basearam suas ideias na literatura médica da Europa, também os médicos e criminologistas brasileiros que estudaram o assunto nas décadas de 1920, 1930 e 1940 sintetizavam teorias importadas da França, Alemanha, Inglaterra, Espanha e, ocasionalmente, dos Estados Unidos. Como notou a historiadora Nancy Leys Stepan, os latino-americanos, incluindo os brasileiros, olhavam para os pensadores europeus e "abraçavam a ciência como uma forma de conhecimento progressivo, uma alternativa à visão religiosa da realidade, e como um meio de estabelecer um novo modo de poder cultural".[20] Essas apropriações estavam relacionadas com as novas pesquisas que eram conduzidas na Europa e nos Estados Unidos em endocrinologia e funções hormonais nas décadas de 1920 e 1930, bem como em teorias mais gerais acerca de eugenia, comportamento criminal e desvio social.[21] Duas figuras internacionais, em particular, se destacaram por exercer uma maior influência em moldar as noções brasileiras sobre homossexualidade e sua ligação com a raça, o gênero, a criminalidade e a biologia. Um deles foi Cesare Lombroso, o criminologista italiano, e o outro foi Gregório Marañón, um professor da Universidade de Madri.

Cesare Lombroso (1836-1909), um dos pioneiros no campo da antropologia criminal, defendia a teoria do *delinquente nato*, cujo fragilizado sistema nervoso o predispunha a um comportamento degenerado, que incluía propensão a mutilação, tortura, homossexualidade e a fazer tatuagens pelo corpo.[22] Lombroso e seus seguidores procuravam determinar a degeneração criminosa por meio de características fenotípicas. Seu trabalho influenciou Leonídio Ribeiro, que empregou as técnicas antropométricas de Lombroso para medir partes do corpo de 195 presos no Rio de Janeiro em 1932, a fim de provar a ligação entre desequilíbrio hormonal e homossexualidade. Como mencionado no Capítulo 2, Ribeiro foi agraciado com o prêmio Lombroso, em 1933, por suas investigações antropológico-criminais, que incluíam seu estudo de 1932 sobre os homossexuais cariocas.

A segunda influente figura internacional foi Gregório Marañón (1887-1960), um professor de medicina da Universidade de Madri que assinava a "Introdução" à obra de 1938 de Ribeiro, *Homossexualismo e endocrinologia*. A obra-prima do próprio Marañón, *La evolución de la sexualidad e los estados intersexuales*, fora publicada na Espanha, em 1930, e traduzida para o inglês dois anos depois. Ele também sumariou sua teoria sobre a intersexualidade no periódico médico-legal brasileiro *Arquivos de Medicina Legal e de Identificação*, que no fim da década de 1930 apresentava entre suas páginas inúmeros artigos sobre a homossexualidade.[23] Argumentando que homossexuais possuíam características tanto masculinas como femininas por causa de seu desequilíbrio endócrino, Marañón propunha uma explicação biológica para a homossexualidade. O termo "intersexual" descrevia essa posição limítrofe entre os dois sexos. Marañón, contudo, reconhecia que essa condição era apenas uma predisposição à homossexualidade. Fatores exógenos, tais como religião e ética, podiam moderá-la ou erradicá-la.[24] Ao sugerir ser possível mudar a orientação sexual de uma pessoa, Marañón criou um espaço para a intervenção da Igreja, mais do que da medicina, como veículo exequível para a recuperação do intersexual. Sob esse aspecto, suas teorias, e as de muitos seguidores seus no Brasil, voltavam-se para a ciência sem abandonar as noções mais tradicionais de como conter manifestações de um comportamento desviante. Embora a biologia desempenhasse um papel significativo na constituição de um intersexual, a moralidade, a ética e a repressão sexual poderiam se provar suficientes para vencer as deficiências fisiológicas.

As ideias de Marañón acerca das origens endocrinológicas da homossexualidade foram adotadas pela maior parte dos demais médicos e criminologistas brasileiros que escreviam sobre o assunto nos anos 30. Entre eles figurava o eminente médico forense Afrânio Peixoto, que sugeria outro termo, "missexual", em razão da mistura do elemento masculino e feminino por ele diagnosticado naqueles seres "anormais" e "degenerados".[25] A despeito dessas sutilezas de definição, não havia na realidade nenhuma diferença substancial nas várias expressões empregadas por esses médicos para descrever a homossexualidade. Tanto os intersexuais como os missexuais eram pessoas cujas disfunções na constituição biológica haviam produzido características tanto masculinas como femininas, resultando no desejo erótico pelo mesmo sexo. O termo inversão enfatizava a escolha do objeto de desejo do indivíduo; já as noções de intersexual e missexual explicavam as causas biológicas desse distúrbio. Peixoto e outros médicos também estavam de acordo com Ribeiro e Marañón quanto à suposição de que os fatores externos, não biológicos, podiam afetar o comportamento homossexual e até modificar os desejos sexuais de um dado indivíduo. Assim, a cura, embora fundamentalmente de base biológica, podia também compreender esforços psicológicos e morais, ou seja, de médicos, de psicólogos *e* da Igreja.

A teoria da natureza biologicamente degenerada da homossexualidade e o conceito de que aqueles que sofriam desse defeito orgânico possuíam uma identidade sexual mista e indefinida tinham implicações desconcertantes para os médicos, que de um modo geral eram membros da elite brasileira e defensores da ordem moral.[26] Como notou o antropólogo Carlos Alberto Messeder Pereira, "as categorias 'missexualidade' ou 'intersexualidade' apontam, basicamente, para a 'mistura', a 'confusão' de caracteres (masculinos e femininos) que deveriam estar separados; a própria categoria 'inversão sexual' aponta também para algo que está 'fora do lugar' – invertido. Assim, quando este universo de categorias é acionado pela medicina legal dos anos 30, o ponto problemático fundamental revela-se como aquele referente à necessidade de uma 'correta ordenação', de uma 'correta arrumação'".[27] A natureza ambígua da constituição biológica do intersexual ou missexual e seus desejos sexuais invertidos também desestabilizaram as categorias de gênero. A homossexualidade, tal como era concebida pelos médicos e criminologistas, confunde as noções dos papéis de gênero apropriados. A maioria dos indivíduos por eles observados apresentava um comportamento feminino que era considerado parte integrante de seu distúrbio. Esses "pederastas passivos", como são chamados até hoje, praticavam atos sexuais associados com as noções tradicionais de "passividade" feminina. Compreender as causas exatas dessa degeneração biológica e possivelmente encontrar uma cura para o problema significaria corrigir o comportamento impróprio. Os homens que se comportavam de forma feminina poderiam, assim, voltar ao seu devido estado de masculinidade.

Tamanhos e formas

Insatisfeito em meramente copiar as teorias europeias, Leonídio Ribeiro também procurou verificá-las conduzindo pesquisas em objetos de estudo brasileiros. As exigências políticas e administrativas do novo regime encabeçado por Getúlio Vargas facilitaram seu estudo do comportamento "desviante" nos moldes propostos por Lombroso e Marañón. Isso se deveu, em parte, à reorganização da polícia federal na capital do país, um elemento da estratégia global de Vargas para modernizar e centralizar o poder do governo, bem como controlar revoltas trabalhistas e agitações na classe baixa. Após 1930, a implementação das carteiras de identidade e de trabalho ajudou os patrões e a polícia a rastrear agitadores anarquistas e socialistas, empregados relapsos e vagabundos.[28] O incremento dos métodos de impressão digital auxiliou a identificação de cidadãos e de imigrantes. O aperfeiçoamento dos testes de tipo sanguíneo e a "descoberta" de ligações entre raça e criminalidade ofereceram meios mais "científicos" de reprimir e controlar uma população urbana desregrada. A pesquisa levada a termo por Leonídio Ribeiro como diretor do Departamento de Identificação da Polícia Civil do Distrito Federal era parte desse esforço. Seu estudo de 195 homossexuais detidos pela polícia carioca em 1932 utilizava modernos métodos criminológicos para identificar brasileiros que apresentavam "desvios patológicos" e curar suas atividades sexuais impróprias e antissociais. Enquanto os estudos da virada do século sobre o homoerotismo no Rio haviam se baseado nas observações pessoais e pouco fundamentadas de médicos e juristas, Ribeiro fez valer sua posição e o poder da polícia para obter uma amostra significativa para sua investigação.[29] A influência cada vez maior do Estado na década de 1930 respaldou seus esforços para identificar, classificar e, assim esperava, curar seus pacientes.

Para realizar o estudo, Ribeiro empregou o mesmo sistema antropométrico de categorização de tipos de corpo que utilizara anteriormente ao examinar 33 homens negros e mestiços condenados por assassinato (Figura 9).[30] Seu esquema de classificação media o tamanho do tronco em relação aos braços e pernas do indivíduo e propunha três grupos mais gerais – normolíneo, brevilíneo e longilíneo –, com subdivisões em cada um. Ribeiro descobriu que 54,61% incluíam-se no grupo longilíneo; 5,12% estavam no brevilíneo; e 38,46% eram do tipo normolíneo. Isolando as características físicas do indivíduo e comparando-as com o padrão "normal", ele chegou a uma série de "anormalidades" entre os homens observados (Tabela 4).³¹ Ribeiro nunca chegou a descrever o protótipo do homossexual baseado nos resultados de suas medições, mas ao que tudo indica seria um homem jovem, de peso abaixo da média, altura mediana e braços e pernas mais compridos do que o normal, com um tórax pequeno. Ribeiro tampouco explicou a verdadeira relação entre essas características e a homossexualidade. Presumivelmente, o desenvolvimento dos ossos estava relacionado com o sistema hormonal, embora Ribeiro jamais tivesse conseguido explicar essa conexão. Seu raciocínio científico era mais circular do que linear. A lógica era simples: essas são as características físicas de quase duzentos homossexuais declarados; logo, o fenótipo perceptível mais comum representa os atributos físicos do homossexual típico.

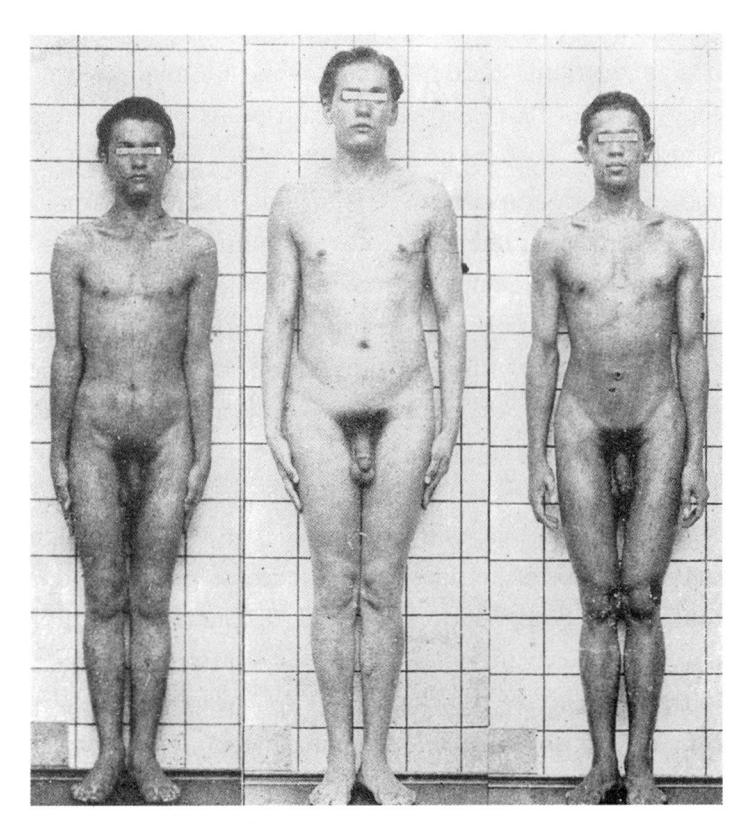

FIGURA 9 – Estudo antropométrico de homossexuais "com aspectos femininos". Extraído de Ribeiro, *Homossexualismo e endocrinologia*, 1932, p.104-5.

Para estabelecer uma maior ligação entre as características físicas observadas e os supostos desequilíbrios endócrinos em seus objetos de estudo, Ribeiro examinou também a distribuição capilar pelo corpo, púbis e cabeça, argumentando que as características sexuais secundárias constituíam um meio excelente de identificar disfunções hormonais e, assim, a homossexualidade. Segundo Ribeiro, Marañón encontrara distribuição de pelos femininos em 75% dos homossexuais que examinara. Usando os critérios de Marañón, ele comparou o formato dos pelos pubianos desses indivíduos com o que considerava o ideal masculino, um crescimento capilar hexagonal cobrindo estômago, coxas e a região entre o escroto e o ânus.[32] Suas descobertas, contudo, não estavam de acordo com as de seu mentor (Tabela 5). A maioria dos homens estudados por Ribeiro apresentava distribuição capilar "normal" (60%) ou nenhum pelo no corpo (37%). Meros 3% apresentavam distribuição de pelos corporais "anormal ou exagerada". Além disso, apenas 18,46% apresentavam pelos pubianos triangulares "femininos".

Como que para compensar seus achados estatísticos inconclusivos, Ribeiro fornece numerosas fotos de homens perfilados em nu frontal com legendas que apontam para suas "formas e fisiognomonia femininas, com pelos pubianos distribuídos no formato triangular".[33] Ele publicou ainda fotografias de indivíduos sem pelos pubianos, mas nesse caso não deixou de notar que esses homens em geral se depilavam. Ribeiro não comentava por que esses homens raspavam os pelos, mas talvez seja essa a razão para ele ter encontrado 20% dos homens com pelos pubianos triangulares. É provável que alguns homossexuais nos anos 30 moldassem ou raspassem os pelos em torno dos genitais a fim de evocar a imagem sedutora de uma mulher, do mesmo modo que usavam um pouco de ruge ou de maquiagem como sugestão de feminilidade. Embora essa explicação indique a elaboração consciente de uma *persona* feminina mediante o uso de marcas físicas associadas com a mulher, Ribeiro sugere que a distribuição de pelos corporais representa uma característica biológica essencial e inerente do homossexual.

Além do carnaval

Tabela 4 – Características físicas dos homossexuais estudados por Ribeiro, Rio de Janeiro, 1932

Característica física	Porcentagem com característica
membros superiores excedentes	62,05
membros inferiores excedentes	59,40
abdômen deficiente	69,23
tórax deficiente	52,82
tronco deficiente	63,58
altura normal	74,74
peso deficiente	70,61

Fonte: Ribeiro, *Homossexualismo e endocrinologia*, 1938, p.106-7.

Tabela 5 – Características sexuais secundárias dos homossexuais estudados por Ribeiro, Rio de Janeiro, 1932

Cabelo*	Número	Porcentagem
distribuição masculina	177	90,76
distribuição feminina	18	9,23
pelos		
distribuição normal	117	60,00
ausente	72	36,92
distribuição anormal ou exagerada	6	3,07
pelos do púbis		
distribuição masculina	91	44,66
distribuição intermediária	58	29,74
distribuição feminina	36	18,46

Fonte: Ribeiro, *Homossexualismo e endocrinologia*, 1938, p.108.

Sem apresentar nenhum dado quantitativo para amparar suas conclusões, Ribeiro sustentava que outras características físicas provocadas pela disfunção endócrina também estavam relacionadas à homos-

---

* Nesse relatório, Ribeiro jamais explica plenamente o significado do cabelo, a não ser assinalando que a calvície era considerada um sinal de virilidade.

sexualidade. Entre elas, a ginecomastia (desenvolvimento excessivo da glândula mamária do homem), a "distribuição feminina de gordura", os quadris largos e a genitália grande. Ele ilustra suas asserções por meio de uma série de fotografias, embora em certos casos seus critérios e definições não tenham nenhuma relação com o que está pretendendo demonstrar. Por exemplo, quatro fotografias de genitais masculinos foram legendadas como "vários pederastas passivos com exagerado desenvolvimento do pênis". Em outra parte de seu trabalho, os indivíduos dessas mesmas quatro fotografias foram descritos como "homossexuais apresentando desenvolvimento normal ou exagerado dos órgãos externos". É impossível, para quem observa essas fotos, determinar quais dos quatro exemplos de genitais masculinos apresentam tamanho normal e quais são exagerados.[34] Para completar o que pode ser considerado como falseamento ou ignorância na interpretação de seus próprios dados empíricos, Ribeiro em nenhum momento comenta a contradição em seus argumentos de que tanto características femininas quanto órgãos sexuais "muito grandes", supostamente em razão de uma produção endócrina excessiva, fossem sinais de homossexualidade.

Para respaldar sua tese, o criminologista então apresenta outra conclusão baseada no trabalho de Marañón, mais uma vez infundada pela falta de dados: "Em dois terços dos casos por nós estudados havia ao menos um sinal de distúrbios de natureza endócrina, revelando principalmente alterações das glândulas genitais e suprarrenais".[35] Em outras palavras, a homossexualidade poderia ser identificada a partir de anormalidades biológicas na maioria dos indivíduos observados. Em outra parte de seu estudo sobre a homossexualidade, Ribeiro abraça teorias que apontam para fatores exógenos. Amores desfeitos, educação moral pobre, separação dos sexos na escola e mães superprotetoras estão entre os fatores mencionados por ele.[36] Mas depois de uma concessão à psicologia e ao meio, Ribeiro sempre volta à sua explicação biológica: "Não obstante ser aceitável, até certo ponto, uma parte dos argumentos apresentados pela psicanálise, ganha terreno, cada vez mais, a teoria que afirma existir, na maioria dos casos de inversão sexual, uma causa ou predisposição orgânica, para esses fenômenos que seriam provocados, favorecidos ou agravados, pela influência do ambiente".[37] Como essa afirmação deixa claro, Ribeiro não era um determinista biológico convicto. Ele reconhecia outros fatores capazes de induzir um comportamento homossexual. O homossexual "básico", contudo, era um homem cuja química hormonal ditava seus desejos sexuais. Os fatores externos poderiam fortalecer ou atenuar suas tendências homossexuais, mas o organismo desarranjado era a causa última de sua degeneração.

Em suma, além das pernas e braços mais compridos do que o "normal" em 56% dos indivíduos estudados, a investigação de Ribeiro fornece poucas evidências morfológicas de quaisquer ligações entre hormônios e homossexualidade. De fato, todo o seu modelo de pesquisa fica seriamente comprometido porque ele não conduz um estudo controlado em duzentos heterossexuais declarados a fim de verificar seus resultados. Ribeiro tampouco apresenta uma explicação adequada para o fato de 34% dos homens avaliados não apresentarem qualquer manifestação fisiológica observável de homossexualidade. Nada disso, contudo, impediu que mais de uma dúzia de médicos e criminologistas, ao longo de toda a década seguinte, citasse o estudo de Ribeiro sem nem ao menos questionar suas duvidosas descobertas estatísticas, sua lógica inconsistente e seus procedimentos pouco científicos. As teorias e os métodos de pesquisa e análise de Ribeiro tornaram-se modelo para outros miniprojetos de pesquisa conduzidos no Brasil, especialmente em São Paulo, que por sua vez influenciaram reflexões e escritos posteriores sobre o assunto. Um desses estudos foi o de Edmur de Aguiar Whitaker, psiquiatra a serviço do Laboratório de Antropologia do Serviço de Identificação do Departamento de Polícia de São Paulo.[38] Seguindo a abordagem metodológica de Ribeiro em usar indivíduos detidos para seu estudo, Whitaker examinou oito homossexuais, outra vez sem um grupo de controle. Todos os oito homens foram diagnosticados como apresentando "características sexuais femininas secundárias", tais como pelos pubianos em formato triangular e ampla estrutura pélvica. Whitaker posteriormente registrou que em sua maioria eram psicopatas (sem explicar como chegou a essa conclusão), com inteligência limitada ou normal. Mas ele concedia que "portanto, além de uma perturbação degenerativa (forma endógena), esta anomalia poderá ser, em sua forma exógena, consequência de um desequilíbrio de caráter, de uma deficiente adaptação ao meio, apanágio do referido grupo mórbido". Whitaker recomendava para a cura um procedimento médico corretivo, sem especificar em que ele poderia consistir.

Raça, crime e homossexualidade

Quando o Dr. Viriato Fernandes Nunes afirmou, em seu ensaio jurídico de 1928, que as perversões morais de homossexualidade, masturbação, sadomasoquismo e bestialismo "atentam violentamente contra as normas sociais", ele se referia a dois casos de crimes sexuais amplamente divulgados no ano anterior: o suposto assassinato de três garotos por Febrônio Índio do Brasil e o assassinato premeditado de quatro jovens por Preto Amaral.[39] Os dois acusados eram de ascendência africana, e os dois casos envolviam estupro e morte com requintes de sadismo. Relacionando homossexualidade e sadismo, o Dr. Nunes enfatizava a ameaça que a "perversão" homossexual representava para a sociedade. Incapazes de controlar seus impulsos sexuais, prosseguia ele, figuras "degeneradas" como Febrônio Índio do Brasil e Preto Amaral, e por extensão todos os homossexuais, impunham um sério risco ao tecido social brasileiro, à família e à correta ordenação dos relacionamentos entre os gêneros. As entrelinhas da tese de Nunes evocavam ainda ansiedade racial: a imagem ominosa de sinistras forças da escuridão prontas para dar o bote na jovem e inocente juventude branca brasileira.

Ao contrário de Ribeiro e outros médicos que escreveram sobre a homossexualidade nos anos 30, Nunes não afirma que ela estava baseada em fatores biológicos inerentes. Ele prefere olhar para o impacto social do comportamento. Leal à tradição positivista que continuava a influenciar os círculos intelectuais brasileiros, Nunes admitia que "as penas com que antigamente se castigavam os pervertidos [como Preto Amaral e Febrônio Índio do Brasil] eram excessivamente rigorosas, sem base científica nenhuma. Comparadas às de hoje, deixam-nos a certeza dos progressos que realizamos. A sociedade pouco lucrava com a eliminação desses criminosos. Os fins que ela deve ter em vista são afastar e regenerar, se possível. Hoje, com os processos terapêuticos modernos, com o estudo da psicanálise, tem se conseguido restaurar, nestes pervertidos, o equilíbrio psíquico que lhes falta. E quando este se não consiga, ficará o criminoso retido, mas com conforto e humanidade, impossibilitado de praticar novos delitos". Num nível prático, Nunes propunha que a instalação do Manicômio Judiciário de São Paulo, um asilo para criminosos insanos, criaria um lugar privilegiado para tal finalidade. Ele argumentava que sua localização, próximo ao Hospício do Juquery – fosse utilizando-o como um hospital independente, fosse como uma subdivisão dessa instituição pública –, facilitaria atingir esse objetivo.[40]

Os escritos do fim da década de 1920 e da década de 1930 em nenhum momento deram indicações de uma ligação explícita entre raça e homossexualidade, mas a conexão estava subentendida no texto. A escolha de certas figuras para simbolizar os excessos de "perversão" apoiavam-se em estereótipos culturais pejorativos acerca de brasileiros não brancos mantidos por muitos membros da profissão médico-legal, bem como entre setores da elite intelectual de um modo geral.[41] As obras de Leonídio Ribeiro e Antônio Carlos Pacheco e Silva exemplificam essa abordagem. Embora Ribeiro usasse apenas uma página ou duas para descrever "Marina", "Zazá" e "H. de O.", ele devotava um capítulo inteiro de *Homossexualismo e endocrinologia* ao célebre caso de Febrônio Índio do Brasil.[42] Os leitores de seu livro poderiam captar apenas uma visão extremamente limitada das vidas de homossexuais comuns na década de 1930, uma visão provavelmente distorcida pelos preconceitos dos próprios médicos. Mas contariam, em contrapartida, com uma volumosa quantidade de informações acerca do suposto assassino e estuprador de crianças inocentes.

Controle e cura: reações médico-legais

O interesse de Ribeiro em Febrônio Índio do Brasil não era meramente didático. Ele tinha uma participação direta no caso. Ribeiro foi um dos três criminologistas que testemunharam no julgamento em favor da defesa, sustentando que Febrônio era louco e, portanto, deveria ser sentenciado *ad vitam* ao Manicômio Judiciário. Da perspectiva de Ribeiro, o caso assumia um significado mais amplo enquanto estudo de como a sociedade deveria lidar com a homossexualidade que degenerava em insanidade. Inesperadamente, Ribeiro expôs uma argumentação que relacionava homossexualismo e sadismo, e apontou que "os casos conhecidos de criminosos de grande sadismo não têm ocorrido, como é noção popular, em indivíduos de masculinidade excessiva, antes, ao contrário, em tipos de organização efeminada, como o próprio Marquês de Sade".[43] Para provar seu ponto de vista, Ribeiro atribuía características femininas ao infame personagem-símbolo do sadismo e apresentava um relato detalhado de sua vida, com ênfase para a longa ficha criminal de Febrônio. O médico finalizava sua arguição com as acusações de que Febrônio atraíra inúmeros jovens para locais desertos, onde os torturou e molestou sexualmente para finalmente matar.

A descrição de Ribeiro começa por defini-lo racialmente: "Febrônio é mestiço escuro em quem são francos os caracteres do cruzamento caboclo-preto". No linguajar médico desse período, impregnado como estava pelas teorias eugênicas, a mistura racial de Febrônio implicava degeneração. Três fotografias de Febrônio perfilado que acompanham o capítulo parecem ter sido cuidadosamente colocadas no volume para dar sustentação à teoria de Ribeiro da ligação entre distúrbio hormonal e homossexualidade. A legenda diz: "Homossexual-sadista, Febrônio, autor de três homicídios por estrangulamento, além de outros crimes, apresentando sinais de perturbações endócrinas".[44] Paradoxalmente, como nas fotos em nu frontal dos 195 homossexuais mencionados anteriormente neste capítulo, é difícil para o observador notar alguma diferença entre a aparência de Febrônio e a de qualquer outro homem médio desnudo da mesma idade. Mais uma vez, para compensar as provas inconclusivas apresentadas nas imagens do livro, Ribeiro recorre às legendas para contradizer a documentação visual.[45]

Antônio Carlos Pacheco e Silva, diretor do Hospício do Juquery, em São Paulo, e um eminente professor de psiquiatria clínica da Universidade de São Paulo e da Escola Paulista de Medicina, utiliza de modo similar imagens de raça, crime e sadismo para criar um espectro do homossexual como um perigo para a sociedade. Em um capítulo intitulado "Psicopatas constitucionais: estados atípicos de degeneração", em seu premiado livro de 1940, *Psiquiatria clínica e forense*, Pacheco e Silva delineia e define uma coleção de perversões sexuais.[46] Ele apresenta as seguintes: sadismo, masoquismo, necrofilia, bestialismo, exibicionismo, homossexualidade, frigidez, ninfomania, satiríase e onanismo. Para ilustrar esses comportamentos degenerados, ele fornece quatro exemplos. Um é uma descrição em dois parágrafos de um homem que molestou sexualmente o cadáver de uma menina de seis anos. Um segundo exemplo de sadismo e necrofilia envolve um "pardo" de 32 anos que violentou e estrangulou um garoto.[47]

Outros dois casos foram tratados mais detidamente no capítulo. Um deles descreve uma lésbica, fotografada de vestido e também com roupas de homem. Assinalando que o trabalho de Ribeiro refere-se apenas a homens, Pacheco e Silva explica como ele e seus colegas descobriram seu objeto de estudo: "Pela Clínica da Faculdade de Medicina da Universidade de São Paulo transitou recentemente um curioso caso de homossexualismo feminino, que deu origem ao presente estudo, interessante sob múltiplos aspectos ... Assim, comprova que também os casos de inversão sexual femininos merecem ser esmiuçados à luz das modernas aquisições endocrinológicas".[48]

Em numerosas ocasiões, o autor afirma que a pessoa em questão, denominada apenas E. R., é "doente". Fica-se com a impressão de que sua aversão a essa mulher tinha a ver com o fato de que ela despudoradamente se travestia, assumia uma identidade masculina convencional e buscava agressivamente parceiras sexuais femininas. Se, por um lado, E. R. não era acusada de nenhum delito criminal, o fato de ser negra mereceu destaque. Seus dois retratos estão colocados de maneira proeminente no texto, e ela é descrita com referência à sua raça inúmeras vezes. É dito que ela gostava apenas de mulheres brancas. Sendo este um dos poucos exemplos de homossexualidade feminina retratados pelos médicos do período, a ênfase posta em sua raça transmite uma mensagem subliminar que liga pessoas de pele escura e perversão.[49]

E. R. não apresentava comportamento criminal, ao contrário do quarto exemplo de Pacheco e Silva, J. A. Amaral. A apresentação conjunta dos dois indivíduos oferecia um discurso unificado: não brancos estavam inclinados à homossexualidade, degeneração e até criminalidade. Ao longo de todo o seu estudo de caso, J. A. Amaral é designado como Preto Amaral, um apelido pejorativo que se referia diretamente à sua pele negra. A primeira alegada vítima de Amaral também é discutida em termos raciais. "Era um menino de cor branca, claro, de olhos verdes, cabelos castanhos, aparentando 14 anos de idade." A imagem é clara: um homem negro seduzira, estuprara e estrangulara um menino angelical. Duas grandes fotos policiais com a legenda "O Prêto Amaral" acompanham o estudo de caso, como que para enfatizar esse aspecto. A seção sobre "traços hereditários" sublinha as origens africanas do assassino: "Seus pais foram nascidos na África – o pai no Congo e a mãe em Moçambique. Vieram para o Brasil como escravos e aqui foram comprados pelo Visconde de Ouro Preto". O exame físico dele também enfoca sua raça: "Trata-se de um indivíduo de cor preta, mas de tipo fisionômico pouco comum nos de sua raça. O nariz, longe de ser achatado, é aquilino e ligeiramente adunco".[50]

Pacheco e Silva descreve os supostos atos de sedução, assassinato e molestamento sexual de quatro jovens vítimas. Ele então cita autoridades europeias – Von Krafft-Ebing, Forel e Lombroso – a fim de explicar o comportamento sádico e necrófilo de Amaral. Finalmente, defende o isolamento em uma instituição psiquiátrica como melhor solução do que o encarceramento: "É ao asilo e não à prisão que se deverão enviar os obsedados impulsivos, e o caráter odioso dos atentados cometidos por alguns deles não deve afastar a natureza patológica do ato. É, aliás, raro apresentar-se a perversão sexual como única síndroma em tais degenerados".⁵¹ Como Nunes em 1928, Ribeiro e Pacheco e Silva, uma década depois, são a favor de um tratamento "moderno", científico e "humano" de "pervertidos" que tenham cometido outros crimes. Contudo, assim como Ribeiro indicava os atos homossexuais de Febrônio como uma via de ligação entre homossexualidade e criminalidade, também Pacheco e Silva relacionava atos sexuais com assassinato e comportamento patológico.

Por que as observações "científicas" e os resultados da pesquisa de Ribeiro, Pacheco e Silva e outros profissionais médico-legais eram tão prontamente aceitos por seus colegas sem nenhuma crítica à sua metodologia obviamente falha e à sua lógica defeituosa? Isso, em parte, tem a ver com a natureza das investigações relacionadas a raça e crime nessa época. Muitos intelectuais brasileiros acolhiam de peito aberto noções eugênicas da inferioridade de determinadas raças e da natureza degenerada de determinados tipos sociais, especialmente quando os proponentes dessas teorias eram europeus. Além do mais, o sistema de apadrinhamento e o caráter hermético dessa área de estudo desencorajavam a crítica aos mestres, patrocinadores e colegas. Em vez de reconhecer e confrontar a inconsistência dos métodos de pesquisa e das teorias de europeus e brasileiros envolvendo crime, raça ou homossexualidade, um pequeno círculo de intelectuais tecia loas aos trabalhos uns dos outros, escrevia introduções laudatórias às monografias de seus pares e citava as "descobertas" recíprocas de cada um. A cultura gerada dentro dessa intricada rede de profissionais brasileiros desencorajava as reflexões críticas sobre os resultados da pesquisa, fossem eles relacionados com a identificação de degenerescência, fossem uma proposta de antídoto para a doença da homossexualidade.

A cura da doença

A perspectiva "ilustrada" oferecida por Ribeiro e outros, sugerindo uma causa biológica para a origem da homossexualidade, começou a afastar o tema dos tradicionais ensinamentos morais da Igreja Católica para o domínio da ciência e da medicina. Afrânio Peixoto, que foi um dos mestres de Ribeiro, sublinhava esse ponto: "Não é pecado, um crime, um vício a punir, mas um desvio orgânico, uma malformação interna, a diagnosticar, reconhecer, e corrigir. Não religião ou direito, que nada têm que fazer aqui, senão higiene, medicina, cirurgia talvez, para repor o homem desviado, a mulher pervertida, na sua saúde normal. Não mais, como nas idades peremptas, expelir o leproso ou sifilítico para fora das cidades, temendo o contágio, senão os isolar em hospitais, onde se lhes dê trato e saúde. Todos os anátemas e códigos não evitarão, não corrigirão uma inversão sexual. Ela se tratará por meios idôneos".[52]

Ribeiro reiterava o apelo de Peixoto para mover a reabilitação de homossexuais da religião para a medicina. O capítulo de Ribeiro "Homossexualismo à luz da medicina", em *Homossexualismo e endocrinologia*, enfatizava o papel essencial que, segundo ele, os médicos deveriam assumir: "No século passado foi que o problema do homossexualismo começou a ser estudado por médicos e psiquiatras, interessados em descobrir suas causas, a fim de que juristas e sociólogos pudessem modificar as legislações existentes, todas baseadas em noções empíricas e antigos preconceitos, e fosse possível seu tratamento, em moldes científicos". Ribeiro então indiretamente desafia doutrinas católicas, que consideravam a homossexualidade uma transgressão moral. Ele também se opõe àqueles que sustentavam que a inversão, como crime social, deveria ser oportunamente punida: "As práticas de inversão sexual não podiam continuar a ser consideradas, ao acaso, como pecado, vício ou crime, desde que se demonstrou tratar--se, em grande número de casos, de indivíduos doentes ou anormais, que não deviam ser castigados, porque careciam antes de tudo de tratamento e assistência". A homossexualidade masculina, dizia Ribeiro, estava além do controle individual, pois uma disfunção do sistema endócrino impelia a esse comportamento desviante. Os médicos deveriam tratar dessas vítimas inocentes: "A medicina havia libertado os loucos das prisões. Uma vez ainda, seria ela que salvaria da humilhação esses pobres indivíduos, muitos deles vítimas de suas taras e anomalias, pelas quais não podiam ser responsáveis".[53] Em outras palavras, os homossexuais mereciam compaixão por sua doença, e era responsabilidade dos médicos encontrar uma forma de curá-los de sua condição enferma.

O problema essencial para os que viam na ciência e na medicina um meio de reduzir o número de homossexuais era a incapacidade de ambas proporcionarem uma "cura" real para o comportamento. No capítulo "Tratamento médico-pedagógico", Ribeiro especula sobre dois possíveis cursos de ação: em primeiro lugar, educação e criação apropriadas – e, se isso se provar ineficaz, transplante de testículos. Ao defender uma terapia cirúrgica, Ribeiro citava experimentos em que testículos e ovários eram transplantados em um único animal. De modo otimista, afirmava que "o chamado 'hermafrodismo experimental' estava indicando o verdadeiro caminho para o tratamento médico dos casos de inversão sexual".[54] Ribeiro então prosseguia sugerindo o transplante de testículos humanos como tratamento terapêutico preferencial. E na verdade ele até chegou a aventar a possibilidade de utilizar doadores animais. Além do mais, citando Marañón, ele enfatizou a importância de realizar essa cirurgia em crianças quando elas atingissem a puberdade, antes de as perversões se estabelecerem firmemente.

Como a maioria dos médicos e advogados admitia que as manifestações de homossexualidade também poderiam estar baseadas em fatores não biológicos, eles inevitavelmente retrocediam a sugestões psicológicas, morais e comportamentais como a solução alternativa para cortar o mal pela raiz. Carecendo de evidências definitivas ou de métodos concretos de cura pela medicina, esses profissionais recuavam à infinidade de teorias e propostas tomadas de empréstimo entre os tradicionais ensinamentos morais da Igreja Católica e as ideias dos sexólogos europeus. Em 1928, por exemplo, Nunes assinalava as raízes psicológicas profundas da inversão: "Desde crianças se sentem perturbados a par de outros meninos: são maneirosos, delicados e revelam em todos os seus atos atitudes e aptidões femininas. O seu interesse está em ser agradável aos meninos, aos rapazes. Depois, sobrevindo a idade e com ela melhor reflexão e mais ajuizado critério, eles notam o ridículo que a sua inversão representa e buscam corrigir-se, se ainda lhes sobra alguma força moral. Outros, no entanto, impotentes, dominados, vencidos pela inversão, continuam a prática dos seus amores pervertidos e o fazem com tanta naturalidade como se praticassem uma ação de nobre equivalência moral".[55] Embora Nunes reduzisse a inversão à sua essência e a atribuísse exclusivamente a garotos efeminados, ele reconhecia que os adultos tinham duas diferentes formas de abordar o desejo homossexual. Enquanto alguns se revelavam incapazes de conter a paixão e assumiam sua sexualidade, outros conseguiam subjugar a "perversão" por meio da vontade moral. Ribeiro também salientava a vontade moral e a criação apropriada como meios de evitar a homossexualidade, especialmente entre crianças.

A oposição "cultura *versus* natureza" em relação às causas, e desse modo ao tratamento, da homossexualidade tornou-se uma questão política concreta quase no fim da década de 1930. A crescente preocupação no meio médico e legal acerca da homossexualidade e suas manifestações permanentemente visíveis inspiraram propostas de reformulação do código penal. Como tem sido mencionado aqui, a homossexualidade em si mesma deixara de ser considerada um delito criminal desde a promulgação do Código Penal Imperial de 1830. Após a formação do Estado Novo, em novembro de 1937, os juristas encarregados de reescrever o Código brasileiro de 1890 pensaram em incluir uma cláusula, inicialmente sugerida em 1933, que penalizaria atos homossexuais consentidos entre adultos com mais de um ano de prisão. Embora a cláusula tenha sido omitida da redação final, o debate sobre a lei revela os modos divergentes pelos quais os profissionais abordavam esse tópico social.[56]

Reeducação ou criminalização?

Em julho de 1938, Aldo Sinisgalli, um estudante do Instituto de Criminologia de São Paulo que entrevistara oito homossexuais no Vale do Anhangabaú no ano anterior, apresentou dois estudos sobre homossexualidade no Primeiro Congresso Paulista de Psicologia, Neurologia, Psiquiatria, Endocrinologia, Identificação, Criminologia e Medicina Legal. A primeira explanação de Sinisgalli delineava o debate intelectual sobre a homossexualidade no Brasil.[57] No segundo texto, ele sintetizava suas conclusões sobre como resolver o "problema". Num estilo que lembra um manifesto político, ele defendia a prisão, o confinamento, o tratamento e a cura de todos os homossexuais do Brasil:

> Os homossexuais, os pederastas, não são homens normais.
> Como anormais precisam de tratamento adequado.
> A punição, reclusão em presídios, é injustiça [sic] e não traz o mínimo resultado prático.
> Deixar em liberdade elementos perniciosos é perigoso e prejudicial à sociedade.
> Logo, um instituto para pederastas se faz necessário.
> No instituto para pederastas estes seriam tratados, reeducados.
> Far-se-ia a seleção profissional, gozando os invertidos de uma relativa liberdade.
> Propugnamos por um dispositivo legal permitindo a internação dos pederastas perniciosos ao meio social nesse instituto.
> Desse modo beneficiaremos a sociedade e os invertidos.
> Desse modo resolveremos, científica e humanamente, esse problema social.
> Desse modo – tenho a certeza – glorificaremos a nossa terra e a nossa gente![58]

Sua apresentação foi feita oito meses após o estabelecimento do autoritário governo do Estado Novo, e o teor ideológico de sua declaração fazia eco à retórica nacionalista promovida ao longo de toda a década de 1930, à medida que Vargas ampliava o controle do Estado sobre as vidas dos cidadãos, esperando resolver os problemas nacionais.[59] A lógica de Sinisgalli era simples. Homossexuais são degenerados cujo mero encarceramento não elimina sua anormalidade. Um procedimento "científico" tem de ser estabelecido para curar sua perversão. Uma instituição pública com o poder e os necessários profissionais treinados para atingir tal fim precisava ser criada. O prestígio da nação e de seu povo estava em jogo nessa empreitada. Em outras palavras, o Estado, e não a família, deveria assumir a responsabilidade de controlar e curar esse "elemento pernicioso" da sociedade brasileira.

A discussão que se segue à apresentação do estudo provocou um sério debate acerca dos meios de se atingir os fins almejados por Sinisgalli. O Dr. J. Soares de Melo, professor da Escola de Direito de São Paulo, assinalou que embora a ideia de Sinisgalli fosse louvável, o Estado não poderia confinar arbitrariamente homossexuais, uma vez que a legislação vigente não punia a homossexualidade. Se alguém quisesse prender uma pessoa, isso iria exigir a "criatividade legal" de acusá-la de corrupção de menor ou violência carnal. Os homossexuais que não houvessem cometido nenhum desses crimes não poderiam ser detidos. Soares de Melo assim propunha uma mudança na lei de modo a qualificar a homossexualidade como ato criminoso. Lembrando o exemplo da Alemanha nazista, o eminente professor notava: "Em capitais europeias, como Berlim, medidas violentas foram tomadas para evitar a onda de corrupção que por lá se estendia. Seria profundamente aconselhável que no futuro Código Penal do País existissem dispositivos punindo toda a prática de homossexualismo, qualquer que fosse a modalidade de que se revestisse".[60]

Sinisgalli respondia argumentando que o confinamento como punição não iria ajudar a sociedade, nem curar o homossexual. Mas um instituto para tratar pederastas iria ao mesmo tempo tirá-los do convívio social e reabilitá-los. E acrescentava que o instituto proposto por ele não seria destinado a homossexuais criminalmente insanos, que deveriam ser enviados ao Manicômio Judiciário. Ribeiro de Godoy concordava com Sinisgalli. Ele sustentava que uma vez que a homossexualidade constituía uma depravação psicológica, requeria tratamento médico, e não a detenção criminal.[61]

Como se mostrou anteriormente, o tema da criminalização da homossexualidade não era meramente um debate acadêmico restrito a uma associação profissional de criminologistas e médicos.[62] Em maio de 1938, quando os membros da Sociedade de Medicina Legal e Criminologia de São Paulo discutiram o assunto, Francisco Campos, ministro da Justiça do recém-instaurado Estado Novo, designou um destacado jurista, o professor Alcântara Machado, para redigir um novo Código Penal. Durante as deliberações de uma comissão criada para reformular a versão de Alcântara Machado, uma proposta foi introduzida visando criminalizar atos homossexuais. Sob o cabeçalho "homo-sexualidade", o Artigo 258 prescrevia: "Os atos libidinosos entre indivíduos do sexo masculino serão reprimidos, quando causarem escândalo público, impondo-se a ambos os participantes detenções de até um ano".[63] A sugestão era de expandir o escopo do Artigo 282, "Ultraje Público ao Pudor", que proibia "exibições impudicas, atos ou gestos obscenos, atentatórios ao pudor, praticados em lugar público ou frequentado pelo público" e implicava pena de prisão de um a seis meses.[64] Significativamente, pela primeira vez desde que a sodomia fora descriminada no começo do século XIX, essa proposta fez uma referência explícita a atividades homoeróticas ao colocar esse parágrafo do código sob a rubrica "homo-sexualidade". Além do mais, diferentemente de cláusulas anteriores proibindo atentados ao pudor, a punição de atos que causassem escândalo público incluiria atividades privadas que viessem ao conhecimento do público.[65]

Outra proposta significativa para o novo código criminal era uma cláusula que sustentou as posições de Ribeiro e de outros profissionais médico-legais visando ao tratamento médico de homossexuais. A minuta da lei dizia: "Tratando-se de anormais por causa patológica ou degenerativa, poderá o juiz, baseado em perícia médica, substituir a pena por medida de segurança adequada às circunstâncias".[66] Ribeiro saudou essa cláusula como um sinal do "grau de cultura de seu autor", pois permitia ao juiz, baseado na consulta adequada do profissional médico-legal, "substituir prisão por hospitalização".[67] Ribeiro, contudo, desconsiderou o fato de que a minuta aplicava-se a quaisquer atos libidinosos efetuados por homens que causassem escândalo público. A proposta na verdade teria dado ao sistema judiciário autoridade ampla para deter pessoas por longos períodos de tempo, se, aos olhos das autoridades médicas, elas merecessem medidas especiais de controle.

O Artigo 258 foi cortado da última lista de propostas para o Código Penal de 1940. O esboço final apoiava-se em uma versão aperfeiçoada do artigo Consolidação das Leis Penais de 1932, que proibia atos obscenos em público, ampliando a punição máxima de seis meses para um ano. Já que as discussões internas do governo sobre se incluir ou não uma referência explícita à homossexualidade jamais chegaram a atingir um fórum público de debate, não se sabe por que os juristas encarregados de reformular o código criminal decidiram não incluir a minuta da proposta. Ribeiro também não explica por que a comissão escolheu reformular o artigo esboçado e eliminar toda referência específica à homossexualidade masculina ou ao poder ampliado dos juízes para hospitalizar pessoas "anormais patológicas ou degeneradas".[68] Durante o Estado Novo, Vargas dissolveu o Congresso; e, assim, o novo código criminal foi aprovado por decreto pelo Executivo. Aparentemente, os membros do governo varguista, responsáveis pelas decisões sobre o que permaneceria na versão final da lei, consideravam que a existência de uma rede de restrições legal, social, moral e médica sobre a homossexualidade era adequada para lidar com esse "mal" social. Também os juízes não contaram com poder legal extraordinário para sentenciar homossexuais à reclusão em instituições mentais, como queria Ribeiro. No entanto, os precedentes já estavam firmemente estabelecidos para permitir aos membros das famílias de homossexuais, juntamente com médicos e psiquiatras, solicitar o confinamento de parentes envolvidos em atividades sexuais perversas em hospícios.

Instituições mentais e controle social

Como já foi dito, o interesse crescente na homossexualidade por parte de membros proeminentes da profissão médico-legal nesse período não teve o mesmo impacto em diferentes segmentos da sociedade brasileira. Indivíduos de classes mais baixas e com tez mais escura eram mais vulneráveis à detenção por vadiagem e prostituição ou à acusação de atentado ao pudor do que os homossexuais de classe média. Estes sofriam uma forma diferente de controle social. Sem nenhuma cura médica em vista, famílias de classe média, quando confrontadas com um parente suspeito de ser um "invertido", muitas vezes buscavam outra forma de assistência. Se os manicômios não podiam curar o comportamento homossexual de uma pessoa, podiam ao menos proporcionar um lugar para conter as propensões de seus entes queridos e controlar sua conduta.

Uma das instituições às quais as famílias recorriam era o Hospital Psiquiátrico do Juquery, localizado próximo à cidade de São Paulo. Fundado na virada do século como um asilo de loucos "moderno", o Juquery era considerado um modelo para hospitais similares por todo o país. O estudo de Maria Clementina Pereira Cunha sobre o Juquery fornece valiosas percepções sobre as políticas e procedimentos dos médicos encarregados de tratar pessoas consideradas mentalmente doentes ou loucas. Cunha argumenta que o asilo usava a autoridade da "ciência" e o disfarce da prometida "cura" e "assistência" para atingir um fim político. O objetivo era "legitimar a exclusão de indivíduos ou setores sociais que não se encaixassem totalmente dentro do aparato penal; permitir a guarda, e quiçá a regeneração ou disciplinarização, de indivíduos resistentes às disciplinas do trabalho, da família e da vida urbana; reforçar papéis socialmente importantes para o resguardo da ordem e da disciplina, medicando comportamentos desviantes – como as perversões sexuais ou a vadiagem – e permitindo que sua reclusão possa ser lida como um ato em favor do louco, e não contra ele".[69]

A homossexualidade caiu na categoria das perversões sexuais e o confinamento foi o método terapêutico utilizado como princípio para "curar" esse desvio. Durante a gestão de seu primeiro diretor clínico, o Dr. Francisco Franco da Rocha, que dirigiu o Juquery de 1896 até se aposentar, em 1930, o asilo psiquiátrico serviu como repositório de homossexuais enviados para lá por seus parentes.[70] Por exemplo, Archangelo L., um sapateiro paulistano de 17 anos de idade, foi internado no hospital em 30 de março de 1908 por seus pais. O médico do asilo diagnosticou sua condição: "Desenvolvimento excessivo do membro viril. Desde os 16 anos é pederasta passivo. Nunca praticou o coito normal com mulher".[71] Associando degeneração física com a degeneração moral da homossexualidade, Archangelo foi descrito como tendo "orelhas mal conformadas" e uma certa "assimetria na cabeça". Contudo, ele não apresentava nenhum sinal de doença mental além do diagnóstico de ser um "pederasta passivo". De fato, em sua entrevista, o jovem sapateiro procedeu de forma um tanto cautelosa, tentando se preservar do questionamento invasivo do alienista, como as próprias anotações do doutor refletem: "Tem noção exata de tempo, lugar e meio. Responde bem, porém suas respostas são demoradas, pois o doente procura ocultar grande parte da verdade em relação à sua vida, mas é facilmente traído por perguntas feitas com certo disfarce e habilidade".

Outro paciente, José P., solteiro de 40 anos, da cidade de São Paulo, foi hospitalizado em novembro de 1920. Seu diagnóstico também fazia a associação entre características físicas e degeneração moral. Nesse caso, porém, características femininas, mais do que genitália "muito grande", assinalavam a perversão. "No físico e no moral parece uma mulher: voz fina, falta de pelos nas pernas e no corpo, disposição do monte de Vênus, modo de andar." Claramente, José P. foi confinado por ter manifestado comportamento efeminado. José, como Archangelo, ofereceu resistência à sua hospitalização forçada. Ele pedia com insistência para ser liberado do asilo e manifestava com tanta firmeza seu desejo de deixar o Juquery que a equipe médica rotulou isso como uma ideia fixa, "que constitui o guia único de seu pensamento".[72]

A despeito de sua utilização por famílias de classe média, nos anos 30 instituições públicas como o Juquery haviam desenvolvido a reputação de oferecer serviços menos do que adequados. O hospital atendia todas as classes sociais, mas os pobres, especialmente os de origem africana e mestiços, em pouco tempo passaram a constituir a porcentagem maior de sua população. O desenvolvimento de uma rede de instituições privadas então suplantou o hospital como lugar privilegiado para internar um parente "mentalmente enfermo". Até mesmo famílias com recursos econômicos modestos preferiam esses sanatórios privados, porque achavam que seus parentes receberiam melhores cuidados ali, sem ter contato com indigentes e pacientes de classe mais baixa.[73]

Um desses novos hospitais privados, o Sanatório Pinel, localizado na periferia de São Paulo, foi inaugurado em 1930 sob a direção do Dr. Antônio Carlos Pacheco e Silva, que desempenhou um papel central no desenvolvimento do tratamento psiquiátrico em São Paulo. Em 1930, Pacheco e Silva também sucedeu o Dr. Francisco Franco da Rocha como diretor do Juquery, administrando simultaneamente as duas instituições ao longo da década. No mesmo ano em que Getúlio Vargas subiu ao poder com a Revolução de 1930, seu novo governo designou Pacheco e Silva para encabeçar o Departamento de Assistência Geral a Psicopatas, que ficou encarregado de definir as diretrizes oficiais em relação à saúde mental. Além disso, Pacheco e Silva fundou e atuou como presidente da Liga Paulista de Higiene Mental, uma organização que promovia a eugenia no Brasil. À luz da influência de Pacheco e Silva no campo psiquiátrico, sua administração das duas instituições mais importantes nesse campo no Estado de São Paulo tem muito a revelar sobre os padrões e métodos da assistência psiquiátrica dispensada a homossexuais nas décadas de 1930 e 1940.

Em 30 de janeiro de 1931, Manoel de O. levou seu filho de 20 anos, Adalberto, desde Uberlândia, no oeste de Minas Gerais, até o Sanatório Pinel, em São Paulo.[74] O médico que cuidou da internação registrou que Adalberto era um "invertido sexual" que contraíra sífilis por meio de relação anal e que ele estava de pleno acordo com a hospitalização do jovem. Contudo, as anotações do doutor sobre a condição psicológica do paciente revelaram um quadro mais complexo. Adalberto admitiu para o médico que praticara sexo anal passivo ao longo dos últimos quatro anos, mas contra vontade própria e apenas para aborrecer seu pai, com quem não se dava bem. Ele afirmava ter tido somente cinco parceiros sexuais durante esse período, e dizia que sempre fizera o possível para ser surpreendido no ato pelo pai, a fim de desmoralizá-lo. O jovem insistia que não apreciava sexo passivo e

Controle e cura: reações médico-legais

que não era, nas palavras do médico, "um invertido por constituição". Ele expressava raiva em relação ao pai porque este queria deixá-lo no asilo por mais de um mês. Para se vingar, Adalberto ameaçava continuar a praticar sexo anal na frente do pai com o único propósito de desmoralizar a família. O médico não ficou convencido com a história do rapaz e concluiu que ele era, de fato, um invertido sexual que não apresentava nenhum outro distúrbio mental e que "procura dissimular a perversão, alegando motivo que julga justo e como único meio de vingança ao pai".

Se os profissionais do Pinel estavam corretos em concluir que Adalberto apreciava as relações homossexuais, então a versão dos acontecimentos apresentada pelo rapaz revela sentimentos contraditórios: um forte instinto de sobrevivência e possíveis sentimentos de autodesprezo e negação. Diante de uma sociedade hostil que condenava e por vezes punia a homossexualidade mediante o confinamento em instituições mentais, Adalberto tentava defender a si mesmo construindo uma história que legitimasse sua sexualidade, atribuindo-a a uma atitude de mera vingança. Sua negação de qualquer desejo relativo à sua conduta sexual, no entanto, não conseguiu convencer os médicos nem fazer que seu pai autorizasse a liberação. Após quarenta dias de confinamento, Adalberto resolveu tomar uma atitude por conta própria e fugiu do hospital.

Outro filho recalcitrante detido no Sanatório Pinel era Sydney da S., garoto paulistano de 15 anos.[75] Seu pai afirmava no questionário de internação que desde que o filho ingressara na puberdade e começara a crescer rapidamente, apresentara "um certo desequilíbrio mental de proporções reduzidas". Além do mais, ele havia entrado no sanatório aparentando palidez e abatimento, condição que seu pai atribuía à masturbação excessiva. Embora a família assegurasse que não era violento nem cultivasse ideias de suicídio, o rapaz ria por razões desconhecidas, especialmente quando ouvia conversas "picantes". Quando perguntado se o filho realizara atos impróprios ou imorais, seu pai escreveu que ele havia sido violento e grosseiro com membros da família e cometera um pequeno furto, embora, até onde ele soubesse, jamais houvesse praticado quaisquer atos imorais. As observações médicas finalizadas duas semanas depois de seu confinamento em 1º de agosto de 1933 apresentam um retrato ligeiramente diferente. Sydney, ao que tudo indica, roubava pequenos objetos da casa para revender e dissipava o dinheiro. Quando pego, fazia cenas "teatrais" e simulava tentativas de suicídio, especialmente se estivesse sozinho na casa com sua mãe e irmãs.

Sydney rapidamente se ajustou à vida da instituição. Fez amigos entre os demais pacientes e manifestava um comportamento afetivo em relação aos enfermeiros. No entender dos médicos, afetivo até demais, pois observaram que ele era expansivo ao extremo e procurava abraçar efusivamente os outros internos e os membros masculinos da equipe do sanatório. Dias depois de ser internado no Pinel, Sydney foi pego por um empregado enquanto tentava praticar sexo anal passivo, presumivelmente com outro paciente. Ele não mostrou nenhum remorso ou vergonha por suas ações, "encarando o incidente com uma certa naturalidade" que aborreceu o médico supervisor. Sydney foi diagnosticado como "um menino com um estado atípico de degeneração, portador de sinais físicos de lues [sífilis] hereditárias", embora seu registro não contenha os resultados de quaisquer exames médicos que justifiquem essa conclusão. Com base nos registros remanescentes, não se esclarecem quais os métodos terapêuticos empregados em Sydney. Tudo que sabemos é que, em 31 de dezembro de 1933, sua família o tirou do hospital "bastante melhorado".

Parece que a internação de Sydney no Pinel tinha mais a ver com a falta de habilidade de sua família em controlar o comportamento turbulento de um adolescente do que com qualquer outro problema psiquiátrico. Ele se adaptou facilmente ao seu novo ambiente, fez amigos e buscou suporte emocional. Embora seu pai visse a masturbação como a fonte de seu comportamento desequilibrado e saúde debilitada e o médico encarasse seu homossexualismo como manifestação de degeneração, o jovem pareceu ajustar a própria sexualidade de um modo espontâneo e natural, lembrando os homossexuais entrevistados no centro de São Paulo no fim dos anos 30.

Controlando padres indisciplinados

Em *Priests, Celibacy, and Social Conflict: A History of Brazil's Clergy and Seminaries* [Padres, celibato e conflito social: uma história do sacerdócio e dos seminários brasileiros], o historiador Kenneth P. Serbin explica como a hierarquia católica brasileira não mediu esforços nos anos 30 e 40 para esconder as aventuras sexuais de seus sacerdotes do escrutínio público.[76] A transferência de clérigos recalcitrantes de um seminário ou função pastoral para outro, em vez de discipliná-los, foi uma das táticas favoritas empregadas para acobertar potenciais escândalos públicos. Por exemplo, um padre da ordem de São Vicente em um seminário em São Luís do Maranhão, com um longo histórico de envolvimento com jovens seminaristas no começo da década de 1930, foi transferido para Fortaleza a fim de evitar problemas com a congregação.

Outros sacerdotes não tiveram tanta sorte. Macario S., por exemplo, um padre nascido na Alemanha, adentrou o Sanatório Pinel em 12 de setembro de 1930 como resultado de um incidente no qual um dos garotos com quem ele mantinha relações sexuais ameaçou denunciá-lo. A partir de uma carta encontrada em seu arquivo e escrita logo após seu confinamento, parece que o padre havia sugerido sua ida para o asilo de modo a se desvencilhar de um escândalo potencial.[77] As fichas de internação médica indicam que o padre praticara atividades homossexuais por muitos anos: "É padre do mosteiro de São Bento. Veio para o Brasil há muitos anos. Consta que na Alemanha entregava-se a práticas homossexuais. Por esse motivo viu-se cercado de rigorosa vigilância nos primeiros tempos que se sucederam à sua chegada no Brasil. Aos poucos, porém, foi captando a confiança de seus superiores de modo a gozar, ultimamente, de bastante liberdade. Entregava-se com afinco ao mister de ensinar meninos pobres (jornaleiros, aprendizes de marinheiro) e sob este pretexto tinha ocasião de exercer a perversão sexual que se tornara latente por algum tempo, mas que nunca havia desaparecido".

Embora o médico entrevistador observasse que o paciente era "perfeitamente orientado" acerca de seu relacionamento com o mundo exterior, Macario aparentava certa ansiedade. O padre relatou que estava perturbado por não possuir a paz interior necessária à tranquilidade espiritual. Ele também admitia que "infligiu [sic] as regras da boa moral, por pensamentos e atos pecaminosos que praticou". Ao que tudo indica, ele rapidamente se deu conta de que sua sugestão de confinamento voluntário havia sido um erro de cálculo. Comunicou ao médico que temia ficar ainda pior no sanatório e acabar na mais "completa loucura", passando o restante de seus dias no Juquery. Macario relatou ainda ter feito um longo tratamento para sífilis, doença que contraíra em um banheiro público em Poços de Caldas. Evidentemente as notícias dessa enfermidade infecciosa já haviam se espalhado pelo sanatório, e o padre reclamava que na sala de jantar todos olhavam para ele com repugnância.

Embora o abade pudesse pensar que o envio de um padre indisciplinado ao Pinel seria a solução para um problema espinhoso, Macario não se adaptou pacificamente ao seu confinamento. Dois meses e meio depois de entrar na instituição, ele escreveu uma carta ao superior. Como fora escrita em alemão, alguém no hospital traduziu devidamente a correspondência e a guardou em seu dossiê. Nela, Macario explicava que por causa das circunstâncias que cercavam seu confinamento ele havia perdido todo o respeito que um homem de batina merece: "Já há dez semanas que estou aqui e a minha situação se tem tornado insuportável. Todos aqui sabem por que estou aqui, e sou, por isso, alvo de escárnio e desprezo; sou obrigado a ouvir as mais torpes obscenidades e gracejos, e sou assim a todos causa de escândalo e nojo ... Assim não posso mais dirigir aos internados palavra alguma de Deus e de religião, nem tratar com alguém; a todos sou um escândalo, e isto cresce dia por dia sem que eu possa repará-lo. Assim estou perdido para agora e para a eternidade. Que horror!". O ostracismo do padre reflete tanto a natureza profundamente arraigada do preconceito social contra a homossexualidade quanto a capacidade dos outros pacientes em apreciar a ironia de um homem supostamente acima da reprovação moral violar os ensinamentos da Igreja sobre celibato e sexualidade apropriada. A sífilis de Macario era simplesmente um fator a mais em seu *status* de pária.

Tendo inicialmente sugerido a instituição psiquiátrica como um meio de escapar da punição, Macario agora implorava misericórdia e compaixão a Deus e ao abade: "Ó meu Deus, seja clemente comigo para que por arrependimento e penitência eu possa voltar a ti e reparar para o resto de vida o escândalo que tenho causado". Ele a seguir propunha ao superior que o enviasse a um mosteiro em Sorocaba ou à Alemanha, onde poderia encontrar consolo e assistência espiritual. "Parece-me que tenho perdido toda a fé em Deus e todo o amor a Deus e ao próximo; todo o sentimento religioso me morreu. Só a muito custo posso rezar alguma cousa. Meu Deus, que horrível fim da minha vida de sacerdote!" A desolada carta de Macario ao abade revelava uma crise espiritual profunda. Ele reconhecia que segundo os preceitos da Igreja havia cometido pecados mortais e temia que seguir confinado na instituição psiquiátrica, um purgatório virtual, fosse apenas a preparação para as dores e tormentos do inferno. A regeneração espiritual podia ser seu objetivo, mas o padre também oferecia argumentos de ordem prática para obter socorro. Enquanto dez semanas antes Macario sugerira uma "cura" médica para evitar o escândalo eclesiástico, agora ele reconhecia que os médicos eram incapazes de alterar seu desejo sexual: "Os médicos dizem também que é tempo de retirar-me para eu recuperar em outro lugar calmo o sossego perdido. Eu sei que aqui não é o lugar, mas sim o meu estado de alma que deve ser tranquilizado. A experiência de quase três meses demonstra que isto não se consegue aqui por completo e que os tormentos da consciência não podem ser curados por remédios médicos ... Por amor a Deus, retire-me daqui e mande-me a Sorocaba até o senhor poder resolver algo de definitivo para o meu futuro. Não me abandone e salve-me desta situação horrível". Queixando-se de que estivera no hospital sem missa, confissão ou absolvição, o padre suplicava ao superior que o libertasse antes do Natal. Evidentemente, o abade atendeu seu pedido, e Macario deixou o Pinel no dia 6 de dezembro de 1930.[78]

Nesse caso, como em outros, a Igreja Católica, de modo similar ao que empregaria uma sólida família de classe média, usava instituições mentais como o Pinel para depositar aqueles incapazes de conter seus impulsos homossexuais. Se sanatórios modernos ofereciam uma cobertura para parentes "loucos", retirando-os de sótãos e dos olhares embaraçosos dos vizinhos, eles também poderiam servir como confinamento para transgressores morais. Uma vez que a maioria dos diagnósticos médicos considerava a homossexualidade uma doença, era justificável isolar um parente numa instituição quando as pressões familiares fracassavam em mudar sua conduta. Curar a homossexualidade de um paciente era, infelizmente, assunto completamente diferente.

Tratamento de choque

No início da década de 1930, o confinamento físico era o principal método "terapêutico" para controlar a homossexualidade. Do que se pode deduzir a partir dos registros médicos, os profissionais do Sanatório Pinel pouco fizeram além disso para modificar o comportamento de Napoleão, Adalberto, Sydney, Macario ou outros que foram detidos da mesma forma. Considerava-se que uma permanência de semanas ou meses no hospital iria alterar um desvio da pessoa e colocá-lo num caminho correto para a heteronormalidade.

Contudo, já pelo fim da década de 1930, tratamentos médicos mais intervencionistas começam a ser prescritos. O Dr. Pacheco e Silva, que continuava a dirigir tanto o hospital público quanto o asilo psiquiátrico privado, adotou entusiasticamente novas técnicas terapêuticas aplicadas na Europa e nos Estados Unidos.[79] Os médicos no Pinel começaram a utilizar "convulsoterapia" e injeções de insulina para "curar" o que consideravam um comportamento esquizofrênico. A convulsoterapia consistia em injetar o medicamento cardiazol em um paciente em quantidades cada vez maiores para provocar ataques epiléticos.[80] A "insulinoterapia" por sua vez era destinada a causar choque hipoglicêmico, levando o paciente ao coma. Essa técnica foi usada para tratar a esquizofrenia e a paralisia geral.[81] A terapia de aversão com eletrochoques de baixa intensidade para curar a homossexualidade foi utilizada pela primeira vez nos Estados Unidos em 1935. Em 1941, o Dr. Pacheco e Silva acrescentou a terapia de eletrochoque à lista de tratamentos praticados no Pinel. Experimentos similares aos que eram levados a termo no Pinel em "invertidos" brasileiros também eram aplicados em hospícios públicos nos Estados Unidos em 1941, mostrando o quanto Pacheco e Silva estava atualizado com os métodos em voga nos Estados Unidos à época.[82]

Entre os internos no Pinel que receberam terapia de choque estava um paciente que acreditava ouvir os outros chamando-o de "viado" pelas costas e um outro cujas ansiedades acerca de seu comportamento efeminado e características físicas conduziram a um diagnóstico psicológico de esquizofrenia.[83] Em outros casos, ainda, os médicos aparentemente empregavam essas novas terapias para disciplinar homens que não manifestassem nenhum comportamento psicológico "anormal" além da suspeita de tendências homossexuais.

Um paciente diagnosticado como esquizofrênico e submetido a tratamento de choque foi Armando de S. O. Filho. Descrito como um jovem inteligente com dotes artísticos, especialmente para literatura e música, o "publicista" de 25 anos de idade foi inicialmente admitido no Pinel em 29 de outubro de 1939.[84] Armando se casara aos 19 anos e sofria de ciúmes insanos de sua esposa, a quem acusava de manter casos extraconjugais. Após uma altercação particularmente violenta com ela, a família de Armando o levou para repousar numa estância de férias no litoral paulistano. Aí ele desenvolveu um temor de que sua voz havia mudado e de que estava se tornando um "invertido sexual". E, para piorar, Armando acreditava que todo mundo percebia o fato e que as pessoas falavam dele pelas costas, comentando sua transformação. A família de Armando decidiu hospitalizá-lo. Confinado por seis meses, foi liberado em abril de 1940, para ser readmitido um ano mais tarde para "tratamento" adicional, que agora incluía eletrochoques e convulsoterapia.

Embora Armando estivesse inseguro em relação à sua identidade sexual, o medo ansioso de sua família de que seu filho houvesse se tornado um invertido foi a mola propulsora de sua hospitalização. Durante sua primeira estada no Pinel, em 1939, antes que a terapia de eletrochoque se tornasse um procedimento comum, aparentemente a equipe médica não se comprometera com nenhuma terapia curativa, e presumiu-se que só o confinamento bastaria para regenerá-lo. Mas, uma vez introduzidas as terapias de choque, elas passaram a ser as medidas correcionais favoritas para o comportamento sexual desviante. Embora não esteja claro se Armando estava envolvido em práticas homossexuais, sua própria ansiedade sobre a possibilidade de vir a ser um invertido claramente desempenhou um papel decisivo em seu colapso nervoso. Mas ele não era o único internado no Pinel em razão de um colapso causado pelo medo de se tornar homossexual. No dia 11 de março de 1940, o irmão de Mario B. levou o bancário solteiro, de 34 anos de idade, do Rio de Janeiro ao hospital em São Paulo.[85] No formulário de admissão, sob o quesito "Outras informações", o irmão dele anotou: "Ultimamente imaginava ser tido como homossexual, e por ser considerado louco como tal, queria que o Banco internasse". O médico que cuidou da internação se estendeu em mais detalhes sobre o caso, observando que Mario sempre tivera uma imaginação forte, era sensível e muito emotivo. Em 1935, ele entrou em depressão porque sentiu que não dava o apoio necessário aos irmãos e temia ser um homossexual. No início, foi levado a um hospício do Rio de Janeiro, onde foi diagnosticado como esquizofrênico e submetido a insulinoterapia e convulsoterapia, mas nenhuma das duas "produziu o que dela se esperava". Diagnosticado outra vez como estando situado "entre as formas esquizofrênicas constitucionais, com rápida evolução para a demência completa", Mario permaneceu na instituição por quatro anos. Em dezembro de 1941, seu pai autorizou a terapia de eletrochoque. Mas os registros não assinalaram se o tratamento foi ou não administrado.

Uma vez que a maioria dos arquivos médicos contém poucos detalhes sobre a vida dos internos segundo o próprio ponto de vista deles, é impossível saber se esses pacientes alguma vez estiveram envolvidos em práticas homossexuais. De acordo com seu irmão, os temores de Mario de ser um homossexual e seus sentimentos de inadequação no cumprimento das obrigações filiais provocaram a crise nervosa. Mas é igualmente possível que a ansiedade da própria família sobre sua possível homossexualidade a levasse a removê-lo de casa e interná-lo no hospital a fim de ser "curado".

A terapia de insulina e eletrochoque era usada em pacientes homossexuais até mesmo quando não havia sinal de comportamento esquizofrênico, e a intenção parecia antes ser disciplinar do que curar. Foi assim que Octávio de Barros de O., um estudante carioca de 20 anos, passou um ano no Sanatório Pinel.[86] As anotações do médico supervisor indicam que Octávio não apresentava problemas psicológicos, mas o rapaz era introvertido e de algum modo deu a impressão de ter medo de perseguição. O médico também mencionava que Octávio passara três meses no Sanatório Botafogo, onde fora submetido a insulinoterapia e convulsoterapia, pelas quais demonstrara o mais completo horror. (O desprezo de Octávio pelo tratamento médico no Rio de Janeiro talvez explique seus temores persecutórios.) Seu registro médico não diz nada sobre quem o internou no hospício ou sobre os tratamentos que ele recebeu durante o ano que passou no Pinel. Mas não deixa de mencionar a não interrupção de seus desejos sexuais: "Durante a sua estada no Sanatório o paciente continuou a apresentar sinais indicativos de rebaixamento dos sentimentos éticos, sendo necessário submetê-lo à contínua vigilância, em virtude das suas tendências homossexuais". Para grande desapontamento do médico, ele foi embora "sem apresentar maiores modificações em seu estado", de onde se pode inferir que suas tendências homossexuais permaneceram as mesmas.

Outra vítima dos "tratamentos" de choque foi Renato E. de A.[87] Um solteirão de 29 anos de idade, advogado de profissão, nasceu e foi criado no Rio de Janeiro. Seu pai, o Dr. Bernardino E., provavelmente ele mesmo um advogado, conduziu seu filho na longa viagem até São Paulo no dia 15 de junho de 1943. De acordo com o diagnóstico médico, o "paciente é calmo, orientado e consciente. Para o lado da esfera psíquica não notamos qualquer espécie de distúrbio. Foi trazido ao

Sanatório pela conduta irregular que de algum tempo para cá vem apresentando; manifesta tendências homossexuais bastante acentuadas. Pelos próprios hábitos externos vemos o instinto feminino que o domina: usa batom nos lábios, cabeleira postiça, raspa os pelos do tórax e abdômen etc.".

Ao que tudo indica, Renato já estava integrado à vida homossexual carioca. Ele passara a usar maquiagem e raspava os pelos do corpo. Sua metamorfose alarmou o pai, que ficou preocupado com a indiferença do filho à profissão e com sua fixação pela própria aparência. No formulário de admissão, o pai de Renato escreveu que ele não tinha vontade de trabalhar, desenvolvera uma tendência a mentir e manifestava problemas mentais desde os nove anos. Num surpreendente adendo às fichas de internação, ele fornece informações pormenorizadas sobre o filho:

> O paciente, ora internado, apresenta desde aproximadamente os oito ou nove anos anormalidades;
> A) Infância: evitava no colégio convívio dos outros meninos; durante o recreio permanecia isolado, pois tinha uma grande aversão a todos os jogos e exercícios masculinos.
> B) Adolescência: por motivo injustificável deixou de frequentar as aulas durante o último ano ginasial; teve que entrar em segunda época nos exames.
> C) Mocidade: grande indolência, inaptidão para o trabalho, excessiva preocupação com sua beleza. Durante horas, quatro ou cinco, permanecia no banheiro "preparando-se". Saía ao anoitecer e trocava os dias pelas noites.

Segundo a descrição de seu pai, a homossexualidade de Renato brotava de sua indiferença às atividades masculinas – esportes, estudo, carreira profissional e trabalho pesado. Em vez de seguir os passos do pai como advogado, Renato ignorou a conduta burguesa apropriada e levou uma vida boêmia. Seu apego excessivo aos cuidados pessoais confirmaram os medos de seu pai de que o comportamento feminino anterior do filho tivesse evoluído para uma homossexualidade desavergonhada.

Embora os médicos do Pinel não achassem que Renato sofresse de qualquer distúrbio mental observável, eles, no entanto, decidiram submetê-lo ao tratamento médico padrão prescrito aos considerados esquizofrênicos. Entre 29 de junho e 10 de agosto de 1943, Renato sofreu a terapia de eletrochoque onze vezes. Um mês depois, recebeu permissão de deixar o prédio uma vez por semana para caminhadas diárias, e foi liberado nove meses após o início de sua hospitalização. Infelizmente, o registro médico não revela o diagnóstico final da condição de Renato quando ele deixou o Pinel. Teria ele, como Napoleão, oito anos antes, aquiescido aos desejos da família de abandonar seu comportamento "degenerado"? Teriam as onze sessões de terapia de eletrochoque o dissuadido de ao menos tornar seus desejos e sua identidade sexual manifestos, de modo a encerrar o tratamento? Será que Renato voltou ao seu estilo de vida boêmio ou atendeu aos apelos de seu pai para exercer a profissão de advogado e se tornar um sólido membro da sociedade? Ainda que jamais venhamos a saber dos resultados do tratamento favorito do Sanatório Pinel no início da década de 1940, o caso de Renato deixa patente que a terapia de eletrochoque havia se transformado em mais do que uma maneira de arrancar as vítimas de uma esquizofrenia paranoide de seu estupor autista. O tratamento infligido a Renato por causa de seu comportamento não convencional pode ter passado como cura, mas se tratava, na verdade, de punição. Ao lidar com manifestações de homossexualidade entre homens de classe média, as soluções da profissão médica, assim como as prisões arbitrárias de pessoas de classe baixa e homens de pele escura, não alcançavam os resultados esperados. O comportamento homossexual continuava à prova do apaziguamento.

O Estado Novo e o corpo, 1937-1945

A maioria dos estudos sobre o Estado Novo enfatiza a centralização do poder político e a reestruturação das relações de classe durante o período.[88] Outros historiadores examinaram a ideologia política do regime, mostrando de que modo o Estado Novo usava de práticas autoritárias que eram parte das tradições brasileiras, agora modernizadas e incorporadas como veículos de propaganda e educacionais para a política varguista.[89] O crescimento do poder estatal no controle da vida diária, dos desfiles de carnaval aos sindicatos do comércio, está extensamente documentado. Alcir Lenharo observou que "o projeto de reordenamento da sociedade – o corporativismo – se apoia inteiramente na imagem de organicidade do corpo humano. As partes que compõem a sociedade foram pensadas tal como o relacionamento dos órgãos do corpo humano: integralmente e sem contradições. O objetivo do projeto, portanto, visava neutralizar os focos de conflitos sociais, tornando as classes (órgãos) solidárias umas com as outras".[90] A dissolução dos partidos políticos, a ilegalização das greves e a proibição expressa da liberdade de imprensa eram parte da reordenação do corpo político.

O corpo físico em si mesmo não foi deixado de fora dessa reconstrução da nação brasileira. Novas revistas surgiram, enfatizando a saúde, a higiene e a educação física. O governo promoveu a "nova" masculinidade, idealizando força, juventude e poder. Uma revista de educação física sintetizava esse ideal: "A nova Educação Física deverá formar um homem típico que tenha as seguintes características: de talhe mais delgado que cheio, gracioso de musculatura, flexível, de olhos claros, pele sã, ágil, desperto, ereto, dócil, entusiasta, alegre, viril, imaginoso, senhor de si mesmo, sincero, honesto, puro de atos e pensamentos...".[91] Escolas e fábricas passaram a constituir espaços para exercícios em grupo, esportes e marcha. A entrada do país na Segunda Guerra Mundial em 1942 apenas acelerou esse processo, enquanto a produção tornou-se militarizada. No Dia do Trabalho nesse mesmo ano, Vargas proclamou diante de uma multidão de trabalhadores que "soldados, afinal, somos todos, a serviço do Brasil".[92]

Paradoxalmente, à medida que o corpo físico brasileiro era colocado em tal relevo, havia um sensível declínio no número de escritos sobre a homossexualidade entre os profissionais médico-legais. Inúmeras hipóteses podem servir para explicar essa diminuição na produção intelectual acerca do tema. Em primeiro lugar, é preciso lembrar que a maior parte do trabalho teórico sobre a homossexualidade fora importada da Europa e, num grau muito menor, dos Estados Unidos. Com o continente europeu em tumulto durante a década de 1930 e o mundo em guerra nos anos 40, o Brasil perdeu o acesso fácil a novos escritos que poderiam ter se somado à literatura disponível ou inspirado uma produção intelectual posterior. Em segundo lugar, nenhuma cura médica imediata acompanhou a principal explicação médica para a homossexualidade: os desequilíbrios hormonais. A terapia de transplante de testículo não se firmou como tratamento popular; na verdade, não há o menor indício de que os médicos brasileiros sequer tenham procurado testar esse possível remédio. As teorias de Marañón e outros sobre "intersexualidade" e "missexualidade", baseadas numa compreensão equivocada do desenvolvimento embrionário, caíram em descrédito. Além do mais, os profissionais brasileiros não contavam com os recursos para montar laboratórios onde pudessem conduzir suas próprias pesquisas em endocrinologia ou bioquímica.[93] Os intelectuais mais reputados começaram a abandonar as teorias eugênicas, especialmente aquelas marcadas por um viés racial, na década de 1940, em parte em razão da associação dessas ideias com a Alemanha nazista. Escritores como Gilberto Freyre, que haviam redefinido a contribuição dos africanos à cultura brasileira, começaram a assumir um papel proeminente no debate intelectual nacional, desacreditando ainda mais as ideias de eugenia.[94] Após uma década de intenso debate, os escritos e "pesquisas" sobre a homossexualidade, como tema de discussão dos profissionais médicos e legais, foram relegados à margem.

Em menos de duas décadas, a homossexualidade havia sido intensamente estudada, classificada e patologizada. Embora esse processo tenha se iniciado no fim do século XIX, a consolidação do papel dos profissionais médicos e legais sob a República Velha (1889-1930) e o governo Vargas (1930-1945) diante do Estado facilitou a "medicação" do homossexual. Esses profissionais venceram a queda-de-braço para decidir a quem pertencia a jurisdição sobre o assunto, embora tivessem de dividir sua autoridade com a polícia e o Estado. Durante a ditadura varguista, a elite governante decidiu não estabelecer um hospital específico para curar homossexuais ou passar uma lei determinando explicitamente a homossexualidade como um crime contra o pudor público. Isso não era necessário. O corpo social enfermiço das duas décadas precedentes estava se tornando robusto graças ao exercício, à alimentação e à disciplina da nova ordem. A ênfase passou a recair sobre uma imagem positiva e saudável da sociedade brasileira, descartando-se o conceito de degenerescência que merecera tanto destaque no passado.

Isso não significa, contudo, que os escritos dos profissionais médico-legais a respeito da homossexualidade estivessem fadados às sombras do esquecimento. As ideias e teorias desenvolvidas durante os anos 30 foram popularizadas na década seguinte por meio de manuais sexuais, que atingiam amplos setores da sociedade brasileira. Segundo Celeste Zenha Guimarães, que pesquisou os "mitos" da homossexualidade, "A divulgação dos conceitos médicos através de manuais de vulgarização tornou-se necessária para formar os agentes dessa educação. A partir da década de 1930 no Brasil ocorre uma disseminação expressiva deste tipo de produto e durante a década de 1940 torna-se ainda mais elevada. Tais compêndios trazem em linguagem acessível os conceitos por nós já analisados, com o intuito de levar a população a temer a realização de determinadas práticas, bem como no contato com os 'tipos físicos e morais' descritos nos tratados de medicina legal e psicopatologia forense".[95]

Finalmente, os escritos de médicos e outros profissionais harmonizaram-se com esses manuais populares sobre sexo, que reforçavam opiniões de longa data a respeito da homossexualidade. Embora os especialistas brasileiros citassem constantemente as teorias europeias, eles tendiam a adaptar os modelos emprestados às noções brasileiras dominantes sobre a sexualidade e às ideias populares sobre atividades homoeróticas. Talisman Ford argumentou que os sexólogos brasileiros esvaziavam a importância de classificar homossexuais com base na escolha de seu objeto sexual, o que era um componente-chave da construção médica do homossexual na Europa na virada do século. Em vez disso, os escritores brasileiros se concentraram antes num comportamento predeterminado para gêneros específicos e nos papéis sexuais hierárquicos ao categorizar homossexuais. Assim, para a maioria dos sexólogos europeus, um homem era considerado homossexual se houvesse feito ou desejado fazer sexo com outro homem, independentemente das fantasias ou práticas específicas que levasse para a cama. Características inerentes, fossem congênitas ou adquiridas, geravam um ser único, o homossexual, com uma essência única. No sexo anal, tanto o homem que penetrava quanto o que era penetrado seriam assim considerados homossexuais. Como mostra Ford, os médicos brasileiros e outros observadores reenquadraram as teorias europeias sobre a homossexualidade em linhas que se conformassem com pressuposições populares, associando homossexualismo masculino com modos efeminados e passividade anal no sexo. Os escritores brasileiros estavam de acordo quanto à existência do pederasta "ativo", bem como do "passivo", como fizeram Viveiros de Castro e Pires de Almeida na virada do século, mas a ênfase estava no indivíduo que se ajustasse mais de perto às representações tradicionais da mulher na sociedade brasileira, ou seja, o homem efeminado que, segundo as aparências, era receptivo no ato sexual. O parceiro "ativo" presumivelmente possuía características masculinas e, logo, não compartilhava da mesma essência homossexual fixa típica do homem efeminado. Essa adaptação de teorias europeias ao entendimento local do homoerotismo pode ser a explicação para o fato de o modelo do homossexual baseado na escolha do objeto sexual não ter se tornado uma construção disseminada no Brasil nesse período, como sugeriu Ford.[96]

"Pederastas passivos" e homens efeminados eram, de fato, o principal foco da pesquisa e da produção de textos brasileiros. Isso devia-se, em parte, à maior visibilidade deles na paisagem urbana do Rio e de São Paulo, bem como à sua vulnerabilidade ao assédio da polícia, à detenção e, por vezes, à pesquisa "científica". Com as sobrancelhas pinçadas e as maçãs cheias de ruge, eles definitivamente não se confundiam com a multidão. Porém, como vimos no Capítulo 2, as práticas sexuais reais dos chamados "pederastas passivos" eram mais complexas do que os modelos que os sexólogos usaram para investigá-los. A "inconsistência" no comportamento sexual de certos indivíduos em relação ao sexo "ativo" e "passivo" com frequência desafiava o paradigma "brasileiro" que definia e categorizava o comportamento homoerótico.

No entanto, igualmente importante ao se medir a influência dos modelos teóricos europeus selecionados pelos sexólogos brasileiros na elaboração e reelaboração de conceitos populares sobre homossexualidade é o efeito real que esses profissionais médico-legais tinham na vida cotidiana dos homens envolvidos em atividades homoeróticas ou na população como um todo. Embora o objetivo expresso de muitos escritores sobre o assunto fosse educar a sociedade acerca dessa doença social, grande parte de seu material era escrita em periódicos profissionais dirigidos à polícia, aos criminologistas e aos médicos. Suas ideias sobre homossexualidade certamente influenciaram as profissões médicas e legais, bem como criminologistas, e tiveram assim certo impacto nos padrões de "tratamento". Porém, nada indica que essas publicações atingissem um público mais amplo. Desse modo, o efeito de seus textos sobre a maioria dos homossexuais era, na melhor das hipóteses, indireto.

A propagação de suas teorias e ideias disseminadas pelos manuais de educação sexual tendia a ofuscar os pontos instrutivos em suas propostas para o tratamento do homossexualismo. As novas publicações populares sobre sexo muitas vezes combinavam resumos muito breves das teorias dos sexólogos europeus e brasileiros com afirmações de caráter moralista e religioso que associavam homossexualismo com vício e corrupção. Um livro desse tipo, *Psicoses de amor*, do prolífico sexólogo Hernani de Irajá, estava já na quarta edição em 1931, e conheceria mais outras quatro até 1954. Um artigo que recebeu chamada de capa da popular *Fon-Fon*, por exemplo, saudava Irajá como um dos intelectuais mais importantes do momento e proclamava o livro "uma obra notável sobre assumptos de patologia do amor".[97] Ilustrando o capítulo intitulado "Homossexualidade: inversão sexual" havia um desenho em nanquim de pequenos seres macabros com as unhas e os dentes gotejando sangue. Uma horda de esqueletos e homens em sofrimento transmitia a mensagem de que a homossexualidade levava direto ao inferno. O autor não deixava margem para dúvidas sobre seu ponto de vista a respeito do assunto: "A homossexualidade é o amor ou a prática de atos sexuais entre indivíduos do mesmo sexo. Em geral os indivíduos moral e fisicamente gastos, em estado de verdadeira decadência e corrompidos sob todos os aspectos, procuram reavivar as sensações embotadas com prazeres novos e estranhos. Donde o vício da pederastia".[98] A despeito de todos os esforços de Ribeiro e outros na profissão médico-legal em apresentar uma visão menos moralista e mais "científica" da homossexualidade, essa perspectiva continuou perfeitamente a predominar na literatura popular até a década de 1970.

Notas

1 Caso n.1.126, Napoleão B., Sanatório Pinel, Pirituba, São Paulo, Arquivo do Estado de São Paulo.

2 "Forum Criminal." *Diário de São Paulo*, 19 fev., 1935, p.3.

3 Caso n.1.126, Sanatório Pinel.

4 Embora os arquivos não forneçam nenhuma prova explícita de que Napoleão e João Cândido mantivessem um relacionamento homoerótico, as evidências circunstanciais apontam fortemente para outra conclusão.

5 Nachman, "Positivism, Modernization, and the Middle Class in Brazil", 1977, p.1-23; Herschmann & Pereira, "O imaginário moderno no Brasil", 1994, p.9-42.

6 Stepan, *"The Hour of Eugenics"*: Race, Gender and Nation in Latin America, 1991, p.39.

7 Leonídio Ribeiro, por exemplo, era titular de uma cadeira em Medicina Legal e Criminologia na Escola Médica Fluminense. Ele também lecionou nas Escolas de Direito e Medicina do Rio de Janeiro e foi, na mesma época, diretor do Instituto de Identificação, ligado à Polícia Civil carioca, e chefe do Laboratório de Biologia Infantil. Edmur de Aguiar Whitaker foi um médico psiquiatra ligado ao Serviço de Identificação da polícia e professor de Psicologia Jurídica da Academia de Polícia de São Paulo. Antônio Carlos Pacheco e Silva foi professor de Psiquiatria Clí-

nica na Universidade de São Paulo e na Escola Paulista de Medicina, além de diretor do hospício público do Juqueri e do Sanatório Pinel, particular. Pacheco e Silva foi também um ativo líder na mais importante sociedade brasileira de eugenia, a Liga da Higiene Mental. Ribeiro, *De médico a criminalista*: depoimentos e reminiscências, 1967, p.1-5; Whitaker, *Manual de psicologia e psicopatologia judicial*, 1958, p.3; Pacheco e Silva, *Psiquiatria clínica e forense*, 1940, p.354.

8 Ford, *Passion in the Eye of the Beholder*: Sexuality as Seen by Brazilian Sexologists, 1900-1940, 1995, p.32-48. Gostaria de agradecer a Talisman Ford por compartilhar seu trabalho comigo. Para um estudo das relações entre a inteligência brasileira e o Estado no período, ver Miceli, *Intelectuais e classe dirigente no Brasil (1920-1945)*, 1979.

9 Entre essas publicações que incluíam os artigos desses homens sobre a homossexualidade estavam: *Arquivos de Polícia e Identificação* (São Paulo), *Arquivos da Polícia Civil de São Paulo*, *Arquivos da Sociedade de Medicina Legal e Criminologia de São Paulo*, *Arquivos de Medicina Legal e de Identificação* (Rio de Janeiro).

10 Nunes, "As perversões em medicina legal", 1928, p.5; Albuquerque, *Da impotência sexual no homem*, 1928, p.85-6; Valente Júnior, *Da responsabilidade moral e legal dos médicos*, 1929, p.5; Santos, *Caracteres sexuais neutros e intersexualidade*, 1931, p.186-7; Viveiros de Castro, *Attentados ao pudor*: estudos sobre as aberrações do instincto sexual, 1934, p.211-8; Peixoto, *Sexologia forense*, 1934, p.155-6; Lima, *A inversão dos sexos*, 1935, p.125-35; Irajá, *Psicoses do amor*: estudo sobre as alterações do instinto sexual, p.221-30; Ribeiro, *Homossexualismo e endocrinologia*, 1938, p.61-2; Sinisgalli, "Considerações sobre o homossexualismo", *Arquivos de Polícia e Identificação*, v.2, 1938-1940, p.305; Pacheco e Silva, *Psiquiatria clínica e forense*, p.354; Ribas, "Oscar Wilde à luz da psiquiatria", 1948, p.172-5.

11 Ribeiro, por exemplo, cita diversos autores brasileiros que mencionam práticas homoeróticas entre grupos indígenas nativos. Ribeiro, *Homossexualismo e endocrinologia*, p.85-8.

12 Ribeiro, *O novo código penal e a medicina legal*, 1942, p.174-81. Ribeiro dedica seis páginas de seu capítulo sobre "Inversão sexual" ao famoso escritor e poeta que "ficou na história judiciária de todos os tempos". Ver também Ribas, "Oscar Wilde à luz da psiquiatria", p.87-185.

13 Freyre, *Casa grande e senzala*. A formação da família brasileira sob o regime da economia patriarcal, 1983.

14 Nunes, *As perversões em medicina legal*, p.11.

15 Ribeiro, *Homossexualismo e endocrinologia*, p.32.

Controle e cura: reações médico-legais

16 Peixoto, "Introdução", in: Lima, *A inversão dos sexos*, p.viii. Ironicamente, Peixoto morreu em 1947, um ano antes de Alfred Kinsey publicar seu inovador estudo, *Sexual Behavior in the Human Male*, que lançou uma nova luz sobre a homossexualidade e forneceu estimativas estatísticas similares às sugeridas por Peixoto.

17 Por todo esse período de reconsolidação da influência da Igreja Católica em assuntos civis, a hierarquia manteve seus tradicionais pontos de vista sobre a mulher, a família e a sexualidade. Ver Azzi, "Família, mulher e sexualidade na Igreja do Brasil (1930-1964)", 1993, p.101-34.

18 Della Cava, "Catholicism and Society in Twentieth Century Brazil", 1976, p.9-19. Mainwaring, *The Catholic Church and Politics in Brazil, 1916-1985*, 1986, p.26-34. Beozzo, "A igreja entre a Revolução de 1930, o Estado Novo e a redemocratização", 1984, p.273-341.

19 Negromonte, *A educação sexual (para pais e educadores)*, 1953.

20 Stepan, *The Hour of Eugenics*, p.41.

21 Para uma descrição detalhada da transmissão das teorias eugênicas aos médicos brasileiros no entreguerras, ver Stepan, *The Hour of Eugenics*; e Costa, *História da psiquiatria no Brasil: um corte ideológico*, 1976.

22 Villa, *Il deviante e i suoi segni: Lombroso e la nascita dell'antropologia criminale*, 1985.

23 Marañón, "Una clasificación de los homosexuales desde el punto de vista médico-legal", 1937, p.90-100.

24 Marañón, "Prefácio", in: Ribeiro, *Homossexualismo e endocrinologia*, p.15.

25 Outros médicos que adotaram as teorias de Marañón sobre o desequilíbrio endócrino incluem Santos, *Caracteres sexuais neutros e intersexualidade*, 1931, p.161; Peixoto, "Missexualismo", 1933, p.67-73; Bello da Mota, *Homossexualismo em medicina legal*, 1937, p.20-1; Whitaker, "Contribuição ao estudo dos homossexuais",1938-1939, p.32-5; Moncau Junior, "Pesquisas endocrinológicas em criminosos", 1938-1939, p.92-101; Pacheco e Silva, *Psiquiatria clínica e forense*, 1940, p.354; Sinisgalli, "Considerações gerais sobre o homossexualismo", p.282-303; Marone, "Considerações em torno de uma nova classificação de missexuais", 1945, p.103-36.

26 Para uma análise do contexto social e das conexões profissionais entre os sexólogos brasileiros, ver o capítulo 2, "The Sexology Club: Background, Goals, and Motivations of Brazilian Sexologists", in: Ford, *Passion in the Eye of the Beholder*, p.27-56.

27 Pereira, "O direito de curar: homossexualidade e medicina legal no Brasil dos anos 30", 1994, p.109.

28 Esforços do governo brasileiro em controlar trabalhadores indóceis começaram antes da chegada de Vargas ao poder, nos anos 30. Depois da greve geral de 1917 em São Paulo e de novo movimento de paralisação em 1919, os patrões redigiram uma lista negra de "trabalhadores indesejáveis" e fundaram o Departamento de Ordem Política e Social, em 1924, a fim de facilitar a repressão a anarquistas, socialistas e comunistas. Weinstein, *For Social Peace in Brazil*: Industrialists and the Remaking of the Working Class in São Paulo, 1920-1964, 1996, p.53. Para detalhes sobre o crescimento da repressão policial no Rio de Janeiro durante os primeiros anos do governo Vargas, ver Conniff, *Urban Politics in Brazil*: The Rise of Populism, 1925-1945, 1981, p.138-42. Para o impacto das carteiras de trabalho sobre os trabalhadores, ver também Dean, *A industrialização em São Paulo, 1880-1945*, 1991, p.186-92.

29 Ribeiro, *De médico a criminalista*, p.237-43.

30 Ribeiro, *Homossexualismo e endocrinologia*, p.104-5. Esse estudo estava entre os quatro projetos incluídos na obra em três volumes de Ribeiro, que lhe valeu o Prêmio Lombroso em 1933. Após citar estudos europeus que ligavam biótipos à criminalidade, Ribeiro apresentava os resultados estatísticos de seu estudo sobre 33 afro-brasileiros acusados de crimes. Ele apontava para a predominância de homens com pernas muito longas em relação aos seus troncos. Ribeiro falhou em sua tentativa de estabelecer uma correlação direta entre essa característica física e a tendência dos negros brasileiros de cometer crimes violentos, observando que as alterações em razão de distúrbios nas glândulas endócrinas poderiam ser uma consequência de doenças infecciosas contraídas na infância ou na adolescência.

31 Ibidem, p.106-7.

32 Ibidem, p.41, 108.

33 Ibidem, fotografias entre as páginas 105 e 106.

34 Ibidem, fotografias entre as páginas 104 e 105.

35 Ibidem.

36 Ribeiro, "O problema médico-legal do homossexualismo sob o ponto de vista endocrinológico", 1935, p.146-7.

37 Ribeiro, *Homossexualismo e endocrinologia*, p.36.

38 Whitaker, "Contribuição ao estudo dos homossexuais", p.32-5. Entre esses estudos está o de Moncau Junior, "Pesquisas endocrinológicas em criminosos", que examinava 86 delinquentes, incluindo diversos "pederastas passivos", a fim de determinar as influências endocrinológicas sobre eles, e a pesquisa conduzida pelos alunos do Instituto de Criminologia de São Paulo, sob a coordenação de Whitaker, amplamente citado no Capítulo 2.

39 Nunes, *As perversões em medicina legal*, p.25-6.

Controle e cura: reações médico-legais

40 Ibidem, p.45-7.

41 Ver o capítulo, "The Whitening Ideal after Scientific Racism", in Skidmore, *Black into White*, 1993, p.173-218.

42 Para uma análise detalhada do papel desempenhado por Ribeiro como consultor psiquiátrico no caso e os modos pelos quais a profissão médico-legal elaborou uma ligação entre sadismo, homossexualidade, profecia espiritual e insanidade, a fim de justificar a detenção de Febrônio numa instituição psiquiátrica, em vez de numa prisão, ver Fry, "Febrônio Índio do Brasil: onde cruzam a psiquiatria, a profecia, a homossexualidade e a lei", 1982, p.65-80.

43 Ribeiro, *Homossexualismo e endocrinologia*, p.116.

44 Ibidem, p.123.

45 Ribeiro não era o único especialista médico-legal a insistir na ligação entre traços físicos e criminalidade. Murillo de Campos, um psiquiatra que também servia como testemunha da defesa, compartilhava desse ponto de vista: "As tendências psicossexuais, postas à mostra nos crimes de Febrônio, coincidem, por sua vez, com uma constituição física rica em displasia, em elementos de natureza eunucoide (bacia larga, ginecomastia, pelos ausentes do tronco e membros glabros etc.)" (ibidem, p.130). O terceiro membro da bancada de especialistas da defesa, Heitor Carrilho, então diretor do hospital do Rio de Janeiro para criminosos insanos, argumentou que Febrônio deveria ser hospitalizado para o resto da vida, e não receber a sentença máxima de trinta anos por homicídio. O juiz concordou com ele, e Febrônio continuou no Manicômio Judiciário por mais de cinquenta anos. Fry relata uma visita ao hospital para criminosos insanos em que foi ao encontro de Febrônio em 1982 (Fry, "Febrônio Índio do Brasil", p.79).

46 Pacheco e Silva, "Psicopatias constitucionais. Estados atípicos de degeneração", *Psiquiatria clínica e forense*, 1940, p.346-81. O livro ganhou um prêmio da Escola de Medicina da Universidade de São Paulo e da Sociedade de Medicina Legal e Criminologia de São Paulo. Pacheco e Silva se identificava publicamente com conceitos eugênicos e raciais que denegriam os não brancos. Ele conseguiu o que queria ao inserir suas ideias no debate político dos anos 30. Pacheco e Silva foi eleito para a Assembleia Constituinte que redigiu a Carta de 1934. Um dos temas veementemente discutidos na assembleia era a relação entre raça e imigração. Alguns deputados reivindicavam que se restringisse a entrada de imigrantes asiáticos e não brancos, dado o forte aumento no número de imigrantes japoneses que haviam entrado no Brasil nos anos 20. Pacheco e Silva falou contra a imigração de não brancos, usando argumentos psico-raciais para justificar seu ponto de vista. Ele declarava enfaticamente que os "japoneses são extremamente suscetíveis a certos distúrbios mentais e que ... quando psiquicamente doentes, manifestam acentuadas tendências à prática de crimes" (Apud Luizetto, *Os cons-*

tituintes em face da imigração, 1975, p.27). O discurso de Pacheco e Silva sobre raça, eugenia, imigração e a necessidade de manter a pureza da raça branca está em Pacheco e Silva, *Direito à saúde*: documentos de atividade parlamentar, 1934, snp.

47 Pacheco e Silva, "Psicopatias constitucionais...", op. cit., 1940, p.369-74.

48 Ibidem, p.374-81. O mesmo estudo de caso apareceu na forma de um artigo, "Um interessante caso de homossexualismo feminino", 1939, p.69-81. Ele foi também reimpresso pela Sociedade de Medicina Legal e Criminologia de São Paulo como um panfleto.

49 Sueann Caulfield descobrira três outros casos de mulheres que se vestiam como homens em sua revista *Vida Policial*, um periódico policial semanal do Rio de Janeiro. Para sua discussão acerca das "mulheres-homens", como eram chamadas, ver Caulfield, "Getting into Trouble: Dishonest Women, Modern Girls, and Women-Men in the Conceptual language of *Vida Policial*, 1925-1927", 1993, p.172-4.

50 Pacheco e Silva, *Psiquiatria clínica e forense*, 1940, p.361, 365.

51 Ibidem, p.369.

52 Peixoto, introdução ao livro de Estácio de Lima, *A inversão dos sexos*, p.viii. Os argumentos de Peixoto e Ribeiro ecoavam a posição majoritária entre intelectuais no fim da década de 1920 e nos anos 30 sobre o modo como a sociedade deveria lidar com a homossexualidade. Por exemplo, em 1928, Nunes admitiu que dados os avanços da ciência, "as penas com que antigamente castigavam os pervertidos eram excessivamente rigorosas". Ele atribuía às profissões médicas e legais, contando com a assistência da justiça e do sistema presidiário, o papel de curar e controlar a homossexualidade e, assim, assegurar a tranquilidade social (Nunes, *As perversões em medicina legal*, p.45-6).

53 Ribeiro, *Homossexualismo e endocrinologia,* p.27. Nem todos os juristas e médicos eram desejosos de abandonar o papel da polícia e do sistema judiciário em conter e controlar a visível proliferação da homossexualidade. Em 1933, o professor Rocha Vaz, da Escola Médica do Rio de Janeiro, delineou uma estratégia de sanções legais e criminais combinadas com tratamento médico. Em um estudo apresentado numa conferência da Sociedade de Medicina e Cirurgia do Rio de Janeiro, ele deixou clara sua posição: "Não tolerar o homossexualismo, mas curá-lo; o problema se resolve com a Polícia e com o Médico". Vaz, "Aspectos clínicos da intersexualidade", 1933, p.200.

54 Ribeiro, *Homossexualismo e endocrinologia*, p.170.

55 Nunes, *As perversões em medicina legal*, p.11-2. Adaptei a passagem inteira para a terceira pessoa do plural, a fim de proporcionar uma leitura mais coerente.

Controle e cura: reações médico-legais

56 Almeida, *Os projectos do código criminal brasileiro (de Sá Pereira) e do código dos delictos para a Itália (de Ferri)*, 1937, p.198. Ver, também, Ribeiro, *O novo código penal*, p.186-7.

57 A conferência foi patrocinada pela Associação Paulista de Medicina e a Sociedade de Medicina Legal e Criminologia de São Paulo. Ver Sinisgalli, "Considerações gerais sobre o homossexualismo", p.282-303.

58 Sinisgalli, "Observações sobre os hábitos, costumes e condições de vida dos homossexuais (pederastas passivos) de São Paulo", 1938-1940, p.308.

59 Para uma crítica contemporânea dos meios pelos quais o Estado Novo influenciava a opinião pública, ver Sharp, "Methods of Opinion Control in Present-day Brazil", 1941, p.3-16

60 Sinisgalli, "Considerações gerais sobre o homossexualismo", p.302.

61 Ibidem, p.303.

62 Nas sessões do Primeiro Congresso Paulista de Psicologia, Neurologia, Psiquiatria, Endocrinologia, Identificação, Criminologia e Medicina Legal realizado em julho de 1938, patrocinado pela Associação Paulista de Medicina e a Sociedade de Medicina Legal e Criminologia de São Paulo, foram apresentados os seguintes estudos relacionados à homossexualidade: Moncau Junior, "Pesquisas endocrinológicas em criminosos"; Whitaker, Kraus, Oliveira, Nogueira, Sinisgalli, "Estudo biográfico dos homossexuais (pederastas passivos) da capital de São Paulo. Aspectos da sua atividade social (costumes, hábitos, 'apelidos', 'gíria')", 1938-1939, p.244-60; Sinisgalli, "Considerações gerais sobre o homossexualismo" e "Observações sobre os hábitos, costumes e condições de vida dos homossexuais (pederastas passivos) de São Paulo" pelo mesmo autor. Além disso, em 30 de agosto de 1938, em encontro da Sociedade de Medicina Legal e Criminologia de São Paulo, Antônio Tavares de Almeida conduziu uma discussão acerca da "questão penal dos homossexuais", concluindo que "existe uma classe de homossexuais que necessita de cuidados especiais da lei". No dia 14 de setembro de 1939, no encontro da associação, Antônio Carlos Pacheco e Silva apresentou o estudo de caso "Um interessante caso de homossexualismo feminino".

63 Almeida, *Os projectos do código criminal brasileiro*, p.198.

64 Pierangelli, *Códigos penais do Brasil*: evolução histórica, 1980, p.301. A reforma legal proposta também sugeria uma sentença de um a três anos para o "sujeito ativo", se um caso envolvesse violência ou ameaça de violência, e de dois a seis anos se a vítima tivesse 14 anos ou menos. Essas cláusulas modificavam os Códigos Consolidados de 1932, mudando a pena máxima por violência carnal contra um menor de quatro para seis anos, e diminuindo a idade de consentimento de 21 para 14. Ibidem, p.373.

65 Leonídio Ribeiro, comentando a minuta da proposta em *O novo código legal*, observou que a homossexualidade feminina não constava do esboço do artigo. Ribeiro atribuiu essa omissão à dificuldade de comprovar a existência do dito comportamento (Ribeiro, *O novo código penal*, p.136). Mais provavelmente, a ausência de menção a lésbicas tinha a ver com um virtual silêncio sobre toda referência na literatura médica e legal a relações sexuais entre mulheres, excetuando breves menções históricas a Safo. Na época, como assinalado por Pacheco e Silva em seu estudo "Um interessante caso de homossexualismo feminino", os especialistas ainda consideravam que a homossexualidade fosse praticada exclusivamente por homens. As lésbicas e suas atividades sexuais permaneciam invisíveis.

66 Almeida, *Os projectos do código criminal brasileiro*, p.198.

67 Ribeiro, *Homossexualismo e endocrinologia*, p.82.

68 Ribeiro, *O novo código penal*, p.186-7.

69 Cunha, *O espelho do mundo*: Juquery, a história de um asilo, 1986, p.80.

70 Para uma visão geral da abordagem médico-legal de Franco da Rocha à doença mental, ver Franco da Rocha, *Esboço de psiquiatria forense*, 1904.

71 Apud Cunha, *O espelho do mundo*, p.157.

72 Ibidem, p.103, 156.

73 Ibidem, p.175.

74 Caso n.216, Adalberto de O., Sanatório Pinel, Pirituba, São Paulo, Arquivo do Estado de São Paulo.

75 Caso n.760, Sydney da S. F., Sanatório Pinel, Pirituba, São Paulo, Arquivo do Estado de São Paulo.

76 Serbin, *Priests, Celibacy, and Social Conflict*: A History of Brazil's Clergy and Seminaries, 1993, p.304-10. Gostaria de agradecer a Kenneth Serbin pelo empréstimo de documentos.

77 Caso n.139, padre Macario S., Sanatório Pinel, Pirituba, São Paulo, Arquivo do Estado de São Paulo.

78 O padre foi readmitido nove meses depois. Curiosamente, seu exame psicológico, datado de 1º de setembro de 1931, afirmava que Macario havia deixado o sanatório em dezembro de 1930 em "remissão completa", significando que a instituição considerava que a homossexualidade ou a enfermidade mental de Macario havia sido curada. O novo relatório do médico dizia que Macario começara a manifestar distúrbios psíquicos idênticos aos apresentados no ano precedente. Essa situação requeria a nova hospitalização, mas o padre insistia que o Pinel não era um lugar adequado para ele. Se, de fato, o confinamento inicial de Macario fora sua própria solução para evitar uma possível punição da Igreja, as expe-

riências iniciais no Pinel o convenceram de que o sanatório não era um ambiente muito bom. Dessa vez ele protestou contra seu confinamento desde o início, mas não conseguiu auxílio. Mantido ali por cinco meses, foi liberado em março de 1932, apenas para voltar a ser hospitalizado um ano depois. O registro médico indica que os motivos de sua internação eram idênticos aos das duas ocasiões anteriores. Sua saúde física deteriorara; estava desnutrido, deprimido, ansioso e insone. Recebeu alta um ano depois.

Macario foi internado pela quarta e última vez em janeiro de 1937. Seu diagnóstico era de acentuada depressão psicológica acompanhada de insônia. Sua saúde física, contudo, estava relativamente boa. A ficha de admissão dizia: "Nestes últimos tempos vinha se mostrando um tanto excitado, desenvolvendo grande atividade junto à assistência aos pequenos jornaleiros, de quem é dirigente, para logo após cair no estado depressivo em que se encontra e que motivou esta sua reinternação". Provavelmente seu contato seguido com jovens garotos a quem assumidamente desejara o estivesse lançando em surtos de depressão. Ou talvez sua sífilis tivesse alcançado estágios mais avançados, causando sua enfermidade mental. Quaisquer que fossem as causas de seu abatimento, dentro de um ano ele definhou e ficou senil. Os registros médicos não revelam as razões que cercaram sua liberação final do Pinel, no dia 31 de maio de 1938.

79 Cunha, *O espelho do mundo*, p.100. O primeiro uso documentado de choque farmacológico para tratar homossexuais nos Estados Unidos ocorreu em Atlanta, Geórgia, em 1937. Metazol, um estimulante químico, era aplicado até produzir choques convulsivos que, segundo se relatou, eliminavam o desejo homoerótico no paciente. Embora um relatório preliminar do sucesso do médico em "corrigir" seis homossexuais fosse publicado no *Journal of Nervous and Mental Diseases* em 1940, um estudo subsequente idêntico, efetuado em 1949, concluiu que a terapia de choque farmacológico não tinha nenhum efeito sobre o desejo homossexual. Ver Katz, *Gay American History, Lesbian and Gay Men in the U.S.A., A Documentary History*, 1992, p.165-7.

80 Ribas, "Apontamentos de psiquiatria: curso do professor A. C. Pacheco e Silva", 1938, p.392. Esse documento contém as anotações feitas nas conferências do Dr. Pacheco e Silva, titular da cadeira de psiquiatria clínica na Escola Paulista de Medicina da Universidade de São Paulo. Tanto a "convulsoterapia" como a "insulinoterapia" eram recomendadas para o tratamento da esquizofrenia.

81 Pacheco e Silva, Silva, Silva Junior, "A insulinoterapia nas formas delirantes da paralisia geral", 1937, p.461-6. Esse artigo foi apresentado à Seção de Neurologia e Psiquiatria da Associação Médica Paulista, em novembro de 1937.

82 Katz, *Gay American History*, p.164, 170-3.

83 Caso n.3.781, João Narciso G., Sanatório Pinel, Pirituba, São Paulo, Arquivo do Estado de São Paulo; Caso n.3.074, Otavio Batista da S., Sanatório Pinel, Pirituba, São Paulo, Arquivo do Estado de São Paulo.

84 Caso n.1.990, Armando de S. O. Filho, Sanatório Pinel, Pirituba, São Paulo, Arquivo do Estado de São Paulo.

85 Caso n.2.584, Mario B. X., Sanatório Pinel, Pirituba, São Paulo, Arquivo do Estado de São Paulo.

86 Caso n.2.479, Octávio B. de O., Sanatório Pinel, Pirituba, São Paulo, Arquivo do Estado de São Paulo.

87 Caso n.3.571, Dr. Renato E. de A., Sanatório Pinel, Pirituba, São Paulo, Arquivo do Estado de São Paulo.

88 Ver Carone, *O Estado Novo (1937-1945)*, 1977; Chacon, *Estado e povo no Brasil*: as experiências do Estado Novo e da democracia populista: 1937-1964, 1977; Diniz, "O Estado Novo: estrutura de poder, relações de classes", 1981, p.77-120; Garcia, *O Estado Novo*: ideologia e propaganda política. A legitimação do estado autoritário perante as classes subalternas, 1982.

89 Oliveira, Velloso, Gomes, *Estado Novo*: ideologia e poder, 1982.

90 Lenharo, *Sacralização da política*, 1986.

91 *Educação Física*, 1943, p.11, apud Lenharo, *Sacralização da política*, p.78-9.

92 Lenharo, *Sacralização da política*, p.86. Para uma elaboração mais detalhada da metáfora da nação como corpo, ver capítulo 3 do estudo de Lenharo: "A militarização do corpo".

93 Um empecilho para a investigação científica no Brasil era o fato de que havia poucas instituições de nível superior equipadas para executar esse tipo de trabalho. Embora o Instituto Oswaldo Cruz e entidades similares conduzissem projetos de pesquisa específicos sobre medicina tropical ou doenças infecciosas, os recursos eram limitados. A Universidade de São Paulo, primeira universidade moderna capaz de conduzir pesquisa científica em diversas áreas da biologia e da química, bem como das ciências sociais, seria fundada apenas em 1934. Ver Schwartzman, *A Space for Science*: The Development of the Scientific Community in Brazil, 1991.

94 Stepan, *The Hour of Eugenics*, p.167-70.

95 Guimarães, *Homossexualismo*: mitologias científicas, 1994, p.346-7.

96 Ford, *Passion in the Eye of the Beholder*, p.162-70, 183-4.

97 "*Psicoses do Amor* de Hernâni de Irajá", *Fon-Fon*, 1931, p.1.

98 Irajá, *Psicoses do amor*: estudos sobre as alterações do instinto sexual, 1954, p.185.

4
Novas palavras, novos espaços, novas identidades, 1945-1968

A queda de Getúlio Vargas e do autoritário Estado Novo, no fim da Segunda Guerra Mundial, inaugurou um período de dezenove anos de governos democráticos.[1] Essa era encerrou-se com o golpe militar de 31 de março de 1964. Quatro anos mais tarde, em 1968, a onda de manifestações estudantis e uma oposição disseminada aos generais governantes provocaram uma transferência de poder dentro das próprias Forças Armadas e, no fim de 1969, o general Médici, de linha dura, assumiu a presidência. O regime fechou o Congresso e prendeu milhares de dissidentes. A censura à imprensa foi ampliada e a oposição, silenciada.

Nas duas décadas e meia entre 1945 e 1969, a migração em massa às grandes metrópoles brasileiras fez a balança da distribuição demográfica pender das áreas rurais para as urbanas. Em 1950, 64% dos brasileiros viviam nas áreas rurais, e os restantes 36%, nas cidades. Dez anos depois, esse número saltou para 45%, e em 1970, 56% da população estavam vivendo nas áreas urbanas. Rio de Janeiro e São Paulo continuaram a atrair o maior número de imigrantes rurais, especialmente centenas de milhares de camponeses que abandonaram as áreas secas do Nordeste em busca de emprego no Sudeste. Muitos desses migrantes foram incorporados pelas fábricas de São Paulo, cidade que se tornou a mola propulsora da industrialização de todo o país.[2]

A prosperidade econômica do pós-guerra gerou um mercado em expansão e uma crescente classe média urbana. A indústria nacional produzia um amplo leque de bens manufaturados, desde o aço até utilidades domésticas e outros itens de consumo, fabricados em série e a preços módicos. Como resultado das relações mais estreitas travadas com os Estados Unidos durante a Segunda Guerra, a produção industrial e cultural norte-americana inundou o mercado brasileiro, e no fim dos anos 50 os fabricantes europeus de automóveis uniram-se às corporações norte-americanas na instalação de fábricas na Grande São Paulo. Impelido pelo rádio, pela imprensa e pela televisão, o Brasil em pouco tempo tornou-se uma sociedade de consumo de massa. No fim dos anos 40, o país entrou na era dourada do rádio, que se propagou pela vasta extensão do território brasileiro. Em 1951, o Brasil foi o quarto país do mundo a instalar a televisão, e no fim dessa década a TV já havia ultrapassado o rádio na formação de comportamento e na estandardização da linguagem e da cultura. Jornais, revistas, filmes estrangeiros e histórias em quadrinhos norte-americanas informavam os leitores sobre as últimas novidades em moda, estilo e padrões culturais provenientes de Nova York, Hollywood, Paris e Roma.

No início desse período, a construção de papéis de gênero considerados apropriados alterou-se de modo contraditório. Os padrões de gênero rigidamente definidos que eram incentivados no Estado Novo começaram a afrouxar-se, à medida que mais mulheres passaram a compor a força de trabalho, a completar o ensino secundário e a buscar uma formação universitária. Contudo, ainda se esperava que essas mesmas mulheres se mantivessem virgens até o altar e continuassem esposas obedientes e submissas após o casamento, embalando e nutrindo famílias nas quais a última palavra ainda era a do homem. Um padrão duplo, que permitia a promiscuidade sexual aos homens mas esperava que a pureza moral das mulheres ainda prevalecesse. No fim dos anos 60, contudo, mudanças culturais passaram a questionar esses valores e a enfraquecer os papéis sexuais tradicionais.[3]

Nesses 25 anos, houve também alterações significativas na composição e no desenvolvimento das subculturas homossexuais do Rio de Janeiro e de São Paulo. Novas noções de identidades sexuais e de gênero surgiram, colocando em xeque a polaridade entre homens "verdadeiros" e bichas efeminados. As opções da vida noturna ampliaram-se e bares exclusivamente para gays foram inaugurados. Os homossexuais passaram a ocupar novas áreas das maiores cidades brasileiras. Os fã-clubes dos cantores de rádio constituíram outro meio para criar uma comunidade e integrar os homens nessa subcultura em ebulição. A participação nos concursos anuais de beleza para a escolha da "Miss Brasil" permitia demonstrações públicas do estilo e da atitude *camp*, além de oferecer a oportunidade de avaliar e desafiar as noções tradicionais da beleza, da moda e do glamour femininos. Apesar da oposição de certos machões, que tentaram afastar os bichas das praias, uma faixa de Copacabana tornou-se território homossexual. Os bailes de carnaval que aceitavam a participação dos gays recebiam ampla cobertura da imprensa, e travestis glamorosas surgiam desses bailes para atuar nas produções teatrais tradicionais que atraíam o grande público. Um grupo de homossexuais no Rio de Janeiro começou a fazer circular um pequeno jornal, *O Snob*, recheado de fofocas, humor *camp* e autoafirmação. O jornal, por sua vez, inspirou trinta publicações similares por todo o país. Dentro dessas redes sociais, alguns até mesmo sonharam com uma "comunidade imaginária" de homossexuais que se uniriam num esforço de transformar a hostilidade social que havia em relação a eles.[4] Esses desenvolvimentos, que remodelaram totalmente as subculturas gays de São Paulo e do Rio, são o foco deste capítulo.

"Quem conhece Copacabana, não quer morar em outro lugar"

Em 1952, Agildo Guimarães mudou-se de Recife para o Rio de Janeiro. Mais de quarenta anos depois, ele relembrou que quando vivia com sua família em Recife sofreu uma grave depressão. Teve uma crise emocional em que não conseguia parar de chorar. A família não sabia o que fazer com ele, e ele próprio não tinha coragem de dizer-lhes que queria sair de casa e mudar para o Rio. Agildo não suportava mais viver num meio hostil, no qual era constantemente pressionado a arrumar uma namorada e casar-se. Além disso, corria à boca pequena que ele era bicha. Isso incomodou seu namorado, um homem "verdadeiro" e certamente *não* um homossexual, que não gostou de saber que rumores acerca de seu relacionamento estavam circulando na vizinhança. As cartas de um amigo, um cabo do exército que estava servindo no Rio de Janeiro, dizendo a Agildo como a cidade era fantástica, só fizeram crescer o desejo do jovem de deixar sua cidade. Por fim, ele discutiu o assunto com a família, que concordou em deixá-lo ir. Em 1952 Agildo embarcou para a capital.[5]

Nesse mesmo período, Carlos Miranda, que vivia em Campos, no Estado do Rio, também enfrentou uma crise com sua família. Seu irmão sabia que Carlos praticava sexo com outros garotos e achava que esse comportamento envergonhava sua família. Quando Carlos terminou com o namorado, ele, assim como Agildo, mergulhou num estado depressivo. Para sua sorte, um médico que vivia assumidamente como homossexual no Rio de Janeiro começou a tratar dele. O médico convenceu a família de Carlos que se permitissem que o jovem viajasse ao Rio nos fins de semana sua saúde iria melhorar. Depois de algumas viagens à capital, Carlos também decidiu que o Rio era a salvação, e mudou-se para lá em 1954.[6]

João Antônio Mascarenhas passou pelo Rio de Janeiro em 1950, a caminho da Europa. Ele era um estudante de direito que vinha do Estado do Rio Grande do Sul e sua família tinha uma situação financeira confortável. Era fevereiro, época de carnaval, ele decidiu então ir ao baile das travestis no Teatro João Caetano, na Praça Tiradentes, um baile frequentado quase que exclusivamente por homossexuais. Os homens dançavam juntos, abraçavam-se e terminavam fazendo sexo em meio aos foliões. Desde a primeira vez que ele fora a um baile de carnaval em sua cidade, com 17 anos, João Antônio tinha visto homens vestidos como mulheres, mas jamais presenciara nada como aquele baile de carnaval no Rio de Janeiro. Ele também acabou se mudando para a capital do país.[7]

Esses três homens foram atraídos para o Rio porque descobriram a subcultura gay que ali florescia. Mudar-se para aquela cidade significava livrar-se da supervisão e do controle familiares, bem como das pressões para se casar e ter filhos.[8] O Rio possuía uma energia cativante e todos os três rapidamente se adaptaram à vida na Cidade maravilhosa. João Antônio, com seu diploma de direito nas mãos, logo tornou-se funcionário público federal. Agildo, que possuía menos recursos econômicos, foi mantido pela família até encontrar emprego e, finalmente, conseguir um minúsculo apartamento em Copacabana. No mesmo bairro, Carlos alugou um quarto em uma casa e, mais tarde, montou seu próprio apartamento.

Durante as décadas de 1940 e 1950, a Lapa, a Cinelândia e a Praça Tiradentes continuaram a ser territórios frequentados por homens que apreciavam o sexo com outros homens. Contudo, a vida noturna mais vibrante havia se transferido para Copacabana, que se tornou *o* lugar para se viver (Mapa 4). A avenida Nossa Senhora de Copacabana, que cortava a longa e estreita área entre as montanhas de granito cobertas de verde e a praia de areias brancas, ostentava novíssimos cinemas e butiques elegantes. Uma vez que os cassinos haviam sido legalmente fechados em 1946, a alta sociedade carioca se reunia em outros bares de elite em Copacabana. O Hotel Copacabana Palace atraía celebridades de todo o mundo, e seu Golden Room recebia os maiores artistas do país.[9]

A fascinação por Copacabana era geral, e boa parte da classe média carioca sonhava em residir ali. Os edifícios, um após o outro, foram sendo amontoados no bairro pelos especuladores imobiliários. Enquanto a classe média-alta e abastada podia comprar apartamentos espaçosos com vista para o mar, a maioria dos moradores tendia a viver em apartamentos menores, ou em quarto-e-sala conjugados, que na época eram chamados de "caixas de fósforos".[10] Copacabana tornou-se um bairro predominantemente de classe média, embora muitos que se autoidentificassem como tal tivessem de lutar para manter

Novas palavras, novos espaços, novas identidades, 1945-1968

uma residência ali.[11] Assim, os arranha-céus substituíram as elegantes casas de veraneio das famílias mais abastadas do Rio. O pavimento térreo de alguns desses edifícios abrigava clubes noturnos apertados e barulhentos, conhecidos como "inferninhos", onde se podiam ouvir os musicais recém-chegados dos Estados Unidos ou artistas populares brasileiros.[12] Como alternativa, a partir dos anos 50 podia-se ir a algum local mais calmo na vizinhança para ouvir apresentações do mais recente estilo musical brasileiro, a bossa nova.[13]

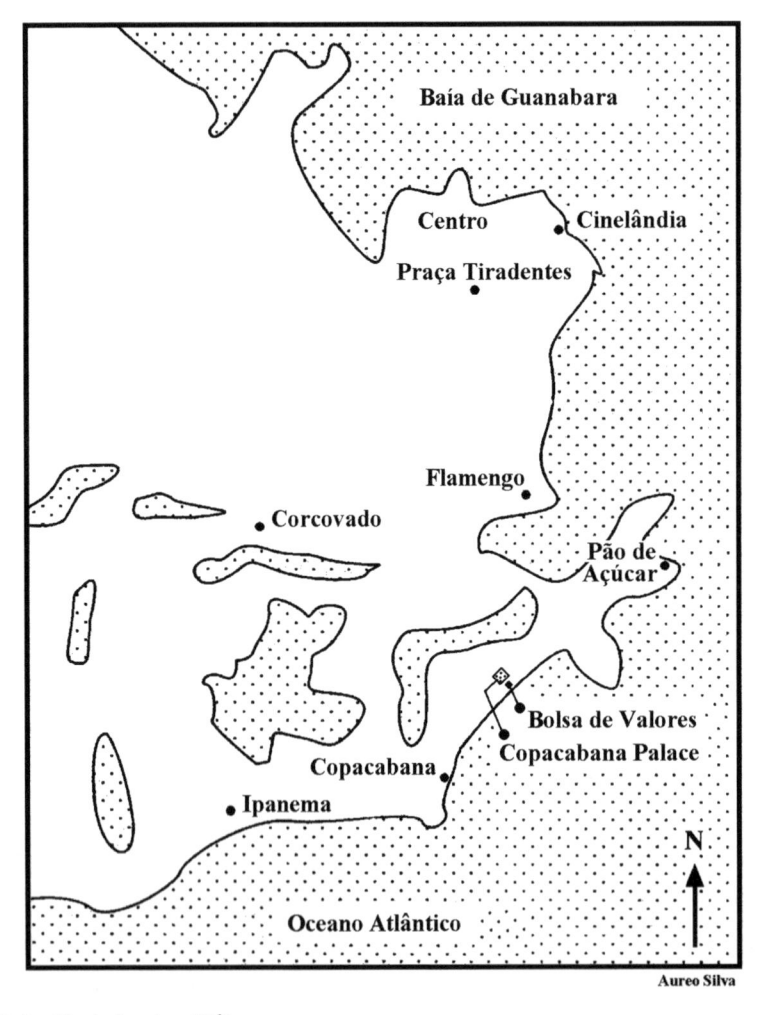

MAPA 4 – Rio de Janeiro, 1960.

Os homossexuais de classe média, ou aqueles que aspiravam a esse estilo de vida, buscavam Copacabana porque o bairro era um espaço privilegiado para a diversão, os encontros sexuais e a socialização. Outros, com recursos mais modestos, optavam por pensões ou por dividir apartamentos nas áreas entre Copacabana e o centro. Embora, de uma forma geral, uma divisão de classe separasse aqueles que frequentavam Copacabana daqueles que, por exemplo, preferiam o centro e os prazeres da Cinelândia, não havia uma segregação social estrita entre as duas áreas. Homens de origens menos privilegiadas que buscavam ascensão social gravitavam em torno de Copacabana. Homossexuais de classe média e alta que gostavam de homens "verdadeiros" de classe operária, soldados e marinheiros em geral os procuravam nas devidas áreas do centro. A Cinelândia também possuía um número abundante de cinemas, que continuavam a abrigar relacionamentos sexuais. No fim dos anos 50, Sérgio, que vivia num subúrbio ao norte da cidade, foi um dia a um cinema do centro e ali descobriu um mundo de sexo fácil. Ele, em particular, gostava de frequentar o Cinema Passatempo, que apresentava noticiários cinematográficos contínuos, curtas-metragens e desenhos animados, e que foi planejado para pessoas que tivessem uma hora ou duas disponíveis para "matar" no centro.[14] Durante o carnaval, os homossexuais de toda a cidade convergiam para a Cinelândia, onde aconteciam muitas das festas da cidade, e para a Praça Tiradentes, onde se realizavam os bailes de travestis. Pelo fato de a Cinelândia localizar-se próxima aos centros comercial, governamental e financeiro da cidade, todos os setores da população circulavam no local, tanto por causa do trabalho quanto pelo prazer. Nos cinemas, cafés e áreas de cortejamento, homossexuais de todas as classes aproveitavam as longas horas de almoço e o momento da cerveja após o expediente para socializar-se, fazer novos amigos e encontrar parceiros sexuais.[15]

Embora Copacabana, com seus edifícios de frente para o mar e estupendas vistas das montanhas ao redor do Rio, tivesse uma reputação internacional como um lugar moderno e excitante para se viver, também havia seus detratores, que criticavam o modo de vida imoral e a permissividade sexual de seus moradores. Um artigo de 1952 na revista *Manchete* advertia os turistas brasileiros sobre os perigos da área. A visão do jornalista acerca da existência de um modo de vida sórdido em Copacabana centrou-se na homossexualidade como um dos muitos vícios do bairro. Numa linguagem um tanto obscura, ele escreveu: "Pelas ruas de Copacabana, turista desprevenido, você encontrará tipos que não poderão deixar de surpreendê-lo. O vício – principalmente sexual – domina livre nos apartamentos escassamente iluminados. Uma multidão de assexuados, desajustados, viciados profissionais e vítimas de desarranjos glandulares, enfrentam-se, agridem-se, sofrem, lutando coletivamente pelo mesmo objetivo ... Mas de qualquer maneira, não é preciso mais de uma semana para compreender como é verdadeira a afirmação do Comissário Padilha: 'a maioria de Copacabana vive do sexo'".[16] As figuras dominadas pelo vício com desarranjos glandulares eram, obviamente, homossexuais, que, como o autor afirmava, viviam principalmente da prostituição.

Ao escrever, um ano depois, sobre as casas noturnas, outro jornalista retratou uma cidade decadente com "Boites de todos os naipes, inclusive existencialistas – ou meio existencialistas". A referência à nova filosofia importada de Paris, potencialmente subversiva e perigosa, era bem pouco sutil. O jornalista então passa a fazer comparações-clichês com o ambiente da Rive Gauche parisiense: os bares escuros e enfumaçados atraíam "os mais consumados cafajestes, fáceis borboletas, restos do pós-guerra mundial, bonitões cuja profissão é isso mesmo, pervertidos, homossexuais".[17] Apesar desse retrato depreciativo de Copacabana, foi precisamente a imagem moderna e boêmia da cidade à beira-mar com sua vida noturna glamorosa e de sexo fácil que atraiu tantas pessoas, os turistas estrangeiros, assim como os próprios brasileiros. Essa foi também uma das muitas razões pelas quais muitos homossexuais optaram por viver e divertir-se nesse bairro.

Em Copacabana, eram incontáveis os lugares onde os homossexuais podiam socializar-se nos anos 50. Cafés ao ar livre enfileiravam-se nas amplas calçadas com mosaicos preto e branco que se ondeavam ao longo da Avenida Atlântica. Podia-se fazer uma parada no

Alcazar, onde homens vestidos como mulheres desfilavam com suas fantasias durante o carnaval, cujos banheiros eram locais onde sempre se podia conseguir sexo rápido. Parar para tomar uma cerveja ou jantar em qualquer um dos restaurantes ou cafés locais também eram boas opções para conhecer outros homens e possivelmente encontrar um parceiro sexual. Esses estabelecimentos não atendiam propositadamente a uma clientela homossexual, e muitos proprietários ou gerentes eram hostis diante de seus clientes que se comportavam de maneira exageradamente afetada. Receosos de que o excesso de clientes homossexuais pudesse conferir uma reputação "má" ao local e resultar num afastamento dos consumidores heterossexuais e famílias, a maioria desses estabelecimentos impôs normas rígidas aos seus clientes, que proibiam qualquer manifestação pública de afeto entre homens e desestimulava a "fechação". Apesar disso, os gays apropriaram-se de diversos cafés e restaurantes em Copacabana como espaços de socialização, até que eram expulsos por proprietários hostis.[18]

Jovens homossexuais, vestidos com elegância e estilo, também passavam incontáveis horas passeando em grupos de dois ou três, indo e vindo pela Avenida Nossa Senhora de Copacabana, olhando as vitrines para inteirar-se das últimas novidades da moda (Figura 10). As pausas para admirar as vitrines ou simplesmente andar despreocupado ao longo da avenida forneciam amplas possibilidades para captar o olhar de alguém "interessante", ou ver quem mais estava circulando à noite pela cidade.[19] Tendo em vista que os homens tinham mais liberdade do que as mulheres para ficar nas ruas, muitas vezes, até o amanhecer, as sessões da meia-noite nos cinemas Rian e Copacabana Metro sempre estavam lotadas com pequenos grupos de homens jovens. Eles estavam lá para assistir aos mais recentes filmes de Hollywood, mas muitos também iam às últimas sessões de cinema para encontrar outros homens com interesses sexuais, sociais ou culturais similares. Foi numa dessas noites que Carlos Miranda conheceu Peres, o fundador da turma OK, uma rede social de gays que se estabeleceu no fim dos anos 50 e funcionou durante toda a década de 1960. O novo conhecido de Carlos apresentou-o a um grupo de amigos e a uma agitada vida social. "Ele costumava reunir no apartamento dele todas as semanas um pequeno grupo de amigos para ouvir música, conversar, bebericar, porque não tínhamos nem bares nem discotecas e daí surgiu a Turma OK".[20]

FIGURA 10 – Agildo Guimarães e amigos saindo à noite, passeando na Avenida Nossa Senhora de Copacabana, Rio de Janeiro, 1957. Foto: cortesia de Agildo Guimarães.

Como bem lembrou Carlos, no início e até meados dos anos 50, assim como inexistiam cafés e restaurantes que atendessem a uma clientela exclusivamente homossexual, era praticamente impossível encontrar lugares para homens passarem uma noite fora juntos. Aqueles que quisessem ir a uma casa noturna ou a um bar para interagir mais abertamente com outros homossexuais tinham de "ocupar" um dado estabelecimento até que fossem pressionados a sair do local pela intervenção dos clientes, dos leões-de-chácara, do gerente ou do proprietário. Em 1952, um ponto de encontro conhecido era A Tasca. Um jornalista descreveu-a como a "mais nova sensação de Copacabana" e notou que os homossexuais estavam entre aqueles que apreciavam a nova casa noturna: "É de todos os sexos. Feminino, masculino, e indefinível".[21]

Entretanto, a apropriação de algum bar ou clube pelos homossexuais podia ser efêmera, como descobriu João Antônio Mascarenhas. Quando ainda vivia no Rio Grande do Sul, ele leu um artigo de Ruben Braga numa revista popular. O famoso cronista da vida noturna do Rio descrevia um ponto frequentado por homossexuais à noite: "Ele dizia que estava na rua Ronaldo de Carvalho ao lado da Praça Lido no Posto 2, que se chamava Aquário, que tinha visto homens cochichando e se agarrando. Me chamou a atenção. Na próxima vez em que fui para o Rio procurei o bar, mas não o encontrei. Acho que o bar durou pouco tempo".[22] Outro jornalista explicou a extinção do Aquário como o resultado de "excesso de delicada especialização, que os tornaram alvo da fácil fúria padilhesca [o Chefe da polícia]".[23]

De modo similar, por um curto período de tempo, os homossexuais cariocas escolheram como ponto de encontro favorito o Posto 5, uma pequena e escura boate com apresentações ao vivo.[24] Da mesma forma, o Scotch Bar, localizado na Avenida Nossa Senhora de Copacabana, foi parcialmente "tomado" por homossexuais discretos de classes média e alta no fim dos anos 50. Vítor, que morava no Rio nessa época, descreveu e definiu o Scotch Bar como um dos bares mais elegantes que Copacabana já teve, com papel de parede xadrez à moda escocesa e finas cadeiras de couro. Embora os proprietários do Scotch

Bar fossem conhecidos por sua hostilidade aos seus novos clientes, os homossexuais insistiam em frequentar o local. Um tenso acordo tácito entre proprietários e frequentadores permitiu a tênue "ocupação" desse estabelecimento chique durante vários anos.[25]

No início dos anos 60, alguns empresários no ramo das casas noturnas perceberam que havia um mercado para locais que atendessem exclusivamente aos homossexuais, e começaram a mudar as políticas que desestimulavam a inclusão de uma clientela gay. Isso, em parte, deveu-se ao fato de que a massa crítica de homossexuais que vinha a Copacabana já era suficientemente grande para sustentar um certo número de estabelecimentos identificados como gays. A visibilidade dos homossexuais tornou-se cada vez menos uma novidade, à medida que os bailes de travestis no carnaval recebiam ampla cobertura da imprensa, alcançavam fama internacional e desfrutavam de uma relativa tolerância tanto do público quanto da polícia. Os preceitos sociais e sexuais também foram abrandados nos anos 60, permitindo uma atitude mais liberal perante a sexualidade em geral. Todos esses fatores contribuíram para a proliferação de locais onde os homossexuais pudessem se reunir mais livremente. No começo dos anos 60, Copacabana podia contar com cerca de dez casas noturnas, cuja clientela era composta em sua maioria por gays, incluindo o Alcatraz, Alfredão, Dezon, Stop, Sunset e Why Not? Algumas só ficaram abertas durante uma temporada, mas outras passaram a fazer parte da "cena" social dos homossexuais cariocas. Trinta e cinco anos depois, quando questionados a respeito do primeiro bar "gay" do Rio, muitos gays parecem indicar o Alfredão como a primeira casa noturna a ter uma clientela exclusivamente homossexual, e a que conseguiu sobreviver por mais tempo.[26]

Bichas e praias: defendendo um novo território

Enquanto muitos vinham a Copacabana por sua vida noturna, sua bela praia também atraía homens de toda a cidade e de outros pontos do país. Em meados da década de 1950, os homossexuais haviam ocupado uma área em frente ao hotel Copacabana Palace por eles denominada "Bolsa de Valores", referindo-se à qualidade dos encontros e flertes que ocorriam lá (Figura 11). Carlos Miranda, que começou a ir à Bolsa em 1954, não sabia quando exatamente surgiu esse nome. "Quando eu perguntei, me disseram que lá é onde você pode mostrar-se para se valorizar. Lugar de valorização, de mostrar seu corpo".[27] Carlos também não estava certo quanto ao motivo de os homossexuais terem escolhido esse ponto específico para se reunir. Especulando, ele disse que por ser o Copacabana Palace uma estrutura tão grande, tão visível, era um ponto de referência fácil para as pessoas localizarem. Talvez os jovens homossexuais também tivessem a esperança de conseguir ver Yves Montand, Nat King Cole, Marlene Dietrich, Rock Hudson ou Rita Hayworth, que estavam entre os inúmeros hóspedes e artistas internacionais recebidos pelo proprietário *playboy* Jorge Guinle no elegante hotel.[28]

Escrevendo em 1958 sobre as praias gays para *One Magazine*, a revista pioneira de uma das primeiras organizações homófilas dos Estados Unidos, Frank Golovitz observou: "Há uma grande diferença

FIGURA 11 – Agildo Guimarães e amigos na Bolsa de Valores, a praia gay localizada em frente ao Hotel Copacabana Palace, Rio de Janeiro, 1957. Foto: cortesia de Agildo Guimarães.

entre um bar gay e uma praia gay. Por um lado, a praia é mais verdadeiramente 'gay' e num sentido muito mais saudável. E embora alguns estejam 'à caça', a porcentagem não é tão alta quanto nos bares. Nem a tensão. Com raras exceções, numa praia tudo está à mostra num local aberto ... É provavelmente o único lugar onde grandes grupos mistos de homossexuais podem ser livremente observados 'agindo naturalmente'. E as fronteiras de classe são ainda mais facilmente rompidas numa praia que em outros setores do mundo gay".[29] A praia gay de Copacabana tinha características similares. "Encontrávamos amigos conhecidos lá", Carlos recorda. "Não havia muita fechação, mas as roupas eram mais audaciosas".[30] A Bolsa de Valores também facilitava a integração na subcultura homossexual do Rio de Janeiro. Podia-se fofocar, flertar, fazer planos para a noite e arranjar novos amigos. As pessoas de diferentes classes sociais que nutriam desejos comuns podiam interagir mais livremente do que em estabelecimentos caros que, de fato, excluíam aqueles com recursos mais modestos. Migrantes recém-chegados de outras partes do Brasil podiam ser advertidos sobre a nova área de encontros que vinha sendo vasculhada pela polícia, que ameaçava os homossexuais surpreendidos em situações comprometedoras. Em suma, a Bolsa tornou-se parte integrante da topografia sexual e da vida social dos homossexuais cariocas.

Contudo, nem todos os homossexuais declarados gostavam de ir a esse local, especialmente aqueles interessados em encontrar um homem "verdadeiro", que não assumia uma identidade homossexual. Além disso, apesar de um certo nivelamento social da vida na praia, a aura de classe média em torno de Copacabana ainda prevalecia. Riva, por exemplo, preferia uma área na praia do Flamengo, mais próxima do centro. "Não fui a Copacabana. (Gosto ainda da praia do Flamengo.) Mais bofe, mais homem, do que em Copacabana, mais humilde, mais gostoso".[31] Riva preferia a companhia de homens de origens mais modestas. Assim como alguns buscavam homens "verdadeiros" no centro do Rio, ele achava que a praia do Flamengo também oferecia um terreno mais fértil para encontrar homens masculinos, de classe operária, que pudessem estar interessados em sexo com um bicha.

A concentração de homens, em sua maioria efeminados, na Bolsa, em Copacabana, provocou uma reação dos jovens "machos" da vizinhança, que usavam a mesma área para sua própria socialização e atividades de lazer. Carlos lembrou-se de um dia específico em 1954 ou 1955, quando acabava de chegar ao Rio: "Houve agressão. Jogaram areia. Chegaram até a levar uma faixa dizendo 'Fora as Bichas'. Um dia, quando chegamos tinha uma faixa de pano pintado fincada na areia".[32] Segundo Carlos, os garotos do bairro fincaram a faixa na areia como um aviso de que os homossexuais não eram bem-vindos em frente ao Copacabana Palace. O tiro, contudo, saiu pela culatra. A areia que eles jogaram nos bichas atingiu também as famílias que estavam sentadas por perto. Mães protetoras, irritadas com a areia que caía sobre suas crianças, começaram a defender os homossexuais acossados, argumentando que eles não incomodavam ninguém. Elas até ameaçaram levar o assunto ao conhecimento dos pais dos garotos, uma vez que viviam todos por ali e conheciam uns aos outros. A agressão parou, e a Bolsa de Valores permaneceu como uma área social de encontros para homossexuais.[33]

Os ataques na praia não eram as únicas ocasiões em que os homossexuais que moravam no bairro ou frequentavam a praia de Copacabana sofriam agressões de homens que os desaprovavam ou que se sentiam ameaçados por seu comportamento às vezes extravagante ou efeminado. João Baptista lembrou-se de um termo usado pelos homossexuais para descrever a violência contra eles no início da década de 1960: "Quando uma turma de bofes dava porrada nos homossexuais, dizíamos 'vai ter um revertério' ou 'cuidado, fulano é revertério'".[34] Carlos Miranda relembrou outra gíria, inspirada no filme de Hitchcock, *Os pássaros*, lançado em 1963: "Houve muita perseguição. As pessoas cercavam os homossexuais e chamávamos eles os pássaros de Copacabana".[35] Embora João Antônio jamais tivesse sido pessoalmente agredido, ele também lembrava da violência nas ruas contra os homossexuais: "Tinha um grupo de meia dúzia de rapazes da classe média que ficava na rua Miguel Lemos e Nossa Senhora de Copacabana e que atacava pelo simples fato de ter aparência efeminada".[36]

Questionado sobre intervenção da polícia para defender os homossexuais quando estes eram fisicamente agredidos, Riva respondeu com sarcasmo: "Que nada! Eles estavam ocupados fazendo chantagem às bichas nos cinemas".[37]

Na verdade, a perseguição policial era um problema constante para os homossexuais cariocas nos anos 50 e 60, e o arqui-inimigo era o delegado de polícia Raimundo Padilha, que liderou uma campanha para "limpar" o centro da cidade, a qual incluía prender homossexuais. Como lembrou Baptista: "Não podia ficar parado porque vinha a polícia e prendia as pessoas".[38] Riva se lembra de ter ido uma vez ao cinema Íris, no centro, a fim de encontrar sexo. Depois de um breve contato erótico com um homem no balcão, seu furtivo parceiro tirou do bolso um distintivo policial, levou-o para uma viatura e manteve-o lá por várias horas. Quando o policial percebeu que Riva não tinha dinheiro para dar-lhe como propina, ele foi libertado. Outros não tiveram tanta sorte. Batidas policiais em áreas do centro onde os homossexuais se concentravam eram lugar-comum. Em geral, os presos eram mantidos sob a alegação de vadiagem, caso não pudessem provar que tinham emprego remunerado. Os que realmente trabalhavam muitas vezes tinham de subornar o policial para serem liberados sem maiores complicações. A possibilidade de que a polícia contatasse a família do indivíduo apanhado numa dessas áreas de concentração homossexual já era ameaça suficiente para habilitar os policiais a extorquir uma pequena quantia dos detidos. Nem todos esses presos, contudo, podiam contar com essa forma de conseguir a liberdade. Muitos tinham de sofrer a indignidade de horas ou dias de encarceramento, embora um grupo de quatorze homossexuais presos em 1953 tivesse conseguido escapar de suas celas, quase fugindo da detenção.[39]

Apesar da vigilância da polícia e das prisões, os homossexuais não apenas mantiveram obstinadamente os pontos urbanos tão essenciais para sua sociabilidade pública, como expandiram esses espaços ao longo da década. Praias, bares, restaurantes e cafés tornaram-se "zonas liberadas", onde os homens tinham um pouco mais de liberdade para interagir com amigos e novos conhecidos. Esses lugares tornaram-se cruciais para a formação de uma subcultura urbana que se tornaria cada vez mais visível no desenrolar dos anos 50.

Concursos de beleza, homens musculosos, estrelas de rádio e fã-clubes

As praias, bares e ruas de Copacabana não eram os únicos espaços apropriados por homossexuais. O concurso de Miss Brasil, realizado no Maracanãzinho, no norte da cidade, foi também um território disputado em toda a década de 1950. Esse evento anual atraía homossexuais de todo o Rio de Janeiro. Enquanto as beldades com seus maiôs desfilavam na passarela, alguns homens as imitavam nos assentos superiores, para a diversão dos outros homossexuais na plateia. Riva lembrou-se, com nostalgia: "Quando havia os concursos do Maracanãzinho, os concursos de Miss Brasil, Miss Rio de Janeiro, nós íamos e nos expúnhamos. Tinha *muita* bicha. Era uma beleza lá dentro. Era uma maravilha. Mas quando aquilo acabava, os rapazes nos perseguiam, batiam e jogavam pedras na gente. Era horrível. Mas no ano seguinte estávamos lá de novo. A gente se vestia diferente, muito vermelho, muita calça justa. A época em que se realizavam os concursos era o inverno. Com pulôveres, as pessoas eram escandalosamente bonitas. Ninguém ia de mulher, só nos bailes de carnaval".[40]

Para muitos homossexuais que se autoidentificavam como efeminados, os concursos de Miss Brasil propiciavam uma experiência coletiva. Os concursos tornaram-se locais públicos para aqueles que desejavam desfilar e exibir sua própria noção de feminilidade. As concorrentes ao título também serviam como modelos para aqueles que se identificavam com a noção tradicional de beleza feminina. Para outros, era uma ocasião social para encontrar os amigos, exibir suas novas roupas e, talvez, até conseguir um homem "verdadeiro", que tivesse vindo para ver as mulheres, mas que talvez pudesse ser convencido a ir embora com uma "boneca".[41]

Se alguns homossexuais cariocas buscavam encontrar parceiros sexuais entre a multidão de homens admirando as beldades femininas brasileiras, outros desfrutavam de prazeres eróticos nas revistas de homens musculosos e nos concursos de fisiculturismo que se tornaram populares no Brasil após a Segunda Guerra. O Brasil contava com sua própria publicação dedicada ao assunto, *Força e Saúde*, lançada em 1947 e seguida por *Músculo*, em 1953.[42] Esta, uma publicação mensal carioca, com produção bem cuidada e cerca de 36 páginas, mostrava principalmente os bíceps volumosos de João Baptista, a contribuição brasileira ao circuito de musculação internacional. A revista também revelou os corpos quase perfeitos de campeões estrangeiros, incluindo Steve Reeves, o Mr. Universo de 1950, que faria carreira representando Hércules em filmes épicos italianos.[43] João Baptista, o astro musculoso brasileiro, jamais chegou às telas, mas foi o quinto classificado no concurso para Mr. Universo em 1950 realizado em Paris, e o quarto colocado dois anos mais tarde em Londres. Apelidado de "Apolo brasileiro" pela revista *Manchete*, no início dos anos 50 ele podia ser visto nas praias de Copacabana "malhando" ou simplesmente flexionando seus músculos para as câmeras e para plateias boquiabertas.[44]

Durante os anos 50 nos Estados Unidos, certas academias de ginástica e praias eram locais onde homens atraídos por indivíduos musculosos ficavam se exercitando ou apenas admirando a beleza dos corpos bem-definidos dos atletas.[45] O mesmo ocorria no Brasil, embora a musculação fosse um esporte bem menos popular que o futebol, a obsessão nacional.[46] Já que o Brasil não produzia nenhuma pornografia masculina nos anos 50 e a importação de materiais estrangeiros não era facilitada, essas revistas de fisiculturismo forneciam a alternativa mais próxima. Atletas musculosos com roupas de banho escassas e justas, com tiras de couro cruzadas no corpo acentuando suas poses, ofereciam estimulação erótica para um público leitor interessado. Além disso, uma vez que a revista podia ser encomendada pelos correios, os homens podiam recebê-la em todo o país.

Jim Kepner, líder pioneiro de uma das primeiras organizações gays norte-americanas, lembrou que certa vez, no início dos anos 50, os editores de *One*, a publicação homófila do One Institute, sediado em Los Angeles, receberam uma cópia de uma das revistas brasileiras de fisiculturismo acompanhada de uma carta. Segundo Kepner, o remetente desculpava-se pela qualidade modesta da revista, mas explicou que se tratava da única publicação desse tipo para homossexuais no Brasil.[47] De fato, havia um subtexto por trás da fachada dessa revista mensal elegantemente produzida para os brasileiros, e a manifestação mais visível disso foi uma série de ilustrações executada por Jean Boullet, um artista famoso na França nos anos 50, que pintava homens nus e seminus com tendências claramente homossexuais. Em 1952, após obter o quarto lugar no concurso de Mr. Universo, João Baptista foi a Paris, onde posou para Boullet. Logo depois, os donos de *Saúde e Força* e *Músculo* ofereceram ao seu público a possibilidade de receber uma foto de Baptista acompanhada de quatorze gravuras do campeão brasileiro em "poses atléticas", criadas pelo "artista existencialista francês". Vários artigos promoviam a oferta, incluindo um que mostrava o Apolo brasileiro assinando cópias dos itens à venda e informando aos leitores que já estava chegando uma infinidade de encomendas de admiradores de todo o país.[48]

Boullet optou por retratar Baptista como um arqueiro grego ou romano. Ele não veste nada além de um tapa-sexo de couro preso por tiras de couro levemente amarradas em seus quadris. Uma outra tira de couro, presa com fivela e cruzada sobre seu peito perfeitamente moldado, sustenta um coldre com flechas que leva às costas. Baptista segura um arco numa das mãos e tenta alcançar uma flecha com a outra, acentuando seus bíceps. Sua face – lábios estilizados, nariz, sobrancelhas e cabelos – lembra os traços de uma estátua grega clássica, ou talvez o Davi de Michelangelo.[49] Os retratos de Baptista por Boullet não eram as únicas ilustrações que apareciam na publicação. Os editores também publicaram a obra de outro artista francês, George Quaintance, intitulada *Cave Man* [Homem das Cavernas], que aparece na contracapa de um de seus números. Aqui, novamente, o subtema homoerótico é transparente. Um homem vestindo o que parece ser um tapa-sexo de pele de animal levanta um pesado bastão de pedra para matar um feroz leão-da-montanha.[50]

Os editores de *Força e Saúde* e *Músculo* tentaram, até, divulgar suas publicações no exterior, submetendo uma foto de João Leal Filho, o campeão brasileiro de fisiculturismo de 1949-1950, à revista trimestral norte-americana *Physique Pictorial*, que a publicou na edição de outono de 1954. Leal Filho, que treinava na academia Força e Saúde em Recife, foi fotografado nu, no chuveiro, posando discretamente para evitar expor seus genitais. Por apenas um dólar, os leitores norte-americanos podiam encomendar uma amostra da publicação brasileira, postada diretamente do Rio de Janeiro.[51] Embora poucos estrangeiros de fato tivessem requisitado uma cópia de *Força e Saúde* para admirar a beleza muscular de João Leal Filho, isso mostra que os editores dessas revistas brasileiras conseguiram captar a dualidade de seu público. Os brasileiros que compravam *Músculo* e *Força e Saúde* simplesmente para se manter atualizados sobre as notícias dessa modalidade esportiva no Brasil, cuja federação, aliás, era comandada pelos editores das revistas, podem não se ter dado conta do erotismo dessas contribuições artísticas e fotos seminuas, mas os homossexuais compravam as publicações por causa de seus homens esplendidamente musculosos. As revistas ofereciam um estímulo excitante para a sexualidade solitária, acobertado pela fachada de uma publicação esportiva, e este era um dos poucos caminhos pelos quais indivíduos isolados, distantes do Rio ou de São Paulo, tinham acesso constante a uma "leve" pornografia atlética.

A admiração de homens musculosos deve ter ocupado o tempo livre de muitos homossexuais cariocas, mas não era o único passatempo que interessava aos membros dessa subcultura urbana. No início dos anos 50, os estúdios da Rádio Nacional, a estação de rádio que pertencia ao governo e transmitia seus programas do Rio para o restante do país, tornaram-se, assim como os concursos de Miss Brasil, território ocupado.[52] Os gays afluíam às gravações para ouvir suas cantoras favoritas – a elegante, sofisticada e sensual Marlene, a pura e virtuosa Emilinha Borba, a trágica Nora Ney e a sofredora Dalva de Oliveira, apenas para mencionar algumas delas.[53] Eles compravam seus discos e filiavam-se a seus fã-clubes. Segundo Alcir Lenharo, autor de *Cantores de rádio*, os fã-clubes exercem uma função social: canalizar o desejo do público de ter acesso aos astros e estrelas do rádio. Uma horda de admiradores gravitava em torno de determinado cantor. Em troca do pagamento de uma mensalidade, os fãs podiam seguir a carreira de sua estrela, louvá-la, defendê-la contra seus detratores e sentir-se próximos dela. O fã tornava-se um membro da família íntima da celebridade. O Rio de Janeiro, onde a maioria das divas do rádio vivia, também oferecia aos seus devotos a possibilidade real de se aproximar de seus ídolos. Os cantores recebiam os admiradores, aceitavam seus presentes, participavam de eventos em sua homenagem e nutriam um relacionamento entre a celebridade e seus seguidores apaixonados.[54] Lenharo apontou para o fato de que a relação entre os fãs gays e as cantoras não era tanto uma identificação com o drama ou a história individual de uma cantora em particular, mas uma sensação de compartilhar da fama da estrela. Entrar numa estação de rádio onde uma cantora famosa se apresentava, assistir a transmissões ao vivo para aplaudir uma favorita e zombar de sua rival, bem como participar ativamente de um fã-clube eram oportunidades de desenvolver contatos pessoais e conexões com essas mulheres num momento em que a moderna cultura de massa estava se desenvolvendo no Brasil. Ao envolver-se ativamente na vida de uma determinada cantora de rádio, um fã, nesse caso um jovem homossexual, estaria simbolicamente adentrando o mundo da fama e da fortuna daquela personalidade.[55]

A maioria dos jovens homossexuais tinha sua estrela de rádio favorita. As razões para ser um fã incondicional e membro de um fã-clube de uma dada cantora eram tão variadas quanto a multiplicidade de imagens projetadas pelas diferentes estrelas do rádio e incentivadas pela direção da Rádio Nacional.[56] Baptista, por exemplo, preferia Marlene porque ela projetava a imagem de uma das mulheres mais elegantes do país. Ela lançou novos estilos de cabelo, trouxe as últimas modas de Paris e, segundo Baptista, introduziu até mesmo o uso de calças compridas para as mulheres, o que resultou em três meses de suspensão da Rádio Nacional.⁵⁷ Lenharo identificava-se com Nora Ney por seu estilo musical profundamente trágico e emocional, que se equiparava à sua vida real. Ele também admirava seu compromisso político com causas esquerdistas.⁵⁸ Todos, acima de tudo, tinham uma opinião sobre a rivalidade pública entre Marlene e Emilinha, uma inimizade promovida pelos dirigentes da rádio para incentivar o envolvimento do público na vida e carreira das cantoras. O drama de sua constante disputa fomentou as paixões e interesses de seus seguidores, que até mesmo recorriam à violência contra defensores de sua rival.⁵⁹

O hábito de comparecer às apresentações na estação de rádio ou aos eventos organizados pelo fã-clube colocava os homossexuais em contato próximo com outros que compartilhavam as mesmas paixões e interesses. Amizades eram estabelecidas, e aqueles que desconheciam a topografia homossexual do Rio de Janeiro ou de São Paulo eram iniciados numa subcultura por meio desses contatos. Ricardo, por exemplo, um jovem proveniente de uma família pobre, começou a frequentar as gravações em São Paulo. Pouco a pouco ele percebeu que havia outros homens como ele na plateia, e acabou fazendo vários amigos que o levavam às áreas de interação homossexual no centro da cidade. Da mesma forma, Luiz aderiu a um fã-clube em São Paulo que se correspondia com sócios no Rio de Janeiro. Seus novos amigos apresentaram-lhes os lugares onde os homossexuais se reuniam no Rio e em São Paulo, e um novo mundo se abriu para ele.⁶⁰ Em suma, para muitos homossexuais, os fã-clubes e as apresentações ao vivo nas rádios e, mais tarde, os programas de auditório na TV forneceram um sentimento de família e o de pertencer a um grupo. As cantoras tornaram-se figuras maternais simbólicas que graciosamente recebiam presentes, tais como utensílios domésticos, de seus ardorosos fãs.⁶¹ A coesão social formada nesses clubes e plateias, assim como a adoração coletiva de seus ídolos ajudaram muitos homossexuais a enfrentar o isolamento que a hostilidade social lhes impunha com tanta frequência.

Áreas de interação em São Paulo

No período pós-Segunda Guerra, os territórios homossexuais e as formas de sociabilidade em São Paulo expandiram-se consideravelmente, assim como ocorreu no Rio de Janeiro. Durante o Estado Novo, o governador do Estado de São Paulo emitiu um decreto confinando a prostituição ao Bom Retiro, um bairro de comerciantes judeus e pequenas lojas próximo à estação ferroviária central. Esse ato foi parte de uma campanha mais ampla para limpar a área do centro e regrar o comportamento das mulheres da noite. Mais de 150 bordéis e 1.400 mulheres foram amontoados numa pequena área daquele bairro, onde podiam ser monitorados pela polícia e pelas autoridades sanitárias.[62] Como resultado de um maior controle da polícia nas áreas do centro, os homossexuais, que dividiam boa parte desse espaço com as prostitutas nos anos 30, foram forçados a mudar suas áreas de interação do Vale do Anhangabaú para o Parque D. Pedro, no lado oposto do promontório que abrigava o centro histórico de São Paulo.[63] Entretanto, esse confinamento teve uma vida relativamente curta, e treze anos mais tarde, em 1953, um novo decreto eliminou o anterior, que restringia a prostituição a uma área específica da cidade. Os bordéis, os quartos alugados por hora e a prostituição de rua proliferaram mais uma vez em toda a área central. Como nas décadas anteriores, muitos dos locais utilizados pelas prostitutas se sobrepunham às novas áreas de encontros apropriadas pelos homossexuais.

Em 1958, José Fábio Barbosa da Silva, um jovem sociólogo, decidiu escrever a sua dissertação de mestrado sobre a homossexualidade em São Paulo.[64] Barbosa da Silva abordou seu tema de modo bastante diverso daquele utilizado pelos médicos dos anos 30, que classificavam a homossexualidade como uma doença. Influenciado por sociólogos norte-americanos, o jovem acadêmico conceituou os homossexuais como um grupo de minoria com uma subcultura distinta. Para seu estudo, Barbosa da Silva pediu a setenta homens que preenchessem um longo questionário sobre suas vidas e o modo como lidavam com sua homossexualidade. Como informantes, selecionou especialmente homens de classe média, para evitar tanto prostitutos quanto homossexuais excessivamente vistosos e efeminados. Há problemas óbvios em utilizar os resultados da pesquisa de Barbosa da Silva para traçar conclusões definitivas sobre a configuração da subcultura homossexual paulista nos anos 50. Sua amostra era reduzida e envolvia principalmente homens de classe média e de comportamento discreto. O estudo, no entanto, é uma fonte importante para reconstruir os modos pelos quais alguns homens que se engajavam em atividades homoeróticas organizavam suas vidas em relação aos seus desejos sexuais.[65]

Como parte de seu projeto de pesquisa, Barbosa da Silva pediu aos setenta informantes, cujas idades variavam de 17 a 47 anos, com uma média de 26 anos, que respondessem 82 questões. Elas incluíam temas envolvendo suas primeiras experiências homossexuais, o processo de encontrar outros homossexuais, os tipos de amizades e parceiros que eles mantinham e os modos pelos quais lidavam com suas famílias e a sociedade com relação à sua sexualidade. O sociólogo apresentou poucos resultados quantitativos em sua análise das respostas às suas questões, mas que ainda assim são bastante reveladores. Por exemplo, quase todos os informantes relataram que sua primeira experiência homossexual ocorreu entre as idades de 8 e 12 anos. Esse dado revela uma conexão entre os registros da prática do homoerotismo entre garotos encontrados em *O Ateneu*, de Raul Pompeia, nas análises da vida rural de Gilberto Freyre sobre o Nordeste brasileiro no início do século XX e em estudos antropológicos a respeito dos sistemas sexuais brasileiros contemporâneos.[66]

Entre os setenta homens entrevistados, 10% consideravam-se "ativos" e 63%, "passivos". Barbosa da Silva classificava os restantes 27% como "duplos", significando que tanto penetravam quanto eram penetrados no intercurso anal. Somando o número de homens que, exclusiva ou casualmente, assumiam o papel "ativo" na prática do sexo anal, o total é de 37%.[67] Tendo em vista que os estereótipos populares imaginavam que os homens que se identificavam como homossexuais preferiam "dar" para "homens verdadeiros", esse número é particularmente significativo. Apesar de Barbosa da Silva ter excluído os homens "efeminados" de sua amostra, que presumivelmente estariam mais inclinados a admitir que preferiam o papel "passivo" no intercurso anal, o número de indivíduos "ativos", todos os quais se consideravam homossexuais, é relativamente alto. Essa estimativa de 37% revela uma dissonância entre as imagens populares e as práticas reais. Ela pode também sugerir uma mudança no modo como certos homens construíam as noções de seus próprios desejos sexuais. Identificar-se como homossexual não significava automaticamente que a pessoa praticasse um único tipo de atividade sexual. Ao contrário, alguns homens pareciam atuar confortavelmente num meio social que não era exclusivamente dividido entre aqueles que se identificavam como "ativos" e outros que se viam como "passivos" em suas preferências eróticas.

O estudo de Barbosa da Silva também indica uma correlação entre o comportamento discreto reportado por muitos de seus informantes e sua classe social. Embora fizessem parte da subcultura homossexual de São Paulo, homens de classe média que possuíam bons empregos e reputação familiar a proteger muitas vezes escolhiam comportamentos mais circunspectos para não ameaçar o seu *status* social. Um dos entrevistados indica essa relação em seu questionário: "Levando em consideração a reação da sociedade em geral perante o homossexualismo (repugnância e desprezo), o comportamento ostensivo, escandalizando os outros, só pode revoltar num sentido negativo tanto para a sociedade como para o próprio homossexualismo (aumento da repressão). Já que os homossexuais são obrigados a viver nesta sociedade (e vice-versa), acho mil vezes preferível o comportamento dissimulado. Eu sempre procurei esconder (até certo limite) a minha própria posição homossexual por causa das relações e do ponto de vista da sociedade em geral e por interesses econômicos. Já fui ameaçado de perder o emprego por causa da minha posição homossexual". Outro informante apontou o mesmo fenômeno: "Há indivíduos que por interesses econômicos e por sentimento de vergonha e culpabilidade, e principalmente pelo fato de a sociedade desprezar os homossexuais, procuram nunca se mostrar como tais e se fazem parecer bem enquadrados e ajustados na sociedade. São indivíduos que dão muito valor para a opinião dos outros e pela força das circunstâncias (verdadeiras ou imaginárias) vivem uma vida dupla".[68]

Além de explicar o processo de socialização dos homossexuais paulistas, Barbosa da Silva também mapeou o território urbano que eles ocupavam. A mesma área onde durante o dia funcionava o centro comercial e empresarial de São Paulo, à noite abrigava uma vida noturna bastante efervescente. Barbosa da Silva explicou a atração que essa área exercia sobre os homossexuais: "Toda essa região de prazer ... começa a viver com o entardecer e acha a sua maior agitação nas noites de sábados e nas vésperas dos feriados. A diminuição das sanções, a concentração de grupos masculinos para a procura de prazeres sexuais ou de lazer são basicamente fatores que servem de catalisadores de grupos homossexuais".[69]

Barbosa da Silva descreveu a principal área de interação como a convergência das avenidas Ipiranga e São João, que toma a forma de um grande "T" (Mapa 5). A Avenida São João, o topo desse "T", era a via principal que conectava o Vale do Anhangabaú, área tradicional de concentração de homossexuais nos anos 30, ao centro da cidade em expansão. Como nas décadas anteriores, os cinemas ao longo dessa avenida, como o Art-Palácio, Oásis, Marabá e Cairo, ofereciam um espaço protegido onde os homens podiam escapar do trabalho por uma hora ou mais e encontrar um parceiro para um contato sexual furtivo. De um lado da Avenida Ipiranga, que cruza a Avenida São João e forma a haste do T, situa-se a Praça da República, na época um parque com vegetação luxuriante. Os banheiros públicos dessa praça eram outro local de ligações sexuais tanto para *office boys* quanto para executivos. Segundo Barbosa da Silva, os banheiros públicos em outras praças, espalhados por todo o centro – Largo do Arouche, Largo do Paissandu e Praça Ramos de Azevedo – também eram usados como pontos de encontro para interações sexuais rápidas, assim como ocorria nas estações rodoviária e ferroviária.[70]

Os homossexuais paulistas adaptaram a tradição brasileira do *footing* à paisagem urbana. No *footing*, uma antiga prática nas cidades do interior do Brasil, grupos de homens e mulheres jovens circulavam em direções opostas em torno da praça principal da cidade com o objetivo de flertar, trocar fofocas e escolher um namorado ou uma namorada. Em São Paulo, os homossexuais passeavam em torno dos quarteirões do centro de maneira similar. Uma rota favorita ia do Bar do Jeca, na esquina da São João com a Ipiranga, seguindo por essa avenida até a Praça da República, contornava o parque e voltava à Avenida São João.[71] Essa forma de paquera podia acontecer individualmente ou em grupos pequenos de amigos, que andavam juntos e conversavam, mas todo o tempo com a atenção em potenciais parceiros sexuais vindo na direção oposta.

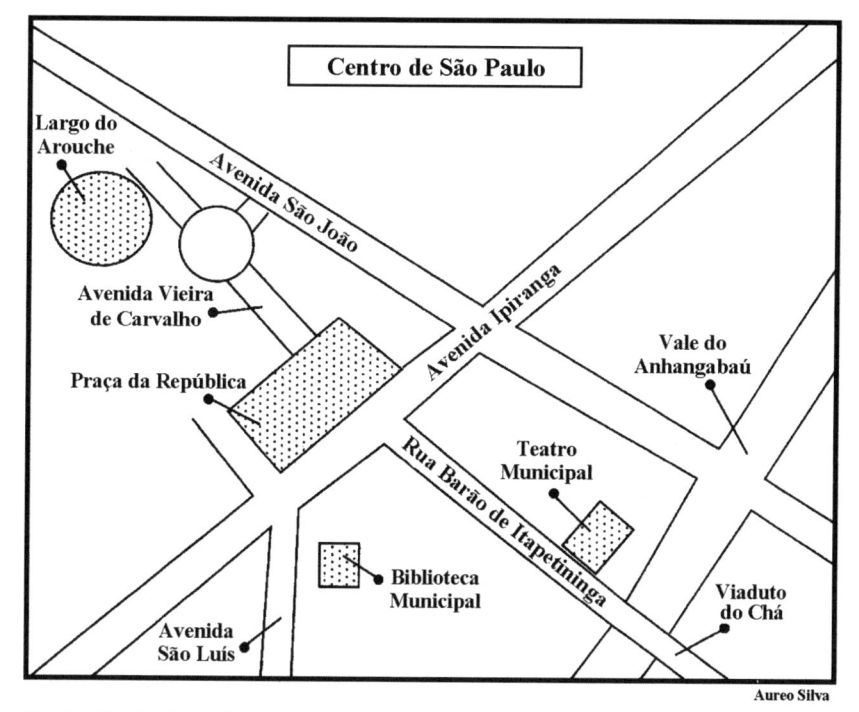

MAPA 5 – São Paulo, 1960.

Barbosa da Silva analisou como muitos homens, que precisavam ser discretos em razão das sanções sociais, ainda assim conseguiam comunicar sua disponibilidade: "É através de certas peculiaridades de comportamento – como gestos, maneiras de falar ou andar, companhias, preferências, roupas que usam, fatos, objetos e situações que atraem a atenção – que os homossexuais se identificam ainda que não se conheçam".[72] O jovem sociólogo percebeu o entendimento tácito de que a identidade daqueles que circulavam no centro da cidade deveria permanecer dentro desse mundo homossexual. Embora eles pudessem comentar sobre outros que eram vistos nessas áreas específicas, a informação não era passada a pessoas de fora do meio.[73] Clóvis, que frequentava o centro nesse período, recorda essa mesma solidariedade de grupo: "Na época, os grupos de bichas eram mais sólidos, não tão fracos quanto agora. Frequentava-se muito os apartamentos. De tanto em tanto dava-se uma saída à calçada, Avenida São Luís, Galeria Metrópole. Havia mais interação entre as pessoas, visitavam-se as casas, organizavam brincadeiras".[74]

Para muitos homossexuais, uma das atrações do centro da cidade era a disponibilidade de homens "verdadeiros". Seu desafio era conquistar esses homens sexualmente "quentes", pagando-lhes alguns drinques ou tentando conduzi-los sutilmente ao sexo.[75] Nessa reversão dos papéis tradicionais de gênero, o homossexual supostamente "passivo" torna-se a pessoa que procura ativamente conseguir uma relação sexual. O homem "verdadeiro" assume, desse modo, o papel do conquistado que, assim se fazia crer, apenas relutantemente concordaria em praticar sexo com um bicha. Portanto, uma determinada pessoa que se identificasse como homossexual e desejasse homens "verdadeiros" tinha de desenvolver um certo grau de autoafirmação para tornar-se um sedutor bem-sucedido. Essa dinâmica sexual, na qual o homossexual tinha de tomar a iniciativa, contribuiu para a formação de uma identidade imbuída de autoconfiança e que se contrapunha aos estereótipos sociais do bicha patético e passivo.

Convencer uma pessoa a fazer sexo era apenas uma etapa do processo de sedução. Depois, devia-se negociar um lugar para ir. Muitos homossexuais que viviam em pequenos apartamentos no centro podiam trazer amigos ou parceiros sexuais às suas casas. Outros, que viviam com a família ou amigos que desconheciam suas preferências sexuais, tinham de procurar acomodações públicas. Como lembrou

Clóvis: "Não havia hotéis específicos para gays como tem agora. Transava-se em hotéis improvisados, mas também frequentados por heterossexuais. Hotéis mais baratos sempre permitiam hospedar dois caras por uma noite, às vezes passava-se o final de semana. Na Rua 7 de Abril, lembro, havia um hotelzinho chamado São Tião, a gente ia com muita discrição e ficava hospedado com um cara".[76]

Assim como no Rio, na São Paulo dos anos 50 não havia bares exclusivos para uma clientela homossexual, que dividia espaços com outros frequentadores da vida noturna dessa parte da cidade. O Paribar, o Barbazul e o Arpège, bares localizados próximos à Praça Dom José Gaspar, circundando a Biblioteca Municipal, atendiam uma clientela bastante diversa. Mesas na calçada em alguns estabelecimentos davam-lhes uma atmosfera dos cafés parisienses.[77] Estudantes, intelectuais e pessoas de teatro sentavam-se no Paribar, um café na calçada, onde discutiam política socialista, existencialismo ou literatura. Um dos intelectuais que frequentavam essa área em sua juventude lembra-se desse período: "Nossos bares eram sincréticos e ignoravam qualquer tipo de especialização, como a que se esboçaria em meados da década de 1960 (para minha surpresa, quando voltei ao Brasil, depois de dois anos no exterior), com bares do estilo do Ferro's ou do Redondo, que já possuíam uma natureza francamente corporativa. Façamos o contraponto com o Arpège. Ao contrário dos demais já aludidos, não era um bar de estilo parisiense. Era apenas uma lanchonete, mas levava ao extremo a vocação comum de osmose social a que nos referimos. Com a turma da Biblioteca, convergiam no Arpège artistas plásticos, jornalistas, universitários e todas as formas imagináveis de dissidência política, cultural ou simplesmente sexual".[78] Segundo as anotações de campo de Barbosa da Silva, por um curto período no fim dos anos 50 um único bar, o Anjo Negro, especializou-se em atender uma clientela homossexual, e até apresentava um *show* de travestis, mas logo foi fechado pela polícia. Outro estabelecimento, o Nick's Bar, que servia comida e bebida aos frequentadores do Teatro Brasileiro de Comédia, tornou-se então um local favorito de reunião para muitos homossexuais atraídos pela companhia mais tolerante de intelectuais e artistas, com os quais podiam interagir e discretamente procurar potenciais parceiros. Do mesmo modo, o João Sebastião Bar atraía um público "exótico", que incluía homossexuais.[79]

Os parques, praças, banheiros públicos, cafés e restaurantes onde os homossexuais paulistas se aglutinavam eram locais onde homens de diferentes classes sociais podiam mesclar-se. Aqueles que recebiam salários modestos podiam demorar-se no mesmo copo de cerveja enquanto socializavam-se com amigos. Os que contavam com uma renda maior talvez reunissem um grupo de amigos para desfrutar de uma noitada na cidade, que poderia incluir um jantar num bom restaurante da área e depois um passeio para procurar um "novo" parceiro para uma ligação sexual. Homossexuais das classes média e alta, que prefeririam um modo de vida mais discreto, organizavam jantares e reuniões sociais entre amigos como uma alternativa a frequentar a área de interação gay do centro, onde podiam ser vistos e identificados como homossexuais. Darcy Penteado, um artista que participava de um desses grupos sociais nos anos 50 e 60, explicou que os homossexuais economicamente privilegiados preferiam esses círculos, onde podiam discutir arte, teatro, literatura e música num ambiente restrito. "Claro que também tinha muita frescura."[80]

Em meados dos anos 60, a construção de uma ampla área de compras, a Galeria Metrópole, forneceu aos homossexuais um novo espaço para interações sociais. Clóvis lembra-se da estrutura: "Ela foi construída como um espaço arquitetônico, urbanístico. Mas já quando estava em obras as bichas falavam: 'vamos invadir esse espaço, vai ser nosso, vai ser uma bicharada toda nessa galeria'".[81] A Galeria Metrópole tornou-se o ponto gay mais movimentado de São Paulo. Com seus cinemas, bares, boates, livrarias e escadas rolantes, era ideal para as "paqueras". Assim como a área ao redor da Biblioteca Municipal, a apenas alguns metros dali, tornou-se um espaço comum de reunião de poetas, artistas e intelectuais.[82] Contudo, o relativo grau de tolerância para com os homossexuais nessa área do centro não significava necessariamente que eles tinham obtido aceitação social nos anos 50 e 60. Os intelectuais boêmios no centro de São Paulo podiam dividir o espaço com "dissidentes sexuais", mas a opinião hegemônica ainda considerava a homossexualidade pervertida, decadente e não natural. Bastava andar uns poucos metros além do Paribar ou da Galeria Metrópole, até a Biblioteca Municipal, e avaliar sua literatura disponível sobre a homossexualidade para perceber quão restrito era o material positivo acessível ao público naquela época.

Bibliotecas e livros

Max Jurth, membro da organização "homófila" francesa Arcadie, visitou o Brasil em 1956.[83] Um dos interesses de Jurth era examinar a literatura sobre a homossexualidade nas bibliotecas públicas brasileiras, e ele conduziu um miniprojeto de pesquisa na Biblioteca Municipal em São Paulo.[84] Sua questão era simples: "O que um estudante de direito ou de medicina encontraria sobre o assunto?". Ele descobriu que, no catálogo principal, esse estudante hipotético teria sido conduzido da palavra "homossexualidade" para o título "aberrações sexuais". Ali, ele teria encontrado uma edição alemã da obra de Magnus Hirschfeld, *Die Homosexualität des Mannes und des Weibes*, 1914 [A homossexualidade do homem e da mulher] e a edição francesa de 1883 de *L'onanisme seul ou à deux* [O onanismo solitário ou a dois], de P. Garnier. A Biblioteca Municipal também mantinha um exemplar do volume de 1922 do autor português Arlindo Camillo Monteiro, intitulado *Amor sáfico e socrático*. Apenas duas publicações brasileiras eram listadas nas fichas do catálogo: "Estudos biográficos dos homossexuais de São Paulo", de Edmur de Aguiar Whitaker, e uma obra de Sílvio Marone intitulada *Missexualidade e arte*, publicada em 1947.[85] Portanto, no início dos anos 50, a biblioteca pública central da moderna e industrializada São Paulo oferecia bem pouca informação sobre a homossexualidade para aqueles que só liam em português. Livros sobre educação sexual, tais como a obra mencionada de Hernani de Irajá, *Psicoses de amor*, que incluía um capítulo sobre a homossexualidade, continuavam a ser publicados. Eles, contudo, não passavam de repetições superficiais e moralistas de textos dos anos 30, cujo mérito científico era questionável. As obras de Ribeiro, Whitaker, Sinisgalli, Peixoto e Marañón ainda forneciam a estrutura básica de sustentação das concepções da profissão médico-legal a respeito da homossexualidade, e portanto moldavam o pensamento da maioria dos futuros juristas e médicos que estudavam o assunto.

A situação não era muito melhor no campo das letras. Daniel Franco, um ativista do movimento pelos direitos dos gays em São Paulo nos anos 70, apontou a falta de material sobre a homossexualidade nos anos 50: "Até há pouco tempo não havia literatura gay no Brasil. O pouco que tínhamos era importado, pois nenhum escritor brasileiro ousaria queimar seu nome numa empresa tão arriscada. Lia-se o *Corydon* de Gide, *O Banquete* de Platão, ou *A confusão dos sentimentos* de Stefan Zweig".[86] Mas, como veremos, apesar dessas dificuldades, alguns romances com temas gays haviam de fato sido publicados.

Em particular, tanto Franco como Jurth mencionaram uma obra, *Homossexualismo masculino*, de Jorge Jaime.[87] Segundo a introdução do livro, Jaime o apresentara originalmente num seminário em 1947 para a disciplina de Medicina Legal, durante sua graduação na Escola Nacional de Direito do Rio de Janeiro. Uma segunda edição, publicada em 1953, foi uma reimpressão do tratado médico-legal de Jaime com um romance adicional de 140 páginas, *Lady Hamilton*, que, em forma de diário, descrevia a vida de Paulo, um homossexual.[88]

Fica-se logo impressionado com o projeto da capa do livro, que lembra a arte homoerótica europeia e norte-americana dos anos 50 e 60 (Figura 12). Um jovem loiro e belo domina o espaço, lançando um olhar longínquo, talvez inocente, ou quem sabe romântico. Um pouco acima dele, à esquerda, está um homem mais velho igualmente atraente, usando bigode. Sua expressão sugere proteção e afeto pelo jovem. A imagem não veicula a ideia de degeneração, doença ou perversão, e sim uma relação benéfica entre os dois homens. Como um recurso de *marketing*, a capa sem dúvida deve ter atraído muitos homossexuais brasileiros, que provavelmente julgaram que ali encontrariam um tratamento positivo do assunto. Lamentavelmente, devem ter ficado desapontados.

FIGURA 12 – Capa de *Homossexualismo masculino*, o tratado de Jaime Jorge sobre a homossexualidade masculina no Brasil, publicado em 1953.

Na introdução, Jaime explicou como ele conduzira uma pesquisa extensiva para obter as informações contidas em seu ensaio e romance: "Fiz 'trabalho de campo', frequentei bacanais de pederastas, fui observá-los nos bastidores dos teatros, nos ensaios dos cassinos. Têm uma sociedade fechada que é difícil conhecer, que é muito perigoso devassar. Procurei ganhar-lhes a confiança e alguns mostraram-me seus diários, cartas íntimas, contaram-me suas histórias tristes". As onze cartas que ele publicou como parte desse volume realmente captaram a complexidade das vidas de diferentes homossexuais no Rio de Janeiro no fim dos anos 40, desde homens apaixonados por soldados até as animadas correspondências de jovens homossexuais relatando suas viagens ao exterior. Contudo, o tom geral da obra de Jaime é condenatório, exalando piedade e clemência que beiram a presunção: "Coitados! Infelizes, só adoram machos e, por eles se apaixonam. Perdoai-os; são doentes, não sabem o que fazem...".[89]

Em sua essência, *Homossexualismo masculino* apresentava os mesmos argumentos médico-legais que Ribeiro, Marañón, Sinisgalli e Whitaker haviam defendido uma década e meia antes. A homossexualidade era causada por distúrbios hormonais, e os pederastas eram criminosos. Jaime falou em termos nada imprecisos: "A sodomia trouxe e trará sempre consigo os germes da doença, da tragédia, do crime. Não se iludam, jovens adolescentes. Quando lhes falarem de 'uma felicidade celeste', de um 'gozo imortal', não acreditem. Eu vi a outra face do 'Amor Socrático' e lhes asseguro que é horrenda, monstruosa".[90]

Contudo, o tratamento favorável da capa do livro e de várias de suas propostas, que incluíam aumentar as penalidades e punir a extorsão e as chantagens feitas aos homossexuais, bem como reprimir os abusos policiais, era, de certa forma, incongruente com o caráter moralista da obra como um todo. Foram provavelmente essas propostas positivas que encontraram ressonância entre alguns de seus leitores homossexuais brasileiros, que o fez merecer o elogio do homófilo francês: "Jorge Jaime que, segundo somos levados a crer, não é um homófilo, defende os homossexuais do Rio contra certos abusos que a polícia costuma cometer contra eles sem nenhuma base legal. Eles são às vezes presos em locais de encontro, levados à delegacia, e lá, depois de serem insultados e humilhados, sofrem abusos dos policiais, que os submetem ao papel passivo".[91] Além disso, na seção do livro intitulada "A homossexualidade e a lei", Jaime faz a incrível sugestão de que os homossexuais deveriam ter o direito de se casar: "Existem milhares de invertidos que vivem maritalmente com indivíduos do seu próprio sexo. Se fosse concedido o casamento entre homens não se criaria nenhuma monstruosidade: apenas se reconheceria por um estado de direito, um estado de fato. Os filhos naturais, também, durante muito tempo, foram postos fora de qualquer proteção legal. O Direito desconhecia-os, não tomava conhecimento da sua existência. Hoje, apesar de toda pressão da Igreja, impuseram-se como uma realidade e foram equiparados aos filhos legítimos. A união legal entre doentes é um direito que só os países ditatoriais negam. Se os leprosos podem casar entre si, por que devemos negar esse direito aos pederastas? Só por que, aos normais, repugna um ato de tal natureza?".[92]

Jaime defendeu sua proposta empregando uma lógica curiosa. Ele argumenta que o casamento entre homossexuais reduziria a exploração de homens jovens, a chantagem e a prostituição masculina. Além disso, o ato público do casamento comunicaria a anormalidade do casal e também evitaria que mulheres jovens e inocentes se casassem com homossexuais. Num tom liberal, ele escreve: "Um uranista só é feliz na convivência dos homens que lhe saciam os instintos. E muitos homens sentem-se mais felizes quando têm relações com uranistas do que com mulheres. Então, por que não os proteger legalmente? O Direito foi posto na Terra para regular interesses recíprocos. Hoje, mais que em época alguma, tem evoluído muito o conceito de família e já se acha mais importante a felicidade que a moral". No entanto, na próxima frase Jaime destrói toda a sua tolerância com uma simples questão: "Mas haverá, realmente, felicidade onde existem fissuras anais e líquidos contendo gonococos?". E ele então continua argumentando, assim como os profissionais médicos e juristas haviam insistido quinze anos antes, que o Brasil necessitava de hospitais especiais para tratar homossexuais e clínicas especializadas para reabilitá-los. Sua visão "moderna" e "esclarecida" avançava bem pouco em comparação com a geração anterior de escritores que trataram do assunto.[93]

Se os leitores de *Homossexualismo masculino* ainda tinham dúvidas quanto à natureza "monstruosa" e "pervertida" da homossexualidade depois de ler as 65 páginas do tratado médico-legal de Jaime, eles podiam agora passar para o romance do autor, *Lady Hamilton*, a segunda parte da compilação. Jaime deixa suas intenções perfeitamente claras na introdução da narrativa. "*Lady Hamilton* não é nenhuma obra-prima de literatura. Se não tem valor como obra literária, vale apenas como um documento descritivo de todos os horrores degradantes que sofrem os milhões de pederastas que vivem sobre a face da terra. Que se horrorizem os gramáticos e os estilistas com tanto pronome mal colocado, mas que se esclareçam os legisladores quando fizerem leis para os doentes sexuais, que conheçam as suas fraquezas involuntárias, que se compadeçam desses doentes infelizes – tal foi o meu propósito ao dar divulgação a este trabalho."[94]

Jaime estava sendo honesto a respeito do mérito literário de sua obra de ficção. *Lady Hamilton* é uma história excessivamente melodramática e fantasiosa da vida de Paulo, um homossexual. Assim como Lady Hamilton, amante e esposa do Lorde General Nelson, cuja história de vida foi contada no famoso filme de 1941, *That Hamilton Woman*, Paulo alcança riqueza e glória para depois afundar na pobreza e degradação. O romance acompanha a trajetória de Paulo por todo tipo de situações improváveis, nas quais ele se apaixona por diversos homens viris que raramente correspondem ao seu afeto. Ele percorre os locais noturnos do Rio frequentados por homossexuais, participa de loucas orgias organizadas por estrangeiros e brasileiros, torna-se amante de marinheiros norte-americanos estacionados no Rio durante a Segunda Guerra, viaja para Nova York, onde se torna um bailarino famoso e milionário, e termina em falência e solidão no Rio de Janeiro. A irmã de Paulo vem viver com ele, e este se apaixona pelo namorado dela. Paulo seduz o rapaz, que mais tarde se arrepende de seus atos e o ataca, chamando-o de *puto* e de *viado*. No capítulo final, Paulo se tornara um viciado em drogas e um leproso. Ele acaba por enforcar-se, mas sua má sorte ainda não terminara. Seu corpo cai da corda e é encontrado coberto de lama.

Aparentemente, a intenção de Jaime era veicular uma única mensagem: a homossexualidade leva à morte e à destruição. Ironicamente, no esforço de conseguir seu intento, ele apresentava detalhes sobre as vidas de homossexuais que podiam ser absorvidos pelos leitores – que fossem, porventura, inicialmente atraídos por sua capa ou título – para construir uma ideia positiva da homossexualidade. Ao mesmo tempo, esse leitor podia obter indicações a respeito da subcultura homossexual semiclandestina do Rio de Janeiro e de São Paulo, o nome de bares, locais de encontro conhecidos e a gíria corrente, assegurando-se assim de que não estava sozinho em seus sentimentos sexuais.

Jaime continuou a lidar com o tema da homossexualidade numa coleção de poemas de 1957 intitulada *O monstro que chora*, dedicado a "todos os monstros que amam e choram".[95] Uma série de poemas conta a fábula de Robert, que encontra um monstro com emoções humanas. O monstro é uma metáfora para a homossexualidade. Outro poema da coleção indica que Jaime manteve contato com a subcultura homossexual do Rio durante toda a década de 1950. "Cartões postais" menciona vários locais de encontro em Copacabana que eram populares no fim dos anos 50, bem como alguns bares frequentados por homossexuais. Parte do poema, uma conversa entre dois gays, diz:

Iremos à "Tasca" ou ao "Follies"?
– "Posto 5" ou "Mercadinho Azul"?
– O.K.! All right – "O.K."? Não, "Bolero".
Pederastas risonhos pastam, felizes
na praia dos sonhos.
Macho que é bom,
não se encontra, não.
– "Posto 5", ou "Mercadinho Azul"?[96]

Analisando, mais tarde, a obra de Jaime na perspectiva de um ativista do movimento gay brasileiro, Franco escreveu: "Essa obra, que tinha a pretensão de ser científica, foi altamente prejudicial para os leitores da época, pois visando defender os gays, tratava-os de loucos ou viciados, receitando-lhes o hospital e o sanatório em lugar da cadeia. Esse trágico ensaio pertence ao folclore gay, e só pode ser lido hoje em dia em termos de gozação".⁹⁷ Mas, apesar de reforçar as noções hegemônicas acerca do homossexual como um ser solitário e doente, o tratado, o romance e os poemas de Jaime têm o mérito de captar momentos reais nas vidas dos homossexuais no Rio de Janeiro. Por meio das cartas, referências a locais de encontros e práticas sexuais, além de anedotas sobre bichas na Cinelândia, os homossexuais podiam vislumbrar sinais autoafirmativos de vidas semelhantes às suas. Assim como *Well of Loneliness* [*Poço da solidão*], de Radclyffe Hall, alcançou ampla popularidade entre leitoras lésbicas nos anos 20 e 30, e estendeu-se até os anos 50 e 60, apesar dos elementos desoladores e depressivos de sua história, também a obra de Jorge deve ter oferecido um certo consolo aos homossexuais, que, do contrário, precisavam de um discernimento mais profundo para reconhecer-se nas descrições ali impressas, positiva ou negativamente.

Outra obra que aborda o tema homossexualidade é o conto de Mário de Andrade, "Frederico Paciência", escrito em 1924 e revisto várias vezes antes de sua publicação póstuma em 1947.⁹⁸ A história descreve a amizade romântica de dois estudantes (presume-se que um deles seja o autor) que se separaram sem consumar seus desejos, exceto por alguns beijos furtivos e abraços afetuosos. O narrador expressa alívio quando a amizade se dissolve e os dois estão separados pela distância geográfica, dando a entender que agora ele não precisa mais enfrentar seus próprios desejos sexuais por Frederico Paciência. Embora o protagonista não seja uma figura doente e patética, ele ainda assim deixa o leitor com a impressão de que é muito melhor reprimir os sentimentos eróticos homossexuais do que expressá-los abertamente. Sob vários aspectos, pode-se estabelecer um paralelo entre esse conto e a vida real de Mário de Andrade, que também tentava reprimir seus desejos sexuais por outros homens e mantinha segredo sobre sua vida pessoal.

Mas nem toda a produção literária a respeito da homossexualidade era assim tão desoladora. Paulo Hecker Filho, escritor gaúcho, publicou a novela *Internato*. A história descreve a vida de Jorge, que se apaixona por Eli na época em que estudavam num colégio interno.⁹⁹

Eli, popular entre os colegas de classe, era conhecido por seduzir tanto mulheres quanto jovens garotos na escola. Numa noite de domingo, após sair bêbado de uma festa, Jorge leva Eli para um celeiro onde pratica sexo oral com seu objeto de desejo, embora Eli tivesse gonorreia. Quando Jorge volta ao internato na segunda-feira à tarde, a notícia de seu caso com Eli já se espalhara pela instituição. Alfredo, colega de quarto de Jorge e cuja irmã Jorge estava namorando, imediatamente o ataca, dando-lhe uma surra e insultando-o com os termos nojento e fresco. Humilhado publicamente, machucado e sangrando, Jorge, entretanto, não é uma figura trágica como Paulo em *Lady Hamilton*, que uma vez derrotado comete o suicídio. Hecker resgata seu protagonista da degradação moral e devolve-lhe a autoestima: "O orgulho o põe de pé como um grito. E com os lábios a escorrer sangue, a face molhada e suja, enfrenta os que estão olhando, o Colégio inteiro, o mundo inteiro, aceita o seu destino e corre, ao encontro dele, em direção às árvores ao longe abandonadas. Ninguém o segue. Há um grande silêncio".[100]

Jorge e Eli são ambos expulsos da escola. Pelo fato de Eli manter seu *status* como o macho viril, assumindo o papel ativo nas relações sexuais com outros garotos, ele é julgado de forma menos severa do que Jorge, que é mais passivo. O castigo de Eli também é menos rígido: "O diretor viu-se na obrigação de sermonear. Mas o caso era tão evidente e tão pétrea a atitude de Jorge, que foi tolhido de início e quase só chegou a comunicar a dupla expulsão. A que atingiu Eli, porém, era obviamente mais leve, dado que, um mês transato, foi readmitido a instante pedido da família". A história termina, simplesmente: "Jorge fez as malas e seguiu na mesma noite, de trem, para casa. Ia voltar a ser apenas o filho de sua mãe. Ia voltar?".[101]

A última frase do romance – "Ia voltar?" – deixa a vida de Jorge a ser definida pelo leitor. O texto ambíguo permite uma multiplicidade de desfechos. Ele voltaria à sua casa e à proteção da mãe e da família? Abandonaria seus desejos românticos e sexuais por outros homens? Ou deixaria sua casa para buscar uma nova vida numa cidade distante como o Rio ou São Paulo? Seu futuro, embora incerto, não deixa o leitor automaticamente com uma sensação de desesperança. Essa foi uma das poucas obras literárias acerca da homossexualidade no início dos anos 50 que não terminam em tragédia e desespero.

Redes sociais como famílias alternativas

Se Jorge tivesse viajado ao Rio de Janeiro ou a São Paulo em meados da década de 1950, como fez outro gaúcho na vida real, João Antônio Mascarenhas, ele poderia ter-se inserido numa vida social rica de homossexuais que apoiavam uns aos outros, e que com prazer teriam-no ajudado a enfrentar as tempestades e tensões da vida. O domínio público da sociabilidade homossexual, que incluía as interações na rua, os bailes de travestis, a praia e os concursos para Miss Brasil, era uma parte fundamental das vidas desses homens, mas os edifícios dessa subcultura eram os grupos de amigos (as "turmas") que funcionavam como uma família alternativa para os homossexuais enfrentando a hostilidade social. A família tradicional e seus adjacentes oferecia à maioria dos brasileiros sua primeira rede de apoio. Isso era especialmente verdadeiro para os que migravam aos grandes centros urbanos e buscavam parentes para facilitar sua transição à vida urbana por meio de hospedagem temporária, orientação para encontrar trabalho e apoio moral. Muitos homossexuais que chegavam ao Rio ou a São Paulo proscritos de suas famílias, ou que simplesmente haviam deixado suas casas em busca de maior liberdade pessoal dependiam muito dessas famílias construídas de outros homossexuais, uma vez que estes enfrentavam problemas similares.

Em sua dissertação de mestrado intitulada *A socialização do homossexual*, Barbosa da Silva publicou um trecho do diário de um dos homens que entrevistou para a sua pesquisa. A passagem ilustra o isolamento que muitos homossexuais sentiam antes de encontrar amigos que compartilhavam dos seus desejos sexuais: "Nunca me senti tão só e nunca estive tão sozinho. A solidão seria sempre o estigma da minha vida? Terei mesmo alguma coisa de intrinsecamente mau que repele as pessoas que se aproximem de mim? Se continuarem 'odiando-me sem razão', talvez eu fique louco. Estou tão triste que seria capaz de fazer algo, pelo que haveriam de me odiar com razão. E no meio do quarto: eu! Esquecido, triste, humilhado...".[102] Do mesmo modo, Anuar Farah, que veio de Campos para o Rio em 1962, experimentou a mesma sensação de isolamento extremo antes de encontrar uma rede de amigos. "As pessoas procuravam uma família. Eu cheguei ao Rio sozinho e precisava de uma família. As pessoas chegaram ao Rio gritando por uma família".[103]

Barbosa da Silva também explicou como a participação em um grupo social criou e reforçou a sua identidade homossexual: "Na medida em que o homossexual consegue efetuar contatos e descobre que existem outras pessoas na sociedade semelhantes a ele, também excluídos do grupo majoritário, ele tende a encarar de outra forma a opção. Ela passa a significar a sua afirmação pessoal como homossexual, prendendo-o cada vez mais a essa categoria".[104] Portanto, a turma agia tanto como rede de apoio quanto como um meio de socializar indivíduos na subcultura, com todos os seus códigos, gírias, espaços públicos e concepções sobre sua homossexualidade.

As turmas se formavam em torno de afinidades de classe ou regionais e interesses comuns. Assim, Ricardo conseguiu reunir um grupo que queria praticar teatro amador. Luiz criou um círculo social com outros homossexuais que pertenciam ao mesmo fã-clube de uma cantora popular italiana. A rede social de Agildo produzia um pequeno jornal escrito por membros de seu grupo e o distribuía na Cinelândia e na Bolsa de Valores. O estudo de Carmen Dora Guimarães sobre um grupo de homossexuais de classe média que veio de Belo Horizonte para o Rio no início dos anos 70 exemplifica a confluência de classe e a solidariedade regional na formação de uma turma de homossexuais.[105]

Jorge Jaime publicou uma série de cartas em *Homossexualismo masculino*, de membros de uma turma no Rio e seus amigos que tinham viajado aos Estados Unidos após a Segunda Guerra. As correspondências registram o modo pelo qual os homossexuais interagiam com a vida em sua rede social e o mundo externo. Eles desenvolviam um idioma particular complexo, que empregava uma linguagem codificada, um humor *camp*, duplos sentidos e namoradas fictícias para comunicar-se sobre seus romances, amizades e aventuras. As cartas também oferecem uma ideia geral, pela visão dos participantes, das diferenças entre a vida gay nos Estados Unidos e no Brasil no fim dos anos 40.

Em 1947, Robert, filho de cidadãos britânicos mas nascido no Brasil, escreveu ao seu melhor amigo Alfredinho, no Rio de Janeiro, sobre a vida em Chicago, onde ele estava vivendo desde o fim da guerra e trabalhando para uma empresa de exportação: "Cada dia que passa, conheço um pouco mais da cidade e da VIDA nos Estados Unidos. Já tenho inúmeros amigos, e tanto Bob, Tim, Bill, Jack e Joe são todos muito camaradas". O jovem de 22 anos passa então a descrever sua vida social: "Os *night clubs* para 'entendidos' estão sempre lotados, e se há coisa boa neste mundo, é sábado à noite num destes lugares. Que vida meu velho, que vida!".[106] É interessante notar o uso, já nessa época, do termo "entendido", que era empregado como uma expressão codificada entre os homossexuais. O termo identificava indivíduos (como homossexuais) e lugares (onde eles se congregavam), enquanto mantinha outros (supostamente os não entendidos) como pessoas que não conheciam o conteúdo real da referência.[107]

Naquele mesmo ano, Armando F., outro brasileiro, enviou suas impressões acerca de Nova York ao seu amigo Rodrigo, que vivia no Rio de Janeiro. Ele descreveu um caso apaixonado com seu novo namorado norte-americano, Fred, que, após ter declarado seu eterno amor ao jovem brasileiro, convidou-o para sair e comemorar. "Fomos ao 'Macdouglas Tavern', um bar 'entendidíssimo', só para homens e gente muito fina, para ele anunciar para a rapaziada que nos amávamos e que iríamos ser, daquele momento em diante, exclusivos um do outro."[108]

Nessas cartas, Robert e Armando desenvolveram palavras codificadas para comunicar-se de modo a evitar que outros entendessem sua linguagem secreta e suas vidas duplas. Da mesma forma, na vida real, era necessário esconder suas verdadeiras identidades, uma vez que demonstrações explícitas de comportamento efeminado ou de referências associadas na cultura popular com a homossexualidade teriam resultado em estigmatização social, barreiras ao emprego e constrangimento às famílias "respeitáveis". Contudo, entre amigos, em círculos fechados de "entendidos", o humor *camp*, as paródias do comportamento heteronormativo e a troca lúdica do gênero dos nomes funcionavam como conforto contra as pressões de ter que se adequar aos padrões sociais estritos. Tanto Robert quanto Armando empregavam cuidadosamente palavras codificadas e trocavam livremente marcadores de gênero, para contar suas aventuras ao mesmo tempo que escondiam o fato de que pertenciam a uma subcultura homossexual. Sem dúvida, eles temiam que alguém encontrasse suas cartas e descobrisse que eles eram homossexuais. Enquanto as cartas constituíam um veículo para o apoio mútuo e a afirmação de suas vidas homossexuais, sua descoberta podia ter causado um escândalo familiar, a expulsão de casa, ou até mesmo a hospitalização. Contudo, seus artifícios literários são tão óbvios que sugerem que foram planejados tanto para sabotar as normas sociais rígidas às quais se esperava que Robert e Armando se adequassem quanto para esconder seus desejos sexuais e redes sociais. Talvez porque a linguagem de suas cartas fosse tão transparente, Robert aconselhou cautela para evitar que a correspondência fosse lida por outros. Um pós-escrito advertia: "Rasgue ou queime esta depois de ler!".[109] Felizmente, para nós, Alfredinho não aceitou a sugestão de Robert.

Modificar designações de gênero era um meio favorito de desconcertar os papéis sociais tradicionais, bem como de disfarçar identidades reais. Assim, nessas cartas, ao menos, esse método mostrou-se bem pouco convincente como meio de obter discrição. Robert, por exemplo, admitia a Alfredinho que ele não tinha visitado Tancredo, um amigo brasileiro comum. "Primeiro porque a minha 'esposa' (que me levou a New York) não quis, e segundo porque mesmo que quisesse eu não tenho o endereço da 'Madame'."[110] Quando Robert se referiu ao seu parceiro romântico como sua esposa, ele provavelmente não estava comentando sobre suas posturas sexuais na cama ou mesmo sobre seus papéis sociais no relacionamento. Em vez disso, ele estava parodiando as convenções que definiam os casais em termos heteronormativos. Contudo, a tentativa de esconder o fato de que sua "esposa" era um homem pouco funciona como subterfúgio. Se ele quisesse seriamente enganar um leitor bisbilhoteiro, teria escolhido a palavra namorada para esconder suas atividades. Ele nem mesmo se esforça para disfarçar o fato de que Tancredo, um nome masculino, tivesse um apelido feminino, "Madame".

Outras partes da carta de Robert também indicam que a linguagem, embora codificada, podia ser facilmente entendida por qualquer um que não fosse totalmente inocente e ingênuo. Por exemplo, Robert pergunta sobre a vida no Rio de Janeiro: "Gostaria de saber como a 'Gilbertina' está passando. Ela ainda não se divorciou do Eddie?". A feminização de Gilberto no improvável nome Gilbertina empresta um humor *camp* à carta. Sem dúvida, os amigos de Gilberto o tratavam por esse apelido no Rio de Janeiro. O fato de atribuir um casamento à relação entre Gilberto e Eduardo trata com ironia as expectativas socialmente definidas sobre as permanentes relações heterossexuais, e de fato Robert jocosamente deturpa a referência à estabilidade matrimonial, ao questionar a longevidade do romance. Além disso, quando Robert se refere a Eduardo como "Eddie", uma prática que se tornava cada vez mais comum de se apropriar de palavras inglesas na cultura brasileira americanizada após a Segunda Guerra, ele provavelmente o faz para projetar uma *persona* cosmopolita e sofisticada.

Em sua carta, Robert pede notícias da vida noturna no Rio de Janeiro, especialmente sobre um bar em Copacabana frequentado por marinheiros, prostitutas e homossexuais durante a guerra: "Mande-me contar todas as novidades do Rio, das 'frequentadoras' do Bolero, e das suas atividades intelectuais e 'esportivas'". Mais uma vez, ao usar marcadores femininos para descrever seus amigos, Robert comunica e faz referências diretas ao mundo homossexual semiclandestino do Rio de Janeiro. As referências às atividades "esportivas" servem como uma alusão levemente disfarçada às relações sexuais. Nesse sentido, Robert documentou um agudo contraste entre o desenvolvimento da vida pública homossexual no Brasil e nos Estados Unidos. Enquanto ele podia visitar "*nightclubs*" exclusivamente gays (presumivelmente bares) em Chicago e Nova York, nem o Rio nem São Paulo dispunham de espaços equivalentes no fim dos anos 40 e início dos 50. Alguns bares, como o Bolero em Copacabana, recebiam um público misto, em que os homossexuais se misturavam aos marinheiros, prostitutas e outros em busca dos prazeres da noite. Mas mesmo sem os "*nightclubs*" para entendidos, os homossexuais conseguiam criar uma vida social rica e criativa na Cidade Maravilhosa.

Robert termina sua epístola com uma saudação em tom de alegria e troça aos seus amigos. Assumindo os ares de um astro do cinema, ele promete, dramaticamente: "Responderei todas as cartas que me forem enviadas pelas fãs e fornecerei fotografias coloridas, autografadas e nu". Novamente, a postura de *glamour* e sofisticação servia para afirmar as vidas desses homens em comparação com uma sociedade mundana, heterossexualmente definida, à qual supostamente faltava a perspicácia urbana dessa subcultura homossexual.

Numa segunda carta, escrita na primavera de 1947, Robert continuou a descrever a vida gay nos Estados Unidos. Ele se referia a um caso no feminino: "Eu me diverti muito em Miami, com 'uma americana' lindíssima, uma 'verdadeira maravilha', '10 estrelas'. Ela dormia comigo no Colonial Hotel, e eu quase morri de fadiga e excesso. Meu Deus, que noite, ai!".[111] Embora um leitor casual possa ter entendido a carta como uma correspondência típica entre dois homens falando sobre suas conquistas femininas, outras referências revelam os significados escondidos por trás das inversões dos marcadores de gênero: "Chicago é simplesmente uma maravilha repleta de 'maravilhas'. São tantas que não se sabe o que escolher. Tenho me divertido muito, e saio quase todas as noites para jantares, festas-bacanais, teatros e 'night--clubs'. Já tive uma meia dúzia de aventuras mas ainda não estou noivo, pois quero selecionar bem antes de casar". Ao utilizar o termo ambíguo "maravilhas", Robert podia fazer seu amigo entender sem ser explícito que estava desfrutando de aventuras com outros homens, embora não estivesse ainda pronto para ter uma relação estável com uma pessoa em particular. Apesar de empregar insinuações para transmitir informações ao seu amigo no Rio, Robert não se deu ao trabalho de esconder o fato de que gays efeminados ("loucas") viviam no mesmo edifício que ele em Chicago: "O lugar onde moro é uma espécie de hotel Bolero, cheio de 'loucas', e quase sempre se arranja uma diversãozinha para distrair".

Robert admitia que construir uma rede social de amigos era fundamental para sobreviver como homossexual nos Estados Unidos nos anos 50. Isso também era válido para o Brasil, onde pequenos grupos de amigos eram as bases da subcultura. Espaços públicos, como os parques, cinemas, praias e certas ruas propiciavam oportunidades para se encontrar amigos, fazer novos conhecidos e encontrar parceiros sexuais. Contudo, essas formas de sociabilidade eram mediadas pelas perseguições da polícia e a hostilidade pública. Portanto, como lembrou Clóvis, os locais privados para interações sociais exerciam um papel crucial nas vidas dos homossexuais paulistas e cariocas.

Festas íntimas e jornais caseiros

Entre as várias turmas que se formaram para oferecer apoio e sociabilidade aos seus membros nos anos 50, havia um grupo composto de pessoas originárias de Pernambuco, Sergipe e do Rio Grande do Norte, além de nativos da cidade e do Estado do Rio de Janeiro. Os nordestinos tinham origens sociais diversas, mas enfrentavam uma dificuldade comum de se adaptar no Rio de Janeiro. Os membros da turma costumavam reunir-se no apartamento de alguém para pequenas festas, nas quais ocasionalmente organizavam brincadeiras que imitavam os desfiles de moda e concursos de beleza. Essas eram atividades discretas. Aqueles que frequentavam tais reuniões sabiam que deveriam entrar e sair do edifício do anfitrião sem despertar a curiosidade do porteiro ou dos vizinhos. Durante os jogos de improviso ou após as apresentações de amadores em algum apartamento, todos sabiam que não deveriam aplaudir, pois isso poderia fazer que as festividades chegassem aos ouvidos dos residentes próximos, que podiam chamar a polícia para reclamar de barulho ou de comportamento "imoral". Em lugar das palmas, como lembra Agildo Guimarães das festas que ele frequentou, os convidados podiam estalar seus dedos para expressar sua aprovação a uma apresentação particularmente boa.[112]

Uma dessas festas, que teve lugar na casa de "Edmea" no fim de junho ou início de julho de 1963, incluiu um concurso de "Miss Traje Típico", em que diferentes "bonecas" se vestiram com roupas representando as diferentes regiões do Brasil (Figura 13). Um júri composto de bofes (homens "verdadeiros") selecionados pela "anfitriã" escolheu o vencedor. Agildo Guimarães, que achou a escolha do júri inapropriada, decidiu montar um jornal simples, de duas páginas, datilografado, para protestar contra o resultado. "Duas falhas a 'hostess' cometeu: 1º) escolheu um júri que não conhecia do assunto, 2º) prometeu arranjar pessoas no júri só 'bofes' e pessoas estranhas. Se foram estranhas não foram para todas as concorrentes."[113]

FIGURA 13 – Membros da rede social de *O Snob* durante o concurso Miss Traje Típico, Rio de Janeiro, 1963. Foto: cortesia de Agildo Guimarães.

Agildo intitulou sua modesta publicação *O Snob*, porque, como ele explicou mais tarde, a expressão "era muito usada entre as bichas naquela época".[114] Aquilo que começou como um protesto por brincadeira acabaria rendendo 99 números regulares e uma edição "retrospectiva" entre julho de 1963 e junho de 1969, quando *O Snob* encerrou suas atividades por causa da atmosfera política que se criou em torno do governo militar linha dura do general Médici. De um jornalzinho mimeografado e minimalista, com simples desenhos a traço de modelos femininos, *O Snob* tornou-se uma publicação que incluía de trinta a quarenta páginas, trazendo ilustrações elaboradas, colunas de fofocas, concursos de contos e entrevistas com as famosas travestis do momento. Os membros da rede social que produziam *O Snob* distribuíam-no entre amigos e conhecidos na Cinelândia e em Copacabana, às vezes pedindo uma contribuição para cobrir os custos, outras entregando-o gratuitamente. Embora *O Snob* não fosse o primeiro periódico caseiro desse gênero que apareceu no Rio de Janeiro, ele foi o mais duradouro e mais influente, e inspirou o surgimento de mais de trinta publicações similares entre 1964 e 1969, não apenas em outras partes da cidade, mas também em todo o estado e no restante do país.[115] As páginas de *O Snob* ofereciam um acesso ímpar ao mundo dos bichas, bofes, bonecas e entendidos. O jornal é especialmente valioso pelas diversas noções de gênero que retrata, as controvérsias que surgiram sobre esse tema e suas visões sobre a política nos anos 60 (Figura 14).

Em 1963, ano em que *O Snob* começou a ser publicado, o Brasil estava em ebulição com a onda de greves nas quais os trabalhadores apresentavam reivindicações econômicas e políticas. A reforma agrária e um maior controle governamental das empresas e do capital multinacional eram duas questões incandescentes naquele momento. O editorial do primeiro número de *O Snob* anunciava metas modestas para a publicação e situava o jornal claramente numa posição política de centro: "Apresentando o jornalzinho: Até que enfim eis lançado o primeiro número do nosso jornal. Jornal da nossa turma. Para fazermos comentários das festas, contar as fofocas, os disse-me-disse. Não tem pretensão a ter muitas tiragens, e nem fazer concorrências a

O Globo ou a *Ultima Hora*, e como não somos nem da direita e nem da esquerda, o melhor mesmo é ficarmos pelo meio. Ele vai ter milhões de defeitos e de erros. Desculpe qualquer coisa. E quem quiser escrever, pode mandar para a redação do jornal ou às sedes de nossos clubes".[116]

FIGURA 14 – Capa do número 95 de *O Snob*, homenageando o editor fundador Agildo Guimarães, Lady Gilka Dantas, agosto de 1968. Cortesia de Agildo Guimarães.

O posicionamento do jornal, apresentado por Agildo, era também um jogo de palavras, uma vez que o "meio" significava a subcultura homossexual e, também, pessoas no meio, entre o masculino e o feminino. O uso do duplo significado do termo também refletia um desejo da parte dos editores de produzir uma obra divertida e bisbilhoteira, repleta de humor *camp* e informação sobre os membros da turma, sem se envolver nas disputas políticas polarizadas da época. No primeiro ano da publicação, o jornal só fez uma única referência política aos acontecimentos correntes, uma rápida menção a cinco membros do grupo que aderiram a uma greve nacional de bancários.[117] Os editores de *O Snob*, contudo, não comentaram sobre o Golpe de 64, que depôs o presidente João Goulart. De fato, tudo indica que a ascensão dos generais ao poder em 1964 não teve um impacto direto sobre as vidas de muitos jovens homossexuais, exceto talvez aqueles com ligações diretas com o movimento populista-nacionalista brasileiro ou com a esquerda. Embora se tivesse espalhado o boato de que o Ministério das Relações Exteriores demitira alguns servidores públicos de nível inferior acusados de serem homossexuais, aparentemente não houve uma perseguição generalizada aos homossexuais durante os primeiros anos do governo militar.[118] Com ou sem os militares no poder, a vida parecia correr sem maiores mudanças para esse grupo de jovens.

Como o editorial também deixou claro, Agildo pensou em sua produção literária como algo modesto desde o primeiro número. *O Snob* se definia como "Um jornal informativo para gente entendida. Um jornal para gente bem. Um jornal para você que é de bom gosto".[119] A palavra título "snob", que entrou no vocabulário brasileiro na virada do século, tinha o mesmo significado que o equivalente em inglês. A frase "gente bem" referia-se a pessoas de bom gosto, estilo ou dinheiro. O título e o *slogan* veicularam uma mensagem consistente durante todos os seis anos de vida do jornal. As "bonecas" tinham estilo, graça, personalidade, uma consciência da moda e um bom gosto que as situava acima do resto da sociedade. Eles estavam cientes de sua sensibilidade superior e a ostentavam. Os homens efeminados possuíam qualidades que deviam ser reconhecidas e afirmadas. Essa atitude era similar àquela que vinha expressa no *slogan* "Gay is Good", desenvolvido pelo movimento de liberação dos gays nos Estados Unidos em 1969, e é significativo que esse lema de autoafirmação fosse adotado pelos autores de *O Snob* seis anos antes da criação do *slogan* norte-americano.[120]

Em sua pesquisa, Barbosa da Silva documentou as experiências de homossexuais paulistas de classe média que preferiam manter discrição a respeito de suas vidas privadas. Eles se identificavam como homossexuais, mas não necessariamente se encaixavam no estereótipo do bicha efeminado nem praticavam exclusivamente o intercurso "passivo". Ao contrário, os membros do grupo de *O Snob* organizavam suas noções de gênero e de homossexualidade em torno da dualidade "boneca/bofe". As bonecas estavam em busca de bofes, ou rapazes, como parceiros e companheiros, sabendo que a maioria de seus "maridos" acabaria por deixá-los em troca de um casamento e filhos. Os bofes não se consideravam homossexuais, e as bonecas estavam interessadas em homens "verdadeiros". Nessas redes sociais, as festas íntimas organizadas por grupos de bonecas sempre incluíam homens "verdadeiros" jovens, que terminavam tendo relações sexuais com as bonecas.[121]

Comparando as conclusões de Barbosa da Silva com os volumosos registros de interações das bonecas do grupo de *O Snob*, percebe-se a complexidade das identidades sexuais que coexistiam dentro da subcultura homossexual nos dois maiores centros urbanos brasileiros. Em grande medida, a construção boneca/bofe predominava entre homens das classes pobres e operárias, enquanto muitos homossexuais da classe média não mais estruturavam os papéis sociais de modo a imitar o comportamento heterossexual normativo de gênero. Isso não quer dizer que todos os homens de origens sociais modestas se adequavam à díade predominante boneca/bofe ou que todos os homens de classe média a rejeitavam. Mas se pode notar uma diferenciação que se desenvolvia nesse período ao longo das classes sociais. Menos pode ser dito sobre os bofes que dividiam esse mundo com as bonecas e outros homossexuais, embora estes se apresentassem essencialmente e em última instância como heterossexuais.

Alguns bofes tinham namoradas, com as quais tinham relações sexuais. Ramalhete explicou por que esses bofes gostavam de fazer sexo com as bonecas, mesmo que tivessem acesso às mulheres: "Mulher não quer chupar, não quer dar. A bicha só tem sexo na cabeça. Ele quer fazer qualquer loucura. Estes homens caem na mão deles".[122] No entanto, segundo as bonecas entrevistadas muitos anos depois, a maioria dos bofes não tinha relações sexuais com as mulheres por causa dos rígidos códigos morais que valorizavam a virgindade feminina. Embora as restrições sobre as atividades sexuais das mulheres de classe média pudessem ser mais severamente impostas do que para aquelas das famílias de baixa renda, esperava-se que a mulher "ideal", independentemente de sua raça ou classe social, se guardasse "pura" até o casamento. Como lembrou José Rodrigues: "Tinha homem que saía da casa da namorada, depois chegava na casa da bicha para trepar, vinha excitado".[123] Esses homens apreciavam a companhia e os prazeres sexuais das bonecas, mas frequentemente esquivavam-se deles nas ruas para evitar que suas "escapadas" chegassem ao conhecimento público. Embora seu papel sexual como penetradores assegurasse sua masculinidade e os tornasse o objeto de desejo dos bichas, eles tentavam confinar suas aventuras aos seus círculos sociais restritos.[124]

Dentro desse mundo de bofes e bonecas, a ideia de dois bichas praticando sexo era tão repugnante para as bonecas quanto era intensa a aversão da maioria da população ao comportamento homossexual em geral. Quando dois homens reconheciam que ambos eram homossexuais e queriam ter relações sexuais um com o outro, isso era incompreensível para muitas bonecas. Agildo Guimarães lembra a reação no seu grupo de amigos quando eles descobriram que dois novatos no círculo, que todos julgavam tratar-se de bofes, estavam se relacionando sexualmente: "A divisão entre os ativos, os bofes, os homens e as passivas, as bichas, era uma questão de nossa formação. Bicha era bicha, bofe era bofe. Bicha não podia ser bofe e bofe não podia ser bicha. Mas conhecemos um casal, onde os dois eram bofes. Era um escândalo, um absurdo. A bicha sempre tinha que ficar passiva. Que horror fazer isso".[125]

O próprio Agildo viveu durante muitos anos com um paraquedista do Exército chamado Chico Dantas, e ele adotou o apelido Gilka Dantas porque se considerava casado com seu bofe. Ele descreveu outros tipos de combinações:

> Em algumas relações de bichas e bofes, o casal se juntava só nos fins de semana, ou se reunia à noite na casa de um amigo ou num hotel para ter relações sexuais. A maioria não morava junto. A bicha era a dona da casa. O bofe fazia as coisas de homem, consertos. A bicha não fazia porque não sabia ou porque deixava ele fazer. A bicha cozinhava, arrumava a casa. Alguns bofes não eram tão bofes assim e ficaram juntos com bichas durante muitos anos. Outros bofes se casaram e mantiveram relações sexuais eventualmente porque eram casados. Gostavam ou da pessoa ou da relação homossexual. Eu acho que eles tinham uma tendência homossexual, só, mas devido à sociedade tinham medo de declarar.[126]

Ainda que papéis sexuais rígidos governassem os lares e a cama, como Agildo prontamente admitiu, nem todos se conformavam a esse modelo. De fato, aqueles que acabavam mantendo uma relação duradoura sem o casamento não eram "tão bofes", uma vez que assumir uma identidade homossexual significava não ser um homem "verdadeiro". A masculinidade era a essência de ser um bofe. A feminilidade era a essência de ser um bicha ou boneca. O termo "homossexual", na forma como era usado por essa rede social, referia-se aos bichas e bonecas e não aos bofes. Contudo, como vimos pela amostragem sociológica conduzida por José Fábio Barbosa da Silva em São Paulo no mesmo período, o universo homossexual não era simplesmente composto de bonecas autodefinidas e bofes identificados como masculinos. Alguns homens que se consideravam homossexuais não necessariamente se identificavam com a *persona* da boneca flamejante. Uma grande porcentagem dos entrevistados por Barbosa da Silva envolviam-se em práticas sexuais "ativas" e "passivas". Em suma, o leque de alternativas pelas quais as pessoas organizavam suas vidas sexuais revela um sistema sexual muito mais complexo do que aquele promovido pelo público de *O Snob*.

Na constelação de subgrupos dentro do mundo homossexual do Rio de Janeiro e de São Paulo havia homens mais velhos que eram conhecidos como *tias*. O termo usualmente se referia a homens de classe média ou alta que tinham uma certa segurança financeira que lhes permitia sustentar um homem mais jovem em troca de favores sexuais. Durante os anos 50 e 60, os bichas mais jovens e bonecas que buscavam bofes ou rapazes podiam eventualmente pagar-lhes alguma bebida, emprestar-lhe uma pequena soma, ou hospedá-los durante alguns dias, mas geralmente não tinham recursos financeiros para sustentar um bofe em troca de seus serviços sexuais. Tais acordos eram mais comuns nas relações estabelecidas entre muitas tias e rapazes.[127] Numa coletânea de contos publicada em 1975, intitulada *Os solteirões*, Gasparino Damata, jornalista e escritor brasileiro, retratou a vida das tias e seus relacionamentos com jovens. A pobreza, o desemprego e a falta de oportunidades para muitos rapazes colocavam à disposição das tias inúmeros possíveis parceiros. Um conto de Damata, "O voluntário", descreve outra figura típica, o macho que nunca se casa, gosta de penetrar rapazes e tem aversão aos bichas. Embora esse seja um tipo raramente encontrado nos documentos do período, as imagens literárias da vida homossexual no Rio produzidas por Damata no início dos anos 60 parecem verdadeiras e fazem supor que foram baseadas em conhecimento próprio.[128]

Embora discretos homossexuais de classe média, homens solteiros e tias financeiramente confortáveis fossem todos figuras desse universo urbano, a turma de *O Snob* era amplamente composta de bichas. Os que estavam envolvidos em relacionamentos traziam seus bofes aos eventos sociais. Algumas tias compareciam de vez em quando às festas. Os rapazes flutuavam, dentro e fora do grupo. As bonecas, contudo, regiam o *show*.

Rainhas da beleza, outras realezas e seus maridos

As páginas de *O Snob* permitiam às bonecas do grupo expressar, por escrito, uma parte de sua personalidade que elas normalmente tinham de esconder em sua vida diária. Um artigo sobre um dos membros da turma, Ozório, também conhecido como "Tatiana", descreveu as contradições do dia-a-dia que as bonecas enfrentavam: "Ele, como todos nós, vivemos dois mundos. O real, a vida lá fora, e a ilusão, a vida interior, o nosso pequeno mundo maravilhoso e encantado. Pois bem, neste mundo de belezas fictícias, Tatiana Koseiusko, descendente da casa Imperial russa, hoje destronada e espalhada, Tatiana é uma grande dama".[129] De fato, as páginas de *O Snob* eram recheadas de notícias e fofocas sobre damas, marquesas e um variado desfile da realeza. As bonecas também faziam ilustrações umas das outras com penteados da última moda e túnicas elegantes. Embora seus estilos de cabelos e roupas variassem desde penteados bufantes com laquê e vestidos longos *à la* Jacqueline Kennedy em 1963 até visuais mais retos no estilo Twiggy e minissaias em 1968, a atração pelo feminino e sua imitação permaneceram constantes. Um pequeno trecho satírico no jornal sumarizou a relação entre o bicha e o bofe em "Os Dez Mandamentos da Bicha":

1- Amar todos os homens.
2- Nunca ficar com um só.
3- Beijar a todos os bofes.
4- Evitar falar no futuro.
5- Quanto mais intimidade na cama melhor.
6- Fingir sempre que ama um só.
7- Nunca esquecer os bofes casados.
8- Evitar falar em dinheiro.
9- Não querer as mariconas.
10- Casar só por uma hora.[130]

Segundo seu autor, o bicha não era qualquer mulher, mas a própria *femme fatale*, com muitos amantes e nenhuma obrigação. E também não gostava de suas "companheiras", como mostra o mandamento sobre as mariconas. Na verdade, as páginas de *O Snob* deixavam transparecer uma constante tensão entre a maledicência e o companheirismo. Os bichas escreviam intermináveis colunas elogiando outras revistas e bonecas da subcultura carioca. Contudo, com frequência, a competição e o desejo de diferentes bonecas de permanecer no centro das atenções dividia o grupo.[131] Dadas as constantes pressões sociais externas sobre as bonecas, as disputas internas em torno da glória pessoal e da autoafirmação eram compreensíveis. As divisões de grupo eram minimizadas por meio da influência moderadora de Agildo Guimarães, o editor-fundador, não oficializado mas carismático, que permaneceu uma figura-chave na manutenção da coesão do grupo e da vida relativamente longa da publicação.[132]

Surge uma nova identidade

Já em 1966, o modelo bicha/bofe recebia críticas severas ao menos por parte de um dos membros de *O Snob*. Hélio, conhecido como Gato Preto, considerava-se um homossexual, mas não uma boneca. Ele valorizava a rede familiar solidária do jornal e exercia um papel ativo na fomentação da turma e da publicação.[133] Ao mesmo tempo, contudo, questionava com persistência os papéis sociais e sexuais rígidos assumidos pelas bonecas. De fato, ele mudou seu pseudônimo de Pantera Rosa para Gato Preto precisamente para afirmar a noção de que não era preciso ser efeminado para ser um homossexual. Gato Preto sintetizou seu pensamento num artigo publicado no último número do jornal, em junho de 1969:

> A boneca será sempre uma caricatura mal feita da mulher, pois biologicamente são machos e continuarão a ser ... e chega a virar palhaçada certos tiques e não me toques que as bonecas inventam para serem femininas. "Elas" inventaram até que as mulheres para serem mulheres têm que ser iguais a "elas" ... e por isso são poucas que caem no seu agrado. Ser mulher é uma coisa completamente diferente do que vejo por aí ... e ficam as bonecas criando leis de feminilidade que nem as verdadeiras mulheres conhecem. Olhem para as suas mamães ... vocês preferem ser iguais a elas ou iguais a Danuza Leão? Qual das duas é mais mulher? Ah! é na mulher que vocês se identificam melhor? Se o homossexualismo fosse só frescura, ótimo ... mas também está provado que as pintosas são a

minoria, mas parecem ser numerosas exatamente por se tornarem caricaturas e chamarem atenções diversas.[134]

Hélio fora influenciado pelo incipiente movimento jovem no Brasil, que questionava os valores sociais e morais tradicionais, tais como a virgindade pré-nupcial para a mulher e a natureza hierárquica da sociedade brasileira. Em sua coluna no jornal, ele trazia essas ideias para a turma. Ele chegou ao ponto de sugerir que, em vez de publicar tantos desenhos de mulheres elegantes e sofisticadas, representando uma visão idealizada dos membros do grupo, *O Snob* publicasse desenhos e fotos de nus masculinos: "Sabem muito bem que para um entendido é muito mais gostoso ver homem nu do que desenhos femininos em noite de gala. E se existem revistas respeitadas que só apresentam mulheres despidas, por que não podemos apresentar os homens?".[135]

Os antropólogos que escreveram sobre a homossexualidade no Brasil notaram o surgimento em 1960 de uma nova identidade gay de classe média. Uma das indicações desse desenvolvimento, segundo esses autores, era a popularização do termo "entendido". A palavra estivera circulando já havia algum tempo, para descrever um certo tipo de gay. Assim, Carmen Dora Guimarães, em seu estudo antropológico pioneiro sobre um grupo de quatorze homossexuais no Rio de Janeiro no início dos anos 70, observou: "Mesmo que por vezes ainda seja empregado por alguns do *network*, para a maioria o termo *entendido* está ultrapassado, e define um tipo de homossexual de classe média tradicional, 'enrustido, de duas vidas'".[136] Edward MacRae, em sua obra antropológica *A construção da igualdade*, que estudou o grupo Somos, a primeira organização pelos direitos dos gays no Brasil, fundada no fim dos anos 70, argumentou que os entendidos, como um grupo social distinto entre os homossexuais brasileiros, desenvolveu-se em São Paulo no fim dos anos 60.[137] Outro antropólogo, Peter Fry, descreveu da mesma maneira o surgimento dos entendidos entre as classes médias do Rio de Janeiro e de São Paulo no fim da década de 1960.[138] Sua periodização apoia-se em lembranças de gays que frequentavam a noite em São Paulo no início da década, de que o termo "entendido" foi usado pela primeira vez entre 1964 e 1965 entre os grupos ligados ao teatro.[139] Segundo antropólogos, o entendido rejeitava os termos pejorativos, ligados ao gênero, tais como viado, louca ou bicha, assim como o comportamento vistoso e afetado. Ao contrário, o entendido preferia um termo de definição de sua identidade que refletisse uma *persona* pública mais resguardada. Além disso, MacRae sugeriu que o entendido adotava um novo comportamento sexual "igualitário", que não imitava a díade ativo/passivo, masculino/feminino associada à interação tradicional, hierárquica, homem/bicha.[140]

Portanto, embora o termo *entendido* tivesse suas origens nos anos 40 (ou mesmo antes), como indicam as cartas publicadas em *Homossexualismo masculino*, de Jaime Jorge, o significado e o uso da palavra parecem ter-se alterado nos anos 60. Além de ter permanecido como uma expressão utilizada quase que exclusivamente por homossexuais como um código que não continha a mordacidade do termo viado ou até mesmo bicha, ela foi empregada por Hélio como um sinônimo de um homossexual que não assumia um papel de gênero especificamente masculino ou feminino. Outros no grupo, contudo, usavam o termo mais genericamente como uma expressão mais polida para bicha. Era com esse significado que aparecia no cabeçalho de *O Snob*, bem como num artigo publicado em 1967 promovendo a ideia de se realizar o Primeiro Congresso de Jornalistas Entendidos, que reuniria todas as minipublicações produzidas pelas bonecas brasileiras.[141]

As recordações de Agildo das reações negativas provocadas pela participação de um casal de bofes no grupo e a constante batalha que Hélio travava com as bonecas de *O Snob* quanto aos papéis de gênero exemplificam esse território polêmico ao longo dos anos 60. A tensão localizava-se entre as pintosas (homens obviamente efeminados) e aqueles que se consideravam homossexuais com uma identidade mais masculina. A pesquisa de Barbosa da Silva excluiu esses primeiros, porque eram muito afetados e ostentatórios, e optou por entrevistar homens de classe média que sem dúvida teriam se referido a si próprios como entendidos. A diferenciação de classe entre os homens que circulavam no mundo dos bichas, bofes, tias e entendidos não era um fator automaticamente determinante na formação da identidade sexual dos indivíduos, mas isso no entanto teria um impacto nos modos pelos quais as pessoas se apresentavam e como se conduziam entre sua subcultura e a sociedade mais ampla.

Vozes dissidentes e evolução política

Assim como alguns homens dentro da rede social de *O Snob* começaram a questionar as identidades homossexuais normativas, no fim dos anos 60 indivíduos dispersos dentro da Igreja Católica passaram a colocar em xeque os ensinamentos morais a respeito da homossexualidade. Os críticos, contudo, fizeram suas reservas dentro da estrutura das políticas globais que ainda consideravam o homoerotismo um ato não natural. Discussões internas na Igreja no rastro do Concílio Vaticano II e o crescimento da força dos defensores da Teologia da Libertação no Brasil criaram um clima que permitiu, ao menos para um dos intelectuais católicos, considerar uma nova abordagem do comportamento homossexual. Em 1967, Jaime Snoek, padre e teólogo católico graduado, nascido na Holanda mas residente no Brasil desde 1953, escreveu um artigo sobre o tópico na *Revista Vozes*, "uma revista cultural católica". Snoek estimou que de 4% a 5% da população masculina e de 2% a 3% da população feminina eram homossexuais. Referindo-se às organizações homófilas da Europa e dos Estados Unidos, ele reconheceu que "em alguns países este grupo minoritário conseguiu organizar-se, num esforço comum pela sua emancipação".[142] De um ponto de vista humanista, Snoek reconheceu que os homossexuais eram uma minoria significativa, forçada a viver uma vida clandestina e marginal, e que apresentava uma taxa de suicídio cinco vezes maior que os heterossexuais. Ele também afirmou que "em si a homofilia não pode ser qualificada como doença. Torna-se doença quando não é integrada e assumida, mas sentida como incômodo, como sofrimento".¹⁴³ Como professor de teologia moral e seminarista, Snoek aconselhou a compreensão por parte dos padres e recomendou uma série de orientações liberais do Instituto Pastoral da Holanda, que incluíam desincentivar o casamento como solução e apoiar "amizades homossexuais" estáveis baseadas na fidelidade.¹⁴⁴

Todavia, Snoek foi uma voz isolada de tolerância dentro da Igreja Católica, e outros criticaram suas posições direta e indiretamente. Em 1969, numa coluna do prestigiado *Jornal do Brasil*, Dom Marcos Barbosa respondeu à pergunta de um jovem sobre a homossexualidade com uma referência velada às ideias de Snoek, condenando o teólogo por seu apoio a "certas uniões ilícitas".¹⁴⁵

Embora os debates dentro da Igreja Católica acerca da homossexualidade não tivessem resultado em mudanças significativas nas suas políticas ou abordagens a respeito desse tópico, em *O Snob*, o questionamento de Gato Preto sobre as construções vigentes da identidade sexual logo refletiram no conteúdo do jornal. Clau Renoir, que se tornou o editor de *O Snob* em 1969, explicou as inovações na publicação: "1969 parece ser o ano das novidades, pelo menos para nós, de *O Snob*, muita coisa nova acontecerá no decorrer desse ano. Iniciamos com um jornal mais adulto, onde as crônicas, poesias, artigos de real interesse, contos e colunas sociais sadias, sem fofoquinhas, aliás abandonadas há muito por nossos colunistas, e o suprimento de desenhos de figuras femininas ... mostrarão nossos propósitos de atingirmos uma realidade do que realmente somos. Estamos próximos do século XXI, a dois passos da lua e não podemos permitir que nossa mente fantasiosa estacione desde há cem anos atrás. Sabemos que seremos criticados inicialmente, mas lutaremos para que todos sigam-nos em nossa marcha para o progresso, como o eterno bandeirante".¹⁴⁶ Um número subsequente anunciou a "Nova Fase" de *O Snob*. A ilustração da capa, em vez de retratar uma rainha da beleza, mostrava dois homens nus fazendo amor (Figura 15). Embora a situação política terminasse por cortar sumariamente esse novo experimento no jornalismo, uma transformação já havia ocorrido entre muitos bichas e bonecas de *O Snob*.

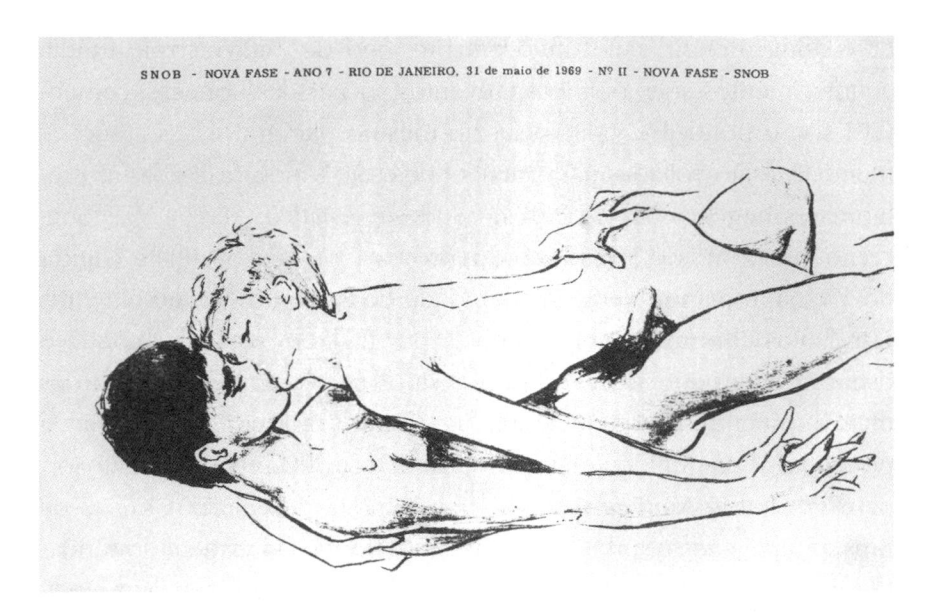

FIGURA 15 – Capa do último número de *O Snob*, maio de 1969, refletindo a mudança nas noções de gênero entre os gays brasileiros. Cortesia de Agildo Guimarães.

Antes de 1968, os membros da turma que escreveram artigos para *O Snob* raramente comentavam sobre tópicos políticos, mesmo aqueles relacionados à homossexualidade. Vários números da publicação trouxeram notícias internacionais sobre a legislação que liberalizou o *status* da homossexualidade na Grã-Bretanha, bem como comentários expressando a esperança de que os ventos da mudança soprassem também para os homossexuais do Brasil.[147] Contudo, os movimentos estudantis, de jovens e revolucionários que varreram o mundo em 1968 claramente influenciaram o grupo, e o jornal refletia a mudança de atmosfera evidente no Brasil. Ao longo desse ano explosivo, praticamente todo número de *O Snob* trazia um editorial ou um artigo referindo-se à Guerra do Vietnã, às manifestações em Paris ou ao movimento *hippie*, além dos protestos de estudantes internacionais e brasileiros. Porém, os colaboradores desse jornal não se tornaram ativistas políticos, e a justaposição de notícias atuais com fofocas do grupo revelavam que os acontecimentos nacionais e mundiais, com raras exceções, pareciam um tanto distantes dessas bonecas. A "Coluna Social" de Claudia Renoir, cujo título era um jogo de palavras que fundia acontecimentos sociopolíticos e eventos sociais das bonecas, comentava sobre política e vida social no mesmo parágrafo: "As atenções mundiais estão voltadas para Paris, onde estão sendo realizadas as preliminares negociações de Paz, no Sudeste Asiático. Mas, o Vietcong, como que contrário a esse acordo, provoca a maior batalha à Guerra do Vietnã, tomando de assalto a cidade de Saigon. E na mesma Paris estudantes chocam-se com a polícia por fazerem passeatas contra o ostracismo em que se encontra o ensino francês. Entretanto, um dos mais importantes fatos desse início de maio foi a visita feita a Bahia por Gilka Mina [Agildo Guimarães], Sandra Cavalcante e Altair. E o jornal *Subúrbio à Noite* teve a sua grande noite de gala nos salões de uma agremiação suburbana".[148] Para essa boneca, a viagem do fundador de *O Snob* para o Nordeste e uma festa organizada por outra rede de amigos na Zona Norte do Rio tinham o mesmo peso como notícia que os protestos de estudantes, as guerras e a política.

Alguns membros da turma, contudo, buscavam articular visões políticas. Numa entrevista, Gato Preto criticou duramente os militares.[149] O editor-fundador Agildo Guimarães também se posicionou claramente a favor dos protestos estudantis. Num artigo sobre sete acontecimentos especiais recentes em sua vida, ele escreveu um relato poético da Marcha dos Cem Mil no Rio de Janeiro em 26 de junho de 1968, um protesto contra o governo militar:

> À hora declinante da tarde, na Avenida Rio Branco o povo a lotava completamente, com faixas, dizeres, gritos e aquela vontade locomotiva de caminhar para a frente, de mudar o que está errado, de modificar o que está obsoleto. E os gritos de LIBERDADE, LIBERDADE eram ecoados por mil bocas ao mesmo tempo, e de mil multiplicava-se por mil, e o eco transcendental foi bem longe, ao infinito. Aquela sensação de emoção, que nos dá, quando sentimos a irmanização de ideal, num total nunca calculado, chega através de um arrepiar no corpo, lágrimas que chegam aos olhos, e aquele estranho sentir que não estamos sós. Que vontade de sair com eles gritando, gritando, caminhando, caminhando. E quando tudo acaba, e nós nos dirigimos para casa, levamos a certeza que a vida

tem de mudar. Que aquilo tem de germinar. A semente plantada tem de crescer e frutificar. Aquilo que chegou até nós, tem de ser passado adiante. Não pode parar.[150]

Nem Hélio nem Agildo tinham contato direto com ativistas de esquerda ou estudantis no movimento político contra a ditadura militar. Porém, a consciência de sua própria condição marginal como homossexuais, combinada com uma certa tendência de ver-se como intelectuais, os atraía para esses protestos.

Outro colaborador do jornal, inspirado pelas recentes manifestações dos estudantes, imaginou uma marcha de protesto de bichas e bonecas. Escrito no fim de março de 1969, a paródia vislumbra uma cena incrivelmente similar às ações organizadas pelo movimento de liberação gay que eclodiriam em todo o mundo logo depois. Intitulada "Protesto", assim começa a matéria: "Numa reação à situação vigente que se tornara insuportável, foi organizado um esquema em defesa dos direitos das liberdades do mundo gay". O artigo passa então a imaginar um encontro de massa onde foi decidido que todos marchariam com faixas e cartazes até a casa de veraneio do presidente para demandar que o governo tomasse as medidas necessárias "em prol dos direitos civis da boneca brasileira". Faixas de protesto glamorosas, com letras góticas, foram preparadas para a marcha. Um *slogan* contrapunha, comicamente, a condenação do delegado de polícia homofóbico do Rio ao elogio à famosa estrela travesti: "Abaixo Padilha – Viva Rogéria". Outro dizia: "Proibição para Promiscuidade de Sexo Entre Homens e Mulheres", enquanto uma terceira faixa estampava: "Nas Festas do Itamarati, Queremos Ir de Travesti".[151]

O clima político de 1968 também incentivou os editores de *O Snob* a propor a coordenação de esforços entre diferentes publicações produzidas por grupos de bonecas por meio da criação da Associação Brasileira da Imprensa Gay (ABIG).[152] Vários jornais no Rio fizeram dessa proposta uma realidade no início de 1969, ao promover o primeiro encontro da associação que, mantendo a tendência hiperbólica de *O Snob*, foi chamado de Congresso da ABIG. Os participantes elegeram um presidente e promoveram um banquete para celebrar a posse. Mas as políticas severas da ditadura militar em 1969 não tardaram a intimidar esse tipo de esforços, e a nascente organização jamais avançou além desse estágio incipiente.[153] Outro projeto frustrado de 1968 envolveu a formação de um centro, batizado de Shangri-lá, na esperança de se tornar algo especial, um tipo de lugar mágico onde o grupo teria a chance de se socializar. Agildo propôs a ideia desse espaço alternativo para conferências, produções teatrais, leituras e mostras de filmes, mas a instável situação política desmotivou também esse plano.[154]

O Snob encerrou sua publicação em meados de 1969. Hélio (Gato Preto) lembra da paranoia que se espalhou pelo grupo. Normalmente, o jornal era distribuído em pontos de interação gay e entre amigos. Com uma onda de prisões e tortura de oposicionistas, muitas pessoas que apoiavam o jornal temeram que ele pudesse ser confundido com publicações "subversivas" de esquerda.[155] Agildo mais tarde recordou que muitos membros do grupo também se afastaram porque uma quantidade maior de bares gays foi inaugurada no fim dos anos 60. Com maiores opções de entretenimento disponíveis aos membros do grupo, a função de O Snob como rede social ficou reduzida. Em vez de frequentar festas íntimas com amigos, muitos preferiam ir a clubes noturnos.[156]

Os esforços jornalísticos de vários membros do grupo, contudo, foram revividos em 1976 quando o país começou a ver uma liberalização do clima político (Figura 16). Naquele ano, Agildo, Anuar, Hélio e outros antigos colaboradores de O Snob fundaram Gente Gay, a primeira de uma onda de novas publicações que marcaram o início de um movimento politizado de gays e lésbicas no país.

Além do carnaval

FIGURA 16 – Capa de *Gente gay*, uma das primeiras tentativas de lançar uma publicação gay de grande circulação nos anos iniciais da liberalização política sob a ditadura militar, em 1976. Ilustração: cortesia de Agildo Guimarães.

Notas

1 Depois que os militares forçaram a deposição de Vargas em 1945, foram convocadas eleições que levaram o general Eurico Dutra, uma das principais figuras militares durante o regime Vargas, à presidência. Dutra, estreitamente alinhado com os Estados Unidos, incentivou o investimento norte-americano no Brasil e a política de guerra fria de Washington, ao proscrever o apenas recém-legalizado Partido Comunista. Nas eleições de 1950, Vargas voltou ao poder, implementando um programa nacionalista-populista com o apoio das organizações operárias e setores da classe média. Impedido por setores militares, partidos políticos de oposição e interesses do capital estrangeiro, Vargas chocou a nação ao suicidar-se no palácio presidencial em 1954. No ano seguinte, Juscelino Kubitschek, cuja plataforma de campanha incluía a construção de Brasília, venceu as eleições. Suas promessas eleitorais – ou seja, realizar cinquenta anos de desenvolvimento em cinco, inaugurar a nova capital antes de deixar a presidência e oferecer ampla prosperidade por meio de investimentos estrangeiros em grande escala – inauguraram um período de otimismo quanto às possibilidades do desenvolvimento nacional. No fim de 1960, o ex-governador de São Paulo, Jânio Quadros, venceu a corrida presidencial, mas renunciou nove meses depois quando não obteve a garantia de amplos poderes pelo Congresso. Após algumas manobras políticas nos bastidores para evitar que os militares vetassem sua ascensão à presidência, o vice-presidente João Goulart assumiu em 1961. Em 1963, as políticas de Goulart penderam cada vez mais para a esquerda, à medida que ele dependia do apoio dos trabalhadores organizados e do Partido Comunista para implementar seu programa nacionalista radical. Em março de 1964, uma coalizão de líderes militares, partidos de oposição, setores da classe média e a hierarquia da Igreja Católica depuseram Goulart por meio de um golpe de Estado. Em vez de rapidamente devolver o governo a políticos civis, os generais permaneceram no poder até 1985. Para uma interpretação clássica dos acontecimentos do período, ver Skidmore, *Brasil de Getúlio a Castelo (1930-1964)*, 1996. Sobre as marcas de Kubitschek na cultura política do fim dos anos 50, ver Maram, "Juscelino Kubitschek and the Politics of Exuberance, 1956-1961", 1990. Para um panorama geral do Rio de Janeiro durante o ano "exuberante" de 1958, ver Santos, *Feliz 1958: o ano que não devia terminar*, 1997.

2 Para dados detalhados sobre as condições socioeconômicas dos migrantes brasileiros, ver Haller, Tourinho, Bills, Pastore, "Migration and Socioeconomic Status in Brasil: Interregional and Rural-Urban Variations in Education, Occupational Status, and Income", 1981.

3 Carla Bassanezi, *Virando as páginas, revendo as mulheres*: revistas femininas e relações homem-mulher, 1945-1964, 1996, p.43-54. Uma pesquisa nacional em 1968, "A mulher brasileira, hoje", *Realidade*, v.1, n.10, 1967, p.20-9.

4 No contexto das subculturas homossexuais do Rio de Janeiro e São Paulo no fim dos anos 50 e nos anos 60, a ideia de uma comunidade imaginária, emprestada de Benedict Anderson, está ligada a um sentimento de conexão com outros que compartilhavam uma experiência similar de marginalidade social. Ver Anderson, *Imagined Communities*: Reflections on the Origin and Spread of Nationalism, 1983. Assim, fortes laços podiam se desenvolver entre pessoas praticamente estranhas que se conhecessem na praia, em pequenas festas ou eventos culturais, não apenas por causa de atração sexual, mas também como resultado de uma afinidade baseada em sua necessidade comum de enfrentar uma sociedade relativamente hostil. Jeffrey Escoffier aponta para uma "descoberta do social", a capacidade de imaginar-se num certo tipo de mundo, e o processo de socialização nesse novo universo como um importante caminho pelo qual os gays nos Estados Unidos, nos anos 50 e 60, superaram os discursos opositores e hegemônicos anti-homossexuais. Ver Escoffier, "Homosexuality and the Sociological Imagination: Hegemonic Discourses, the Circulation of Ideas, and the Process of Reading in the 1950s and 1960s", 1998, p.79-98.

5 Guimarães, entrevistado pelo autor em 16.10.1994.

6 Miranda, entrevistado pelo autor em 10.11.1994.

7 Mascarenhas, entrevistado pelo autor em 30.6.1995.

8 Em *A utopia urbana*, o estudo realizado por Gilberto Velho em 1970 sobre os moradores de um edifício em Copacabana, o antropólogo perguntou a 220 informantes sobre a razão de gostarem de viver naquele bairro. Velho notou que um dos entrevistados, que era declaradamente homossexual, afirmou que sentia menos repressão social em Copacabana. Entre os entrevistados em geral, havia um claro sentimento de que "viviam melhor em Copacabana" porque havia a possibilidade de diversão, prazer e felicidade (Velho, *A utopia urbana*, p.68-9).

9 Nina, "Jorge Guinle e o Copa: entrevista a Marcelo Della Nina", 1992, p.39-44.

10 Para uma história pictórica das mudanças arquitetônicas e sociais de Copacabana no século XX, ver Cardoso et al. *Copacabana*, 1986.

11 Velho, *A utopia urbana*, p.23-5.

12 Para um retrato da boemia noturna em Copacabana refletida na vida da cantora/compositora Dolores Duran, ver Matos, *Dolores Duran*: experiências boêmias em Copacabana nos anos 50, 1997.

13 Para uma análise do surgimento da bossa nova em Copacabana e Ipanema, ver Castro, *Chega de saudade*: a história e as histórias da bossa nova, 1990.

14 Ângelo, entrevistado pelo autor em 20.7.1995; Sérgio [pseudônimo], entrevistado pelo autor, 26.6.1996, Los Angeles, Califórnia.

15 Sousa, entrevistado pelo autor em 25.4.1995.

16 Fernandes, "Roteiro noturno (de Copacabana) para turistas desprevenidos", *Manchete*, n.24, 4 out. 1952, p.30.

17 Pedrosa, "Copacabana – cidade independente e seminua", *Manchete*, n.42, 7 fev. 1953, p.46.

18 Entrevista com Mascarenhas, 30.6.1995.

19 Entrevista com Guimarães, 16.10.1994.

20 Entrevista com Miranda, 10.11.1994.

21 Fernandes, "Roteiro noturno (de Copacabana)", p.28.

22 Entrevista com Mascarenhas, 30.6.1995.

23 Darwin Brandão, "Um passeio pelos bares famosos do Rio", *Manchete*, n.17, 16 ago. 1952, p.17.

24 Entrevista com Mascarenhas, 30.6.1995.

25 Vítor, entrevistado pelo autor, 9.7.1995.

26 Fontes: Alcatraz, Rua Francisco Sá. "Uma casa apenas para bonecas", *Última Hora*, 15 ago. 1964, p.3; Alfredão, "O melhor lugar gay no Rio", *O Snob*, v.5, n.4, 30 abr. 1967, p.22; Dezon, entre R. Sá Ferreira e Almirante Gonçalves, Copacabana. *O Snob*, v.2, n.15, 31 out. 1964, p.21; Stop, Galeria Alaska, Copacabana, onde os *shows* de travestis *International Set* e *Les girls* começaram em 1964; Sunset, *O Snob*, v.5, n.5, 31 maio 1967, p.28; Why Not?, Rua Francisco Sá, *O Snob*, v.2, n. 15, 15 nov. 1964, p.21.

27 Entrevista com Miranda, 10.11.1994.

28 Nina, "Jorge Guinle e o Copa", p.42.

29 Golovitz, "Gay Beach", *One Magazine*, v.6, n. 7, jul. 1958, p.8.

30 Entrevista com Miranda, 10.11.1994.

31 Entrevista com Rocha, 2.11.1994.

32 Entrevista com Miranda, 10.11.1994.

33 Ibidem. José Rodrigues também lembrou enfaticamente que as donas-de-casa exerceram um papel fundamental na defesa dos bichas nas praias e ajudando a manter a Bolsa de Valores como seu território (Entrevista com Rodrigues, 25.4.1995).

34 Baptista, entrevistado pelo autor, 20.7.1995.

35 Entrevista com Miranda, 10.11.1994.

36 Entrevista com Mascarenhas, 30.6.1995.
37 Entrevista com Rocha, 2.11.1994.
38 Entrevista com João Baptista, 20.7.1995.
39 "Ontem, no distrito da Gávea: quatorze presos rebentaram a grade e tentaram fugir", *Última Hora*, 9 fev. 1953, p.5.
40 Entrevista com Rocha, 2.11.1994.
41 Para José Rodrigues, os três espaços públicos onde os bichas experimentavam relativa liberdade nos anos 50 eram durante o carnaval, nos concursos de beleza e na Bolsa de Valores. O outro importante domínio social eram as pequenas festas domésticas frequentadas por grupos de amigos (Entrevista com Rodrigues, 24.4.1995)
42 A Biblioteca Nacional no Rio de Janeiro não possui uma coleção de *Força e Saúde*, mas conta em seu acervo com cinco números de *Músculo* de 1953.
43 *Músculo*, v.1, n.1, 1953, p.1.
44 "Apolo brasileiro em Londres", *Manchete*, n.15, 2 ago. 1952, p.28.
45 Para uma história do conteúdo homoerótico das revistas de musculação nos Estados Unidos, ver Hooven, III, *Beefcake*: The Muscle Magazines of America 1950-1970, 1995.
46 Vários editoriais em *Músculo* atacaram a Liga de Futebol Profissional por causa do apoio financeiro estatal diferenciado para os dois esportes, que favorecia o futebol em relação ao fisiculturismo. Ver *Músculo*, v.1, n.3, abr. 1953, p.5, 22; e *Músculo*, v.1, n.4, maio 1953, p.3.
47 Kepner, entrevistado pelo autor, 16.10.1995, Los Angeles, Califórnia.
48 *Músculo*, v.1, n.4, jun. 1953, p.5.
49 Ibidem, n.2, mar 1953, p.27.
50 Ibidem, n.3, abr. 1953, p.36.
51 *Physique Pictorial*, outono 1954, p.4-5.
52 Em 1952, a estação captava 50,2% do público ouvinte da capital. Ver Goldfeder, *Por trás das ondas da Rádio Nacional*, 1980, p.39. Goldfeder afirma que o público ouvinte era predominantemente composto por mulheres de classe média-baixa, operárias e pobres que eram trazidas ao mercado consumidor por meio dos programas de rádio. Ao promover estrelas como Emilinha Borba, os meios de comunicação de massa reforçavam as aspirações nesses setores sociais na direção de uma cultura de consumo de classe média orientada domesticamente (ibidem, 53). Ela deixa, contudo, de notar a presença significativa dos homens homossexuais nos fã-clubes e auditórios. Para uma excelente análise das cantoras de rádio e seu relacionamento com o público que, ao contrário, assinala o papel dos homosse-

xuais como fãs ardorosos, ver capítulo 6, "Fan Clubs and Auditorium Programs in 1950s Brazil", in: Bryan D. McCann, *Thin Sir and the Solid State: Radio, Culture, and Politics in Brazil, 1930-1955*, 1999. Gostaria de agradecer a Bryan D. McCann por compartilhar comigo uma versão preliminar desse capítulo de sua tese.

53 Essas características das diferentes cantoras de rádio tornaram-se parte de sua marca registrada. As imagens e personalidades raras que elas projetavam criaram uma galáxia de celebridades com *personas* distintas entre as quais os ouvintes podiam escolher sua artista favorita. A Rádio Nacional, a *Revista do Rádio* e a *Radiolândia* incentivavam o culto a essas imagens como um modo de criar uma relação mais íntima entre o público e as artistas. Para uma análise das imagens de Marlene, ver Goldfeder, *Por trás das ondas da Rádio Nacional*, p.73-84. Ver, também, *A vida de Marlene*: Depoimento, s. d. Sobre Emilinha Borba, ver Severo, "Emilinha: ou a volta da Cinderela que acabou Rainha do Brasil", *Revista Realidade*, v.6, n.72, mar. 1972, p.122-30; e Goldfeder, op. cit., p.48-73. A respeito de Nora Ney, ver Lenharo, *Cantores do rádio*.

54 Lenharo, *Cantores do rádio*, p.142.

55 Alcir Lenharo, entrevistado pelo autor, 15.4.1995. Ver, também, Avancini, "Na Era de Ouro das cantoras do rádio", 1993, p.85-93.

56 Durante a entrevista com Alcir Lenharo, sugeri que talvez os gays se identificassem com uma dada cantora por causa da dor e sofrimento que ela experimentara ou pelo tipo de canções que ela cantava. Ele rejeitou essa hipótese, argumentando que tanto Marlene quanto Emilinha possuíam um amplo repertório de canções que não as caracterizava como mulheres que viveram uma vida trágica ou sofredora. Portanto, uma correlação entre a marginalização social de um público homossexual e sua identificação com a vida e o sofrimento de uma estrela, uma teoria desenvolvida sobre o apoio de fãs gays a Judy Garland, não parece se aplicar ao Brasil nos anos 50.

57 Entrevista com João Baptista, 20.7.1995.

58 Entrevista com Lenharo, 15.4.1995.

59 Em 1995, gays nos seus 60 anos ainda viviam essa rivalidade, tomando partido sobre quem era a verdadeira rainha do rádio e melhor cantora dos anos 50. Vários entrevistados solicitaram minha opinião, perguntando qual das duas era minha favorita.

60 Silva, entrevistado pelo autor, 26.10.1994; Amorim, entrevistado pelo autor, 11.9.1994.

61 Entrevista com Lenharo, 14.4.1995.

62 Feldman, *Segregações espaciais urbanas*: a territorialização da prostituição feminina em São Paulo, 1988, p.87-95.

63 Entrevista com Lenharo, 15.4.1995.

64 No fim dos anos 70 e início dos 80, quando a obra de Barbosa da Silva foi redescoberta por uma nova geração de acadêmicos gays, um autor afirmou que essa tese havia desaparecido do acervo da universidade como resultado da homofobia institucional. Ver Prandi, "Homossexualismo: duas teses acadêmicas", 1979, p.17. Barbosa da Silva acredita que a cópia de seu trabalho, que deveria ter sido arquivada na Escola de Sociologia e Política de São Paulo, foi provavelmente perdida em razão das turbulentas condições políticas na escola na época do golpe de 64 (Silva, entrevistado pelo autor por telefone, notas, 8.4.1998, Los Angeles).

65 Silva, *Homossexualismo em São Paulo*: estudo de um grupo minoritário, 1960. Sou grato a Fábio Barbosa da Silva, por ter me emprestado a única cópia de sua tese. Um capítulo de seu trabalho foi publicado como "Aspectos sociológicos do homossexualismo em São Paulo", *Sociologia*, v.21, n.4, out. 1959, p.350-60.

66 Pompeia, *O Ateneu*, 1991. O romance de Pompeia, de 1888, sobre a vida numa escola interna no Rio de Janeiro, descreve os relacionamentos sexuais adolescentes entre os garotos. Trechos desse romance aparecem em Leyland (Ed.) *My Deep Dark Pain is Love*: A Collection of Latin American Gay, 1983, p.343-83. Noblat, "Playboy entrevista Gilberto Freyre", *Playboy*, n.5, mar. 1980, p.29-30. Parker, *Corpos, prazeres e paixões*: cultura sexual no Brasil contemporâneo, 1991, p.194-95. Fry, *Para inglês ver*: identidade e política na cultura brasileira, 1982, p.92-3. Jeffrey Needell gentilmente conseguiu-me uma cópia da entrevista de Freyre à *Playboy*.

67 Barbosa da Silva, *Homossexualismo em São Paulo*, tabelas 1 e 2.

68 Ibidem, p.34-5.

69 Ibidem, p.13.

70 Ibidem, p.11-2.

71 Ibidem.

72 Barbosa da Silva, "Aspectos sociológicos do homossexualismo em São Paulo", p.357.

73 Ibidem, p.358.

74 Citado de Perlongher, "Transformações no espaço urbano: o gueto gay paulistano entre 1959 e 1984", em *O negócio do michê*: prostituição viril em São Paulo, 1987, p.78.

75 Entrevista com Silva, 26.11.1994.

76 Perlongher, *O negócio do michê*, p.79. O valor do mapeamento do espaço homossexual em São Paulo realizado por Perlongher foi inestimável para a preparação do material para essa seção.

Novas palavras, novos espaços, novas identidades, 1945-1968

77 Barbosa da Silva indica o Paribar como um dos locais favoritos para as interações homossexuais (Barbosa da Silva, "Aspectos sociológicos do homossexualismo em São Paulo", 1959, p.352). Clóvis recorda que "o Barbazul era mais refinado, pessoas mais convencionais, de terno e gravata", enquanto o Arpège era um bar onde você bebia em pé (Perlongher, *O negócio do michê*, p.73-4). O Paribar, o Barbazul e o Arpège, juntos com o Mirim, são mencionados por Bento Prado Jr. como bares frequentados por jovens intelectuais paulistas que se reuniam na área em meados dos anos 50 (Prado Júnior, "A biblioteca e os bares na década de 50", Folhetim, *Folha de S.Paulo*, 22 jan. 1988, p.20.

78 Prado, "A biblioteca e os bares...", p.20-1.

79 Barbosa da Silva, notas para pesquisa sobre a homossexualidade em São Paulo, material inédito em posse de James N. Green, 1959-1960, p.7; MacRae, "Gueto", *Novos Estudos Cebrap*, v.2, n.1, abr. 1983, p.54.

80 Darcy Penteado, entrevistado por Edward MacRae, 13.6.1980. Gostaria de agradecer a Edward MacRae, por ter compartilhado essa entrevista comigo.

81 Perlongher, *O negócio do michê*, p.78.

82 Bivar, "O paraíso gay, São Paulo, é claro", *Especial*, fev. 1980, p.26.

83 Jurth, "L'homophilie au Brésil", *Arcadie*, v.83, nov. 1960, p.654-65. Nos anos 50, grupos que trabalhavam para educar o público a respeito da homossexualidade e para oferecer apoio aos indivíduos se autodenominavam organizações homófilas. O movimento em defesa dos direitos dos gays que se desenvolveu em 1969 preferiu outra linguagem para expressar uma abordagem mais radical e politizada, e assim rejeitaram o termo homófilo, que então caiu em desuso. Para uma história da Arcadie, ver Girard, *Le mouvement homosexuel en France, 1945-1980*, 1981.

84 Um fato irônico sobre a Biblioteca Municipal que Jurth não notou foi que ela tem o nome de Mário de Andrade, cuja homossexualidade ainda permanece um assunto tabu para o *establishment* literário brasileiro.

85 Nesse volume, Marone, que se apoiava em teorias da homossexualidade promovidas por Ribeiro, Marañón e Peixoto, afirmava que as características efeminadas em algumas figuras pintadas por Rafael provavam que todas as pessoas eram uma mistura de ambos os sexos. Ver Marone, *Missexualidade e arte*, 1947.

86 Franco, "O homossexual brasileiro nas últimas três décadas", *Jornal do Gay: Noticiário do Mundo Entendido*, v.2, 1978, p.21.

87 Jaime, *Homossexualismo masculino*, 1953. Jurth afirmou, contudo, que ele não estava disponível na Biblioteca Municipal ("L'homophilie au Brésil", p.657).

88 Jaime, *Homossexualismo masculino*, p.13.

89 Ibidem, p.17-8.

90 Ibidem, p.24.

91 Jurth, "L'homophilie au Brésil", p.657.

92 Jaime, *Homossexualismo masculino,* p.59. Essa proposta de permitir aos homossexuais o direito de se casarem impressionou Max Jurth quando ele comentou a importância da obra de Jaime, embora o líder homófilo francês descartasse a ideia por ser utópica.

93 Ibidem, p.59-61, 63.

94 Ibidem, p.85.

95 Jaime, *Monstro que chora,* 1957.

96 Jaime, *Monstro que chora,* p.132. Tasca, Follies, Posto 5, OK e Bolero eram casas noturnas ou cafés-restaurantes frequentados por homossexuais cariocas. O Mercadinho Azul era um pequeno centro de compras com um toalete público que era um ponto favorito para relações homossexuais (Entrevista com Sérgio, 26.6.1996).

97 Franco, "O homossexual brasileiro nas últimas três décadas", p.21.

98 Andrade, *Contos novos,* 1947. Uma versão em inglês foi publicada em Leyland, *My Deep Dark Pain Is Love,* p.151-63.

99 Hecker Filho, *Internato,* 1951. Uma edição em inglês desse romance, intitulada "Boarding-School", aparece em Leyland, *My Deep Dark Pain Is Love,* p.245-66.

100 Cf. "Boarding-School", op. cit., p.265.

101 Ibidem, p.266.

102 Ibidem, p.28.

103 Farah, entrevistado pelo autor, 31.7.1995.

104 Barbosa da Silva, *Homossexualismo em São Paulo,* p.29.

105 Entrevistas com: Silva, 26.11.1994; Amorim, 11.9.1994; Guimarães, 16.10.1994; Guimarães, *O homossexual visto por entendidos,* 1977.

106 Jaime, *Homossexualismo masculino,* p.70. Jaime descreveu Robert como um "pederasta passivo" e justificou a publicação de uma série de cartas escritas por homossexuais "[pois assim] ... poderemos saber como pensam e agem os uranistas, como reagem diante da vida, quais os seus pontos de vista, a gíria peculiar a todos eles".

107 Nos Estados Unidos, o termo "gay" foi empregado de modo similar, como um código, já nos anos 20, e mais tarde adquiriu uma conotação adicional, como um indicador de homens homossexuais baseados em seus interesses sexuais e não em efeminação. Ver Chauncey, *Gay New York:* Gender, Urban Culture, and

Novas palavras, novos espaços, novas identidades, 1945-1968

the Making of the Gay Male World, 1890-1940, 1994, p.14-21. A maioria dos antropólogos que escreveram sobre a homossexualidade no Brasil data o uso do termo em 1960. Ver Guimarães, *O homossexual visto por entendidos*, p.130; Fry, *Para inglês ver*, p.93; Perlongher, *O negócio do michê*, p.78. Os documentos citados neste capítulo indicam que o termo "entendido" já estava sendo usado como gíria logo após a Segunda Guerra, levando a deduzir que possivelmente ele já havia sido cunhado durante o Estado Novo (1937-1945). O termo "entendido" também era usado na Venezuela, no Peru e na Argentina, sugerindo um empréstimo latino-americano. Significativamente, Robert empregou o termo entendido, uma palavra genuinamente brasileira, em vez do termo "alegre", que teria sido uma tradução direta da palavra usada nos Estados Unidos na época. No Brasil, o termo "alegre" era ligado à prostituição feminina na virada do século. Jornalistas brasileiros nos anos 60 e 70, que eram familiarizados com o termo gay, traduziram-no como alegre e usavam-no para significar homossexual. Ver, por exemplo, Tavares, "Os alegres enxutos", *Manchete*, n.517, 17 mar. 1962, p.60-3. Ver, também, Damata, "Nossos alegres rapazes da banda", *O Pasquim*, n.436, 4 nov. 1977, p.6; "Ipanema: os alegres rapazes da banda", *Manchete*, n.1.508, 14 mar. 1981, p.50-4. Essa expressão era um jogo duplo de palavras. Ela se referia aos grupos de carnaval de rua (as bandas), nos quais muitos homens vestidos de mulher, travestis e homens gays participavam, e também aludia ao *show* da Broadway com o tema gay *The Boys in the Band* (1968). Ao adicionar o adjetivo alegre, os autores veiculavam o conteúdo homossexual da banda para aqueles que eram "entendidos" ou àqueles familiarizados com as referências culturais em inglês acerca da homossexualidade. Na virada do século, o uso da expressão "vida alegre" para descrever a prostituição feminina parece ter sobrevivido na gíria de meados do século.

108 Jaime, *Homossexualismo masculino*, p.74-5.

109 Ibidem, p.72.

110 Ibidem, p.70.

111 Ibidem, p.71.

112 Entrevista a Guimarães, 16.10.1994.

113 *O Snob*, v.1, n.1, 10 jul. 1963. Uma coleção completa de *O Snob* é mantida no Arquivo Edgard Leuenroth, Unicamp, Campinas. Infelizmente, não há cópia original do primeiro número, apenas uma reimpressão da edição comemorativa do sexto aniversário, em 1968.

114 Entrevista a Guimarães, 16.10.1994.

115 Estes incluíam: *O Vedete* (Campos, Estado do Rio de Janeiro) [1962]; *Terceira Força* (Rio de Janeiro), 1963; *Zona Norte* (Rio de Janeiro), 1963; *Vagalume* (Rio de Janeiro), 1964; *O Mito* (Niterói), 1966; *Subúrbio à Noite* (Rio de Janeiro)

[1966]; *Cinelândia à Noite* (Rio de Janeiro), 1966; *O Bem* (Rio de Janeiro), 1966; *Edifício Avenida Central* (Rio de Janeiro), 1966; *O Show* (Rio de Janeiro), 1966; *O Estábulo* (Niterói), 1966; *Sophistique* (Campos), 1966; *Mais* (Belo Horizonte); *Fatos e Fofocas* (Salvador, Bahia), 1966; *Charme* (Rio de Janeiro), 1966; *O Pelicano* (Rio de Janeiro), 1966; *Le Carrilon* (Rio de Janeiro), 1966; *Chic* (Rio de Janeiro), 1966; *Sputnik* (Rio Grande do Sul), 1967; *Os Felinos* (Niterói), 1967; *Gay* (Salvador), 1967; *Gay Society* (Salvador), 1967; *Zéfiro* (Salvador), 1967; *Baby* (Salvador), 1967; *O Núcleo*, 1967; *Le Femme* (Rio de Janeiro), 1968; *Centauro* (Rio de Janeiro), 1968; *O Vic* (Rio de Janeiro), 1968; *O Badalo* (Rio de Janeiro), 1968; *O Grupo* (Rio de Janeiro), 1968; *Opinião* (1968); *Darling* (Rio de Janeiro), 1968; *O Tiraninho* (Salvador); *Ello* (Salvador); *La Saison* (Rio de Janeiro); *Gay Press Magazine* (Rio de Janeiro); *20 de Abril* (Rio de Janeiro); *Little Darling* (Salvador), 1970. Para um breve relato das publicações caseiras em Salvador, ver Fry, "História da imprensa baiana", 1978, p.4. José Fábio Barbosa da Silva notou que uma publicação efêmera também apareceu em São Paulo enquanto ele fazia sua pesquisa, em 1959 e 1960. Embora ele não fornecesse detalhes sobre a natureza do jornal, além de notar que publicava comentários sobre os membros do subgrupo, afirmou que a publicação refletia um desenvolvimento significativo da organização dessa minoria. Ele depois especulou que pressagiava a futura publicação de listagens de bares, hotéis, ou outros serviços especializados para homossexuais (Barbosa da Silva, "Considerações finais", em *Homossexualismo em São Paulo*, p.5).

116 *O Snob*, v.1, n.1, 10 jul. 1963, p.1.

117 Ibidem, n.8, 30 set. 1963, p.3.

118 Lima, *Os homoeróticos*, 1983, p.59-61, 105-6.

119 *O Snob*, v.2, n.12, 1964, p.1.

120 "Gay is Good" foi inspirado em "Black is Beautiful", uma frase afirmando o valor da cultura, estilo e aparência física afro-americanos. "Gay is Good", todavia, não enfatizava o homossexual efeminado, como faziam as bonecas de *O Snob*. Ao contrário, universalizava diferentes identidades sob o termo "gay".

121 Ramalhete [pseudônimo], entrevistado pelo autor, 15.2.1995.

122 Ibidem.

123 Entrevista com Rodrigues, 25.4.1995.

124 No estudo de Teresa Adada Sell sobre a formação da identidade homossexual conduzido nos anos 80, os informantes relataram que quando homens "hétero" faziam sexo com homossexuais, eles não queriam ser vistos com seu parceiro sexual após a relação ter acontecido, indicando uma relutância por parte dos homens "verdadeiros" a serem identificados com ligações homoeróticas. Ver

Sell, *Identidade homossexual e normas sociais (histórias de vida)*, 1987, p.154. Ao estudar a América Latina hispânica, Stephen O. Murray identificou uma relutância similar de homens "verdadeiros" em deixar seus companheiros saberem de seu envolvimento sexual com outros homens, por medo de estigmatização social. Ver Murray, "Machismo, Male Homosexuality and Latin Culture", 1995, p.49-70. Tendo a concordar com a análise de Murray.

125 Entrevista com Guimarães, 16.10.1994.

126 Ibidem.

127 Entrevista com Rodrigues, 25.4.1995.

128 Damata, *Os solteirões*, 1975.

129 *O Snob*, v.2, n.3, 29 fev. 1964, p.1.

130 Ibidem, n.12, 15 set. 1994, p.1.

131 Entrevista com Farah, 31.7.1995.

132 Entrevistas com Guimarães, 16.10.1994; Miranda, 10.11.1994; Rocha, 2.11.1994; Rodrigues, 25.4.1995; Ramalhete, 15.2.1995.

133 Fonseca, entrevistado pelo autor, 25.7.1995.

134 *O Snob*, v.7, n.2, maio-jun. 1969, p.16.

135 Entrevista com Fonseca, 25.7.1995.

136 Guimarães, "O homossexual visto por entendidos", p.130.

137 MacRae, *A construção da igualdade*: identidade sexual e política no Brasil da "abertura", 1990, p.52.

138 Fry, *Para inglês ver*, p.93.

139 Perlongher, *O negócio do michê*, p.78.

140 MacRae, *A construção da igualdade*, p.52.

141 *O Snob*, v.5, n.10. 31 ago. 1967, p.1.

142 Snoek, "Eles também são da nossa estirpe: considerações sobre a homofilia". 1967, p.792.

143 Ibidem, p.795.

144 Ibidem, p.803. Snoek repetiu seus argumentos sobre a tolerância à homossexualidade num trabalho apresentado no II Congresso Católico Brasileiro de Medicina, realizado em janeiro de 1967. Ver Snoek, "Emancipação dos homossexuais e valores positivos da homossexualidade", 1967.

145 Barbosa, "Bazares e feiras", *Jornal do Brasil*, 26 set. 1969, p.1. O padre referiu-se indiretamente a Snoek ao mencionar "certos teólogos (holandeses?)", aludindo ao fato de que o professor de Teologia era nascido na Holanda, embora tives-

se se naturalizado brasileiro desde 1963. A posição oficial da Igreja sobre a homossexualidade não se alterou nem mesmo entre setores da hierarquia católica brasileira que exerceram um importante papel nas críticas à política econômica e abusos aos direitos humanos da ditadura militar nos anos 70. A Conferência Nacional dos Bispos do Brasil, por exemplo, reiterou as diretrizes do Vaticano de que, embora as tendências homossexuais não devessem ser consideradas um pecado, os indivíduos com tais desejos deviam ou casar e ter filhos ou manter o celibato. Ver Meirelles, "CNBB recomenda que homossexuais casem ou mantenham abstinência", *Jornal do Brasil*, 31 out. 1986, p.1.

146 *O Snob*, v.7, n.1, 31 mar 1969, p.1.

147 *O Snob*, v.3, n.12, 15 ago. 1965, p.12; v.5, n.8, 15 jul. 1967; v.5, n.10, 31 ago. 1967, p.12.

148 *O Snob*, v.6, n.4, 30 abr. 1968, p.1.

149 Ibidem, n.6, 30 jun. 1968, p.3.

150 Ibidem, n.7, 31 jul. 1968, p.13.

151 *O Snob*, v.7, n.1, 31 mar. 1969, p.2. Esses *slogans* não eram tão absurdos quanto se podia imaginar. Onze anos depois, os grupos de gays e lésbicas de São Paulo organizaram uma passeata de mil pessoas pelas ruas do centro, protestando contra a perseguição policial aos homossexuais, travestis e prostitutas no centro da cidade, empreendida pelo delegado Richetti. Entre os *slogans* mais populares da passeata, estava "Abaixo a repressão, mais amor e mais tesão".

152 O termo "gay" foi usado por membros de *O Snob* nos primeiros números da publicação (*O Snob*, v.1, n.11, 31 out. 1963). Em 1967, já era usualmente empregado como sinônimo de entendido ou homossexual.

153 Entrevistas com Guimarães, 16.10.1994; com Farah, 31.7.1995; com Fonseca, 25.7.1995.

154 *O Snob*, v.6, n.12, 31 dez. 1968, p.1; entrevista com Guimarães, 16.10.1994. Agildo, Riva, Carlos, Hélio e Anuar, juntamente com outros, somaram esforços no início dos anos 80 para realizar o sonho de Agildo: criar um Shangri-lá. Trabalhando com a Turma OK, que havia sido fundada em 1959, mas que permaneceu inativa de 1965 a 1976, eles ajudaram a abrir um centro em 1982 no bairro da Lapa. O grupo organiza festas, *shows* de travestis e outros eventos sociais para grupos diversos de homossexuais de todas as idades, classes e identidades sociais (Entrevista com Farah, 31.7.1995).

155 Entrevista com Fonseca, 25.7.1995.

156 Entrevista com Guimarães, 16.10.1994.

5
A apropriação homossexual do carnaval carioca

Um ano antes que Carmen Miranda apresentasse aos fãs brasileiros sua nova personagem cinematográfica da exuberante baiana, Hugh Gibson, o embaixador americano no Brasil em meados da década de 1930, publicava um livro de viagem sobre aspectos da vida no Rio de Janeiro. Esse relato de 1937 propiciava aos leitores uma apreciação dos "mistérios do Rio", das "belezas do lugar" e dos "encantos do povo".[1] O embaixador era um fotógrafo amador, e seu capítulo sobre o carnaval contém duas imagens feitas por ele durante as festividades. Uma delas mostra uma turma de foliões aglomerados num veículo conversível que desfila lentamente pela avenida principal da cidade. A outra foto em preto-e-branco está legendada "Bloco carnavalesco negro" (Figura 17), e nela 29 pessoas se espremem. Um grande leque emplumado paira como um guarda-chuva sobre o grupo. A maioria das faces fotografadas parece ser de homens vestidos com roupas femininas exóticas. O estilo é oriental e romano, com frentes-únicas de contas cobrindo o peito para evocar imagens de seios. Os materiais trabalhados, brilhantes, sugerem luxo e riqueza. A maior parte desses homens está ornada com joias. Colares de pérolas, brincos enormes pendendo das orelhas e adornos de cabeça sofisticados exprimem estilo, abundância, elegância. Contudo, há um aspecto artificial em todo esse modo de se vestir que revela as origens humildes dos foliões. As sobrancelhas cuidadosamente pinçadas, as faces empoadas de ruge e os lábios pintados com batom não disfarçam os maxilares angulosos e as feições masculinas de alguns. Já outros conseguem passar uma aparência mais suave, feminina. Todos estão fazendo pose e revelam uma clara consciência de sua aparência estilizada. As duas figuras no primeiro plano inclinam-se sedutoramente para frente. Os homens travestidos sorriem diretamente para a câmera e parecem estar se divertindo mais do que os poucos que estão fantasiados com papéis masculinos: um policial, um marinheiro e um soldado romano.

FIGURA 17 – Bloco carnavalesco, Rio de Janeiro, c. 1937. Extraído de Gibson, Rio de Janeiro, 1937, p. 145.

O embaixador Gibson não forneceu aos leitores nenhuma informação adicional sobre essas Salomés e Xerezades do sexo masculino que capturou com suas lentes. É provável que elas fossem simplesmente invisíveis para um olho admirado com a mistura inter-racial do carnaval, mas que no entanto não era capaz de enxergar seu caráter transgenerificado. Talvez a própria concepção de Gibson do que era apropriado e decente censurasse qualquer comentário sobre os modos peculiares como esses homens se apresentavam. Seja qual for a razão para o silêncio do diplomata, homens travestidos, como os que ele tão cuidadosamente – ou quem sabe inadvertidamente – documentou, tornaram-se parte proeminente do carnaval do Rio de Janeiro. A presença deles durante as festividades carnavalescas reforça a imagem do Brasil como um paraíso para renegados sexuais e transgressores dos papéis de gênero convencionais. Essa ideia unilateral obscurece o fato de que durante grande parte do século XX, manifestações públicas ousadas de inversão de gênero eram temporárias e restritas ao momento da folia. "Jurema", um jovem funcionário de escritório que vivia em São Paulo nos anos 30, descobriu essa dura verdade quando decidiu experimentar roupas de mulher em público. Como fez isso fora da época de carnaval, a polícia o prendeu.[2] "Flor-de-Abacate", vivendo na mesma época em São Paulo, admitia gostar de travestir-se, mas somente o fazia publicamente durante a época do carnaval, quando a polícia não o incomodaria. Embora um comportamento mais transgressivo fosse permitido durante o carnaval, isso representava apenas três ou quatro dias por ano. Nos 362 dias restantes, a pessoa tinha de se manter no limite estabelecido pela sociedade, especialmente os limites de gênero, ou sofrer as consequências.

Muitos turistas estrangeiros e observadores da cultura brasileira que já passaram o carnaval no Rio de Janeiro dão como certo que a proeminência atual de gays por todo o período da festa é uma tradição consagrada. A realidade não é bem essa. A apropriação homossexual do espaço durante as comemorações do carnaval tem sido um processo longo e árduo. A sociedade dominante no Brasil acomodou-se de forma relutante e desigual à expansão de territórios homossexuais durante as festas carnavalescas. A reação das autoridades e do público tem oscilado entre a aceitação e a repressão, entre a curiosidade e a repulsa. Na virada do século, os homossexuais masculinos "invadiram" os bailes com seus trajes femininos. Eles também organizavam grupos de travestis que participavam do carnaval de rua. Nos anos 40, os bailes de travestis emergiram como o lugar privilegiado para *performances* públicas da inversão da representação de gêneros. Ao longo de toda a década de 1950, a projeção desses bailes aumentou, à medida que eventos organizados exclusivamente para a subcultura homossexual cresciam em número, tamanho e visibilidade. Embora os adeptos do carnaval de rua também se travestissem, os bailes de travestis eram os principais locais onde a regra era o desregramento, onde se podiam transgredir normas de masculinidade e feminilidade sem preocupação com a hostilidade social ou punições. Em meados da década de 1970, os bailes de travestis passaram a ser parte integrante do carnaval carioca. Eles atraíam uma cobertura ampla e favorável da mídia e uma multidão de participantes do mundo todo. Paralelamente, os luxuosos concursos de fantasias do carnaval "oficial" patrocinado pelo governo, realizados no Teatro Municipal, tornaram-se mais um espaço de exibição para os homossexuais. As criações apresentadas nesses desfiles se constituíram no epítome da suntuosa indumentária carnavalesca. Quando os desfiles das escolas de samba se tornaram um espetáculo turístico internacional, movimentando milhões de dólares, nos anos 60 e 70, os homossexuais também continuaram a desempenhar um papel-chave no planejamento e na execução do evento.

    A apropriação e transformação do carnaval, por sua vez, teve um impacto importante no *status* mais geral dos homossexuais na sociedade brasileira. Embora os bailes de travestis e as bonecas tenham popularizado uma imagem unilateral dos homossexuais como travestis e grandes imitadores da beleza feminina, a cobertura da imprensa nesses eventos ampliou a visão do público sobre importantes elementos da subcultura homossexual. A atração de celebridades internacionais a esses encontros posteriormente legitimou esses bailes e contribuiu para o aumento da tolerância social em relação à homossexualidade. Neste capítulo examino três espaços do Rio de Janeiro ocupados por homossexuais – o carnaval de rua; os bailes carnavalescos e concursos de fantasia; e os desfiles de escola de samba – para ilustrar a constante evolução da apropriação e subversão das comemorações do carnaval.

A performance como inversão e reprodução

O antropólogo brasileiro Roberto da Matta, utilizando o sistema teórico de Mikhail Bakhtin para a análise do início da idade moderna da cultura europeia popular, juntamente com a abordagem de Victor Turner da compreensão dos rituais públicos, argumenta que o carnaval brasileiro é uma celebração em que gente comum, mediante a inversão de papéis e a regra do desregramento, pode temporariamente infundir valores igualitários em uma sociedade hierárquica e rigidamente estruturada.[3] Da Matta enfatiza a inversão, durante o carnaval, de duas das principais esferas da vida brasileira: a casa e a rua. Nessa época, os perigos imprevisíveis da rua tornam-se o domínio ou casa do folião. Livre das restrições e regras da vida familiar, ele pode desfrutar de uma sexualidade e de uma sensualidade sem comedimentos. Tudo é permitido. Por três ou quatro dias do ano, segundo Da Matta, uma empregada doméstica negra e pobre pode se vestir como uma aristocrata ou nobre para ser a rainha do desfile. Durante esse mesmo desfile pela avenida, sua patroa branca de classe média pode ter alugado uma fantasia e estar desfilando seminua na mesma escola de samba que ela. Rejeitando a moralidade burguesa durante o carnaval, a madame, em outras situações sóbria e bem-comportada, sente-se livre para dar vazão a uma imagem imprópria e sensual. Da Matta argumenta que o carnaval é também o único momento durante o ano em que o povo pode transgredir as classes sociais para expressar a *communitas*.[4]

A divisão da vida brasileira entre a casa e a rua – ou as esferas pública e privada – e a distinção do carnaval como um evento anual em que esses espaços são trocados oferece uma estrutura teórica elegante e abrangente de análise da cultura brasileira, mas ao mesmo tempo mascara importantes realidades sociais. A historiadora Sandra Lauderdale Graham emprega essa construção para descrever as interações sociais na capital brasileira durante o século XIX, mas ela observa uma inversão da noção comumente aceita de casa "segura" e rua "perigosa" para os escravos urbanos. Para alguém forçado à servidão, as ruas do Rio significavam um espaço mais livre para a socialização e a interação do que o ambiente confinado das casas dos senhores, não apenas na época do carnaval, mas ao longo de todo o ano.[5] De modo similar, em sua obra sobre a história do carnaval carioca, Maria Clementina Pereira Cunha sublinhou as maneiras em que as festas de carnaval são menos um espelho invertido da estrutura social do país e uma expressão de igualitarismo comunitário que um momento em que diferentes classes sociais expressam e exteriorizam os conflitos sociais. Comentando o antigo folguedo carnavalesco da virada do século conhecido como entrudo, quando pessoas de diferentes classes sociais se lançavam em furiosas batalhas de rua, atirando tinas de água e bolas de cera cheias de água perfumada com limão, Cunha argumenta: "A folia transforma-se em uma verdadeira guerra porque revela e multiplica a tensão de todos os dias: sendo ocasião de inverter, desnudar e brincar com o cotidiano, ela expunha suas feridas abertas sem qualquer disfarce possível sob as máscaras habituais".[6]

De modo semelhante, travestir-se durante o carnaval brasileiro é mais do que simplesmente inverter papéis de gênero e códigos de vestuário socialmente definidos. Na verdade, o fenômeno reflete tensões sociais profundamente arraigadas. Homens considerados heterossexuais podem tomar vestidos, bijuterias e maquiagem emprestados de suas esposas, namoradas, mães ou irmãs, vestir-se como uma mulher por um dia de folia e participar de uma exploração lúdica sobre seus próprios conceitos de gênero, mas essa incursão pelo universo feminino é temporária. A transgressão deles está limitada aos símbolos de gênero superficiais da sociedade. Ao vestir trajes de mulher, eles não estão indicando uma inversão de sua identidade de gênero ou seu papel como homens "de verdade". Apesar de sua representação feminina, permanecem sendo o parceiro masculino "ativo" na relação. Para não deixar sombra de dúvida e evitar qualquer confusão acerca de sua identidade de gênero cotidiana, esses homens usualmente mantêm um elemento másculo na sua apresentação – barba, peito peludo, pernas sem depilar. Depois da quarta-feira de cinzas, voltam para suas famílias e seus amigos, sua rotina diária e seu comportamento e roupas socialmente adequados.

Por sua vez, para muitos homossexuais brasileiros, o carnaval, mais do que significar um ato de inversão, propicia a oportunidade para uma *intensificação* de suas próprias experiências como indivíduos que transgridem papéis de gênero e fronteiras sexuais socialmente aceitáveis o ano inteiro. Assim, a tese da inversão no uso da rua de Da Matta aplica-se apenas em termos relativos às atividades homossociais e homossexuais, pois para homens com esse comportamento a rua é um espaço público privilegiado durante todo o ano. Durante os quatro dias do carnaval, os membros dessa subcultura simplesmente transformam as ruas em uma arena *mais* pública. O que havia sido discretamente dissimulado numa infinidade de exercícios diários de ocultação torna-se uma apresentação aberta sem as sanções sociais. Até mesmo aqueles homossexuais que não se identificam normalmente com uma *persona* feminina podem decidir explodir numa bizarra pantomima feminina durante essa época, como que desafiando os 361 dias de contenção dentro dos limites estritos do comportamento masculino e feminino apropriado.

Para outros homossexuais, travestir-se durante o carnaval é também menos uma inversão do que uma tentativa de assumir uma forma feminina. Ao adotar as roupas, a maquiagem e as *personas* de mulheres, esses homens vivenciam suas próprias fantasias e desejos femininos imitando meticulosamente a norma social. O carnaval representa para eles um palco maior do que as festas íntimas entre amigos do mesmo time. Vestidos de mulher, alguns homens proclamam para a sociedade brasileira que são mais femininos e delicados do que as próprias mulheres. Kay Francis, segundo testemunho dela mesma, aguardava ansiosamente o carnaval porque a festa lhe dava a oportunidade de se transformar em uma Kay Francis melhor do que a própria estrela de cinema.[7] Assim, embora a inversão de indumentária implique uma reversão do *status quo*, ela serve também para reforçar padrões vigentes do feminino e, logo, do masculino.

Embora alguns homens possam tentar realizar imitações perfeitas de mulheres bonitas e glamorosas, outra forma de travestismo durante o carnaval contém um elemento de paródia lúdica, destinada menos a simular do que a mimetizar e exagerar a feminilidade. As representações mais comuns incluem homens vestidos de noiva grávida ou as *femmes fatales* com peitos e bundas enormes. Mediante a imitação bizarra de mulheres, esses foliões do sexo masculino dão um certo ar *camp* à sua personificação do feminino. David Bergman sugeriu características comuns do *camp* que parecem se aplicar às atitudes desses brasileiros durante o carnaval: a estilização extrema, artificial e exagerada; as relações tensas com a cultura de consumo, comercial ou popular; o posicionamento alheio à cultura dominante; e a afiliação à cultura homossexual ou ao erotismo consciente que questiona a visão "natural" do desejo.[8]

A síntese da *performance camp* brasileira durante o carnaval tem se constituído de múltiplas variações sobre a imagem de Carmen Miranda, com sua caracterização da baiana "típica": o turbante, o umbigo de fora, as saias rodadas sobrepostas se tornaram um importante ingrediente dos desfiles carnavalescos desde o começo do século. Os homens usavam o mesmo tipo de fantasia no carnaval mesmo antes da primeira aparição cinematográfica de Carmen Miranda caracterizada como baiana, em 1938, mas os "bichas" brasileiros logo captaram o componente *camp* na representação da Pequena Notável, com seus balangandãs excessivos e o sortido turbante de frutas tropicais.[9] Vale observar, contudo, que homens travestidos imitando exageradamente a apropriação da baiana feita pela própria Carmen Miranda, ou seja, a imitação da imitação, em geral acabam por erradicar os elementos afro-brasileiros da *performance*. A paródia da paródia, embora represente o paradigma do *camp*, provoca o esquecimento das origens. Assim como o embaixador norte-americano artificiosamente fotografou um "bloco carnavalesco negro" sem notar – ou sem ousar mencionar – seu caráter transgênero, do mesmo modo Carmen Miranda e seus imitadores acabaram obscurecendo as raízes de sua criação. De modo similar, as imitações *camp* de mulheres, com seu vestuário exagerado, seus enchimentos excessivos e sua divertida bufonaria podem no fim de tudo reforçar os estereótipos de gênero tradicionais, diminuindo a força ou eliminando completamente a eficácia da paródia enquanto crítica de normas sociais rígidas.

A *communitas* vivenciada por homossexuais durante a celebração do carnaval é ainda diferente da experiência comunal de cruzamento de classes descrita por Roberto da Matta e outros. Na década de 1950, já se registrava entre os "bichas" que eles ansiavam e se regozijavam com os quatro dias da loucura do carnaval porque iriam encontrar seus amigos nas ruas e bailes carnavalescos e deixar-se arrebatar pela febre do momento. Sua *communitas* vinha do sentimento da solidariedade de grupo ao desfilar em roupas exageradas pelas ruas e avenidas do Rio ou da excitação de estar num salão entupido de centenas, se não milhares, de outros homossexuais. Nesses espaços semipúblicos e semiprivados, a hostilidade social contra seu comportamento sexual parecia uma coisa remota, e o prazer do momento era uma pausa reconfortante da pressão de suas vidas diárias. Desse modo, eles não eram uma parte da *communitas* generalizada que Da Matta atribuiu ao carnaval; pelo contrário, suas experiências durante as festividades reforçavam enormemente as *diferenças* entre eles e os demais foliões. A existência, durante o carnaval, de "comunidades" múltiplas com características únicas pode fortalecer, mais do que enfraquecer, as barreiras sociais. Assim, pelo menos no que tange à presença homossexual nessas festas, a ideia de que a diferenciação social simplesmente se funde durante o carnaval carioca num espírito ubíquo de *communitas* é de certo modo ilusória.

Uma história breve

As festividades da terça-feira gorda no Rio de Janeiro remontam ao século XVII, quando as pessoas praticavam uma turbulenta celebração de rua conhecida como entrudo, em que os participantes atiravam bacias com água e tinas de água perfumada com limão uns nos outros.[10] Em 1604, o governador do Rio de Janeiro tentou banir essa batalha urbana ritualizada, pois ela se tornara demasiado violenta, mas a tradição resistiu às proibições oficiais. Ao longo de todo o período colonial, o carnaval permaneceu como uma festa particularmente para as classes mais pobres. Escravos e libertos, negros e mulatos, todos celebravam o feriado desfilando pelas ruas, imitando e satirizando as roupas, os gestos e as afetações da elite. O entrudo continuou a existir como um combate de rua lúdico, com o tempo enveredando para confrontos cada vez mais agressivos em que urina e fezes passaram a substituir a água aromatizada. Ao longo dos anos, as autoridades tentaram controlar essa prática em numerosas ocasiões, publicando editais que a proibissem, em geral sem resultados.[11]

No Brasil Império (1822-1889), a elite carioca buscou dar uma ordem e um maior refinamento às celebrações do carnaval. Sofisticados bailes de máscaras semelhantes aos que eram populares na Europa à época passaram a ser organizados. O precursor imediato do primeiro baile de máscaras carnavalesco ocorreu em 22 de janeiro de 1840, no Hotel Itália, perto do Largo do Rossio. A dança obteve tanto sucesso que foi repetida no mês seguinte durante o carnaval. Os anúncios nos jornais divulgavam o evento como o "Baile das Máscaras, como se usa na Europa por ocasião do Carnaval". A popularidade desse baile de gala originou uma nova tradição nas celebrações carnavalescas no Brasil.[12] Em 1932, o governo do Rio de Janeiro começou a patrocinar um baile de máscaras no Teatro Municipal, que foi frequentado pela elite local. O evento, que incluía um luxuoso concurso de fantasias, evoluiu com o passar dos anos para o mais prestigiado entre inúmeros bailes frequentados pela alta sociedade brasileira e o *jet set* internacional.[13]

O carnaval de rua assumiu novas formas com a introdução dos blocos – organizados pela primeira vez nos anos 50 do século XIX –, cujos membros desfilavam fantasiados pelas ruas da cidade. Os foliões marchavam atrás de carros alegóricos, ao som da percussão e da música. Perto da virada do século, a polícia havia licenciado mais de duzentos desses blocos carnavalescos. Na primeira década do século XX, surgiu no Rio de Janeiro o bloco carnavalesco conhecido como rancho. Os grupos de foliões, a maioria pobres e de origem afro-brasileira, percorriam as ruas com bandas de música, dançando e cantando em coro as marchas mais populares ou características do bloco. Nessa mesma época, foliões mais abastados, vestidos com fantasias, organizavam desfiles de carros conversíveis que iam e vinham pela avenida principal do Rio. Essa tradição, o corso, começou em 1907, quando as filhas do presidente da República passearam de carro ao longo da recém-inaugurada Avenida Central antes de parar para ver as festividades do carnaval. Os donos de carros imediatamente adotaram a prática, que começou a desaparecer depois de 1925, quando as ruas ficaram repletas de automóveis.[14]

Em 1917 o sucesso "Pelo telefone" popularizou o samba, e o novo gênero musical e estilo de dança, enraizado nas tradições afro-brasileiras, logo invadiu as ruas e salões.[15] As escolas de samba começaram a surgir no fim da década de 1920 e no início dos anos 30, quando a camada mais pobre da população – mais uma vez quase toda de origem afro-brasileira, muitos vivendo nas favelas dos morros cariocas – passou a organizar grupos que desfilavam juntos durante o carnaval ao ritmo contagiante da batucada.[16] No início da década de 1930, o governo de Getúlio Vargas interveio nessas atividades espontâneas e passou a regulamentá-las a fim de reconhecer seu caráter oficial. Por meio da Comissão de Turismo, eram destinadas verbas às escolas de samba e concedidos prêmios às eleitas como as melhores em uma competição, e ficou estabelecido todo um programa de atividades carnavalescas para a cidade do Rio de Janeiro.[17] Perto do fim dos anos 60, o desfile de escolas de samba se transformou num espetáculo de ostentação, com beldades de biquíni e fantasias ofuscantes montadas em carros alegóricos suntuosos, todos disputando o primeiro lugar e o dinheiro concedido pelo governo. Como resultado dessa comercialização do carnaval, a mulata da escola de samba, exibindo suas formas, plumas e paetês, e requebrando com sensualidade frenética ao som da bateria, tornou-se a representante do que passou a ser vendido no mundo todo como "O maior espetáculo da Terra".[18]

A alegria nas ruas

Em 1930, Antônio Setta, mais conhecido como a Rainha, junto com alguns amigos, organizou um bloco carnavalesco chamado Caçadores de Veados. Na maioria composto por travestis em roupas luxuosas, o bloco dos Caçadores de Veados atraiu imensas multidões, que aplaudiam entusiasticamente a indumentária elegante daqueles homens "frescos".[19] O famoso Madame Satã, que participou desse bloco na década de 1930, lembrava como ele e seus amigos desfilavam com orgulho pelas ruas cariocas, trajando plumas e vestidos de lantejoulas, exibindo despudoradamente sua graça feminina. A satisfação deles não era menor em perceber os aplausos e o reconhecimento da beleza de seus trajes criativos e luxuosos.[20] Os foliões na rua aproveitavam a suspensão e inversão das regras sociais estritas para praticar o travestismo e a paródia de gêneros (Figura 18). No caso dos Caçadores de Veados, os organizadores e participantes tanto absorveram como fizeram uso zombeteiro dessa terminologia agressiva normalmente empregada no dia a dia no Brasil.[21]

Travestir-se durante o carnaval, contudo, não significava necessariamente que aqueles que praticassem essa transgressão de gênero eram homossexuais ou coniventes com o homoerotismo. O exemplo seguinte ilustra, ao mesmo tempo, a natureza relativa da permissividade carnavalesca e as limitações sociais impostas a determinado tipo de comportamento. Em 1941, o cordão do Bola Preta, um dos tradicionais grupos cariocas que organizavam carnaval de rua e de salão, decidiu satirizar o símbolo da festa, o Rei Momo. Na sua versão, o cordão do Bola Preta iria coroar a Rainha Moma, Sua Majestade Federica Augusta, a Coração-de-Leoa – um homem travestido. Mas a disciplina e a moralidade interna do cordão deixavam claro que, embora um de seus membros viesse a se vestir como uma mulher, o clube não permitia homossexuais nos seus quadros. A história laudatória desse grupo carnavalesco documentou essa postura de modo explícito. Um jovem boêmio de boa família solicitou sua inscrição no clube. Quando um dos diretores foi checar o endereço dele, descobriu tratar-se de uma casa onde viviam homossexuais. Ele levou a notícia aos demais membros, argumentando que o rapaz muito provavelmente também era homossexual. "De modo algum pederastas podiam ingressar no Bola", explica o cronista do grupo. O enjeitado aspirante protestou contra a decisão, e para atestar sua inocência levou uma de suas garotas a uma reunião da diretoria. Ela testemunhou que seu namorado não era de jeito algum um "pederasta". Após explicar que apenas alugara um quarto naquela casa para "descansar", a diretoria acabou batendo o martelo e ele foi admitido no clube.[22]

FIGURA 18 – Carnaval de rua, Rio de Janeiro, 1932. Foto: cortesia do Museu da Imagem e do Som, Rio de Janeiro.

O clube permitia a paródia da Sua Majestade Federica Augusta, a Rainha Moma, porque as regras de masculinidade e feminilidade eram apenas temporariamente suspensas. Um homem "verdadeiro" podia se vestir de imperatriz para imitar uma das tradições do carnaval; um pederasta não. Do mesmo modo, homens "verdadeiros" podiam desfilar fantasiados de mulher grávida, noiva ou prostituta, segundo os estatutos desse grupo, pois sua transgressão de gênero era circunscrita e delimitada no tempo. A quarta-feira de cinzas restituía a ordem a um mundo virado do avesso durante o carnaval. As representações de gênero eram ordenadamente reencaixadas em modalidades predeterminadas. Um pederasta significava a desordem que imperava no resto do ano, e essa brecha no paradigma dominante simplesmente não podia ser sancionada, muito menos em grupos que se definiam como heterossexuais, como o cordão do Bola Preta. Embora alguns grupos de carnaval de rua, como os Caçadores de Veados, incluíssem e até mesmo encorajassem a participação de "bichas", outros, refletindo as normas sociais vigentes, deixavam explícita sua política de exclusão.

Invasores do espaço

Na virada do século, o Dr. Viveiros de Castro observava, em *Attentados ao pudor*, que homens vestidos de mulher estavam invadindo os bailes de máscara durante as festas carnavalescas (Figura 19).[23] Embora o travestismo e a transgressão de gênero se expandissem das ruas para os espaços fechados, o baile de máscaras era um território em disputa. Na década de 1930, por exemplo, Madame Satã foi a um baile de carnaval no Teatro República, próximo à Praça Tiradentes, onde iria participar de um concurso de fantasias organizado pelo bloco dos Caçadores de Veados.[24] Ainda que muitos homossexuais frequentassem esses bailes vestidos de mulher para a ocasião, o evento não era promovido como uma festa de travestis. Por exemplo, em 1938, ano em que Madame Satã ganhou o prêmio pela fantasia que mais tarde lhe emprestaria seu nome de guerra, o *Jornal do Brasil* publicou anúncios convidando para as quatro noites das festividades de carnaval no teatro em que ele competia. Embora os anúncios mencionassem prêmios para a melhor fantasia, não há indícios de que homens vestidos com roupas femininas competissem pelos prêmios.[25] Muito provavelmente, o boca-a-boca conduzia homossexuais a tais lugares, onde eles poderiam travestir-se com relativa liberdade e desfilar com suas criações.

FIGURA 19 – Travestismo no carnaval, Rio de Janeiro, 1913. Foto: cortesia do Museu da Imagem e do Som, Rio de Janeiro.

A Praça Tiradentes e os teatros à sua volta tornaram-se o lugar favorito para as festas de carnaval em que se travestir era permitido, embora não necessariamente promovido. Como essa praça fora um local tradicional de encontro entre homossexuais, um número significativo de homens praticantes de atividades homoeróticas ainda se socializavam com os amigos e buscavam parceiros sexuais lá. Muitos desses homens viviam na Lapa, não muito longe dali, e trabalhavam nos teatros e cinemas da área como dançarinos, atores, ajudantes de costureiros, *designers*, serventes e lanterninhas nos teatros.[26] As mudanças na vida noturna carioca nas décadas de 1930 e 1940 posteriormente propiciaram novos atrativos à praça como local para congregar e oferecer entretenimentos públicos. Em 1939, Walter Pinto, o "Ziegfeld da praça Tiradentes"* assumiu a direção do Teatro Recreio e revitalizou o teatro de revista encenado lá. Esses musicais – uma mistura de *vaudeville*, opereta, números circenses, cabaré, esquetes políticos etc. –, estrelados por mulheres com roupas de lantejoulas, plumas de avestruz e trajes sumários, atraíam uma enorme audiência, que ia desde uma parte da elite carioca até a crescente classe média. A fim de competir com os luxuosos espetáculos de cabaré do Copacabana Palace, o cassino Atlântico (também em Copacabana) e o cassino da Urca (de onde Carmen Miranda seria alçada à fama em Nova York e Hollywood nesse mesmo ano), Walter Pinto pagava salário dobrado a suas coristas e ia à Europa, a Cuba e ao Japão para procurar por novas estrelas.[27] A criminalização do jogo em 1946 também contribuiu para o rejuvenescimento da Praça Tiradentes como centro de entretenimento da cidade. Enquanto os cassinos fechavam as portas, os empresários do *show biz* cortavam seus números e os levavam para a zona dos teatros. A Praça Tiradentes passou a ser associada com espetáculos picantes, fausto e *glamour*. Como se poderia esperar, durante os quatro dias da festa de carnaval os teatros e cinemas da região serviam para abrigar os bailes carnavalescos.

Os homossexuais começaram a frequentar os bailes de carnaval nos teatros próximos à Praça Tiradentes em número cada vez maior nos anos 40. Em 1948, durante um desses bailes, realizado no Teatro João Caetano, a então estrela de revista Dercy Gonçalves propôs de improviso um concurso de fantasias para rapazes, que deveriam vestir-se de mulher. Alguns deles que aceitaram o convite apareceram

---

* Florenz Ziegfeld, com seus *shows* de variedades Ziegfeld Follies, levou o teatro de revista ao seu auge nos Estados Unidos no início do século XX. (N. T.)

vestidos de baiana. A apresentação foi um sucesso. Contando com a bênção de uma celebridade dos palcos, a tradição de organizar concursos de fantasia para homens travestidos rapidamente se tornou uma parte institucionalizada das festas de carnaval.[28] O que havia começado, no início da década de 1930, como uma invasão homossexual dos espaços decididamente heterossexuais tornou-se, quinze anos mais tarde, uma parte integrante das festividades carnavalescas.

Rainhas do carnaval e bailes de travestis

No início dos anos 50, a tática de tomar conta do espaço nos bailes carnavalescos e de organizar blocos para desfilar travestidos pelas ruas da cidade desdobrou-se em algo novo. Os empresários do entretenimento começaram a visar os homossexuais para seus bailes a fantasia, anunciando sua presença nos eventos e incentivando o comparecimento de travestis.[29] O desejo de alguns empresários de investir nesse mercado específico devia-se, em parte, ao crescimento da subcultura homossexual no Rio de Janeiro no período posterior à Segunda Guerra Mundial, bem como à expansão econômica que ampliou o número e o poder aquisitivo da classe média. Como resultado, podia-se escolher entre inúmeros bailes de carnaval dirigidos a um público homossexual. Os ingressos mais caros eram para a festa do Teatro João Caetano. Homens de classes sociais mais baixas, incapazes de entrar nesse baile, frequentavam as festividades no Teatro Recreio ou no República, onde Madame Satã havia ganho o primeiro prêmio por sua fantasia de morcego com lantejoulas, em 1938.[30]

Travestir-se não era obrigatório nesses eventos. Na verdade, baseado no exame de fotos tiradas dentro dos bailes na década de 1950, a maior parte dos homens não usava nenhum tipo de fantasia.[31] Entre os que escolhiam vestir-se com uma fantasia para a ocasião, um bom número não abria mão de trajes masculinos – a maioria uniformes de marinheiros, camisas bufantes de piratas ou togas de soldados romanos. Esses trajes tinham um toque de ousadia e excentricidade, mas permaneciam dentro dos limites do que era apropriado para homens. Do mesmo modo, alguns vestiam-se como mulheres não para rivalizar em beleza com rainhas, coristas ou *femmes fatales*, mas antes para ironizar as rígidas regras de gênero sociais por meio de gestos efeminados, maquiagem e roupas. Contudo, as bonecas com suas plumas e paetês eram sempre a atração principal. A despeito disso, o sucesso crescente desses bailes não pode ser atribuído somente à liberdade que os homens tinham para se vestir de mulher. Em 1950, por exemplo, a jovem Elvira Pagã participou de um desfile carnavalesco pelas ruas de Copacabana coberta apenas com uma capa de toureiro e um biquíni dourado. Seus trajes sumários provocaram uma comoção. No dia seguinte, foi convidada a participar do primeiro concurso para a Rainha Carioca do Carnaval. Ela venceu, e um código de vestimenta de carnaval mais livre ficou estabelecido.[32]

Em 1951, o concurso de fantasias no baile do Teatro João Caetano recebeu verbas do governo destinadas às festividades carnavalescas. O evento também passou a atrair uma audiência nacional, à medida que homens de todo o país iam à capital para participar do baile e do concurso de fantasias. Nesse ano tiveram de dividir o prêmio pelo primeiro lugar entre dois concorrentes, um participante de São Paulo vestido de "Ziegfeld Follies" e um jovem do Rio Grande do Sul, que apareceu como a popular deusa afro-brasileira do mar, Iemanjá. O segundo lugar foi para um rapaz que viajara do Rio Grande do Norte e gastara mais de 70 mil cruzeiros para fazer sua fantasia, uma pequena fortuna para a época.[33]

Antes dos anos 50, os jornais e revistas empregavam termos fortemente cifrados para descrever os bailes onde homossexuais se travestiam, ou então simplesmente ignoravam-nos por completo ao noticiar o carnaval. Por exemplo, durante a cobertura do carnaval de 1938, o carioca *Jornal do Brasil* publicou uma fotografia mostrando o que parecia ser um grupo de homens travestidos em um baile. Na legenda se lia "Outro rancho: o 'Quem são Eles?'". O jornalista ou editor que fez o texto para a foto aludia à ambiguidade da imagem projetada pelo grupo de homens, que obviamente se destacavam dos demais foliões e atraíram a atenção do fotógrafo. Mas note-se que o jornal ainda usava o pronome "eles", no masculino.[34] A revista *Manchete*, que foi lançada em 1952, não mencionava os bailes de travestis ou o componente homossexual das festividades carnavalescas em suas extensas coberturas das celebrações daquele ano. Em 1953, porém, a revista escreveu a respeito dos bailes e da predominância de "travestis" nas festas carnavalescas. E o termo francês "travesti" em pouco tempo se tornou uma palavra-chave usada pela imprensa para se referir a qualquer homossexual. Esses jornais e revistas que notaram a presença de travestis faziam uma distinção clara entre o travestismo carnavalesco de heterossexuais, que usavam vestidos emprestados para uma transgressão de gênero temporária, e os homens efeminados, que se vestiam como mulheres para expressar sua identidade "real". Nessas coberturas, a homossexualidade estava relacionada com modos efeminados e com o uso de roupas femininas, como deixavam patente as travestis que participavam do baile carnavalesco. Como resultado, os jornalistas cariocas que escreviam para publicações periódicas de distribuição nacional contribuíram para a construção da imagem estereotipada do homossexual brasileiro.

Embora a maioria dos que frequentassem os bailes nas décadas de 1950 e 1960 não se travestissem nem ostentassem quaisquer sinais de efeminação, a imprensa não perdia uma oportunidade de apontar suas lentes para homens com fantasias bizarras a fim de obter suas fotos. Fazendo isso, ela criava a impressão de que esses bailes eram quase que exclusivamente frequentados por travestis. Por exemplo, um artigo de 1953 intitulado "Tipos de carnaval" incluía diversos retratos de homens vestidos com roupas de mulher. Um deles era de um homem usando um biquíni e vestindo uma roupa de baiana, dançando num pequeno palco improvisado sobre a carroceria de uma picape. A legenda diz: "Este concebeu o seu tipo sob a influência da praia e do teatro de revista. É o 'travesti' bem acomodado à época, e que não dispensa nem um palco ambulante". Outra foto mostra um homem de peruca coberto com um vestido de noite bailando no salão. A legenda que a acompanhava dizia: "O 'travesti' é comuníssimo, há sempre inflação deles. Este ano, no Rio, o Teatro República foi o seu quartel-general. Bailes indescritíveis, únicos na América".

Durante o mesmo carnaval, em 1953, o jornalista do *Última Hora*, Everaldo de Barros, escreveu um artigo extremamente perspicaz sobre homossexuais travestidos, a quem ele se referia como "falsas baianas" do carnaval brasileiro. O subtítulo do texto sintetizava o argumento do jornalista: "Fantasias riquíssimas nos mais originais bailes do Rio – João Caetano e Carlos Gomes são os seus domínios – Vivem o momento que passa e não são existencialistas – Durante o ano é que usam máscaras".[35] Barros então passa a explicar como *elas* celebravam o carnaval: "Tudo 'nelas' é falso. Os cabelos, o belo busto, a cor nacarada ou bronzeada da pele, as vestes, o nome, a história da família decente (que não pode saber que 'ela' está ali), enfim, até o próprio sexo são produto de uma imaginação ardente. As falsas baianas, odaliscas, andaluzas, 'can-cans', bonecas, bailarinas são todavia, paradoxalmente, a única verdade nos bailes de Carnaval dos teatros João Caetano e República ou quiçá, do Carnaval carioca".

Numa época em que a filosofia de Jean Paul Sartre era moda entre jovens intelectuais boêmios de Copacabana e Ipanema, esse jornalista, contradizendo o título de seu próprio artigo, insistia que os verdadeiros praticantes do existencialismo eram aqueles jovens que se despiam de inibições, proibições familiares e sanções sociais para viver para o momento na alegria do carnaval. Ele reconhecia ainda o papel psicológico que a festa exerce nas vidas daqueles homens, que vinham de todas as classes sociais para juntos encontrar diversão nos bailes carnavalescos: "Dando expansão a sentimentos recalcados durante todo o ano ali compareçem, com caríssimas fantasias próprias do sexo frágil, médicos, advogados, garçons de pensões da Lapa e da Zona do Canal, diplomatas, jornalistas, comerciários, finalmente, representantes de todas as classes sociais. E o baile é um espetáculo de ver."

De fato, os bailes de travestis realizados nos teatros e cinemas na Praça Tiradentes e nas imediações eram provavelmente os eventos carnavalescos mais socialmente integrados do Rio de Janeiro na década de 1950. Tanto o efeminado como o discreto, tanto o despudorado como o receoso de que sua família o descobrisse ali davam as caras na Praça Tiradentes na época do carnaval. Quem ganhava apenas o salário mínimo guardava cuidadosamente seu dinheiro para poder comprar ingressos. Foliões de todos os estratos sociais lotavam os salões, ao ritmo alegre das marchinhas mais populares. Por sua vez, via de regra a elite carioca frequentava apenas o baile oficial no Teatro Municipal ou as festividades do Copacabana Palace e outras festas exclusivas. A classe média e os pobres também participavam de festas e bailes a fantasia diferentes e socialmente separados. Embora todas as classes sociais fossem à Avenida Rio Branco para ver o desfile das escolas, as pessoas que sambavam ali eram geralmente a camada pobre que vivia nas favelas ou nos subúrbios operários. Nos anos 50, a classe média (e pobre) acompanhava o desfile nas ruas, de pé, enquanto a elite espiava o espetáculo de lugares cuidadosamente isolados e protegidos. Na década de 1960, integrantes tanto da classe média como da elite começaram a frequentar os ensaios das escolas de samba e a participar dos desfiles, mas isso não era comum na década anterior.[36]

Ao comparar o "baile das falsas baianas" com os da elite e com as festas carnavalescas "tradicionais", Barros notou que a folia na Praça Tiradentes era muito mais socializável e civilizada. Ele também observou que a civilidade dos participantes em alguns momentos era temperada com pitadas maliciosas de comentários bem-humorados, debochados e amistosamente depravados: "A beleza e riqueza das fantasias rivalizam com as dos melhores bailes de gente bem. A ordem, a animação, o respeito, a ausência de lutas, ou ao menos simples desaguisados, contrastam chocantemente com o que se vê nas chamadas 'sociedades carnavalescas'. E como são gentis os frequentadores dos bailes do João Caetano e do República! Embora todos eles estejam travestidos até nos nomes, o tratamento é sempre amável. – Como estás elegante, Madame Mon Amour! – Bondade sua, querida. Pode lá esta paupérrima fantasia de Pagode Chinês concorrer com a sua linda Dama Espanhola, adorável Margot?".[37]

Barros imediatamente explicou que a "paupérrima fantasia de Pagode Chinês" custou a "Mon Amour" 25 mil cruzeiros, uma soma bastante respeitável para a época. Ele também lembrava ao leitor que nem todas as falsas baianas que frequentavam bailes a fantasia usavam trajes luxuosos. E embora ajudasse a fortalecer a ideia de que essas festas eram quase que exclusivamente frequentadas por travestis, ele no entanto capturou o espírito sentido por muitos homossexuais, que viam no carnaval, e particularmente nos bailes a fantasia, um momento especial de cada ano. Para muitos, essa era a única época em que podiam expressar seus conceitos de gênero diferentes dos que eram impostos a elas pela sociedade: "Finda a função, terminado o *tríduo momesco*, é que as 'falsas baianas' começam o verdadeiro carnaval. Afivelam no rosto uma máscara de desprezo por tudo que as cerca; enfurnam-se dentro dos escritórios, consultórios, casas comerciais, pensões etc.; iniciam a luta pelo próximo carnaval ... tostão a tostão, a fim de que quando chegar a hora, possam retirar a máscara que usaram durante todo o ano e envergarem suas custosas fantasias".[38]

José Rodrigues, um recifense que foi para o Rio de Janeiro em 1952, relembra como ele e seus amigos celebravam o carnaval nos anos 50: "Quando chegava o carnaval, os três dias eram uma loucura. A gente saía de casa de manhã e pulava no bloco dos sujos o dia inteiro; entrava em um bloco e saía em outro. Às três e meia, quatro, vinha para casa. Vestia tudo de mulher, cada um inventava uma fantasia, todo mundo ia para o centro da cidade, pulando, cantando... Brincava, voltava para casa, para tomar banho e ir para o João Caetano. Três dias sem trabalhar, dormir e comer. Para nós, carnaval era muito importante, porque a gente se realizava, se vestindo, se maquiando, fazendo bonito, porque durante o ano inteiro não podia fazer isso".[39]

Embora as esfuziantes travestis reinassem no João Caetano e em outros bailes que tivessem uma participação distintamente homossexual, elas também iam a outras festas carnavalescas onde a tática de invasão continuava a existir. Um evento popular era o Baile dos Artistas, patrocinado pela classe artística e teatral. Como ele ocorria uma semana antes do carnaval, a cobertura da imprensa dava-lhe um tratamento de abertura da temporada. Mas como não era um baile "oficial" das travestis, um jornalista explicava que o costume de se travestir não era causado por um "desvio" sexual, mas sim como resultado da bebida e do lança-perfume: "Alguns aproveitaram a festa de Carnaval para se desencalacrarem e entrar decididamente no travesti. Mas nem é preciso chegar até Freud para uma explicação convincente. A exaltação carnavalesca, o lança-perfume e o uísque sem medida acabam sendo os responsáveis reais por muita coisa que acontece".[40]

Como nenhum retrato de travestis acompanha o relato fotojornalístico do Baile dos Artistas, é impossível saber se o autor optou por não enxergar a homossexualidade em um lugar ao qual ela "não pertencia"; ou talvez ele de fato tenha observado heterossexuais brincando o carnaval com roupas femininas emprestadas. A cobertura do Baile dos Artistas feita pela *Manchete* em 1954 leva-nos a supor que alguns jornalistas, como o embaixador americano na década de 1930, ou sofriam de uma misteriosa incapacidade de ver o que estava na sua frente ou acreditavam ser impróprio comentar o que viam. Nesse ano, a revista ilustrada brasileira mais popular da época publicou uma colorida amostragem de cenas do Baile dos Artistas.[41] Um retrato mostra três homens em trajes carnavalescos. O primeiro veste um colante preto com colares de lantejoulas sobre o peito, uma máscara de carnaval e uma grande capa com um gracioso caimento. O segundo usa uma bermuda branca e uma blusa cubana com mangas bufantes, amarrada sobre a barriga; ele também está mascarado e tem uma bolsa ou leque na mão. O terceiro homem veste colante preto e uma capa larga, e usa uma máscara vermelha com plumas. Os três evocam uma aura feminina tradicional, embora não haja nenhuma menção no texto descrevendo esses homens como travestis. Possivelmente, isso se devia ao fato de que eles não estavam vestidos como coristas, baianas ou divas. Seus trajes decididamente floreados não representavam uma completa transgressão às fronteiras de gênero. A imprensa associava as glamorosas travestis com homossexualidade, mas não identificava todos os travestidos como homossexuais. Estes, assim como os participantes do cordão do Bola Preta, cuja conduta não era acintosamente feminina, podiam passar por homens "normais" em uma escapulida carnavalesca. Do mesmo modo, homossexuais travestidos em lugares não associados com travestis podiam às vezes ser vistos como homens "comuns" que simplesmente estavam flertando com seu lado feminino por um dia ou dois. Mas se os gestos e as atitudes do folião sugerissem uma identificação mais permanente com o outro gênero, então o travestido passava a ser suspeito.

Por volta de 1956 os bailes de travestis se tornaram um evento sofisticado. As indumentárias começaram a ficar cada vez mais exuberantes e caras, e algumas concorrentes precisavam de até três ou quatro assistentes para ajudá-las a fazer sua entrada triunfal.[42] Os bailes também passaram a atrair membros da alta sociedade brasileira e uns poucos convidados internacionais. Como resultado, a imprensa aumentou a cobertura dos eventos, que assumiram um *status* de marco histórico do carnaval. Os jornalistas utilizavam jogos de palavras para aludir indiretamente ao caráter dessas festas e à natureza delicada de seus participantes fantasiados: "A exibição de segunda-feira no João Caetano é tradicional. Este ano, despertou também muito interesse e deu até a impressão de ter superado a dos anos anteriores. A assistência lotava completamente o teatro no qual se desenrolou a extravagante festa por toda a noite. Entre os espectadores, via-se muita gente da sociedade, arrastada até pela estranha curiosidade de ver de perto o mais invertido que divertido espetáculo que atrai cariocas, paulistas, brasileiros em geral e estrangeiros. O pavão dourado foi a fantasia mais encontrada. Cinco deles confundiam, no salão, suas penas multicoloridas. Junto à passarela minúscula, na hora do desfile, verdadeira multidão se comprimia. Houve desmaios e chiliques, o que é muito natural e verdadeiramente compreensível em tal festa".[43] Com muito tato, o repórter cuidadosamente separa os membros da elite presentes à festa de travestis dos outros foliões. Ele enfatiza que a curiosidade e a fama do evento foi o que os levou até lá, e não algum vínculo comum com os "invertidos" vestidos de mulher. Mais uma vez, contudo, esse retrato dos bailes carnavalescos na Praça Tiradentes obliterou a maioria dos participantes. Até onde o jornalista que cobria a festa pôde perceber, as travestis se apresentavam e a elite olhava. Os homossexuais presentes ao baile mas que não estivessem usando vestidos cintilantes estavam notavelmente ausentes das descrições dessa noite.

Embora milhares de homossexuais e um grupo difuso de membros da elite brasileira presentes ao baile de travestis da Praça Tiradentes partilhassem ombro a ombro o mesmo espaço, o grosso da alta sociedade, elegantemente trajada com *smokings* e vestidos de noite formais, frequentava o baile de carnaval oficial do Teatro Municipal a oito quadras dali. Assim como os pavões emplumados despertavam os aplausos de seus iguais e de outros presentes aos bailes de travestis, nesse grande baile do Municipal os homossexuais também apareciam com fantasias exuberantes. No entanto, caracterizados como figuras masculinas: imperadores, cavaleiros e reis desfilavam, com uma indumentária de desenho elaborado, no luxuoso concurso de fantasias, para a aclamação geral. Uma das personalidades pioneiras foi Clóvis Bornay, um funcionário público que trabalhava no Museu Histórico Nacional do Rio de Janeiro. Sua segunda vocação começou a despertar quando competiu no concurso de fantasias do carnaval de 1937. Muitos anos depois, ele recordou o início de sua carreira: "Ao completar idade suficiente para ir ao Teatro Municipal compareci com uma fantasia idealizada por mim mesmo e com o título de 'Príncipe Hindu', fazendo aproveitamento de pedras de cristal de um lustre abandonado no porão de casa. Tal foi o sucesso dessa primeira aparição em público que se tornou um hábito em minha vida nesses 31 anos consecutivos".[44] Dos cristais passou para os paetês, sedas e ornamentos cada vez mais elaborados e ostentosos. Enquanto uma fantasia ousada para um homem "verdadeiro" pode ser uma toga romana ou uma breve incursão pelo feminino com as roupas emprestadas da mulher, Bornay e os homens que seguiram seu exemplo nos luxuosos concursos de fantasia optaram por expressões de elegância cada vez mais flamejantes, às vezes superando as próprias mulheres que competiam para a melhor fantasia feminina. Como um exemplo do significado que têm para ele esses eventos, Clóvis Bornay conta que "Em vez de comprar um carro, gasto minhas economias em fantasias e continuo andando de ônibus".[45] Bornay escolheu a grandiosidade ofuscante de reis e imperadores como temas de costura para expressar sua convicção de que homens, também, podem ser pavões.

Em 1956, o primeiro prêmio para a fantasia masculina mais suntuosa foi para Zacarias do Rego Monteiro, caracterizado como um elegante pierrô.[46] No concurso feminino, as fantasias vencedoras – "A Borboleta Real" e "O Cavalo de Troia" – foram criadas por Aelson Nova Trinidade, um desenhista de moda notoriamente gay que também projetava trajes para os espetáculos musicais de variedades.[47] As fantasias mais chamativas, glamorosas e brilhantes eram sempre criadas por homossexuais, embora os papéis de gênero nessa festividade oficial de gala fossem rigidamente observados.[48] Na visão da alta sociedade brasileira, em festas carnavalescas "respeitáveis" os homens deveriam estar caracterizados como personagens masculinos e as mulheres, do mesmo modo, deveriam vestir fantasias femininas. Enquanto as representações de gênero não tradicionais encontravam expressão na criatividade e no luxo dos arranjos, entre a elite brasileira, o decoro e a discrição dissimulavam a homossexualidade. Entre os foliões da classe operária e da classe média presentes à Praça Tiradentes, o comportamento transgenerificado extravagante era a atração principal. Nos dois bailes, quem reinava eram os pavões, mas no Teatro Municipal os foliões deveriam manter a compostura e agir como "machos", ao menos formalmente.

Reações negativas

Em 1957, uma mudança ocorreu na cobertura dos bailes carnavalescos de travestis. Se nos anos precedentes os jornais e revistas já haviam feito piadas e comentários levemente pejorativos sobre as travestis que frequentavam esses bailes, a reportagem sobre as Meninas do Paraíso no Teatro João Caetano era agressivamente hostil. Um jornalista da *Manchete* escreveu: "Desde que a lei o permitiu, a decência foi posta de lado, realizando-se o escandaloso e vergonhoso baile de segunda-feira no Teatro João Caetano, verdadeiro desfile de aberrações, ajuntamento de anormalidades e aleijões morais que devia fazer corar as autoridades. Para que o leitor possa ter uma ideia do que aconteceu na festa das chamadas 'meninas do Paraíso', deve saber que nem foi permitida a entrada de fotógrafos, a fim de que a vergonheira não ficasse graficamente documentada. Nossos fotógrafos funcionaram à entrada do João Caetano, fixando flagrantes que levamos ao conhecimento do leitor somente com o intuito de mostrar quanta razão temos em nos indignar. Outro dos nossos intuitos, o principal, é tentar chamar a atenção de quem de direito, para vermos se, daqui por diante, a coisa repulsiva não se repete".[49]

O tom moralista do artigo revela a rejeição de qualquer participação abertamente homossexual no carnaval. Contudo, as legendas que acompanham as fotos apresentam uma mensagem mista. Uma alude às barricadas montadas pela polícia para assegurar a ordem no evento, e diz: "Aqui, as opiniões se dividiram. É homem. Não, é mulher. Era mulher. Sim, houve barreira de arame e valentia entre os fotógrafos e as 'meninas'". Uma foto de um homem vestido de corista da primeira década do século vem com a legenda: "Às vezes as fantasias – não há como negar – eram ricas e de bom gosto". Se, por um lado, o artigo recende a superioridade moral, por outro, esses comentários eram permeados de um respeito relutante pelo estilo daqueles que encaravam a multidão hostil a fim de participar do evento. Valéria Lander, que participou pela primeira vez de um baile a fantasias no carnaval de 1934, lembrou a violência que era dirigida contra as travestis em 1957: "E olha que não era essa facilidade de hoje ... Éramos apedrejados na rua. Um horror. A gente tinha que sair do carro e entrar correndo pro baile, se não sobrava pancada e o populacho destruía nossas fantasias".[50]

As reportagens jornalísticas não fornecem nenhuma explicação para tanta hostilidade da imprensa e do público no baile desse carnaval, quando não havia sido assim no passado. A visibilidade dos bailes, encorajada, sem dúvida, pela destacada cobertura da *Manchete* nos três anos precedentes, atraiu grandes multidões de curiosos espectadores. Alguns, ao que tudo indica, achavam graça nos *viados* fantasiados com seus trajes coloridos desfilando para entrar no baile.

Muitos dentre a multidão eram simpatizantes ou eles mesmos homossexuais. Outros, contudo, aparentemente incomodados com a manifestação aberta daquelas imagens indistintas de pessoas, que confundiam os gêneros, atiravam pedras nas travestis quando elas entravam no teatro. A cobertura moralista da *Manchete* pode simplesmente ter refletido os pontos de vista de um editor ou jornalista particularmente religioso que abominava a homossexualidade, e não ser um indicativo de uma tendência geral de parte da imprensa contra manifestações públicas que se desviassem do comportamento heteronormativo tradicional. De modo similar, a violência física contra os que iam ao baile podia ser uma reação espontânea de algumas pessoas na multidão contra apresentações tão ousadas e abertamente transgressivas, que pareciam ficar cada vez mais em evidência de um carnaval para outro.

A despeito das interpretações que se possam aventar para explicar o desprezo crescente do público por esses bailes, esse território carnavalesco de homossexuais e travestis continuou claramente a constituir um espaço semipúblico de disputa por toda a década de 1950. Enquanto os foliões podem ter experimentado um sentimento de *communitas* no ambiente protegido dos teatros, cercados por outros homens que compartilhavam seus desejos eróticos e suas experiências de sobrevivência cotidiana, setores da imprensa brasileira e do público permaneciam desconfortáveis com a escorregadia ambiguidade de gêneros e com os deleites sexuais que eles acreditavam ocorrer nesses lugares. De fato, as atitudes vacilantes e às vezes hostis da imprensa, do público e da polícia em relação a esses bailes de carnaval e a manifestações ostensivas de homossexualidade por toda a década de 1950 e 1960 revelam a permanente tensão entre uma moralidade religiosa tradicional – que via no homoerotismo uma aberração antinatural – e uma tolerância, ou aceitação relutante, da existência de bichas e travestis como algo inevitável, personagens relativamente inofensivos do cenário carnavalesco.

Como resultado dos tumultos nos bailes de 1957, no ano seguinte o governo proibiu o concurso de fantasias e pôs a polícia na porta dos eventos, supostamente para evitar a repetição da cena das multidões vaiando e jogando pedras. Apesar do controle cada vez maior do Estado e da animosidade continuada de alguns espectadores, os bailes foram realizados por três noites consecutivas antes da terça-feira gorda. Ironicamente, a *Manchete*, que iniciara uma campanha para desacreditar os bailes um ano antes, deu meia-volta e passou a denunciar o infame jornalismo marrom que pouco tempo antes havia encorajado. O jornalista encarregado da cobertura do Baile do Arco-Íris registrou a animação da festa, a despeito da multidão hostil que se apinhava no lado de fora do salão. "No momento, o desfile está proibido, e o baile, antes bastante espontâneo e lotado, foi tabelado para turista pela Prefeitura, com guardas em profusão e uma multidão vaiando os que entram fantasiados. É, porém, um baile bastante animado, ordeiro, com o menor número possível de brigas (e de bêbedos) e a presença de diplomatas estrangeiros e famílias. A má imprensa carioca, que passou a explorá-lo na base do escabroso, é culpada da imensa quantidade de pessoas que hoje entram debaixo de apupos, ocultando o rosto com máscaras".[51]

Embora a *Manchete* tivesse abandonado seus ataques mais virulentos às manifestações de homossexualidade, o populista *Última Hora* manteve uma postura moralista tanto contra a transgressão de gênero como contra qualquer outra conduta pública carnavalesca que chocasse "a moral e os bons costumes". Em um artigo intitulado "Da folia ao exagero: excessos que mancham o carnaval carioca", o jornal criticava as "cenas que mancham um dos carnavais que já foi tido como o melhor carnaval do mundo". O artigo criticava tanto o comportamento hétero como o homoerótico associado a inúmeros bailes carnavalescos, bem como as audaciosas representações das travestis, incluindo fotos para ilustrar seu ponto de vista. Uma foto mostra um homem levantando uma mulher do chão e beijando sua coxa. Pode-se supor que a imagem simbolizava a permissividade licenciosa das festas carnavalescas modernas. Outra foto apresenta dois homens, um deles com um calção de banho de leopardo, com luvas e chapéu combinando. A legenda diz: "Cena de autêntico deboche. A linha é perdida inteiramente e a elegância da mulher desaparece como por encanto. Gestos e atitudes que não estão, em absoluto, de acordo com a tradição sadia do Carnaval carioca".[52]

Enquanto os editores do *Última Hora* nostalgicamente reinventavam um passado em que a decência imperava nas festas carnavalescas, ao mesmo tempo promoviam a celebridade internacional daquele ano: Rock Hudson. O destruidor de corações hollywoodiano da década de 1950 havia acabado de se separar da mulher após um casamento que durara dois anos. Nem os jornalistas brasileiros, nem a maioria dos fãs de Hudson pareciam saber que ele se casara sob pressão com a secretária de seu empresário em 1955 para pôr fim aos rumores crescentes que se espalhavam por toda a Hollywood acerca de sua homossexualidade.[53] Como o visitante mais famoso do carnaval de 1958, Rock Hudson era fotografado ao lado de belezocas eminentes, misses e outras apetecíveis representantes femininas da alta sociedade carioca. Os jornalistas até mesmo especulavam sobre um suposto romance de Hudson com a atriz Ilka Soares, pois a dupla parecia inseparável durante a estada de dez dias do astro no Rio.[54] Rock Hudson esteve presente em inúmeras festas carnavalescas, até mesmo no Baile de Gala do Teatro Municipal, com seu famoso e luxuoso concurso de fantasias. Durante o baile de máscaras no Hotel Glória, um fotógrafo o flagrou junto com sua sorridente *entourage* brasileira. Em algum momento da folia, alguém pusera uma faixa de seda no musculoso peito do ator. Gravado na faixa bicolor, em letras góticas, lia-se: "Princesa do Carnaval" (Figura 20). Provavelmente pouca gente entendeu a ironia da imagem quando ela foi publicada na *Manchete* do carnaval de 1958. Para o público, Rock Hudson representava a masculinidade e a heterossexualidade em estado bruto. Mas, vendo em retrospecto, essa foto capta a contradição que moldou sua vida.[55] Enquanto sua homossexualidade permanecesse discreta e ele projetasse uma imagem de heterossexualidade, sua carreira em Hollywood como símbolo sexual estaria assegurada. De modo similar, para muitos brasileiros homossexuais, especialmente os das classes média e alta, a sobrevivência social sempre dependera de sua capacidade de ocultar da família e dos em-

Além do carnaval

pregadores seus desejos e práticas homoeróticas, e até mesmo inventar namoradas fictícias e construir uma vida de subterfúgios mediante casamentos de conveniência. Embora o carnaval pudesse representar uma oportunidade de transgressão de gênero para muitas travestis e homossexuais, quando podiam ignorar a "moral e os bons costumes", desafiar as regras da conduta pública "apropriada" e explodir num frenesi erótico nas pistas de dança cercados de milhares de almas gêmeas, nem todos os que apreciavam sexo com outros homens aproveitavam as oportunidades sociais e sexuais que as festas carnavalescas ofereciam.

FIGURA 20 – Rock Hudson, a "Princesa do carnaval", cercado de "socialites" admiradoras e celebridades no Baile de Gala, durante o carnaval carioca de 1958. Foto: cortesia *Manchete*.

Uma nova era na celebração do carnaval

Apesar da vaia das multidões, do cancelamento dos concursos e do tratamento hostil da imprensa, os bailes frequentados por travestis e outros homossexuais cresceram em número. No começo dos anos 60, um desses eventos, o Baile dos Enxutos, tornou-se uma instituição do carnaval. A festa – na época, "enxuta" era uma gíria mais usada do que hoje para se referir a uma mulher bonita – continuaria a ocorrer praticamente todo ano ao longo das duas décadas seguintes.[56] A imprensa também começou a admitir a importância cada vez maior dos homossexuais nas festividades carnavalescas. A cobertura continuava a oscilar entre a depreciação e a admiração divertida. Em uma edição especial de carnaval, a *Manchete* sintetizava: "Dos oitocentos bailes que se realizam no Rio, desde uma semana antes e durante as três noites do carnaval carioca, quatro se destacam: o dos Artistas, nos salões do Hotel Glória, na quinta-feira gorda; o do Copacabana Palace, nos salões do hotel, no sábado; o tradicional Baile de Gala do Teatro Municipal, na segunda-feira; e o Baile dos Travestidos, também na segunda-feira, no Teatro João Caetano. Dos quatro, o do João Caetano, internacionalmente conhecido, é talvez o menos concorrido, mas devido a grande afluência de travestidos (agora chamados de 'enxutos') vindos de todos os estados, da Argentina e Chile, é o mais visado".[57] As reportagens popularizaram o termo "enxuto", fazendo deste, junto com a palavra "travesti", sinônimos de homossexual masculino. Os repórteres também faziam referência à tremenda representatividade da "Terceira Força" do carnaval carioca, um jogo de palavras para aludir aos homossexuais como o terceiro sexo. Mesmo com os concursos de fantasias proibidos ao longo de três anos – presumivelmente porque seus participantes haviam evocado tanto interesse público e alguma hostilidade popular –, os bailes realizados nos teatros próximos à Praça Tiradentes enchiam-se com centenas de pessoas vistosamente trajadas com fantasias ricas e divertidas, a quem vinham se juntar milhares de outros foliões (Figura 21).[58]

FIGURA 21 – Travesti competindo no concurso de fantasias no carnaval do Teatro João Caetano, Praça Tiradentes, Rio de Janeiro, 1957. Foto: cortesia Arquivo do Estado de São Paulo.

Em 1961, quando a novidade das roupas ousadas das travestis cessou de fazer furor e elas se tornaram apenas mais uma atração do carnaval, os concursos de fantasia foram reintroduzidos, mas sem o tradicional desfile pela passarela. As travestis, usando sapatos de salto alto e toucados elaborados, passavam a noite modelando seus vestidos de plumas e paetês nas passarelas do teatro. Uma bancada de jurados então entrevistava as concorrentes, e premiava as três primeiras colocadas com medalhas de ouro. Nesse ano, o quarto lugar, embora não recebesse nenhum prêmio, foi contatado por um empresário do entretenimento após o baile para trabalhar em um navio de cruzeiro panamenho.[59] O *Última Hora*, primeiro jornal brasileiro a atingir um público de massa abusando do sensacionalismo em suas matérias, agora promovia o Baile dos Enxutos e informava os leitores sobre os prêmios concedidos para os três primeiros colocados.[60] Essa mudança de foco editorial na cobertura do evento talvez refletisse uma mudança geral na reação do público a esses bailes. A publicidade cada vez maior sobre os bailes durante a década de 1950 atraiu um grande número de curiosos, que se espremiam nas entradas do teatro para assistir ao desfile das bonecas com seus trajes elaborados. Como medidas de segurança limitavam as manifestações de violência que acompanhavam sua entrada triunfal e como aquilo já não era nada muito excepcional, uma atitude mais tolerante em relação aos bailes se desenvolveu. Provavelmente as considerações financeiras também motivassem os editores do *Última Hora* a modificar o tom de sua cobertura, pois, em 1962, os organizadores do Baile dos Enxutos puseram anúncios de um oitavo de página em sucessivas edições do jornal, antes e depois do carnaval. Na peça publicitária, um desenho a bico de pena de uma mulher de biquíni, com luvas negras até os cotovelos e saiote de plumas anunciava as quatro noites do evento carnavalesco.[61] Embora a ilustração de uma mulher houvesse sido escolhida para a promoção, o conteúdo transgênero da ocasião ficava claro desde o nome, que brincava com os gêneros. Dois elementos do anúncio revelavam de que modo o baile havia se incorporado às festividades do carnaval. Primeiro, a grande companhia de bebidas Antárctica o patrocinava oficialmente. Segundo, no mesmo anúncio do Baile dos Enxutos uma nota informava os leitores da matinê para crianças no mesmo teatro. Os enxutos se tornaram em certa medida respeitáveis, pelo menos durante o carnaval. Nesse ano, um público gay internacional de "alegres rapazes" afluiu em massa aos bailes, vindos da Argentina, do Uruguai e do Chile.[62]

De modo contraditório, ao mesmo tempo que os bailes alcançavam uma relativa respeitabilidade, o governo mais uma vez impunha restrições ao evento, alegadamente para evitar as reações hostis de pessoas que desaprovavam travestis.[63] Para burlá-las, as concorrentes do espetáculo de fantasias estavam proibidas de entrar no teatro Recreio totalmente paramentadas. Em vez disso, elas levavam seus toucados, vestidos, saltos altos e plumas à parte, para compor sua luxuosa personagem apenas quando estivessem dentro do prédio. Uma bancada de jurados, composta por Walter Pinto e outras figuras proeminentes do *show biz* brasileiro, presidia a noite.[64]

Os concursos não eram a única razão para que tantos homossexuais se aglutinassem nesses bailes. A experiência coletiva de milhares de foliões pulando no salão, cantando as mesmas marchinhas de carnaval aprendidas com seus artistas favoritos do rádio, criava um sentimento de unicidade e comunidade nesse espaço particular em que todos eram livres para agir e se vestir de modo *camp*, paquerar ou simplesmente se divertir à vontade.[65] Além do mais, a estrutura dos teatros, com múltiplas seções, era uma opção para a licenciosidade. Ângelo, que participava com frequência das festas de carnaval, relembra os bailes de travestis do começo dos anos 60: "Havia uma hierarquia da safadeza. No primeiro andar, todo mundo dançava e não passava nada. No segundo andar havia um pouco de sexo. No terceiro andar tinha um balcão e era uma orgia".[66]

Inevitavelmente, a polícia fazia prisões durante os quatro dias da libertinagem carnavalesca, e as travestis do Baile dos Enxutos e de outros bailes similares eram um alvo preferencial. Embora o comportamento erótico que ocorresse dentro do salão ou nos balcões escapasse à vigilância estrita da polícia, exibições públicas "escandalosas" podiam atrair a reação das autoridades. No baile de 1964, por exemplo, a polícia militar agredia com golpes de cassetetes quem tentasse entrar no Teatro Recreio, prendendo qualquer um que protestasse contra o abuso policial.[67] Quando os detidos eram liberados na quarta-feira de cinzas, ainda vestidos com trajes carnavalescos, muitas vezes continuavam a comemorar, improvisando um espetáculo nas escadas das delegacias de polícia. Depois que os jornais começaram a cobrir essas manifestações, o lugar passou a ser uma área de encontro popular para todos aqueles que desejavam ainda um último momento de folia antes de o carnaval terminar. A multidão se juntava para aguardar a demonstração de impudência *camp*, e àquelas pessoas a quem havia sido negado o direito de exibir suas fantasias durante os bailes de travestis era dada uma passarela em plena luz do dia e com uma festiva audiência para apreciar sua debochada apresentação. Denunciando publicamente sua detenção e brincando com a multidão, esses homens arremedavam a imagem estereotipada da travesti, transformando o lugar num palco de *performance* e provocação. Em seguida, formavam uma banda para desfilar pela cidade, chamada "O que é que eu vou dizer em casa?".[68]

O Baile dos Enxutos e os degraus em frente às delegacias de polícia não eram os únicos locais onde as "bonecas" fantasiadas mostravam sua indumentária elaborada. Travestis com roupas de mulher também desfilavam por outros pontos da cidade usando vestidos, maiôs e até biquínis para exibir-se.[69] Um popular café de rua em Copacabana, o Alcazar, tornou-se um ponto predileto para as travestis fazerem suas fantasias sofisticadas e realizarem divertidos "casamentos" com os homens presentes. As regras informais de permissividade do carnaval possibilitavam às "garotas" desbundar à vontade e expressar-se em público de um modo impensável para o resto do ano, mas às vezes a polícia também era chamada para restabelecer a "decência" e a ordem.[70] Se uma altercação começasse, as autoridades inevitavelmente punham as travestis no camburão, para cerrarem fileiras com os contingentes da "O que é que eu vou dizer em casa?" ao deixar as delegacias de polícia na quarta-feira de cinzas.

Em 1964, invadiu as paradas a marchinha "Cabeleira do Zezé", cantada por Jorge Goulart, com sua óbvia alusão à presença dos homossexuais na festa do carnaval. Nos bailes carnavalescos, depois do refrão, a multidão pulando no salão sempre acrescentava festivamente em alto bom som: "Bicha!".

> Olha a cabeleira do Zezé.
> Será que ele é? Será que ele é?
> [Bicha!][71]

Embora os foliões heterossexuais entoassem a palavra com uma conotação pejorativa, os frequentadores dos bailes carnavalescos da Praça Tiradentes gritavam a mesma coisa como uma afirmação de sua identidade sexual.[72] Os demais versos da canção diziam:

> Será que ele é bossa nova? Será que ele é Maomé?
> Parece que ele é transviado
> Mas isso eu não sei se ele é.
> Corte o cabelo dele. Corte o cabelo dele.

A letra tem duplo significado. A bossa nova estava em pleno sucesso em 1964, e o termo substantivado também era usado para se referir a um homossexual. A palavra "transviado" significa aquele que saiu ("trans") do caminho ("via"), socialmente falando. Um grande sucesso do cinema da época, estrelando James Dean, *Rebel without a cause*, foi intitulado no Brasil *Juventude transviada*, pois no começo da década de 1960 a juventude que imitava novas modas e estilos era chamada desse modo. E a palavra também joga foneticamente com os dois principais termos pejorativos para expressar homossexualidade: "viado" e "travesti". O autor da marchinha, João Roberto Kelly, foi o empresário que popularizou o espetáculo de travestis profissional *Les girls*, nesse mesmo ano. Dadas as ligações estreitas de Kelly com a subcultura homossexual do Rio de Janeiro, é uma inferência lógica que ele tenha usado intencionalmente o duplo sentido na letra. Além do mais, o cantor Jorge Goulart, embora não fosse ele mesmo homossexual, era um convidado de honra dos bailes de travestis no começo da década de 1950, e se tornara um amigo daquela subcultura.[73] Em carnavais subsequentes, a canção continuou a evocar múltiplos significados. Ela reteve seu conteúdo carregado de orgulho para os foliões gays, enquanto seguia servindo de veículo para os brasileiros que mantinham uma atitude hostil em relação à homossexualidade zombarem de homens efeminados. A canção é um sucesso até hoje nos salões e no carnaval de rua, apresentando a mesma subversão e utilização contraditória do termo pejorativo "bicha".

A apropriação homossexual do carnaval carioca

Em 1966, dois bales rivalizavam para atrair membros da elite brasileira e um crescente público internacional: o Baile dos Enxutos e o Baile das Bonecas. Ângelo Ramos, terceiro colocado no concurso de fantasias do Baile dos Enxutos, realizado nesse ano no cine São José – e não como de costume no Teatro Recreio –, lamentava que seu país natal, a Venezuela, não tivesse um baile "tão transbordante de sensibilidade".[74] O *Última Hora* publicou um anúncio de um quarto de página do Baile das Bonecas, mostrando uma figura andrógina de salto alto, meia-calça e adornos emplumados. O gesto desmunhecado enfatizava o fato de que aquele era um baile de travestis (Figura 22). Mais de seis mil pessoas foram ao baile. A imprensa também cobria a manifestação da quarta-feira de cinzas, quando a "O que é que eu vou dizer em casa?", agora somando setecentas pessoas, irrompia pelas portas das delegacias de polícia. Dezenas de fotógrafos e câmeras de cinema apontavam suas lentes para esse último espetáculo carnavalesco, "e os 'travestis', desfilando calmamente pela Presidente Vargas, a transformaram em cenário de filme de Fellini".[75] Aproveitando a presença da imprensa, "Miriam", "Elisabete" e "Betty Davis", que foram de São Paulo ao Rio especialmente para passar o carnaval, lamentaram ter gasto uma fortuna em suas fantasias, "mas a Polícia não liga pra isso e acaba levando para o Distrito as retardatárias". "Ângela" e "Sandra Dee" também reclamaram por terem sido detidas na porta do cine São José e levadas para a cadeia. Talvez, tendo chegado atrasadas, não tenham conseguido entrar no baile e causaram alguma comoção na porta. Mas é mais provável que a moralista polícia arbitrariamente cercasse essas travestis vestidas de modo despudorado e as levasse para a delegacia como um meio de inibir suas chamativas exibições em público.

O ano de 1968 foi especial para os bailes de travestis do Rio de Janeiro. Dois bailes diferentes atingiram grande sucesso durante as quatro noites do carnaval. Eles gozavam de muita popularidade e a polícia não interferia nas comemorações. A despeito do golpe militar de quatro anos antes, 1968 começou com a esperança da população de que o regime afrouxasse o controle sobre a sociedade brasileira.[76] Um repórter do *Última Hora* observou que "Os enxutos, este ano, puderam

FIGURA 22 – Anúncio do Baile das Bonecas no Rio de Janeiro, extraído de *Última Hora*, 4 fev. 1966, p.7. Ilustração: cortesia Acervo *Última Hora*, Rio de Janeiro, Arquivo do Estado de São Paulo.

brincar em todos os bailes. Em um sinal dos tempos, pela primeira vez, houve realmente liberdade".[77] De modo significativo, Soares, uma travesti seis vezes premiada com o primeiro lugar, organizou seu próprio evento nesse ano, que se tornaria o primeiro baile de travestis organizado por enxutos. Soares orgulhosamente observou que seus amigos poderiam frequentar livremente as festas no Copacabana Palace, no Teatro Municipal e no Canecão, lugares onde no passado as travestis não eram aceitas: "Passamos o ano inteiro fazendo '*shows*' de 'travestis'; podemos dizer que, atualmente, não há mais vedetes mulheres, só homens; Rogéria é estrela de Carlos Machado. Isso não deixa de ser um avanço. No próximo ano, esperamos que, além do Recreio e S. José, sejam em maior número nos bailes dedicados aos 'enxutos'. Para isso estamos trabalhando firmemente".[78] A tolerância social que se refletia no aumento do número de travestis, que poderiam agora ir confortavelmente aos principais bailes de carnaval, estava ligada em parte a uma abertura geral da sociedade brasileira em 1968. Ao mesmo tempo que travestis como Rogéria e Valéria encabeçavam elencos nos teatros de revista e trabalhavam em clubes noturnos de alta classe, muitos segmentos da sociedade começavam a questionar a ditadura militar. Os estudantes protestavam contra a política em geral; os artistas e os escritores desafiavam a censura; correntes culturais e musicais dentro e fora do país encorajavam o surgimento de movimentos contraculturais como o tropicalismo, imbuído de rebeldia contra o autoritarismo. Em grande parte daquele ano, o regime parecia estar com os dias contados.

Uma mudança temporária para pior

No fim de 1968, os militares reagiram às mobilizações sociais maciças daquele ano baixando o AI-5, que fechava o Congresso e silenciava toda voz dissidente com a censura dos meios de comunicação, a cassação de mandatos e direitos civis e até a tortura. Códigos morais estritos acompanharam as políticas sociais do novo governo Médici. Isso afetava exibições públicas de homossexualidade e especialmente os bailes voltados à comunidade homossexual. Estes eram realizados, mas seus organizadores tinham de caracterizá-los muito mais discretamente. Como resultado, nem a *Manchete* nem o *Última Hora*, que haviam dado uma cobertura favorável aos bailes em anos recentes, os mencionaram em suas reportagens sobre os carnavais de 1969 e 1970. Os anúncios que apareceram em 1969 para os bailes no Teatro Rival mostravam apenas as dançarinas usadas nos anúncios do Baile dos

Enxutos na década precedente, enquanto o título do baile era omitido na publicidade.[79] Aqueles que haviam sempre frequentado os bailes podiam descobrir quando e onde eles seriam realizados ao reconhecer a mesma programação visual do anúncio, mas a censura e a autocensura eliminaram quaisquer referências escritas aos termos "bonecas" e "enxutos".

As novas políticas do governo não visavam apenas aos bailes de travestis. Os censores federais também intervieram em um dos mais importantes bailes da elite carioca, realizado no Copacabana Palace. Segundo a imprensa estrangeira, que publicava notícias que permaneciam inéditas no Brasil, menos de 24 horas antes que o Gala fosse programado para ocorrer, funcionários do governo "ordenaram que se cobrissem 240 cartazes ilustrando o motivo do baile – um casal de jovens fazendo amor".[80] Para evitar o cancelamento da festa, os organizadores tiveram de colar discos de papel negro sobre as partes da ilustração que ofendiam os censores do governo. Além do mais, em 12 de fevereiro de 1970, o governo militar lançou um novo edital decretando a censura prévia da imprensa. O artigo primeiro do decreto estabelecia claramente as novas diretrizes: "A distribuição de livros e periódicos no território nacional será subordinada à verificação prévia da existência de material ofensivo à decência e ao pudor".[81] A vigilância do governo sobre toda a mídia impressa desencorajou qualquer cobertura de eventos que pudessem ser considerados ofensivos às noções gerais de decência.

Em 1971, como resultado da política do novo governo que proibia explicitamente a participação de travestis nos eventos carnavalescos, os organizadores das festas barravam muitas delas nas portas dos bailes. Ao explicar o banimento de travestis e de seus bailes, Edgar Façanha, diretor da Divisão de Censura e Entretenimento Público, deixou clara a posição do governo: "Os homossexuais não podem ser proibidos de entrar nos bailes públicos, desde que se comportem convenientemente". Ele admitia que as novas restrições sobre as festividades carnavalescas eram na verdade destinadas a acabar com os bailes de travestis: "O propósito policial é apenas o de não permitir os bailes exclusivos para travestis, seja qual for o nome desses bailes ou o local para a sua realização".[82] Em outras palavras, o governo reconhecia que proibir a homossexualidade em todos os níveis da sociedade era impossível. Em vez disso, ele optou por concentrar suas forças na erradicação de qualquer manifestação pública visível de modos efeminados, como simbolizadas nas *performances* das travestis durante o carnaval. Presumivelmente, o comportamento homossexual discreto era tolerado, enquanto extravagantes desvios de gênero em público não.

A política moralista das autoridades não parava na proibição dos bailes de travestis. Também foram cancelados os luxuosos concursos de fantasias masculinas que tinham lugar no Teatro Municipal. Essa proibição estava diretamente ligada à restrição de outras manifestações públicas "impróprias" de homossexualidade. Uma jornalista enviou um telex à revista *Veja* explicando a situação: "A proibição do desfile de fantasias masculinas no Baile do Teatro Municipal está estritamente ligada à mesma política que afastou os homossexuais da televisão. É uma medida de pressão que vem de altas esferas governamentais. Esse é um fato facilmente apurável, com que todos concordam, mas que nenhuma autoridade tem a coragem de assumir. Ninguém, evidentemente, diz que cedeu à pressão".[83] Supostamente, ao filmar os concorrentes que eram tidos de forma inconteste como enxutos, a cobertura de TV do evento estaria promovendo a homossexualidade. Muitos meses depois o governou voltou atrás em sua decisão de proibir os bailes de travestis, mas não recuou em sua resolução de cancelar o luxuoso concurso de fantasias patrocinado pelo governo no Teatro Municipal.[84] O diretor da Divisão de Censura e Entretenimento deixou claro que o recuo da posição do governo em relação aos bailes de travestis era para impedi-las de se espalharem pelos demais clubes carnavalescos da cidade, dificultando seu controle por parte das autoridades.[85] As "bonecas" reagiram promovendo o que foi noticiado como o baile de travestis mais devasso da história, com "as meninas" pondo para fora os peitos inchados de hormônios.[86]

Em 1974, à medida que o novo governo do general Geisel iniciava o processo de abertura política "lenta, gradual e segura", as *bonecas* e os bailes de travestis voltaram a tomar conta da cena do carnaval. Liza Minelli, então no auge do sucesso e uma celebridade internacional, foi a um desses bailes, dando-lhes ainda mais prestígio.[87] Dois anos depois, em 1976, mais de três mil foliões estiveram presentes ao maior baile de travestis daquele carnaval, deixando centenas do lado de fora esperando em vão tomar parte na folia. Entre os que esperavam por uma brecha estava ninguém menos do que Raquel Welsh, que acabou conseguindo dar um jeito de entrar. Não seria absurdo imaginar que talvez ela tivesse sido barrada por se confundir facilmente com a multidão de sinuosas bonecas...[88] Em meados dos anos 70, esses bailes tornaram-se uma festa permanente a integrar o carnaval carioca.[89] Inúmeros deles se mudaram para novos locais, para teatros e clubes noturnos de alto nível, longe da agora decadente Praça Tiradentes, que fora engolida pela deterioração urbana. Algumas travestis também contribuíram com um toque *camp* para a Banda de Ipanema, que desfilava pelo sofisticado e charmoso bairro à beira-mar, enquanto outras participavam do Baile da Paulistinha, um carnaval de rua na Lapa.[90]

Como resultado da publicidade cada vez maior dos bailes de travestis, a imagem dos homossexuais entre o grande público ficou intimamente associada às travestis do carnaval. Os leitores das grandes revistas e jornais estavam agora acostumados a ver retratos de homens efeminados vestidos com exuberância nas festas carnavalescas, mesmo quando a maioria dos que frequentavam os bailes de travestis usava trajes masculinos tradicionais. Para muitos brasileiros, homossexuais eram homens de peruca que se fantasiavam com plumas e paetês para fazer sua entrada triunfal no Baile dos Enxutos ou no Baile das Bonecas. Às palavras "viado" e "bicha", as preferidas para se referir ofensivamente aos homossexuais, vinham se juntar os termos "travesti", "boneca" e "enxuto". Embora a visibilidade produzisse familiaridade e um certo grau de tolerância social, o travestismo e sua associação com a homossexualidade ficaram sedimentados na mente das pessoas como apenas mais um divertido espetáculo na festa do carnaval – ainda que fosse um espetáculo de destaque, e que viera para ficar.

O circuito anual do travestismo

Os bailes de carnaval não eram os únicos eventos a popularizar a associação entre homossexualidade e homens que apareciam em público vestidos de mulher. Em 1963, Jacqueline Deufresnoy, uma vedete francesa que realizara a redesignação sexual depois de trabalhar como travesti com o nome artístico de Coccinelli, chegou ao Rio de Janeiro. A imprensa carioca divulgou a notícia de que Coccinelli – uma loira exuberante coberta apenas por um biquíni – fora anteriormente Jacques Charles, um recruta do exército francês na guerra da Argélia. Agora, ela encarnava o ideal de sensualidade e beleza femininas. Enquanto estava no Rio, Coccinelli provocou os jornalistas tomando banho de sol no Copacabana Palace e informando-os de que iria se apresentar no espetáculo de Carlos Machado, onde receberia um cachê de dez mil dólares para dançar, cantar e fazer um *strip-tease*.[91] A imprensa machista tratou Coccinelli como uma "mulher de verdade" porque ela se adequava de modo muito próximo à imagem da mulher perfeita das fantasias masculinas tradicionais: era "enxuta", insinuante, sensual – e até maternal. Acompanhada de seu marido, ela se queixava aos repórteres: "Meu sonho é ser mãe. É o que me falta para ser uma mulher realmente feliz. Tenho fama e fortuna; quero agora um filho".[92] Na matéria de primeira página sobre a visita de Coccinelli ao Rio de Janeiro podia-se ler nas entrelinhas uma mensagem subentendida: as travestis, e por extensão todos os homossexuais, incluindo transexuais, podem ser tolerados se estiverem de acordo com os estereótipos masculinos da mulher com as marcas de gênero apropriadas. Na medida em que a pessoa em questão fosse uma mulher *sexy*, glamorosa e sofisticada que aspirasse ganhar respeitabilidade heterossexual, ela poderia ser acolhida no seio da sociedade brasileira.

Logo após Coccinelli catalisar a imaginação da imprensa e do público, o Brasil produziu suas próprias Coccinellis, à medida que os *shows* de travestis deixavam os clubes noturnos gays para ganhar os palcos dos principais teatros. As estrelas de meados da década de 1960 não tinham de passar por redesignação sexual para despertar a curiosidade e ganhar fama. Suas apresentações, diretamente influenciadas pelos bailes de travestis do carnaval, proporcionavam mais uma oportunidade para o contato entre a subcultura homossexual e o público mais amplo. Ao ocupar um espaço único na cultura popular urbana, posteriormente reforçaram a imagem tradicional dos homossexuais como homens efeminados que desejavam se vestir de mulher, talvez até para se tornarem uma. Porém, como as travestis do carnaval, essas artistas conquistaram uma tolerância benévola do público maior do que a que era concedida a homens efeminados no dia a dia.

No começo de 1964, o Stop, um dos poucos clubes noturnos gays do Rio de Janeiro, apresentou um *show* intitulado *The International Set*, estrelando travestis que ficaram famosas nos bailes carnavalescos. O Stop ficava na Galeria Alasca, em Copacabana, um local que havia se transformado em ponto de encontro de homossexuais. Ao contrário dos *shows* de travestis realizados em bares gays no começo da década de 1960, quando aspirantes a estrelas vestidos com *glamour* cantavam em *playback* imitando divas famosas, essas produções eram mais profissionais. Elas atraíam um público de classe alta e recebiam cobertura da imprensa.[93] *Les girls*, o segundo espetáculo realizado no Stop no fim daquele ano, tornou-se uma sensação da noite carioca. O enredo de *Les girls* era simples. A ação se passava no consultório de um psiquiatra, que ouvia os problemas de belas mulheres que eram, é óbvio, travestis. Entre uma cena e outra, o público testemunhava a transformação do enfermeiro José Maria em Maria José. O elenco cantava, dançava e desfilava com fantasias elegantes. As travestis assumiam seus papéis de mulher com perfeição, e a metamorfose de José Maria declarava o desejo dos homens de se vestir como mulheres. *Les girls* circulou por clubes em São Paulo e acabou viajando até para o Uruguai. Do mesmo modo que uma audiência não gay visitara a Praça Tiradentes para ver os bailes de travestis no carnaval, agora quem se interessava em ver esses novos *shows* ia para o principal ponto de encontro homossexual de Copacabana. Como escreveu um repórter: "O sucesso foi tanto que em pouco menos de três meses 'elas' modificaram todo o guarda-roupa (o fim é um autêntico desfile de modas, e dos melhores) e acrescentaram números novos, arrancando sempre aplausos incessantes do público, que está perdendo aos poucos o medo da Galeria Alasca. A casa tem estado lotada".[94] Segundo pessoas que tiveram a oportunidade de ver o espetáculo, ele rivalizava com as superproduções voltadas para o mercado turístico internacional no Rio de Janeiro.[95]

Entre 1965 e 1967, houve uma explosão desses espetáculos, os quais ocorriam o ano inteiro. (Como pudemos perceber, essa expansão ocorreu enquanto o governo militar consolidava a ditadura no país. Contudo, até 1969, as Forças Armadas pareciam mais interessadas em eliminar a oposição política ao regime do que em controlar manifestações públicas de homossexualidade.) A maioria dos espetáculos de travestis durante esse período era realizada no bairro dos teatros, na Praça Tiradentes, junto com as produções de rebolados e as audaciosas revistas, tão populares na época. Eles também eram encenados em locais similares em São Paulo e outras cidades importantes por todo o país. Algumas produções eram montadas exclusivamente em torno de um elenco elegante de transformistas, enquanto outras apresentavam *performances* de travestis como parte do espetáculo. Com títulos como *Bonecas de minissaia* e *Les girls em alta tensão* (ambos em 1967), esses *shows* refletiam as mudanças na moda e costumes sexuais do período. Os nomes de outros espetáculos, como *Boas em liquidação* (1965), *Bonecas na quarta dimensão* (1965) e *Agora é que são elas* (1967), punham em relevo o ineditismo dessas produções teatrais.[96]

Homens vestidos com roupas de mulher nos palcos brasileiros não eram novidade. Desde a virada do século, a maioria das revistas apresentava ao menos um esquete em que um ator se travestia. Estrelas dos teatros e das telas, como Grande Otelo, Oscarito e Colé, invariavelmente usavam saias e perucas para obter efeitos cômicos.[97] Nos anos 30, Madame Satã tentou empreender uma carreira nos palcos atuando como mulher. Na década de 1940, Carlos Gil arrancava gargalhadas do público com suas imitações debochadas de Carmen Miranda e outras artistas famosas em pequenos teatros em Copacabana e na Praça Tiradentes. Um ressurgimento do teatro de revista na Praça Tiradentes nos anos 50 deu continuidade à tradição (Figura 23). A novidade, em meados da década de 1960, era a aparição de homens como mulheres belas e elegantes, e não como meras paródias cômicas do sexo oposto. As novas coristas do sexo masculino davam a impressão de serem "mais femininas" do que as próprias divas. Rogéria, uma estrela desses espetáculos de travestis, personificava o novo estilo de se apresentar. Ela se tornou uma celebridade internacional e seu nome figuraria como a atração principal em clubes noturnos parisienses. Sua carreira simboliza os caminhos pelos quais o ser travesti e os conceitos de gênero específicos da subcultura homossexual do Brasil se estenderam para além dos bailes de travestis e dos clubes gays noturnos para atingir um novo público.[98]

FIGURA 23 – Travestis num musical do teatro de revista nos anos 50. Foto: cortesia do banco de imagens AEL/Unicamp.

Rogéria nasceu em algum momento entre 1943 e 1946, como Astolfo Barroso Pinto.[99] Ainda bem jovem, ele descobriu a subcultura homossexual da Cinelândia: "Toda boneca faz seu *début* e eu para não fugir à regra também fiz o meu, porém na Cinelândia, e confesso que não me arrependo, pois lá perdi todos os meus recalques e fiz tudo que sempre tive vontade de fazer. A Cinelândia não era tão ruim assim, tinha mais era fama, muita gente boa de Copacabana vinha dar suas badaladinhas na surdina, pois sabiam que lá encontrariam o que cada dia que passa mais escasseia: HOMEM".[100]

Quando estava com 16 anos, Astolfo foi ao Teatro República, próximo à Praça Tiradentes, para ver a entrada triunfal das travestis nos bailes carnavalescos. "Vi a Sophia chegar; estava linda, e como fechava, como era aplaudida. Pensei comigo mesma: 'Será que um dia conseguirei fazer tanto sucesso quanto ela?'."[101] Como Astolfo era menor de idade, não pôde entrar no teatro nesse ano, mas nos carnavais seguintes ele se transformou, de um jovem maquiador cheio de espinhas que trabalhava por um salário mínimo numa rede de TV local, em Rogéria, a glamorosa rainha do carnaval carioca. Como resultado do novo e popular visual de Rogéria, ela foi convidada para se juntar a um *show* de travestis, e a partir daí foi apenas um passo para chegar ao Stop, em 1964. "No primeiro *show* que fiz, eu explorava muito aquele negócio de transformista. Um boa peruca, pernas de fora e pronto."[102] Depois de fazer uma turnê com o *Les girls* pelo Brasil, apresentou-se nas ricas produções no estilo Las Vegas de Carlos Machado. Cumprindo uma agenda lotada de *shows* em clubes noturnos e bares gays, ela viajou para Luanda, em Angola. Após mais de um ano circulando em apresentações pela África, Rogéria foi para Barcelona, onde esteve com Coccinelli, que conhecera no Rio de Janeiro. Com uma carta de recomendação na mão, foi para Paris, onde finalmente atingiu o estrelato no clube Carrousel. Em 1973, regressou ao Brasil com o *status* de estrela internacional.[103]

Segundo Rogéria, não demorou muito para sua família aceitar sua transformação. Ela conta qual foi a reação de sua mãe: "Teve uma época em que eu comecei a dizer: 'Mamãe, a vida mudou. Eu agora levanto, durmo, visto, me penteio como mulher'. Mamãe entendeu mal, pensou que eu tivesse operado. Começou a escrever: 'Minha filha, por que não me disseste antes?'. 'Mas mamãe, não tem nada operado'. Eu só acrescentei: 'O dia que eu operar a senhora estará à minha cabeceira'. Porque a gente passou por problemas terríveis, seriíssimos. Mas mesmo assim sou uma mulher, interiormente, mentalmente, e quero que me chamem de ELA. E nos dois primeiros dias que cheguei, minha mãe ficou entre o ele e o ela. Até que um dia fez uma travessia na barca entre Rio-Niterói comigo. A partir desse dia em que ela viu que os caras me olhavam com admiração por ser uma mulher, ganhou o ela".[104]

O sucesso de Rogéria estava baseado na habilidade de se adequar aos padrões ideais de beleza e sedução femininos. Ela conta este pequeno episódio sobre seu avô: "Mas a coisa mais genial é meu avô, que tem quase 90 anos. Quando eu entrei, ele levou um susto, viu aquela lourona entrar de óculos escuros, muito felina, né? Porque ele tem o meu nome, ele se chama Astolfo Barroso. Olha para mim e fala: 'Agora já não é mais meu neto, agora já tenho uma bela neta'".[105] Se Rogéria está tentando construir o próprio mito ou se está contando de modo acurado como sua família aceitou afetuosamente a nova filha e neta saída do casulo, não tem importância. O significado de suas histórias reside na maneira pela qual a travesti ganhou legitimidade social e familiar: foi sua beleza, *glamour* e sensualidade que levaram sua mãe e seu avô a aceitá-la. Segundo sua própria maneira de ver as coisas, é provável que se Rogéria fosse feia, desajeitada e malsucedida artisticamente, a reação da família teria sido menos tolerante. Mas outros motivos também podem estar em jogo. Alcir Lenharo observou que muitos brasileiros aceitam a homossexualidade de parentes se estes dão apoio financeiro significativo a suas famílias. As histórias de vida de homossexuais e travestis publicadas em jornais e revistas confirmam essa relação entre a tolerância relutante de um filho efeminado ou travesti e a contribuição financeira que eles dão aos parentes.[106]

Jovens como Astolfo, que reformularam o gênero de sua identidade e criaram personagens como Rogéria (e até conseguiram obter sustento de sua transformação), fizeram tal coisa visando ajustar-se às noções tradicionais de feminilidade. As travestis que frequentavam o Baile dos Enxutos, bem como aquelas que faziam *shows*, como Rogéria, associavam *glamour*, sedução feminina, corpos esculturais e rostos cuidadosamente maquiados aos seus desejos sexuais. Na tentativa de criar representações do ideal feminino, elas encarnavam, e às vezes até exageravam, os estereótipos associados com o gênero que adotavam.

Embora apenas uma minoria dos homossexuais brasileiros se travestisse durante o carnaval ou para se divertir na intimidade de festas particulares, o recente destaque obtido pelas travestis no mundo do entretenimento gerou um tremendo orgulho para muitos que eram parte da subcultura homossexual do Rio de Janeiro. Os homossexuais que se autoidentificavam como bonecas viam nessas travestis famosas os exemplos a serem seguidos. Os leitores e colaboradores de *O Snob*, por exemplo, podiam acompanhar as carreiras em ascensão de diferentes travestis. O jornal publicava entrevistas "exclusivas" com Rogéria, Marquesa e Soares, três das mais proeminentes travestis cariocas da época.[107] *O Snob* também cobria os *shows* de travestis. Certo número orgulhosamente informava os leitores de que Marquesa enviara ao jornal um programa do espetáculo *Les girls*, então fazendo uma turnê pelo Uruguai, além de um cartão-postal, dizendo: "Eu estou agora em Montevidéu depois de uma temporada gloriosa em Punta del Este. O *show* tem agradado bastante e lotamos diariamente tanto o teatro como a boate. O *Snob* aqui chegou, graças à boa vontade de Manequim, e assim eu pude (aliás todas nós) matar as saudades do Rio que são enormes. Espero que você esteja gozando de uma boa saúde e óbvio, cheia de bofes. Aceite daqui um forte abraço da amiga. Marquesa". Assim, mesmo quando as bonecas de *O Snob* elogiavam as bem-sucedidas carreiras das transformistas que haviam ido parar no *show biz*, as estrelas não esqueciam aquelas que as haviam apoiado. Marquesa louvava o jornal por seus esforços de noticiar a vida gay no Brasil: "Durante todo o tempo em que estive fora estava também a par das fofocas do Rio através do *Snob* e aproveitei para apresentá-lo às bonecas uruguaias, que acharam genial a ideia de lançar um jornal entendido".[108]

Em 1969, a popularidade dos *shows* de travestis já não era mais a mesma, e o número de produções começou a cair. Além do mais, a ideologia moralista do governo Médici desencorajava essas apresentações ultrajantes, e, de fato, os militares aumentaram o campo de atuação da censura para abarcar peças de teatro que lidassem com a homossexualidade. No entanto, um outro fenômeno se multiplicava pelas ruas do Rio e de São Paulo à medida que mais e mais travestis passaram a trabalhar na prostituição. Enquanto na década de 1960 as travestis podiam ser vistas apenas durante o carnaval ou nos espaços fechados dos clubes gays e dos *shows* de travestis, os anos 70 assistiram a uma proliferação acelerada de travestis pelas calçadas do Rio, de São Paulo e de outras cidades grandes, vendendo o corpo em troca de dinheiro. A promoção das transformistas na imprensa, a maior exposição das travestis durante o carnaval, o visual andrógino que alguns *popstars* introduziram na moda e nos costumes brasileiros e um abrandamento generalizado dos rígidos códigos de vestimenta e comportamento haviam criado uma nova atmosfera. O travestismo em público em qualquer época do ano, embora não aceito, tornou-se muito mais comum.

Desfiles de escolas de samba

Em 31 de dezembro de 1968, numa edição de *O Snob*, um colunista discutia os planos para o ano seguinte. Em vez de sugerir o ritual comum em fevereiro, de frequentar um dos bailes de travestis, ele propunha novas alternativas: "E o carnaval, gente, como será: parece que este ano, o melhor negócio é ou ir para fora ou sair numa escola de samba".[109] As proibições contra o travestismo recém-decretadas pelo governo coincidiam com um novo fenômeno nas atividades de carnaval. Desde o início ou pelo menos a partir de meados da década de 1960, as escolas de samba, compostas na maioria pelo povo pobre dos morros e suas redondezas, vinham sendo inundadas de gente da classe média que queria desfilar.[110] As bonecas se juntaram a esse movimento e participavam entusiasticamente dos projetos e execução de fantasias e carros alegóricos. Isso não quer dizer que "bichas" de origem mais humilde, e até de classe média, não integrassem as produções das escolas de samba antes dessa década, mas uma série de fatores aumentou sua participação nessas atividades de carnaval. Ângelo, um homossexual que passou a desfilar em uma escola de samba no fim dos anos 60, explicou por que tantos bichas iam atrás das escolas para curtir a folia: "Era coisa de fantasia, deslumbre, brilho, alegria que nascia dentro da gente".[111] Para muitos homossexuais, o desfile pela avenida tornou-se uma das inúmeras atividades carnavalescas nas quais eles se engajavam nos três dias da festa. Um roteiro comum era: desfilar com a escola em um dos dias, ir ao menos a um baile de travestis, tomar parte da alegria despreocupada do carnaval de rua e juntar-se a uma banda qualquer.[112]

A mercantilização dos desfiles de escolas de samba no fim dos anos 60 e no começo dos 70, fomentada pela cobertura da TV em cores e do mercado turístico internacional, estimulou as produções cada vez mais aparatosas.[113] Os homossexuais participavam ativamente de todos os aspectos do desfile, desde a criação dos espetaculares efeitos visuais destinados a hipnotizar o público até a participação em alguma ala vestidos com luxuosas fantasias.[114] Ramalhete apontou a divisão do trabalho dentro de uma escola de samba: "O presidente da escola de samba é macho. Quem faz o enredo, a maioria é gay. Ele faz o visual, o enredo, o cenário, as fantasias. O macho é quem faz o carro alegórico, quem bate o martelo é macho. O gay chega lá para dar as ideias, montar tudo, fazer as coisas no mínimo detalhe. Muitos homens trabalham de carpinteiro, mas a orientação é gay".[115] Ângelo e João Batista, que acompanharam de perto as mudanças nos desfiles das escolas de samba nas décadas de 1960 e 1970, fazem coro às observações de Ramalhete acerca da "homossexualização" do carnaval. Ambos citam o exemplo de Joãosinho Trinta, cujas famosas produções já lhe renderam tantos primeiros lugares desde os anos 70. "Ele é um gay assumido, e sem dúvida, trouxe a sua sensibilidade e o seu lado feminino ao carnaval", observou João Batista.[116]

Embora Ângelo, João Batista e Ramalhete tenham citado lugares comuns a respeito da homossexualidade ao dotá-la de uma sensibilidade criativa e artística inata, suas observações sobre a proliferação de homossexuais na produção do desfile das escolas de samba são ainda pertinentes. À medida que a competição anual exigia maiores quantidades de brilhos, cores vibrantes e ostentações luxuosas, muitos homossexuais que haviam quebrado os antigos tabus sociais que proibiam homens de usar fantasias flamejantes passaram a figurar como destaques. Clóvis Bornay e outros pavões premiados nos concursos de fantasias masculinas do Teatro Municipal subiram no topo dos carros alegóricos paramentados em todo seu esplendor. A eles se juntariam travestis que haviam atingido o estrelato, superando-se uns aos outros para ocupar o lugar da rainha do carnaval.[117] Os padrões estéticos estabelecidos pelas travestis do Baile dos Enxutos e por homossexuais mais discretos em luxuosos concursos de fantasias tornaram-se a norma para as bem-sucedidas produções das escolas de samba.

Na década de 1970, o espaço dos "bichas" e "bonecas" no carnaval estava assegurado. Desde a furtiva ocupação dos bailes de máscaras até a criação de seu próprio espaço no Baile dos Enxutos e a participação no projeto e orquestração dos internacionalmente famosos desfiles das escolas de samba, os homossexuais moldaram e defenderam sua posição nas comemorações carnavalescas. Como vimos, o processo de vencer a oposição a sua participação nas festas não foi fácil. Ele se apoiava em grande parte no espírito *camp* e na determinação das "bonecas", que insistiam em seu papel legítimo dentro do carnaval. Sua capacidade de zombar do tratamento dispensado pela polícia, formando a banda "O que é que eu vou dizer em casa?" em plena porta da delegacia na quarta-feira de cinzas, transformou uma desagradável experiência de detenção num momento de deboche. Talvez isso não tenha significado um afrouxamento do controle do governo sobre as atividades do carnaval, mas consistiu numa resistência incomparável aos paradigmas hegemônicos. Ao abrir brechas nas normas tradicionais de respeitabilidade por meio do comportamento provocador e bem-humorado, os foliões homossexuais também ampliaram as noções culturais das normas de feminilidade e masculinidade. E, acima de tudo, sua contribuição com as fantasias luxuosas e extravagantes, os carros alegóricos e as decorações para compor o cenário do carnaval transformaram o espetáculo. Embora não seja possível atribuir todas as mudanças nos desfiles das escolas de samba ocorridas na década de 1970 às pessoas que apreciavam a proximidade com a subcultura homossexual, as conexões e influências de diretores artísticos gays, estilistas de fantasias e artistas visuais permanecem visíveis no rico espetáculo. Aspectos do sentimento *camp* foram totalmente integrados ao conteúdo do desfile. Os pavões do Baile dos Enxutos, antes ridicularizados e desprezados, acabaram simbolizando um aspecto importante da experiência carnavalesca carioca. O lugar proeminente por eles ocupado em alguns bailes de carnaval e na folia de rua – como a Banda Carmen Miranda –, bem como sua participação central nos desfiles das escolas de samba fizeram do carnaval carioca o sinal mais visível da vida gay no Rio de Janeiro. E essa apropriação de determinados setores do carnaval carioca, por sua vez, tem tido um impacto sobre as vidas de muitos homossexuais cariocas durante todo o ano.

Notas

1 Gibson, *Rio de Janeiro*, 1937, p.x-xi.

2 Whitaker et al. "Estudo biográfico dos homossexuais (pederastas passivos) da capital de São Paulo. Aspectos da sua atividade social (São Paulo), costumes, hábitos, 'apelidos', 'gíria'", 1938-1939, p.53.

3 Bakhtin, *Cultura popular na Idade Média e no Renascimento*: o contexto de François Rabelais, 1993. Da Matta desenvolveu sua análise do carnaval brasileiro em diferentes livros e artigos, entre eles: "O carnaval como um rito de passagem", 1973, p.121-68; *Carnavais, malandros e heróis*: para uma sociologia do dilema brasileiro, 1997; *Universo do carnaval*: imagens e reflexões, 1981; "Carnival in Multiple Planes", 1984, p.208-40; "*Carnival* as a Cultural Problem: Towards a Theory of Formal Events and their Magic", 1986.

4 Turner apresenta argumento similar em "Carnaval in Rio: Dionysian Drama in an Industrializing Society", 1986, p.123-38.

5 Graham em *Criadas e seus patrões no Rio de Janeiro (1860-1910)*, 1992.

6 Cunha, "E viva o Zé Pereira! O Carnaval carioca como teatro de conflitos (1880-1920)", 1997, p.20.
7 Kay Francis, entrevistado pelo autor, 3.11.1994.
8 Bergman (Ed.) *Camp Grounds*: Style and Homosexuality, 1993, p.4-5.
9 Gil-Montero, *Brazilian Bombshell*: The Biography of Carmen Miranda, 1989, p.152-3.
10 Para a melhor história geral do carnaval no Rio de Janeiro, ver Moraes, *História do carnaval carioca*, 1987. Ver, também, Queiroz, *Carnaval brasileiro*: o vivido e o mito, 1992.
11 "Do entrudo à passarela, 419 anos de folia", *O Globo*, 8 out. 1989, p.22. Linhares, "O carnaval de antigamente (primeira parte): há quatro séculos nascia o gosto brasileiro pelas folias", *Estado de Minas*, 30 jan. 1986, p.8.
12 Oliveira, "O carnaval começou com um rei para acabar na rua", *Folha de S.Paulo*, 23 fev. 1979, p.39.
13 A Comissão de Turismo começou a distribuir prêmios pelas melhores fantasias em 1935. Clóvis Bornay, entrevistado pelo autor, 25.5.1995.
14 Edmundo, *O Rio de Janeiro do meu tempo*, 1938, p.779-825. Moraes, *História do carnaval carioca*, p.113, 124-7.
15 Oliveira, "O Carnaval começou com um rei", p.39. O refrão desse samba composto por Donga (Ernesto dos Santos) já ironizava a corrupção das autoridades: "O chefe de Polícia / Pelo telefone / Manda avisar / Que na Carioca / Tem uma roleta / Para se jogar...".
16 Carneiro, *A sabedoria popular*, 1957, p.113-22.
17 Gardel, *Escolas de samba*: An Affectionate Descriptive Account of the Carnival Guilds of Rio de Janeiro, 1967, p.73-85.
18 Para um retrato apaixonante do carnaval moderno no Brasil, ver Guillermoprieto, *Samba*, 1991.
19 Jota Efegê, *Figuras e coisas do carnaval carioca*, 1982, p.87-8.
20 Madame Satã, "Madame Satã", *O Pasquim*, n.95, 29 maio-5 abr. 1971, p.3.
21 Ibidem. Em entrevista a *O Pasquim*, em 1971, Madame Satã se referia a si mesmo como "viado", uma forma de esvaziar a palavra de seu conteúdo pejorativo, adotando-a como identidade política ou social.
22 Figueiredo, *Cordão do Bola Preta*: boêmia carioca, 1966, p.26, 73. O cordão do Bola Preta é um dos grupos carnavalescos tradicionais do Rio de Janeiro. Fundado por um grupo de boêmios cariocas em 1918, começava a folia aos sábados pela manhã. O cordão do Bola Preta acabou se transformando em clube, com es-

tatuto próprio, centro administrativo e um corpo de diretores responsáveis pela organização de eventos ao longo do ano. A história desse bloco carnavalesco, escrita por um antigo membro, é uma coletânea de memórias dos tempos dourados da participação de seus membros na folia.

23 Viveiros de Castro, *Attentados ao pudor*, 1934, p.221-2.

24 Paezzo, *Memórias de Madame Satã*: conforme narração a Sylvan Paezzo, 1972, p.59.

25 *Jornal do Brasil*, 4 mar. 1938, p.13.

26 Evidências indiretas ligam homossexualidade e os teatros em torno da Praça Tiradentes. Segundo Nestor de Holanda, a palavra "bói" era uma gíria utilizada para se referir a homossexuais. Derivada do inglês (*boy*), vem do fato de que a maioria dos membros masculinos dos elencos das revistas da Praça Tiradentes eram homossexuais. Holanda, *Memórias do café Nice*: subterrâneos da música popular e da vida boêmia do Rio de Janeiro, 1970, p.38.

27 Veneziano, *O teatro de revista no Brasil*: dramaturgia e convenções, 1991, p.50-1; Lenharo, *Cantores do rádio*: a trajetória de Nora Ney e Jorge Goulart e o meio artístico de seu tempo, 1995, p.49.

28 O baile ocorreu no Teatro João Caetano, em frente à Praça Tiradentes. "A antiga lenda é revivida por muitos, todos os anos no João Caetano", *Manchete*, n.306, 1º mar. 1958, p.26.

29 Nos anos 50 e 60, a palavra travesti significava unicamente uma pessoa designada como homem ao nascer que escolhia se apresentar como mulher, ou, como se entendia à época, um homem vestido com roupa de mulher, sem a conotação de uma pessoa que trabalhava como profissional do sexo.

30 Rocha, entrevistado pelo autor, 2.11.1994; Miranda, entrevista gravada com o autor, Rio de Janeiro, 10.11.1994.

31 Uma pesquisa realizada nos arquivos da revista *Manchete* entre 1952 e 1969 revelou essa dissonância entre as imagens publicadas no semanário e a realidade dos salões. Em sua pauta, os editores preferiam incluir imagens de homens vestidos de mulher, mas as fotografias tiradas dentro dos teatros revelam que a maior parte dos foliões, quase todos homens, usava roupas masculinas.

32 Newlands, "Elvira Pagã, a primeira Rainha do Carnaval", *Jornal do Brasil*, 15 jan. 1984, p.4.

33 "A antiga lenda é revivida por muitos...", *Manchete*, 1958, p.26.

34 *Jornal do Brasil*, 4 mar. 1938, p.13. A legenda diz: "Outro rancho: o 'Quem são Eles?'".

35 Barros, "As 'falsas baianas' do carnaval carioca", *Última Hora*, 14 fev. 1953, p.8.

36 Ver Moraes, *História do carnaval carioca*, p.243-55.
37 Barros, "As 'falsas baianas' do carnaval carioca", p.8.
38 Ibidem.
39 Rodrigues, entrevistado pelo autor, 25.4.1995.
40 Roberto, "Noite dos Artistas: 4.000 pessoas brincando", *Manchete*, n.44, 21 fev. 1953, p.36-7.
41 "Desfile de fantasias no Baile dos Artistas", *Manchete*, n.98, 6 mar. 1954, p.35.
42 "A antiga lenda é revivida por muitos...", *Manchete*, 1958, p.26.
43 Freitas, "A extravagante exibição do João Caetano", *Manchete*, n.201, 25 fev. 1956, p.28.
44 Lispector, "Clóvis Bornay", *Manchete*, n.879, 22 fev. 1969, p.48-9.
45 Ibidem, p.49.
46 Ibidem, p.37.
47 "Aelson, o costureiro do carnaval", *Manchete*, n.202, 3 mar. 1956, p.32.
48 Em 1966, Agildo Guimarães, escrevendo sobre as "elites do mundo entendido", comentava sobre uma sessão experimentando trajes no Golden Room do Copacabana Palace, onde ele mencionava a presença dos cabeleireiros, desenhistas e personalidades do carnaval mais importantes da cidade, incluindo Aelson, Evandro Castro Lima e Clóvis Bornay. *O Snob*, 4, n.9, 7 set. 1966, p.17.
49 Gutemberg, "O baile proibido", *Manchete*, n.255, 9 mar. 1957, p.56-7.
50 Bartolo, "Uma noite di-vi-na com elas & elas", *Manchete*, n.1.348, 18 fev. 1978, p.83.
51 "O Baile do Arco-Íris", *Manchete*, n.306, 1º mar. 1958, p.25.
52 "Da folia ao exagero: excessos que mancham o carnaval carioca", *Última Hora*, 20 fev. 1958, p.10.
53 Hudson & Davidson, *Rock Hudson: His Story*, 1986, p.89-109; Openheimer & Vitek, *Idol: Rock Hudson, The True Story of an American Film Hero*, 1986, p.55-67.
54 O *Última Hora* deu ampla cobertura à visita de Rock Hudson ao Rio, especulando incansavelmente sobre a possibilidade de um *affair* entre o astro hollywoodiano e um número imenso de beldades brasileiras.
55 Para uma discussão sobre a atitude masculina de Hudson ter sido determinada por Hollywood na década de 1950, ver Meyer, "Rock Hudson's Body", 1991, p.259-88.
56 Álvaro e Vicente Marzullo, irmãos que trabalhavam como secretários para Walter Pinto, o "Ziegfeld da praça Tiradentes", propuseram um baile de carnaval em que homens se travestissem. Os negócios de Walter Pinto não andavam muito

bem naquele ano, e os dois achavam que o evento poderia atrair uma grande multidão e trazer retorno financeiro. Álvaro preferia chamar a festa de "Baile dos Garotos Enxutos", enquanto Vicente preferia simplesmente "Baile dos Enxutos", que acabou vingando como nome oficial. Para promover o baile, eles divulgaram a presença de homens elegantemente vestidos em roupas femininas, e o público que compareceu superou suas expectativas. Kaplan, "A 'explosão gay' na festa carioca atrai mais turistas", *O Globo*, 1º mar. 1984, p.4.

57 "A terceira força no carnaval carioca", *Manchete, Edição Especial*, n.356, fev. 1959, p.64.

58 Ibidem, p.68.

59 "Eles não usam black tie", *Manchete*, n.463, 4 mar. 1961, p.66-9.

60 O *Última Hora*, por exemplo, em 1961, publicou anúncios em letras garrafais, anunciando o Baile dos Enxutos no Teatro Recreio, sábado, domingo, segunda e terça-feira de carnaval. *Última Hora*, 10 fev. 1961.

61 Esses anúncios saíram na quarta e na quinta-feira de antes do carnaval, bem como na sexta e no sábado, dois dias em que os bailes já ocorriam. *Última Hora*, 28 fev. 1962, p.10.

62 Tavares, "Os alegres enxutos", *Manchete*, n.517, 17 mar. 1962, p.60-3.

63 Proibições oficiais de determinadas atividades carnavalescas têm uma longa tradição no Brasil. No século XVII, por exemplo, a Coroa portuguesa baniu o uso de máscaras durante o carnaval de rua (Moraes, *História do carnaval carioca*, p.17). Muitas vezes as restrições eram ignoradas ou aplicadas de modo apenas intermitente. A cada ano, o chefe de polícia decretava uma série de regulamentos para o carnaval. Desse modo, a polícia mantinha o direito de aplicar as proibições e podia fazê-lo discriminando um dado tipo de conduta que não aprovasse. Entre os itens banidos em 1962 estava o uso do lança-perfume e as "fantasias de travesti" ("Cariocas já em pleno reinado carnavalesco", *Última Hora*, 3 mar. 1962, p.2). O edital de polícia publicado nos jornais dizia: "Não será permitida a utilização de fantasias de 'travesti'".

64 Tavares, "Os alegres enxutos", p.60. "'Enxutos' tiveram seu baile", *Última Hora*, 7 mar. 1962, p.8.

65 Agildo Guimarães, entrevistado pelo autor, 16.10.1994.

66 Ângelo, entrevista gravada com o autor, Rio de Janeiro, 20.7.1995.

67 "Borrachada comandou 'Baile dos Enxutos'", *Última Hora*, 12 fev. 1964, p.6. O chefe de polícia do Rio de Janeiro, Gustavo Borges, travou uma batalha perdida para proibir o beijo durante o carnaval desse ano. Sua proibição recebeu amplo apoio de inúmeros juízes, um dos quais declarou que "os beijos na boca durante o carnaval não são beijos, são manifestações de lascívia, infelizmente exploradas

por certas revistas". Uma multidão de artistas, cantores e personalidades se opôs à lei, que foi sumariamente ignorada durante a folia. "Carnaval na base do beijo proibido", *Última Hora*, 12 fev. 1964, p.5; "Borges vai prender quem beijar na boca", *Última Hora*, 6 fev. 1964, p.2.

68 "Delegacia especializada de vigilância e capturas", *Última Hora*, 8 mar. 1962, p.12; "Carnaval em plena cinzas: 'enxutos' e 'chave' saem 4ª-feira", *Última Hora*, 13 fev. 1964, p.1; "Pancadaria, enxutos e pouca gente animada no 'Baile dos Artistas'", *Última Hora*, 3 fev. 1964, p.7. O nome do bloco informal era "O que é que eu vou dizer em casa?". A história de 8 de março de 1962 incluía a foto de um homem vestido de baiana e um grupo de travestis saindo da delegacia. No dia 13 de fevereiro de 1964, o desfile foi anunciado na primeira página do *Última Hora*, com a foto de um homem vestido de índio, com um saiote mínimo, sendo liberado. A legenda observava que a maioria eram travestis detidos no Baile dos Enxutos.

69 "O Carnaval dos 'excêntricos': 'travesti' elegante e curioso", *Última Hora*, 19 fev. 1958, p.14.

70 Antônio Maria, "Carnaval em Copacabana", *Última Hora*, 16 fev. 1961, p.8.

71 Moura, *Carnaval*: da Redentora à Praça do Apocalipse, 1986, p.17.

72 Batista, entrevista gravada com o autor, Rio de Janeiro, 20.7.1995; Ângelo, entrevista gravada com o autor, Rio de Janeiro, 20.7.1995.

73 Lenharo, *Cantores do rádio*, p.200.

74 "Enxutos e bonecas: a grande guerra", *Manchete*, n.724, 5 mar. 1966, p.56.

75 "'Boneca' lidera bloco de cinzas", *Última Hora*, 24 fev. 1966, p.8.

76 Zuenir Ventura captou esse otimismo em seu livro *1968*: o ano que não terminou, 1988.

77 "Soares levou bonecas de luxo ao seu baile", *Última Hora*, 28 fev. 1968, p.1.

78 Ibidem.

79 *Última Hora*, 11 fev. 1969, p.10; 12 fev. 1969, p.8; 13 fev. 1969, p.8; 14 fev. 1969, p.8.

80 Greenwood, "Sex, Samba Disputes Cloud Carnival for Rio", *Los Angeles Times*, 8 fev. 1970, p.4.

81 Buzaid, "Censura prévia para livros e periódicos", *Última Hora*, 12 fev. 1970, p.1.

82 "Travesti bem comportado poderá entrar nos bailes", *Comércio Mercantil*, 27 out. 1971, p.3.

83 M. Helena, telex à revista *Veja*, 17 ago. 1972.

84 O concurso foi transferido para um novo local, gerido pela iniciativa privada, no ano seguinte. Um dos participantes masculinos argumentou que a proibição não tinha nada a ver com homossexualidade, mas era na verdade parte de uma po-

lítica mais ampla da Divisão de Turismo do Rio de Janeiro para eliminar também o Baile de Gala do Municipal. Baptista, Sequerra, "Carnaval: os cassados da passarela", *Manchete*, n.1.089, 3 mar. 1973, p.24-6.

85 "Façanha quer volta dos 'Enxutos'", *Jornal do Brasil*, 23 out. 1972, p.13.

86 "Enxutos: as bonecas são um luxo", *Manchete*, n.1.091, 17 mar. 1973, p.74-5.

87 "Bonecas: divinas e maravilhosas", *Manchete*, n.1.142, 9 mar. 1974, p.78-82.

88 "Baile do São José: mais de mil bonecas no salão", *Manchete*, n.1.247, 13 mar. 1976, p. 54-8.

89 Uma última intervenção dos censores oficiais ocorreu em 1978. As autoridades fecharam o baile de travestis do cine São José no último minuto, forçando os foliões fantasiados a se juntar ao *show* de travestis da Rua Paulistinha, a pouca distância dali. "Bonecas ao luar", *Manchete*, n.1.348, 18 fev. 1978, p.76-81.

90 Rocha, entrevista, 2.11.1994.

91 "Coccinelli mostrou no Copa 99% do que a tornou mulher", *Última Hora*, 12 mar. 1963, p.3; Stanislaw Ponte Preta [Sérgio Porto], "Coccinelli – Badalando, badalando, badalando", *Última Hora*, 19 mar. 1963, p.10. Coccinelli não foi a primeira travesti estrangeira a fazer sucesso no Brasil. Walter Pinto e Carlos Machado, que montavam *shows* espetaculares com temas carnavalescos nos principais clubes noturnos da cidade, haviam usado Ivan Monteiro Damião, ou "Ivana", dançarino e travesti francês filho de pais portugueses, em seus espetáculos na década de 1950. Ivo Serra, "Ivana – a grande dúvida", *Manchete*, 26 set. 1953, p.22-3.

92 "Ex-'travesti' Coccinelli é mulher mesmo: espera bebê", *Última Hora*, 13 mar. 1963, p.1.

93 Carvalho, "'Elas' são assim", *Última Hora*, 18 jun. 1964, p.6.

94 Halfoun, "Agora para Paulista", *Última Hora Revista*, 12 ago. 1964, p.3.

95 Manequim, "Les Girls", *O Snob*, a.3, n.2, 31 jan. 1965, p.6.

96 *O Snob*, a.3, n.8, 30 maio 1965, p.23; a.3, n.10, 30 jun. 1965, p.11; a.3, n.14, 18 set. 1965, p.9; a.3, n.20, 30 nov. 1965, p.16; a.5, n.3, 31 mar. 1967, p.7; a.5, n.5, 31 maio 1967, p.27; a.5, n.9, 31 jul. 1967, p.5

97 Serra, "Ivana – a grande dúvida", p.22.

98 Outras seguiram a trajetória internacional de Rogéria. Por exemplo, Valéria, que aparecera no mesmo *show* de estreia de Rogéria, em 1964, foi depois a Paris para se apresentar em clubes noturnos. Ela regressou ao Rio em 1973 para continuar a subir nos palcos e tornou-se a menina dos olhos da cidade, tendo até seu retrato pintado por ninguém menos que Di Cavalcanti. "Charme e talento na arte de Valéria", *Folha de S.Paulo*, 9 dez. 1973, p.10.

99 Em dezembro de 1964, Manequim, um dos jornalistas de *O Snob*, entrevistou Ro-

géria quando era apenas mais uma dentre o elenco de *Les girls*, e não uma personalidade famosa. Na ocasião, ela afirmou que nascera em 25 de maio de 1943 em Nova Friburgo, o que significava que teria 21 à época (*O Snob*, a.2, n.19, 31 dez. 1964, p.25). Em julho de 1967, Manequim entrevistou Rogéria para *O Snob* mais uma vez. Ela era agora famosa em todo o país, e a exemplo de muitas celebridades amputou um ano de sua vida, afirmando ter nascido em 1944 (*O Snob*, a.5, n.8, 15 jul. 1967, p.2). Em outubro de 1973, tendo regressado de Paris como uma estrela internacional, Rogéria disse a *O Pasquim* que nascera em 1946, e que tinha então 27 anos de idade (*O Pasquim*, v.5, n.223, 9 out. 1973, p.4-7).

100 *O Snob*, a.5, n.8, 15 jul. 1967, p.2.

101 Ibidem.

102 "Rogéria", *O Pasquim*, v.4.

103 Kalil, "Loura, provocante, sensual: Astolfo Barroso Pinto, ou melhor... Rogéria", *Nova*, n.13, out. 1974, p.72-5.

104 "Rogéria", *O Pasquim*, v.7.

105 Ibidem.

106 Lenharo, entrevista gravada com o autor, Campinas, 15.4.1985. Veja o exemplo de cabeleireiros bem-sucedidos em: Varejão & Almeida, "Quase tudo que você sempre quis saber sobre o homossexualismo e nunca ousou perguntar", *Manchete*, v.21, n.1.234, 13 dez. 1975, p.16-9; e Almeida, Varejão, Gandara, Araújo, Segovick, Albuquerque, "Homossexualismo: a hora da verdade", *Manchete*, v.21, n.1.231, 22 nov. 1975, p.18-23.

107 *O Snob*, a.3, n.19, 31 dez. 1964, p.5; n.8, jul. 15 1967, p. 6; n.1, jan. 1968.

108 *O Snob*, a.5, n.4, 30 abr. 1967. *O Snob*, a.6, n.1, jan. 1968, p.16. Apesar da popularidade dos *shows* de travesti nas maiores cidades do Brasil, esse tipo de entretenimento não era universalmente aceito. Durante uma turnê por pequenas cidades do Rio Grande do Sul, a produção de Marquesa para o *Les girls* foi hostilizada. Na cidadezinha de Jaguarão o *show* teve de ser adiado em razão de um atraso da orquestra. Incitado por um grupo de rapazes da cidade, todo o auditório começou a atacar o elenco, que teve de se refugiar na casa de uma pessoa da cidade para não ser apedrejado. Em outra pequena cidade, dessa vez na fronteira com o Uruguai, o padre local pregou contra o espetáculo, mas a população ignorou seu sermão e compareceu assim mesmo. Ibidem, p.15.

109 *O Snob*, a.6, n.12, 31 dez. 1968, p.1.

110 Moura assinala 1967 como o ano em que teve início o "namoro" entre o samba e a classe média. Ver Moura, *Carnaval*, p.23-4. Costa data a chegada da classe média bem antes, em 1963, quando o aumento do preço dos ingressos para ver o desfile das escolas incentivou muita gente a cair no samba. Saía mais barato man-

dar fazer a fantasia, e "por um preço módico, tinha-se cerveja, samba e romance". Costa, "Trinta anos depois...", 1987, p.245.

111 Ângelo, entrevista, 20.7.1995.

112 Rodrigues, entrevista, 25.4.1995.

113 Moura, *Carnaval*, p.30-3.

114 Embora o governo proibisse homens vestidos com roupas femininas de desfilarem nas escolas em 1969, ameaçando com a desclassificação da escola se alguém o fizesse, a proibição só durou um ano. Ibidem, p.27.

115 Ramalhete, entrevista gravada com o autor, Rio de Janeiro, 15.2.1995.

116 João Batista, entrevista, 20.7.1995.

117 Bornay, entrevista, 25.5.1995. Ver também o capítulo "A carnavalização do mundo", em Parker, *Corpos, prazeres e paixões*: cultura sexual no Brasil contemporâneo, 1992, p.205-42.

6
"Abaixo a repressão: mais amor e mais tesão", 1969-1980

O ano de 1968 começou com protestos estudantis contra a ditadura militar e um sentimento crescente de otimismo quanto à possibilidade de um retorno ao governo democrático.[1] Mas terminou com o mais duradouro Ato Institucional, o AI-5, que decretou o fechamento do Congresso, a suspensão dos direitos constitucionais e a cassação de inúmeros mandatos. No ano seguinte, novas medidas restritivas. A tortura e a prisão das vozes dissidentes tornaram-se práticas comuns.[2] Como reação, membros de várias organizações de esquerda que esperavam derrubar o governo militar partiram para a luta armada. Quando o embaixador americano foi sequestrado no Brasil, em setembro de 1969, pelos comandos unificados de dois desses grupos, os generais decretaram o banimento dos adversários do governo e a pena de morte para atos subversivos. No mês seguinte os militares reabriram um Congresso purgado a fim de instaurar a presidência do general linha dura Emílio Garrastazu Médici. O medo e o pessimismo abateram-se sobre o país. Indicando o sentimento de desolação diante da situação política, que foi compartilhado por muitos oponentes do regime, quatro dos jovens cantores e compositores mais conhecidos no

"Abaixo a repressão: mais amor e mais tesão", 1969-1980

Brasil nos anos 60 – Caetano Veloso, Edu Lobo, Gilberto Gil e Chico Buarque de Holanda – partiram para o exílio na Europa.

A vitória do time brasileiro na Copa do Mundo do México, em 1970, desencadeou uma onda de euforia nacionalista, orquestrada e amplamente promovida pelo regime militar.[3] Foi a época do *slogan* "Brasil, ame-o ou deixe-o", de inspiração norte-americana, frisando o patriotismo, a ordem e o progresso da nação. Ao mesmo tempo, Médici dava início a uma campanha enérgica para divulgar as realizações econômicas, políticas e sociais conquistadas pelos militares. Entre os progressos econômicos mencionados pelo governo estavam o aumento das exportações, o incremento do comércio com o Japão, a construção de fábricas de automóveis e de novas estradas, as pequenas taxas de juros e os novos acordos de crédito estabelecidos com os Estados Unidos.[4] De fato, durante o período do chamado "milagre econômico" (1968-1973), as taxas de crescimento anuais atingiram o patamar de 11%. O modelo econômico militar e as políticas de financiamento favoreceram a concentração de renda nas classes média e alta urbanas e criaram um mercado em expansão para bens domésticos duráveis. Desse modo, muitas pessoas desses setores intermediários apoiaram os militares. O padrão de vida da classe trabalhadora e dos pobres caiu nessa época, mas o controle rigoroso do governo sobre a atividade dos sindicatos impedia qualquer tipo de reação organizada.[5]

Um defensor do regime, comparando a violência no Vietnã, na Irlanda do Norte e nos Estados Unidos com a situação no Brasil, louvava a segurança e a estabilidade criadas pela política do governo: "No outro lado da vida, o Brasil inteiro revigora com as férias de verão ... A atmosfera geral é de praia e sol. Pelas estradas asfaltadas e em carros produzidos no Brasil, milhares de brasileiros fazem turismo interno e cruzam o país de ponta a ponta. O mundo parece estar em guerra, mas o Brasil está em paz e o motorista de táxi, interpretando toda a filosofia popular destes dias ensolarados e claros, faz a comparação, enquanto ouve o noticiário: 'Em vez de nos matarmos como esses irlandeses, estamos dançando e cantando no carnaval'".[6] Embora pequenos grupos esquerdistas de guerrilheiros urbanos continuassem a combater o regime, perto do fim de 1972 a maioria das organizações que promoviam a luta armada havia sido desmantelada, e seus membros estavam mortos, presos ou exilados. A política de Médici não se limitou a neutralizar a oposição violenta a seu governo. Os militares também impuseram pesadas regras de censura, que ampliaram o controle sobre a imprensa, o rádio, a televisão e as artes.[7] Tendo alcançado estabilidade social, política e econômica, as Forças Armadas designaram o general Ernesto Geisel, ex-presidente da Petrobras, para suceder Médici em 1974.

O crescimento astronômico do preço do combustível após 1973 em razão do embargo da Organização dos Países Exportadores de Petróleo, a OPEP, minou todos os planos do governo. Com baixas reservas petrolíferas e uma dívida externa crescente, a inflação atingiu níveis dramáticos. Os setores de classe média que haviam apoiado a ditadura durante o período de prosperidade econômica agora se juntavam às classes pobres e trabalhadoras votando no único partido político de oposição legalizado, o MDB, ou Movimento Democrático Brasileiro. O surpreendente avanço do partido nas eleições legislativas estaduais e federais no fim de 1974 forçou Geisel a repensar sua estratégia de controle político. Logo em seguida, ele iniciou o processo de abertura "lenta, gradual e segura", que acabaria reconduzindo o país a um governo civil. Contraditoriamente, o presidente continuou com a censura, cassou os mandatos de alguns políticos e ordenou a prisão de dissidentes.[8]

Nesse período, a ala progressista da Igreja Católica e várias correntes de esquerda, agindo na clandestinidade, começaram a organizar as comunidades pobres e a classe trabalhadora rural e urbana. Seus esforços logo renderiam frutos. Os movimentos sociais vieram à tona, reivindicando democracia, melhores condições de trabalho e um padrão de vida mais elevado. O controle de muitos dos principais sindicatos dos centros industriais do país passou para as mãos de trabalhadores militantes. Eles exigiam aumento de salário, para compensar a perda de poder aquisitivo, e o fim da interferência governamental nas atividades sindicais.[9]

"Abaixo a repressão: mais amor e mais tesão", 1969-1980

Em 1977, mobilizações em massa de estudantes desafiaram a ditadura. Nos anos subsequentes, os trabalhadores do ABC paulista fizeram greve em protesto contra a política econômica do governo e por melhores salários e condições de trabalho. A oposição triunfou novamente nas eleições de 1978, obtendo maior apoio em todas as classes sociais, insatisfeitas com o governo dos militares. Os movimentos sociais de base se multiplicaram e jornais alternativos que faziam crítica ao regime começaram a surgir por toda parte. O movimento feminista também emergiu nesse período, bem como os movimentos de consciência negra, organizando-se nas principais cidades do país.[10]

O desafio das feministas ao patriarcado, à rigidez dos papéis de gênero e aos costumes sexuais tradicionais desencadeou uma discussão na sociedade brasileira que convergiu com as questões levantadas pelo movimento gay a partir de 1978. Ativistas gays e muitas feministas viram uns aos outros como aliados naturais contra o sexismo e uma cultura dominada pelo machismo. Sônia Alvarez, uma cientista política que estudou o feminismo brasileiro, explica a dinâmica em torno da evolução do movimento: "As organizações femininas prosperaram na atmosfera política mais flexível que prevaleceu no Brasil após meados da década de 1970. O envolvimento crescente das mulheres em uma série de lutas de oposição trouxe à baila rapidamente reivindicações políticas novas, pautadas pelas questões de gênero. Os primeiros esforços de organização entre as mulheres em São Paulo foram isolados e difusos. A desmobilização deliberada da população promovida pelo regime militar impôs severas restrições ao seu desenvolvimento posterior. Contudo, a abertura política e a proclamação do Ano Internacional da Mulher em 1975 (que por sua vez era parcialmente por causa do crescente movimento feminino internacional) abruptamente expandiram o *espaço de oportunidade* disponível para a mobilização de mulheres mesmo quando outras formas de protesto político eram significativamente restringidas pela repressão e a censura do governo".[11] Após o início do processo de abertura lenta e gradual, entre 1974 e 1975, as trabalhadoras se uniram em organizações comunitárias de base para exigir melhoria dos serviços urbanos e condições para cuidar dos filhos. Durante o mesmo período, as ativistas dos direitos humanos, as mulheres que haviam participado de organizações clandestinas de esquerda e as intelectuais formaram grupos feministas de classe média. Em 1976, ex-ativistas estudantis e universitárias de São Paulo fundaram o primeiro autoproclamado jornal feminista do Brasil, o *Nós Mulheres*.[12]

Nos primeiros anos do movimento feminista, a maior parte das atividades centrava-se no apoio às tentativas de organização nas áreas pobres e da classe trabalhadora e no esforço de obter anistia para todos os inimigos do regime que estavam exilados e presos. As questões baseadas em classe ganharam prioridade sobre as especificidades de gênero. Alvarez observa que, por volta de 1978, uma transformação havia ocorrido nesse sentido: "Com o tempo, a maioria dos grupos feministas cada vez mais pôs suas reivindicações políticas tanto em termos relacionados a classe quanto a gênero, recusando-se a subordinar uma luta a outra e proclamando que a luta de gênero era um componente integrante e inseparável da transformação social em geral; uma luta que, segundo algumas, apenas as mulheres, as vítimas diretas da opressão de gênero, poderiam empreender".[13]

Como as feministas, os homossexuais aproveitaram o mesmo "espaço de oportunidade" no intuito de lançar as fundações para a construção de um movimento gay. Em 1978, um pequeno grupo de intelectuais do Rio de Janeiro e de São Paulo fundou o *Lampião da Esquina*, um tabloide mensal de ampla circulação dirigido ao público gay. Muitos meses depois, um grupo de homens em São Paulo formou o Somos, a primeira organização pelos direitos gays do país.[14]

A greve dos metalúrgicos e trabalhadores da indústria automobilística em São Paulo, em 1978, adicionou combustível ao movimento de democratização do país. Diante da oposição cada vez maior partindo de todos os lados, Geisel escolheu cuidadosamente seu sucessor à presidência, o general João Batista Figueiredo, e acelerou o processo de abertura – que acabaria finalmente levando à saída dos militares do poder, em 1985.[15]

Neste capítulo, examino dois desenvolvimentos ocorridos durante o período militar. Primeiro detalho o cotidiano dos gays brasileiros en-

"Abaixo a repressão: mais amor e mais tesão", 1969-1980

tre 1969, o pior momento da ditadura militar, e 1978, quando o *Lampião da Esquina* e o *Somos* foram fundados. Ao longo desses dez anos, o espaço urbano para os homossexuais expandiu-se de modo significativo. Bares, discotecas e saunas proliferaram. Esse avanço era parte do fenômeno generalizado do crescimento das oportunidades de consumo entre a classe média urbana. Travestis vivendo na prostituição inundaram a região do centro do Rio de Janeiro e de São Paulo, e os michês também começaram a ser vistos com frequência cada vez maior nas ruas das duas cidades. A reação da polícia veio na forma de periódicas prisões em massa. No campo cultural, os cantores de MPB, como Ney Matogrosso e Caetano Veloso, projetavam uma imagem andrógina e insinuavam sua bissexualidade ou homossexualidade. Essas mudanças no comportamento sexual e social anteciparam o surgimento de um movimento gay politizado no Brasil – o segundo ponto principal a ser enfocado neste capítulo. Muitos fatores convergentes facilitaram o surgimento desse movimento: o espaço social conquistado pelos "bichas" e "bonecas" na década de 1960, a difusão de ideias a partir do movimento gay internacional, o desenvolvimento de uma crítica brasileira ao machismo e à homofobia e a influência dos movimentos políticos e sociais de esquerda sobre os principais líderes. O surgimento de um movimento político gay era também resultante da consolidação de uma nova identidade "entendida". Exploro aqui o intercâmbio de todas essas forças no período crucial anterior ao nascimento do movimento.

Bares, discotecas e saunas

As medidas repressivas tomadas pelos militares a fim de erradicar a "subversão" tiveram um efeito desalentador sobre a sociabilidade homossexual entre 1969 e 1972. A polícia militar efetuava batidas frequentes no centro do Rio e de São Paulo (Figura 24). Arbitrariamente, os policiais abordavam as pessoas para conferir se seus documentos estavam em ordem, e indivíduos suspeitos podiam ser detidos para interrogatório.[16] Clóvis, que continuou a frequentar o centro no fim dos

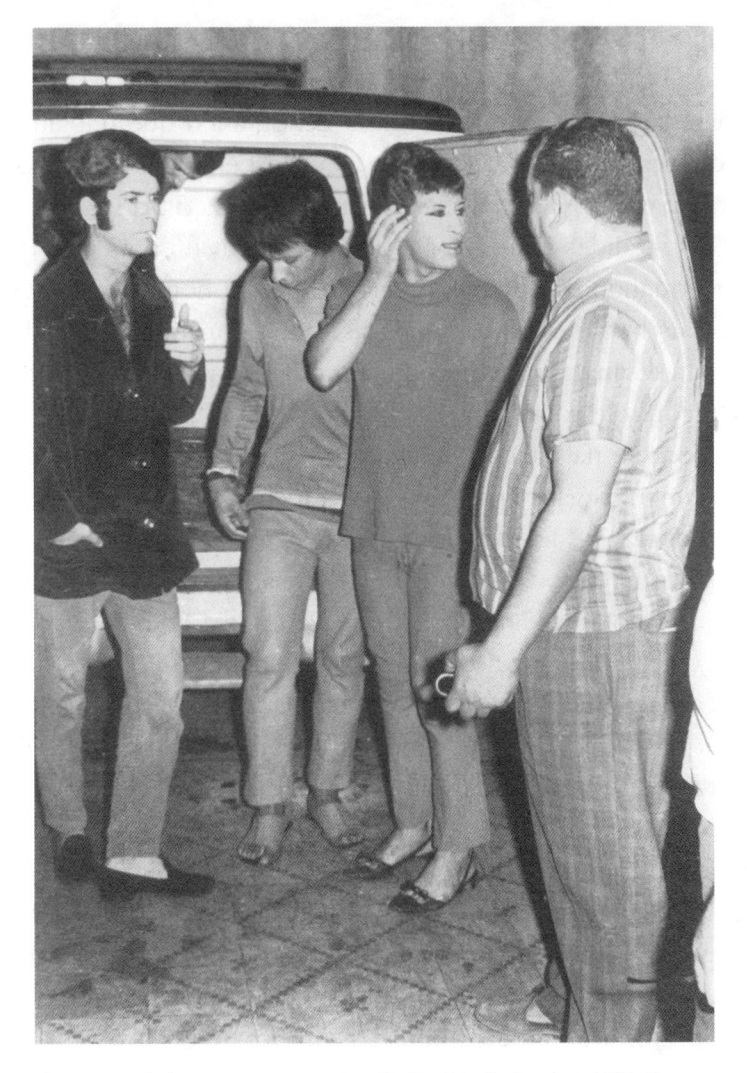

FIGURA 24 – Prisão de homossexuais na Cinelândia, Rio de Janeiro, 1969. Foto: cortesia do Acervo *Última Hora*, Arquivo do Estado de São Paulo.

anos 60, lembrava o efeito da "revolução" dos generais sobre os homossexuais de São Paulo: "O golpe militar de 1964 demora em se fazer sentir no pedaço; 1966-1967 foi o auge da Galeria Metrópole. A revolução de 1964 não surtiu efeito imediato entre as pessoas, só a partir do AI-5, em 1969. Aí houve um grande momento de *blitz* maciça. Na Galeria Metrópole foram fechadas as suas três portas, e em camburões levaram todo mundo preso. Isso conseguiu diminuir a frequência, e a Galeria Metrópole caiu no declínio".[17]

Comar, na época um desenhista cenográfico que trabalhava no teatro carioca, lembra: "A época de 69 até 72 era uma época horrível, não tanto para os gays, mas definitivamente para o teatro, com a censura".[18] As medidas impostas pela ditadura criavam um clima de precaução – quando não de medo – na subcultura homossexual. *O Snob* e as demais publicações de "bonecas" por ele inspiradas, produzidas de forma artesanal, fecharam por causa da nova situação política.[19] O nível do controle social, entretanto, em nenhum momento foi similar ao que ocorreu na ditadura militar argentina (1976-1983), quando os estabelecimentos gays eram coagidos a fechar.[20] Os locais de entretenimento no Brasil, fossem de homossexuais ou não, continuaram a funcionar com relativa liberdade de 1972 em diante. As modernas saunas gays, como a For Friends, em São Paulo, e a Ipanema, no Rio de Janeiro, constituíram-se novos pontos de encontro homoeróticos. As discotecas atraíam uma grande clientela. Duas dessas populares boates, Sótão, no Rio de Janeiro, e Medieval, em São Paulo, estavam entre os lugares mais efervescentes da vida noturna dessas cidades. Embora os proprietários dos clubes eventualmente fossem pressionados pelas autoridades, o dinheiro da propina mantinha a polícia apaziguada. Essa contradição entre a atmosfera política geral e a ampliação do espaço gay parece contrariar a lógica. Seria de esperar que um governo militar de direita, que censurava peças consideradas "subversivas" ou que violavam "a moral e os bons costumes" também fosse fechar os clubes gays. Mas isso não ocorreu.

Alguns historiadores argumentam que o regime, na verdade, tinha um objetivo político claro ao manter a esfera pública relativamente livre e aberta, contanto que estivesse destituída de atividades de crítica à ditadura. Esses estudiosos também explicam que os militares brasileiros utilizavam o entretenimento popular, principalmente o futebol e o carnaval, como válvulas de escape para a frustração represada das massas de trabalhadores. Os dois passatempos populares, prosseguem eles, dissipavam a oposição ao regime.[21] Estaria a política de relativo *laissez-faire* em relação às discotecas e outros estabelecimentos gays destinada a neutralizar um eleitorado potencialmente politizado? Isso dificilmente parece ser o caso. No começo da década de 1970, o "gay power", como ficou rotulado pela mídia o movimento internacional, parecia apenas mais um fenômeno remoto e exótico vindo dos Estados Unidos e da Europa, e claramente distante dos problemas concretos das autoridades brasileiras.

Além do mais, se o governo censurava o "conteúdo imoral" das produções artísticas, por que permitia aos homossexuais se reunirem em bares e saunas? A resposta está no grau de controle que os militares eram capazes de impor à sociedade brasileira. As disputas da censura nos anos 70 estavam circunscritas em larga medida às expressões literárias e artísticas que os militares encaravam como um desafio direto à política do regime ou à moralidade pública. Sob esse aspecto, o território social das casas de banho e pistas de dança era relativamente insignificante. Além do mais, as duas décadas anteriores haviam testemunhado uma tolerância crescente em relação às manifestações de homossexualidade – contanto que permanecessem em espaços fechados, deixando seu ambiente semiclandestino apenas uma vez por ano, durante as festividades do carnaval. Do mesmo modo, os *shows* de travestis dos teatros de Copacabana ou da Praça Tiradentes não representavam uma ameaça aberta ao decoro público.

Embora no geral os entretenimentos e pontos de lazer dos gays não fossem molestados pelo regime, algumas demonstrações de efeminação fora do período carnavalesco suscitavam protestos de setores conservadores da sociedade. Em 1972, por exemplo, o Conselho de Censura do Juizado de Menores de Belo Horizonte exigiu que dois estilistas de moda fossem banidos da televisão: "Sua ausência de masculinidade deixa muito a desejar no que se refere à educação da infância e da juventude".[22] Até mesmo uma tradição maior do carnaval, o concurso de fantasias masculinas, não escapava dos esforços de elementos conservadores do governo para apagar imagens de homens efeminados dos meios de comunicação de massa.[23] De 1973 em diante, contudo, ficou mais difícil manter restrições sobre essas e outras mani-

"Abaixo a repressão: mais amor e mais tesão", 1969-1980

festações públicas similares de comportamento "pouco viril", à medida que um grande número de questões mais urgentes começava a desafiar o controle militar sobre a sociedade brasileira. Por fim, o regime perderia a batalha por suas próprias fraquezas e sua indiferença básica em relação à conduta privada.

Após 1972, os empresários tiraram vantagem dessa abertura à sociabilidade homossexual e ofereceram um número crescente de opções para os consumidores gays de classe média, cuja renda disponível havia crescido no período do "milagre econômico". A discoteca Sótão, na Galeria Alasca em Copacabana, o coração da vida noturna gay carioca, e Medieval, no moderno centro financeiro da região da Avenida Paulista, atraíam uma clientela de classe alta que podia pagar preços elevados para uma noitada de dança, *shows* e diversão. Enquanto essas eram discotecas de primeira linha, muitas outras também foram abertas e serviam a um leque socialmente diversificado de clientes. A Zig-Zag, no Rio, e a Nostro Mondo, em São Paulo, eram duas dessas inúmeras boates a atrair um amplo espectro de homossexuais.[24] Esses locais representavam um ponto de encontro permanente para amigos e potenciais parceiros. A música *disco* que se ouvia ali e os turistas estrangeiros que as frequentavam reforçavam os laços com as tendências mais recentes da subcultura gay internacional. Assim como os bailes de carnaval criaram um espaço onde os indivíduos podiam dançar ao som de uma música com um subtexto homossexual e afirmar coletivamente sua identidade e sexualidade, do mesmo modo esses clubes noturnos contribuíam para um nível de coesão entre homossexuais de diferentes origens.[25]

As boates gays mais sofisticadas e elitizadas não eram necessariamente um antro de depravação e libertinagem. Do mesmo modo que nos Estados Unidos e na Europa, as melhores discotecas gays do Rio e de São Paulo tornaram-se locais populares, frequentados não só por homossexuais, como também por heterossexuais simpatizantes. Em meados dos anos 70, por exemplo, no Sótão, os homens eram proibidos de se tocar enquanto dançavam.[26] John McCarthy, que vivia no Rio de Janeiro desde o começo da década de 1970 e mais tarde se tornaria ativista do movimento de gays e lésbicas, explicava: "[O Sótão] ficou uma coisa internacional e chic. Eu acho que eles tinham esta preocupação também de não ser gay demais. Quer dizer, para eles era conveniente ser gay porque dava dinheiro e dava um charme, mas não queriam assustar os outros fregueses que pudessem trazer fama para a casa".[27]

As discotecas não eram o único centro de vida social dos homossexuais. Os cinemas continuavam a constituir uma oportunidade para um encontro erótico.[28] O Primor, um antigo cinema de luxo no centro do Rio de Janeiro, era um local notório para encontros sexuais anônimos. Homens de todas as classes sociais, de *office-boys* a executivos, aproveitavam os cantos escuros e os inúmeros assentos desocupados para suas transas, enquanto "nas escadas e balcões, transformados em passarelas ... travestis improvisavam *shows*".[29] Os proprietários, administradores e empregados desses cinemas, em geral, ignoravam tais atividades realizadas em seus estabelecimentos, uma vez que a clientela trazia um lucro significativo, especialmente para os lugares mais decadentes no centro do Rio e de São Paulo.[30]

Muitos outros locais de encontro de homossexuais foram inaugurados nessa época. Enquanto nos anos 60 os dois centros urbanos tinham apenas algumas saunas e casas de banho onde os homens poderiam caçar suas aventuras sexuais, na década seguinte ambas as cidades já contavam com estabelecimentos de nível internacional.[31] O antropólogo Carlos dos Santos observou que "a ação que ocorre dentro das saunas do Rio, ou de Belo Horizonte, ou de Nova York, ou de Londres, ou de Amsterdã não é substancialmente diferente, embora haja às vezes distâncias imensas no grau de abertura e nas formas de realização".[32] Como nos cinemas, muitas saunas eram locais onde homens de todas as classes sociais poderiam se encontrar e onde os casados tinham a chance de buscar atividades homoeróticas no anonimato. Outras saunas eram abertas em locais distantes do centro da cidade e a falta de transporte público tornava difícil o acesso a esses lugares, a menos que se tivesse carro ou dinheiro para pegar um táxi. Além disso, os elevados preços cobrados no ingresso excluíam os clientes de classe baixa. Essas saunas, ao lado de alguns clubes que também abriam fora dos centros, atendiam ao público de classe média e alta, o que posteriormente diversificou as opções para os clientes.[33]

Os territórios na cidade também se expandiam. Nos anos 60, os espaços homossexuais do Rio de Janeiro estavam concentrados em Copacabana, na Cinelândia e na Lapa, e, em São Paulo, em certas áreas do centro. Na década de 1970, empresários inauguraram bares, restaurantes, clubes e saunas na glamorosa Ipanema, enquanto os paulistanos, por sua vez, podiam frequentar estabelecimentos abertos em áreas de classe média da cidade, bem como na elegante Avenida Paulista. Nessa época, espaços separados para lésbicas começaram também a aparecer. Em São Paulo, por exemplo, elas frequentavam e mais tarde "tomaram conta" do Ferro's Bar, um restaurante que se tornou o primeiro ponto de encontro público da cidade para mulheres interessadas em relações homoeróticas.[34]

As praias continuavam a constituir uma popular área de interação. Além da Bolsa de Valores, em frente ao Hotel Copacabana Palace, os gays começaram a se concentrar em outras praias. Em certa ocasião, em 1972, a polícia prendeu 25 travestis usando biquínis no Flamengo, próximo ao centro. De acordo com o porta-voz da PM, os homens vestidos com roupas de mulher haviam praticado *performances* para divertir os banhistas de domingo. Inúmeras queixas de frequentadores da praia terminavam em detenções.[35] A audácia e a desinibição com que essas travestis faziam demonstrações públicas de seu espírito *camp* suscitavam diversão e tolerância, mas também provocavam restrições. Os gays ocupavam também parte do território da praia de Ipanema. O espaço recém-apropriado era vizinho de uma "duna" que, por sua vez, se tornara ponto de encontro de adeptos da contracultura. A heterogênea massa jovem de *hippies*, artistas, intelectuais e músicos exibia uma atitude tolerante em relação à homossexualidade. Assim como ocorrera em meados da década de 1950, a conquista de novos territórios e a defesa dos antigos não se fazia sem algum confronto – e, muitas vezes, violência –, mas a tendência geral era de expansão, e não de retração.[36]

Travestis e michês

Outra mudança significativa na paisagem homossexual urbana no início da década de 1970 foi a visibilidade crescente de travestis e michês pelas calçadas do Rio de Janeiro e de São Paulo.[37] Isso era um reflexo da crescente comercialização e mercantilização do sexo na sociedade brasileira. A prosperidade econômica da classe média concedia a um número maior de pessoas a oportunidade de pagar por sexo. Ao mesmo tempo, a pobreza cada vez maior das classes mais baixas – no geral, excluídas dos benefícios advindos do milagre econômico – forçava seus membros a se prostituir para obter uma fonte de renda. Além disso, a dificuldade enfrentada por um homem efeminado para conseguir emprego algumas vezes o conduzia a essa profissão.[38]

Muitas travestis que trabalhavam nas ruas usavam minissaias justas, blusas curtas, salto alto, meias arrastão e perucas cuidadosamente arrumadas. Outras cortavam o próprio cabelo para adotar um visual da moda, mas vestiam paletós e saias simples de mulher. Outras, ainda, usavam *blue jeans* e *tops* provocantes para atrair os clientes masculinos. Como em gerações anteriores, elas assumiam nomes femininos – "Vera", "Nadie", "Shirlene", "Márcia".[39] Contudo, diferentemente dos bichas que vendiam o corpo nas proximidades do Vale do Anhangabaú na década de 1930, muitas, se não a maioria, apelavam para a ciência a fim de incrementar a aparência e ingerir ou injetar hormônios para desenvolver os seios.[40]

Inúmeras mudanças na sociedade brasileira talvez ajudem a explicar o fenômeno de um visível crescimento no número de travestis atuando como prostitutas nos anos 70. Os códigos de vestuário do homem e da mulher ficaram mais flexíveis, enquanto o estilo unissex confundia as distinções entre as roupas masculinas e femininas. Às mulheres era permitido aparecer em público usando *jeans* e roupas mais provocantes, ao passo que os homens podiam adotar estilos mais andróginos sem sofrer uma estigmatização social severa. Os *shows* de travestis nos clubes gays, que se tornaram tão populares na segunda metade da década de 1960, promoveram a mística da sedução do homem vestido de mulher. Estrelas como Rogéria, que usou seu *sex appeal* para seduzir o público masculino, despertavam curiosidade sobre como poderia ser transar com uma travesti. É provável que eles tenham contribuído para a criação de um mercado nas ruas, onde os clientes eram provocados com a mensagem subliminar: "Se você provar, sei que vai gostar". O aumento no número de travestis em locais públicos significava também a democratização do fenômeno do estrelato de algumas: centenas, ou talvez milhares, de pessoas que jamais alcançariam algum sucesso num palco tinham a oportunidade de obter retorno financeiro de algum modo. O crescimento do mercado foi tal que, em fins dos anos 70, o Brasil começou a exportar travestis para a Europa, inicialmente para a Espanha e para a França, e depois para a Itália.[41] Enquanto no início da década a mobilidade social ou o ganho econômico para alguns homens efeminados implicava mudar-se para o Rio de Janeiro, São Paulo ou outra cidade grande no Brasil, no fim as travestis mais ambiciosas sonhavam com Paris ou Roma.[42]

A prostituição em si não era considerada crime no Brasil. Contudo, a polícia podia acusar seus praticantes de vadiagem, perturbação da ordem pública ou prática de atos obscenos em público, a fim de controlar as travestis que se prostituíam. A acusação mais comum era a de vadiagem.[43] As travestis detidas deviam provar que tinham emprego remunerado. Se não pudessem apresentar documentos devidamente assinados por alguma empresa, estabelecimento comercial ou qualquer empregador legítimo, tinham trinta dias para conseguir um emprego. Se fossem presas novamente sem ter preenchido esse requisito, ficavam sujeitas a até três meses de prisão de acordo com o Artigo 59 do Código Penal.[44] As travestis que estivessem legalmente registradas e empregadas, mas que ainda assim atuassem na prostituição em meio período, também poderiam ser acusadas de atentado ao pudor ou de perturbação da ordem pública.

Guido Fonseca, entre 1976 e 1977 delegado de polícia do Quarto Distrito, que cobria a maior parte do centro de São Paulo, onde a prostituição era comum, explicou que o intuito da polícia era tirar as travestis das ruas: "Mesmo que ele ficasse quatro ou cinco dias no xadrez, ele sofria prejuízo, porque não ganhava o suficiente para pagar o aluguel, a prestação do carro ... Ele começava a se conscientizar de que aquilo que ele fazia não dava o suficiente para sobreviver. Ele tinha de ou sair da área do Quarto Distrito e ir para outra área onde não havia repressão, ou arrumar emprego e viver de outra profissão".[45] Como parte da campanha para controlar o aumento de travestis em São Paulo, Fonseca ordenou a criação de um arquivo especial para fichar toda travesti presa por vadiagem, perturbação da paz ou prática de atos obscenos. Depois das batidas e prisões da polícia, eram tirados retratos e colhidas informações pessoais pormenorizadas. Isso permitia às autoridades manter registros detalhados das atividades das travestis. Os arquivos também poderiam ser usados para identificar travestis acusadas de roubar ou extorquir seus clientes.

Mais de trezentos desses arquivos sobreviveram. Uma análise de um terço deles revelou que 75 das travestis detidas tinham entre dezoito e 24 anos. Quase um quarto dessa amostra era natural da cidade de São Paulo, enquanto outros 15% eram originárias de outras regiões do estado, e as demais vinham de várias partes do país. Desse total, 59 eram provenientes de áreas urbanas, enquanto as 41 restantes, de áreas rurais. Embora variassem as profissões declaradas, 34 afirmavam ser cabeleireiras. As demais, na maioria, realizavam trabalhos tradicionalmente associados com mulheres: eram manicures, trabalhavam com cosméticos, costureiras e decoradoras de vitrines. Apenas 11% declararam não ter nenhuma profissão.[46] Ao compararmos o salário que a maior parte das travestis declarava obter de outro emprego com os rendimentos que obtinham nas ruas, é fácil compreender as forças econômicas que empurravam essas pessoas para a prostituição. A maioria obtinha pelo menos duas vezes seus salários "profissionais" vendendo seus corpos pelas ruas.[47] Fonseca admitiu a ironia contida na conduta da polícia, pela qual aquelas capazes de provar que tinham um emprego "legítimo", mesmo insuficiente para prové-las com menos do que um rendimento de subsistência, não poderiam ser acusadas de vadiagem, enquanto uma pessoa com um padrão de vida muito mais elevado obtido exclusivamente por meio da prostituição poderia ir parar atrás das grades por três meses.[48]

"Abaixo a repressão: mais amor e mais tesão", 1969-1980

À medida que o número de prostitutos crescia, a demanda também aumentava. Isso levanta uma questão interessante acerca do comportamento do homem brasileiro que praticava sexo com travestis. Esses homens não estavam em busca de parceiras sexuais, e conscientemente escolhiam travestis, quando mulheres prostitutas podiam ser facilmente encontradas. Mais surpreendente ainda, Fonseca lembrava, a maioria das travestis presas alegava que durante o ato sexual muitos clientes pediam para ser penetrados. Valéria, uma elegante transexual que trabalhava nas ruas próximas ao Hilton, no centro de São Paulo, em 1975, confirmou essa afirmação. Como era transexual, ela não dispunha dos atributos necessários para satisfazer vários de seus clientes: "Quase todos os homens com quem saio querem que eu seja ativo com eles. Mas sabe... É impossível. Eu tenho tudo de mulher e não consigo. Já perdi muitos clientes por isso, mas o que eu posso fazer?".[49] A grande maioria das travestis, no entanto, não passara por operação de redesignação sexual e podia assim atender às exigências de sua clientela.

Ao ser perguntado se essa afirmação acerca da papel da travesti na relação sexual poderia ser mera fanfarronice, destinada a provocar o ouvinte e a inverter uma pressuposição comum, Adauto B. Alves, que ajudou a organizar o Primeiro Encontro Nacional de Travestis no Rio de Janeiro em 1993, rejeitou a possibilidade: "A maioria dos clientes dos travestis quer uma pessoa que pareça mulher, mas que atue como homem na cama".[50] Segundo Alves, as que passam por redesignação sexual descobrem que a prostituição como forma de obter dinheiro pode sofrer uma queda dramática. Esse padrão, se for verdadeiro, subverte o estereótipo de que o "bicha" é sempre o penetrado nas relações sexuais. O homem que é "mulher" torna-se um "homem" na cama, ao passo que o parceiro alegadamente masculino procura por uma mulher substituta para experimentar prazer sexual de uma maneira, em geral, vista como própria do efeminado. Inúmeras explicações possíveis para esse fenômeno podem ser aventadas. Fonseca especulou que as travestis eram populares porque muitos de seus clientes não eram heterossexuais, mas antes homossexuais discretos que não queriam que os porteiros de seus prédios os vissem à noite passando pela entrada com um parceiro sexual homem.[51] Outros talvez tenham sido incapazes de romper com o papel-modelo tradicional do macho/fêmea, que exigia uma masculinidade e uma feminilidade definidas nos encontros sexuais. Ou talvez alguns homens simplesmente almejassem a sensação de experimentar uma aventura andrógina.

Se as travestis se tornaram mais aparentes em meados dos anos 70, isso também ocorreu com os michês. Assim como nas décadas precedentes, não era incomum que jovens, em geral oriundos de famílias proletárias, tivessem "tias" por amantes.[52] Para esses rapazes, os homens de meia-idade representavam presentes, um lugar para ficar e dinheiro em troca de sexo. Era sua masculinidade que os tornava atraentes para os homossexuais mais velhos, e os jovens em geral deixavam claro que preferiam transar com mulheres, e que pretendiam um dia se casar. Desse modo reafirmavam sua virilidade e mantinham a "tia" atraída por eles. No começo dos anos 70, o número de michês cresceu tanto no Rio de Janeiro e em São Paulo que o fenômeno passou a merecer a atenção da imprensa.[53] As notícias sobre os michês ganharam mais espaço após a morte de Fred Feld, um pianista americano que trabalhava nos clubes noturnos de Copacabana. Feld convidou Anival Fonseca, de 22 anos, para seu luxuoso apartamento, vizinho da Galeria Alaska. Quando os dois discutiam o preço a ser pago pelo músico, Anival o espancou até a morte. Ao voltar à área dias depois para continuar a procurar clientes, ele foi detido pela polícia.[54]

Comentando o assassinato uma semana depois para um jornalista local, Paulo, um homossexual que vivia nas proximidades da Lapa, explicou a dependência que muitos bichas de classe média tinham de seus michês, e falou sobre a vida precária que muitos "entendidos" levavam: "Casos de violência, roubos e exploração de 'entendidos' são rotina para nós. Não há um dia em que uma 'amiga' não tenha uma história trágica para contar. E esses tipos como o que matou o Fred Feld não andam apenas em lugares frequentados por marginais e desocupados. Estão espalhados pela Zona Sul, alguns bem vestidos, sempre sorridentes, acessíveis. E sempre arquitetando como 'arrochar' a 'bicha'. Há 'bonecas' que só se realizam quando enfrentam perigos". O próprio Paulo admitia que no fim de uma noitada, quando já quase não restavam mais "entendidos" pagantes nas ruas buscando michês, ele ofereceria a um deles um lugar para ficar em troca de sexo. Enfatizando o aspecto econômico da transação, ele lamentava que geralmente não tinha condições de pagar por sexo: "Não tenho recursos para sustentar [a eles] ... dando-lhes roupa, dinheiro e comida".[55]

O antropólogo Sérgio José de Almeida Alves, que entrevistou 41 michês em meados dos anos 70, concluiu (com duas exceções) que nenhum deles considerava a si próprio um homossexual. Embora gostassem do que faziam, não relacionavam suas atividades sexuais homoeróticas com desejo ou identidade homossexual. Quase todos insistiam que eram motivados pela necessidade financeira, embora uns poucos admitissem que teriam transado com uma pessoa sem cobrar nada se a achassem atraente de algum modo.[56]

A dinâmica da relação entre as tias e os michês representava um complicado jogo de poder. Os meninos mais velhos e os rapazes, motivados pela pobreza ou a promessa de obter dinheiro fácil em troca do corpo, usavam sua juventude e habilidade para projetar uma imagem de masculinidade rude que atraía os homens de meia-idade. Em troca, eles recebiam compensação financeira e, de tempos em tempos, podiam ingressar num universo social de outro modo inacessível. O cruzamento de classes sociais excitava sexualmente, mas às vezes também representava perigo físico.[57] Ao encenar a fantasia sexual de masculinidade e feminilidade, na verdade as duas partes envolvidas estavam praticando uma outra variação da díade bicha/bofe. As relações tia/michê e bicha/bofe refletiam, ambas, noções de gênero polarizadas.

Transformações culturais e figuras andróginas

Quando o movimento de oposição viu malograr sua tentativa de derrubar o governo, em 1968, apenas uma minoria de estudantes politizados optou pelo confronto armado e a atividade revolucionária clandestina contra a ditadura militar. A prisão e a tortura sistemática de membros e simpatizantes da esquerda tiveram um efeito desmobilizador sobre aqueles que participaram dos protestos de 68 ou aqueles que temiam ser alcançados pela extensa mão de ferro da repressão. A dissolução de *O Snob* em 1969 foi apenas mais um entre inúmeros exemplos de precaução e até de paranoia que dominaram os dissidentes do governo militar ou os integrantes de setores marginais da sociedade. As vias alternativas de protesto legal foram amplamente interditadas, e os artistas, escritores e músicos do país viam-se constantemente importunados pela censura, que vetava obras com base em seu suposto conteúdo político ou moral.

O fim dos anos 60 e o início da década de 1970 foram uma época de revolta política e social. As ideias da contracultura haviam penetrado no Brasil e influenciavam muitos jovens da classe média.[58] Entre os novos desafios aos valores sociais hegemônicos estavam o uso de drogas, uma rejeição à sociedade de consumo – que era promulgada pela política oficial – e a desestabilização dos códigos sexuais, especialmente nas questões da virgindade feminina antes do casamento e da heterossexualidade normativa para homens e mulheres. Os grupos teatrais, como o Teatro Oficina, faziam o público de classe média confrontar-se com cenas sexualmente explícitas que, de alguma forma, conseguiam passar pela censura.[59] O tropicalismo, com Gil, Caetano, Maria Bethânia e Gal Costa, trazia à cena a imagem de uma sensualidade despudorada, e seus membros não faziam questão de desmentir as especulações sobre suas relações homossexuais.[60] Todas essas mudanças ajudaram a criar um clima favorável ao questionamento de conceitos de gênero tradicionais. No começo da década de 1970, a figura unissex popularizada por Caetano e outros em 1968 foi levada ainda mais longe por outros artistas, de modo mais notável pelo grupo de teatro Dzi Croquettes e o cantor Ney Matogrosso. Ambos usavam o desvio de gênero e a androginia para desestabilizar as representações padronizadas do masculino e do feminino. Seus *shows* refletiam uma ampla aceitação social, entre o público de classe média, de representações provocativas de papéis e identidades de gênero.[61]

"Abaixo a repressão: mais amor e mais tesão", 1969-1980

O Dzi Croquettes, formado no Rio de Janeiro em 1972, trouxe a um só tempo o entusiasmo de um grupo de artistas amadores e a experiência profissional de Lennie Dale, um dançarino americano da Broadway radicado no Brasil.[62] Diferente dos espetáculos de travestis da Praça Tiradentes, que evocavam a beleza, a graça e o estilo clássicos femininos em seus retratos de mulheres, os quatorze membros do Dzi Croquettes se vestiam numa mistura de roupas masculinas e femininas. Barítonos enfeitados com muito brilho e maquiagem projetavam sua virilidade, a despeito – ou provavelmente por causa – de sua indumentária feminina.

Um observador do trabalho do grupo relembra uma cena típica: "Numa explosão de música, gritos, luzes que piscam, corridas de cima para baixo, o palco é invadido por 'odaliscas, vedetes, viúvas, pierrôs, prostitutas, *clowns* e rumbeiras': a família Dzi Croquettes se apresenta. Maquilagem, roupas, e gestos os distinguem uns dos outros. Mas a indiferenciação de protótipos masculinos e femininos é comum a todos. Grandes cílios, bocas exageradas e a purpurina cintilante e colorida, formando desenhos psicodélicos, mancham seus rostos e corpos que exibem barbas, bigodes e pelos viris. Os vestuários delirantes englobam vestidos de lamê, maiôs de franjas e lantejoulas, malhas de balé desfiadas, combinações desajeitadas, chapéus extravagantes, perucas ... meias de futebol presas a ligas de mulher e pés calçados com sapatos de salto ou botas pesadas e polainas".[63]

O humor *camp* do grupo invertia todos os padrões de papéis sexuais normativos, abalando as marcas e representações de gênero tradicionais de masculinidade. Sua mensagem sexual que confundia propositalmente os gêneros promovia a ideia de que suas imagens externas eram anomalias superficiais. A fluidez com que assumiam *personas* masculinas e femininas – o Dzi Croquettes parecia dizer – era possível precisamente porque os seres humanos possuíam em si características de ambos os sexos. O refrão de uma canção dizia que, apesar da aparente "alteridade" de suas representações, eles não eram diferentes dos membros do público: "presença maravilhosa dos Dzi

Croquettes, cidadãos ... *made in Brazil*, já avisei ... gente computada igual a vocês".[64]

O Dzi Croquettes enfatizava a liberdade sexual. Suas representações andróginas e a frase usada nos *shows* – "todo mundo deveria ser capaz de fazer sexo com quem bem entendesse" – suscitava a questão de sua identidade sexual. Embora fossem efeminados, eles também projetavam masculinidade, estando assim de acordo com padrões tradicionais, e não eram considerados exatamente "bichas", tampouco "travestis", dado que os atores não faziam qualquer tentativa de copiar o ideal de beleza feminina. Ao tentar conciliar a imagem ambígua do grupo, que desafiava as classificações vigentes, a imprensa inventava novas expressões para descrevê-los, como "travesti sem bichismo" e "travesti sem cara de homossexual". Por fim, a mídia acabaria por adotar o termo "androginia".[65] O Dzi Croquettes ironizava essas invenções dos jornalistas, respondendo: "No fundo, no fundo, é tudo a mesma coisa; travesti é bicha de classe baixa; agora, andrógino é filho de militar".[66] Embora isso passasse por um comentário meramente humorístico, a observação da trupe era bastante pungente, pois a retratação de homossexuais na imprensa passava, de fato, por uma codificação de classe. Os homens de classe média e alta que transgrediam os limites de gênero eram descritos como pessoas andróginas, enquanto os pobres e a classe trabalhadora eram travestis, um termo que cada vez mais passou a ser associado com prostituição, vida nas ruas e marginalidade.

O Dzi Croquettes se apresentou para casas lotadas no Rio de Janeiro e em São Paulo em 1973 e 1974 e, em seguida, fez uma turnê pela Europa, regressando ao Brasil em 1976. Durante os primeiros dois anos de espetáculos, atraíram um grande número de fãs dedicados, muitos dos quais eram homossexuais. O sucesso das produções da trupe pode ser atribuído à sua habilidade de expressar abertura em relação à sexualidade e a sua crítica às categorias de gênero rígidas. Assim como os *shows* de travestis da década de 1960 representavam uma afirmação do "bicha", os espetáculos do Dzi Croquettes no começo dos anos 70 capturavam uma nova identidade em formação. Uma das mensagens subliminares dos *shows* do grupo era a de que um homem podia desejar sexualmente outro homem, independentemente de ele assumir uma identidade sexual efeminada ou masculina. Na ausência de um movimento gay e com poucos outros veículos para expressar esse ponto de vista, o impacto do Dzi Croquettes tornou-se de fato crucialmente importante.

Ney Matogrosso teve uma influência similar na mudança de conceitos sobre o comportamento masculino apropriado no Brasil no começo dos anos 70.[67] Com sua maquiagem cênica e um vestuário exótico, o líder do Secos & Molhados, que explodiu no cenário musical em 1973, evocava a mesma imagem andrógina que tornara o Dzi Croquettes tão popular no teatro naquele mesmo ano. Citando a obra de Edgar Morin, *Cultura de massa no século XX*, um jornalista de *O Pasquim* explicou aos leitores por que Ney suscitava tamanha reação num público tão diverso, que ia das vovós de classe média aos bichos-grilos: "A androginia levantada por alguns grupos da música pop internacional se alia a um erotismo natural da cultura de massa. Morin ... concluiu que 'utilizando o desejo e o sonho como ingredientes e meios no jogo da oferta e da procura, o capitalismo, longe de reduzir a vida humana ao materialismo, impregnou-a de um onirismo e de um erotismo difusos'. De alguma forma tem que pintar esses 'onirismo e erotismo difusos' e estou muito tentado a acreditar que, no momento, o Secos & Molhados preenche ambos os obscuros quesitos".[68] De fato, Ney projetava uma nova sexualidade andrógina que atraía tanto mulheres como homossexuais masculinos.

Em 1975, Ney Matogrosso deixou o Secos & Molhados e partiu para a carreira solo. Com o peito nu e coberto de colares de contas e um cocar na cabeça, ele rebolava pelo palco ou realizava um *strip-tease* usando espelhos, parando um pouco antes da nudez total para evitar problemas com os censores. Invariavelmente as pessoas se perguntavam: "Mas será que ele é?", pois parecia inconcebível que um heterossexual pudesse executar aquelas demonstrações extravagantes. A dúvida na mente do público vinha do fato de que Ney jamais perdia uma certa elegância masculina quando encarnava seu despudorado personagem nos palcos. Em uma entrevista para a *Interview* brasileira, em 1978, ele expôs inequivocamente sua orientação sexual e declarou que era gay. Sua afirmação sobre a homossexualidade no artigo de três páginas resultou numa investigação governamental sobre a revista para determinar se ela havia ou não violado a lei de imprensa ao publicar material que ofendia "a moral e os bons costumes".

Na condição de superastro do *rock*, a forma aberta com que Ney Matogrosso abordava sua sexualidade ofereceu um novo modelo para muitos homossexuais. Ele falava com orgulho do modo como provocava desejo tanto em homens quanto em mulheres: "Agora eu percebo que as mulheres, quando sacam que eu sou homossexual, elas morrem de tesão por mim. Machão não sabe dar prazer. Trepa, gozou, sai de cima. Pelo fato de eu ser homossexual, eu sei acariciar a mulher como eu gosto de ser acariciado. E quando estou na cama com um homem, não sou uma fêmea, eu sou um homem".[69]

O conceito de Ney de virilidade masculina na cama, contudo, não excluía o comportamento tradicionalmente associado com a mulher. Em outro trecho da entrevista, ele explicou de que maneira promovia seus atributos femininos: "Por exemplo, sensibilidade só é permitida à mulher. Emoção, mulher. Se enfeitar, mulher. Eu sou uma pessoa que tem emoção e sensibilidade e me orgulho de não ter que escondê-la. Eu manifesto. Agora, se dentro dos padrões isso é feminino, caguei".[70] Embora o personagem de Ney Matogrosso não alcançasse aceitação universal, seu comportamento audacioso inseria-se numa série de manifestações culturais que ajudaram a expandir a tolerância à homossexualidade.

Durante esse período, livros e peças com temática homossexual começaram a aparecer em número cada vez maior, escapando à censura e às vezes apresentando uma imagem positiva do homossexual.[71] Diversas produções teatrais do fim dos anos 60 e início da década de 1970 retratavam de que maneira a homofobia destruía as vidas das pessoas. A peça de 1965 de Walmir Ayala, *Nosso filho vai ser mãe*, mostra a história de um jovem confrontado com o preconceito social após anunciar seu desejo de ficar grávido. Seus desafios aos valores hetero-

"Abaixo a repressão: mais amor e mais tesão", 1969-1980

normativos dominantes, contudo, acabam fazendo sua mãe interná-lo num hospício.[72] No ano seguinte, Nelson Rodrigues publicaria *O beijo no asfalto*, a história de um homem que é visto beijando um jovem minutos antes que este morra, após um acidente de carro. O incidente desencadeia uma série de eventos que levam o homem a perder o emprego, a esposa e, no fim, a própria vida.[73] Embora os protagonistas de ambas as peças sofram um preconceito social, a intenção dos autores foi despertar a compaixão e a simpatia do público por sua condição.

Em 1971 o sucesso off-Broadway *The boys in the band* (1968) foi encenado no Rio de Janeiro. Segundo Sylvio Lamenha, que escrevia no alternativo *Já:* "Uma peça que vale ser vista e reprisada. Pela coragem de abordagem do tema, pelo nível interpretativo, pelo bom clima teatral obtido. Sobretudo num momento teatral em que praticamente não há nada mais para se ver (ou transar teatralmente). E afinal, rapazes, eu também estou nessa banda".[74] Embora hoje em dia os críticos possam achar que *Os rapazes da banda* apresentasse caricaturas estereotipadas de homossexuais e terminasse com uma desnecessária inclinação trágica, na época essa montagem – feita *por* e *para* homossexuais – significou uma arejada novidade nos palcos, como observou Lamenha.

Mais significativa, talvez, tenha sido a produção de 1974 de Fernando Mello, *Greta Garbo, quem diria, acabou no Irajá*, um sucesso de bilheteria. A peça retrata a vida de Pedro, um "entendido" que se apaixona por Renato, jovem pobre recém-chegado do campo. Os dois se encontram na Cinelândia. O primeiro ato gira em torno da inocência do jovem e das tentativas malsucedidas de Pedro em seduzi-lo. Renato acaba voltando à sua cidade natal, muito mais experiente após sua estada no Rio. Antes de partir, Pedro dá um beijo de despedida em Renato. O elemento cômico da peça é a ingenuidade do jovem, ignorante das gírias e dos costumes da subcultura homossexual carioca. O público era formado por gente já "entendida", ou que ficava mais familiarizada com a vida gay no Rio de Janeiro ao assistir à peça.[75] *Greta Garbo* ficou em cartaz por muitos anos e tornou-se tão popular e alcançou um público tão amplo quanto o espetáculo *Les girls* na década anterior. Inúmeras obras literárias das décadas de 1960 e 1970 também tiveram um impacto nas noções em mudança sobre a homossexualidade no Brasil. Uma antologia de 1967 intitulada *Histórias do amor maldito*, editada por Gasparino Damata, coletava 35 contos de autores brasileiros, tendo em comum temas eróticos que iam de casos de adultério à homossexualidade.[76] O livro tornou acessíveis seleções de obras anteriores com temas homossexuais, como *Bom-Crioulo* e *Internato*, que estavam fora de catálogo havia algum tempo. A coletânea de contos do próprio Damata, *Os solteirões*, publicada em 1976, apresentava histórias de michês, tias, bichas e uma novidade: um homem identificado com a masculinidade que só ia para a cama com jovens viris.[77]

Outro autor, Aguinaldo Silva, trazia sua experiência como repórter criminal para criar retratos realistas da corrupção, violência e decadência urbanas. Seu romance de 1975, *Primeira carta aos andróginos*, era a descrição de um bicha caçando num cinema carioca. A obra de Darcy Penteado *A meta*, que veio a público no ano seguinte, foi amplamente promovida na imprensa.[78] O livro, uma coletânea de contos que capturava vários aspectos da vida da subcultura homossexual, veiculava uma mensagem fortemente inclinada a favor da homossexualidade. A capa não era menos audaciosa. Ela mostrava um homem bonito e musculoso, sem camisa, com os *jeans* parcialmente abertos de modo provocante. A foto constituía um retrato homoerótico da imagem do "*gay macho*" que se popularizara nos Estados Unidos e na Europa. A mensagem nas entrelinhas parecia dizer que nem todos os homossexuais eram necessariamente bichas efeminados ou travestis que pareciam mulheres. Além disso, um dos contos era um relato autobiográfico pouco disfarçado das inúmeras aventuras homossexuais do autor. Penteado, um famoso cenógrafo e artista plástico da classe alta paulistana, usou a promoção de seu livro para falar acerca de sua própria identidade sexual como gay e sobre a necessidade de organizar um movimento no Brasil. Sua "saída do armário" teve um impacto profundo. Um jornalista, comentando a revolução sexual em São Paulo, comentou: "Desde o dia em que Darcy Penteado resolveu assumir o seu homossexualismo publicamente com o seu livro autobiográfico *A meta* que o *gay power* em São Paulo não é mais o mesmo".[79] Se antes o público supunha que muitos homossexuais eram estilistas de moda, artistas, vencedores de concursos de fantasia no carnaval, atores e cabeleireiros famosos, a disposição de Penteado para discutir sem pudores sua sexualidade ofereceu uma nova imagem do homossexual assumido. Sua postura ofereceu a muitos gays um importante exemplo a ser seguido. Contudo, com a receptividade do público de classe média às belas travestis, aos artistas andróginos, às peças de temática homossexual e com o surgimento, enfim, de uma *intelligentsia* literária gay, a atitude popular em relação à homossexualidade começou lentamente a mudar.

Acesso à informação

Apesar da censura do governo durante a década de 1970, informações esparsas sobre o surgimento e o crescimento do movimento internacional de gays e lésbicas começaram a encontrar espaço na imprensa brasileira. Embora os artigos sobre a homossexualidade no Brasil variassem entre a hostilidade e a simpatia, dependendo do jornal, as notícias internacionais, ainda que pouco frequentes, tendiam a apresentar um retrato positivo dos movimentos de gays e lésbicas em outras partes do mundo. Os artigos informavam os leitores sobre os protestos, ações legais e atividades voltadas à ampliação dos direitos democráticos para gays e lésbicas nos Estados Unidos e na Europa.[80] Por exemplo, em 1969, o *Jornal da Tarde* publicou uma reportagem da Reuters sobre o "gay power" em São Francisco, nos Estados Unidos. *O Globo* cedeu espaço em suas páginas para uma matéria da Associated Press sobre a marcha em Nova York, em 1970, organizada pela Frente de Liberação Gay. No ano seguinte, o prestigioso *Jornal do Brasil* publicou um breve artigo sobre um grupo italiano a favor dos direitos dos gays, além de uma reportagem sobre a segunda marcha anual de protesto de gays e lésbicas em Nova York.[81] Nos anos seguintes, os principais jornais do país noticiaram outros fatos internacionais que trouxeram mais informações aos leitores sobre os esforços dos grupos de gays e lésbicas a fim de reivindicar *status* legal para os casamentos entre pessoas do mesmo sexo e eliminar a classificação da Associação Psiquiátrica Americana, que descrevia a homossexualidade como uma doença. O *Jornal do Brasil* também publicou uma história sobre as atividades da Frente de Liberação Homossexual argentina, o único grupo de direitos gays sul-americano existente nessa época.[82]

A imprensa alternativa, que conseguia burlar a vigilância da censura, criticava a ditadura militar e elegia como público-alvo estudantes, intelectuais e jovens de modo geral, ocasionalmente informando sobre mudanças políticas e culturais que ocorriam nos demais países.[83] Contudo, como no caso da grande imprensa, as referências ao homoerotismo eram esparsas e pouco regulares. Uma exceção à regra foi o jornal de vida curta *Já*, produzido por um grupo dissidente de *O Pasquim*.[84] Sediado no Rio de Janeiro, o *Já* esteve nas bancas durante a segunda metade de 1971, mas fechou depois de lançar apenas doze números. O semanário tinha uma coluna intitulada "Gay Power" e uma série de notas breves e notícias reunidas e assinadas por Sylvio Lamenha. Fosse ou não esse o verdadeiro nome do colunista, seus artigos apresentaram um contraste marcante em relação àqueles escritos para *O Snob* e outras publicações artesanais, cujos jornalistas assumiam uma personagem pública feminina. Um punho fechado segurando um buquê de flores silvestres servia de logotipo para a coluna, como que para sugerir tanto a militância política como os valores da contracultura. A "Gay Power" apresentava vinhetas sobre homossexuais brasileiros e europeus famosos, recomendava livros e peças que enfocavam a homossexualidade sob uma luz favorável e trazia notícias do início de um movimento político gay na Europa. Publicava também informações sobre bares gays no Rio e em São Paulo. A última coluna antes de que o jornal fechasse as portas trazia a manchete de duas páginas, em inglês, intitulada "Gay Liberation Front", um reflexo da influência do movimento internacional. Embora o jornal não conseguisse sobreviver depois desse ano por causa da concorrência do *Pasquim*, a coluna, a primeira em seu gênero, assinalou uma abordagem nova e aberta da homossexualidade.[85]

Até mesmo travestis no auge do estrelato eram influenciadas pelo movimento internacional. Em 1971, Aguinaldo Silva entrevistou Rogéria. A entrevista foi realizada por carta, pois Rogéria estava fazendo uma turnê pela África. Ao responder sobre a "revolução gay", Rogéria mencionou a Mattachine Society, radicada nos Estados Unidos, criticando a organização por pregar a superioridade homossexual. "O negócio é ser igual, e ter mesmo os mesmos direitos", explicou. "Sempre fui militante. Quando eu subo num palco e emociono uma plateia, estou mostrando com isso o quanto de humanidade existe em mim, na minha arte. Muitos homossexuais são militantes, cada um em seu campo, principalmente na arte. No dia em que aparecer um crioulo bicha, genial jogador de futebol, ele será aplaudido no Maracanã com o maior carinho. As pessoas têm sempre esta reação quando estão diante de um homossexual e notam nele um ser humano. Os homossexuais formam uma minoria oprimida, mas há uma diferença fundamental: é possível destruir as outras minorias, as raciais, por exemplo. A minoria homo é indestrutível; seria preciso simplesmente que não nascessem homens e mulheres para que deixassem de existir homossexuais".[86] A linguagem de Rogéria era eminentemente política. Ela categorizava os homossexuais como uma minoria oprimida e pregava a autoafirmação como um meio de superar a discriminação – dois elementos básicos do movimento internacional. O artigo a apresentava como uma pessoa sensível e articulada, um forte modelo político para as "bonecas" que vinham, já havia algum tempo, emulando sua graça e estilo.

O jornal *O Pasquim*, que publicou a entrevista com Rogéria, havia percorrido um caminho tortuoso até chegar àquele ponto de lidar diretamente com o tema da homossexualidade. Essa publicação da contracultura, de grande circulação no país, empregava o humor como principal arma para criticar a ditadura militar e os costumes sociais conservadores. As insinuações maliciosas, a crítica irreverente de muitas convenções sociais tradicionais da classe média e o uso prolífico de fotos de mulheres seminuas posicionava os editores em situação de constante conflito com os censores do governo. A persistência de *O Pasquim* em se opor às restrições do regime militar na sua concepção editorial alcançou um prestígio considerável e conquistou leitores por todo o país. O jornal, de apelo nitidamente carioca, promovia o estilo de vida despreocupado da classe média da Zona Sul do Rio de Janeiro – em especial de Ipanema. Praia, cerveja e mulher bonita eram glorificadas como as aspirações ideais de todos os homens brasileiros.[87]

Quando o jornal publicava um artigo sobre uma travesti como Rogéria, que buscava o ideal de beleza feminina tradicional, o tom da matéria era levemente sarcástico, ainda que respeitoso.[88] A transformação de homem em mulher não chegava a incomodar as representações tradicionais de gênero, e o discurso convencional machista e heterocêntrico do jornal permanecia seguro. Homossexuais como Madame Satã também ganharam o respeito de *O Pasquim*. O tabloide veiculava uma imagem idealizada do malandro da Lapa, descrevendo-o como "bicha brava", que "brigava que nem homem" e era capaz de matar para defender a própria honra.[89] Mais uma vez, aqui, os papéis de gênero não eram ameaçados pelo personagem de Madame Satã. Mas homens efeminados, que não conseguiam transformar a si mesmos em imitações perfeitas de modelos femininos, nem expressavam uma virilidade masculina, não eram tratados de modo muito lisonjeiro nas páginas do jornal. Muitos números continham piadas grosseiras sobre bichas. E, de fato, o historiador de *O Pasquim* José Luiz Braga afirma que o jornal foi o responsável pela popularização do termo em todo o país.[90] A manchete de primeira página de um número, por exemplo, dizia em capitulares: "TODO PAULISTA É BICHA". Em corpo menor, espremida entre as frases "todo paulista" e "é bicha", estava a explicação que modificava o sentido: "que não gosta de mulher". Dentro do jornal, Millôr explicava que, como as vendas haviam caído, os editores optaram por uma chamada incendiária para atrair a atenção dos leitores.[91] Para os redatores de *O Pasquim*, nada era sagrado em sua crítica bem-humorada da vida da classe média brasileira, dos políticos e dos militares, mas os homossexuais e as primeiras feministas, como Betty Friedan, que visitou o Brasil em 1971, eram alvos fáceis para aquele reduto de chauvinismo contracultural masculino. Embora *O Pasquim* permanecesse um símbolo de crítica ao *status quo*, foi somente com muita relutância que ele mudou sua linha editorial, no fim dos anos 70, quando os movimentos feministas e gays marcaram sua presença no cenário político e cultural.[92]

Os redatores de *O Pasquim* talvez fizessem um retrato negativo ou estereotipado dos homossexuais, mas outros jornalistas de meados da década de 1970 passaram a apresentar imagens alternativas e mais positivas. Em fevereiro de 1976, o então jovem jornalista Celso Curi iniciou uma coluna diária para a edição paulistana do *Última Hora*. A coluna era intitulada, com duplo sentido e bom humor, "Coluna do Meio". Os artigos de Celso foram um sucesso imediato e impulsionaram a circulação do jornal.[93] A coluna incluía comentários sobre personalidades gays nacionais e internacionais e notícias de bares e clubes noturnos entendidos no Rio de Janeiro e em São Paulo. O jornal foi inundado por cartas de homossexuais que chegavam dos quatro cantos do Brasil, elogiando Celso por sua coragem em escrever a coluna. Uma seção de classificados pessoais chamada de "Correio Elegante" era especialmente popular.[94] Ela se tornou um canal aberto para milhares de gays espalhados por todo o país que desejavam fazer contato uns com os outros. Celso Curi virou uma celebridade do dia para a noite na subcultura gay do Rio e de São Paulo. No ano seguinte, o editor de um jornal gay alternativo chamou-o de "o primeiro porta-voz dos homossexuais brasileiros".[95]

O sucesso da coluna inspirou outros jornalistas a seguir seu exemplo. Em 1977, Glorinha Pereira, uma antiga modelo e proprietária de uma sauna e uma boate gay no Rio de Janeiro, escreveu uma coluna intitulada "Guei", que apareceu no *Correio de Copacabana*, um semanário do bairro com circulação de 15 mil exemplares. Antônio Moreno publicou uma coluna nesse mesmo ano chamada "Tudo entendido", que aparecia no diário carioca *Gazeta de Notícias*.[96] A grande imprensa também procurava cobrir as subculturas gays do Rio e de São Paulo, informando os leitores sobre a diversidade de bares, saunas, discotecas e pequenas publicações que existiam em 1976 e 1977.[97] Esses artigos usualmente apresentavam a homossexualidade sob uma luz favorável. Os repórteres ofereciam descrições estruturadas da vida gay, incluindo relatos não estereotipados sobre indivíduos. A nova abordagem da imprensa na década de 1970 contrastava de forma gritante com a da década anterior.

Jornalismo independente gay

Em dezembro de 1976, inspirando-se nos esforços de Celso Curi e alguns outros jornalistas, Anuar Farah, Agildo Guimarães, Hélio Fonseca, José Rodrigues e outros antigos redatores e leitores de *O Snob* decidiram produzir sua nova publicação, *Gente Gay*. Eles perceberam que a atmosfera política era propícia. Dezenas de jornais alternativos negociavam com os censores e abriam seu caminho até as bancas. Com medo de complicações caso submetesse um jornal com material de temática explicitamente homossexual à censura, o grupo optou por continuar a fazer como na década anterior, circulando o *Gente Gay* de modo informal. Acrescentando uma simples advertência – "Apenas para circulação interna" –, os editores dessa nova publicação supunham evitar qualquer violação da lei de imprensa.

O título do jornal refletia uma mudança na linguagem da subcultura. Por volta de 1976, o termo inglês "gay", familiar para os homossexuais cariocas e paulistas por mais de uma década, havia entrado no léxico popular. Depois que a mídia usara a expressão "gay power" para se referir ao movimento nos Estados Unidos e na Europa no começo dos anos 70, a palavra perdeu seu caráter discreto de código, como ocorrera com o termo "entendido". O *Gente Gay* conservou muitos elementos de *O Snob*, mas promoveu um melhoramento no aspecto visual e uma mudança significativa no conteúdo. Embora o *Gente Gay* ainda fosse datilografado, a fotocópia havia substituído o mimeógrafo. As travestis continuavam a figurar na primeira página (agora com fotos em vez de desenhos), mas os editores incluíam fotos de homens em nu frontal, extraídas de publicações gays internacionais, em todos os números. Enquanto os colaboradores de *O Snob* usavam pseudônimos femininos para proteger seu anonimato e para brincar com seu nome de guerra como bonecas, agora a lista de editores e redatores incluía os nomes reais de muitas pessoas. Anuar lembrava do medo inicial em revelar os verdadeiros nomes: "Aí, a gente era assumido de verdade (olha, você não imagina o pavor que a gente sentia), mas nós usávamos os nossos nomes".[98] Uma vez que os fundadores do jornal superaram a hesitação inicial, eles até passaram a publicar fotografias das festas organizadas pelo grupo. Podia-se identificar claramente o rosto das pessoas, e os nomes apareciam sob as imagens em legendas bastante nítidas.

O conteúdo de muitos artigos em *Gente Gay* também mudou. O estilo familiar com fofocas e notícias internas do grupo continuou, mas o jornal agora também trazia informações sobre o movimento gay internacional. Um dos números, por exemplo, publicou as impressões de um leitor em visita aos Estados Unidos. O artigo incluía uma longa reportagem sobre os bares de Detroit, Washington e Nova York, bem como notícias sobre a Frente de Liberação Gay na Wayne State University, em Detroit.[99] Os editores relatavam as transformações que estavam ocorrendo na subcultura brasileira e informavam seus leitores sobre as últimas novidades na área de ficção de temática explicitamente homoerótica. Em outro, reproduzia um longo artigo sobre o artista e escritor Darcy Penteado, que havia assumido sua homossexualidade no ano precedente.[100] Os editores, no entanto, mantiveram seu humor *camp*, e ainda davam destaque às bonecas. O mesmo número com a entrevista de Darcy Penteado também apresentava uma entrevista com Veruska Donayelle, eleita Miss Imprensa pelos membros de *O Snob* dez anos antes. Agora, meticulosamente maquiada e com os cabelos longos, ela posava seminua, expondo os peitos avolumados por hormônio. Se na década de 1960 os membros de *O Snob* que se identificavam com o feminino podiam apenas sugerir suas afinidades travestindo-se no carnaval ou usando um vestido numa festa particular, uma década depois já podiam fazer uso da terapia hormonal e viver como se identificavam durante o ano todo.

O *Gente Gay* foi tão bem recebido que os editores decidiram dar um tratamento mais profissional à sua publicação. Mas essa ambição iria significar o fim do jornal. Os editores não tinham experiência em administrar um periódico de grande circulação. Publicaram duas edições de mil exemplares cada, mas não conseguiram recuperar as despesas relativamente grandes que tiveram com a impressão. Além disso, a decisão de expandir a circulação do *Gente Gay* foi tomada precisamente no mesmo momento em que um grupo de jornalistas e intelectuais com anos de experiência profissional lançava o *Lampião da Esquina*, jornal mensal com tiragem de dez mil exemplares no primeiro número distribuídos pelo Brasil inteiro. A competição sobrepujou todos os esforços dos editores do *Gente Gay* para prosseguir com seu projeto.[101]

Em São Paulo, dois outros jornais dirigidos a um público gay foram lançados em 1977. O primeiro, *Entender*, que começou como um produto caseiro, do mesmo modo que o *Gente Gay*, e com um número por mês, no fim do ano estaria sendo impresso em formato tabloide. O jornal apresentava notícias de bares e pontos de concentração de gays em São Paulo e no Rio de Janeiro, e até publicava anúncios de algumas saunas. Como o *Gente Gay*, fechou porque não pôde manter uma circulação grande o bastante para financiar seus custos. Do mesmo modo *Mundo Gay: o Jornal dos Entendidos* teve vida curta. Este também apresentava anúncios de negócios, bares e serviços e era vendido em bancas de jornais, e do mesmo modo já estava fora de circulação perto do fim do ano.[102]

Essas primeiras tentativas de produzir jornais gays falharam por uma série de motivos. Faltavam aos editores as habilidades jornalísticas e administrativas necessárias para lidar com um empreendimento em grande escala. Eles não sabiam como distribuir amplamente seu produto. Com vendas limitadas e pequena reserva de capital, os editores não tinham recursos para melhorar a qualidade gráfica ou sustentar a publicação até que o número de leitores crescesse. Os colabora-

"Abaixo a repressão: mais amor e mais tesão", 1969-1980

dores do jornal não eram jornalistas amadurecidos, mas novatos entusiastas sem um nome no mercado – a não ser entre os círculos de amigos – que pudesse aumentar o interesse do público. Mesmo assim, os esforços para criar esses jornais espelharam uma mudança entre muitos homossexuais. Cada vez menos indivíduos tinham restrições para assumir sua orientação sexual numa publicação. Além disso, a atmosfera política cada vez mais favorável despertava um otimismo quanto à possibilidade de conseguir o que até bem pouco fora considerado impensável: o estabelecimento de um "gay power" à brasileira.

A consolidação de uma nova identidade

Por volta da década de 1970, uma nova identidade tomou conta da subcultura homossexual no Rio de Janeiro e em São Paulo. Esse processo começara de modo gradual nos anos 50 e 60 e refletia uma interação desigual e combinada de múltiplos fatores. O espaço público expandido para a sociabilidade homossexual aumentou as oportunidades para pessoas interagirem com outras que compartilhavam uma identidade. As influências da revolução sexual do fim da década de 1960 e o movimento gay internacional ofereciam formas diferentes de pensar sobre os papéis sexuais e de posicionar-se perante os modelos hegemônicos, e ajudaram as pessoas a agir com mais abertura em relação à sua sexualidade. Novos modelos de papéis masculinos, com demarcações de gênero menos rígidas – como os exemplificados por cantores e atores proeminentes – ofereciam opções à díade bicha/bofe. Os jornais, peças e obras literárias ofereciam novos veículos para a discussão da homossexualidade. Colunistas como Celso Curi e as efêmeras publicações alternativas, como *Gay Society*, *Entender* e *O Mundo Gay*, promoveram essa nova identidade.

Como foi mencionado antes, o antropólogo Peter Fry e outros autores observaram que o uso da palavra "entendido" pelos homossexuais paulistas e cariocas na década de 1960 era um indício da predominância dessa nova identidade. Eles argumentaram que o entendido estava menos vinculado a papéis de gênero hierarquizados e adotava o conceito de uma relação mais igualitária com os parceiros sexuais. Além disso, a própria noção de relações sexuais "ativas" e "passivas" adquiria maior fluidez. Fry localizou essa mudança dentro do contexto das principais transformações sociais das classes média e alta nos grandes centros urbanos, as mesmas transformações que produziriam também novas identidades para as mulheres no mesmo período.[103]

Contudo, a pesquisa de Barbosa da Silva entre os homossexuais paulistas parece indicar que essas mudanças de identidade começaram na década de 1950 e apenas aumentaram em intensidade nos anos 60 e 70. Além disso, a escolha do termo "entendido" como símbolo prototípico de representação dessa transformação obscurece aspectos do fenômeno descrito. Na década de 1960, a expressão "entendido" tinha múltiplos usos e conotações, não apenas o significado que Fry atribuiu a ela. Para os membros de *O Snob*, o termo era sinônimo de "boneca" ou "bicha", ou seja, uma pessoa que sentia atração por homens "verdadeiros". Clóvis, rememorando a vida paulistana do começo dos anos 60, lembrou que o termo "entendido" era usado pela classe teatral entre 1964 e 1965 como uma palavra menos ofensiva para se referir a um homossexual.[104] Além do mais, a palavra foi rejeitada pelos primeiros grupos gays brasileiros por ser mais representativa de homossexuais "enrustidos". Muitos dos primeiros ativistas preferiam usar a palavra "bicha" dentro dos grupos para extirpar sua conotação pejorativa.[105] Já nos anos 80, a maioria dos ativistas e dos membros da subcultura adotara o termo "gay" como a palavra para autoidentificar sua *persona* sexual. Mesmo naquela época, gay significava muitas coisas. Ramalhete, que já participava ativamente da vida sexual na subcultura carioca desde a década de 1950, considerava o termo uma versão moderna para "bicha". Ele mantinha a díade generificada, que agora era formada pelo "homem" e o "gay" em lugar do "bofe" e da "bicha".[106]

À parte a terminologia, a nova identidade acuradamente descrita por Fry e outros estava ganhando terreno a olhos vistos. Muitos membros dessa subcultura urbana enfatizavam menos os papéis sexuais dentro de uma relação e adotavam a noção de que ambos os parceiros eram homossexuais. E, além disso, a autoaceitação parecia cada vez mais comum. Já em 1968, um artigo sobre homossexualidade publicado na revista *Realidade* mostrava que nenhum dos homens entrevistados considerava sua orientação sexual como uma doença, embora as cartas para o editor comentando a reportagem repetissem as velhas condenações morais à prática.[107] Em 1977, o psicanalista Flávio Gikovate também assinalava o fenômeno: "Até mais ou menos cinco anos atrás, tive inúmeros clientes homossexuais que buscavam uma 'cura', isto é, eles queriam um tratamento para o que consideravam um comportamento enfermo ... Nos últimos anos, tenho trabalhado com homossexuais apenas por outras razões. Ou seja, as pessoas já não procuram mais uma 'cura'". Embora o discurso médico-legal predominante continuasse a sustentar que a homossexualidade era um comportamento patológico, poucos homossexuais estavam procurando um tratamento médico ou psiquiátrico.[108]

Agildo Guimarães reconhecia a mudança em sua própria concepção de papéis e comportamento sexuais: "Antes era tudo bicha e bofe. Depois a gente começou a descobrir que podia transar outro homem e fazer o papel ativo. Não tinha que ser bicha na cama. Nos anos 70 mudou muita coisa".[109] Embora Agildo não soubesse articular as razões para essa mudança, seus empreendimentos jornalísticos, *O Snob* e o *Gente Gay* sugerem alguns fatores que contribuíram para isso. No ambiente cultural rigidamente generificado da década de 1950, a socialização homossexual no interior da subcultura reproduzia o sistema de gêneros normativo. Os bichas e os bofes de *O Snob* espelhavam o paradigma dominante. À medida que essa construção hegemônica começou a declinar na década de 1960, novos modos de conformar a identidade sexual de um indivíduo tornaram-se possíveis. Modelos de papéis nacionais e internacionais ofereciam exemplos alternativos para criar novos tipos de relações e de atividades sexuais. Os bichas descobriam, como o próprio Agildo relatou, que os papéis sexuais podiam ser fluidos. Embora o conteúdo do *Gente Gay* às vezes refletisse a linguagem mais tradicional das bonecas e a adesão à díade bicha/bofe, ele também continha elementos de novidade. A masculinidade já não era mais dissociada da homossexualidade. Em vez de ser "isso" ou "aquilo", podia-se ser ambos. Mas isso não quer dizer que um sistema sexual substituiu o outro. O surgimento de um novo modelo coexistia com a polaridade bicha/bofe. O processo teve início na classe média urbana, ao passo que os homossexuais de áreas rurais e das classes mais baixas, com menor acesso a modelos alternativos, tendiam a reproduzir a construção bicha/bofe.

Agrupando-se

Em 1976, João Silvério Trevisan, escritor paulista que vivera nos Estados Unidos no início da década de 1970 e estava em contato com o movimento de liberação gay da Área da Baía de São Francisco, tentou formar um grupo de discussão sobre homossexualidade entre universitários de São Paulo. Segundo Trevisan: "Às reuniões nunca esteve presente mais do que uma dúzia de pessoas, todas homens jovens. Alguns vinham com vagas propostas liberais e reivindicatórias, enquanto outros pensavam e sentiam os mesmos entraves ideológicos da velha esquerda. Houve tentativa de estudar alguns textos. Mas os participantes, muito reticentes ante a experiência, estavam paralisados por sentimentos de culpa – mesmo quando, pelo fato de serem homossexuais, tivessem sofrido humilhações da parte de seus companheiros de partido. A grande pergunta que se faziam ia ser comum, daí por diante, nos grupos de homossexuais da primeira fase do Movimento: seria politicamente válido que nos reuníssemos para discutir sexualidade, considerada secundária no contexto da grave situação brasileira?".[110] O grupo organizado por ele não conseguiu manter a coesão e acabou se separando depois de algum tempo. Trevisan permaneceria um crítico constante de qualquer influência da esquerda no movimento gay brasileiro. Em sua análise do grupo de conscientização, ele identificou uma importante fonte de tensão que continuaria a existir e acabaria por dividir o primeiro grupo organizado bem-sucedido em São Paulo: enquanto uma facção era a favor de um movimento que se concentrasse apenas em assuntos dos gays, outra tendência defendia alianças entre os grupos gays e os demais movimentos sociais, incluindo setores da esquerda.

As reservas de Trevisan e outros homossexuais perante a esquerda eram justificadas em muitos aspectos. O Partido Comunista Brasileiro foi a organização de esquerda hegemônica até o começo dos anos 60 e exerce uma tremenda influência entre os artistas e intelectuais do país. Ele defendia a posição tradicional stalinista, de que a homossexualidade era um produto da decadência burguesa. O PCB sofreu uma fratura em razão do conflito sino-soviético iniciado em 1962 e das disputas internas quanto a apoiar ou não a luta armada contra a ditadura, mas a aversão ideológica à homossexualidade continuou a existir em todas as organizações que emergiram do Partidão.[111] Muitos militantes ou simpatizantes da esquerda sofriam ostracismo social quando assumiam seus desejos sexuais aos colegas de partido. Por exemplo, as experiências negativas de Aguinaldo Silva, editor do *Lampião*, com o PC e outros setores da esquerda nos anos 60 levou-o a criticar qualquer ligação entre o movimento incipiente e as organizações esquerdistas.[112] Herbert Daniel, que aderiu a um grupo guerrilheiro nessa mesma década, descobriu que a homofobia dentro da organização era intolerável.[113] Fernando Gabeira, embora ele próprio não fosse identificado como gay, criticava a posição antifeminista e antigay das diversas organizações de esquerda com as quais tivera contato quando viveu numa comunidade de exilados na Europa, após o famoso sequestro do embaixador Elbrick, em 1969.[114]

O grupo de Trevisan só se manteve unido por algumas reuniões, mas uma segunda tentativa de formar um grupo gay com enfoque político ocorreu no Rio de Janeiro na mesma época. No dia 1º de julho de 1976, um ativista distribuiu convites em alguns pontos de encontro de homossexuais e para a imprensa, anunciando o encontro social da União do Homossexual Brasileiro, que iria ocorrer dali a três dias nos jardins do Museu de Arte Moderna. Parte do folheto dizia:

Além do carnaval

Dia do Homossexual

Na ocasião, além de nos confraternizarmos, teremos oportunidade de conhecer o perfil da luta em que nos empenhamos pelos direitos do homossexual brasileiro e por uma vida digna e respeitada. Vá e leve o seu caso. Se for poeta, leve a sua poesia. Se for músico (compositor) leve os seus trabalhos. Se for simpatizante, leve o seu sorriso e o seu abraço para um amigo desacompanhado. Viva a União do Homossexual Brasileiro. Por melhores oportunidades e igualdade de condições. Viva 4 de julho! Alegria. Amor. Respeito.[115]

É possível que o autor anônimo do panfleto houvesse programado o evento para 4 de julho porque essa data se aproximava das comemorações da Rebelião de Stonewall, que era celebrada nos Estados Unidos e em outras partes do mundo por volta de 28 de junho como dia do Orgulho de Gays e Lésbicas. O convite usava uma linguagem que lembrava o movimento estudantil, o qual deixara a clandestinidade no ano anterior, mas os *slogans* traziam um teor menor de confrontação. O tom do folheto veiculava tanto uma precaução como um desejo de criar um movimento com base na igualdade e no respeito mútuo.

No dia 4 de julho, enquanto os repórteres afluíam para cobrir o evento, oito camburões e setenta homens do Departamento Geral de Investigação Especial cercaram o museu. Os indivíduos que pudessem estar se aproximando da área a fim de participar do encontro certamente foram intimidados pela exibição da força policial.[116] O encontro não ocorreu, e o esforço de mobilizar os homossexuais do Rio de Janeiro fracassou. A reação oficial à tentativa de organizar um grupo ativista gay indicava que o governo ainda via qualquer evento público político ou semipolítico como potencialmente subversivo. Embora os homossexuais pudessem se reunir em discotecas nos sábados à noite, o agrupamento num espaço público para reivindicar objetivos políticos, como igualdade, dignidade e respeito, constituía um desafio ao regime. Nos primeiros dias da liberalização política, atividades democráticas desse tipo ainda eram solapadas antes mesmo que tivessem qualquer chance de sucesso.

"Abaixo a repressão: mais amor e mais tesão", 1969-1980

Um ano mais tarde a atmosfera política havia melhorado significativamente. No fim de 1977, Winston Leyland, editor da Gay Sunshine Press, de São Francisco, veio ao Brasil para coletar material a fim de publicar uma antologia de literatura gay latino-americana. João Antônio Mascarenhas, seu anfitrião no Rio, aproveitou a visita de Leyland para organizar uma série de entrevistas com a imprensa, nas quais ele falaria sobre o movimento internacional pelos direitos gays. A cobertura da imprensa foi ampla e extremamente simpática.[117] A visita de Leyland catalisou o grupo de intelectuais que se encontrou com ele. Eles decidiram formar uma cooperativa editorial e publicar um jornal para homossexuais que seria um veículo para a discussão sobre sexualidade, discriminação racial, artes, ecologia e machismo. O editorial do primeiro número, intitulado "Saindo do gueto", dizia: "Brasil, março de 1978. Ventos favoráveis sopram no rumo de uma certa liberalização do quadro nacional em ano eleitoral, a imprensa noticia promessa de Executivo menos rígido, fala-se na criação de novos partidos, de anistia, uma investigação das alternativas propostas faz até com que se fareje uma 'abertura': de discurso brasileiro. Mas um jornal homossexual, para quê?". Os editores em seguida defendiam a necessidade de romper com o isolamento do gueto restrito no qual os homossexuais brasileiros circulavam, bem como de derrubar os estereótipos sociais associados à homossexualidade.[118] Aguinaldo Silva, o principal líder dessa empreitada, explicava o plano para o novo jornal como uma reação aos difíceis problemas enfrentados pelos homossexuais: "Mas há, ao mesmo tempo, uma maioria de homossexuais que procura, navegando através da repressão, levar uma vida não 'anormal', que não se pode levar uma vida normal numa sociedade semiapodrecida como a nossa. Mas, pelo menos, tentando viver exatamente, como as outras pessoas – quer dizer, 'batalhando' pura e simplesmente pelo dia a dia".[119]

O jornal foi batizado de *Lampião da Esquina*, um título sugestivo da vida gay de rua, mas que aludia também à figura do rei do cangaço. O conselho editorial do *Lampião da Esquina* incluía nomes de destaque dos círculos acadêmicos, como o antropólogo Peter Fry e o também cineasta e crítico de cinema Jean-Claude Bernardet. O pintor e escritor Darcy Penteado juntou-se ao grupo, assim como intelectuais ativistas como João Antônio Mascarenhas e João Silvério Trevisan. Diversos jornalistas profissionais também trouxeram sua importante experiência prática para o empreendimento. Com capital angariado por meio de uma carta solicitando fundos a "amigos e amigos de amigos", o *Lampião* começou com uma circulação de dez mil exemplares por edição e era vendido em bancas de todo o país. O tabloide publicava contos, ensaios, notícias do movimento internacional de gays e lésbicas, informações sobre bares e pontos de interação e notas sobre eventos que pudessem interessar aos leitores gays. Com redatores experientes e recursos financeiros, os editores produziram um jornal de qualidade. Embora o *Lampião* inicialmente tenha se apresentado como um jornal que uniria mulheres, negros, ecologistas e homossexuais, permaneceu fortemente dirigido ao público homossexual masculino. Mas publicava também entrevistas com figuras que discutiam o movimento feminista, a consciência negra, a lesbianidade e outras questões culturais e sociais debatidas no Brasil da época.[120]

O primeiro número do *Lampião da Esquina* apareceu em abril de 1978. A matéria da capa era um artigo sobre Celso Curi, o colunista gay pioneiro do *Última Hora*. No ano anterior, os militares haviam acusado Curi de violar o Artigo 17 da lei de imprensa. Entre as acusações levantadas contra o jovem jornalista, estava a de que ele ofendera, "de modo contínuo, no período compreendido entre 5 de fevereiro e 18 de maio de 1976, a moral pública e os bons costumes na Coluna do Meio, cujo nome não deixa dúvidas quanto ao assunto tratado, o homossexualismo, que é claramente exaltado, defendendo-se abertamente as uniões anormais entre seres do mesmo sexo, chegando inclusive a promovê-las através da seção Correio Elegante".[121] Os editores do *Lampião* usaram o primeiro número do jornal para defender Curi e argumentar que o caso contra ele era a prova dramática da necessidade de um movimento organizado, cujo objetivo deveria ser resguardar os indivíduos contra as ações arbitrárias do governo e combater as atitudes homofóbicas na sociedade brasileira de modo geral.

"Abaixo a repressão: mais amor e mais tesão", 1969-1980

Logo depois de o *Lampião* aparecer nas bancas de todo o país, uma dúzia de gays em São Paulo organizou um grupo que evoluiria para a primeira organização duradoura e bem-sucedida de liberação dos gays. O grupo de início chamou a si mesmo de Núcleo de Ação pelos Direitos dos Homossexuais, e em seu primeiro estágio agiu como uma organização para a tomada de consciência gay, nos moldes do grupo que fora organizado por Trevisan em 1976. Mais tarde foram desenvolvidos subgrupos, que promoviam atividades que iam de campanhas políticas a reuniões de debate. Durante os primeiros seis meses da existência do grupo, seu tamanho permaneceu pequeno, quinze a vinte indivíduos, a maioria homens. A participação variava, com as pessoas entrando e saindo da pequena organização.

No fim de 1978, o nome do grupo foi objeto de uma discussão acalorada. Teria aquele nome – Núcleo de Ação pelos Direitos dos Homossexuais – desencorajado novos membros de se juntar ao grupo em razão da sua acentuada proposta política? Alguns membros especulavam que o teor ativista do nome do grupo era a razão pela qual apenas uma dúzia de pessoas havia ido a uma determinada reunião. Outros sugeriam que as pessoas tinham medo de se unir a uma associação semissecreta. Alguns propuseram mudar o nome do grupo para Somos, em homenagem à publicação de vida curta editada pela Frente de Liberação Homossexual Argentina, que veio a público em Buenos Aires em 1971 e desapareceu em 1976, na longa noite da ditadura militar daquele país. Outros queriam um nome que expressasse claramente a proposta da organização, e sugeriram Grupo de Afirmação Homossexual. Os nomes incluindo a palavra "gay" eram vigorosamente rejeitados, pois, diziam os participantes, isso seria uma imitação do movimento americano.[122] Havia o consenso de que um movimento brasileiro único precisava ser forjado. O empréstimo de termos estrangeiros, argumentava-se, poderia comprometer tal intenção. O grupo finalmente chegou a um acordo e rebatizou-se como Somos: Grupo de Afirmação Homossexual.

Em 6 de fevereiro de 1979, membros do Somos participaram de um debate público na Universidade de São Paulo. O evento era parte de uma série de quatro dias de discussões visando organizar as "minorias" brasileiras – mulheres, negros, índios e homossexuais. O programa sobre a homossexualidade contava com uma mesa de palestrantes que incluía editores do *Lampião* e membros do Somos. Mais de trezentas pessoas lotaram o auditório para ouvir os debates, e o evento representou para o movimento de gays e lésbicas brasileiro uma verdadeira "saída do armário". As discussões que se seguiram às apresentações dos oradores foram acaloradas, à medida que os ataques e contra-ataques entre os representantes de grupos estudantis de esquerda e defensores dos interesses de gays e lésbicas cruzavam a sala. Pela primeira vez, as lésbicas podiam falar abertamente em público sobre a discriminação que sofriam. Os estudantes gays se queixavam de que a esquerda brasileira era homofóbica. Estudantes de esquerda que apoiavam Fidel Castro e a Revolução Cubana argumentavam que combater temas específicos, como sexismo, racismo e homofobia, iria dividir o crescente movimento contra o regime militar. Eles sustentavam que as pessoas deveriam se unir em uma luta geral contra a ditadura.[123] A primeira controvérsia no incipiente movimento pelos direitos gays no Brasil provocava fissuras nos mesmos pontos que haviam cindido o grupo de debate de João Silvério Trevisan dois anos e meio antes. Ao longo do ano seguinte, conforme novos grupos floresciam em São Paulo e outras cidades, os ativistas gays e lésbicas continuariam a se debater entre construir um movimento autônomo independente das forças sociais mobilizadas contra o regime militar ou formar ligações com esses novos movimentos sociais.[124] Como resultado dos debates e discussões em torno dessas e outras questões relacionadas à homossexualidade, iniciadas em grande parte pelos ativistas dos direitos de gays e lésbicas, psiquiatras, sexólogos e acadêmicos começaram a publicar um material mais favorável sobre relações homoeróticas na imprensa e nas revistas especializadas.[125] Em vez de se apoiar nos escritos médico-legais das décadas de 1930 e 1940, esses autores em geral apresentavam a ideia de que a homossexualidade era apenas um entre muitos diferentes comportamentos sexuais possíveis, e não uma patologia.[126]

"Abaixo a repressão: mais amor e mais tesão", 1969-1980

Com a nova imagem pública do Somos e a formação de grupos similares pelo país afora, o governo se voltou contra o *Lampião*. Desde agosto de 1978, o veículo vinha sendo objeto de investigação policial acusado de ofensa à "moralidade pública". Um documento que vazou do governo revelava que os militares pretendiam fechar a publicação de algum modo, fosse por meio de alguma cláusula na lei de imprensa, fosse por meio de auditoria financeira. No começo de 1979, o regime acusou os editores do *Lampião* de ofender "a moral e os bons costumes", o que poderia significar uma punição de mais de um ano de cadeia. Os intelectuais, figuras do meio artístico e cultural, o sindicato dos jornalistas e a Associação Brasileira de Imprensa denunciaram as medidas do governo. Alguns membros do Grupo Somos, num de seus primeiros atos de ativismo político, formaram uma comissão em defesa do *Lampião* que fez circular uma petição protestando contra as ações do regime. Finalmente, os militares encerraram a auditoria financeira e retiraram as acusações contra os editores da publicação gay.[127]

Em abril de 1980, ativistas de oito grupos reuniram-se em São Paulo para o Primeiro Encontro Nacional de Grupos Homossexuais Organizados. Mil lésbicas e gays superlotaram o teatro Ruth Escobar para assistir a uma cerimônia fechada do evento. Algumas semanas depois, no Primeiro de Maio, um grupo de cinquenta gays e lésbicas assumidos marchou com centenas de milhares de outros brasileiros pelas ruas de São Bernardo do Campo, no ABC paulista. Eles estavam ali para apoiar a greve geral dos sindicalistas, cuja paralisação levara o governo a decretar o estado de sítio e a convocar o Segundo Exército. Os corajosos ativistas gays e lésbicas marchavam sob uma faixa onde se lia: "Contra a discriminação ao(à) trabalhador(a) homossexual". Um panfleto distribuído pelo grupo ligava a luta dos grevistas com a dos oprimidos (negros, mulheres e homossexuais), denunciava exemplos de discriminação no trabalho e conclamava à união da classe trabalhadora para dar um fim a essas práticas.[128] Quando o grupo adentrou o estádio de futebol para participar de uma assembleia no fim da passeata, foi aplaudido por milhares de pessoas.

Embora um setor do movimento de gays e lésbicas estivesse começando a firmar laços com a esquerda e outras forças de oposição ao regime militar, o Estado aparentemente deixou de dirigir sua atenção ao movimento após o fracasso em fechar o *Lampião*. Arquivos sobreviventes do Departamento Estadual de Ordem Política e Social (DOPS), a infame polícia política encarregada de vigiar atividades subversivas, no Rio e em São Paulo, revelam que ao menos esse aparato opressivo ignorava amplamente os ativistas gays e lésbicas. Os arquivos do DOPS, abertos para pesquisa pública em 1994, contêm documentos de alguns dos editores do *Lampião*, mas eles dizem respeito às ligações individuais com organizações de esquerda na década de 1960 ou com o movimento contra a ditadura nos anos 70, sem fazer qualquer referência à homossexualidade da pessoa ou ao seu ativismo homossexual.[129] É provável que os agentes do DOPS estivessem envolvidos demais em tentar conter a dinâmica explosiva do movimento trabalhista – que ameaçava sabotar os planos dos militares de abertura gradual – para que ficassem atentos a um movimento ainda pequeno em número de adeptos e sem uma proposta política claramente articulada. Ao examinar os arquivos policiais desse período, fica a impressão de que os espiões e informantes do DOPS mal conseguiam acompanhar a série de manifestações, protestos, assembleias públicas, organizações estudantis e greves que caracterizaram o período. Seja qual for a razão, o recém-formado movimento de gays e lésbicas parece ter sido amplamente desprezado pelo braço repressivo do Estado.

Se a polícia política tivesse acompanhado de perto os movimentos de ativistas gays e lésbicas, ela teria notado os desdobramentos da participação dos cinquenta membros e simpatizantes do Somos nos protestos do Dia do Trabalho. A decisão de participar da passeata de Primeiro de Maio não fora unânime, e mais tarde ela contribuiu para aumentar a tensão crescente dentro do movimento nascente. Essa questão e o debate mais amplo sobre trabalhar ou não com setores da esquerda brasileira logo dividiram o Somos de maneira irremediável. Uma minoria, que era contrária a qualquer colaboração com as forças de esquerda, deixou o Somos para formar um novo grupo, o Outra Coisa.

"Abaixo a repressão: mais amor e mais tesão", 1969-1980

Embora a divisão do emergente movimento fosse ardentemente discutida nas páginas do *Lampião*, uma batida policial que resultou na detenção de mais de 1.500 gays, travestis e prostitutas no centro de São Paulo, destinada a "limpar" a área, voltou a unir as forças divergentes. Em 13 de junho de 1980, quinhentas pessoas se reuniram nos degraus do Teatro Municipal para protestar contra as prisões do mês anterior. Sob a garoa fina, os ativistas pediram a demissão do delegado e convocaram a assembleia para uma passeata pelas ruas do centro. Depois de alguns breves discursos de Darcy Penteado e outras figuras públicas, a multidão saiu em protesto contra as prisões arbitrárias, entoando "Abaixo a repressão, mais amor e mais tesão". Um movimento havia nascido.[130]

Notas

1 Para relatos dos acontecimentos políticos do ano de 1968, ver Gabeira, *Carta sobre a anistia*; a entrevista do Pasquim; conversação sobre 1968, 1979; Ventura, *O ano que não terminou*, 1988, e Perrone, *Relato de guerra*: Praga, São Paulo, Paris, 1988. Para uma análise dos debates políticos que impeliram o movimento estudantil nos primeiros anos da ditadura, ver Martins Filho, *Movimento estudantil e ditadura militar*. 1964-1968, 1987.

2 Uma documentação da ampla violação dos direitos humanos pela ditadura militar está em: Arquidiocese de São Paulo, *Brasil nunca mais*, 1985.

3 Lever, *Soccer Madness*, 1983, p.69.

4 Melo Filho, "O governo garante um clima de tranquilidade e trabalho: o mundo em guerra o Brasil em paz", *Manchete*, n.1.035, 19 fev. 1972, p.20-1.

5 Alves, *State and Opposition in Military Brazil*, 1985, p.106-14.

6 Ibidem.

7 Buzaid, "Censura prévia para livros e periódicos", *Última Hora*, 12 fev. 1970, p.1. Sobre as restrições do governo à imprensa, ver Johnson, "Academic Press Censorship Under Military and Civilian Regimes: The Argentine and Brazilian Cases, 1964-1975", 1978; Marconi, *A censura política na imprensa brasileira (1968-1978)*, 1980; e Smith, *A Forced Agreement*: Press Acquiescence to Censorship in Brazil, 1997. Para sua influência sobre a produção literária, ver Santia-

go, "Repressão e censura no campo da literatura e das artes na década de 70", 1979, p.187-95; e Pellegrini, *Gavetas vazias*: ficção e política nos anos 70, 1996.

8 Uma análise criteriosa do processo de abertura na época de Geisel pode ser encontrada em Bernardo Kucinski, *Abertura, a história de uma crise*, 1982.

9 James N. Green, "Liberalization on Trial: The Brazilian Workers' Movement", 1979, p.15-25; Moises, "What is the strategy of the 'New Syndicalism'?", 1982, p.55-73; Keck, "Update on the Brazilian Labor movement", 1984.

10 Sônia Alvarez escreveu a mais completa história do movimento das mulheres nesse período, em *Engendering Democracy in Brazil*: Women's Movement in Transition Politics, 1990. Ver, também, Hanchard, *Orpheus and the Power*: The Movimento Negro of Rio de Janeiro and São Paulo, 1945-1988, 1994.

11 Alvarez, *Engendering Democracy in Brazil*, p.82.

12 Ibidem, p.84-96.

13 Ibidem, p.109.

14 Para diferentes interpretações do movimento gay brasileiro nos primeiros anos, ver Trevisan, *Devassos no Paraíso*, 1986, p.199-228; MacRae, *A construção da igualdade*: identidade sexual e política no Brasil da "abertura", 1990; e Green, "The Emergence of the Brazilian Gay Liberation Movement, 1977-1981", 1994, p.38-55, e "More Love and More Desire: The Building of the Brazilian Movement", 1999, p.91-109. Para um estudo da correspondência de indivíduos com o Somos, ver Souza, *Confidências da carne*: o público e o privado na enunciação da sexualidade, 1993.

15 Entre as melhores obras em inglês sobre o período da ditadura militar e o processo de democratização estão Alves, *State and Opposition in Military Brazil*, 1985, e Skidmore, *The Politics of Military Rule in Brazil, 1964-1985*, 1988.

16 Silva, entrevista gravada com o autor, São Paulo, 26.11.1994.

17 Perlongher, *O negócio do michê*: prostituição viril em São Paulo, 1987, p.78-9.

18 Diniz, entrevista gravada com o autor, Rio de Janeiro, 2.11.1994.

19 Fonseca, entrevista gravada com o autor, Niterói, 25.7.1995.

20 Jáuregui, *La homosexualidad en la Argentina*, 1987, p.167-74; e Acevedo, *Homosexualidad*: hacia la destrucción de los mitos, 1985, p.218-9, 235-7.

21 Haroldo Costa debate esse ponto em sua versão atualizada da obra clássica de Eneida sobre o carnaval carioca. Costa, "Trinta anos depois...", 1987, p.247.

22 "Mineiro quer Dener fora da TV", *Jornal do Brasil*, 19 abr. 1972, p.26.

23 Em 1973, o Departamento de Turismo, que patrocinava o baile no Municipal, onde o luxuoso concurso de fantasias tinha lugar, cancelou a competição mascu-

"Abaixo a repressão: mais amor e mais tesão", 1969-1980

lina. Na ocasião, todo mundo viu que o motivo para essa atitude era a participação, com grande destaque, de homossexuais no evento.

24 Em relação ao Rio de Janeiro: Caê, entrevista gravada com o autor, Rio de Janeiro, 9.7.1996; João Antônio, *Ô Copacabana! Ô Copacabana!*, 1978, p.47-50. Em relação a São Paulo: Bivar, "Revolução sexual à paulista", 1977, p.50.

25 Ricardo, entrevista gravada com o autor, São Paulo, 17.6.1995. Para relatos de viagem sobre a vida gay no Rio de Janeiro e em São Paulo nesse período, ver Altman, "Down Rio Way", 1983, p.214-9; e Frederick Whitam, "*Os Entendidos*: Gay Life in São Paulo in the late 1970s", 1995, p.231-40.

26 Caê, que preferia dançar na Zig-Zag no começo dos anos 70, em razão de sua política menos restritiva, lembrou que certa vez fora advertido por um garçom no Sótão de que não poderia beijar seu namorado enquanto estivesse na discoteca. Caê, entrevista gravada com o autor, Rio de Janeiro, 9.7.1995.

27 John McCarthy, entrevista gravada com o autor, Rio de Janeiro, 9.7.1995.

28 Veriano Terto Junior realizou um estudo do sexo homossexual nos cinemas do Rio de Janeiro na década de 1980 que descreve em detalhes a interação sexual e social que ocorria nesses lugares. Ver *No escurinho do cinema... socialidade orgiástica nas tardes cariocas*, 1989.

29 "O prostituto", *Veja*, n.115, 18 nov. 1970, p.30.

30 No Primor, o lanterninha, apelidado de "Geralda" pelos frequentadores homossexuais, agia como um cúmplice passivo das estrepolias sexuais que ocorriam ali ao ignorar o comportamento dos clientes. Ver "O prostituto", op. cit., p.30. De modo similar, Terto Junior documentou o consentimento silencioso que os funcionários davam às atividades homossexuais que ocorriam no cinema por ele estudado. Terto Junior, entrevista gravada com o autor, Rio de Janeiro, 24.7.1995. Celso Ricardo, que trabalhou para uma das maiores redes de cinema de São Paulo, confirmou o fato de que os proprietários dependiam do dinheiro deixado nas bilheterias pelos homossexuais. Ricardo, entrevista, 17.6.1995.

31 José Saffioti Filho, "Os acordes da liberação gay", *Manchete*, 9 out. 1977, p.91.

32 Santos, "Bichas e entendidos: a sauna como lugar de confronto", 1976, p.2. Carlos dos Santos conduziu um estudo antropológico de uma sauna no Rio de Janeiro no início da década de 1970.

33 Ricardo, entrevista, 17.6.1995.

34 Alice, entrevista gravada com o autor, São Paulo, 22.6.1995.

35 "Travestis são presos de biquínis", *Jornal do Brasil*, 18 set. 1972, p.22.

36 Allen Young, jornalista americano e um dos primeiros ativistas da liberação gay, assumiu sua homossexualidade quando fazia uma visita ao Rio de Janeiro em 1964. Em uma segunda viagem ao Rio, em 1972, ele registrou as alterações na

subcultura, falando dos "esquisitos gays" que "não se sentem cem por cento livres para contar a seus amigos mais próximos, mas que disseram não se importar caso seus amigos mais próximos saibam". Young, "Gay Gringo in Brazil", 1973, p.63. Uma revista noticiou o quase linchamento de dois homens que se beijavam na praia de Ipanema em 1976. "Um gay power à brasileira", *Veja*, 24 ago. 1977, p.67.

37 Ver Kulick, *Travesti*: Sex, Gender, and Culture among Brazilian Transgendered Prostitutes, 1998, sem dúvida o melhor estudo sobre travestis brasileiras. Kulik estudou travestis em Salvador na década de 1990, mas suas observações sobre as práticas e a construção de uma identidade são consistentes com o material histórico que encontrei acerca de travestis no Rio e em São Paulo nos anos 70.

38 Cf. Ottoni, "A prostituição masculina homossexual e o 'travesti'", 1981; Silva, *Travesti*: a invenção do feminino, 1993; Cornwall, "Gendered identities and gender ambiguity among *travestis* in Salvador, Brazil", 1994, p.111-32; e Mattos & Ribeiro, "Territórios da prostituição nos espaços públicos da área central do Rio de Janeiro", s. d.

39 Brandão, "Cuidado: travestis invadem a cidade", *Última Hora*, 2 ago. 1975, p.8; "Travesti, presença crescente na cidade", *Folha de S.Paulo*, 16 ago. 1976, p.26; "Mais 28 travestis detidos pelo Deic", *Notícias Populares*, 8 out. 1977; e Portão, "Polícia declara guerra aos travestis paulistanos", *Folha da Tarde*, 31 jan. 1977, p.13.

40 Mais da metade das trezentas travestis detidas entre dezembro de 1976 e janeiro de 1977 usava hormônios para aumentar os peitos. Ver Departamento das Delegacias Regionais de Polícia da Grande São Paulo, Degran. Delegacia do Quarto Distrito Policial, "Termo de Declarações" (Arquivo pessoal, Guido Fonseca, dez. 1976 a jan. 1977).

41 A prostituição brasileira na França foi maciça o bastante para que a palavra *brésilien* se tornasse sinônimo de travesti, na década de 1980.

42 A história de uma dessas travestis, que terminou em uma prisão romana onde foi entrevistado por um antigo membro das Brigadas Vermelhas, fornece um relato crucial das vidas dessas trabalhadoras do sexo. Ver Albuquerque & Jannelli, *A princesa*, 1995.

43 "Polícia diz que Cinelândia à noite seguiu sua vocação", *Jornal do Brasil*, 3 mar. 1972, p.15.

44 Fonseca, entrevista gravada com o autor, São Paulo, 8.3.1995; ver, também, Pierangelli (Ed.) *Códigos penais do Brasil*: evolução histórica, 1980, p.596.

45 Fonseca, entrevista, 8.3.1995.

46 Fonseca, *História da prostituição em São Paulo*, 1982, p.226.

47 "Termo de Declarações", dez. 1976-jan. 1977.

48 Fonseca, entrevista, 8.3.1995.

49 Brandão, "Cuidado: travestis invadem a cidade", p.8.

50 Alves, entrevista gravada com o autor, Curitiba, 21.1.1995.

51 Fonseca, entrevista, 8.3.1995.

52 Para um retrato fictício dessa série de relações no Rio de Janeiro no início dos anos 60, ver "A Desforra", in Damata, *Os solteirões*, 1976, p.129-58.

53 Martins & Srur, "A passarela dos caubóis", *Última Hora*, 7 nov. 1970, p.5; "A vida continua", *Veja*, n.119, 25 nov. 1970, p.32-3; "Homossexuais são detidos em São Paulo", *Jornal do Brasil*, 6 out. 1971, p.6.

54 "O prostituto", op. cit., p.30.

55 "A vida continua", op. cit., p.33.

56 Almeida, *Michê*, 1984, p.128.

57 Perlongher, *O negócio do michê*, p.246-51. Para outros exemplos dos perigos em pegar michês, ver Pereira, *Sexo e prostituição*, 1967, p.112-6.

58 Cf. MacRae, *A construção da igualdade*, p.52-3; e Trevisan, *Devassos no Paraíso*.

59 Uma história do Teatro Oficina pode ser vista em George, *The Modern Brazilian Stage*, 1992, p.55-73.

60 De acordo com João Silvério Trevisan, Caetano Veloso diz "explicitamente que não transava com homens", por mais que os boatos abundassem. Trevisan, *Devassos no Paraíso*, 1986, p.168-9. Quando perguntado sobre essas negativas em uma entrevista de 1987 para uma revista gay nova-iorquina, Caetano afirmou: "Eu nunca neguei ter tido uma experiência gay. Mas como sabem, eu sou casado, e não acho que seja correto falar especificamente sobre sua vida sexual em público". Andrusia, "Caetano Veloso, the Most Popular Singer/Songwriter in Brazil, Talks About Music, Sexuality, AIDS, and Creating a New Pop Nationality." *New York Native*, n.222, 20 jul. 1987, p.38. Para uma discussão sobre o tropicalismo e seu impacto na cultura brasileira no fim da década de 1960, ver Hollanda, *Impressões de viagem*: cpc, vanguarda e desbunde, 1960-1970, 1992, p.53-87; Dunn, "The Relics of Brazil: Modernity and Nationality in the Tropicalista Movement", 1996; e "The Tropicalista Rebellion: A Conversation with Caetano Veloso", *Transition: An International Review*, v.6, n.2, issue 70, p.116-38. Gostaria de agradecer a Christopher Dunn, por compartilhar seu trabalho comigo.

61 Essa mudança na identidade de gênero e na tolerância pelo comportamento andrógino entre os jovens brasileiros foi documentada em um projeto de pesquisa conduzido no começo dos anos 80. Lázaro Sanches de Oliveira entrevistou setecentos universitários cariocas para ver como eles se identificavam com os papéis

de gênero tradicionais. Usando o Catálogo de Papéis Sexuais de Sandra Lipsitz Bem, Oliveira descobriu que 26% dos pesquisados apresentavam características culturalmente associadas tanto com o comportamento masculino como com o feminino, enquanto outros 19% assumiam características que eram consideradas ou masculinas ou femininas, segundo as normas sociais. O pesquisador notou que essa identidade "andrógina", embora talvez tendenciosa pelo fato de a amostra ser restrita a estudantes, refletia, contudo, uma mudança na identificação dos papéis de gênero tradicionais. O estudo ganhou um prêmio do Conselho Federal de Psicologia, em 1982. Oliveira, *Masculinidade, feminilidade, androginia*, 1983, p.52-3. A simpatia em relação a um artista andrógino, contudo, não necessariamente se traduz em uma imagem positiva da homossexualidade, como apontam diversas pesquisas feitas no período. Em 1975, a revista *Manchete* realizou uma pesquisa com duzentas pessoas no Rio e em São Paulo, e o resultado foi que 79% consideravam a homossexualidade uma anormalidade e 82% achavam que os homossexuais deveriam passar por tratamento médico para curar sua condição. Almeida, Varejão, Gandara, Araújo, Segovick, Albuquerque. "Homossexualismo: a hora da verdade", *Manchete*, v21, n.1.231, 22 nov. 1975, p.18, 21. Cinco anos depois o Instituto Paulista de Pesquisa de Marketing realizou uma pesquisa mais extensa de âmbito nacional sobre "os hábitos e atitudes sexuais dos brasileiros". Das 4.860 pessoas entrevistadas ou solicitadas a preencher questionários, 69% responderam. O nível de resposta dos que tinham entre 18 e 23 anos foi significativamente maior do que no restante da amostra, desviando assim o resultado "com o reforço das opiniões jovens, mais bem liberadas e mais atuantes". Santa Inez (Ed.) *Pesquisa acerca dos hábitos e atitudes sexuais dos brasileiros*, 1983, p.18-20. A despeito dessa tendência, as atitudes sociais diante da homossexualidade permaneceram semelhantes aos resultados da pesquisa de 1975 da *Manchete*, com 70% dos entrevistados no Rio e em São Paulo opondo-se à homossexualidade. Ibidem, p.30.

62 Algumas reminiscências de Lennie Dale sobre seu trabalho podem ser encontradas em duas entrevistas. "Lennie Dale confessa, sob protestos gerais", *Lampião da Esquina*, v.1, n.2, 25 jun. 1978, p.6-7; e "Lennie – Pó de guaraná, ginseng, drugs, sex and rock & roll!", *O Pasquim*, n.616, 16 abr. 1981, p.8-10. Alguns acreditam que o nome Dzi Croquettes tenha sido inspirado numa trupe teatral gay de San Francisco, The Cockettes, cujas *performances* provocaram escândalo e subverteram as construções de gênero no começo dos anos 70. Ver Trevisan, *Devassos no Paraíso*. Rosemary Lobert, citando membros fundadores do grupo, afirma que eles tinham apenas uma vaga noção do grupo de San Francisco, e que de fato "dzi" era uma brincadeira fonética com o "the" do inglês, embora "croquettes" fosse apenas uma corruptela do tradicional salgadinho brasileiro. Ver Lobert, *A palavra mágica Dzi*: uma resposta difícil de se perguntar, 1979,

p.7. Fosse ou não o nome do grupo uma referência ao The Cockettes, é interessante notar a similaridade entre os dois em brincar com a transformação dos papéis de gênero.

63 Lobert, *A palavra mágica Dzi*, p.31-2.

64 Ibidem, p.33.

65 "Travesti sem bichismo" é de A. Savah, *Roteiro*, 19 maio 1973; "Travesti sem cara de homossexual" é de "Giba Um", *Última Hora*, 1º jul. 1973; ambos, citados em Lobert, *A palavra mágica Dzi*, 218.

66 Ibidem, p.218.

67 Cf. Vaz, *Ney Matogrosso: um cara meio estranho*, 1992.

68 Moura, "O canto do eterno feminino", 1974, p.19.

69 "Ney Matogrosso fala sem make-up", *Interview*, n.5, maio 1978, p.5.

70 Ibidem.

71 Entre 1970 e 1978, a população com nível de instrução superior quase triplicou, indo de 456.134 para 1.267.599. Ver Castro, "What is Happening in Brazilian Education", 1989, p.269. Esse crescimento na população estudantil, combinado ao aumento do poder aquisitivo da classe média, impulsionou um *boom* na literatura e no teatro. As obras de temática homossexual eram uma parte desse fenômeno.

72 Canales, "O homossexualismo como tema no moderno teatro brasileiro", 1981, p.174-6; e Lockhart, "Walmir Ayala", 1994, p.46-7.

73 Canales, "O homossexualismo com tema no moderno teatro brasileiro", 1981, p.177; e Lockhart, "Nelson Rodrigues", 1994, p.372-3. Cf. Trevisan, *Devassos no Paraíso*.

74 Lamenha, "Gay Power", 1971, p.8.

75 Canales, "O homossexualismo como tema no moderno teatro brasileiro", 1981, p.178-80.

76 Damata, *Histórias do amor maldito*, 1967.

77 Ver, por exemplo, o conto "O voluntário", in: Damata, *Os solteirões*, p.65-127.

78 Silva, *Primeira carta aos andróginos*, 1975. Penteado, *A meta*, 1976.

79 Bivar, "Revolução sexual à paulista", p.50.

80 Pesquisa realizada a respeito da cobertura do *Jornal do Brasil* sobre a homossexualidade entre 1965 (quando a direção do jornal efetuou uma indexação interna das matérias) e 1978 revela que a imprensa no exterior dava muito mais ênfase a notícias sobre homossexuais no exterior do que no Brasil. Talvez isso se devesse à censura, tanto do governo como própria. A partir de 1977, ocorre um crescimento vertiginoso no número de artigos abordando questões nacionais, um re-

flexo da abertura política e da ampliação do espaço de debate sobre o assunto. Outros jornais, como o *Notícias Populares*, com sua abordagem sensacionalista e pejorativa da homossexualidade, apresentavam pouca cobertura sobre o cenário internacional.

81 "Um novo poder nas ruas da Califórnia", *Jornal da Tarde*, 4 dez. 1969. "Marcha de homossexuais dá briga", *O Globo*, 31 ago. 1970, p.5. "Grupo de homossexuais italianos lançará revista", *Jornal do Brasil*, 18 jun. 1971, p.9; "Homossexuais protestam em Nova Iorque", *Jornal do Brasil*, 29 jun. 1971.

82 "O direito de não ser maldito", *Jornal do Brasil, Revista Domingo*, 28 maio 1972, p.2; "Associação psiquiátrica dos EUA exclui o homossexualismo do índex de distúrbios mentais", *Jornal do Brasil*, 16 dez. 1973, p.16. "Homossexuais exigem liberdade", *Jornal do Brasil*, 5 abr. 1973, p.8.

83 A imprensa alternativa era geralmente uma produção de baixo custo, feita por estudantes e intelectuais de esquerda visando criticar política, social e culturalmente o capitalismo, a ditadura e o *status quo*. Algumas equipes editoriais estavam ligadas às organizações clandestinas de esquerda, que se valiam da tênue posição legal desses jornais para promover seus pontos de vista políticos e atingir a classe trabalhadora. Outros funcionavam como cooperativas ou tinham um conselho editorial com tendências políticas variadas. Alguns, embora criticassem o governo, eram mais centrados nas questões da contracultura. Ver Kucinski, *Jornalistas e revolucionários nos tempos da imprensa alternativa*, 1991.

84 *Já*, n.1, 1º jun. 1971 ao n.11, 25 ago. 1971. A expressão "gay power" foi bastante utilizada pela imprensa brasileira no início dos anos 70 de forma abrangente para descrever o movimento de gays e lésbicas nos Estados Unidos e na Europa. Embora o termo tenha rapidamente caído em desuso nos Estados Unidos, à medida que as Frentes de Liberação Gay e outras organizações radicais se separavam nos primeiros anos da década de 1970, a expressão continuou a ser empregada no Brasil até o fim dessa década.

85 *Já*, n.11, 25 ago. 1971, p.10-1. Em meados dos anos 60, Thor Carvalho, Maurício de Paiva e especialmente Eli Halfoun, colunistas sociais do *Última Hora*, cobriram os *shows* de travestis e outros eventos da subcultura homossexual no Rio de Janeiro. O teor dos artigos era o de uma pessoa "informada", mas não necessariamente "entendida". O colunista do "Gay Power" posicionava-se claramente como gay e o tom da coluna, alinhado com o movimento de liberação gay, projetava uma autoafirmação de homossexualidade.

86 Silva, "Rogéria: minhas memórias de alcova abalariam o Brasil", 1971, p.6-7.

87 Ver Braga, *O Pasquim e os anos 70*: mais pra epa que para oba, 1991.

88 "Rogéria", *O Pasquim*, v.5, n.223, 9 out. 1973, p.4-7; Jaguar, "Noite deslumbrante no Carlos Gomes", 1974, p.6-7; Jaguar, "Miss Boneca Pop 75, 1975, p.16-7.

89 Cabral et al., "Madame Satã", 1971, p.2-5; Machado, "Madame Satã para *O Pasquim* 'Enquanto eu viver, a Lapa viverá'", 1976, p.6-11.

90 Braga, *O Pasquim e os anos 70*, p.26.

91 "Todo paulista que não gosta de mulher é bicha", *O Pasquim*, v.3, n.105, 8 jul. 1971, p.3.

92 A homofóbica cobertura do *Pasquim* foi criticada com argúcia em um artigo de 1977 escrito por José Castello Branco: "A homossexualidade do *Pasquim*", 1977, p.3-4.

93 Trevisan, "Demissão, processo, perseguições. Mas qual é o crime de Celso Curi?", 1978, p.6.

94 A fim de fazer contato com as pessoas que se anunciavam na coluna de Curi, os leitores enviavam a ele uma carta selada, que então a punha no correio, protegendo assim o anonimato de ambas as partes. "Coluna do Meio", *Última Hora*, 3 mar. 1976, p.11.

95 *Entender*, a.1, n.1, 24 jul. 1977.

96 "Um gay power à brasileira", *Veja*, 24 ago. 1977, p.66-7.

97 Kosinski, "Homossexual: onde está a diferença", 1976, p.114-7; Bivar, "Revolução sexual à paulista", p.50-7; Nóbrega, "A explosão do homossexualismo", 1977, p.84-7; "Um gay power à brasileira", *Veja*, 24 ago. 1977, p.66-70; Saffioti Filho, "Os acordes da liberação gay", p.89-90; Ferreira, "A identidade de uma minoria", 1977, p.26; Santos, "A imprensa gay", 1977, p.4-5; "Brazil/Gay: Somos onze milhões", *Última Hora*, 3 dez. 1977, p.6; "Os 'gays' saíram à luz", *Isto É*, 28 dez. 1977, p.8-15.

98 Míccolis, "*Snob, La Femme*... os bons tempos da imprensa gay", 1980, p.7.

99 *Gente Gay*, n.8, 30 jul. 1977, p.3-5.

100 *Gente Gay*, n.3, 15 fev. 1977.

101 Farad, entrevista gravada com o autor, Rio de Janeiro, 31.7.1995.

102 *Entender* , n.0, 24 jun. 1977 ao n.5 dez. 1977. *Mundo Gay*, v.1, n.1, 15 out. 1977 a v.1, n.3, 1º dez. 1977.

103 Fry, "Da hieraquia à igualdade: a construção histórica da homossexualidade no Brasil", 1982, p.94-5. Ver, também, Guimarães, "O homossexual face à norma familiar: desvios e convergências" (texto inédito apresentado no VI Encontro do Grupo de Trabalho sobre Processos de Reprodução da População, CLASCO, Teresópolis, 1980); idem, "Um discurso de retorno: a reconstrução da identidade homossexual" (texto inédito apresentado no XIII Encontro da Associação Brasileira de Antropologia, São Paulo, 1982); idem, "Casos e Acasos", *Anais do Quarto Encontro Nacional Estudos Populacionais*, v.1, 1984, p.575-86; MacRae, "A ho-

mossexualidade", 1986, p.66-9.
104 Perlongher, *O negócio do michê*, p.78.
105 MacRae, "Homosexual Identities in Transitional Brazilian Politics", 1992, p.190.
106 Ramalhete, entrevista gravada com o autor, Rio de Janeiro, 15.2.1995.
107 "Homossexualismo", *Realidade*, v.3, n.26, maio 1968, p.115. As cartas para o editor da revista *Realidade* variavam da aversão à aprovação no tratamento do assunto. Um leitor considerava a homossexualidade "uma doença contagiosa que dia a dia se propaga de maneira assustadora", enquanto outro a caracterizava como "triste, imoral, nojenta, indesejável, indecente e indecorosa". Fazendo uma referência ao título da publicação, o leitor continuava, dizendo que "nem toda realidade deve ser contada ao público mormente por uma revista que circula nos lares de boa formação moral". Outros louvavam o artigo por seu tratamento humano do assunto, enquanto alguns consideravam a retratação da homossexualidade estereotipada e baseada em teorias fora de moda. Significativamente, muitas pessoas que enviaram comentários sobre o artigo se declaravam homossexuais e seus nomes e a cidade em que moravam apareciam abaixo de suas declarações. "Cartas", *Realidade*, v.3, n.27, jun. 1968, p.6; n.28, jul. 1968, p.4-6.
108 Flávio Gikovate, "Doença, decadência ou amor", 1977, p.26. Um estudo de 1982 que examinava a literatura das áreas da Psicologia Jurídica, Psiquiatria Forense e Medicina Legal utilizada pelas escolas de Direito, Psicologia e Medicina da Universidade de São Paulo descobriu que o material sobre homossexualidade dos livros datava das décadas de 1940 e 1950 e havia sido reproduzido sem quaisquer alterações no conteúdo. A homossexualidade ainda era considerada "patológica", um "distúrbio mental", uma "perversão sexual" ou um "desvio". Cury, "As ciências da saúde mental, direito e homossexualismo", 1982, p.890. Exemplos da repetição do discurso médico-legal das décadas de 1930 e 1940 encontram-se em Adrados, "Estudo da homossexualidade mediante o teste de Rorschach", 1964, p.65-74; Ferrão, "Homossexualidade e defesas maníacas", 1967, p.85-93; Gaiarsa, "O terceiro sexo", em *A juventude diante do sexo*, 1967, p.283-97; Dourado, *Homossexualismo masculino e feminino e delinquência*, 1967; Silva Filho, *As origens psicológicas da homossexualidade masculina* 1971; Ribeiro, *Crimes passionais e outros temas*, 1975, p.47-53; Rodrigues & Paiva, "Transexualismo, transvestismo, homossexualismo", 1976, p.7-39; Lima, *Comportamento sexual do Brasileiro*, 1976, p.135-75; Branco, *O advogado diante dos crimes sexuais*, 1977, p.391, 413-4; Cunha, *Sexologia forense*, 1977; França, *Medicina Legal*, 1977; Almeida Junior & Costa Júnior, "Atos libidinosos e atos obscenos", 1978, p.332-8; Bastos, "Homossexualidade masculina", 1979, p.7-11.
109 Guimarães, entrevista gravada com o autor, Rio de Janeiro, 16.10.1994.

110 Trevisan, *Devassos no Paraíso*, 1986, p.202.

111 Okita, *Homossexualismo: da opressão à libertação*, 1981, p.63-73.

112 Silva, "Compromissos, queridinhas? Nem morta!", 1980, p.10-1.

113 Daniel documentou suas críticas à esquerda em um texto autobiográfico escrito no exílio em Paris, em *Passagem para o próximo sonho*, 1982. Mais tarde ele regressou do exílio e concorreu a uma vaga no Congresso pelo Partido Verde. No fim da década de 1980, prosseguiu em suas atividades trabalhando em grupos de conscientização sobre a Aids, até morrer da doença em 1992.

114 Fernando Gabeira registrou sua aventura de jornalista a guerrilheiro e depois defensor dos direitos de gays e feministas na sua famosa trilogia de memórias: *O que é isso companheiro?*, 1979; *O crepúsculo do macho: depoimento*, 1981; *Entradas e bandeiras*, 1981.

115 "A jaula da bicha está aberta", *Bagaço*, 1976.

116 "Polícia acaba com Dia do Homossexual", *Última Hora*, 5 jul. 1976, p.6.

117 Mascarenhas, entrevista gravada com o autor, Rio de Janeiro (30.6.1995). Outros relatos dessa época subestimaram a importância do papel extremamente significativo desempenhado por Mascarenhas nas décadas de 1970 e 1980 em liderar o movimento. Entre os artigos de jornais e revistas sobre a visita de Leyland estão: Angelica, "Winston Leyland: a literatura e a arte de homossexuais têm estilo próprio?", 1977, p.26; Munerato & Campello, "Convite aos homossexuais", 1977, p.60-1; Ferreira, "A identidade de uma minoria", 1977, p.26; "Os gays estão se conscientizando", 1977, p.4-5.

118 "Saindo do Gueto", *Lampião da Esquina*, n.0, abr. 1978, p.2.

119 "Os 'gays' saíram à luz", op. cit., p.14.

120 Os editores do *Lampião* também incentivaram a publicação e distribuição de inúmeros títulos sobre homossexualidade por meio de um serviço de remessa postal que promovia escritores gays. Um exemplo era a coleção de anedotas e piadas compiladas por Francisco Bittencourt que captava elementos do humor urbano gay. Bittencourt, *A bicha que ri*, 1981. Para uma história do *Lampião da Esquina* e sua relação com o surgimento do movimento de gays e lésbicas baseado em histórias orais, ver Silva, *Reinventando o sonho*: história oral de vida política e homossexualidade no Brasil contemporâneo, 1998.

121 Apud Trevisan, "Demissão, processo, perseguições", p.6.

122 Na década de 1980, durante a segunda onda do movimento, o enfadonho termo "homossexual" foi substituído pela palavra "gay". Não era apenas uma questão de economia literária. Para muitos, o termo "gay" não carregava uma conotação pejorativa. Para outros, tinha um significado chique e internacional. Além disso, o movimento internacional tornara-se um ponto de referência no fim dos anos

80 para todas as organizações, conforme os sentimentos nacionalistas e anti-imperialistas perdiam a força.

123 Dantas, "Negros, mulheres, homossexuais e índios nos debates da USP", 1979, p.9-10.

124 As críticas da esquerda por membros do Somos foram registradas em uma mesa-redonda ocorrida em março de 1979, logo após o debate na Universidade de São Paulo. Ver Aguiar, "Homossexualidade e repressão", 1979, p.139-55. Uma entrevista com membros do Somos e de um jornal de esquerda, realizada muitos meses depois, também revela as tensões entre o movimento incipiente e setores da esquerda brasileira. Marie & Green, "Depois da fuga, saímos ao sol", 1979, p.30-2.

125 Alguns dos artigos acadêmicos, dissertações de mestrado e teses de doutorado que estudaram a homossexualidade sob uma luz positiva incluem: Daguer, *Transexualismo masculino*, 1977; Guimarães, *O homossexual visto por entendidos*, 1977; Klabin, *Aspectos jurídicos do transexualismo*, 1977; Lembruger, *Cemitério dos vivos*, 1979; Lobert, *A palavra mágica Dzi*; Chinelli, "Acusação e desvio em uma minoria", 1981, p.125-44; Enderman, *Reis e rainhas do desterro*: um estudo de caso, 1981; Velho, "Estigma e comportamento desviante em Copacabana", 1981, p.116-24; Faury, *Uma flor para os malditos*: a homossexualidade na literatura, 1983; Almeida, "Michê", 1984; Pereira, "Desvio e/ou reprodução: o estudo de um 'caso'", 1984, p.107-33; Velho, "A busca de coerência: coexistência e contradições entre códigos em camadas médias urbanas", 1985, p.169-77; Teixeira, *Transas de um povo de santo*: um estudo sobre as identidades sexuais, 1986; Leite, *Acasos, casos e ocasos*: o relacionamento homossexual masculino e a ideologia sexual dominante, 1986; MacRae, *A construção da igualdade, identidade sexual e política no Brasil da abertura*, 1986; Oliveria, *As monas da Casa Amarela*: os travestis no espelho da mulher, 1986; Perlongher, *O negócio do michê*, 1986; Silva, *Aids e homossexualidade em São Paulo*, 1986; Sell, *Identidade homossexual e normas sociais*: histórias de vida, 1987; Pereira, *O desperdício do sêmen*: um estudo do erotismo entre rapazes, 1988; Dantas, *A representação da homossexualidade*: a "leitura" da imprensa escrita, 1989; Silva, *O travesti*: a invenção do feminismo, 1989; Terto Junior, *No escurinho do cinema*.

126 Ver, por exemplo, Gikovate, *O instinto sexual*, 1980; Figueiroa, "O diagnóstico de homossexualidade: modificações ocorridas no novo código", 1982, p.19-23; Machado, *Descansa em paz, Oscar Wilde*, 1982; Suplicy, *Conversando sobre sexo*, 1983; Chauí, *Repressão sexual, essa nossa (des)conhecida*, 1984; e Gauderer, "Homossexualidade masculina e lesbianismo", 1984, p.236-42

127 Young, "Brazilian journalists rally around gay newspaper", 1979, p.5.

128 Comissão de Homossexuais Pro-1º de Maio, "Contra a intervenção nos sindicatos de São Paulo, contra a discriminação do(a) trabalhador(a) homossexual",

mimeogr., São Paulo, 1980.

129 O DOPS era apenas um dentre inúmeros órgãos de vigilância dos militares. Os arquivos de outros aparatos repressivos ainda aguardam para ser abertos ao grande público. Eles podem muito bem conter material sobre o movimento de gays e lésbicas. Os volumosos registros do DOPS contêm umas poucas referências menores ao Somos e ao *Lampião*, incluindo recortes de jornal sobre o debate na USP que representou a "saída do armário" do Somos em fevereiro de 1979. Os nomes de Darcy Penteado e outros participantes mencionados no artigo estão regularmente marcados com canetas azul e vermelha, indicando que a informação também aparece em suas fichas individuais. Delegacia de Ordem Política e Social, São Paulo, "Jornal Lampião" ref. Seminário na USP, 50-J-0-6153, Arquivo do Estado de São Paulo. Darcy Penteado é também citado em outra parte por falar na Assembleia Legislativa contra o arrastão da polícia em junho de 1980 no centro de São Paulo, embora não haja menção sobre a passeata de protesto de 13 de junho. Delegacia de Ordem Política e Social, São Paulo, Darcy Penteado, 21-Z-14-9336, Arquivo do Estado de São Paulo. Outro arquivo registra a festa de assinaturas do livro de Hiro Okita, *Homossexualismo*: da opressão à libertação, patrocinado pela Facção Homossexual da Convergência Socialista, uma convenção dentro do partido de esquerda que participava do movimento de gays e lésbicas. Delegacia de Ordem Política e Social, São Paulo, "Homossexualismo: da opressão à libertação", 20-c-44-11158. Arquivo do Estado de São Paulo.

130 Para diferentes interpretações da história do movimento de gays e lésbicas no Brasil, incluindo sua relação com o ativismo sobre a Aids das décadas de 1980 e 1990, ver Okita, *Homossexualismo*: da opressão à libertação; Outra Coisa – Ação Homossexualista, *O bandeirante destemido*: um guia gay de São Paulo, 1981; MacRae, "Os respeitáveis militantes e as bichas loucas", 1982, p.99-111; Míccolis & Daniel, *Jacarés e lobisomens*: dois ensaios sobre a homossexualidade, 1983; Colaço, *Uma conversa informal sobre homossexualismo*, 1984; Santos, Grupo Adé Dudu, "A participação dos homossexuais no Movimento Negro Brasileiro", 1994; Trevisan, *Devassos no Paraíso*, p.199-228; MacRae, *A construção da igualdade*; Vallinoto, *A construção da solidariedade*: um estudo sobre a resposta coletiva à AIDS, 1991; MacRae, "Homosexual Identities in Transitional Brazilian Politics", 1992; Daniel & Parker, *Sexuality, Politics and AIDS in Brazil. In Another World?*, 1993; "A história do 'EBHO': Encontro Brasileiro de Homossexuais (Continuação II)", 1993, p.7; Toledo, entrevista gravada com o autor, São Paulo, 18.9.1993; Silva, *Triângulo Rosa*: a busca pela cidadania dos 'homossexuais 1993; Green, "The Emergence of the Brazilian Gay Liberation Movement, 1977-1981"; idem, "A Comparative Analysis of the Argentine and Brazilian Gay Rights Movement of the 1970s", texto inédito, 1994; Parker, *A construção da solidariedade*: AIDS, sexualidade e política no Brasil, 1994; Martinho, "Brazil", 1995, p.18-22;

Mott, "The Gay Movement and Human Rights in Brazil", 1995, p.221-30; Zanatta, "Documento e identidade: o movimento homossexual no Brasil na década de 80", *Cadernos AEL Arquivos e Memória* 5/6, 1996-1997, p.193-220; Mascarenhas, *A tríplice conexão*: machismo, conservadorismo político e falso moralismo, 1997; Silva, "Reinventando o sonho", 1998; Green, "More Love and More Desire: The Building of the Brazilian Movement", 1998, p.91-109; idem, "Desire and Militancy: Lesbians, Gays, and the Brazilian Workers' Party", 2000.

7
Saindo do armário, 1980-2000

Durante o declínio do regime militar e a lenta transição para um governo democrático, três processos entrelaçados relevantes aconteceram no Brasil, afetando homens gays, lésbicas, travestis e transgêneros.[1] Pela primeira vez na história do país, emergiu um movimento politizado de dissidentes sexuais que ganhou confiança e coesão social suficientes para desafiar preconceitos sociais antigos que marginalizaram comportamentos sexuais e desempenhos de gênero não normativos. Quase simultaneamente, o vírus da imunodeficiência humana (HIV) infectou um número crescente de homens homossexuais e travestis, entre outras pessoas. Felizmente, o movimento precedera o vírus. Por conseguinte, um pequeno grupo de homens gays e travestis politizadas estava entre as primeiras lideranças no esforço para defender pessoas que viviam com HIV/Aids, estabelecendo parcerias com aliados da saúde pública e exigindo que o Estado respondesse a essa nova crise sanitária.

Ao mesmo tempo, novos discursos e imagens da homossexualidade na cultura e na mídia, influenciados por movimentos LGBT nacionais e internacionais, começaram a substituir estereótipos tradicionais. Apesar dos persistentes retratos negativos da homossexualidade, alguns reforçados naquele momento por conta do pânico em relação à Aids, cresceram as representações positivas, e a tolerância social aumentou gradualmente. Algumas figuras públicas também se assumiram nesse período, afirmando sua sexualidade e desafiando estereótipos sobre os homossexuais. No final dos anos 1990, a participação em Paradas do Orgulho LGBT cresceu exponencialmente. Apesar de a violência e a discriminação persistirem, cresceu a aceitação social. Antes do final dos anos 1970, a ordem do dia era a resistência individual e o suporte de redes de apoio, que abrandavam a violência da marginalização; porém, em 2000, a ação política coletiva (apesar de ser posta em prática por uma minoria numérica daqueles que se identificavam como homossexuais) desempenhava um papel importante na mudança de mentalidades sociais. Embora os espaços sociais ocupados por homens gays tenham se diversificado e aumentado em termos de escopo nas duas últimas décadas do milênio, as mudanças consideráveis que ocorreram na maneira como a sociedade brasileira entendia a homossexualidade e como os homens gays entendiam a si mesmos estavam diretamente relacionadas aos esforços do movimento. A respeito disso, uma forma de examinar as transformações na história social e cultural de homens gays no Brasil do final do século XX é por meio da análise da história do movimento político que provocou tais modificações, foco deste capítulo.

A primeira onda do movimento (1978-1988)

Nos anos 1990, quando comecei a escrever a história da homossexualidade masculina no Brasil, desenvolvi a ideia da "primeira onda" para descrever o primeiro momento do movimento brasileiro. Inspirei-me em historiadores que usaram a categoria ao estudar o movimento feminista internacional no final do século XIX e início do século XX.[2] Desde então, o termo tem sido amplamente adotado por estudiosos brasileiros, embora nossas periodizações difiram levemente.[3] Durante o primeiro momento na história do movimento – desde a fundação do *Lampião* e de grupos politizados em 1978 até a tentativa de incluir uma emenda contra discriminação em virtude da orientação sexual na

Constituição de 1988 –, a passagem da ditadura à democracia certamente não foi tranquila.⁴ Ela teve um impacto notável sobre os debates dentro do Movimento Homossexual, como ele se chamava no período.⁵ A abertura controlada articulada pelo general-presidente Ernesto Geisel (1974-1978) continuou em um ritmo mais acelerado sob seu sucessor, o general de Exército João Figueiredo (1979-1985), antigo líder do Serviço Nacional de Inteligência (SNI). A Lei da Anistia de agosto de 1979 que libertou a maior parte dos presos políticos e permitiu aos exilados retornar ao país (embora interpretações posteriores da lei afirmem que ela também absolveu agentes estatais envolvidos em torturas e outras violações flagrantes de direitos humanos) prenunciava maiores aberturas políticas. Esse processo culminaria na convocação de uma Assembleia Constituinte em 1987 para a elaboração de uma nova Constituição, que foi promulgada um ano depois, e na realização das primeiras eleições democráticas diretas para presidente em 1989.

Uma estratégia dos militares para minar a crescente oposição política oficial, amplamente canalizada pelo Movimento Democrático Brasileiro (MDB), consistia em permitir a reintegração de figuras políticas que estavam vivendo no exílio. O governo então aprovou uma lei que permitia o estabelecimento de novos partidos políticos, em uma abordagem "dividir para conquistar". Essa manobra surtiu efeitos, e a oposição se fragmentou. Em 1980, seis partidos obtiveram *status* legal. O Arena, partido pró-militares, se tornou o Partido Democrático Social (PDS). Cinco partidos de oposição se constituíram: o MDB (que se reorganizou como Partido do Movimento Democrático Brasileiro – PMDB), o Partido Popular (PP), o Partido Democrático Trabalhista (PDT), o Partido dos Trabalhadores (PT) e o Partido Trabalhista Brasileiro (PTB), embora o último geralmente se alinhasse com o governo militar.⁶

Desses partidos, o PT surgiu do crescimento das lutas trabalhistas a partir de 1978 e era liderado por Luiz Inácio Lula da Silva, o carismático presidente do Sindicato dos Metalúrgicos de São Bernardo. O PT era o partido legalizado mais à esquerda e defendia uma plataforma socialista. Entre seus primeiros apoiadores estavam ex-exilados, intelectuais e estudantes progressistas, líderes sindicais e ativistas comuns, além de setores de esquerda da Igreja Católica. Embora o PMDB tenha ofuscado o PT em seus anos iniciais, o Partido dos Trabalhadores tinha grande aprovação entre os oponentes mais radicais do regime, em parte por conta das ligações próximas com o movimento sindical, que pouco antes havia desafiado as políticas econômicas e trabalhistas do regime.[7]

Assim, como mencionado no capítulo anterior, não surpreende que houvesse grande empatia pela greve geral liderada por Lula que ocorreu no cinturão industrial em torno de São Paulo precisamente ao mesmo tempo que o Primeiro Encontro Nacional de Grupos de Homossexuais Organizados era realizado na Faculdade de Medicina da Universidade de São Paulo, em abril de 1980. Na plenária de abertura do encontro, uma moção de apoio à greve dos trabalhadores foi unanimemente endossada. Esse mesmo sentimento positivo em relação ao recém-radicalizado movimento trabalhista inspirou uma resolução conclamando o Movimento Homossexual a apoiar o ato de Primeiro de Maio organizado em solidariedade à greve. Como documentado em outros trabalhos, essa moção foi derrotada por um único voto; aqueles que se opunham à proposta argumentavam que um endosso criaria uma ligação malfadada entre o movimento trabalhista e o emergente ativismo de gays e lésbicas.[8] Entretanto, aqueles que se solidarizavam com os trabalhadores em greve representavam uma parcela significativa dos participantes. Alguns dos defensores da proposta, que também eram membros do Somos, demonstraram preocupação de que a questão pudesse polarizar o grupo. Desse modo, eles decidiram formar a Comissão de Homossexuais Pró-1º de Maio *ad hoc* para participar do ato do Dia do Trabalho sem criar mais cisões dentro do Somos, que já enfrentava dissidência interna em virtude da suposta influência da Convergência Socialista sobre o grupo.[9]

Vinte anos depois, Marisa Fernandes, uma das líderes lésbicas do Grupo de Ação Lésbica Feminista dentro do Somos, que se desligaria para formar uma organização autônoma no final de maio de 1980, lembra como se sentiu sendo uma jovem ativista nos anos finais do regime militar: "[...] Tinha a questão da ditadura que era premente para todos nós, porque para a gente era impossível continuar vivendo neste país, ou querer uma ideia libertária como era a do Grupo Somos, dentro da situação política. Você tinha que desmontar aquilo também".[10] Edward MacRae, que era um observador-participante no Somos e estava trabalhando em sua tese de doutorado em antropologia na Universidade Estadual de Campinas (Unicamp), reflete sobre como alguns membros do movimento entendiam a rápida evolução da situação política: "A gente tinha a ideia que a Revolução seria feita de uma maneira individualista, pelo prazer, derrubando o autoritarismo, talvez. Nós achávamos que se resolvêssemos a questão homossexual, tudo estaria resolvido".[11] Essa leitura otimista levou algumas pessoas do movimento a organizar grupos internos de discussão focados em sexualidade com base na premissa de que isso levaria a ações coletivas autônomas visando à contestação de preconceitos sociais sobre a homossexualidade sem criar alianças políticas com outros grupos. Isso inspirou outros a buscar uma abordagem das mudanças pessoais e sociais que reconhecesse a interseccionalidade das identidades e realidades das pessoas, apesar de o conceito de "interseccionalidade" não existir naquele momento. Em outras palavras, as experiências das pessoas e seu entendimento do momento político levaram alguns ativistas a olhar para dentro, para outros gays e lésbicas, em busca de apoio, e outros a olhar para fora, em uma tentativa de se aliar a outros movimentos sociais e políticos que buscavam o fim da ditadura e tentavam criar uma nova forma de democracia. Essa segunda visão aliou discussões sobre a discriminação enfrentada por homossexuais a um engajamento em processos políticos ao seu redor que desafiavam o *status quo*.

Os cinquenta homens gays e lésbicas que driblaram as barricadas da Polícia Militar e chegaram ao ato do Dia do Trabalho optaram pela segunda abordagem. Marisa lembra sua determinação:

> Se sabia que iam sair umas 100 mil pessoas, e se sabia que a repressão ia colocar os tanques e aquilo era enorme, para nós, brasileiros. Era

aquilo que a gente tinha que fazer, todos nós. Eu não via nenhum problema de que o grupo de homossexuais estivesse lá também dizendo "Nós também queremos derrubar esta ditadura, hoje aqui no Primeiro de Maio, nós queremos isso".[12]

Assim como foi o caso de outros grupos nos anos iniciais do movimento, muitos que ocupavam posições de liderança vinham da classe média, ao passo que a maioria dos membros vinha da classe média baixa, da classe trabalhadora ou de famílias de baixa renda. Os últimos encontraram nos grupos organizados alternativas ou complementos para socializar em bares, saunas e outros pontos de encontro gays. Alguns desses participantes do movimento oriundos de classes socioeconômicas menos abastadas acabavam se tornando líderes por conta das experiências em determinado grupo. Esse foi o caso da própria Marisa, que vinha da classe trabalhadora. Crescer em uma região proletária de São Paulo contribuiu para sua consciência política, que se aprofundou quando ela entrou para o movimento. Sua participação no ato de Primeiro de Maio simplesmente fazia sentido: "Eu, como filha de operária, como mulher, como nascida na região do ABC, como alguém para quem era insuportável conviver com a ditadura, eu queria ir lá". Sua experiência no Somos foi o primeiro passo em sua jornada para se tornar uma liderança lésbica-feminista. Josué de Souza, um dos poucos afro-brasileiros que se juntou ao início do movimento em São Paulo, trabalhara em uma fábrica da Ford, onde teve um tórrido caso com um homem casado no turno da noite. Como o único membro do Somos que de fato havia trabalhado em uma fábrica, sua voz tinha peso nas discussões sobre o ato do Dia do Trabalho. No encontro promovido para decidir como participar do evento, ele tranquilizou aqueles que temiam a hostilidade dos operários ao contingente planejado.[13] De fato, quando o grupo entrou no Estádio da Vila Euclides para a passeata com o cartaz "Contra a discriminação do/a trabalhador/a homossexual", o contingente foi calorosamente aplaudido,[14] fato que permaneceu fortemente gravado na memória dos participantes duas décadas mais tarde.[15]

Além do carnaval

Figura 25. Contingente de 50 gays e lésbicas, que participaram na passeata no primeiro de maio de 1980 durante a greve dos metalúrgicos do Grande São Paulo. (Arquivo do autor).

O panfleto mimeografado distribuído pelo contingente durante o ato atestava seu esforço pioneiro em estabelecer ligações com outros movimentos sociais e em quebrar a noção que certos setores da esquerda brasileira tinham de que homens e mulheres da classe operária não eram ou não poderiam ser homossexuais. O texto foi escrito no estilo e no tom de um panfleto estudantil da esquerda e tinha propostas ambiciosas. Seu título – "Contra a discriminação do/a trabalhador/a homossexual" –, o mesmo do *slogan* da faixa, abordava a diversidade de gênero dos trabalhadores e colocava em destaque o termo "homossexual". O texto reconhecia a importância das mobilizações estudantis e trabalhistas, que desde 1977 vinham freando as políticas reacionárias do regime. Ele associava esses protestos contra a ditadura aos novos movimentos sociais que tinham ganhado visibilidade há pouco tempo: "Este espaço conquistado estimulou outros setores oprimidos da sociedade, negros, mulheres e homossexuais, a começar a se organizar e lutar contra a opressão constante que sofrem numa sociedade machista e racista".[16] O panfleto então enumerava as maneiras como trabalhadores homossexuais, tanto homens quanto mulheres, eram vítimas de discriminação e opressão nos processos de contratação e promoção e nas interações diárias no trabalho. Em um momento no qual as lésbicas do Somos estavam se preparando para sair do grupo por conta da disparidade e discriminação de gênero que haviam vivenciado, o panfleto e a faixa reconheciam a importância da presença das mulheres no movimento. E, apesar de serem formuladas de maneira um tanto simplista, as ideias contidas no documento estavam muitas décadas à frente de seu tempo. Elas só seriam totalmente abordadas no movimento trabalhista brasileiro por meio dos esforços de sindicalistas ativistas LGBT no século XXI.

Conforme sugerido anteriormente, a decisão de participar do ato de Primeiro de Maio revelou um debate mais profundo no movimento sobre como os ativistas deveriam tentar mudar a sociedade. Membros que saíram do Somos para formar o Outra Coisa: Ação Homossexualista em maio de 1980 se juntaram a dois outros grupos paulistas recém-formados e com ideologias semelhantes para dar origem ao Movimento Homossexual Autônomo. Eles defendiam um movimento focado *exclusivamente* na discriminação e na marginalização específicas enfrentadas por homens gays e lésbicas, sem a participação de pessoas que não compartilhassem suas ideias libertárias antiesquerda.[17] Em 1978, os editores que fundaram o *Lampião* apresentavam inicialmente uma perspectiva de certa forma diferente daquela dos que romperam com o Somos dois anos depois. Embora a primeira publicação "*queer*" brasileira distribuída nacionalmente enfocasse sobretudo questões relacionadas a homens gays e travestis (tendo apenas uma edição especial e alguns artigos sobre lésbicas, além de artigos esporádicos sobre outros temas), o primeiro editorial afirmava: "Nós pretendemos também ir mais longe, dando voz a todos os grupos injustamente discriminados – dos negros, índios, mulheres [...]".[18] Discursivamente, os editores defendiam alianças com os movimentos feminista e da consciência negra. Entretanto, na realidade, eles faziam poucos gestos significativos para concretizar sua solidariedade. Ademais, os principais colaboradores da publicação no Rio e em São Paulo acabaram brigando com a maior parte do movimento em ambas as cidades.[19] No final do dia, apesar de muitos membros do conselho editorial terem tido ligações com a esquerda em algum ponto de seu passado, eles se tornaram bastante hostis com aqueles dentro do movimento que buscavam alianças com outras forças progressistas que desafiavam o regime.

Dadas as rápidas mudanças políticas que ocorriam no país, não surpreende que esses eventos tenham o movimento e provocado debates acalorados sobre sua direção. Como aponta MacRae duas décadas depois:

> Nessa época, que seria 79, por aí, a gente sentia que estava à beira da utopia. Muitas pessoas de diferentes grupos da sociedade achavam que, derrubando a ditadura, a sociedade civil ia tomar conta, seria a democracia, seria tudo resolvido. Logo em seguida quando acabou a ditadura, as coisas só foram ficando mais complicadas porque a gente perdeu essa visão simplista das coisas. Mas é muito importante lembrar que nessa época a gente vivia num clima meio de sonho.[20]

No início da década de 1980, o sonho começava a desvanecer.

Desafios

Durante esse período de abertura política e de emergência de novos movimentos sociais – associações feministas, populares, operárias e de afro-brasileiros[21] –, ativistas gays e lésbicas no Rio de Janeiro (assim como em São Paulo) enfrentaram uma gama de problemas para construir um movimento eficaz. Diversos grupos haviam sido formados no final da década de 1970. Entre eles estava a Associação de Gays e Amigos de Nova Iguaçu e Mesquita (Aganim), localizada na proletária Baixada Fluminense, longe dos bairros de classe média e da vida noturna gay da zona sul da cidade, de frente para o mar. No final de 1979, outro grupo foi fundado. Inspirado no Somos, de São Paulo, uma rede de amigos, composta sobretudo por homens de classe média e liderada por Eduardo Guimarães, criou o Somos/Rio, que se reunia em Copacabana com a participação da tia de Eduardo, Carmen Dora Guimarães, antropóloga que estudara o grupo social em seu mestrado antes de ele oficialmente assumir a identidade de parte organizadora do movimento emergente.²² Discordâncias no Somos/Rio sobre se uma pessoa "sem vivência homossexual" deveria participar levaram à formação do Auê, liderado por Marcelo Liberali e Leila Míccolis. Este se reunia na zona norte da cidade, no bairro operário de Vila Isabel. Em um breve resumo dos três primeiros meses de existência do Auê, o grupo declarou que

> (1) se propõe prioritariamente a lutar contra quaisquer discriminações a comportamento homossexuais; (2) queremos o fim da repressão sexual em todos os níveis da sociedade; (3) apoiamos a luta de outros grupos oprimidos, como as mulheres, os negros, índios e explorados de modo geral, sem esquecer também o movimento ecológico.²³

Era uma pauta bem alinhada com os ideais expostos no primeiro editorial do *Lampião* e postos em prática pela maior parte do Somos/São Paulo.

Veriano Terto Jr. era um jovem membro do Auê e permaneceu no grupo até seu encerramento. Ele lembra: "Auê, que nunca chegou a ter o número de participantes do Somos [Rio], também começou a perder membros. Talvez por isso, por volta de 82, os dois grupos voltaram a se juntar sob o nome Somos/Auê, porém com o Somos já muito enfraquecido".²⁴

O retorno do ex-líder guerrilheiro Herbert Eustáquio de Carvalho, conhecido como Herbert Daniel, do exílio político na Europa em outubro de 1981 revitalizou o grupo.²⁵ Herbert Daniel estabelecera uma parceria longeva com Cláudio Mesquita, que o escondera no Brasil no início dos anos 1970 e o acompanhou ao exterior em 1974. Enquanto trabalhava em uma sauna gay em Paris no final da década, Herbert Daniel escreveu *Passagem para o próximo sonho*, uma ponderada biografia que relata suas experiências como revolucionário e homem gay, publicada imediatamente após seu retorno ao Brasil.²⁶ Pouco depois, ele se juntou ao Somos/Auê. Veriano Terto lembra com carinho das reuniões no apartamento de Cláudio e Herbert Daniel. O carisma comedido deste, sua experiência política e seu talento intelectual faziam dele um importante líder. O acordo amoroso do casal com uma terceira pessoa também fascinava Veriano, que estava estupefato com a franqueza de Cláudio e Herbert Daniel sobre o caso.[27]

Apesar da expansão do movimento no Rio de Janeiro, em Salvador, em Belo Horizonte, em Brasília e em outras cidades, depois de 37 edições mensais, o *Lampião* encerrou suas atividades em 1981.[28] Os editores alegaram dificuldades financeiras e uma queda drástica no número de leitores, de 15.000 em seu auge para 8.000 em seu encerramento. Ao longo de sua existência, os editores também tiveram de enfrentar esforços sistemáticos do governo para fechar a publicação, alegando que ela violava a Lei de Imprensa. Em uma entrevista contemporânea para o jornal progressista *Repórter*, Aguinaldo Silva, o líder por trás da publicação, explicou como as lutas internas contribuíram para que ela chegasse ao fim. Em sua opinião, não havia um público suficientemente grande para o jornal. Silva expôs uma atitude um tanto quanto pessimista sobre os homens gays. Talvez ele estivesse descrevendo o perfil das pessoas em seus próprios círculos sociais, e não da vasta diversidade de homens gays no Brasil, ao afirmar:

> O homossexual brasileiro é muito conservador, é uma mistura de burguês com monarquista. Ele quer casar e ter uma relação em casa do gênero em que a "mulher" faz a tarefa doméstica e o homem trabalha. Discrimina os próprios homossexuais, preferindo transar com heterossexuais, e politicamente ainda está muito desorganizado, dividindo-se e subdividindo-se em várias tendências, igualzinho aos partidos.[29]

Em seu estudo antropológico pioneiro sobre o Somos, Edward MacRae nota que, nas últimas edições do *Lampião*, Silva concluíra que "não se estava oferecendo o produto que o mercado queria e que o ativismo só apelava à minoria de uma minoria. Mas, apesar de começar a dar mais ênfase às reportagens sobre temas como masturbação, travestis, etc., o jornal não conseguir aumentar suas vendas". O pesquisador de cultura Jorge Caê Rodrigues descreve as tensões entre os editores do *Lampião* e o movimento como uma relação de amor e ódio: "[...] por um lado, o jornal precisava do movimento que manteve o jornal vivo; por outro, o movimento sem o jornal não teria aglutinado tantas pessoas em todo o Brasil".[30]

Embora o *Lampião* tenha entrado em declínio e encerrado suas atividades em junho de 1981, houve um aumento na organização política depois do Encontro Nacional de 1980 e das mobilizações contra a repressão policial em São Paulo logo depois, conforme mencionado no capítulo anterior. Depois de membros dissidentes deixarem o Somos, o grupo emitiu uma declaração de princípios, assegurando a diversidade ideológica e a autonomia da organização.[31] O grupo cresceu entre 1980 e 1982, alugou uma sede perto do centro, organizou debates, publicou um pequeno boletim intitulado *O Corpo*, sediou um clube de cinema e entrevistou diferentes candidatos para as eleições de 1982.[32] Ele manteve relações cordiais com as lésbicas que haviam deixado o grupo, as quais, depois de uma luta amarga e dolorosa com alguns segmentos do movimento das mulheres, encontraram um lugar junto às feministas.[33]

Figura 26. Protesto em 1981 no Teatro Municipal de São Paulo, realizado no primeiro aniversário da passeata de 1.000 contra repressão policial. (Arquivo do autor)

Em 1981, havia muita atividade no país. Quatro grupos do Nordeste – Grupo Gay (Bahia), Dialogay (Aracajú), Grupo de Atuação Homossexual (Olinda) e Nós Também (João Pessoa) – organizaram um encontro regional em abril.[34] Em São Paulo, quatro grupos – Somos, Alegria-Alegria, Grupo de Ação Lésbica-Feminista e Facção Homossexual da Convergência Socialista – reuniram-se na Universidade de São Paulo em maio de 1981 para chegar a um acordo sobre um plano de ação comum e organizar uma manifestação em 12 de junho de 1981 para lembrar o primeiro aniversário do ato contra a repressão policial.[35]

Em julho de 1981, Luiz Mott, professor de antropologia da Universidade Federal da Bahia e fundador do Grupo Gay da Bahia (GGB), sediou atividades durante a 33ª reunião anual da Sociedade Brasileira para o Progresso da Ciência, uma entidade acadêmica que, durante o processo de abertura, fez duras críticas às políticas do regime militar. Lá, Mott lançou uma campanha para remover a homossexualidade da classificação de um "desvio sexual" tratável com base no Código 302.0 da Classificação Internacional de Doenças (CID). Ao relatar sobre o encontro de 5.000 pessoas, o *Jornal do Brasil* descreveu sua natureza festiva, ressaltando a visibilidade de gays e lésbicas: "Na barraca Gay, os interessados podem aproveitar a oportunidade e furar as orelhas, enquanto assinam o abaixo-assinado contra a rotulação do homossexualismo [sic] como doença mental".[36] A aberta e confortável participação de gays e lésbicas no encontro acadêmico, entretanto, foi ofuscada por uma carta anônima de um grupo de direita enviada ao GGB na véspera do evento. Ela ameaçava:

> Não permita que homossexuais participem sobre qualquer pretexto da 33ª Reunião desta sociedade. Isso, se acontecer, fique certo que o sangue vai correr, a morte vai estar presente. Estamos decididos a defender a moral da família baiana a qualquer preço. Ainda que custe a liberdade ou a vida. Fica o aviso; à presença de homossexuais nesta reunião responderemos com violência. Morte aos homossexuais.[37]

Em resposta, membros do movimento emitiram uma nota, que, entre outras coisas, dizia: "No momento em que esta sociedade abre-

-se às discussões do problema dos oprimidos – das mulheres, negros, índios, homossexuais, trabalhadores –, tais ameaças terroristas se tornam ainda mais graves porque atingem não apenas aos homossexuais, mas a toda a sociedade brasileira".[38] Em uma demonstração de solidariedade contra a ameaça da direita, 700 pessoas se juntaram em uma tenda ao ar livre para ouvir diferentes representantes do movimento falar sobre suas atividades.[39] Apesar de nenhum ato de violência ter ocorrido durante a reunião, essa intimidação por escrito não foi uma bravata isolada da direita. Ao longo de 1981, grupo ultraconservadores e setores dissidentes dos militares organizaram ações terroristas para fazer frente a movimentos democráticos cujo tamanho e influência estavam crescendo. Entre essas atividades estavam o bombardeamento de bancas de jornal que vendiam jornais progressistas e ataques às sedes de organizações de esquerda. A ocorrência mais grave foi uma tentativa de plantar duas bombas em um *show* de Primeiro de Maio no Rio Centro, no qual estavam presentes 5.000 pessoas. Felizmente para os participantes, a bomba acidentalmente detonou no carro dos dois oficiais do Exército que planejavam plantá-las no local.[40]

As eleições de 1982

O movimento no Rio, em São Paulo e em outras capitais cambaleou em 1982, em um momento de significativa efervescência política, aparentemente perdendo força por motivos que serão explicados a seguir. Alguns ativistas se voltaram para a arena eleitoral como forma de tentar alcançar a sociedade no geral durante a abertura política que estava em curso. Como parte do processo de retorno às regras democráticas, o regime militar permitiu a realização de eleições diretas para governador (pela primeira vez desde 1965), bem como a escolha de senadores e deputados federais e estaduais.

O historiador Rodrigo Cruz afirma que as eleições de 1982 permitiram uma importante mudança de foco para setores do movimento de gays e lésbicas.[41] Cruz estudou cinco campanhas eleitorais que defendiam os princípios básicos do movimento e que foram realizadas em quatro estados – Rio de Janeiro, São Paulo, Minas Gerais e Rio Grande do Sul. As diferentes campanhas usavam a linguagem e os símbolos da contracultura – um estilo de vida alternativo e a celebração do prazer – que haviam capturado a imaginação de muitos jovens nos últimos anos da ditadura. Tais campanhas buscavam fazer alianças com outros grupos que sofriam discriminação e marginalização, além de exigir justiça e equidade por parte do Estado.

Todos eram candidatos pelo Partido dos Trabalhadores, o único partido político oficialmente reconhecido que defendia, em suas propostas, as principais demandas do movimento.[42] Na convenção nacional de fundação do PT, realizada em Brasília em setembro de 1980, Lula, seu líder inquestionável, dera o tom para a atitude do partido com relação a ativistas gays e lésbicas dentro do PT. O líder trabalhista, uma figura política em ascensão, afirmou que ele apoiava "o direito de as minorias se organizarem e defenderem o seu espaço", acrescentando que "não aceitaremos que em nosso partido o homossexualismo [sic] seja tratado como doença e muito menos como caso de polícia. Defenderemos o respeito que merecem essas pessoas, convocando-as ao empenho maior de construção de uma sociedade".[43] Isso não significava que a maioria dos ativistas do PT entendia ou aceitava por completo as ideias apresentadas pelo movimento, nem que setores relevantes da liderança do PT haviam se despido de todos os preconceitos e estereótipos tradicionais sobre a homossexualidade arraigados na cultura brasileira. Entretanto, isso abriu portas para um diálogo entre candidatos e a população, em um momento no qual os militares ainda estavam no poder.

Das diferentes campanhas eleitorais, a candidatura de Liszt Vieira no Rio de Janeiro foi particularmente pioneira. Ele fora membro da mesma organização revolucionária à qual Herbert Daniel pertencera, e eles dividiram um apartamento enquanto viveram exilados em Portugal. Formado em Direito, Vieira concorreu ao cargo de deputado federal pelo Rio de Janeiro com uma proposta abrangente que afirmava: "Lutamos pelo direito de todos à terra, ao trabalho e à liberdade. Queremos uma sociedade socialista, democrática e ecológica, onde não haja exploradores e onde se respeite a dignidade de cada um e o meio ambiente". Um importante elemento da campanha foi o foco na liberdade sexual, com um *slogan*, emprestado de uma canção de Milton Nascimento e Caetano Veloso, que afirmava que "Qualquer maneira de amor vale a pena". Nos materiais de campanha, a frase aparecia escrita em uma faixa tremulante cercada de corações. O panfleto foi distribuído no estado do Rio de Janeiro. Vale a pena citá-lo extensamente devido a sua ousadia política:

> Estamos a fim de conquistar nossos direitos de amar e viver melhor e mais. Os homossexuais não são cidadãos de segunda categoria. Hoje no nosso país, os preconceitos fazem com que a homossexualidade seja considerada "oficialmente" um "transtorno sexual". Mas transtornados sexuais são os que ainda não entenderam que toda sexualidade é sempre boa e bela, e que é preciso amar com alegria. Sem medo. Todo preconceito só serve para criar violência e opressão. Homossexuais, negros, mulheres e todos os explorados e oprimidos: vamos construir com o PT uma sociedade socialista libertária, democrática e ecológica. Não tenha vergonha. Não vote enrustido. Vote em você. Vote PT. Se você não faz, ninguém vai para você: o PT somos nós. Fora com os preconceitos.[44]

Sob o *slogan* geral de campanha "Por uma vida alternativa", Liszt Vieira se tornou conhecido, entre outras questões, por sua defesa do meio ambiente e dos homossexuais, duas posições originais e únicas que lhe renderam o apelido de "candidato Viado Verde" por outros setores da esquerda que participaram das eleições de 1982. Embora Vieira fosse declaradamente heterossexual, a expressão era um insulto revestido de humor que visava diminuir sua masculinidade e a seriedade de sua candidatura. Em vez de ignorá-la, Vieira, Daniel e outros decidiram se apropriar da alcunha, o que, no final das contas, deu a Vieira mais visibilidade.[45] Ele foi eleito deputado federal em grande parte por conta do apoio de eleitores jovens de classe média dos bairros da zona sul do Rio. Seu apoio eleitoral refletiu o *éthos* de uma geração interessada em mudanças sociais e culturais que ele defendeu tão habilmente em sua campanha. Daniel se tornou um dos membros de sua equipe, escrevendo discursos e desenvolvendo propostas de políticas para o estado do Rio. O sucesso nas urnas ajudou a derrubar barreiras e provou que era possível que um candidato defendesse as ideias do movimento e ganhasse apoio popular.

Entre os outros candidatos que concorreram em 1982 e defendiam as causas do movimento estava João Batista Breda, que fora eleito deputado estadual por São Paulo pelo MDB em 1978 e foi um dos membros fundadores do PT em 1979. No ano seguinte, foi um importante participante da campanha contra a repressão policial, mencionada no capítulo anterior. Formado em Psiquiatria, Breda se assumiu durante seu primeiro mandato e concorreu à reeleição em 1982 com uma plataforma política, conforme afirmava seu material de campanha, que abordava "homossexualidade, maconha e os distúrbios mentais, questões onde via de regra a ignorância leva ao estigma social e à repressão".[46] Seu *slogan*, "Prazer para Todas", exprimia os mesmos tons libertários da campanha de Vieira no Rio. Entretanto, ao contrário deste, Breda perdeu a eleição.

O debate sobre se gays e lésbicas realmente votariam em quem compartilhava de suas identidades sexuais e de gênero levou algumas pessoas a imaginar que, dado o número de homossexuais no Brasil – assumidos publicamente ou não –, os candidatos que defendiam a pauta do movimento tinham um eleitorado garantido que lhes asseguraria a vitória. Porém, esse não era o caso. Vieira foi eleito com uma campanha que inequivocamente criticava a discriminação contra homens gays, lésbicas e aqueles que hoje consideraríamos transgênero ou *queer*. Pode-se argumentar que Vieira foi eleito justamente porque *não* era viado, ao passo que Breda, que declarava abertamente sua homossexualidade, não o foi. Como não havia pesquisas sobre o tema na época, é difícil saber.

Considerando os resultados da campanha, Cruz afirma que, diferentemente daqueles dentro do movimento que focaram em fortalecer a coesão interna dos grupos, "as campanhas eleitorais analisadas afirmaram a necessidade de direcionar demandas ao Estado, buscar a legitimidade perante a opinião pública e angariar aliados entre as elites políticas".[47] Como veremos, esse também era o caso dos que começariam, no ano seguinte, a lutar para defender da discriminação as pessoas que viviam com HIV/Aids.

Mudanças na opinião pública

No início dos anos 1980, o movimento organizado começou lentamente a mudar o discurso público sobre a homossexualidade, em grande medida ao gerar discussões na imprensa. Antes do final da década de 1970, a mídia impressa geralmente publicava retratos estereotipados de homens frívolos e efeminados e de mulheres masculinas perigosas e agressivas. Entretanto, à medida que o movimento colocava em xeque imagens tradicionais da homossexualidade, houve uma perceptiva mudança nas representações, tanto nos grandes veículos quanto nos jornais de esquerda. Os jornalistas passaram a cobrir o movimento cada vez mais sob uma luz respeitosa e positiva.[48] Artigos expunham as aspirações e demandas do movimento, e reportagens publicadas também documentavam a vida cotidiana de pessoas gays que enfrentavam discriminação, preconceito e violência. Flávio Gikovate, psiquiatra que tinha uma coluna semanal na *Folha de São Paulo*, por exemplo, escreveu artigos favoráveis sobre homossexualidade que sem dúvida foram lidos avidamente por meninos e meninas que lutavam para aceitar sua sexualidade, assim como por pais e outras pessoas que não se identificavam como gays, mas que poderiam, no futuro, se tornar simpatizantes ou aliados.[49] Os artigos escritos por ele e por outros em jornais e revistas, bem como discussões em programas de entrevista na TV, abriram espaço social de maneira lenta porém constante. Esse processo ocorreu embora a censura referente ao tema da homossexualidade na mídia ainda prevalecesse em alguns casos. Parte da cobertura até mesmo relatou que parte dos ativistas defendia a criação de ligações e alianças com outros movimentos sociais. Para citar um exemplo, a revista *Veja*, semanário de maior circulação no país, publicou um artigo sobre as conexões entre os movimentos feminista, negro, indígena e homossexual e previu que eles seriam a mais nova força política da década seguinte. Embora o jornalista tenha chamado cada um desses movimentos de minoria (sendo que as mulheres e os negros poderiam ser considerados maiorias no Brasil), o tom do artigo ainda era positivo e até mesmo esperançoso: "As minorias prometem, para esta década, abandonar os guetos em que promovem seus debates e conquistar as praças".[50]

Talvez o melhor exemplo dessa nova cobertura positiva da homossexualidade seja a edição de doze páginas de 10 de janeiro de 1982 do *Folhetim*, suplemento dominical de cultura da *Folha de São Paulo*. A capa mostrava um tritão barbado e uma centaura com os seios desnudos segurando uma placa onde se lia "Homossexualismo: organização contra o preconceito". A edição incluía um artigo provocador do antropólogo Peter Fry sobre identidade sexual, categorias e o movimento politizado, que corria o risco, segundo ele, de promover a liberdade sexual e ao mesmo tempo reificar e controlar a sexualidade, eliminando, assim, "a anomalia e a ambiguidade na vida da sociedade e do indivíduo".[51] Reconhecendo a importância do movimento que "tem reduzido muito sofrimento, ao contribuir para a erosão do estigma social", Fry fez uma pergunta provocadora: "Mas o conforto de um gueto bem arrumado é tudo que se possa almejar?". O artigo questionava se o movimento estava de fato impondo categorias sexuais e de gênero rígidas às pessoas em vez de oferecer caminhos emancipatórios. Seu questionamento do papel do "gueto", ou seja, dos espaços sociais de que homens gays e lésbicas se apropriaram ou que criaram para possibilitar um sentimento de segurança e uma oportunidade de sociabilidade, tornara-se tema de discussão entre alguns intelectuais abertamente gays e lideranças do movimento. Afirmar tais identidades e ocupar espaços urbanos específicos estava expandindo ou sufocando o bem-estar pessoal e coletivo? A perspectiva de Fry era semelhante à de Herbert Daniel, que desenvolvera uma vigorosa crítica de espaços gays enquanto, ironicamente, trabalhava em uma sauna gay parisiense. O debate também girou em torno da questão mais ampla referente às melhores estratégias para contestar atitudes heteronormativas. Isso seria feito se vivendo de maneira relativamente livre dentro dos espaços urbanos gays do Rio, de São Paulo e de outras capitais ou era necessário interagir com uma área maior, o que significava se aventurar fora das zonas de conforto dos "guetos gays"?[52]

Outro artigo resumia um debate público organizado pelo jornal sobre a homossexualidade.[53] Um terceiro apresentava uma descrição detalhada dos grupos ativistas de São Paulo, documentava batalhas e cisões internas assim como campanhas unificadas contra a repressão policial e a discriminação.[54] Até aquele momento, esse suplemento de domingo era provavelmente o retrato positivo produzido no país mais lido sobre o movimento. Ele ofereceu aos leitores um panorama favorável dos ativistas e deu legitimidade ao movimento. Ironia pejorativa, estereótipos desgastados e representações negativas não se faziam presentes.

Durante esse período, havia poucos livros voltados para o público brasileiro que lidavam com a homossexualidade a partir de uma perspectiva positiva. Em 1981, a Facção Homossexual da Convergência Socialista escreveu um pequeno livreto, *Homossexualismo: da opressão à libertação*, que apresentava uma análise marxista das origens da opressão e delineava um plano para o movimento. Ele também continha entrevistas com representantes de três publicações de esquerda que refletiam as opiniões do Partido Comunista Brasileiro (pró-soviético), do Movimento Revolucionário 8 de Outubro (pró-Cuba) e da Organização Socialista Internacionalista (trotskista) sobre as atitudes de suas organizações em relação à homossexualidade.[55] O trabalho de Herbert Daniel, *Passagem para o próximo sonho*, mencionado anteriormente, continha uma análise profundamente reflexiva, porém cômica, de seu envolvimento na luta armada. Ele apresentava críticas à homofobia em setores da esquerda revolucionária, reflexões sobre a homossexualidade e descrições gráficas de sua experiência quando trabalhou em uma sauna gay parisiense. Luiz Carlos Machado escreveu um livro sobre as consequências da repressão da homossexualidade no Brasil, enfocando o tema da violência.[56] No ano seguinte, Herbert Daniel e Leila Míccolis publicaram *Jacarés e lobisomens:*

dois ensaios sobre a homossexualidade, em que Daniel desenvolveu mais a fundo suas críticas à tendência de homens gays a permanecerem enclausurados em um "gueto" autônomo e defendeu identidades sexuais fluidas. O volume também incluía o primeiro ensaio abrangente sobre a Aids no Brasil, que criticava a medicalização da doença e previa a discriminação que se sucederia à disseminação do vírus.[57]

Em 1985, os antropólogos Peter Fry e Edward MacRae escreveram uma importante obra curta intitulada *O que é a homossexualidade?*, parte de uma série de livros de bolso educativos que introduzia os leitores a uma gama de temas, de marxismo e anarquia a candomblé e capitalismo.[58] Com um estilo claro e direto que se valia do relativismo antropológico, Fry e MacRae afirmavam que a homossexualidade era uma construção social situada no tempo e na cultura. Eles investigaram a história das ideias médico-legais sobre o comportamento homoerótico no Brasil, recorrendo a ensaios anteriores de Fry sobre a homossexualidade e o candomblé[59] e à tese de doutorado de MacRae sobre o Somos, publicada posteriormente em formato de livro.[60] Além disso, apresentaram um breve panorama da história do movimento. O livro circulou amplamente em livrarias pelo país e foi republicado em ao menos sete edições. Ele foi depois comprado pela gigante editorial Abril e vendido em bancas de jornal Brasil afora. Muitos anos depois, MacRae ainda encontrava pessoas que se lembravam de ter lido o livro quando eram jovens e enfrentavam dificuldades para se assumir: "Muitos, incluindo meu companheiro Sandro, disseram que o livro 'fez a minha cabeça' e foi importante para eles na época". MacRae relembra o impacto da obra: "Acredito que, para centenas ou até mesmo milhares de jovens gays, foi a primeira coisa positiva que leram sobre a homossexualidade".[61]

O rol de fontes disponíveis sobre a homossexualidade vista sob uma luz positiva era, portanto, relativamente escasso. Uma meia dúzia de livros, algumas obras de ficção brasileiras, artigos espalhados pela mídia impressa e algumas aparições na televisão daqueles que estavam dispostos a se assumir e falar sobre a homossexualidade. Porém, como lembra MacRae, isso mudou a vida das pessoas.

Uma diminuição na primeira onda (1985-1988)

Embora as editoras estivessem começando a publicar trabalhos com um tratamento afirmativo da homossexualidade e a mídia estivesse apresentando algumas reportagens positivas sobre o tema, muitos grupos estavam em crise. O Auê/Somos Rio entrou em um declínio acentuado e seu colapso aconteceu no final de 1983. O Somos/São Paulo teve um destino parecido em junho de 1984. Edwardo Toledo, um de seus últimos líderes, mencionou como causas a grave recessão econômica, as dificuldades financeiras de pagar o aluguel da sede e a exaustão de muitos de seus membros mais ativos.[60] Os outros grupos de São Paulo que eram compostos majoritariamente por homens gays – Outra Coisa, Eros, Alegria/Alegria, Libertos (Guarulhos) – se desintegraram no mesmo período. Em 1984, cinco de sete organizações pelo Brasil que ainda existiam conseguiam se reunir em Salvador para trocar experiências e coordenar campanhas conjuntas. Em 1980, o *Lampião* publicara uma lista com 22 grupos de gays e lésbicas pelo país, porém em 1985 apenas quatro dessas organizações haviam sobrevivido.[63]

Diversos fatores contribuíram para o declínio do movimento e para a saída da maior parte da primeira geração de atividades organizadas. Com algumas exceções, as organizações nunca cresceram para além de algumas dezenas de membros em determinado período. Faltava a elas recursos financeiros e infraestrutura. Muitos dos primeiros líderes ficaram desmoralizados e saíram depois de seus grupos não conseguirem conquistar muitas mudanças concretas. Outros não tinham experiência para sustentar seus grupos durante os anos 1980 – a "década perdida" na América Latina –, quando dívidas externas astronômicas causavam uma inflação galopante e desemprego em massa. Ademais, o processo de abertura política, conforme apontado por MacRae, criou uma falsa sensação de que a democracia havia sido reinstaurada e que os direitos de homossexuais e de outras pessoas expandir-se-iam sem esforços. Quando a mídia começou a veicular uma cobertura mais positiva da homossexualidade, ela proporcionou um veículo para as poucas figuras públicas abertamente gays articularem seus pontos de vista sem a necessidade da legitimidade ou do apoio de um movimento político para lhes dar respaldo. Além disso, o visível consumismo gay, que incluía mais casas noturnas, saunas, bares e discotecas, mantinha uma ilusão de que mais liberdade havia sido conquistada e de que os gays e lésbicas no Brasil não precisavam de organização política.[64] E aí veio a Aids. Como veremos mais adiante neste capítulo, no início, a falta de informações científicas sobre o vírus, como se prevenir e o que fazer caso contraísse a doença gerou pânico tanto entre homens gays quanto entre a população no geral. Por um período, isso também colaborou para o enfraquecimento da organização política.

Nesse período, Luiz Mott e o Grupo Gay da Bahia conduziram o movimento, que estava à deriva, por importantes campanhas que prepararam o terreno para sua expansão no final da década. Na primeira vitória, o GGB obteve reconhecimento oficial do governo como uma entidade legal.[65] Até então, os grupos existiam como associações informais sem *status* jurídico e enfrentavam dificuldades para alugar espaços de encontro e para abrir caixas postais para correspondência.

A segunda campanha, mencionada anteriormente, começou em setembro de 1981 e visava convencer o Conselho Federal de Medicina a abolir a classificação da homossexualidade como um "desvio sexual" tratável com base no Código 302.0 da Classificação Internacional de Doenças (CID). Encabeçada por Mott, a campanha foi endossada por organizações profissionais proeminentes e vários corpos legislativos municipais e estaduais. Uma petição colheu 16.000 assinaturas, um esforço nobre em um período pré-internet, incluindo um governador, um vice-governador, um senador, 14 deputados federais, 120 deputados estaduais e 145 vereadores.[66] Intelectuais e celebridades de destaque também assinaram a petição nacional pedindo a revogação da classificação, dando mais legitimidade a uma das primeiras demandas do movimento.[67]

Uma análise de como os políticos reagiram à campanha revela que o cenário político se desenvolvera desde que o movimento lançara a questão da discriminação na esfera pública. A *Folha de São Paulo* entrevistou deputados de diferentes partidos sobre sua posição em relação ao parágrafo 302, revelando uma polarização de opiniões. O pró-ditadura PDS defendia uma visão tradicional da homossexualidade, retirada de discursos que circulavam desde pelo menos a década de 1930 (se não antes): "O homossexualismo é um desvio sexual. É um transtorno sexual. É quase uma fatalidade dentro dos princípios da Biologia. Mas não é crime".[68] Essa declaração, que insistia que a homossexualidade era um problema médico, e não legal, remonta a um tempo no qual especialistas médico-legais, como Leonídio Ribeiro, insistiam que a questão não era nem moral nem criminal, mas sim patológica. Por outro lado, o PMDB, força hegemônica entre os partidos de oposição, apresentou uma resposta nesse contexto: "[...] a questão homossexual está intimamente ligada à questão da luta pela democracia, pelo respeito às liberdades individuais e como tal [o PMDB] repudia todas as formas de opressão e de preconceitos existentes na sociedade".[69] João Batista Breda, do Partido dos Trabalhadores, reiterou a posição oficial articulada no congresso de fundação do PT, acrescentando: "Endossando as palavras do presidente do PT [Luiz Inácio Lula da Silva], afirmamos, em nome do partido, que a sexualidade do ser humano é um direito soberano e individual".[70]

A campanha para alterar a classificação continuou por mais três anos. Finalmente, em fevereiro de 1985, o Conselho Federal de Medicina retirou o termo "homossexualidade" da categoria de doenças tratáveis.[71] Essa foi a primeira vitória significativa alcançada pelo movimento.

O impacto da Aids

Conforme apontado, a maioria dos homens gays e das lésbicas considerava desnecessárias as organizações políticas durante a aparente liberalização que acompanhou o retorno à democracia na primeira metade da década de 1980. Durante um período, a mídia expressou um tratamento mais positivo da homossexualidade. Entretanto, o crescimento drástico de infecções por HIV e uma onda de discriminação e violência contra homens gays, travestis e lésbicas, em grande parte como reação às notícias e ao pânico ligados ao vírus, revelou a precariedade da tolerância sob o recém-estabelecido regime democrático.

Nos primeiros anos da epidemia, no início da década de 1980, a desinformação e o sensacionalismo levaram ao estabelecimento de uma associação direta entre a homossexualidade e a Aids, chamada de "câncer gay"[72] e depois de "peste gay".[73] Todas as mudanças positivas na representação de homens gays na mídia resultantes de movimentos nacionais e internacionais pareciam se esvair, à medida que proliferava a discriminação e a marginalização de homens gays, supostos portadores em potencial do vírus. Quase imediatamente, veteranos do quase extinto movimento brasileiro se dedicaram a fazer frente à doença. Seus esforços foram meticulosamente documentados em outras obras.[74] O que temos a seguir é meramente um breve panorama de alguns elementos importantes desse ativismo no Rio e em São Paulo.

Uma das primeiras respostas organizadas foi iniciada pelo Outra Coisa, grupo que se separou do Somos em 1980. Sob a liderança de Antônio Carlos Tosta, os membros distribuíram panfletos nos bares e pontos de encontro gays, informando a "coletividade homossexual de São Paulo" sobre como obter mais informações sobre a doença.[75] Os ativistas também se reuniram, em 1983, com representantes da Secretaria de Estado da Saúde de São Paulo para garantir que agentes de saúde pública não reproduziriam as imagens negativas de homossexuais que repentinamente eram predominantes na mídia durante a luta contra a epidemia.[76]

Alguns ativistas, entre eles Néstor Perlongher, que fora exilado da Argentina (onde era um membro ativo da Frente de Liberación de Argentina) e participara de encontros do Somos em 1982, no entanto, permaneceram altamente críticos em relação a qualquer colaboração com a comunidade médica. Perlongher considerava os especialistas em saúde pública como antagonistas do discurso do desejo, o qual, para ele, era a verdadeira essência do movimento.[77] Ele também achava que os especialistas utilizavam o imaginário do homem gay de classe média como o protótipo da pessoa com HIV/Aids, ignorando, assim, pessoas de outras classes sociais e identidades sexuais afetadas pela doença. De forma semelhante, Herbert Daniel articulou fortes críticas à medicalização da homossexualidade em seus primeiros escritos sobre HIV/Aids, mas mudou de posição com o passar do tempo.[78] Alguns ativistas, como Jorge Beloqui, Veriano Terto Júnior e Paulo Longo, que haviam participado do Somos/Rio, se tornaram importantes líderes em organizações relacionadas à Aids.[79] Sua experiência com organizações por conta da participação nos primeiros grupos do país também lhes deu confiança para agir publicamente sobre sua homossexualidade à medida que buscavam maneiras de lidar com a doença e com os preconceitos que a cercavam.

Entre os homens gays típicos que não haviam se envolvido em atividades políticas, a difusão de notícias sobre a Aids causou medo e ansiedade, à medida que seus amigos adoeciam, eles enfrentavam discriminação no trabalho e ao buscar tratamento médico e eram rejeitados por suas famílias. A desinformação sobre a doença, a falta de clareza sobre como ela era transmitida, a lenta resposta do governo, o inadequado cuidado médico e a dura (e por vezes violenta) reação pública, baseada em antigos estereótipos e preconceitos sobre a homossexualidade, criaram um clima tenso para os infectados ou aqueles que temiam o ser.

A esse respeito, Paulo Teixeira, que pouco após a epidemia chegar ao Brasil foi nomeado coordenador do Programa de Aids do Estado de São Paulo e tinha ligações com o Somos por meio de contatos pessoais, desempenhou um papel fundamental nas interações com ativistas. Ao lembrar desses primeiros anos, Edward MacRae enfatiza o papel de Teixeira: "Era todo um trabalho realmente de muito valor o que ele estava fazendo, nesse sentido, que tinha todo esse tema da homossexualidade, embora a gente estivesse vivendo em épocas de abertura, ainda era bem estigmatizado, principalmente no meio médico".[80]

Como resultado de uma série de reuniões com especialistas em saúde pública e antigos ativistas do movimento, o Grupo de Apoio à Prevenção da Aids (Gapa) foi fundado em São Paulo em 1985. Paulo

César Bonfim, um dos fundadores, explicou o trabalho da organização: "No início, essas pessoas se juntaram por motivos os mais diversos, como discutir a homossexualidade, cuidar do doente, e a preocupação central do grupo é defender o direito do doente e questões ligada à doença".[81] Alguns dos primeiros participantes chegaram a considerar usar o Gapa como um meio de reorganizar o Movimento Homossexual em São Paulo, mas o grupo acabou enfocando quase exclusivamente a oferta de assistência a pessoas vivendo com HIV/Aids.[82] O Gapa se estabeleceu como uma organização não governamental, tornando-se o primeiro grupo relacionado à Aids a fazê-lo no Brasil e na América Latina. Pouco depois, recebeu apoio da Fundação Ford e pôde expandir suas atividades.[83] De acordo com *Histórias da Aids no Brasil*, de Laurindo-Teodorescu e Teixeira, "[p]or quase uma década de epidemia em São Paulo, o Gapa gozou de hegemonia absoluta na esfera do movimento social, em termos da visibilidade de ações e doações recebidas da sociedade civil".[84] Os ativistas do início do movimento, ao lado de uma nova geração que insistia que homens gays não deveriam ser marginalizados ou discriminados por conta da doença, em grande parte fizeram da resposta à Aids no Brasil, conforme ela se desenvolveu ao longo do tempo, um exemplo positivo para o mundo.

O modelo do Gapa se espalhou rapidamente para o Rio, onde um grupo foi fundado em 1987, recebendo também apoio da Fundação Ford para manter suas atividades. Ao mesmo tempo, Herbert de Souza, exilado político que retornara ao Brasil, era hemofílico e se tornara HIV positivo por conta de uma transfusão de sangue, juntou-se a outras pessoas para formar a Associação Brasileira Interdisciplinar de Aids (Abia), pensada para ser uma central de informações sobre a doença. Silvia Ramos, primeira diretora da Abia, explica a divisão de trabalho:

> Contato com pessoas com Aids era o Gapa, quem tinha contato com informação sobre Aids era a Abia. A preocupação era que, se a Abia começasse a atender gente com Aids, o primeiro paciente que ela não atendesse ou que morresse por falta de medicamento o governo iria dizer "Vocês estão criticando tanto a gente do governo porque não estamos

dando resposta, e vocês?". Então, a Abia fez questão de ficar como uma organização que se especializou nessa parte de fazer monitoramento político das ações desenvolvidas pelo Programa Nacional de Aids do Ministério da Saúde.[85]

Embora ainda encarassem uma árdua batalha, novos grupos se uniram para enfrentar a doença.

O retorno à democracia

Durante o período inicial do retorno à democracia, quando o movimento como um todo retraíra pelo país, contraditoriamente, três novos grupos de ativistas gays foram fundados: Triângulo Rosa e Atobá, no Rio de Janeiro, e Lambda, em São Paulo. Sua criação sugeria uma tendência futura de um novo crescimento dos grupos nos anos 1990. Embora relativamente pequenos em termos de números, eles mantinham vivo o movimento dos homens homossexuais nas duas maiores cidades do Brasil durante a diminuição da visibilidade dessas iniciativas, enquanto os grupos de lésbicas trabalhavam autonomamente e dentro do movimento das mulheres.[86]

Fundado em 1985, o nome do Triângulo Rosa tem origem no movimento internacional que transformara o triângulo rosa, originalmente usado para identificar homossexuais em campos de concentração nazistas, em um símbolo de repressão e resistência. João Antônio Mascarenhas era o sustentáculo do grupo, mantendo-o ativo por quase cinco anos.[87] Conforme retratado no capítulo anterior, Mascarenhas se mudou do Rio Grande do Sul para o Rio de Janeiro em meados da década de 1950 para viver mais livremente na capital nacional, onde trabalhou como funcionário público federal. No início dos anos 1970, ele se correspondeu constantemente com grupos de liberação gay nos Estados Unidos e na Europa. Um de seus contatos era Winston Leyland, editor da Gay Sunshine Press, que ele hospedou em 1977 no Rio. A passagem de Leyland pelo Rio e por São Paulo inspirou a formação do *Lampião* e serviu como catalisadora para a fundação do movimento brasileiro. Mascarenhas era membro do conselho editorial da publicação, embora não participasse ativamente dela.[88]

Depois do encerramento do *Lampião*, Mascarenhas colaborou com Luiz Mott em diversas campanhas políticas nacionais, começando com o esforço para retirar a homossexualidade da lista de doenças. Em 1984, ele trabalhou com Mott e Antônio Carlos Tosta na campanha para incluir "a expressa proibição de discriminação por orientação sexual" no Código de Ética do Jornalista, finalmente aprovada no XXI Congresso Nacional de Jornalistas, em 1986.[89]

Como muitos que dedicaram um tempo considerável a mudar as atitudes sociais em relação à homossexualidade, Mascarenhas adotara a estratégia fundamental concretizada nos movimentos de gays e lésbicas à medida que eles emergiam em pontos da América Latina, dos Estados Unidos e da Europa, a saber, a força transformadora de se assumir e *então* transformar essa autoaceitação em um ato político:

> A diferença entre um homossexual assumido e um ativista guei consiste justamente nisso; enquanto o primeiro vê, e narra, sua experiência como algo pessoal, o segundo empenha-se em lutar contra o preconceito social de que é objeto o grupo a que ele pertence, e timbra em deixar evidente sua orientação sexual, para que os demais não possam fingir ignorar que estão ante alguém politicamente engajado.[90]

Essa noção de ativismo era central para a abordagem adotada por Mascarenhas quando fundou o Triângulo Rosa. Enquanto a dinâmica operacional da maioria das organizações brasileiras da primeira geração enfatizava discussões em pequenos grupos sobre questões pessoais relacionadas a ser um homossexual, se assumir, lidar com a família e com a sociedade etc., o Triângulo Rosa enfocou diretamente a ação política. Um dos membros do grupo lembrou, tempos depois, que Mascarenhas "defendia mais uma linha dos direitos, de igualdade, da legalidade, da presença do Triângulo Rosa nas lutas mais amplas da sociedade brasileira, como o movimento de mulheres, o movimento negro, a luta na Constituinte".[91]

Uma discussão importante no grupo era se o Triângulo Rosa deveria ou não trabalhar com Aids. Mascarenhas se opôs à ideia, argumentando que a doença já estigmatizava homens gays e dificultava o ativismo político. Com o tempo, isso causou um racha no grupo: alguns membros saíram para se dedicar mais à luta contra o preconceito social atrelado à doença e ajudar pessoas que viviam com HIV/Aids.[92] Mascarenhas também distanciou o grupo de qualquer trabalho com travestis (que, na época, eram amplamente associadas na imprensa à prostituição) porque achava que isso causava uma impressão negativa sobre os gays.[93] Como veremos, levaria mais uma década para que travestis, transexuais e pessoas transgênero fossem completamente integradas ao movimento.

O Atobá também foi fundado em 1985. Diferentemente do Triângulo Rosa, que promovia encontros em bairros abastados da zona sul do Rio, o Atobá uniu homens gays de bairros pobres e operários, longe das praias de Copacabana e Ipanema. Nesse sentido, ele alcançou pessoas de diversas classes sociais e propiciou a inclusão de muitos negros. A história oficial do grupo conta que dias depois do assassinato de Sidney Quintanilha dos Santos, em setembro de 1985, um grupo de amigos decidiu formar uma organização ativista para responder à violência social. Durante o encontro, eles descobriram que um vizinho pretendia matar um atobá, então fizeram uma vaquinha para salvar o pássaro, o que deu origem ao nome do grupo.[94] Sob a liderança de Paulo César Fernandes, historiador que sediou a organização em sua casa, com muitas plantas e animais, o grupo aliou trabalho político em defesa dos direitos gays e apoio às pessoas vivendo com HIV/Aids. Como o Grupo Gay da Bahia, o Atobá era composto por uma diversidade de pessoas de famílias pobres e operárias. Ele também se envolveu rapidamente no ativismo político no Rio de Janeiro.

A terceira organização, Lambda: Movimento pela livre orientação sexual, foi fundada em São Paulo em 1984 por Ubiratan da Costa e Silva, decorador de interiores que se tornou ativista. Com poucos membros, ela representava, no entanto, o único grupo focado em gays que operava na cidade depois que as organizações da primeira geração haviam encerrado suas atividades. Em um de seus panfletos, o grupo declarava que seu objetivo era a "luta contra os preconceitos que geram a discriminação contra as minorias sociológicas ou numéricas como mulheres, negros, homossexuais, pessoas portadoras de deficiências físicas e tantas outras".[95] Ele se aliou ao Grupo Gay da Bahia e ao Triângulo Rosa em várias campanhas nacionais, mudando depois seu foco sobretudo para a educação sobre a Aids e para o apoio relacionado à doença. No início da década de 1990, à medida que a saúde de Ubiratan da Costa e Silva piorava, o grupo deixou de atuar.

Uma campanha eleitoral revolucionária

O fim do governo controlado pelos militares em 1985 e a promessa das primeiras eleições sem um general na presidência no ano seguinte deram novas oportunidades aos ativistas de levar a pauta do movimento para a arena eleitoral. No início de 1986, o Congresso aprovou uma emenda à Constituição para estabelecer uma Assembleia Nacional Constituinte destinada a elaborar a nova Constituição do país. Dessa vez, Herbert Daniel decidiu concorrer a deputado estadual no Rio, enquanto Liszt Vieira concorreu a deputado constituinte para participar da Assembleia Constituinte.

Nesse período, Daniel começou a rever suas impetuosas críticas ao gueto gay. Sua participação no Somos/Auê e a campanha de 1982 que elegeu Liszt Vieira como deputado o levaram a buscar o apoio de ativistas gays, e ele concorreu em uma aliança entre o Partido dos Trabalhadores e o Partido Verde. O Triângulo Rosa abraçou com entusiasmo a candidatura de Daniel:

> Há tempos que lutamos para conseguir fazer valer os nossos direitos, para termos as nossas reivindicações atendidas, para sermos respeitados como cidadãos. A candidatura de Herbert Daniel é um marco histórico. Pela primeira vez na história política deste país, temos um candidato que, além de estar comprometido com a luta homossexual, assume publicamente a sua preferência sexual.[96]

A declaração também cutucava quem acreditava na suposta natureza superficial e "apolítica" de gays e lésbicas. "Elegendo Herbert Daniel estaremos mostrando que bichas e lésbicas não se unem somente para fazer fofoquinha ou pegação, mas se unem também para conquistar sua representatividade para fazer valer sua voz e seu direito". Em parte, essa afirmação respondia a discussões que vinham ocorrendo no Partido dos Trabalhadores quando ele lançou candidatos operários para cargos públicos. Alguns membros da esquerda afirmaram que pessoas marginalizadas ou discriminadas eram menos propensas a votar em alguém como elas. Mascarenhas defendeu o contrário: "Precisamos acabar com o mito de que o oprimido é o seu próprio opressor: operário não vota em operário, negro não vota em negro, e por extensão homossexual não vota em homossexuais".

Em grande parte devido ao envolvimento de Daniel, a campanha de 1982 que elegeu Liszt Vieira defendeu abertamente direitos iguais para homossexuais. A campanha de 1986, por sua vez, foi ainda mais ousada. Daniel prometeu apresentar um projeto de lei que baniria a discriminação com base na orientação sexual:

> Apesar de não ser considerada nem crime nem doença no Brasil, a homossexualidade tem contra ela preconceitos de origens muito fundas na cultura do país. Então, além das leis, é preciso usar outro campo de atuação, que é o de fazer a Assembleia Legislativa uma caixa de ressonância, atuando sempre contra o preconceito e os abusos.[97]

O material de campanha era vívido e colorido. Um dos *slogans*, "Não há democracia se ela para na porta da fábrica ou na beira da cama", era uma maneira poética de expressar o comprometimento de Daniel com a justiça social e a política do desejo. O proletariado merecia direitos iguais dentro da fábrica e os homossexuais demandavam o mesmo respeito da sociedade como um todo, afirmava ele. Porém, apesar de uma campanha dinâmica, Daniel não conseguiu se eleger, tendo recebido 5.485 votos, 2.643 a menos do que o necessário.[98] Embora tenha se tratado de uma derrota eleitoral, esse era o exemplo mais forte até aquele momento de uma campanha eleitoral em que o candidato era franco sobre sua homossexualidade e estava confortável com isso. Seriam necessárias mais duas décadas e meia para que Jean Wyllys, um homem abertamente gay que defendia as demandas do movimento, fosse eleito deputado federal pelo Rio de Janeiro.[99]

A Assembleia Constituinte

João Antônio Mascarenhas estava talvez mais desiludido com o resultado das eleições do que Daniel, porque pensou que gays votariam em gays, garantindo, assim, a vitória.[100] Apesar disso, ele rapidamente começou a trabalhar para influenciar os representantes eleitos para a Câmara dos Deputados em 1986, que automaticamente se tornaram constituintes na Assembleia Nacional Constituinte. Liszt Vieira também não foi eleito deputado naquele ano, então não participou das deliberações sobre a nova Constituição. Em vez disso, José Genoíno, outro ex-guerrilheiro que atuava como deputado federal por São Paulo pelo PT, coordenou a mobilização para que fosse incluída no texto uma emenda que proibisse a discriminação com base na orientação sexual. Seu esforço recebeu o apoio de Benedita da Silva, também do PT, uma pentecostal progressista afro-brasileira que depois se tornaria a primeira senadora democraticamente eleita no Brasil e governadora do estado do Rio de Janeiro. Entretanto, a força política por trás dos esforços de *lobby* para acrescentar uma linguagem antidiscriminatória à nova Constituição foi liderada por Mascarenhas.[101]

Uma das primeiras tarefas que Mascarenhas assumiu foi a de elaborar a linguagem para a emenda. Depois de consultar os grupos de gays e lésbicas espalhados pelo país, bem como antropólogos e sociólogos, e com o apoio de Luiz Mott e Ubiratan da Costa e Silva, chegou-se a um consenso sobre o uso do termo "orientação sexual". A expressão fora frequentemente adotada pelo movimento internacional de gays e lésbicas e, como argumentado por um ativista que respondeu a Mascarenhas, era "ao mesmo tempo a mais genérica e a menos valorativa das que se encontraria disponíveis em nossa linguagem".[102]

Ela também desviava de um debate sobre se a homossexualidade era uma escolha ou uma preferência, conforme defendido por alguns, ou algo biológico ou inerente, como defendido por outros. O termo logo se difundiu dentro do movimento.

O debate sobre a elaboração de uma nova Constituição gerara um interesse considerável entre um sem-número de movimentos sociais e sindicatos que haviam se mobilizado durante os anos 1970 e 1980 pelo retorno da democracia e pela inclusão social e econômica de grupos marginalizados. Ademais, movimentos sociais haviam reivindicado e conquistado o direito de apresentar propostas de "emendas populares" para serem apreciadas pela Assembleia Constituinte se respaldadas por petições com 30.000 assinaturas e endossadas por três entidades legalizadas. Dado que o movimento de gays e lésbicas se encontrava enfraquecido no período, a utilização dessa estratégia para influenciar a linguagem da nova Constituição parecia impossível. Então, ao longo de 1987, Mascarenhas encabeçou uma campanha assertiva de correspondência para recrutar apoio e fazer os membros da Assembleia apresentarem uma emenda constitucional.

Em 28 de janeiro de 1988, 461 dos 559 membros da Assembleia Constituinte votaram a medida. Apenas 25% (130 constituintes) apoiaram a emenda e a proposta não foi aceita. Todos os representantes do PT apoiaram a proibição de discriminação em virtude da orientação sexual. É interessante notar que os representantes do Partido Comunista Brasileiro (pró-soviéticos) e do Partido Comunista do Brasil (pró-Albânia), apesar de manterem há tempos uma caracterização da homossexualidade como um comportamento burguês decadente, votaram a favor da emenda.[103] De maneira não surpreendente, 25 dos 33 pastores evangélicos na Assembleia votaram contra a medida. Durante o processo de escrita de cartas, *lobby* e debates, ficou claro que uma coalizão considerável de protestantes e católicos conservadores pretendia bloquear qualquer inclusão de linguagem sobre a discriminação em virtude da orientação sexual. Eles recorreram a todos os argumentos tradicionais que haviam sido desenvolvidos ao longo do século XX, desde a imoralidade até a anormalidade da homossexualidade, acrescentando sua condenação da promiscuidade que, insistiam eles, levava à Aids. Essa polarização no seio da Assembleia Constituinte era um presságio de uma divisão muito mais profunda, embora semelhante, no país. Políticos conservadores se aliaram a cristãos protestantes evangélicos e católicos conservadores para formar um bloco que cresceria com o passar do tempo, dentro e fora do Congresso.

Nove anos depois da derrota na Assembleia Constituinte, Mascarenhas revisitou um manuscrito que escrevera na esteira de seus esforços de *lobby* para analisar a natureza da oposição à emenda proposta. O subtítulo do fino volume resumia o problema: "conservadorismo político, falso moralismo e machismo".[104] Nessa densa pesquisa, foram examinados artigos publicados no *Jornal do Brasil* sobre 96 dos 429 delegados da Assembleia Constituinte que votaram contra a proibição de discriminação. O estudo revelou o suposto envolvimento deles em 20 atividades criminosas diferentes, incluindo suborno, nepotismo, fraude eleitoral, sonegação fiscal e troca de votos por favores. Muitos eram defensores autoproclamados dos "valores da tradicional família cristã". O dossiê compilado detalhava os supostos crimes, embasando fortemente a tese de que conservadores de direita, fundamentalistas cristãos e políticos corruptos (que compartilhavam um desprezo não apenas pela homossexualidade, mas também por movimentos sociais progressistas) muitas vezes coincidiam nas mesmas figuras.

Na introdução, Mascarenhas citou um trecho da revista *Veja* para embasar seu argumento. Vale citá-lo aqui na íntegra, pois ele capta a essência desse argumento:

> Três dos quatro últimos presidentes receberam o pastor Wellington [José Wellington Bezerra da Costa, presidente da Assembleia de Deus, no Brasil] em audiência – José Sarney, Fernando Collor de Mello e Fernando Henrique Cardoso [FHC]. No encontro com FHC, em outubro passado, Wellington deu seu recado: "Eu disse que nós somos 100% contrários à união civil entre homossexuais, 100% contrários à liberação do aborto, 100% contrários às drogas, e 100% contrários ao Movimento dos Sem-Terra, porque ele fere o direito de propriedade".[105]

Na época, a Assembleia de Deus era a maior igreja protestante no Brasil, com 2,9 milhões de membros e 130.000 templos pelo país.[106] A direita claramente notara as relações entre a defesa das proteções legais para homossexuais e o clamor por justiça social de outros movimentos sociais e políticos.

Embora Mascarenhas e seus apoiadores não tenham conseguido mudar a Constituição brasileira, o debate levou à adoção de legislação antidiscriminatória em dois estados (Sergipe e Mato Grosso), na capital do país (Brasília), em cidades importantes (Rio de Janeiro, Salvador e São Paulo) e em mais de 70 outros municípios.[107] Isso não significou necessariamente que o movimento conseguiu ganhar difundido apoio popular para tal legislação. Em muitos casos, isso já está previsto em lei porque os governos locais copiaram na íntegra o código civil da cidade de São Paulo, que continha a cláusula.[108] No entanto, o debate da Assembleia Constituinte estimulou a ampliação de proteções legais para gays e lésbicas. Isso também foi a base de campanhas futuras sobre o reconhecimento de parcerias civis e benefícios previdenciários para relacionamentos entre pessoas do mesmo sexo na última década do século XX, assim como para o casamento civil e para a proibição federal da homofobia no século XXI.

Ataques a corpos

Embora a violência contra pessoas LGBT fosse um problema no Brasil há tempos, na década de 1980 o movimento passou a documentá-la sistematicamente. Apesar de esses ataques físicos e assassinatos terem ocorrido em meio a um aumento da violência na sociedade brasileira no geral,[109] é provável que uma maior visibilidade tenha desencadeado uma raiva e uma agressividade que a polícia não controlava. O pânico causado pela Aids também contribuiu para essa violência.

No início dos anos 1980, Luiz Mott e o GGB começaram a monitorar o fenômeno. No final do século XX, o grupo havia registrado mais de 1.590 assassinatos, embora o número de mortes provavelmente fosse ainda maior na realidade, visto que o estudo se valia apenas de notícias de jornal, que eram inevitavelmente incompletas.[110] Algumas das vítimas eram mulheres assassinadas por parentes que haviam descoberto que elas estavam tendo um caso lésbico.[111] Muitos eram travestis, dos quais alguns eram profissionais do sexo, mortos por seus clientes ou por outros, mas grande parte eram prestadores de serviço – cabeleireiros e outras pessoas transgênero em profissões tradicionalmente femininas, mortos em atos de transfobia. No entanto, a maioria das vítimas era homens gays, muitos dos quais eram particularmente vulneráveis a jovens vigaristas que os assaltavam e os matavam.

Na década de 1980, dois casos se destacaram, exemplificando essa violência: um *serial killer* em São Paulo e o assassinato de um famoso diretor de teatro no Rio de Janeiro. Entre 1986 e 1989, Fortunato Botton Neto, prostituto, matou de forma horripilante mais de uma dúzia de profissionais gays que o haviam pegado perto do Parque Trianon, na Avenida Paulista, em São Paulo.[112] Depois de dois anos cometendo esses homicídios, ele foi capturado e condenado a vinte anos de prisão.

Em meio a essa série de assassinatos e ao pânico generalizado por causa da Aids em São Paulo, Jânio Quadros, prefeito da cidade entre 1985 e 1988, que renunciara à presidência em 1961 depois de sete meses no cargo, realizou uma campanha anti-homossexual. Alegando que a Escola Municipal de Bailado (atual Escola de Dança de São Paulo), ligada ao Teatro Municipal, era um antro de imoralidade, ele ordenou, em 1987, a expulsão de alunos do sexo masculino, que, se especulava, eram homossexuais, gerando protestos do diretor e o fechamento da instituição. O líder do Lambda, Ubiratan da Costa e Silva, juntou-se ao Sindicato dos Artistas e Técnicos em Espetáculos de Diversões no Estado de São Paulo, bem como a sete outros sindicatos e organizações profissionais, para protestar contra essa medida e contra uma série de assassinatos não solucionados de homens gays.[113] Marquinhos, que fora um membro ativo do Somos, participou do esforço para mobilizar a opinião pública contra tais atos de violência. Ele lembra sua atuação como membro de uma delegação para o presidente da Câmara Municipal: "O Sindicato dos Artistas encampava uma luta com a gente [...]. Fizemos um documento pedindo mais segurança na cidade e marcamos um encontro na Praça da República, para ir em passeata até a Câmara Municipal. Aí, o número era tão insuficiente que nós fomos pela calçada [...]".¹¹⁴ O movimento em São Paulo, conforme a lembrança de Marquinhos e como mencionado anteriormente, estava tão enfraquecido no final dos anos 1980 que só conseguia mobilizar algumas dezenas de pessoas para protestar contra a violência e a discriminação.

Naquele mesmo ano, no Rio, o assassinato brutal do diretor musical Luís Antônio Martinez Corrêa por um jovem surfista que frequentara seu apartamento conseguiu unir o mundo artístico. Liderados por Fernanda Montenegro, a grande dama do teatro brasileiro, mais de 150 artistas assinaram uma declaração, intitulada "Praticar o homossexualismo não constitui crime", que afirmava: "Não podemos admitir a perpetuação desta fábula absurda, em que se atribui a culpa à vítima, enquanto o assassino desfruta de velada cumplicidade de uma justiça inexistente nos códigos". Reconhecendo a difundida incidência da violência, o texto continuava: "Este ato e outros semelhantes constituem o sintoma mais brutal de uma conjuntura geral de violência e impunidades, que está a exigir de todos nós uma posição radical e imediata".¹¹⁵ O assassino foi condenado a 26 anos de prisão, mas condenações desse tipo eram raras. A maior parte dos casos de assassinato documentados pelo GGB era cometida por grupos ou indivíduos não identificados que nunca eram pegos ou culpabilizados por seus crimes. A homofobia institucionalizada profundamente arraigada na sociedade brasileira contribuía para a falta de investigações sérias sobre a maioria desses crimes e a captura daqueles que os cometiam.

De acordo com o GGB, na década de 1990, 12 grupos diferentes estavam envolvidos em agressões e assassinatos de homossexuais.¹¹⁶ Durante a ditadura (1964-1985), forças da direita formaram unidades paramilitares conhecidas como esquadrões da morte. Muitos estavam ligados às Forças Armadas, bem como a departamentos de polícia municipais, estaduais e federais. Eles auxiliavam os militares em atividades ilegais, incluindo o sequestro e tortura de opositores do regime.¹¹⁷ Alguns também realizavam campanhas para "limpar" o que julgavam ser um "comportamento imoral", especificamente, a homossexualidade. Uma dessas unidades, a Cruzada Anti-Homossexualista, enviou ameaças por carta ao Somos em 1981.[118] Como a transição da ditadura à democracia nos anos 1980 não incluía a responsabilização de agentes estatais envolvidos em tortura e repressão, o governo nunca puniu os culpados de violações dos direitos humanos. Uma sensação de impunidade por certos crimes persistia após o restabelecimento da democracia, e a violência contra homossexuais, travestis e lésbicas seguia com força total.

Para citar outro exemplo, Adauto Belarmino Alves, vencedor do Prêmio Reebok de Direitos Humanos em 1994, documentou o assassinato de 23 travestis no Rio de Janeiro em outubro daquele ano.[119] Um sistema judicial injusto respaldava essas ações arbitrárias contra travestis. A Corte da Justiça Militar, por exemplo, reduziu a sentença de Cirineu Carlos Letang da Silva, ex-soldado da Polícia Militar condenado pelo assassinato de uma travesti conhecida como Vanessa, que levou tiros no nariz e nas costas, de doze para seis anos porque, segundo ele, travestis são "perigosos".[120]

No início da década de 1990, aquele que foi possivelmente o mais dramático dos casos envolveu o assassinato de Renildo José dos Santos, vereador do município de Coqueiro Seco, no estado de Alagoas. Em 2 de fevereiro de 1993, a Câmara Municipal o suspendeu por 30 dias depois de ele ter declarado em um programa de rádio que era bissexual. Ele foi acusado de "praticar atos incompatíveis com o decoro parlamentar, levando descrédito à reputação da Câmara Municipal". Quando expirou sua suspensão e a Câmara não o readmitiu, Renildo pleiteou uma ordem judicial que lhe permitisse reassumir o cargo. No dia seguinte, ele foi sequestrado; seu corpo foi descoberto em 16 de março, cabeça e membros separados do tronco e o cadáver queimado.[121] Os três homens que cometeram o crime só foram julgados em 2006, depois de onze recursos impetrados pela defesa dos acusados. Eles foram considerados culpados, mas conseguiram protelar o cumprimento da pena de 19 anos até 2015, ou seja, 22 anos depois de cometerem o crime.[122]

Apesar de os valentes esforços do Grupo Gay da Bahia e de seus apoiadores para documentar e condenar a violência e a discriminação não terem necessariamente contido o número de mortes violentas, as campanhas resultantes dessas e de outras denúncias representaram um diálogo contínuo e aberto na mídia e com setores progressistas da sociedade brasileira, fomentando a empatia e a solidariedade.[123] O mesmo é verdade para a luta contra a Aids.

Uma abordagem radical à Aids

No início de 1989, depois de trabalhar mais de um ano com políticas relacionadas à Aids para a Abia, Herbert Daniel descobriu que era HIV positivo. Assim que superou o choque inicial, ele canalizou as experiências que acumulara como revolucionário, intelectual, escritor e ativista para reinventar discursos sobre pessoas que viviam com HIV/Aids e fundar uma nova organização, o Grupo Pela Vidda. O nome, Pela Vidda, oferecia uma resposta otimista àqueles que, ao receberem a notícia da infecção, aos olhos de Daniel, recebiam uma "morte civil", um atestado de óbito que também lhes privava de seus direitos civis, políticos e humanos. O acrônimo Vidda (Valorização, Integração e Dignidade do Doente de Aids), embora um pouco desajeitado, visava expressar uma nova forma de pensar sobre as pessoas que viviam com HIV/Aids. Alguns grupos, entre eles o Gapa/São Paulo, já tinham se tornado veículos de apoio para os que contraíram o vírus. O Pela Vidda tinha uma missão diferente. Ele era composto de pessoas que elas próprias viviam com a doença e queriam contestar políticas oficiais. Em encontros semanais, os participantes discutiam como lidar com HIV/Aids e, ao mesmo tempo, lutar contra a complacência e a inércia do governo.[124] Em um momento no qual não havia nenhuma previsão de tratamento ou vacina contra o vírus, Daniel defendia que a melhor cura para a doença eram a prevenção, a educação e a solidariedade.

Em seus últimos três anos de vida, Daniel foi perseverante em informar os brasileiros sobre como era viver com a doença. Ele fez várias aparições na televisão, incluindo um programa de uma hora sobre a Aids, e escreveu amplamente sobre sua experiência. Como uma figura pública, ele levou a doença para além do pessoal, para o político. O famoso antropólogo Richard Parker, que trabalhava com Daniel na Abia, resumiu a abordagem deste à Aids e à política: "Daniel criou um espaço de movimentos sociais em interseção que foi crucial como um tipo diferente de resposta à epidemia no Brasil em relação aos que estavam presentes em outros locais nos quais essas alianças e coalizões não haviam sido feitas".[125]

Na mesma época em que Daniel estava elaborando uma nova abordagem para lidar com a Aids, Agenor de Miranda Araújo Neto, conhecido como Cazuza, ganhou a empatia do país ao revelar que tinha Aids.[126] Um dos jovens cantores de *rock* mais importantes do país, a quem o músico veterano Caetano Veloso chamou de o melhor poeta de sua geração, Cazuza foi alçado à fama nos anos 1980, primeiro como integrante da banda Barão Vermelho e depois como artista solo. Sua música e suas letras expressavam a angústia dos jovens que viviam no período pós-ditadura. Em 1987, ele descobriu que tinha Aids e revelou sua situação em 1989. Quando a revista *Veja* publicou uma reportagem com sua frágil figura na capa e o título "Uma vítima de Aids agoniza em praça pública", ela provocou a ira dos fãs do cantor, que consideraram a foto sensacionalista.[127] Cazuza respondeu aos editores da revista com uma carta aberta:

> Não estou em agonia, não estou morrendo. Posso morrer a qualquer momento, como qualquer pessoa viva. Afinal, quem sabe com certeza quanto vai durar? Mas estou vivíssimo na minha luta, no meu trabalho, no meu amor pelos meus queridos, na minha música – e certamente perante todos os que gostam de mim.[128]

Alguns dias depois, centenas de intelectuais, artistas, jornalistas, cineastas e jogadores de futebol assinaram um manifesto criticando a reportagem e afirmando: "A revista *Veja* quer que se veja Cazuza como uma vítima; por sua coragem, por sua generosidade, por sua poesia, todas as forças vivas do Brasil reconhecem nele um herói do nosso tempo".¹²⁹ Embora naquele momento Cazuza estivesse de fato fragilizado pela doença, seus apoiadores se opuseram à maneira como ele foi retratado como uma vítima patética da Aids, em vez de uma pessoa que lutava contra a doença. Ele faleceu um ano depois, em 7 de julho de 1990.

Cazuza não era um ativista do movimento, embora admitisse publicamente que era bissexual e fosse conhecido o fato de que ele tivera um breve caso com Ney Matogrosso. Não há indícios de que ele soubesse muito sobre o Triângulo Rosa, o Atobá ou o Pela Vidda. De qualquer forma, uma de suas músicas mais emblemáticas, "Brasil", usada por seus apoiadores na resposta à reportagem sensacionalista da *Veja*, ecoava as noções centrais tanto do movimento gay quanto da mobilização contra a Aids à medida que eles se desenvolviam, entrelaçados. Embora Cazuza permanecesse ambíguo em suas declarações públicas sobre sua identidade sexual, sua franqueza sobre a Aids e sua disposição para admitir que teve relacionamentos românticos e eróticos com homens representavam a afirmação de uma atitude positiva em relação à homossexualidade. Dada sua prominência no cenário público, isso podia transformar também os valores da sociedade.¹³⁰

A segunda onda (1989-presente)

Em 1989, os brasileiros tiveram a oportunidade, pela primeira vez em quase 30 anos, de votar em eleições diretas para presidente. Na disputa, o candidato do Partido dos Trabalhadores, Luiz Inácio "Lula" da Silva, concorreu contra Fernando Collor de Melo, governador de Alagoas, que representava os interesses das oligarquias industrial e rural. O processo interno do PT para a seleção do candidato a vice-presidente de Lula revelou o fato de que, embora o partido mantivesse um apoio programático aos direitos de gays e lésbicas, a batalha para conquistar os corações e mentes da base do partido, bem como de um setor da liderança, ainda não tinha acabado. Um segmento do PT nomeou Fernando Gabeira para ser o número 2 na disputa. Conforme mencionado brevemente no capítulo anterior, Gabeira, ex-jornalista e ex-guerrilheiro urbano que estivera envolvido no sequestro do embaixador dos Estados Unidos no Brasil em 1969, escreveu uma série de livros criticando o fracasso da esquerda tradicional em lidar com o feminismo, questões ecológicas e direitos de gays e lésbicas, dentre outros temas. Embora Gabeira não seja gay, seu estilo chamativo e seu apoio eloquente aos direitos de gays e lésbicas alimentaram boatos de que ele era uma "bicha".[131] Uma campanha nos bastidores, que se valia da percepção generalizada de que Gabeira era um "cidadão sob suspeita", contribuiu para que ele não fosse nomeado candidato a vice-presidente.[132] Por um breve período, o Partido Verde, ao qual Gabeira era filiado, decidiu lançar Herbert Daniel como candidato à presidência, mas, por conta de suas enfermidades relacionadas à Aids, Daniel retirou sua candidatura e Gabeira concorreu em seu lugar, obtendo apenas 125.000 votos no primeiro turno das eleições.

Lula perdeu no segundo turno para Collor por uma diferença de seis pontos percentuais. As mobilizações em massa em 1992 a favor do *impeachment* do presidente Collor devido à corrupção generalizada coincidiram com um crescimento significativo do ativismo LGBT. Muitos membros novos haviam participado de diferentes movimentos sociais e políticos na década de 1980 e das mobilizações a favor do *impeachment* de Collor, no qual ganharam experiência em organização. Eles levaram esse conhecimento para os novos grupos de gays e lésbicas que estavam sendo fundados pelo país. O 3º Encontro Nacional de Homossexuais foi realizado em janeiro de 1989 no Rio de Janeiro e contou com a participação de apenas seis organizações. Entretanto, havia novos grupos entre os participantes. No ano seguinte, representantes de seis grupos foram a Aracaju para participar do 4º Encontro Nacional. Motivados pela bem-sucedida campanha da organização anfitriã que fez que o governo municipal renomeasse uma rua como "28 de Junho", data da Rebelião de Stonewall, em Nova York, em 1969, ativistas gays e lésbicas dentro do Partido dos Trabalhadores deram início a uma campanha que pedia aos representantes eleitos que eventos internacionais do orgulho fossem celebrados, por meio de propostas semelhantes de mudanças de nome de rua em outras partes do Brasil.[133]

O 5º Encontro Nacional, realizado em Recife em 1991 com representantes de sete dos oito grupos do país, marcou o início de uma ampliação do número de organizações brasileiras. O evento enfocou a violência contra gays, travestis e lésbicas e a luta contra a Aids.[134] No ano seguinte, membros de 11 grupos se reuniram no Rio para o 6º Encontro Nacional, que lidou com questões relacionadas à Aids e propôs uma série de campanhas. Elas incluíam uma denúncia sistemática da violência contra gays, lésbicas e travestis, novas tentativas de uma emenda constitucional proibindo a discriminação em virtude da orientação sexual e uma proposta de lei a favor dos direitos de parceiros civis.[135] No mesmo ano, em 11 de junho de 1992, alguns militantes do Partido dos Trabalhadores se encontraram em São Paulo para fundar o Grupo de Homossexuais do PT.[136] Em uma das primeiras conquistas do grupo, deputados eleitos pelo partido em quatro estados diferentes garantiram a aprovação de propostas que reconheciam o dia 28 de junho como o Dia Internacional do Orgulho Gay.[137] O grupo também participou da campanha eleitoral de 1992 panfletando em bares de gays e lésbicas a favor dos candidatos do PT e abordando questões específicas da comunidade.[138]

O aumento do número de grupos de gays e lésbicas no Brasil concatenou com o crescimento das atividades e da influência dos membros e apoiadores gays e lésbicas do PT dentro do movimento. Em 1993, 21 grupos se juntaram para o 7º Encontro Brasileiro de Lésbicas e Homossexuais, realizado em um centro de treinamento do Partido dos Trabalhadores fora de São Paulo. O encontro foi marcado por uma maior participação de lésbicas, pela mudança de nome do evento para estimular a visibilidade lésbica e por sua liderança cogênero, marcando uma mudança em um movimento até então dominado por homens gays.[139] Embora os que participaram do encontro tenham continuado a concordar com a posição dos membros do Somos nos anos 1980 de construir um movimento de gays e lésbicas independente de qualquer partido político, a maioria dos participantes tendeu a apoiar o PT como a única alternativa eleitoral no Brasil em um período no qual as eleições presidenciais tendiam à polarização entre o Partido dos Trabalhadores, de esquerda, e o Partido da Social Democracia Brasileira (PSDB), de centro-direita.[140]

As eleições presidenciais de 1994, entretanto, foram uma decepção, tanto para a esquerda quanto para ativistas gays e lésbicas que apoiaram o PT. No começo do ano, as altas taxas de inflação e a vantagem de Lula nas pesquisas com folga pareciam indicar que o ex-líder sindical arrebataria o cargo no final do ano. No entanto, setores sociais importantes, incluindo empresas monopolistas nacionais e internacionais, grandes proprietários de terra e uma parcela considerável da classe média, se reuniram em apoio ao ex-ministro da Economia Fernando Henrique Cardoso, do PSDB, que reduzira drasticamente a inflação até o meio do ano, imediatamente antes de renunciar ao cargo para se candidatar à presidência. Lula e a liderança do PT que dominava a campanha optaram por se distanciar de quaisquer questões que pudessem minar sua frágil posição.[141] O declínio do apoio de setores "progressistas" das "comunidades-base" da Igreja Católica era particularmente preocupante. As posições do PT a favor do aborto e da cidadania plena de gays e lésbicas estavam entre os pontos da campanha que o partido sacrificou na aproximação de Lula da direita, em uma tentativa desesperada de fortalecer sua campanha.

Um dos primeiros indicativos dessa mudança envolveu a revisão do Plano de Governo do Partido dos Trabalhadores de 1994, documento amplamente discutido entre os membros do partido. Irma Passoni, líder do partido há muito tempo que tinha vínculos com movimentos sociais apoiados pela Igreja Católica, liderou a briga contra o direito ao aborto. Benedita da Silva, que apoiara a emenda constitucional contra a discriminação com base na orientação sexual durante a Assembleia Constituinte, também se opôs à plataforma a favor do aborto e a outra que defendia o reconhecimento legal de parcerias civis de gays e lésbicas.[142] A imprensa imediatamente notou esse conflito interno do partido e caracterizou a proposta de cidadania plena como apoio aos "casamentos homossexuais", um conceito que ativistas gays e lésbicas dentro do PT haviam cuidadosamente evitado para angariar mais apoio para a plataforma política.[143] Gays e lésbicas no PT conseguiram manter a formulação de proteção legal na plataforma do partido, que defendia "iniciativas visando à garantia do direito a benefícios previdenciários, propriedade e herança para casais homossexuais". Entretanto, coordenadores de campanha bloquearam a distribuição adequada de panfletos eleitorais voltados à comunidade gay e lésbica por meio do adiamento de sua produção até o último minuto.[144] Apesar das manobras nos bastidores e de uma mudança programática generalizada para posições mais moderadas da parte do PT, Lula perdeu a eleição por uma margem considerável. Uma moeda fortalecida, a inflação em queda e o apoio quase unânime da mídia garantiu que Fernando Henrique Cardoso ganhasse com facilidade a corrida presidencial.

O 8º Encontro Nacional do movimento foi realizado em janeiro de 1995 em Curitiba. Ele adotou uma nova estratégia de organização que incluía a realização do Primeiro Encontro de Gays e Lésbicas que Trabalham com Aids concomitantemente ao Encontro Nacional. Isso permitiu aos organizadores receber recursos do Ministério da Saúde para levar pessoas de todo o país a ambos os eventos. Cada vez mais, os grupos, cujos recursos próprios eram escassos, adotavam o modelo de se tornar uma organização não governamental oficialmente reconhecida e então requerer fundos governamentais ou internacionais para realizar determinado projeto. Isso lhes permitia participar de encontros nacionais, sustentar sua sede e até mesmo oferecer salários modestos aos organizadores.

No 8º Encontro, representantes de 31 organizações fundaram a Associação Brasileira de Gays, Lésbicas e Travestis (ABGLT). A ideia de uma organização nacional com líderes e um progrma político era uma meta articulada da esquerda do movimento desde 1980.[145] Quinze anos mais tarde, a formação da ABGLT, com afiliados de todas as regiões de um país de dimensões continentais, prenunciava um crescimento dinâmico do movimento nos anos seguintes.[146]

Algo novo

Ao mesmo tempo que essa renovada energia política aumentava as possibilidades de visibilidade da luta do movimento por direitos democráticos, uma mudança estava ocorrendo na maneira como os homens que se envolviam em relações homoeróticas se identificavam. Muitos brasileiros ainda pensavam sobre a homossexualidade masculina em termos de papéis sexuais "ativos" e "passivos" e em homens afeminados como pessoas que queriam assumir papéis tradicionais de gênero associados a mulheres. No entanto, entre os homens que aceitavam sua homossexualidade, muitos assumiram identidades gays semelhantes àquelas nos Estados Unidos e na Europa, o que dava menos peso a papéis sexuais e de gênero. Isso dava continuidade a uma tendência, sobretudo entre gays de classe média, que começara nas décadas de 1960 e 1970, conforme documentado no capítulo anterior. Imagens de consumo de homens masculinos, estilosos e cultos se consolidaram entre segmentos da classe média urbana gay e entre aqueles que desejavam fazer parte dela. Concomitantemente, a maior discussão na mídia sobre homossexualidade e atividades do movimento internacional afetou as discussões no Brasil. Todos os principais jornais, revistas e emissoras de televisão cobriam paradas do orgulho internacionais, debates sobre gays no Exército americano e questões relacionadas à Aids. Programas de entrevistas buscavam os ativistas que estavam dispostos a se assumir publicamente e discutir certos temas de forma aberta e franca. Esse debate público sobre a homossexualidade reforçou e legitimou a homossexualidade masculina junto a uma parcela cada vez maior da população brasileira. Ao mesmo tempo, a visibilidade gerava ansiedade nas forças conservadoras que viam a homossexualidade como uma abominação moral e uma ameaça à família heteronormativa tradicional.

O mercado de consumo voltado para homens gays também expandiu significativamente. Novas publicações de alta qualidade passaram a circular e a influenciar uma geração que nada sabia sobre o *Lampião da Esquina*. No Rio, o *Nós Por Exemplo*, jornal mensal que surgiu em 1991, enfocava a afirmação da homossexualidade e a difusão de informações sobre a Aids. Distribuída em âmbito nacional por meio de assinaturas e em algumas bancas, a publicação também serviu para dar suporte ao movimento nacional e noticiar atividades locais.[147] Em 1995, a revista *SuiGeneris* apareceu nas bancas, trazendo belos modelos na capa. A publicação mensal promovia um "estilo de vida gay" pautado pelo consumo por meio de reportagens sobre a vida noturna e a cultura no Rio de Janeiro e em São Paulo, além de no exterior, enfocando também questões levantadas pelo movimento.[148] Dois anos mais tarde, a *G-Magazine* chegou às bancas, exibindo ensaios nus de personalidades, atletas, músicos e atores famosos em poses sedutoras com seus pênis eretos. Embora originalmente essa revista enfatizasse cultura e entretenimento, ela depois passou a publicar artigos escritos por intelectuais gays e conseguiu se sustentar até o século XXI, quando a *SuiGeneris* e outras publicações encerraram suas atividades devido à baixa circulação e a dificuldades financeiras.[149]

No mundo do cinema, os cinéfilos André Fischer e Suzy Capó criaram o Festival MIX Brasil em 1993, que trazia ao país os trabalhos internacionais mais recentes com temática LGBT, assim como os filmes que começavam a ser produzidos por cineastas nacionais. Fischer também inventou a sigla GLS (gays, lésbicas e simpatizantes) para descrever a fluidez que se desenvolvera em espaços sociais públicos que eram "receptivos ao público gay", usando o termo político tradicional "simpatizante" ou apoiador de um partido para se referir aos aliados. A grande mídia não esteve ausente desse novo crescimento, e a *Folha de São Paulo* criou uma coluna semanal sobre eventos relacionados aos gays em sua revista sobre entretenimento. Por fim, muitos novos bares, discotecas e casas noturnas foram abertos para atender ao público com diferentes recursos socioeconômicos, oferecendo diversas oportunidades de socialização.

Um novo conjunto de organizações também passou a existir. No Rio, o Grupo Arco-Íris de Conscientização Homossexual foi fundado em 1993 por Augusto Andrade e Luiz Carlos Freitas junto com alguns veteranos da primeira onda, mas sobretudo com o apoio de jovens ativistas.[150] No início daquele ano, Andrade e Freitas, que na época eram um casal, viajaram para São Francisco. Lá, ficaram estupefatos com a sensação de abertura que vivenciaram. Andrade lembra:

Além do carnaval

Em meio àquele turbilhão de possibilidades, Luiz e eu ensaiamos rapidamente entrar no clima. Para nossa surpresa, por mais que tentássemos andar de mãos dadas, abraçados, expressarmos afeto em público, nada era confortável e espontâneo. Foi um choque e um alerta. Sentimos na pele os danos que a opressão nos causava. Constatamos, em nós mesmos, que afeto, relacionamentos e amor também se aprendem e se constroem no exercício.[151]

De volta ao Rio, o casal criou o Arco-Íris, que cresceu rapidamente, permitindo à organização abrir uma sede próxima ao centro da cidade e atrair dezenas de pessoas às suas reuniões semanais às sextas-feiras. Na fase inicial do grupo, Renato Russo, cantor e compositor da banda de *rock* alternativo Legião Urbana que era abertamente gay, compareceu aos encontros do Arco-Íris.[152] Um ano depois da fundação do grupo, Renato Russo produziu o álbum *The Stonewall Celebration Concert*, que vendeu 250.000 cópias no primeiro ano depois de seu lançamento. A contínua popularidade do músico entre os jovens depois de ele se assumir publicamente em 1989 refletia a crescente aceitação entre uma geração que era menos apreensiva no que diz respeito à sexualidade.

No mesmo período da fundação do Grupo Arco-Íris no Rio, Elias Ribeiro de Castro, estudante de pós-graduação da Universidade de São Paulo, astutamente adaptou a tradição de grupos estudantis que tinham apoio institucional para criar o Centro Acadêmico de Estudos Homoeróticos, baseando-se na tradição do Gays e Lésbicas da USP, fundado no início dos anos 1990. Uma de suas diversas atividades foi organizar, em 1997, um simpósio com duração de um mês contando com palestras sobre homossexualidade e direitos humanos.[153] Em 1995, também foi fundado em São Paulo o grupo Corsa, que se tornou uma grande organização e seria parte central do esforço para organizar a primeira Parada do Orgulho em São Paulo dois anos mais tarde.[154]

Alguns acontecimentos contribuíram para uma retomada sob a forma de uma segunda onda de ativismo de gays e lésbicas no início dos anos 1990, depois do estabelecimento de um regime democrático. Diferentes movimentos sociais e sindicatos, bem como o Partido dos Trabalhadores, que tinham emergido da luta contra a ditadura militar, começaram a levantar a questão de como democratizar a participação em uma sociedade civil não dominada por militares. Ativistas do movimento das mulheres, organizações de bairro, sindicatos, grupos afro-brasileiros e de esquerda afirmavam que a verdadeira democracia significava respeito aos cidadãos comuns. As manifestações de milhões de pessoas em 1992 a favor do *impeachment* do presidente Fernando Collor reforçaram a importância de mobilizações para atingir objetivos políticos, nesse caso contra a corrupção. Tais experiências politizaram muitos gays e lésbicas, que entraram para grupos locais com o intuito de obter apoio por meio de sessões de tomada de consciência e discussão e de receber as últimas informações sobre a Aids. Como parte de um processo maior de luta de organizações da sociedade civil pela expansão da democracia, eles buscavam obter a cidadania plena para gays, lésbicas e travestis por meio da luta contra a homofobia, a violência e a discriminação.

No início da década de 1990, durante a segunda onda de ativismo, as travestis também passaram a participar do movimento no Brasil. Desde os anos 1970, algumas travestis, que trabalhavam se prostituindo, haviam ganhado mais visibilidade nas ruas de grandes centros urbanos. Outras encontravam empregos tradicionalmente associados a mulheres, nos quais podiam viver suas identidades de gênero, na medida em que hormônios, injeções de silicone, entre outras práticas e tecnologias, lhes permitiam adquirir a aparência de um corpo feminino tradicional. Quando Roberta Close ganhou o concurso Miss Brasil Gay em 1984 e a mídia a apelidou de "a modelo mais bonita do mundo", as travestis também passaram a ter um ponto de referência glamoroso. Alguém que havia sido designado homem ao nascer poderia posar nua para a *Playboy*, interpretar uma cantora de cabaré em uma novela popular e servir de inspiração para uma música de sucesso.[155] A vida, no entanto, era muito menos glamorosa para uma pessoa comum designada como homem ao nascer que assumia uma identidade de gênero feminina.

Embora por muitos anos travestis tenham sido um dos principais alvos de crimes de ódio e assassinatos, havia um abismo entre elas e os ativistas gays e lésbicas. Entretanto, em maio de 1993, a Associação de Travestis e Liberados (Astral), fundada no ano anterior, organizou o I Encontro Nacional no Rio de Janeiro.[156] Mais de 100 pessoas do Rio de Janeiro, de São Paulo e de outros estados compareceram ao evento. Representantes de outros grupos recém-formados de travestis também se reuniram no 8º Encontro Brasileiro de Gays e Lésbicas em janeiro de 1995 e insistiram que o movimento ampliasse seu foco para incluir questões que elas enfrentavam. Por conseguinte, quando uma organização nacional foi fundada no evento, seu nome, Associação Brasileira de Gays, Lésbicas e Travestis, refletia um público maior.

No cenário de um número cada vez maior de grupos organizados pelo Brasil, a decisão da Associação Internacional de Lésbicas e Gays (ILGA, na sigla em inglês), sediada na Europa, de realizar seu 17º encontro internacional no Rio de Janeiro em junho de 1995 foi um divisor de águas para o movimento nacional. A ideia de organizar o evento pela primeira vez no hemisfério sul foi de Adauto Belarmino Alves, que conhecera representantes da ILGA ao participar de um encontro internacional de direitos humanos na Áustria em 1993.[157] Mais de 300 representantes de grupos de gays e lésbicas de 60 países da Ásia, Europa, América do Norte, América Central, Caribe e América do Sul compareceram ao encontro, que durou uma semana. Membros do comitê organizador contaram com contatos dos governos municipais e estaduais para angariar fundos para a conferência. Renato Russo, que estava morrendo de Aids, fez discretamente uma grande doação para financiar o evento. A sexóloga e então deputada federal Marta Suplicy (na época no Partido dos Trabalhadores) compareceu à cerimônia de abertura e anunciou uma campanha nacional em prol de uniões homoafetivas e de apoio à emenda constitucional proibindo a discriminação em virtude da orientação sexual.

Ao final do evento, os responsáveis pela conferência organizaram uma passeata pela Avenida Atlântica, na orla de areia branca da praia de Copacabana. Representantes e 2.000 apoiadores de gays e lésbicas celebraram o 26º aniversário da Rebelião de Stonewall, em Nova York, em 1969. Uma faixa amarela com mais de 7 metros exigia "Cidadania Plena para Gays, Lésbicas e Travestis" e encabeçava a parada. Um grupo de mulheres vinha atrás, carregando cartazes pedindo "Visibilidade Lésbica", arrancando aplausos dos observadores. *Drag queens* provocavam e flertavam com observadores em cima do teto de um ônibus cor-de-rosa, em referência ao clássico *cult* gay *Priscilla: a rainha do deserto*. Ativistas seguiam em cima de dois grandes carros de som, emprestados pelo sindicato dos bancários. Muitos participantes vestiam máscaras e fantasias de carnaval. Uma bandeira de arco-íris com 125 metros de comprimento balançava ao vento. Ao final da passeata, as pessoas, emocionadas, cantaram o hino nacional e ficaram no local até uma garoa dispersar a multidão.

O entusiasmo e a energia gerados pelo encontro da ILGA, no qual cinco grupos relativamente pequenos haviam conseguido organizar um evento internacional tão bem-sucedido, deram um novo impulso para o movimento. Em 1996, o governo do Rio de Janeiro aprovou uma lei que punia administrativamente estabelecimentos comerciais que discriminassem clientes com base em sua orientação sexual. O Primeiro Plano Nacional de Direitos Humanos, aprovado no mesmo ano pelo governo de Fernando Henrique Cardoso, incluía uma proposta para "apoiar programas para prevenir a violência contra grupos em situação mais vulnerável, caso de crianças e adolescentes, idosos, mulheres, negros, indígenas, migrantes, trabalhadores sem-terra e homossexuais".[158] Isso serviu de base para a realização de encontros nacionais oficiais de diferentes grupos em Brasília, incluindo o movimento LGBT, para elaborar políticas públicas e pressionar o governo para que fossem postas em prática.

Por sua vez, os ativistas escolheram novamente o engajamento eleitoral como seu próximo desafio. Para as eleições municipais de novembro de 1996, 23 pessoas concorreram nas prévias e 12 foram nomeadas por seus partidos. Sete faziam parte da chapa eleitoral do Partido dos Trabalhadores, um representava o Partido Verde e outro, o Partido Socialista dos Trabalhadores Unificado (PSTU), herdeiro político da Convergência Socialista. Claudio Nascimento da Silva, ativista afro-brasileiro, sindicalista e membro do Arco-Íris, recebeu mais de 3.000 votos, um terço da quantidade necessária para se tornar vereador na cidade do Rio. Em um encerramento das eleições, Nascimento, um dos principais organizadores do encontro da ILGA em 1995, especulou que, se os dois outros membros do Partido dos Trabalhadores, uma lésbica e um gay, não tivessem decidido participar da corrida eleitoral no último minuto (o que, na opinião dele, dividiu os votos entre pessoas LGBT), o total de votos para ele teria sido maior.[159] Faltaram apenas 600 votos para que Toni Reis, naquela época cossecretário geral da ABGLT, que também concorreu pela chapa do Partido dos Trabalhadores em Curitiba, fosse eleito. A única candidata que obteve êxito foi Katia Tapeti, travesti de uma pequena cidade do Piauí que se tornara popular localmente por seus esforços em "fazer as coisas".[160] Sua eleição para a Câmara Municipal permaneceu a exceção, uma vez que ela concorreu pela chapa do partido mais conservador, que votava consistentemente contra todos os direitos civis e legais para gays, lésbicas e travestis.

Na esteira das eleições de 1996, o movimento se preparou para outra campanha de apoio à legislação do Congresso que garantia direitos civis a parceiros do mesmo sexo. A proposta incluía direito à herança e acesso a benefícios referentes a saúde, aposentadoria e previdência. Uma coalizão de igrejas católicas e evangélicas coordenou uma petição nacional contra a lei.[161] Em resposta, a ABGLT organizou uma campanha nacional de *lobby* para atrair apoio popular e legislativo em relação ao projeto de lei. Wilson da Silva, um dos líderes do Grupo de Gays e Lésbicas do PSTU e ativista estudantil, encabeçou uma resolução no Congresso da União Nacional dos Estudantes em 1997 a favor da Lei Suplicy, introduzida pela deputada Marta Suplicy.[162] Líderes da Central Única dos Trabalhadores, uma das maiores entidades de representação sindical do país, também saíram em defesa da proposta. Apesar do apoio de organizações cívicas e trabalhistas, os conservadores, que dominavam o Congresso, vetaram a aprovação do projeto de lei.

Com obstáculos políticos no *front* legislativo, ativistas e seus aliados focaram em outros *fronts*. Em 1998, o Judiciário garantiu benefícios de assistência médica em planos de parceiros do mesmo sexo. Esse foi um importante precedente para fortalecer a ideia de direitos para parceiros civis no contexto de algum tipo de reconhecimento das uniões civis. No ano seguinte, o Conselho Federal de Psicologia aprovou uma resolução que "proíbe psicólogos e psicólogas brasileiros de colaborar com eventos e serviços que proponham tratamento e cura das homossexualidades".[163]

Apesar do crescimento do ativismo e dos grupos pelo país, a situação da população LGBT não teve uma melhora constante e linear, como reflete a pesquisa realizada pela revista *Veja* em 1993. Entrevistas com uma amostragem de 2.000 brasileiros (homens e mulheres) revelaram que a apreensão relacionada à homossexualidade continuava desenfreada. Enquanto 50% dos entrevistados confirmaram que tinham contato com homossexuais diariamente no trabalho, no bairro ou em bares e casas noturnas, 56% admitiram que mudariam de comportamento com um(a) colega se descobrissem que ele ou ela era homossexual; um a cada cinco entrevistados deixaria de ter qualquer contato com a pessoa. Além disso, 36% não empregariam um(a) homossexual, mesmo se ele ou ela fosse a pessoa mais qualificada para o cargo, e 79% não aceitariam que seu filho saísse com um amigo gay.[164] Esses sentimentos antigay podem possivelmente ser explicados pelo crescimento de cristãos evangélicos e pela longa tradição de catolicismo de direita, que ainda influenciava a opinião pública. Alguns podem afirmar que o Brasil é basicamente um país conservador no que diz respeito às convenções sociais, apesar de todos os estereótipos associados a seu povo e sua cultura. Mesmo com todos os avanços do movimento, os brasileiros comuns estavam divididos quanto às práticas sexuais e identidades de gênero não normativas. No final do século, estava claro que o processo de sair do armário e ir às ruas ampliava do espaço que a população LGBT podia ocupar. O melhor exemplo disso é o rápido crescimento das paradas do orgulho em São Paulo.

Visibilidade nas ruas

Em 1997, dois anos depois do encontro da ILGA no Rio, ativistas e seus amigos de quatro ou cinco pequenos grupos e coletivos em

Além do carnaval

São Paulo se reuniram na escadaria de uma escola na Avenida Paulista, um dos centros financeiros e comerciais da cidade. Sobreviventes veteranos do Somos se cumprimentaram calorosamente. Uma *van* com um sistema de autofalantes, emprestada pelo Sindicato dos Bancários, fornecia o som aos participantes. Os organizadores da passeata apresentaram uma série de *slogans* contra a discriminação e a favor do orgulho gay e lésbico. Diferentemente de paradas futuras, poucos travestis e *drag queens* participaram do evento. Uma sensação de entusiasmo misturada à antecipação de possíveis problemas criou uma atmosfera tensa, à medida que mais e mais pessoas se reuniam. Então, a *van* conduziu lentamente milhares de pessoas pela avenida, em direção ao centro da cidade. O tema da mobilização daquele ano era "Somos muitos, estamos em todas as profissões", enfatizando a diversidade social da população LGBT.

Figura 27. Primeira parada de Orgulho LGBTQIA+ em São Paulo em 1995, que mobilizará milhões no século XXI. (Arquivo do autor)

Tanto os organizadores da passeata quanto a polícia estimaram que 2 mil pessoas participaram do evento. No ano seguinte, com o tema "Direitos de Gays, Lésbicas e Travestis São Direitos Humanos", foram 8 mil participantes, segundo as estimativas oficiais e dos organizadores. Em anos posteriores, a parada de São Paulo ultrapassou a do Rio, crescendo exponencialmente de 8 mil para 35 mil e depois para 120 mil participantes, chegando a uma estimativa de 250 mil pessoas no início do novo século. Atualmente, milhões de participantes e observadores comparecem à Parada de São Paulo, e os organizadores afirmam que se trata do maior evento do tipo no mundo; no Rio, a parada atrai entre um e dois milhões de pessoas. Quase trezentas manifestações semelhantes ocorrem durante o ano em todas as partes do país.[165] Os números superam de longe a influência ou alcance dos grupos organizados em São Paulo, no Rio de Janeiro e em outras cidades brasileiras, já que coletivos, associações e pequenos grupos surgiram em pequenas cidades nos diversos cantos do país. Esse crescimento só pode ser explicado pelo fato de que as ideias do movimento conseguiram permear todos os segmentos da sociedade e convencer não ativistas, bem como seus amigos e aliados, que se assumir é um ato político que merece ser celebrado em um espaço público.

Em agosto de 1964, "Gigi Bryant", um dos membros da rede social que editava *O Snob*, concluiu uma série em sete partes sobre a "arte de caçar". Em um de seus artigos, ele descreveu o Maracanãzinho, que abrigava eventos como Holiday on Ice e os concursos de Miss Brasil. Depois de ridicularizar os membros dos grupos que frequentavam esses *shows*, Gigi brincou dizendo que "como veem, a afluência do top-set bichal para o Maracanãzinho tende a torná-lo futuramente o centro social da numerosa classe". E ainda caçoou: "É bem possível que em dias melhores tenhamos o I Festival de Entendidos, convergindo representantes de outras nações ao nosso país. O que seria uma grande publicidade. E uma grande utopia, também".[166] Em 1964, as previsões de Gigi eram motivo para risos. Contudo, mais de meio século depois, seus comentários provaram-se incrivelmente premonitórios.

Notas

1 Partes deste capítulo foram retiradas de James N. Green, "Desire and Militancy: Lesbians, Gays, and the Brazilian Workers' Party". In *Different Rainbow: Same-Sex Sexuality and Popular Struggles in the Third World*, ed. Peter Drucker, 57-70 (London: Gay Men's Press, 2000), e "Mais Amor e Mais Tesão": A Construção de um Movimento Brasileiro de Gays, Lésbicas e Travestis", *Cadernos Pagu* 15 (2000): 271-96. Gostaria de agradecer Renan H. Quinalha, Moshé Sluhovsky e Augusta de Oliveira pela cuidadosa leitura deste capítulo e pelas sugestões.

2 Ver Green, "Desire and Militancy" e "Mais Amor e Mais Tesão", ambos publicados em 2000.

3 Ver, por exemplo, Júlio Assis Simões e Regina Facchini, *Na trilha do arco-íris: do movimento homossexual ao LGBT* (São Paulo: Editora Fundação Perseu Abramo, 2009).

4 O Arquivo Edgard Leuenroth da Universidade Estadual de Campinas tem o acervo mais abrangente do início do movimento. Ver Eliane Marques Zanatta, "Documento e identidade: o movimento homossexual no Brasil na década de 80" *Cadernos AEL*, n. 5/6, (1996-1997): 193-220.

5 Ao longo da primeira parte deste capítulo, usei a expressão "Movimento Homossexual", que era empregada nos anos 1970 e 1980. Passei para o termo "movimento LGBT" quando ativistas brasileiros começaram a usá-lo em meados dos anos 1990, o que se reflete no nome da Associação Brasileira de Gays, Lésbicas e Travestis, fundada em janeiro de 1995, e incluí, anacronicamente, o "I" nas iniciais do movimento, dado o envolvimento de ativistas intersexo em anos recentes. Participantes de organizações entre 1978 e 1980 geralmente usavam a categoria "homossexual" de modo a englobar homens e mulheres, porém, em meados dos anos 1980, a palavra "gay" se tornou cada vez mais popular para se referir a homens homossexuais. Tratava-se de um termo estrangeiro que não carregava o estigma da vasta gama de expressões pejorativas usadas contra homens homossexuais. Em 1979, as mulheres que passaram a integrar o movimento começaram a usar o termo "lésbica" para se distinguir dos homens homossexuais. Para fins de simplicidade, usarei o termo "gay" para me referir a homens homossexuais ao longo dos anos 1980 e 1990.

6 Thomas E. Skidmore, *The Politics of Military Rule in Brazil, 1964-85* (New York: Oxford University Press, 1988).

7 Margaret E. Keck, *The Workers' Party and Democratization in Brazil* (New Haven: Yale University Press, 1992).

8 João S. Trevisan escreveu a defesa mais convicta da decisão de organizar um piquenique no Zoológico de São Paulo, em vez de participar do ato de Primeiro

de Maio, em *Devassos no Paraíso. A homossexualidade no Brasil, da colônia à atualidade* (Rio de Janeiro: Record, 2000): 353-63. Para uma interpretação alternativa, ver James N. Green, "O Grupo Somos, a esquerda e a resistência à ditadura" in James N. Green e Renan Quinalha, eds. *Ditadura e homossexualidades: Repressão, Resistência e a busca da verdade* (São Carlos: Universidade Federal de São Carlos, 2014), 177-200.

9 Para relatos sobre a participação do autor no início do movimento, ver James N. Green, "'Abaixo a repressão, mais amor e mais tesão': uma memória sobre a ditadura e o movimento de gays e lésbicas de São Paulo na época da abertura", Revista *Acervo*, 27:1 (jan./jun. 2014): 53-82 e "Forjando alianças e reconhecendo complexidades: as ideias e experiências pioneiras do Grupo Somos de São Paulo" in *História do movimento LGBT no Brasil*. James N. Green, Renan H. Quinalha, Márcio Caetano e Marisa Fernandes, eds., 63-78. (São Paulo: Alameda Casa Editorial, 2018).

10 "Mesa Redonda: Somos-Grupo de Afirmação Homossexual: 24 anos depois" in James N. Green e Sônia Maluf, orgs. *Homossexualidade: sociedade, movimento e lutas*. Edição especial de *Cadernos Edgard Leuenroth*, (UNICAMP, Campinas). 18/19 (2003) [49-73] 62.

11 Ibid., 60.

12 Ibid., 61-62.

13 Green, "Abaixo a repressão, mais amor e mais tesão", 53-82.

14 Vilma Maunder, Luiz Mott e Aroldo Asunção, "Homossexuais e o 1º de maio", *Em Tempo* (14-27 maio 1980): 14.

15 "Mesa Redonda: Somos-Grupo de Afirmação Homossexual"

16 Comissão de Homossexuais Pró-1º de maio, "Contra a intervenção nos sindicatos do ABC, Contra a discriminação do trabalhador/a homossexual", 1º maio 1980, arquivo pessoal.

17 Luís Antonio, "Autonomia: uma questão de liberdade", *MHA: Caderno de Textos*, p. 4, arquivo pessoal.

18 Conselho Editorial. "Saindo do gueto", *Lampião da Esquina* (Rio de Janeiro) n. 1 (abr. 1978): 3.

19 Ver, por exemplo, Aguinaldo Silva, "Uma cachoeira de grupos gueis", *Lampião da Esquina* vol. 27 (ago. 1980):4; Francisco Bittencourt, "Mais tesão e menos politicagem", *Lampião da Esquina* vol. 3, n. 27 (ago. 1980): 8; e uma resposta Grupo Auê/Rio, "Mais atuação e menos patrulhagem", [s.d.], mimeogr., arquivo pessoal.

20 "Mesa Redonda: Somos-Grupo de Afirmação Homossexual", 61.

21 Ver, por exemplo, Daniel McDonald, "Peripheral Citizenship: The Popular Politics of Rights, Welfare, and Health in São Paulo, 1964-1990", tese de doutorado, Brown University, 2020; Eyal Weinberg, "Tending to the Body Politic: Doctors, Military Repression, and Transitional Justice in Brazil (1961-1988)", tese de doutorado, University of Texas, Austin, 2019.

22 A dissertação de mestrado de Carmen Dora Guimarães foi depositada na Universidade Federal do Rio de Janeiro em 1977 e depois publicada como *O homossexual visto por entendidos* (Rio de Janeiro, Brasil: Garamond Universitária, 2004).

23 Grupo Auê, "Resumo Histórico" (mar. 1980), mimeogr., arquivo pessoal.

24 *Apud* Cristina Câmara, "Um olhar sobre a história do ativismo LGBT no Rio de Janeiro", *Revista do Arquivo Geral da Cidade do Rio de Janeiro* n. 9 (2015): 377 [373-96]

25 James N. Green, *Revolucionário e gay: a vida extraordinária de Herbert Daniel, pioneiro na luta pela democracia, diversidade e inclusão* (Rio de Janeiro: Civilização Brasileira, 2018).

26 Herbert Daniel, *Passagem para o próximo sonho* (Rio de Janeiro: Codeci, 1982).

27 Veriano Terto Júnior, entrevistado pelo autor em 29.6.2009, Rio de Janeiro.

28 Para outros estudos sobre o início do movimento e o *Lampião*, ver: Rita Cássia Colaço Rodrigues, "De Daniele a Chrysóstomo: quando travestis, *bonecas* e homossexuais entre em cena", tese de doutorado em História Social, Universidade Federal Fluminense (2012); Rodrigo Rodrigues Cruz, "Do Protesto às Urnas: O movimento homossexual brasileiro na transição política (1978-1982)", dissertação de mestrado em Ciências Sociais, Universidade Federal de São Paulo, 2015; Robert Howes, "Raising the Flag: The Early Years of the Lesbian, Gay, Bisexual, and Trans Press in Brazil, 1963-1981", *Studies in Latin American Popular Culture*, Vol. 33 (2015): 179-98; Paulo Roberto Souto Maior Júnior, "Assumir-se ou não assumir-se? *O Lampião da Esquina* e as homossexualidades no Brasil (1978-81)", dissertação de mestrado em História, Universidade Federal de Pernambuco, 2015.

29 Francisco Viana, *Repórter* n. 49 (5-18 ago. 1981): 15.

30 Jorge Caê Rodrigues, "Um Lampião iluminando esquinas escuras da ditadura", in Green e Quinalha, eds. *Ditadura e homossexualidades*, 118.

31 "Pontos de princípio do Grupo Somos", jun. 1980, mimeogr., arquivo pessoal.

32 Eduardo Toledo, entrevistado pelo autor em 18.9.1993, São Paulo; "Grupo Somos insiste em definições", *Folha de São Paulo* (2 fev. 1982).

33 Marisa Fernandes, "Ações lésbicas", in Green, Quinalha, Caetano e Fernandes, eds., *História do movimento LGBT no Brasil*, 91-120. Isso incluiu um espaço de encontros compartilhado com o Outra Coisa por um período.

34 Wilma Monteiro, Luís Mott e Aroldo Assunção, "Cheguei: sou gay", *Em Tempo* (14-27 maio 1981): 14.

35 "Em São Paulo um ato com muito prazer", *Convergência Socialista* (18-27 jun. 1981)..

36 "Barracas criam clima de festa no campus", *Jornal do Brasil* (12 jul. 1981):

37 "Na festa baiana da SPBC, uma ameaça aos homossexuais", *Folha de São Paulo* (10 jul. 1981).

38 Homossexuais são ameaçados", *A Tribuna* (11 jul. 1981).

39 "Protesto encheu o circo" *A Tarde* (Salvador), (11 jul. 1981).

40 Júlio de Sá Bierrenbach, *Riocentro: Quais os responsáveis pela impunidade?* (Rio de Janeiro: Domínio Público, 1996).

41 Rodrigo Cruz, "Do protesto de rua à política institucional: A causa homossexual nas eleições de 1982", in Green, Quinalha, Caetano e Fernandes, *História do movimento LGBT no Brasil*, 257. [255-77].

42 A Convergência Socialista, que também defendia os direitos de homossexuais em seu programa político, não tinha sido oficialmente reconhecida e participou das eleições como parte do PT.

43 "Abertura política ainda não chegou ao povo, diz Lula", *Folha de São Paulo* (28 set. 1981): 4.

44 "Qualquer maneira de amor vale a pena", Rio de Janeiro, mimeogr., 1982, arquivo pessoal.

45 Liszt Vieira, entrevistado pelo autor em 28.6.2006 e 22.11.2010, Rio de Janeiro.

46 Panfleto da campanha de Breda do Centro Sérgio Buarque de Holanda, Fundação Perseu Abramo, reproduzido em Cruz, "Do protesto de rua à política institucional", 161.

47 Cruz, "Do protesto de rua à política institucional", 169.

48 Ver, por exemplo, "Homossexuais discutem problemas", *Folha de São Paulo* (4 abr. 1980); Osmar Freitas, "Os 'gays' não querem nada com o PDS", *IstoÉ* (16 abr. 1980): 76-78; Jacira Vieira de Melo, "Sua hora e a sua vez", *Em Tempo* (17-30 abr. 1980): 18; Darcy Penteado, "O homossexualismo não é uma doença e nem mesmo um crime", *Movimento* (21-27 jul. 1980).

49 Flávio Gikovate, "O pavor no homem, da homossexualidade", *Folha de São Paulo*, 12 fev. 1980.

50 "Começa o barulho: negros, lésbicas, índios, homossexuais e feministas prometem ganhar as praças nos anos 80", *Veja* (11 jun. 1980): 24-25; "Homossexuais dão apoio a negros, índios e feministas", *O Globo* (21 abr. 1981).

51 Peter Fry, "Ser ou não ser homossexual, eis a questão", *Folhetim, Folha de São Paulo* (10 jan. 1982): 3.

52 Para uma defesa articulada do gueto, ver Edward MacRae, "Em defesa do gueto", in *Homossexualismo em São Paulo e outros escritos,* 291-308. James N. Green e Ronaldo Trindade, org., (São Paulo: Editora da Unesp, 2005), originalmente publicado em *Novos Estudos Cebrap* (São Paulo), 2, n. (abr. 1983), 51-60.

53 "Homossexualismo: do gueto para o debate público", *Folhetim, Folha de São Paulo* (10 jan. 1982): 6-8;

54 Vera Artaxo, "A união faz a força", *Folhetim, Folha de São Paulo* (10 jan. 1982): 8-9.

55 Hiro Okita, *Homossexualismo: Da opressão à libertação* (São Paulo: Proposta, 1981), 2.ed. (São Paulo: Sundermann, 2015).

56 Luiz Carlos Machado, *Descansa em Paz, Oscar Wilde* (Rio de Janeiro: Codecri, 1982).

57 Herbert Daniel e Léila Míccolis, *Jacarés e lobisomens: dois ensaios sobre a homossexualidade* (Rio de Janeiro, Achiamé, 1983).

58 Peter Fry e Edward MacRae, *O que é a homossexualidade* (São Paulo: Editora Brasiliense, 1985).

59 Peter Fry, "Da hierarquia à igualdade: A construção histórica da homossexualidade". In *Para inglês ver: Identidade e política na cultural brasileira,* 87-115 (Rio de Janeiro: Zahar, 1982); "Léonie, Pompinha Amaro e Aleixo, prostituição, homossexualidade e raça em dois romances naturalistas", in *Caminhos cruzados: Linguagem, antropologia, ciências naturais,* 33-51 (São Paulo: Editora Brasiliense, 1982).

60 Edward MacRae, *A construção da igualdade: identidade sexual e política no Brasil da 'abertura'* (Campinas: Editora da Unicamp, 1990); 2.ed. (Salvador: EDUFBA, 2018).

61 Edward MacRae, correspondência com o autor, 14 maio 2020.

62 Edwardo Toledo, entrevistado pelo autor em 9.7.1995, São Paulo.

63 "A história do EBHO: Encontro Brasileiro de Homossexuais – 1979-1993", *Boletim da Grupo Gay da Bahia* 13, n. 27 (ago. 1993): 479.

64 Mario Blander, "Lucros do lazer gay: Os donos da noite descobrem novo filão", *Isto É* (27 abr. 1983): 76-77.

65 "Juiz autoriza registro do 'Grupo Gay' da Bahia", *O Globo* (1 fev. 1983):6.

66 Luiz Mott, "Foto-reportagem sobre o Grupo Gay da Bahia (GGB)" in Márcio Caetano, Aleandro Rodrigues, Cláudio Nascimento e Treyce Ellen Goulart, eds.,

Quando Ousamos Existir: Itinerários fotobiográficos do movimento LGBTI Brasileiro (1978-2018), 25. [22-26]

67 Jacira Vieira de Melo, "Sua hora e sua vez", *Em Tempo* (17-30 abr. 1980): 18.

68 Antônio Felipe, "Uma fatalidade frente à Biologia", in "O homossexual e a lei", *Folha de São Paulo* (14 jun. 1982): 4.

69 Mauro Bragato, "Respeito às liberdades individuais", in "O homossexual e a lei", *Folha de São Paulo* (14 jun. 1982): 4.

70 João Baptista Breda, "A sexualidade é um direito individual", in "O homossexual e a lei", *Folha de São Paulo* (14 jun. 1982): 4.

71 Luiz Mott, "The Gay Movement and Human Rights in Brazil", in *Latin American Male Homosexualities,* ed. Stephen O. Murray (Albuquerque: University of New Mexico Press, 1995): 222-23.

72 "Câncer em homossexuais é pesquisado nos Estados Unidos", *Jornal do Brasil* (Rio de Janeiro) (9 mar. 1981); "Brasil já registra 2 casos de 'câncer-gay'", *Jornal do Brasil* (Rio de Janeiro) (12 jun. 1983).

73 Jane Lúcia Faislon Galvão, "AIDS e imprensa: um estudo de antropologia social", dissertação de mestrado em Antropologia Social do Museu Nacional de Universidade Federal do Rio de Janeiro, 1992.

74 A história mais abrangente se encontra em dois volumes sobre a resposta do governo à Aids e o papel da sociedade civil na luta contra a doença. Ver Lindinalva Laurindo-Teodorescu e Paulo Roberto Teixeira, *Histórias da aids no Brasil, 1983-2003.* Vol. II. A sociedade civil se organiza pela luta contra a aids (Brasília: Ministério da Saúde, Secretaria de Vigilância em Saúde, Departamento de DST, Aids e Hepatites Virais, 2015), 22.

75 Grupo Outra Coisa (Ação Homossexualista), "Informe à Coletividade Homossexual de São Paulo", panfleto mimeogr., jun. 1983, arquivo pessoal; Laurindo-Teodorescu e Teixeira, *Histórias da aids no Brasil, 1983-2003.* Vol. II., 22.

76 Paulo Roberto Teixeira, "Políticas Públicas em AIDS", mimeogr., [s.d.], 2, arquivo pessoal.

77 Nestor Perlongher, "O fantasma da aids", Seminário Foucault. Campinas Unicamp, Caderno do IFCH, mimeogr., arquivo pessoal; Laurindo-Teodorescu e Teixeira, *Histórias da aids no Brasil,* vol II., 24.

78 Green, *Revolucionário e Gay,* 309-332.

79 Jorge Beloqui, entrevistado pelo autor em 20.6.1995, São Paulo; Veriano Terto, Jr., entrevistado pelo autor em 24.7.1995 e 26.6.2009, Rio de Janeiro.

80 Edward MacRae, entrevista de 28 abr. 2003 para Laurindo-Teodorescu e Teixeira, *Histórias da aids no Brasil,* Vol. II., 32.

81 Paulo César Bonfim, entrevistado em dez. 1985, in Laurindo-Teodorescu e Teixeira, *Histórias da aids no Brasil*, Vol. II, 45.

82 Laurindo-Teodorescu e Teixeira, *Histórias da aids no Brasil, 1983-2003*. Vol. II, 39.

83 Ibid., 46.

84 Ibid., 49.

85 Ibid, 69. Para uma história detalhada da Abia, ver Richard Parker e Veriano Terto Jr, eds., *Solidariedade: ABIA na Virada do Milênio* (Rio de Janeiro: ABIA, 2001).

86 Marisa Fernandes, "Ações lésbicas", in Green, Quinalha, Caetano e Fernandes, eds., *História do movimento LGBT no Brasil*, 91-120.

87 Ver o excelente estudo detalhado de Cristina Câmara sobre a organização, *Cidadania e orientação sexual: a trajetória do grupo Triângulo Rosa* (Rio de Janeiro: Academia Avançada, 2002).

88 João Antônio de Souza Mascarenhas, entrevistado pelo autor, 30.6.1995. Rio de Janeiro.

89 Cristina Câmara, "Pecado, doença e direitos: a atualidade da agenda política do grupo Triângulo Rosa", in Green, Quinalha, Caetano e Fernandes, *História do movimento LGBT no Brasil*, 194-95. [194-209]

90 Cristina Câmara, "A diferença entre o homossexual assumido e o ativista gay", prefácio, in João Antônio de Souza Mascarenhas, *A tríplice conexão: conservadorismo político, falso moralismo, machismo* (Rio de Janeiro, Planeta Gay, 1998), 9.

91 Carlos (pseudônimo), citado em Câmara, *Cidadania e Orientação Sexual*, 75.

92 Câmara, *Cidadania e Orientação Sexual*, 67-73; Mascarenhas, entrevistado pelo autor, 30.6.1995, Rio de Janeiro.

93 Mascarenhas, entrevista com o autor, 30 jun. 1995, Rio de Janeiro.

94 "História de Atobá", mimeogr., [s.d.], arquivo pessoal.

95 "Sexo Sadio" Lambda: Movimento pela Livre Orientação Sexual, [s.d.], arquivo pessoal.

96 Grupo Triângulo Rosa, "Por que Apoiar a Candidatura de Herbert Daniel", [s.d.], Acervo

Triângulo Rosa, Arquivo Edgard Leuenroth, Universidade Estadual de Campinas.

97 João Antônio Mascarenhas, "Os dois lados do Beijo: o do Candidato a Deputado Estadual e o do Amigo Herbert Daniel a João Antônio Mascrenhas", *OKzinho* (Rio de Janeiro) 3, n. 5 (3 jun. 1986), 1-2.

98 Green, *Revolucionário e gay*, 287-308.

99 Em 2006, Clodovil Hernandes, exuberante ex-estilista de alta costura e personalidade da televisão, foi eleito deputado federal por São Paulo pelo conservador Partido Trabalhista Cristão, com 493.951 votos. Ele fez questão de se distanciar agressivamente do movimento LGBT, criticando a parada anual e o casamento entre pessoas do mesmo sexo, embora defendesse a união civil entre essas pessoas. Danilo Thomas, "Gay de direita, Clodovil é lembrado por polêmicas no Plenário", *Época* (18 jun. 2018).

100 Mascarenhas, entrevistado pelo autor, 30.6.1995.

101 Para uma discussão detalhada, ver Câmara, *Cidadania e Orientação Sexual*, 107-49.

102 Luiz Fernando Dias Duarte, *apud* Câmara, *Cidadania e Orientação Sexual*, 99

103 João Antônio Mascarenhas, "Quantificação do Machismo no Legislativo Federal", Rio de Janeiro, não publicado, 1994.

104 Mascarenhas, *A tríplice conexão*.

105 Andréa Barros e Laura Capriglione, "Soldados da fé e da prosperidade", *Veja* (São Paulo) 2 jul. 1997, 90.

106 Ibid.

107 Mott, "The Gay Movement and Human Rights in Brazil", 223-224.

108 William Aguiar, "Revisar para não discriminar", *Em Tempo* 266 (abr. 1993), 16.

109 Teresa P. R. Caldeira e James Holston, "Democracy and Violence in Brazil", *Comparative Studies in Society and History*, 41, n. 4 (out. 1999): 691-729.

110 *Boletim do Grupo Gay da Bahia*, 19, n. 33 (mar. 1999): 563-611. O Grupo Gay da Bahia mantém essas estatísticas. Ver Grupo Gay da Bahia, *Mortes violentas de LGBT+ no Brasil. Relatório 2018* (Salvador: Grupo Gay da Bahia, 2018).

111 Martinho, "Unspoken Rules", 18.

112 Ver Roldão Arruda, *Dias de ira: uma história verídica de assassinatos autorizados* (São Paulo: Globo, 2001).

113 "Carta aberta à população", *O Refletor* 2, n. 5 (nov. 1987): 1.

114 Marquinhos em "Mesa Redonda: Somos-Grupo de Afirmação Homossexual", 66.

115 "Artistas querem ver resolvido o caso da morte de Luiz Antônio", *Folha de São Paulo* (29 dez. 1987).

116 Grupo Gay da Bahia, "Grupos de Extermínio de Homossexuais no Brasil", [s.d.], arquivo pessoal.

117 Hélio Pereira Bicudo, *Meu depoimento sobre o esquadrão da morte* (São Paulo: Pontifícia Comissão de Justiça e Paz de São Paulo, 1977).

118 "Um Pouco de Nossa História", *O Corpo* (São Paulo) n. 0 (nov. 1980), 8.

119 "Reclamando Nossos Direitos", *Jornal Folha de Parreira* (Curitiba) 3, n. 25 (maio 1995): 2.

120 Marcelo Godoy, "Justiça reduz pena de matador de travesti", *Folha de São Paulo* (9 out. 1994): 4.

121 Anistia Internacional, EUA, *Breaking the Silence: Human Rights Violations based on Sexual Orientation* (New York: Amnesty International Publications, 1994), 13-14.

122 "Matadores do vereador Renildo podem ser presos a qualquer momento", *Éassim* (9 nov. 2015). https://eassim.net/depois-de-22-anos-juiz-manda-prende-matadores-do-vereador-renildo-jose/ Acesso em 22 maio 2020.

123 Para um importante panorama sobre o tema, ver Silvia Ramos e Sérgio Carrara, "A Constituição da Problemática da Violência contra Homossexuais: a articulação entre ativismo e academia na elaboração e políticas públicas", *PHYSIS: Revista de Saúde Coletiva* (Rio de Janeiro) 16 n. 2: 185-205.

124 Para uma análise mais detalhada, ver Green, *Revolucionário e Gay*, 309-32; Laurindo-Teodorescu e Teixeira, *Histórias da aids no Brasil, 1983-2003*. Vol. II, 74-83.

125 Richard Parker, entrevistado pelo autor, 30.9.2010, Nova York, gravação digital.

126 A mãe de Cazuza escreveu uma biografia muito empática sobre o filho: Lucinha Araújo, *Só as mães são felizes* (São Paulo: Editora Globo, 1997). Ver também Luiz André Correia Lima, *Cazuza: lenda e legenda dos anos 80* (Londrina: Editora UEL, 1997).

127 "Cazuza: uma vítima de aids agoniza em praça pública", *Veja* 23, n. 17 (26 abr. 1989).

128 Laurindo-Teodorescu e Teixeira, *Histórias da aids no Brasil, 1983-2003*. Vol. II, 334.

129 Ibid.

130 Para um excelente documentário sobre a história da Aids no Brasil, ver *Carta para Além dos Muros*, dir. André Canto, 2019.

131 "Fernando Gabeira fala, aqui e agora, diretamente dos anos 80", *Lampião da Esquina* 2, n. 18 (nov. 1979): 5 – 8.

132 Roberto de Oliveira Silva, entrevistado pelo autor, 19.7.1997, São Paulo. Roberto de Oliveira Silva era um dos líderes do Grupo de Gays e Lésbicas do PT em São Paulo; José Dirceu, *Zé Dirceu: Memórias Vol. 1* (São Paulo: Geração Editorial, 2018), 234.

133 "A história do 'EBHO': Encontro Brasileiro de Homossexuais, (Continuação II), *Boletim do Grupo Gay da Bahia*, 13, n. 27, (ago. 1993): 7.

134 "Em encontro, gays denunciam sociedade machista", *Boletim do Grupo Gay da Bahia*, 11, n. 22 (maio 1991): 3-4.

135 "Relatório Final", VI Encontro Brasileiro de Homossexuais, Rio de Janeiro, 29, 30, 31 maio 1992.

136 "1ª Reunião do Grupo de Homossexuais do Partido dos Trabalhadores", mimeogr., [s.d.].

137 Huides Cunha, "Na contra-mão", *Boletim Nacional do P.T.* 66 (out.-nov. 1992): 2.

138 William Aguiar, "Grupo de Homossexuais do Partido dos Trabalhadores", mimeogr., [s.d.].

139 Deusa Terra, Etecetera e Tal, Grupo de Homossexuais do PT, Rede de Informação Lésbica Um Outro Olhar, "Registro e Memória do VII Encontro Brasileiro de Lésbicas e Homossexuais de 4 a 7 de Setembro de 1993", São Paulo (set. 1994).

140 Essa conclusão foi baseada em conversas informais do autor com participantes do evento.

141 Para uma análise abrangente do Partido dos Trabalhadores e das eleições de 1994, ver Jacob Gorender, "The Reinforcement of Bourgeois Hegemony: The Worker's Party and the 1994 Elections", *Latin American Perspectives,* 25:1 (January 1998): 11-27.

142 William Aguiar, "Preconceito", *Boletim Nacional*, 84 (mar. 1994): 2.

143 William Aguiar, "Sobre questões 'polêmicas'" (31 mar. 1994).

144 Carta de William Aguiar, coordenador da Seção Nacional de Gays e Lésbicas para a Coordenação da Campanha Lula para Presidente, São Paulo, 5 set. 1994.

145 A ideia foi incluída no programa apresentado pela Facção Socialista da Convergência, que circulou em 1980, mas foi rejeitada por segmentos do movimento que a consideravam muito centralizadora e excludente.

146 Para estudos sobre a ABGLT, ver Rafael Dias Toitio, "Cores e contradições: a luta pela diversidade sexual e de gênero sob o neoliberalismo brasileiro", tese de doutorado em Ciências Sociais, Universidade Estadual de Campinas, 2016.

147 Jorge Caê Rodrigues, "A imprensa gay do Brasil", in Green, Quinalha, Caetano e Fernandes, *História do movimento LGBT no Brasil*, 245-46 [237-53].

148 Marcus Antônio Assis Lima, "Em busca da normalidade: *Sui Generis* e estilo de vida gay", *Gênero* (Niterói) v. 2, n. 1, (jan./jun. 2001); 109-128; Robert Howes, "Market Conditions: the Brazilian LGBT+ Press in the 1990s and 2000s – *SuiGeneris* and *G Magazine*", *Brasiliana: Journal for Brazilian Studies*, 9, n. 1 (2020): 332-56.

149 Rodrigues, "A imprensa gay do Brasil", 248; Howes, "Market Conditions".

150 Augusto José de Abreu Andrade, "Visibilidade Gay, Cotidiano e Mídia: Grupo Arco-íris - Consolidação de Uma Estratégia. Um Estudo de Caso", dissertação de mestrado em Comunicação, Universidade de Brasília, 2002.

151 Ibid., 41.

152 Ibid., 38.
153 "Os homossexuais: Direitos humano no liminar o século XXI", set. 1997, arquivo pessoal.
154 Regina Facchini, *Sopa de Letrinhas: Movimento homossexual e produção de identidades coletivas nos anos 90* (Rio de Janeiro: Garamond, 2005)
155 Roberta Close, *Muito Prazer, Roberta Close* (São Paulo: Rosa dos Tempos, 1998).
156 Elizabet Calvet, "Relatório do I Encontro Nacional de Travestis e Liberados", 14 maio 1993, mimeogr.; Mario Carvalho e Sérgio Carrara, "Em direção a um future trans?: Contribuição para a história do movimento de travestis e transexuais no Brasil", *Sexualidad, Salud y Sociedad* n. 14 (ago. 2013): 319-51.
157 Andrade, "Visibilidade Gay, Cotidiano e Mídia", 112.
158 Toni Reis, "Avanços e Desafios para os Direitos Humanos da Comunidade LGBT no Brasil", in Tereza Rodrigues Vieira, *Minorias sexuais: direitos e preconceitos* (Brasília: Consulex, 2012), [370-84] p. 377.
159 Claudio Nascimento da Silva, entrevistado pelo autor, 1.7.1997, Rio de Janeiro.
160 Associação Brasileira de Gays, Lésbicas e Travestis, *Boletim Especial* (fev. 1997): 4-5.
161 Ibid., 6.
162 Wilson H. da Silva, entrevistado pelo autor, 27.6.1997, São Paulo. Wilson H. da Silva era um dos líderes do GGLPST(U).
163 Alexandre Oviedo Gonçalves, "Religião, política e direitos sexuais: controvérsias públicas em torno da 'cura gay'", *Religião e Sociedade* (Rio de Janeiro), (2019), 39, n. 2 [75-199].
164 "*O mundo gay* rasga as fantasias", *Veja* (12 maio 1993): 52-53
165 "Levantamento: Brasil teve ao menos 297 paradas LGBT em 2019", (5 mar. 2020), Agência de Notícias da AIDS, https://agenciaaids.com.br/noticia/levantamento-brasil-teve-ao-menos-297-paradas-lgbt-em-2019/
166 Gigi Bryant, "Da Arte de Caçar", cap.7, "Clube de Campo Gay", O Snob 2, n.10 (15 ago. 1964), p.6.

Considerações finais
Um novo tipo de visibilidade

Os leitores que quiserem visitar alguns dos pontos gays históricos do Rio de Janeiro descritos neste livro certamente se decepcionariam ao chegar na Praça Tiradentes, ponto de encontro onde os homens cariocas buscavam aventuras homoeróticas pelo menos desde a década de 1870 até o século XX. A estátua de bronze do imperador D. Pedro I montado em um corcel ainda adorna o centro da praça, e a grandiosa mansão do Barão de Rio Seco continua nas cercanias. A edificação foi reformada e transformada em um centro cultural, mas no geral a região parece degradada e abandonada. Poucas árvores e plantas decoram a desolada praça aberta. Hordas de pessoas pobres e trabalhadores passam rapidamente pelo local para pegar ônibus ou fazer compras no emaranhado de lojas e vendedores ambulantes apregoando roupas baratas e outras pechinchas. Vários hotéis malconservados da virada do século XX ainda oferecem quartos para locação por hora para encontros sexuais furtivos; entretanto, com exceção de algumas travestis se prostituindo em uma esquina, restam poucas marcas do passado do local como um centro de interações homoeróticas.

Guias turísticos do Rio não levarão curiosos para esse antigo ponto de homoerotismo. Na realidade, à medida que forças religiosas conservadoras se tornaram cada vez mais influentes na política local, a

Considerações finais – Um novo tipo de visibilidade

Riotur, agência governamental de promoção do turismo, retirou referências a tudo que remetesse a gays e lésbicas de seu *site*, até mesmo menções a bares e casas noturnas luxuosas em Copacabana e Ipanema. Em 2017, Marcelo Crivella, bispo evangélico neopentecostal, tornou-se prefeito da cidade. Dois anos depois, o presidente Jair Bolsonaro afirmou que o "Brasil não pode ser país do mundo gay; temos famílias".[1] E isso apesar de mais de um milhão de pessoas comparecer à Parada do Orgulho na praia de Copacabana todos os anos e de, segundo um relatório de 2014 feito pela administração municipal, o turismo gay representar 30% de toda a receita do Carnaval.[2]

O processo de longo prazo de realocação de espaços públicos apropriados para a sociabilidade homoerótica – a Praça Tiradentes no Rio de Janeiro e o Vale do Anhangabaú em São Paulo – para outros bairros urbanos mais nobres não se deu meramente em função da decadência urbana e da emergência de locais mais novos e modernos que podem acomodar um público gay de classe média orientado pelo consumo. Na verdade, a expansão da topografia homossexual reflete uma presença muito mais aberta e visível de homens gays tanto no Rio de Janeiro quanto em São Paulo, bem como em todas as principais cidades do Brasil. Embora bairros gays claramente projetados não tenham se desenvolvido, muitos lugares diferentes em centros urbanos pelo país se tornaram pontos públicos confortáveis para encontros homoeróticos, não obstante a prevalência de sentimentos contrários de cunho conservador e moralista. Esses espaços, como vimos ao longo deste livro, foram essenciais para o desenvolvimento de múltiplas formas de sociabilidade homoerótica ao longo do século XX e permanecem importantes atualmente. Os bancos da Praça da República, em São Paulo, ou na Cinelândia, no Rio, partes das praias da Copacabana e Ipanema, os auditórios da Rádio Nacional, inúmeros cinemas cariocas e paulistas e a celebração do carnaval propiciaram infinitas possibilidades para homens encontrarem outros homens, não apenas visando ao sexo, mas também para construir redes de amigos e conhecidos. Esses elos proporcionaram a "bichas", "bonecas", "entendidos", "gays", "travestis" e "*queers*", assim como a homens com outras identidades e práticas sexuais e de gênero não normativas, redes de apoio para a sobrevivência em uma sociedade que foi (e infelizmente ainda o é, em muitos casos) hostil a homens – afeminados ou não – que não obedeciam e não obedecem a expectativas sociais e sexuais heteronormativas.

Conforme sugerido ao longo deste livro, homens que buscavam relações sexuais com outros homens tiveram de negociar às margens da estrutura familiar brasileira, a qual, apesar da modernização e da urbanização, permanece a base da sociedade no país, dando um suporte significativo a seus membros e os protegendo de duras realidades econômicas e sociais. Para muitos, a tensão entre pertencer a uma subcultura sexual e social semiclandestina, por um lado, e manter uma relação próxima com a família, por outro lado, foi resolvida com a escolha de levar uma complexa vida dupla. A hostilidade dos familiares em relação a manifestações afeminadas, a descoberta de sua vida secreta por membros da família ou o medo da revelação resultaram em uma gama de respostas. Muitos jovens ainda são forçados a se mudar da casa dos pais para evitar a pressão para casar. Assim como no passado, muitos se realocam para grandes centros urbanos com o intuito de fugir do controle diário de suas famílias sem ter de cortar relações com os parentes. Em vez disso, eles buscaram maneiras de manter certa distância de membros da família hostis ou que não os apoiavam. As estruturas familiares alternativas e redes de apoio criadas por esses jovens ao integrar as subculturas homossexuais do Rio, de São Paulo e de outras capitais ou grandes cidades se tornaram meios fundamentais pelos quais muitos conseguiram sobreviver e prosperar sem laços familiares próximos. Com o passar dos anos, essas famílias alternativas cresceram e se transformaram em uma espécie de comunidade, que oferece a homens gays e as travestis em centros urbanos uma variedade de opções sociais e mecanismos de apoio que vão desde bares e casas noturnas até jornais, revistas e organizações militantes.

Como vimos neste estudo, é significativo o fato de uma subcultura homoerótica ter existido no Rio de Janeiro e em São Paulo antes da invenção do termo "homossexual" e da importação de modelos médicos europeus que catalogavam "patologias" sexuais e "desvios" comportamentais. Durante grande parte do século XX, os paradigmas dominantes de gênero que moldaram essa subcultura se organizaram em torno de noções tradicionais de comportamentos masculinos e femininos apropriados. Entretanto, é importante apontar que a fluidez de desejos sexuais, identidades e práticas eróticas transgrediu as normas que dividiam a sexualidade entre pessoas do mesmo gênero no binário ativo/passivo, o que é comumente atribuído, de maneira incorreta, a comportamentos homossexuais antes do final da década de 1960 e da liberação gay. Muito antes de o termo "gay" passar a ser amplamente usado no Brasil nos anos 1980 para se referir a práticas sexuais entre dois homens que não se identificavam com o construto bicha/homem "de verdade", as pessoas estavam formando relações "gays". De maneira semelhante, hoje muitos homens que têm relações sexuais com outros homens seguem construindo sua identidade em torno de papéis tradicionais de gênero de desempenho masculino e feminino tanto dentro quanto fora do quarto. Diversos sistemas sexuais coexistiram e interagiram durante grande parte do século XX e no início do novo milênio, e os historiadores e historiadoras deveriam tomar cuidado para não identificar ou confundir com progresso o modelo supostamente mais "igualitário" de atividades entre pessoas do mesmo gênero.

De maneira considerável, nos últimos 25 anos, o movimento brasileiro passou a ser notavelmente mais inclusivo, o que se reflete na mudança de nome, em 2017, da Associação Brasileira de Gays, Lésbicas e Travestis (ABGLT), que passou a se chamar Associação Brasileira de Lésbicas, Gays, Bissexuais, Travestis, Transexuais e Intersexos. Ademais, muitas pessoas com passados extremamente diversos haviam se tornado importantes líderes nacionais, refletindo as identidades raciais, sexuais, de classe e de gênero da sociedade brasileira e do próprio movimento. Cláudio Nascimento, de uma humilde família afro-brasileira, por exemplo, liderou a ABGLT quando ela interagiu com o governo do Partido dos Trabalhadores em meados dos anos 2000, e Symmy Larrat, líder trans do Pará, atua como presidenta da associação no momento que esta edição está sendo elaborada, para citar apenas dois de muitos exemplos. São comuns discussões internas nas organizações sobre confrontar o racismo, a misoginia e a transfobia. Além disso, o movimento tem apresentado uma crescente diversidade política em âmbito nacional com a fundação, por exemplo, da Aliança Nacional LGBTI+ (liderada por antigos líderes da ABGLT) e do Coletivo LGBT Sem Terra (ligado ao Movimento dos Trabalhadores Rurais Sem Terra) e com o surgimento de ativistas indígenas LGBTQIA+. Essas e outras associações oferecem novas estratégias e têm práticas únicas em organizar diversos públicos.[3]

Em paralelo ao engajamento do movimento na política, nas últimas duas décadas foi tamanho o aumento da quantidade de artigos acadêmicos, dissertações de mestrado, teses de doutorado e livros sobre questões LGBTQIA+ no campo das humanidades, ciências sociais e ciências que não é possível nem começar a citar esses trabalhos.[4] No capítulo 6 da primeira edição deste volume, publicado há duas décadas, tentei incluir quase todos os trabalhos acadêmicos sobre homossexualidade produzidos no final do século XX, porém a produção acadêmica recente é vasta demais para que seja possível oferecer um levantamento abrangente de pesquisas produzidas desde o começo do novo século. Congressos de organizações profissionais acadêmicas promovem sistematicamente painéis sobre temas LGBTQIA+. Periódicos publicam edições especiais sobre homossexualidade. Diversas publicações enfocam exclusivamente gênero e sexualidade, com ênfase em relações homoafetivas. Há redes, associações e coletivos de advogados, assistentes sociais, psicólogos e outros profissionais que defendem mais direitos sociais, proteções dentro de seus campos de atuação e apoio moral a seus membros. Além disso, a Associação Brasileira de Estudos da Homocultura (ABEH) vem se reunindo a cada dois anos desde 2002.

Uma das colaborações entre acadêmicos e defensores dos direitos humanos no que diz respeito ao histórico recente da homossexualidade concerne à Comissão Nacional da Verdade (2012-2014), nomeada pela presidenta Dilma Rousseff (2011-2016) e incumbida de documentar as graves violações de direitos humanos cometidas durante o regime militar. Um capítulo sobre homossexualidade, repressão e ditadura foi incluído no relatório final,[5] a primeira vez que o tema da homossexualidade e dos direitos humanos sob regimes autoritários foi tratado em um capítulo separado; esse foi um de mais de quarenta relatórios do tipo produzidos por Comissões da Verdade, Reconciliação e Justiça ao redor do mundo. Ao mesmo tempo, a coletânea *Ditadura e homossexualidades: repressão, resistência e a busca da verdade* apresentou artigos minuciosos escritos por nove acadêmicos e ativistas sobre esse período da história brasileira,[6] e a Comissão da Verdade do Estado de São Paulo "Rubens Paiva" organizou uma audiência especial sobre o tema, liderada pelo então deputado estadual Adriano Diogo (PT).[7] Durante a duração da Comissão Nacional da Verdade, Paulo Sérgio Pinheiro, defensor dos direitos humanos e membro da comissão, presidiu um evento que lotou o auditório do Memorial da Resistência (um dos antigos locais de tortura da ditadura em São Paulo, que, em 2009, foi convertido em museu para preservar a memória da repressão e da resistência política).[8] Em 2020, o local foi sede da exposição "Orgulho e Resistência: LGBT na Ditadura", que destacou pesquisas feitas sobre o tema. Além disso, a Comissão da Verdade do Rio elaborou um relatório voltado para a repressão contra homossexuais durante o regime militar e a resistência deles no Rio de Janeiro.[9]

Apesar do sem-número de maneiras como tratamentos positivos da homossexualidade vêm circulando no Brasil, ainda há aqueles que agressivamente se opõem aos objetivos do movimento. Embora declarações recentes do Papa Francisco sobre a união civil entre pessoas do mesmo sexo e um pedido por mais compaixão e tolerância sugiram uma *possível* mudança em atitudes frente à homossexualidade dentro da Igreja Católica, sua ala conservadora no Brasil tem sido um dos aliados-chave de campanhas contra a ampliação dos direitos civis e humanos para a população LGBTQIA+. Dado o fato de o Brasil ter um grande número de católicos, pode-se perguntar por que a igreja não desempenhou um papel público mais contundente na oposição a manifestações de homossexualidade na maior parte do século XX. Isso se deu em parte pelo fato de que, até as décadas de 1970 e 1980, nenhum participante social significativo articulara uma posição segundo a qual a homossexualidade era uma forma de sexualidade positiva

Figura 28. Sessão em novembro de 2014 da Comissão Nacional da Verdade sobre a discriminação e repressão contra pessoas LGBTQIA+ durante a ditadura militar. (Arquivo do autor)

e saudável. Médicos e outros especialistas médico-legais, que publicaram amplamente sobre o assunto nos anos 1930 e início dos anos 1940, bem como sexólogos e psicólogos que continuavam escrevendo sobre homossexualidade no pós-guerra, recorriam a ensinamentos católicos tradicionais sobre a imoralidade do homoerotismo como pano de fundo para seu argumento em prol de atitudes sociais mais "tolerantes" em relação aos indivíduos depravados sobre quem escreviam. Confessores instruíam seus paroquianos sobre a pecaminosidade da homossexualidade, reforçando normais sociais difundidas e incentivando sentimentos profundos de culpa entre adolescentes e adultos que sentiam desejo sexual por pessoas do mesmo gênero. Padres que eram pegos transgredindo regras da igreja eram silenciosamente disciplinados e retirados de suas posições antes que escândalos públicos emergissem. Ensinamentos cristãos antigos que condenavam a homossexualidade como pecaminosa ou imoral permeavam a sociedade brasileira e permaneceram como o discurso hegemônico até que ativistas gays, lésbicas e trans, ao lado de alguns psicólogos e sexólogos, desafiaram essa perspectiva predominante no final do século XX.

O dramático crescimento de vertentes evangélicas e pentecostais do cristianismo inseriu um novo participante no cenário religioso e político conservador. Conforme mencionado no capítulo anterior, deputados cristãos evangélicos se uniram àqueles que advogavam em prol de ensinamentos católicos convencionais contra a homossexualidade para se opor a uma emenda à Constituição de 1998 proibindo a discriminação em virtude da orientação sexual. Com um crescimento considerável nas últimas três décadas, uma pesquisa do Datafolha de 2019 estimou que 30% da população é protestante – majoritariamente evangélica e pentecostal – e que 50% segue a Igreja Católica.[10] A projeção é que os protestantes igualem o número de brasileiros que se declaram seguidores da fé católica em 2032.[11] Essa mudança tem tido implicações sociais e políticas cada vez maiores. Apesar de religiões tradicionais afro-brasileiras, como o candomblé, aceitarem mais a homossexualidade,[12] em geral a visibilidade LGBTQIA+ alimentou a apreensão de forças religiosas conservadoras, o que se transformou em um pânico moral, à medida que elas obtiveram mais poder na política e amplificaram suas ações e discursos agressivos contra o homoerotismo.[13] Ao mesmo tempo, algumas igrejas protestantes abriram suas portas para a comunidade LGBTQIA+, alinhadas com uma tendência internacional de aceitação entre algumas denominações.

Desde o início do século XXI, as paradas LGBTQIA+ ao redor do país, mas principalmente as do Rio de Janeiro e de São Paulo (que começaram a ser realizadas no final da década de 1990), revelam a visibilidade que o movimento tem tido na sociedade brasileira, ao mesmo tempo que provocam a ira dessas forças religiosas e políticas reacionárias.[14] O mero número de participantes declarado pelos organizadores da parada de São Paulo é bastante impressionante, mesmo que suas estimativas otimistas não possam ser precisamente confirmadas. Em poucos anos, os números saltaram rapidamente de 120.000 pessoas em 2000 para 250.000 no ano seguinte, disparando para 3 milhões em

2006, garantindo um lugar no *Guinness World Records* de 2008 como a maior parada do orgulho gay do mundo.[15] Como reflexo desse crescimento nacional, em 2019 foram realizadas 297 paradas pelo país, sendo 54 no estado de São Paulo, 52 na Bahia, 33 no Rio de Janeiro, 24 no Pará e 19 no Rio Grande do Sul.[16] No início da década de 2000, o novo desafio para os ativistas passou a ser como garantir a cidadania plena, em termos civis e legais, à medida que a tolerância social crescia notadamente e o medo da Aids diminuía; personalidades proeminentes se assumiram; cada vez mais jovens assumiam sua homossexualidade de maneira mais confortável; e forças políticas progressistas se tornavam aliados dentro do sistema político.

A passagem da presidência de Fernando Henrique Cardoso para Luiz Inácio Lula da Silva em janeiro de 2003 foi um importante marco na história brasileira. Aquela foi a primeira vez desde os anos 1920 que um presidente democraticamente eleito completou o mandato (nesse caso, dois mandatos) e passou a presidência para outro político democraticamente eleito, no caso, Lula, que deixou o cargo em 2010 depois de cumprir um mandato constitucional. A eleição de Lula também representou a primeira vez que um candidato da classe trabalhadora ocupava o cargo. Depois de três tentativas malsucedidas no passado, Lula havia abandonado a agenda socialista do Partido dos Trabalhadores. Entretanto, prometeu atender às necessidades básicas dos pobres e das classes operárias e, ao mesmo tempo, aliar-se a empresários e ao capital estrangeiro, bem como a partidos políticos de centro. Ao ampliar seu apoio político, ele abriu caminho para colaborações com o bloco cristão do Congresso. A eleição de Lula ofereceu a possibilidade de muitos ativistas LGBTQIA+, que tinham estabelecido relações com membros e líderes do PT nas duas décadas anteriores, pressionarem o governo para adotar mais demandas do movimento.[17] Em parte as aberturas feitas com o Executivo foram bem-sucedidas, mas não se pode dizer o mesmo no que concerne à legislação. Esse envolvimento com forças estatais em alguns momentos causou frustração, por conta da inércia ou indiferença do governo.[18] Como veremos, muitos avanços em termos de proteções legais contra a discrimi-

Considerações finais – Um novo tipo de visibilidade

nação e a favor da cidadania plena da população LGBTQIA+ foram oriundos de decisões judiciais, nas quais forças políticas conservadoras que se opõem aos direitos LGBTQIA+ tiveram menos influência.[19]

No mês anterior à posse de Lula como presidente em 2003, a ABGLT divulgou uma carta aberta intitulada "Por políticas públicas democráticas e inclusivas da diversidade sexual". O objetivo era conclamar o novo governo, liderado pelo PT, para cumprir promessas de campanha referentes às demandas do movimento. Eles pediam a "elaboração e implementação de programas [...] com dotação orçamentária, objetivando reduzir a violência e a discriminação contra pessoa em razão da sua orientação sexual voltadas para outras do mesmo sexo".[20] Um dos principais objetivos era a criação de um sistema em que representantes do movimento fossem eleitos para o Conselho Nacional de Combate à Discriminação, que havia sido criado no final do governo FHC, na esteira da Conferência Mundial contra o Racismo, a Discriminação Racial, a Xenofobia e a Intolerância Correlata, realizada em Durbin, África do Sul, em 2001. Nilmário Miranda, ex-preso político e Ministro da Secretaria de Direitos Humanos da Presidência da República, criou um Grupo de Trabalho, incluindo líderes da militância, e elaborou um plano intragovernamental de combate à homofobia. O programa, chamado "Brasil Sem Homofobia – Programa de Combate à Violência e à Discriminação contra GLBT e de Promoção da Cidadania Homossexual", foi lançado seis meses depois com o apoio do Ministério da Justiça.[21] Construído com base em um modelo inicialmente desenvolvido por meio de ONGs atuantes na educação sobre a Aids e na prevenção da doença que haviam criado uma parceria com o Estado através de programas vinculados ao Ministério da Saúde com financiamento internacional, o novo programa era uma iniciativa ousada por parte dos líderes do movimento, que, em conjunto com aliados do governo, enumeraram 53 itens designados para fazer que o governo federal lidasse com a discriminação e promovesse a cidadania plena da população LGBT.[22] Conforme observado pela socióloga Bruna Andrade Irineu:

A execução do Programa Brasil sem Homofobia enfrentou muitas dificuldades no que diz respeito a ampliação e transversalização das políticas macro, tendo como ações realizadas: apoio a projetos de ONGs; capacitação de militantes e ativistas; criação de núcleos de pesquisa em universidades públicas; projetos de capacitação de professores da rede pública; programas na área de saúde e prevenção de DST/AIDS; e criação de centros de referência em direitos humanos e combate a crimes de homofobia".[23]

O programa Brasil Sem Homofobia criou uma dinâmica na qual ativistas do movimento trabalhavam dentro da burocracia do governo para desenvolver e implantar programas e ações específicos, incluindo a criação de estruturas administrativas em estados e municípios para criar políticas públicas. O programa também forneceu recursos para a criação de centros de pesquisa em universidades públicas, bem como para outros projetos de direitos humanos. De importância fundamental foi a I Conferência Nacional de Gays, Lésbicas, Bissexuais, Travestis e Transexuais, realizada em Brasília em 2008 com apoio de Paulo Vannuchi, sucessor de Miranda como Ministro da Secretaria Especial de Direitos Humanos. Vannuchi também era ex-preso político e simpatizante dos objetivos do movimento. O então presidente Lula esteve presente na cerimônia de inauguração, legitimando tanto o evento quanto o próprio movimento. Nas palavras do cientista político Cleyton Feitosa: "Essa Conferência pode ser considerada histórica não só por ter sido o primeiro evento desse tipo no Brasil quanto no conjunto dos países que nunca convocaram a população LGBT de suas nações para definir os rumos das políticas públicas de interesse de um segmento tão marginalizado e excluído das sociedades".[24] Na sequência das deliberações da conferência, líderes do movimento LGBTQIA+, em colaboração com o governo, lançaram, no ano seguinte, o Plano Nacional de Promoção da Cidadania e Direitos Humanos de LGBTI+[25] e criaram, em 2010, o Conselho Nacional de Combate à Discriminação e Promoção dos Direitos de Lésbicas, Gays, Bissexuais, Travestis e Transexuais. O conselho era uma parceria entre o governo e representantes da sociedade civil. Sua missão era implantar políticas governamentais para reduzir a discriminação e a violência contra a população LGBTQIA+.[26]

Em 2010, no entanto, a oposição conservadora aos esforços do movimento – tanto dentro quanto fora do Congresso – havia ganhado força e visibilidade significativas. Durante a campanha eleitoral para a presidência, forças católicas e protestantes de direita, com o apoio da grande mídia, fizeram campanha criticando a candidata do PT, Dilma Rousseff, ex-ministra de Minas e Energia e ex-ministra da Casa Civil de Lula, por declarações dadas no passado favoráveis ao aborto. Em resposta, Dilma escreveu uma "Carta aberta ao povo de Deus", defendendo a família e passando a responsabilidade de resolver questões controversas, como o aborto e "uniões estáveis", para o Legislativo: "Lembro também minha expectativa de que cabe ao Congresso Nacional a função básica de encontrar o ponto de equilíbrio nas posições que envolvem valores éticos fundamentais, muitas vezes contraditórios, como aborto, formação familiar, uniões estáveis e outros temas relevantes, tanto para as minorias como para toda a sociedade brasileira".[27] A carta tentava evitar um conflito direto com possíveis apoiadores religiosos de sua campanha, porém, conforme as críticas à ex-guerrilheira e presa política aumentaram no segundo turno das eleições (em que ela concorria com José Serra, do PSDB), Dilma divulgou uma segunda carta, afirmando que era "pessoalmente contra o aborto". Ela defendia "a manutenção da legislação atual sobre o assunto", que permitia o procedimento apenas em casos de estupro ou quando a vida da mulher estava em risco. A carta também continha uma promessa de que ela não promoveria legislação para garantir "uniões civis" entre pessoas do mesmo sexo ou o Projeto de Lei 122 (PLC 122), proposto por uma então deputada federal do PT em 2001 e que criminalizaria a homofobia.[28] A declaração causou consternação entre muitos líderes do movimento, que, em geral, ainda apoiavam sua candidatura. Dilma venceu as eleições presidenciais com uma margem de 12,1 pontos percentuais.

Imediatamente após a eleição, Jair Bolsonaro, ex-capitão do Exército e deputado federal de direita pelo Rio de Janeiro, começou a denunciar materiais que estavam sendo preparados por uma ONG partidária do movimento para o Ministério da Educação como parte do projeto Escola sem Homofobia. O material educativo, que incluía alguns vídeos e um guia pedagógico, foi criado para ajudar professores de escolas públicas a combater a homofobia, o *bullying* e a violência contra estudantes LGBTQIA+ em sala de aula. Parlamentares evangélicos se juntaram a Bolsonaro, que seria eleito presidente em 2018, e apelidaram o material de "Kit Gay", afirmando que se tratava de uma iniciativa apoiada por pederastas para doutrinar as crianças a virarem homossexuais. Durante meses a fio, a direita religiosa aumentou as críticas ao guia de professores e a outros materiais educativos.

Em maio de 2011, cinco meses depois da posse de Dilma como a primeira presidenta do Brasil, diversos acontecimentos convergiram para criar uma enorme controvérsia sobre a proteção legal a relacionamentos entre pessoas do mesmo sexo. No dia 5 de maio, o Supremo Tribunal Federal (STF) decidiu por unanimidade reconhecer "uniões homoafetivas" entre pessoas do mesmo sexo. Foi uma vitória impressionante para o movimento, que, apesar de 15 anos de *lobby* no Congresso, não conseguira obter apoio suficiente para aprovar uma lei que assegurasse esse direito. (Dois anos mais tarde, em 2013, por 14 votos a 1, o STF legalizou o casamento entre pessoas do mesmo sexo e ordenou que todos os cartórios o celebrassem e convertessem uniões civis existentes em casamentos se o casal assim o desejasse.) Ao mesmo tempo, ressurgiam discussões sobre um novo projeto de lei criminalizando a homofobia, com uma linguagem mais contundente que proibiria discriminação "por gênero, sexo, orientação sexual e identidade de gênero". Com a decisão do STF, que assegurava uma demanda antiga do movimento (a saber, o reconhecimento legal de relacionamentos homoafetivos e discussões legislativas no Congresso que criminalizassem a homofobia), políticos de direita e líderes religiosos conservadores se voltaram para o material educativo do Escola sem Homofobia como um meio de mobilizar seus apoiadores para pressionar o governo Dilma.[29] Com o intuito de evitar mais debates políticos sobre o tema, a presidenta, que na época enfrentava outros problemas internos no governo, ordenou a retirada do material e soltou uma nota afirmando que "o Governo defende a educação e também a luta contra práticas homofóbicas. No entanto, não vai ser permitido a nenhum órgão do Governo fazer propaganda de opções sexuais".[30] Foi um grande golpe para o movimento, desmoralizando muitos ativistas que tinham confiado no apoio do governo petista a suas demandas.[31]

Apesar desse retrocesso, que legitimou um novo conjunto de instrumentos discursivos articulados pela direita que usaria questões anti-LGBTQIA+ para mobilizar sua base no futuro, o Conselho Nacional de Combate à Discriminação organizou a 2ª Conferência Nacional, realizada em dezembro de 2011. O evento teve como tema "por um país livre da pobreza e da discriminação: promovendo a cidadania de lésbicas, gays, bissexuais, transexuais", ecoando o *slogan* do governo Dilma, "País rico é país sem pobreza", embora a presidenta não tenha comparecido ao evento.[32]

Concomitantemente, cresciam esforços da direita contra o movimento. Ao longo de 2011, a Frente Parlamentar Evangélica demonstrou sua força por meio do apoio ao Projeto de Lei 234/2011, que teria posto fim a determinações de 1999 do Conselho Federal de Psicologia que estabeleciam normas e melhores práticas para psicólogos no que diz respeito a questões de orientação sexual. Popularmente denominado "cura gay", o novo projeto de modificações na legislação teria permitido que psicólogos promovesse e realizassem terapias de conversão.[33] Em 2013, a proposta foi aprovada pela Comissão de Direitos Humanos e Minorias da Câmara dos Deputados, que naquele momento era controlada pelas crescentes forças religiosas de direita no Congresso. A aprovação se deu a despeito da ruidosa oposição do Conselho Federal de Psicologia, da ABGLT e de setenta outras entidades, que argumentaram que a homossexualidade não é uma doença e que, portanto, não precisa de cura.[34] Dada a firme oposição liderada pelo movimento LGBTQIA+ e por profissionais, contando com o apoio do então deputado federal Jean Wyllys (PSOL), abertamente gay e combativo (captado pelo documentário *Entre os homens de bem*),[35] o Projeto de Lei foi arquivado, porém reapresentado em 2014. Dessa vez, ele tinha o apoio do deputado federal e pastor neopentecostal Marco Feliciano. Incapazes de aprovar a legislação no Congresso, os cristãos conservadores levaram o caso aos tribunais. Embora a decisão inicial tenha sido favorável a eles, ela foi revogada por uma liminar do Supremo Tribunal Federal em 2019. Isso não diminuiu o fervor da Frente Parlamentar Evangélica, que em 2019 tinha 195 deputados federais e 8 senadores (34% do Congresso) e agressivamente defendia uma pauta anti-homossexual, ligada a campanhas contrárias ao direito ao aborto, à equidade de gênero e ao programa geral dos governos petistas anteriores.[36]

Em 2013, mobilizações populares promovidas por jovens progressistas contra o aumento da passagem no transporte público eclodiram, dando origem a um movimento nacional que demandava melhorias na saúde, na educação e nos transportes, dentre outras questões. Durante a primeira fase do movimento, os manifestantes pediam ao Partido dos Trabalhadores que cumprisse suas promessas de campanha de enfrentar carências socioeconômicas. Inicialmente, a mídia de centro-direita, que domina a comunicação de massa, se opôs aos protestos. No entanto, forças políticas conservadoras, frustradas com a vitória de Dilma nas eleições de 2010 e que se opunham ao programa do PT, logo perceberam que os protestos tinham um aspecto antigoverno. Eles então decidiram se juntar a essas manifestações, mas trouxeram com eles uma forte pauta antiesquerda.[37] A reeleição de Dilma em 2014 com uma vitória apertada nas urnas, uma economia enfraquecida e as investigações da Lava Jato (que, sob o pretexto de eliminar a corrupção no governo, acabaram executando uma campanha de perseguição política ao PT e à esquerda) prepararam o terreno para o processo de *impeachment* em 2016. Em agosto daquele ano, Dilma perdeu o cargo por violar leis orçamentárias.

A 3ª Conferência Nacional de Políticas Públicas de Direitos Humanos de Lésbicas, Gays, Bissexuais, Travestis e Transexuais foi realizada em Brasília às vésperas da votação do *impeachment* na Câmara dos Deputados. O evento, cujo tema era "Por um Brasil que criminalize a violência contra Lésbicas, Gays, Bissexuais, Travestis e Transexuais", ocorreu simultaneamente com quatro outras conferências sobre direitos humanos. Dilma emitiu um Decreto Executivo permitindo a travestis e transexuais usar seu nome social em empregos e universidades federais, além de empresas estatais,[38] e apareceu na cerimônia de encerramento. Entretanto, pouco após a retirada de Dilma do cargo, o governo conservador de seu vice-presidente, Michel Temer, iniciou o processo de reversão dos programas progressistas executados durante os governos petistas.

A polarização política em todo o país armou o cenário para a eleição presidencial de 2018 e a proeminência de Jair Bolsonaro, cujos manifestos e agressivos ataques homofóbicos haviam se tornado notórios na década anterior. No final dos anos 1970, quando um pequeno número de ativistas reivindicou cidadania igualitária durante o processo de redemocratização ao final da ditadura, algumas forças de esquerda que buscavam mudanças sociais reagiram com indiferença e, em alguns casos, até mesmo hostilidade. Com o passar do tempo, a esquerda, principalmente o Partido dos Trabalhadores, se tornou o veículo de apoio para a maioria das campanhas políticas LGBTQIA+, e seus representantes eleitos foram aliados fundamentais na apresentação de projetos de lei e na obtenção de recursos para projetos, conferências e paradas. A campanha presidencial de Bolsonaro, por outro lado, veiculou notícias falsas sobre a suposta "doutrinação homossexual" que seu adversário da esquerda, Fernando Haddad, ex-ministro da Educação e ex-prefeito de São Paulo, colocaria em prática se fosse eleito.[39] A vitória de Bolsonaro sobre Haddad por 55% a 45% no segundo turno levou ao poder um político homofóbico de extrema direita.

A vitória de Bolsonaro nas eleições se deu, em parte, graças à sua atitude de alvejar sistematicamente o movimento LGBTQIA+, bem como feministas, ativistas negros, grupos de defesa dos direitos dos indígenas, defensores do meio ambiente e a população rural mobilizada. O resultado das eleições causou medo e apreensão na população LGBTQIA+, tanto nos ativistas quanto nos não ativistas. Talvez como um meio de enviar uma mensagem democrática que funcionasse como um contraponto, na véspera da Parada do Orgulho LGBTQIA+ de São Paulo de 2019, o Superior Tribunal Federal permitiu a criminalização da homofobia. Segundo a decisão, até que o Congresso aprovasse uma lei específica criminalizando condutas homofóbicas e transfóbicas, elas deveriam ser consideradas equivalentes ao crime de racismo, já passível de punição no Brasil. Em um gesto para tranquilizar a direita religiosa, o STF também declarou que a proibição legal da prática da homofobia "não alcança nem restringe o exercício da liberdade religiosa", desde que as "manifestações não configurem discurso de ódio".[40] Entretanto, como no caso da decisão para assegurar o casamento entre pessoas do mesmo sexo, a medida enviou uma mensagem em alto e bom som de que os tribunais, ao menos formalmente, defenderiam direitos iguais para a população LGBTQIA+.

Figura 29. Eric Barreto, que realizou o papel de Carmen Miranda no documentário *Banana is My Business* de Helena Solberg (1996), na primeira parada do Rio de Janeiro em 1995. (Arquivo do autor)

Apesar de parecer que o equilíbrio de poder pendia para o lado das forças conservadoras, moralistas, racistas, misóginas e homofóbicas no final da segunda década do século XXI, a política de os indivíduos se assumirem e afirmarem sua sexualidade e identidade de gênero se mostrou mais resiliente do que seria possível imaginar há cinquenta anos. As dramáticas transformações socioculturais semeadas pelo movimento, segundo as quais milhões de jovens homens e mulheres continuam a aceitar sua orientação sexual e identidade de gênero apesar do recente aumento da hostilidade política pela direita no campo da religião e da política, são prova de que alterações profundas ocorreram no Brasil. Uma pesquisa realizada em 2018 na véspera do segundo turno das eleições presidenciais apontou que 74% dos entrevistados acreditavam que os homossexuais deveriam ser aceitos pela sociedade brasileira, contra 18% que eram contra essa aceitação e 8% que declararam não ter uma opinião sobre o assunto.[41] Isso representa uma transformação monumental da opinião pública e das atitudes sociais. Essas mudanças têm uma história que são o cerne deste trabalho.

Embora pareça provável que os objetivos de longo prazo do movimento prevaleçam sobre a onda conservadora que ameaça as conquistas feitas nos últimos cinquenta anos, garantias democráticas asseguradas por decisões judiciais, mas que não possuem respaldo na legislação correm o risco de serem erodidas ou revertidas caso forças mais conservadoras se apoderem desse segmento do governo. Apenas o tempo dirá a completa extensão das influências de longo prazo dos movimentos sobre as transformações na sociedade brasileira concernentes à homossexualidade.

Notas

1 "'Brasil não pode ser país do mundo gay; temos famílias', diz Bolsonaro", *Exame* (25 abr. 2019).

2 Isabela Marinho, "Turistas LGBTs são 30% da receita do carnaval do Rio, diz Prefeitura", G1 (Rio de Janeiro) (2 abr. 2014).

3 Ver, por exemplo, Estevão Rafael Fernandes, "Activismo Homosexual Indígena: Un Análisis Comparativo entre Brasil y América del Norte", *Dados* (Rio de Janeiro)

58, n.1 (Jan.-Mar., 2015): 2576-94; e o documentário de curta-metragem *LGBT Sem Terra: O amor faz revolução* (2020).

4 Para ensaios bibliográficos sobre a homossexualidade na história e nas ciências sociais, ver Elias Ferreira Veras e Joana Maria Pedro, "Os silêncios de Clio: escrita da história e (in)visibilidade das homossexualidades no Brasil", *Revista Tempo e Argumento* (Florianópolis), (set.-dez. 2014): 90-109; Bruno Puccinelli, Milton Ribeiro da Silva Filho, Ramon Pereira dos Reis, Thiago Barcelos Soliva, "Sobre gerações e trajetórias: uma breve genealogia das pesquisas em Ciências Sociais sobre (homo)sexualidades no Brasil", *Revista Pensata* 4, n. 1 (dez. 2014): 9-45; Rhanielly Pereira do Nascimento Pinto e Jorge Luiz da Silva Alves, "Historiografia e masculinidades gays no Brasil: contribuições teóricas", *Revista Albuquerque* 11, n. 21 (jan.-jun. 2019): 162-83; Benito Bisso Schmidt, "História LGBTQI+ no Brasil: atravessamentos entre militância e produção acadêmica", in RODRIGUES, Rita de Cassia Colaço Rodrigues, Elias Ferreira Veras, e Benito Bisso, eds. *Clio sai do armário: Historiografia LGBTQIA+* (São Paulo: Letra & Voz, 2021). Ver também o capítulo 5, "Gay Rights and the Paradox of Brazil", in Omar G. Encarnacíon, *Out in the Periphery: Latin America's Gay Rights Revolution* (New York: Oxford University Press, 2016).

5 James N. Green e Renan H. Quinalha, eds., "Ditadura e homossexualidades", in *Relatório Final da Comissão Nacional da Verdade*, Vol. 2. (Brasília: Comissão Nacional da Verdade, 2014), 289-302.

6 James N. Green e Renan H. Quinalha, eds., *Homossexualidades e a ditadura brasileira: Opressão, resistência e a busca da verdade* (São Carlos: Editora da Universidade Federal de São Carlos, 2014). Ver também Renan H. Quinalha, *Contra a moral e os bons costumes: LGBTs na ditadura* (São Paulo: Companhia das Letras, 2021).

7 http://comissaodaverdade.al.sp.gov.br/relatorio/tomo-i/parte-ii-cap7.html

8 http://memoriasdaditadura.org.br/cnv-e-lgbts/

9 James N. Green e Renan H. Quinalha, eds., "Homossexualidades, repressão e resistência durante a ditadura", in Comissão da Verdade do Rio de Janeiro, *Relatório* (Rio de Janeiro: Comissão da Verdade do Rio, 2015): 151-61.

10 https://www.huffpostbrasil.com/entry/datafolha-evangelicos-mulheres-negros_br_5e1c62eac5b6da971d1954d8?utm_hp_ref=br-datafolha

11 Anna Virginia Balloussier, "Evangélicos podem desbancar católicos no Brasil em pouco mais de uma década", *Folha de São Paulo* (14 jan. 2020).

12 Milton Silva dos Santos, "Sexo, gênero e homossexualidade: o que diz o povo-de-santo paulista?", *Horizonte* (Belo Horizonte) 6, n. 12 (jun. 2008):145-156; Luís Felipe Rios, "O paradoxo dos prazeres: trabalho, homossexualidade e estilos de ser homem no candomblé queto fluminense", *etnográfia* 16, n. 1 (2012): 53-74.

13 Richard Miskolci, "Pânicos morais e controle social: reflexões sobre o casamento gay", *Cadernos Pagu*, 28 (2007): 101-128; Marcelo Natividade, "Sexualidade ameaçadores: religião e homofobia(s) em discursos evangélicos conservadores", *Sexualidade, Salud y Sociedad: Revista Latinoamericano* n. 2 (2009): 121-61; Sandra Duarte de Souza, "Política religiosa e religião política: os evangélicos e o uso político do sexo", *Estudos de Religião* 27 n. 1 (jan.-jun. 2013): 177-201; Benjamin Arthur Cowan, "Nosso Terreno" crise moral, política evangélica e a formação da 'Nova Direita' brasileira" Varia História (Belo Horizonte) 30, nº 52 (jan.-abr. 2014):101-125.

14 Jaqueline Gomes de Jesus, "O protesto na festa: política e carnavalização nas paradas do orgulho de lésbicas, gays, bissexuais, travestis e transexuais (LGBT)", tese de Doutorado em Psicologia Social, do Trabalho e das Organizações, Universidade de Brasília, Brasília, 2010.

15 http://paradasp.org.br/

16 "Levantamento: Brasil teve ao menos 297 paradas LGBT em 2019", (5 mar. 2020), Agência de Notícias da AIDS, https://agenciaaids.com.br/noticia/levantamento-brasil-teve-ao-menos-297-paradas-lgbt-em-2019/; Alessandro Soares da Silva, "Memória, Consciência e Políticas Públicas: as Paradas do Orgulho LGBT e a construção de políticas públicas inclusivas", *Revista Electrónica de Psicología Política*, 9, n. 27 (Nov.-Dec. 2011): 127-58; Jaqueline Gomes de Jesus, "Alegria momentânea: paradas do orgulho de lésbicas, gays, bissexuais, travestis e transexuais", *Gerais: Revista Interinstitucional de Psicologia*, 6, n. 1 (jan.-jun. 2013): 54-70; Carlos Eduardo Santos Maia, "Go West, In the Open Air: Parada do Orgulho LGBT Goianiense: da repressão à turistificação", *Revista Latino-americana de Geografia e Gênero* (Ponta Grossa) 6, n. 1, (jan.-jul. 2015): 200-221.

17 Rafael de la Dehesa, *Queering the Public Sphere in Mexico and Brazil: Sexual Rights Movements in Emerging Democracies* (Durham: Duke University Press, 2010).

18 Juan P. Marsiaj, "Social Movements and Political Parties: Gays, Lesbians, and Travestis and the Struggle for Inclusion in Brazil", *Canadian Journal of Latin American and Caribbean Studies* 31no. 62 (2006): 167-96.

19 Juan Pedro Pereira Marsiaj, "Unpacking Social Movements' Democratizing Impact: The Case of the Lesbian, Gay, Bisexual, and Travesti Movement in Brazil", tese de doutorado em Ciências Políticas, Universidade de Toronto, 2017.

20 Associação Brasileira de Gays, Lésbicas e Travestis, "Carta de Curitiba", dez. 2002.

21 Cláudio Nascimento Silva, "Programa Brasil sem Homofobia – Intenções e Ações", in Márcio Caetano, Aleandro Rodrigues, Cláudio Nascimento e Treyce Ellen Goulart, eds., *Quando Ousamos Existir: Itinerários fotobiográficos do movimento LGBTI Brasileiro* (1978-2018), 154-58.

22 Conselho Nacional de Combate à Discriminação, *Brasil Sem Homofobia: Programa de combate à violência e discriminação contra GLBT e promoção da cidadania homossexual* (Brasília: Ministério da Saúde, 2004).

23 Bruna Andrade Irineu, "10 Anos do Programa Brasil sem Homofobia: notas críticas", *Temporalis* (Brasília, DF), 14, n. 28, [193-220] (jul./dez. 2014): 199.

24 Cleyton Feitosa, "Mapeando demandas por participação política da população LGBT no Brasil", *Bagoas* n. 17 (2017): 293 [282-317].

25 Secretaria Especial dos Direitos Humanos, *Plano Nacional de Promoção da Cidadania e Direitos Humanos de Lésbicas, Gays, Bissexuais, Travestis e Transexuais* (Brasília: Presidência da República, 2009).

26 Cleyton Feitosa, "Mapeando demandas por participação política da população LGBT no Brasil", 294-96; Silvia Aguião Rodrigues, "Fazer-se no 'Estado'; uma etnografia sobre o processo de constituição dos 'LGBT' como sujeitos de direitos no Brasil contemporâneo", tese de doutorado em Ciências Sociais, Universidade Estadual de Campinas, 2014.

27 Para o texto completo, ver: https://www.vereadorfranca.com.br/imprensa/carta--aberta-ao-povo-de-deus/20101015-173448-v273.

28 Rafael Dias Toitio, "Cores e contradições: a luta pela diversidade sexual e de gênero sob o neoliberalismo brasileiro", tese de doutorado em Ciências Sociais, Universidade Estadual de Campinas, 2016, p. 176-80.

29 Richard Romancini, "Do 'Kit Gay' ao 'Monitor da Doutrinação': a reação conservadora no Brasil", *Contracampo* (Niterói) 37, n. 2 (ago.-nov. 2018):88-108.

30 Isaias Batista de Oliveira Júnior e Eliane Rose Maio, "'Não vai ser permitido a nenhum órgão do governo fazer propaganda de opções sexuais': o discurso inaugural no 'desagendamento' do Kit Gay do MEC", *Revista e- Curriculum* (São Paulo) 15, n. 1 (jan.-mar. 2017):125-52.

31 Toita, "Cores e contradições", 189.

32 Feitosa, "Mapeando demandas por participação política da população LGBT no Brasil", 297.

33 Alexandre Oviedo Gonçalves, "Religião, política e direitos sexuais: controvérsias públicas em torno da 'cura gay'", *Religião & Sociedade* (Rio de Janeiro) 39, n. 2 (maio/ago. 2019):

34 Alexandre Oviedo Gonçalves, "Religião, política e direitos sexuais: controvérsias públicas em torno da 'cura gay'", *Religião e Sociedade* (Rio de Janeiro) 39, n. 2 (2019): 175-99.

35 *Entre homens de bem,* Carlos Juliano Barros e Caio Cavechini, diretores, 2016. Ver também Jean Wyllys, *Tempo bom, tempo ruim; identidades políticas e afetos* (São Paulo: Companhia das Letras, 2014), e Jean Wyllys e Adriana Abujamra, *O*

que será: a história de um defensor de direitos humanos no Brasil (São Paulo: Companhia das Letras, 2019).

36 Reginaldo Prandi e Renan William dos Santos, "Quem tem medo da bancada evangélica? Posições sobre moralidade e política no eleitorado brasileiro, no Congresso Nacional e na Frente Parlamentar Evangélica", *Tempo Social, revista de sociologia da USP*, 29, n. 2 (2017): 187-214.

37 Há uma vasta bibliografia sobre as manifestações de 2013. Entre essas análises, ver: André Singer, "Brasil, junho de 2013: Classes e ideologias cruzadas", *Novos Estudos* 97 (nov. 2013): 23-40; Linda M. P. Gondim, "Movimentos sociais contemporâneos no Brasil: a face invisível das Jornadas de Junho de 2013", *Polis* [Online], 44 | (2016): 1-20; Rudá Guedes Ricci, "Movimentos e mobilizações sociais no Brasil: de 2013 aos dias atuais", *Saúde Debate* (Rio de Janeiro) 42, n. 3 (nov. 2018): 90-107.

38 http://www.planalto.gov.br/ccivil_03/_Ato2015-2018/2016/Decreto/D8727.html

39 Ronaldo de Almeida, "Bolsonaro Presidente: Conservadorismo, evangelismo e a crise brasileira", *Novos Estudos CEBRAP* (São Paulo) 38, n. 1 (jan.-abr. 2019): 185-213.

40 https://g1.globo.com/politica/noticia/2019/06/13/stf-permite-criminalizacao-da--homofobia-e-da-transfobia.ghtml

41 "Para 74%, homossexualidade deve ser aceita pela sociedade, mostra Datafolha", *Folha de São Paulo*, 27 out. 2018.

Bibliografia

1 Registros médicos

Caso n.139. Rev. Macario S. Sanatório Pinel, Pirituba, São Paulo, Arquivo do Estado de São Paulo.

Caso n.216. Adalberto de O. Sanatório Pinel, Pirituba, São Paulo, Arquivo do Estado de São Paulo.

Caso n.760. Sydney da S. F. Sanatório Pinel, Pirituba, São Paulo, Arquivo do Estado de São Paulo.

Caso n.1.126. Napoleão B. Sanatório Pinel, Pirituba, São Paulo, Arquivo do Estado de São Paulo.

Caso n.1.812. Bernardino de C. A. Sanatório Pinel, Pirituba, São Paulo, Arquivo do Estado de São Paulo.

Caso n.1.990. Armando de S. O. Filho. Sanatório Pinel, Pirituba, São Paulo, Arquivo do Estado de São Paulo.

Caso n.2.479. Octavio B. de O. Sanatório Pinel, Pirituba, São Paulo, Arquivo do Estado de São Paulo.

Caso n.2.584. Mario B. X. Sanatório Pinel, Pirituba, São Paulo, Arquivo do Estado de São Paulo.

Caso n.3.074. Otavio B. da S. Sanatório Pinel, Pirituba, São Paulo, Arquivo do Estado de São Paulo.

Caso n.3.571. Dr. Renato E. de A. Sanatório Pinel, Pirituba, São Paulo, Arquivo do Estado de São Paulo.

Bibliografia

Caso n.3.781. José Narciso G. Sanatório Pinel, Pirituba, São Paulo, Arquivo do Estado de São Paulo.

2 Inquéritos e ocorrências policiais

Caso 7H.163, 028C, 1890, Arquivo Nacional, Rio de Janeiro.
Caso MV.18, 029, 1891, Arquivo Nacional, Rio de Janeiro.
Caso T7.492, 039, 1905, Arquivo Nacional, Rio de Janeiro.
Caso T8.2021, 040, 1906, Arquivo Nacional, Rio de Janeiro.
Caso n.6.262, Delito, 29.10.1946, 14ª Vara Criminal, Arquivo Nacional, Rio de Janeiro.
Caso n.2.230, Delito, 4.12.1948, 15ª Vara Criminal, Arquivo Nacional, Rio de Janeiro.
Caso n.481, Delito 24.9.1949. Arquivo Nacional, Rio de Janeiro.
Departamento Estadual de Ordem Política e Social, São Paulo, *Jornal Lampião*, ref. Seminário na USP, 50-J-0-6153, Arquivo do Estado de São Paulo.
Departamento Estadual de Ordem Política e Social, São Paulo, Darcy Penteado, 21-Z-14-9336, Arquivo do Estado de São Paulo.
Departamento Estadual de Ordem Política e Social, São Paulo, "Homossexualismo: da opressão à libertação", 20-c-44-11158. Arquivo do Estado de São Paulo.
Departamento das Delegacias Regionais de Polícia da Grande São Paulo, Degran, Delegacia Quarto Distrito Policial. "Termo de Declarações". Arquivo Pessoal, Guido Fonseca, dez. 1976 a jan. 1977.

3 Entrevistas*

Alice. 19 de junho de 1995, São Paulo.
Alves, Adauto Belarmino. 21 de janeiro de 1995, Curitiba; 18 de julho de 1995, Rio de Janeiro.
Amorim, Luiz. 11 de setembro de 1994, São Paulo.
Angelo. 20 de julho de 1995, Rio de Janeiro.
Barbosa da Silva, José Fábio. Entrevista por telefone feita pelo autor, 8 de abril de 1998, Los Angeles, Anotações.
Bornay, Clóvis. 25 de maio de 1995, Rio de Janeiro.

---

* Todas as entrevistas foram feitas pelo autor em fita cassete. Exceto as indicadas.

Caê [Jorge Luiz Pinto Rodrigues]. 9 de julho de 1995, Rio de Janeiro.
Celso Ricardo. 17 de junho de 1995, São Paulo.
Diniz, Comar. 2 de novembro de 1994, Rio de Janeiro.
Farah, Anuar. 31 de julho de 1995, Rio de Janeiro.
Fernandes, Marisa. 25 de junho de 1995, Rio de Janeiro.
Fonseca, Guido. 8 de março de 1995, São Paulo.
Fonseca, Hélio. 25 de julho de 1995, Niterói.
Francis, Kay [João Ferreira da Paz]. 3 de novembro de 1994, Rio de Janeiro.
Guimarães, Agildo. 16 de outubro de 1994, Rio de Janeiro.
João Baptista. 20 de julho de 1995, Rio de Janeiro.
Kepner, James. Entrevistado pelo autor, 16 de outubro de 1995, Los Angeles, Califórnia. Anotações.
Lenharo, Alcir. 15 de abril de 1995, Campinas.
Mascarenhas, João Antônio de Souza. 30 de junho de 1995, Rio de Janeiro.
McCarthy, John. 9 de julho de 1995, Rio de Janeiro.
Membros do Grupo Arco-Íris. 4 de agosto de 1995, Rio de Janeiro.
Miranda, Carlos. 10 de novembro de 1994, Rio de Janeiro.
Mott, Luiz. 17 de maio de 1995, Salvador, Bahia, e 25 de junho de 1995, Rio de Janeiro.
Penteado, Darcy. Entrevistado por Edward MacRae, 13 de junho de 1980, São Paulo.
Ramalhete [Pseudônimo]. 15 de fevereiro de 1995. Rio de Janeiro.
Reis, Toni. 20 de janeiro de 1995. Curitiba.
Rocha, Riva. 2 de novembro de 1994, Rio de Janeiro.
Rodrigues de Souza, José. 25 de abril de 1995, Rio de Janeiro.
Sérgio [Pseudônimo]. 26 de junho de 1996, Los Angeles, Califórnia. Anotações.
Silva, Carlos Ricardo da. 26 de novembro de 1994, São Paulo.
Silva, Wilson da. 25 de junho de 1995, Rio de Janeiro.
Terto Junior, Veriano. 24 de julho de 1995, Rio de Janeiro.
Toledo, Eduardo. 18 de setembro de 1993, São Paulo.
Vítor. 9 de julho de 1995, Rio de Janeiro.

4 Periódicos

Baby (Salvador), v.1, n.1-4, 1969.
Celso Curi, "Coluna do Meio". *Última Hora* (São Paulo), 5 fev. 1976 a 1º dez. 1977.

O Centro (Rio de Janeiro), 1967.
Darling (Salvador), v.1, n.1-6, 1968.
Entender (São Paulo), n.0 (24 jun. 1977) ao n.5 (dez. 1977).
La Femme (Rio de Janeiro), v.1, n.1 (1968) ao v.2, n.6 (1969).
Gay Society (Salvador), v.1, n.3-6 (1968).
Gente Gay (Rio de Janeiro), n.1 (24 dez. 1976) ao n.14 (15 ago. 1978).
Já (Rio de Janeiro), n.1 (1º jun. 1971) ao n.11 (25 August 1971).
Lampião da Esquina (Rio de Janeiro), n.0 (abr. 1978) ao n.37 (jun. 1981).
O Malho (Rio de Janeiro), n.1 (1902) ao n.130 (1905).
Mundo Gay (São Paulo), v.1, n.1 (15 out. 1977) ao v.1, n.3 (1º dez. 1977).
Músculo (Rio de Janeiro), v.1, n.1 (fev.1953) ao v.1, n.5 (jun. 1953).
Physique Pictorial (Chicago), 1954.
O Snob (Rio de Janeiro), v.1, n.1 (10 jul. 1963) ao v.7, n.2 (maio/jun. 1969).
Le Sophistique (Campos), v.1, n.2 (dez. 1966).

5 Documentos oficiais

Arquivo da Cidade do Rio de Janeiro. Códices 15.4.29, p.29, 9 abr. 1870.
Arquivo da Cidade do Rio de Janeiro. Códices 15.4.29, p.14, n.5.841, 26 ago. 1878.
Arquivo da Cidade do Rio de Janeiro. Códices 15.4.29, p.15, 10 set. 1878.
Directoria Geral de Estatística. *Recenseamento geral da República dos Estados Unidos do Brazil em 31 de Dezembro de 1890, Distrito Federal.* Rio de Janeiro: Imprensa Nacional, 1895.
_____. *Sexo, raça e estado civil, nacionalidade, filiação, culto e analphabetismo da população recenseada em 31 de dezembro de 1890.* Rio de Janeiro: Imprensa Nacional, 1898.
_____. *Recenseamento do Rio de Janeiro realizado em 20 de Setembro de 1906.* Rio de Janeiro: Imprensa Nacional, 1907.
_____. *Recenseamento do Brazil realizado em 1º de Setembro de 1920, população do Rio de Janeiro (Distrito Federal).* Rio de Janeiro: Imprensa Nacional, 1923.
Franco, Francisco de Assis Carvalho. *Gabinete de Investigações. Relatório apresentado ao Exmo. Snr. Dr. Secretário da Segurança Pública do Estado de São Paulo, 1934.* São Paulo: Typographia do Gabinete de Investigações, 1935.

Instituto Brasileiro de Geografia e Estatística. *Recenseamento geral do Brasil [1º de Setembro de 1940], Parte XVI–Distrito Federal*. Rio de Janeiro: Serviço Gráfico do Instituto Brasileiro de Geografia e Estatística, 1951.

_____. *Recenseamento geral do Brasil (1º de Julho de 1950), Sinopse preliminar do censo demográfico*. Rio de Janeiro: Serviço Gráfico do Instituto Brasileiro de Geografia e Estatística, 1951.

U. S. Congress, House, Senate, Committee on Foreign Relations and International Relations. *Country Reports on Human Rights Practices for 1993*. Report prepared by the Department of State. 103rd Cong., 2d Session. Joint Comm. Print, 1994.

_____. *Country Report on Human Rights Practices for 1995*. Report prepared by the Department of State. 104th Cong., 2d Session. Joint Comm. Print, 1996.

_____. *Country Report on Human Rights Practices for 1996*. Report prepared by the Department of State. 105th Cong., 1st Session. Joint Comm. Print, 1997.

6 Livros e artigos

1ª Reunião do Grupo de Homossexuais do Partido dos Trabalhadores, mimeogr., [s.d.].

A história do EBHO: Encontro Brasileiro de Homossexuais – 1979-1993. *Boletim do Grupo Gay da Bahia* 13, n. 27, ago. 1993, p.479.

A história do EBHO: Encontro Brasileiro de Homossexuais (Continuação II). *Boletim do Grupo Gay da Bahia*, 13, n. 27, ago. 1993, p.7.

Abertura política ainda não chegou ao povo, diz Lula. *Folha de S.Paulo*, São Paulo, 28 set. 1981, p.4.

ABREU, M. de A. *Evolução urbana do Rio de Janeiro*. 2.ed. Rio de Janeiro: IplanRio, Zahar, 1988.

ACEVEDO, A. *Homosexualidad*: hacia la destrucción de los mitos. Buenos Aires: Ediciones Del Ser, 1985.

ADAM, B. D. In Nicaragua: Homosexuality Without a Gay World. In: DeCECCO, J. P., ELIA, J. P. (Ed.) *If You Seduce a Straight Person, Can You Make Them Gay?* New York: Harrington Park Press, 1993. p.171-80.

ADRADOS, I. Estudo da homossexualidade mediante o teste de Rorschach. *Arquivo Brasileiro de Psicotécnica*, v.16, p.65-74, mar. 1964.

Aelson, o costureiro do carnaval. *Manchete (Rio de Janeiro)*, n.202, p.32, 3 mar. 1956.

AGUIAR, F. Homossexualidade e repressão. In: MANTEGA, G. (Ed.) *Sexo e poder*. São Paulo: Brasiliense, 1979. p.139-55.

AGUIAR, W. Grupo de Homossexuais do Partido dos Trabalhadores. Mimeogr., s.d.

_____. Preconceito. *Boletim Nacional*, 84, mar. 1994, p.2.

_____. Revisar para não discriminar, *Em Tempo* 266, abr. 1993, 16.

_____. Sobre questões "polêmicas". 31 mar. 1994.

ALBUQUERQUE, F. F. de, JANNELLI, M. *A princesa*. Trad. Elisa Byington. Rio de Janeiro: Nova Fronteira, 1995.

ALBUQUERQUE, J. *Da impotência sexual no homem*. Rio de Janeiro: Typ. Coelho, 1928.

ALCOFORADO, M. L. G. *Bom-Crioulo* de Adolfo Caminha e a França. *Revista de Letras (São Paulo)*, v.28, p.85-93, 1988.

ALMEIDA, G. F. de. *Os projectos do código criminal brasileiro (de Sá Pereira) e do código dos delitos para a Italia (de Ferri)*. São Paulo: Edições e Publicações Brasil, 1937.

ALMEIDA, H. de. *Dicionário de termos eróticos e afins*. Rio de Janeiro: Civilização Brasileira, 1981.

ALMEIDA, N. de et al. Homossexualismo: a hora da verdade. *Manchete (Rio de Janeiro)* v.1, n.231, p.18-23, 22 nov.1975.

ALMEIDA, R. de. Bolsonaro Presidente: Conservadorismo, evangelismo e a crise brasileira. *Novos Estudos CEBRAP*, São Paulo, 38, n. 1, jan.-abr. 2019, p.185-213.

ALMEIDA, S. J. A. de. *Michê*. São Paulo, 1984. Dissertação (Mestrado) – Pontifícia Universidade Católica de São Paulo.

ALMEIDA JUNIOR, A. F., COSTA JÚNIOR, J. B. Atos libidinosos e atos obscenos. In: *Lições de medicina legal*. São Paulo: Companhia Editora Nacional, 1978. p.332-8.

ALTMAN, D. Down Rio Way. In: DENNENY, M., ORTLEB, C., STEELE, T. (Ed.) *The Christopher Street Reader*. New York: Putnam, 1983. p.214-19.

ALVAREZ, S. E. *Engendering Democracy in Brazil*: Women's Movements in Transition Politics. Princeton: Princeton University Press, 1990.

ALVES, M. H. M. *State and Opposition in Military Brazil*. Austin: University of Texas Press, 1985.

AMADO, G. *Mocidade no Rio e primeira viagem à Europa*. 2.ed. Rio de Janeiro: Livraria José Olympio Editora, 1958.

AMNESTY INTERNATIONAL, USA. *Breaking the Silence*: Human Rights Violations based on Sexual Orientation. New York: Amnesty International Publications, 1994.

ANDERSON, B. R. O'G. *Imagined Communities*: Reflections on the Origin and Spread of Nationalism. London: Verso, NLB, 1983.

ANDRADE, A. J. de A. *Visibilidade Gay, Cotidiano e Mídia: Grupo Arco-íris – Consolidação de Uma Estratégia. Um Estudo de Caso*. Dissertação de mestrado em Comunicação, Universidade de Brasília, 2002.

ANDRADE, M. de. Frederico Paciência. In: _____. *Contos novos*. São Paulo: Martins, 1947. (Reimpr. em LEYLAND, W. (Ed.) *My Deep Dark Pain is Love*: A Collection of Latin American Gay Fiction. Trad. E. A. Lacey. San Francisco: Gay Sunshine Press, 1983. p.151-70).

ANDRADE, O. de. Os três sargentos. *Diário de São Paulo*, São Paulo, 14 abr. 1929. p.6.

ANDREWS, G. R. *Blacks and Whites in São Paulo Brazil, 1888-1988*. Madison: University of Wisconsin Press, 1991.

ANDRUSIA, D. Caetano Veloso, the Most Popular Singer/Songwriter in Brazil, Talks About Music, Sexuality, AIDS, and Creating a New Pop Nationality. *New York Native*, n.222, 20 jul. 1987, p.37-8.

ANGELICA, J. Winston Leyland: a literatura e a arte de homossexuais têm estilo próprio? *O Globo*, Rio de Janeiro, 9 set. 1977, p.26.

ANISTIA INTERNACIONAL EUA. *Breaking the Silence: Human Rights Violations based on Sexual Orientation*. Nova York: Amnesty International Publications, 1994, p.13-14.

ANTELO, R. *João do Rio*: o dândi e a especulação. Rio de Janeiro: Livrarias Taurus-Timbre Editores, 1989.

A antiga lenda é revivida por muitos, todos os anos no João Caetano. *Manchete (Rio de Janeiro)*, n.306, p.26, 1º mar. 1958.

ANTONIO, L. Autonomia: uma questão de liberdade. *MHA: Caderno de Textos*, p. 4, arquivo pessoal.

ANTÔNIO, M. Carnaval em Copacabana. *Última Hora*, Rio de Janeiro, 16 fev. 1961. p.8.

Apolo brasileiro em Londres. *Manchete (Rio de Janeiro)*, n.15, p.28, 2 ago. 1952.

ARAÚJO, L. *Só as mães são felizes*. São Paulo: Editora Globo, 1997.

ARAÚJO, R. M. B. de. *A vocação do prazer*: a cidade e a família no Rio de Janeiro republicano. Rio de Janeiro: Rocco, 1995.

ARAÚJO, V. de P. *A bela época do cinema brasileiro*. São Paulo: Perspectiva, 1976.

ARAÚJO FILHO, J. R. de. A população paulistana. In: AZEVEDO, A. (Ed.) *A cidade de São Paulo*: estudos de geografia urbana. A evolução urbana, v.2. São Paulo: Companhia Editora Nacional, 1958. p.167-247.

ARGÜELLES, L., B. RUBY RICH, B. Homosexuality, Homophobia, and Revolution: Notes Toward an Understanding of the Cuban Lesbian and Gay Male Experience. *Signs: Journal of Women in Culture and Society*, v.9, n.4, p.683-99, Summer 1984.

ARQUIDIOCESE DE SÃO PAULO. *Brasil nunca mais*. Petrópolis: Vozes, 1985.

ARRUDA, R. *Dias de ira: uma história verídica de assassinatos autorizados*. São Paulo: Globo, 2001.

ARTAXO, A união faz a força, *Folhetim, Folha de S.Paulo*, São Paulo, 10 jan. 1982: p.8-9.

Artistas querem ver resolvido o caso da morte de Luiz Antônio. *Folha de S.Paulo*, São Paulo, 29 dez. 1987.

Associação Brasileira de Gays, Lésbicas e Travestis. *Boletim Especial* (fev. 1997): 4-5

Associação Brasileira de Gays, Lésbicas e Travestis. "Carta de Curitiba", dez. 2002.

Associação da Parada do Orgulho LGBT de São Paulo. Disponível em: <http://paradasp.org.br/>.

Associação Psiquiátrica dos EUA exclui o homossexualismo do índex de distúrbios mentais. *Jornal do Brasil*, Rio de Janeiro, 16 dez. 1973, p.16.

AUFTERHERDE, P. True Confessions: The Inquisition and Social Attitudes in Brazil at the Turn of the XVII Century. *Luso-Brazilian Review*, v.10, n.2, 1973. p.208-40.

AUGUSTO, S. Hollywood Looks at Brazil: From Carmen Miranda to *Moonraker*. In: JOHNSON, R., STAM, R. (Ed.) *Brazilian Cinema*. New York: Columbia University Press, 1995. p.351-61.

AVANCINI, M. Na Era de Ouro das cantoras do rádio. *Luso-Brazilian Review*, v.30, n.1, p.85-93, Summer 1993.

AZEVEDO, A. de (Ed.) *A cidade de São Paulo*: estudos de geografia urbana. São Paulo: Companhia Editora Nacional, 1958.

AZZI, R. Família, mulher e sexualidade na Igreja do Brasil (1930-1964). In: MARCÍLIO, M. L. (Ed.) *Família, mulher, sexualidade e Igreja na história do Brasil.* São Paulo: Loyola, 1993. p.101-34

Baile do São José: mais de mil bonecas no salão. *Manchete (Rio de Janeiro),* v.1, n.247, p.54-8, 13 mar. 1976.

BAKHTIN, M. *Rabelais and His World.* Trad. Helene Iswolsky. Bloomington: Indiana University Press, 1984.

_____. *Cultura popular na Idade Média e no Renascimento:* o contexto de François Rabelais. São Paulo: Hucitec, 1993.

BALLOUSSIER, A. V. Evangélicos podem desbancar católicos no Brasil em pouco mais de uma década. *Folha de S.Paulo,* 14 jan. 2020.

BAO, D. Invertidos Sexuales, Tortilleras, and Maricas Machos: The Construction of Homosexuality in Buenos Aires, Argentina, 1900-1950. In: DeCECCO, J. P., ELIA, J. P. *If You Seduce a Straight Person, Can You Make Them Gay:* Issues in Biological Essentialism Versus Social Constructionism in Gay and Lesbian Identities. Binghamton, New York: Harrington Park Press, 1993. p.183-219.

BAPTISTA, T., SEQUERRA, T. "Carnaval: os cassados da passarela". *Manchete (Rio de Janeiro),* v.1.089, p.24-6, 3 mar. 1973.

BARBOSA, D. M. Bazares e feiras. *Jornal do Brasil.* Rio de Janeiro, 26 set. 1969, p.1.

BARBOSA DA SILVA, J. F. *Homossexualismo em São Paulo:* estudo de um grupo minoritário. São Paulo, 1969. Dissertação (Mestrado) – Escola de Sociologia e Política de São Paulo.

_____. Aspectos sociológicos do homossexualismo em São Paulo. *Sociologia,* v.21, n.4, p.350-60, out. 1959.

_____. Notes for research on homosexuality in São Paulo. 1959-1960. (Inédito).

Barges vai prender quem beijar na boca. *Última Hora,* Rio de Janeiro, 6 fev. 1964, p.2.

Barracas criam clima de festa no campus. *Jornal do Brasil,* 12 jul. 1981.

BARRETO, L. *Recordações do escrivão Isaías Caminha.* Rio de Janeiro: Garnier, 1989.

_____. *Um longo sonho do futuro:* diários, cartas, entrevistas e confissões dispersas. Rio de Janeiro: Graphia Editorial, 1993.

BARROS, A., CAPRIGLIONE, L. Soldados da fé e da prosperidade. *Veja* São Paulo, 2 jul. 1997, p.90.

Bibliografia

BARROS, E. de B. As "falsas baianas" do carnaval carioca. *Última Hora*, Rio de Janeiro, 14 fev. 1953. p.8.

BARTOLO, J. Uma noite di-vi-na com elas & elas. *Manchete (Rio de Janeiro)*, v.1, n.348, p.83-4, 18 fev. 1978.

BASSANEZI, C. *Virando as páginas, revendo as mulheres*: revistas femininas e relações homem-mulher, 1945-1964. Rio de Janeiro: Civilização Brasileira, 1996.

BASTOS, J. C. Homossexualidade masculina. *Jornal Brasileiro de Psiquiatria*, v.28, n.1-4, p.7-11, 1979.

BEATTIE, P. M. Asking, Telling, and Pursuing in the Brazilian Army and Navy in the Days of *Cachaça*, Sodomy, and the Lash, 1860-1916. In: GUY, D. J., BALDERSTON, D. (Ed.) *Sex and Sexuality in Latin America*. New York: New York University Press, 1997. p.65-85.

BELINI, L. *A coisa obscura*: mulher, sodomia e inquisição no Brasil colonial. São Paulo: Brasilense, 1987.

BELL, D., VALENTINE, G. (Ed.) *Mapping Desire*: Geographies of Sexualities. London: Routledge, 1995.

BELLO, J. M. *A History of Modern Brazil, 1889-1964*. Stanford: Stanford University Press, 1966.

BELLO DA MOTA, A. *Homossexualismo em medicina legal*. (Tese de concurso à cátedra de Medicina Legal da Faculdade de Direito do Estado de Ceará). Rio de Janeiro: Typ. do Jornal do Comércio, 1937.

BENCHIMOl, J. L. *Pereira Passos: um Haussmann tropical*. A renovação urbana da cidade do Rio de Janeiro no início do século XX. Rio de Janeiro: Secretaria Municipal de Cultura, Turismo e Esportes, Departamento Geral de Documentação e Informação Cultural, Divisão de Editoração, 1992.

BEOZZO, J. O. A igreja entre a Revolução de 1930, o Estado Novo e a redemocratização. In: FAUSTO, B. (Ed.) *O Brasil republicano*. Economia e cultura, v.4. São Paulo: Difel, 1984. p.273-341.

BERGMANN, E. L., SMITH, P. J. (Ed.) *Entiendes?*: Queer Readings, Hispanic Writings. Durham: Duke University Press, 1995.

BERMAN, D. (Ed.) *Camp Grounds*: Style and Homosexuality. Amherst: University of Massachusetts Press, 1993.

BESSE, S. K. *Restructuring Patriarchy*: The Modernization of Gender Inequality in Brazil, 1914-1940. Chapel Hill: University of North Carolina Press, 1996.

BICUDO, H. P. *Meu depoimento sobre o esquadrão da morte*. São Paulo: Pontifícia Comissão de Justiça e Paz de São Paulo, 1977.

BIERRENBACH, J. de S. Riocentro: *Quais os responsáveis pela impunidade?* Rio de Janeiro: Domínio Público, 1996.

BIRMAN, P. *Fazer estilo criando gêneros*: possessão e diferenças de gênero em terreiros de umbanda e candomblé no Rio de Janeiro. Rio de Janeiro: Relume Dumará, Editora da UERJ, 1995.

BITTENCOURT, F. *A bicha que ri*. Rio de Janeiro: Esquina Editora, 1981.

BITTENCOURT, F. Mais tesão e menos politicagem. *Lampião da Esquina*, vol. 3, n. 27, ago. 1980, p.8.

BIVAR, A. Revolução sexual à paulista. *Ele-Ela 96 (Rio de Janeiro)*, p.50-7, abr. 1977.

_____. O paraíso gay, São Paulo, é claro. *Especial*, São Paulo, fev. 1980. p.26.

BJORN, K. *Amazon Adventure* (filme). Kristen Bjorn Productions, Miami Beach, 1996.

BJORN, K. *Carnival in Rio* (filme). Kristen Bjorn Productions, Miami Beach, 1989.

_____. *Jungle Heat* (filme). Kristen Bjorn Productions, Miami Beach, 1993.

_____. *Paradise Plantation* (filme). Kristen Bjorn Productions, Miami Beach, 1994.

_____. *Tropical Heat Wave* (filme). Kristen Bjorn Productions, Miami Beach, 1990.

_____. *A World of Men* (filme). Kristen Bjorn Productions, Miami Beach, 1995.

BLAND, J. O. way P. *Men, Manners & Morals in South America*. New York: Charles Scribner's Sons, 1920.

BLANDER, M. Lucros do lazer gay: Os donos da noite descobrem novo filão. *IstoÉ*, 27 abr. 1983, p.76-77.

BLEYS, R. C. *The Geography of Perversion*: Male-to-Male Sexual Behavior Outside the West and the Ethnographic Imagination, 1750-1918. New York: New York University Press, 1995.

Boletim do Grupo Gay da Bahia, 19, n. 33, mar. 1999, p.563-611.

"Boneca" lidera bloco de cinzas. *Última Hora*, Rio de Janeiro, 24 fev. 1966, p.8.

Bonecas ao luar. *Manchete (Rio de Janeiro)*, v.1, n.348, p.76-81, 18 fev. 1978.

Bonecas: divinas e maravilhosas. *Manchete (Rio de Janeiro)*, v.1, n.1.142, p.78-82, 9 mar. 1974.

BORGES, D. The Family in Bahia, Brazil 1870-1945. Stanford: Stanford University Press, 1992.

Bibliografia

BORORÓ [Alberto de Castro Simoens da Silva]. *Gente da madrugada*: flagrantes da vida noturna. Rio de Janeiro: Guavira, 1982.

Borrachada comandou "baile dos enxutos". *Última Hora*, Rio de Janeiro, 12 fev. 1964, p.6.

BOTELHO, A. *O Barão de Lavos (pathologia social)*. Porto: Imprensa Moderna, 1908.

BRAGA, J. L. *O Pasquim e os anos 70*: mais pra epa que para oba. Brasília: Editora da UnB, 1991.

BRAGATO, M. Respeito às liberdades individuais. In: *O homossexual e a lei. Folha de S.Paulo*, São Paulo, 14 jun. 1982, p.4.

BRANDÃO, D. Um passeio pelos bares famosos do Rio. *Manchete (Rio de Janeiro)*, n.17, 16 ago. 1952, p.17.

BRANDÃO, Z. Cuidado: travestis invadem a cidade. *Última Hora*, São Paulo, 2 ago. 1975, p.8.

BRASIL. Decreto n. 8.727, de 28 de abril de 2016. Disponível em: <http://www.planalto.gov.br/ccivil_03/_ato2015-2018/2016/decreto/d8727.htm.>

"Brasil não pode ser país do mundo gay; temos famílias", diz Bolsonaro. *Exame*, 25 abr. 2019.

Brazil/Gay: "Somos onze milhões". *Última Hora*, Rio de Janeiro, 3 dez. 1977, p.6.

BREDA, J. B. A sexualidade é um direito individual. In: *O homossexual e a lei. Folha de S.Paulo*, São Paulo, 14 jun. 1982, p.4.

BRENNA, G. R. Del (Ed.) *O Rio de Janeiro de Pereira Passos*: uma cidade em questão. Rio de Janeiro: Index, 1985.

BRETAS, M. L. *Ordem na cidade*: o exercício cotidiano da autoridade policial no Rio de Janeiro, 1907-1930. Rio de Janeiro: Rocco, 1997.

BROOKE, J. In Live-and-Let-Live Land, Gay People are Slain. *New York Times*, 12 ago. 1993, p.3.

BRYANT, G. Da Arte de Caçar, cap.7, Clube de Campo Gay. *O Snob 2*, n.10, 15 ago. 1964, p.6.

BURNS, E. B. *A History of Brazil*. 3.ed. New York: Columbia University Press, 1993.

BUZAID, A. Censura prévia para livros e periódicos. *Última Hora*, Rio de Janeiro, 12 fev. 1970, p.1.

CABO MACHADO [Oswald de Andrade] Os três sargentos. *Diário de São Paulo*, 14 abr. 1929, p.6.

CABRAL, S., FERNANDES, M., Chico JÚNIOR, FRANCIS, P. Madame Satã. *O Pasquim*, Rio de Janeiro, v.3, n.95, 29 abr. 1971, p.2-5.

CALDEIRA, T. P. R., HOLSTON, J. Democracy and Violence in Brazil. *Comparative Studies in Society and History*, 41, n. 4, out. 1999, p.691-729.

CALVET, E. Relatório do I Encontro Nacional de Travestis e Liberados, 14 maio 1993, mimeogr.

CÂMARA, C. A diferença entre o homossexual assumido e o ativista gay, prefácio. In: MASCARENHAS, J. A. de S. *A tríplice conexão: conservadorismo político, falso moralismo, machismo*. Rio de Janeiro: Planeta Gay, 1998, p.9.

CÂMARA, C. *Cidadania e orientação sexual: a trajetória do grupo Triângulo Rosa*. Rio de Janeiro: Academia Avançada, 2002.

CÂMARA, C. Pecado, doença e direitos: a atualidade da agenda política do grupo Triângulo Rosa. In: GREEN, J. N., QUINALHA, R., CAETANO, M., FERNANDES, M. (orgs.) *História do movimento LGBT no Brasil*. São Paulo: Alameda Editorial, 2018, p.194-95.

CÂMARA, C. Um olhar sobre a história do ativismo LGBT no Rio de Janeiro. *Revista do Arquivo Geral da Cidade do Rio de Janeiro* nº 9, 2015, p.377 [p.373-96]

CAMINHA, A. Um livro condenado. *A Nova Revista (Rio de Janeiro)*, v.2, p.40-2, fev. 1896.

_____. *Bom-Crioulo*: The Black Man and the Cabin Boy. Trad. E. A. Lacey. San Francisco: Gay Sunshine Press, 1982.

_____. *Bom-Crioulo*. Rio de Janeiro: Prefeitura da Cidade do Rio de Janeiro, Secretária Municipal de Cultura, Turismo e Esportes, Departamento Geral de Documentação e Informação Cultural, 1991.

CANALES, L. O Homossexualismo como tema no moderno teatro brasileiro. *Luso-Brazilian Review*, v.18, n.1, p.173-81, Verão 1981.

Câncer em homossexuais é pesquisado nos Estados Unidos. *Jornal do Brasil*, Rio de Janeiro, 9 mar. 1981; Brasil já registra 2 casos de "câncer-gay". *Jornal do Brasil*, Rio de Janeiro, 12 jun. 1983.

Cara típica do evangélico brasileiro é feminina e negra, aponta Datafolha. Disponível em: <https://www1.folha.uol.com.br/poder/2020/01/cara-tipica-do-evangelico-brasileiro-e-feminina-e-negra-aponta-datafolha.shtml>.

CARDOSO, E. D., VAZ, L. F., ALBERNAZ, M. P., AIZEN, M., PECHMAN, R. M. *Copacabana*. Rio de Janeiro: João Fortes Engenharia, Index, 1986.

CARDOSO JUNIOR, A. *Carmen Miranda*: a cantora do Brasil. São Paulo: Edição do autor, 1979.

Bibliografia

Cariocas já em pleno reinado carnavalesco. *Última Hora*, Rio de Janeiro, 3 mar. 1962, p.2.

O carnaval dos "excêntricos": "travesti" elegante e curioso. *Última Hora*, Rio de Janeiro, 19 fev. 1958, p.14.

Carnaval em plena cinzas: "enxutos" e "chave" saem 4ª-feira. *Última Hora*, Rio de Janeiro, 13 fev. 1964, p.1.

Carnaval na base do beijo proibido. *Última Hora*, Rio de Janeiro, 12 fev. 1964, p.5.

CARNEIRO, E. *A sabedoria popular*. Rio de Janeiro: Ministério da Educação e Cultura, Instituto Nacional do Livro, 1957.

CARONE, E. *O Estado Novo (1937-1945)*. São Paulo: Difel, 1977.

CARRIER, J. *De Los Otros*: Intimacy and Homosexuality Among Mexican Men. New York: Columbia University Press, 1995.

Carta aberta à população. *O Refletor* 2, n. 5, nov. 1987, p.1.

Carta de William Aguiar, coordenador da Seção Nacional de Gays e Lésbicas para a Coordenação da Campanha Lula para Presidente, São Paulo, 5 set. 1994.

Carta aberta ao Povo de Deus. Disponível em: <https://www.vereadorfranca.com.br/imprensa/carta-aberta-ao-povo-de-deus/20101015-173448-v273>.

Carta para além dos muros (filme). Direção de André Canto. Brasil, 2020, 54 min.

CARVALHO, J. M. de. *Os bestializados*: o Rio de Janeiro e a república que não foi. São Paulo: Editora Schwarcz, 1987.

CARVALHO, M., CARRARA, S. Em direção a um futuro trans?: Contribuição para a história do movimento de travestis e transexuais no Brasil. *Sexualidad, Salud y Sociedad*, n. 14, ago. 2013, p.319-51

CARVALHO, L. de A. *Habitações populares*. Rio de Janeiro: Prefeitura da Cidade do Rio de Janeiro, Secretaria Municipal de Cultura, Departamento Geral de Documentação e Informação Cultural, Divisão de Editoração, 1995.

CARVALHO, T. T. de. *Caminhos do desejo*: uma abordagem antropológica das relações homoeróticas femininas em Belo Horizonte. Campinas, 1995. Dissertação (Mestrado) – Universidade Estadual de Campinas, 1995.

CARVALHO, T. "Elas" são assim. *Última Hora*, Rio de Janeiro, 18 jun. 1964, p.6.

CASTELO BRANCO, J. A homossexualidade do *Pasquim*. *O Beijo (Rio de Janeiro)*, v.2, p.3-4, dez. 1977.

CASTELO BRANCO, V. *O advogado diante dos crimes sexuais*. São Paulo: Sugestões Literárias, 1977.

CASTRO, C. de M. What is Happening in Brazilian Education. In: BACHA, E. L., KLEIN, H. S. (Ed.) *Social Change in Brazil, 1945-1985*. The Incomplete Transition. Albuquerque: University of New Mexico Press, 1989. p.263-309.

CASTRO, E. R. *No limiar do permitido*: uma introdução ao espírito carnavalesco do romance de Adolfo Caminha. São Paulo, 1997. Dissertação (Mestrado) – Universidade de São Paulo.

CASTRO, M. W. de. *Mário de Andrade*: exílio no Rio. Rio de Janeiro: Rocco, 1989.

CASTRO, R. *Chega de saudade*: a história e as histórias da bossa nova. São Paulo: Companhia das Letras, 1990.

CAULFIELD, S. Getting into Trouble: Dishonest Women, Modern Girls, and Women-Men in the Conceptual language of *Vida Policial*, 1925-1927. *Signs: Journal of Women in Culture and Society*, v.19, n.11, p.146-76, Autumn 1993.

_____. *In Defense of Honor*. The Contested Meaning of Sexual Morality in Law and Courtship, Rio de Janeiro, 1920-40. New York, 1994. Dissertation (Ph.D) – New York University.

_____. The Birth of Mangue: Race, Nation, and the Politics of Prostitution in Rio de Janeiro, 1850-1942. In: GUY, D. J., BALDERSTON, D. *Sex and Sexuality in Latin America*. New York: New York University Press, 1997. p.86-100.

Cazuza: uma vítima de aids agoniza em praça pública. *Veja* 23, n. 17, 26 abr. 1989.

CHACON, V. *Estado e povo no Brasil*: as experiências do Estado Novo e da democracia populista: 1937-1964. Rio de Janeiro: J. Olympio, 1977.

CHALHOUB, S. *Trabalho, lar e botequim*: o cotidiano dos trabalhadores no Rio de Janeiro da *belle époque*. São Paulo: Brasilense, 1986.

Charme e talento na arte de Valeria. *Folha de S.Paulo*, São Paulo, 9 dez. 1973, p.10.

CHAUÍ, M. *Repressão sexual, essa nossa (des)conhecida*. São Paulo: Brasiliense, 1984.

CHAUNCEY, G. *Gay New York*: Gender, Urban Culture, and the Making of the Gay Male World, 1890-1940. New York: Basic Books, 1994.

CHINELLI, F. Acusação e desvio em uma minoria. In: VELHO, G. (Ed.) *Desvio e divergência; uma crítica da patologia social*. Rio de Janeiro: Zahar, 1981. p.125-44

CLOSE, R. *Muito Prazer, Roberta Close*. São Paulo: Rosa dos Tempos, 1998.

Bibliografia

CNV e LGBT. Disponível em: <http://memoriasdaditadura.org.br/cnv-e-lgbts/>.

COARACY, V. *Memórias da cidade do Rio de Janeiro.* 3.ed. Belo Horizonte: Itatiaia, 1988.

Coccinelli mostrou no Copa 99% do que a tornou mulher. *Última Hora*, Rio de Janeiro, 12 mar. 1963, p.3.

COELHO NETO [Henrique Maximiliano]. Os Sertanejos. *A Notícia*, Rio de Janeiro, 29 nov. 1908, p.3.

COLAÇO, R. *Uma conversa informal sobre homossexualismo.* Duque de Caxias: Edição do Autor, 1984.

Começa o barulho: negros, lésbicas, índios, homossexuais e feministas prometem ganhar as praças nos anos 80. *Veja*, 11 jun. 1980, p.24-25.

Comissão de Homossexuais Pro-1º de Maio. *Contra a intervenção nos sindicatos de São Paulo, contra a discriminação do trabalhador/a homossexual.* São Paulo, 1980. (Mimeogr.).

CONNIFF, M. *Urban Politics in Brazil*: The Rise of Populism, 1925-1945. Pittsburgh: University of Pittsburgh Press, 1981.

CONRAD, R. E. *Children of God's Fire*: A Documentary History of Black Slavery in Brazil. Princeton: Princeton University Press, 1984.

CONSELHO EDITORIAL. Saindo do gueto. *Lampião da Esquina*, Rio de Janeiro, n. 1, abr. 1978, p.3.

CONSELHO NACIONAL DE COMBATE À DISCRIMINAÇÃO. *Brasil Sem Homofobia: Programa de combate à violência e discriminação contra GLBT e promoção da cidadania homossexual.* Brasília: Ministério da Saúde, 2004.

Copacabana, Ipanema e Leblon parecem destinadas a representar no litoral atlântico da América do Sul, o papel que Ostende, Biarritz, Deauville, o Lido e Miami representam na Europa e nos Estados Unidos. *O Cruzeiro (Rio de Janeiro)*, p.7, 24 nov. 1928.

CORNWALL, A. Gendered identities and gender ambiguity among *travestis* in Salvador, Brazil. In: CORNWALL, A., LINDISFARNE, N. (Ed.) *Dislocating Masculinity*: Comparative Ethnographies. London: Routledge, 1994. p.112-32.

CORRÊA, M. Repensando a família patriarcal brasileira [notas para o estudo das formas de organização familiar no Brasil]. In: CORRÊA, M. (Ed.) *Colcha de retalhos*: estudos sobre a família no Brasil. São Paulo: Brasilense, 1982. p.13-38

COSTA, E. V. da. *The Brazilian Empire*: Myths and Histories. Chicago: University of Chicago Press, 1985.

COSTA, H. Trinta anos depois... In: MORAES, E. *História do carnaval carioca, revista e ampliada por Haroldo Costa*. Rio de Janeiro: Record, 1987.

COSTA, J. F. *História da psiquiatria no Brasil*: um corte ideológico. Rio de Janeiro: Documentário, 1976.

_____. *Ordem médica e norma familiar*. Rio de Janeiro: Graal, 1979.

COWAN, B. A. Nosso Terreno: crise moral, política evangélica e a formação da "Nova Direita" brasileira. *Varia História*. Belo Horizonte, 30, nº 52, jan.--abr. 2014, p.101-125.

CRUZ, R. R. Do Protesto às Urnas: O movimento homossexual brasileiro na transição política (1978-1982). Guarulhos, 2015. Dissertação (mestrado) – Ciências Sociais, Universidade Federal de São Paulo, 2015.

CRUZ, R. R. Do protesto de rua à política institucional: A causa homossexual nas eleições de 1982. In: GREEN, J. N., QUINALHA, R., CAETANO, M., FERNANDES, M. (orgs.) *História do movimento LGBT no Brasil*. São Paulo: Alameda Editorial, 2018, p.257 [p.255-77].

CUNHA, H. Na contra-mão. *Boletim Nacional do P.T.* 66, out.-nov. 1992, p.2.

CUNHA, M. C. P. *O espelho do mundo*: Juquery, a história de um asilo. Rio de Janeiro: Paz e Terra, 1986.

_____. E viva o Zé Pereira! O Carnaval carioca como teatro de conflitos (1880-1920). Paper delivered at the 1997 meeting of the Latin American Studies Association, Guadalajara, Mexico, abr. 1997.

CUNHA, P. *Sexologia forense*. São Paulo: Sugestões Literárias, 1977.

CURY, R. As ciências da saúde mental, direito e homossexualismo. REUNIÃO ANUAL DA SOCIEDADE BRASILEIRA PARA O PROGRESSO DA CIÊNCIA, 34. Campinas, 1982. *Resumos...* Campinas: SPBC, 1982. p.890.

Da folia ao exagero: excessos que mancham o carnaval carioca. *Última Hora*, Rio de Janeiro, 20 fev. 1958, p.10.

DAGUER, P. J. *Transexualismo masculino*. Rio de Janeiro, 1977. Dissertação (Mestrado) – Universidade Federal do Rio de Janeiro.

DAMATA, G. [Gasparino da Mata e Silva]. *Histórias do amor maldito*. Rio de Janeiro: Record, 1967.

DAMATA, G. *Os solteirões*. Rio de Janeiro: Pallas, 1976.

_____. Nossos alegres rapazes da banda. *O Pasquim*, Rio de Janeiro, n.436, 4 nov. 1977, p.6.

DA MATTA, R. O Carnaval como um rito de passagem. In: *Ensaios de antropologia estrutural*. Petrópolis: Vozes, 1973.

_____. *Universo do carnaval*: imagens e reflexões. Rio de Janeiro: Edições Pinakotheke, 1981.

Bibliografia

_____. Carnival in Multiple Planes. In: MACALOON, J. J. (Ed.) *Rite, Drama, Festival, Spectacle*: Rehearsals Toward a Theory of Cultural Performance. Philadelphia: Institute for the Study of Human Issues, 1984. p.208-40.

_____. *Carnival* As a Cultural Problem: Towards a Theory of Formal Events and their Magic. *Working Paper*, n.79, set. 1986.

_____. *Carnivals, Rogues and Heroes*: An Interpretation of the Brazilian Dilemma. Trad. John Drury. Notre Dame: University of Notre Dame Press, 1991.

DA MATTA, R. *Carnavais, malandros e heróis*: para uma sociologia do dilema brasileiro. Rio de Janeiro: Rocco, 1997.

DAMAZIO, S. F. *Retrato social do Rio de Janeiro na virada do século*. Rio de Janeiro: Editora da UERJ, 1996.

DA SILVA, A. S. Memória, Consciência e Políticas Públicas: as Paradas do Orgulho LGBT e a construção de políticas públicas inclusivas. *Revista Electrónica de Psicología Política*, 9, n. 27, nov.-dez. 2011, p.127-58.

DANIEL, H. *Passagem para o próximo sonho*. Rio de Janeiro: Codecri, 1982.

DANIEL, H., PARKER, R. Sexuality, Politics and AIDS in Brazil. In: *Another World?* London: Falmer Press, 1993.

DANIEL, H., MÍCCOLIS, L. *Jacarés e lobisomens: dois ensaios sobre a homossexualidade*. Rio de Janeiro, Achiamé, 1983.

DANIEL, M. Histoire de la législation pénale française concernant l'homosexualité. *Acadie (Paris)*, v.96, p.618-27; v.97, p.10-29.

DANTAS, A. R. *A representação da homossexualidade*: a "leitura" da imprensa escrita. Rio Grande do Norte, 1989. Dissertação (Mestrado) – Universidade Federal do Rio Grande do Norte.

DANTAS, E. Negros, mulheres, homossexuais e índios nos debates da USP. *Lampião da Esquina*, Rio de Janeiro, v.2, n.10, mar. 1979, p.9-10.

DEAN, W. *The Industrialization of São Paulo*. Austin: University of Texas Press, 1969.

DEAN, W. *A industrialização em São Paulo, 1880-1945*. São Paulo: Bertrand Brasil, 1991.

DECCA, E. de. *1930: o silêncio dos vencidos*. São Paulo: Brasilense, 1981.

DeCECCO, J. P., ELIA, J. P. *If You Seduce a Straight Person, Can You Make Then Gay*: Issues in Biological Essentialism versus Social Constructionism in Gay and Lesbian Identities. Birghamton, New York: Harrington Park Press, 1993.

Rua do Ouvidor. *Kosmos (Rio de Janeiro)*, v.2, n.1, fev. 1905, p.37-9.

DEGLER, C. N. *Neither Black Nor White*: Slavery and Race Relations in Brazil and the United States. Madison: University of Wisconsin Press, 1971.

DEHESA, R. de la. *Queering the Public Sphere in Mexico and Brazil: Sexual Rights Movements in Emerging Democracies*. Durham: Duke University Press, 2010.

Delegacia especializada de vigilância e capturas. *Última Hora*, Rio de Janeiro, 8 mar. 1962, p.12.

DELLA CAVA, R. Catholicism and Society in Twentieth Century Brazil. *Latin American Research Review*, v.11, n.2, p.7-50, 1976.

D'EMILIO, J. *Sexual Politics, Sexual Communities*: The Making of a Homosexual Minority in the United States, 1940-1970. Chicago: University of Chicago Press, 1983.

Desfile de fantasias no Baile dos Artistas. *Manchete (Rio de Janeiro)*, p.35, n.98, 6 mar. 1954.

Deusa Terra, Etecetera e Tal, Grupo de Homossexuais do PT, Rede de Informação Lésbica Um Outro Olhar. Registro e Memória do VII Encontro Brasileiro de Lésbicas e Homossexuais de 4 a 7 de Setembro de 1993, São Paulo, set. 1994.

Diccionário da lingua portugueza recopilado dos vocabulários impressos até agora e nesta segunda edição novamente emendado e muito accrescentado por Antonio de Maraes Silva Antural do Rio de Janeiro offerecido ao muito alto e muito poderoso Principe Regente N. Senhor. Tomo Segundo F-Z. Lisboa: Lacédina, 1813.

Dignidade, Grupo de Conscientização e Emancipação Homossexual. *News From Brazil*, n.2, jun. 1994.

DINIZ, E. O Estado Novo: estrutura de poder, relações de classes. In: FAUSTO, B. (Ed.) *O Brasil republicano*: sociedade e política (1930-1964). São Paulo: Difel, 1981. v.3, pt.2, p.77-120.

DIRCEU, J. *Zé Dirceu: Memórias* Vol. 1. São Paulo: Geração Editorial, 2018.

O direito de não ser maldito. *Jornal do Brasil*, Rio de Janeiro, 28 maio 1972, Revista Domingo, p.2.

Ditadura e homossexualidades: iniciativas da Comissão da Verdade do Estado de São Paulo Rubens Paiva. Disponível em: <http://comissaodaverdade.al.sp.gov.br/relatorio/tomo-i/parte-ii-cap7.html>.

Do entrudo à passarela, 419 anos de folia. *O Globo*, Rio de Janeiro, 8 out. 1989, p.22.

DOS SANTOS, C. N. F. Bichas e entendidos: a sauna como lugar de confronto. Rio de Janeiro, 1976. (Mimeogr.).

DOS SANTOS, J. F. A imprensa gay. *O Pasquim (Rio de Janeiro)*, n.436, 4 nov. 1977, p.4-5.

DOURADO, L. A. *Homossexualismo masculino e feminino e delinquência.* Rio de Janeiro: Zahar, 1967.

DUNBAR, J., BROWN, M., VUORINE, S. Attitudes toward Homosexuality among Brazilian and Canadian College Students. *The Journal of Social Psychology*, v.90, p.173-83, 1973.

DUNN, C. J. *The Relics of Brazil*: Modernity and Nationality in the Tropicalista Movement. Brown, 1996. Dissertation (Ph.D) – Brown University.

_____. The Tropicalista Rebellion: A Conversation with Caetano Veloso. *Transition: An International Review*, v.6, n.2, issue 70, Summer 1996, p.116-38.

DURST, R. *Madame Satã*: com o diabo no corpo. São Paulo: Brasilense, 1985.

DYNES, W. R. Portugayese. In: MURRAY, S. O. (Ed.) *Latin American Male Homosexualities.* Albuquerque: University of New Mexico Press, 1995. p.256-63

EDMUNDO, L. *O Rio de Janeiro do meu tempo.* Rio de Janeiro: Imprensa Nacional, 1938.

Eles não usam black tie. *Manchete (Rio de Janeiro)*, n.463, p.66-9, 4 mar. 1961.

ELISABETH, M., GREEN, J. Depois da fuga, saímos ao sol. *Versus*, v.34, p.30-2, out. 1979.

Em encontro, gays denunciam sociedade machista. *Boletim do Grupo Gay da Bahia*, 11, n. 22, maio 1991, p.3-4.

Em São Paulo um ato com muito prazer. *Convergência Socialista*, 18-27 jun. 1981.

ENCARNACÍON, O. G. *Out in the Periphery: Latin America's Gay Rights Revolution.* Nova York: Oxford University Press, 2016.

ENDERMAN, R. M. Reis e rainhas do desterro: um estudo de caso. Florianópolis, 1981. Dissertação (Mestrado) – Universidade Federal de Santa Catarina, 1981.

ENGEL, M. *Meretrizes e doutores*: saber médico e prostituição no Rio de Janeiro (1840-1890). São Paulo: Brasilense, 1988.

ENTRE HOMENS DE BEM (filme). Direção de Carlos Juliano Barros e Caio Cavechini. 2016.

Enxutos: as bonecas são um luxo. *Manchete (Rio de Janeiro)*, v.1.091, p.74-5, 17 mar. 1973.

Enxutos e bonecas: a grande guerra. *Manchete (Rio de Janeiro)*, n.724, p.565, mar. 1966.

"Enxutos" tiveram seu baile. *Última Hora*, Rio de Janeiro, 7 mar. 1962, p.8.

ESCOFFIER, J. *American Homos*: Community and Perversity. Berkeley: University of California Press, 1998.

ESTEVES, M. de A. *Meninas perdidas*: os populares e o cotidiano do amor no Rio de Janeiro da *belle époque*. Rio de Janeiro: Paz e Terra, 1989.

Ex-"travesti" Coccinelli é mulher mesmo: espera bebê. *Última Hora*, Rio de Janeiro, 13 mar. 1963, p.1.

Façanha quer volta dos "enxutos". *Jornal do Brasil*, Rio de Janeiro, 23 out. 1972, p.13.

FACCHINI, R. *Sopa de Letrinhas: Movimento homossexual e produção de identidades coletivas nos anos 90*. Rio de Janeiro: Garamond, 2005.

FANTASIO [pseudônimo]. O namoro no Rio de Janeiro. *Kosmos (Rio de Janeiro)*, v.3, n.7, p.43-5, jul. 1906.

FARIA, E. de. *Novo diccionário da lingua portugueza*. Lisboa: Typographia Lisbonense, 1849. v.3.

FARIA, G. L de. A presença de Oscar Wilde na *belle époque* literária brasileira. São João do Rio Preto, São Paulo: Pannartz, 1988.

FAURY, M. L. Uma flor para os malditos: a homossexualidade na literatura. Campinas: Papirus, 1983.

FAUSTO, B. *História do Brasil*. São Paulo: Edusp, 1994.

FEITOSA, C., Mapeando demandas por participação política da população LGBT no Brasil. *Bagoas* n.17, 2017, p.293 [p.282-317].

FELDMAN, S. *Segregações espaciais urbanas*: a territorialização da prostituição feminina em São Paulo. São Paulo, 1988. Dissertação (Mestrado) – Universidade de São Paulo.

FELIPE, A. Uma fatalidade frente à Biologia. In: "O homossexual e a lei". *Folha de S.Paulo*, 14 jun. 1982, p.4.

FERNANDES, E. R. Activismo Homosexual Indígena: Un Análisis Comparativo entre Brasil y América del Norte. *Dados*, Rio de Janeiro, 58, n.1, jan.--mar., 2015, p.2576-94.

FERNANDES, H. Roteiro noturno (de Copacabana) para turistas desprevenidos. *Manchete (Rio de Janeiro)*, n.24, p.30, 4 out. 1952.

FERNANDES, M. Ações lésbicas. In: GREEN, J. N., QUINALHA, R., CAETANO, M., FERNANDES, M. (orgs.) *História do movimento LGBT no Brasil*. São Paulo: Alameda Editorial, 2018, p. 91-120.

Fernando Gabeira fala, aqui e agora, diretamente dos anos 80. *Lampião da Esquina* 2, n. 18, nov. 1979, p.5-8.

FERRÃO, L. M. Homossexualidade e defesas maníacas. *Revista Brasileira de Psicanálise*, v.1, n.1, p.85-93, 1967.

FERRAZ DE MACEDO, F. *Da prostituição em geral e em particular em relação ao Rio de Janeiro*. Rio de Janeiro, 1872. Tese – Faculdade de Medicina da Universidade do Rio de Janeiro.

FERREIRA, J. A identidade de uma minoria. *Folha de S.Paulo*, São Paulo, 3 out. 1977, p.26.

FEY, I. E. *First Tango in Paris*: Latin Americans in Turn-of-the-Century France, 1880 to 1920. Los Angeles, 1996. Dissertation (Ph.D) – University of California.

FIGUEIREDO, M. *Cordão do Bola Preta*: boêmia carioca. Rio de Janeiro: Comércio e Representações Bahia Ltda., 1966.

FONSECA, G. *História da prostituição em São Paulo*. São Paulo: Editora Resenha Universitária, 1982.

FONTAINE, P.-M. (Ed.) *Race, Class and Power in Brazil*. Los Angeles: Center for Afro-American Studies, 1985.

FORD, T. *Passion in the Eye of the Beholder*: Sexuality As Seen by Brazilian Sexologists, 1900-1940. Vanderbilt, 1995. Dissertation (Ph.D) – Vanderbilt University.

FOSTER, D. W. *Gay and Lesbian Themes in Latin American Writing*. Austin: University of Texas Press, 1991.

_____. (Ed.) *Latin American Writers on Gay and Lesbian Themes*: A Bio-Critical Sourcebook. Westport, Connecticut: Greenwood Press, 1994.

FOSTER, D. W., REIS, R. (Ed.) *Bodies and Biases*: Sexualities in Hispanic Cultures and Literatures. Minneapolis: University of Minnesota Press, 1996.

FOUCAULT, M. *The History of Sexuality*. An Introduction, v.I. Trad. Robert Hurley. New York: Vintage Books, 1990.

FOUCAULT, M. *História da sexualidade*. A vontade de saber, v.1. São Paulo: Paz e Terra, 1998.

FRANCA, G. da. Serviço Policial. In: Alfredo Pinto Vieira de Mello, Relatório, Ministro da Justiça e Negócios Interiores. Rio de Janeiro: Imprensa Nacional, 1920, p.75. (Citado em CAULFIELD, S. *In Defense of Honor*: The Contested Meaning of Sexual Morality in Law and Courtship, Rio de Janeiro, 1920-40. New York, 1994. Dissertation (Ph.D) – New York University, 1994.)

FRANÇA, G. V. de. *Medicina Legal*. Rio de janeiro: Guanabara Koogan, 1977.

FRANCO, D. O homossexual brasileiro nas últimas três décadas. *Jornal do Gay: Noticiário do Mundo Entendido*, São Paulo, 1978, n.2, p.20-3.

FRANCO DA ROCHA, F. *Esboço de psiquiatria forense*. São Paulo: Typ. Laemmert, 1904.

FREIRE, L. (Ed.) *Dicionário da língua portuguesa*. Rio de Janeiro: A Noite Editora, 1941. v.3.

FREITAS, J. A extravagante exibição do João Caetano. *Manchete (Rio de Janeiro)*, n.201, 25 fev. 1956, p.28-9.

FREITAS, O. Os "gays" não querem nada com o PDS, *IstoÉ*, 16 abr. 1980, p.76-78.

Frente Parlamentar Evangélica do Congresso Nacional. Disponível em: <https://www.camara.leg.br/internet/deputado/frenteDetalhe.asp?id=54010>.

FREYRE, G. *Ordem e progresso*. Rio de Janeiro: Livraria José Olympio Editora, 1959.

_____. *Casa-grande e senzala*: formação da família brasileira sob o regime da economia patriarcal. 22.ed. Rio de Janeiro: Livraria José Olympio Editora, 1983.

_____. *The Masters and Slaves*: A Study in the Development of Brazilian Civilization. Berkeley: University of California Press, 1986a.

_____. *Order and Progress*: Brazil from Monarch to Republic. Berkeley: University of California Press, 1986b.

FRY, P. História da imprensa baiana. *Lampião da Esquina*, Rio de Janeiro, 25 ago. 1978, v.1, n.4, p.4.

_____. *Para inglês ver*: identidade e política na cultura brasileira. Rio de Janeiro: Zahar, 1982a.

_____. Febrônio Índio do Brasil: onde cruzam a psiquiatria, a profecia, a homossexualidade e a lei. In: *Caminhos cruzados*: linguagem, antropologia e ciências naturais. São Paulo: Brasiliense, 1982b. p.65-80.

_____. Léonie, Pombinha, Amaro e Aleixo: prostituição, homossexualidade e raça em dois romances naturalistas. In: *Caminhos Cruzados*: linguagem, antropologia e ciências naturais. São Paulo: Brasiliense, 1982c. p.33-51.

_____. Da hierarquia à igualdade: a construção histórica da homossexualidade no Brasil. In: *Para inglês ver*: identidade e política na cultura brasileira. Rio de Janeiro: Zahar, 1982d. p.87-115.

_____. Ser ou não ser homossexual, eis a questão. *Folhetim, Folha de S. Paulo*, São Paulo, 10 jan. 1982e, p.3.

_____. Male Homosexuality and Spirit Possession in Brazil. *Journal of Homosexuality*, v.11, n.3-4, p.137-54, Summer 1986.

Bibliografia

_____. Male Homosexuality and Afro-Brazilian Possession Cults. In: MURRAY, S. O. (Ed.) *Latin American Male Homosexualities*. Albuquerque: University of New Mexico Press, 1995. p.193-220.

FRY, P., MacRAE, E. *O que é homossexualidade*. São Paulo: Brasiliense, 1983. (Col. Primeiros Passos).

GABEIRA, F. *Carta sobre a anistia*: a entrevista do *Pasquim*; Conversação sobre 1968. Rio de Janeiro: Codecri, 1979.

_____. *O que é isso companheiro?* Rio de Janeiro: Codecri, 1979.

_____. *O crepúsculo do macho*: depoimento. Rio de Janeiro: Codecri, 1981.

_____. *Entradas e bandeiras*. Rio de Janeiro: Codecri, 1981.

GAIARSA, J. A. *A juventude diante do sexo*. São Paulo: Brasilense, 1967.

GALVÃO, J. L. F. AIDS e imprensa: um estudo de antropologia social". Rio de Janeiro, 1992. Dissertação (mestrado) – Antropologia Social do Museu Nacional de Universidade Federal do Rio de Janeiro.

GARCIA, N. J. *O Estado Novo*: ideologia e propaganda política: a legitimação do Estado autoritário perante as classes subalternas. São Paulo: Loyola, 1982.

GARDEL, L. D. *Escolas de samba*: An Affectionate Descriptive Account of the Carnival Guilds of Rio de Janeiro. Rio de Janeiro: Livraria Kosmos Editora, 1967.

GAUDERER, E. C. Homossexualidade masculina e lesbianismo. *Jornal de Pediatria*, v.56, n.3, p.236-42, 1984.

GAUTHEROT, M. *Rio de Janeiro*. Munich: Wilhelm Andermann Verlag, 1965.

(Um) gay power à brasileira. *Veja (São Paulo)*, p.66-70, 24 ago. 1977.

(Os) gays estão se conscientizando. *O Pasquim*, Rio de Janeiro, 4 nov. 1977, n.436, p.4-5.

(Os) "gays" saíram à luz. *IstoÉ (São Paulo)*, p.8-15, 28 dez. 1977.

GEORGE, D. *The Modern Brazilian Stage*. Austin: University of Texas Press, 1992.

GIBSON, H. *Rio de Janeiro*. Garden City. New York: Doubleday, Doran & Company, 1937.

GIKOVATE, F. Doença, decadência ou amor. *Aqui*, out. 1977, p.26-7.

_____. *O instinto sexual*. São Paulo: Editora MG, 1980.

_____. O pavor no homem, da homossexualidade. *Folha de S.Paulo*, 12 fev. 1980.

GIL-MONTERO, M. *Brazilian Bombshell*: The Biography of Carmen Miranda. New York: Donald I. Fine, 1989.

GIRARD, J. *Le mouvement homosexuel en France, 1945-1980*. Paris: Syros, 1981.

GODOY, M. Justiça reduz pena de matador de travesti. *Folha de S.Paulo*, São Paulo, 9 out. 1994, p.4.

GOLDFEDER, M. *Por trás das ondas da Rádio Nacional*. Rio de Janeiro: Paz e Terra, 1980.

GOLOVITZ, F. Gay Beach. *One Magazine*, v.6, n.7, p.8, jul. 1958.

GOMES, D. *Uma rua chamada Ouvidor*. Rio de Janeiro: Prefeitura da Cidade do Rio de Janeiro, 1980.

_____. *Antigos cafés do Rio de Janeiro*. Rio de Janeiro: Kosmos, 1989.

GOMES, J. *A homossexualidade no mundo*. Lisboa: Edição do autor, 1979.

GOMES, R. C. *João do Rio*: vielas do vício, ruas da graça. Rio de Janeiro: Relume Dumará, 1996.

GONÇALVES, A. O. Religião, política e direitos sexuais: controvérsias públicas em torno da "cura gay". *Religião & Sociedade*, Rio de Janeiro, 39, n. 2, maio/ago. 2019, p.175-99.

GONDIM, L. M. P. Movimentos sociais contemporâneos no Brasil: a face invisível das Jornadas de Junho de 2013. *Polis [Online]*, 44, 2016, p.1-20.

GORENDER, J. The Reinforcement of Bourgeois Hegemony: The Worker's Party and the 1994 Elections. *Latin American Perspectives*, 25, 1, jan. 1998, p.11-27.

GRAHAM, R. An Interview with Sérgio Buarque de Holanda. *Hispanic American Historical Review*, v.62, n.1, p.3-17, fev. 1982.

GRAHAM, S. L. *House and Street*: The Domestic World of Servants and Masters in Nineteenth-Century Rio de Janeiro. Cambridge, England: Cambridge Latin American Studies, 1988.

GRAHAM, S. L. *Criadas e seus patrões no Rio de Janeiro (1860-1910)*. São Paulo: Companhia das Letras, 1992.

GREEN, J. N. Liberalization on Trial: The Brazilian Workers' Movement. North American Congress on Latin America. *Report on the Americas, XIII: 3*, maio-jun. 1979, p.15-25.

_____. The Emergence of the Brazilian Gay Liberation Movement, 1977-1981. *Latin American Perspectives*, v.21, n.1, p.38-55, Winter 1994.

_____. A Comparative Analysis of the Argentine and Brazilian Gay Rights Movement of the 1970s. Paper apresentado na Latin American Studies Association, Atlanta, Georgia, mar. 1994. (Mimeogr.).

_____. More Love and More Desire: The Building of the Brazilian Movement. In: ADAM, B., DUYVENDAK, J. W., KROUWEL, A. (Ed.) *The Global Emergence of Gay and Lesbian Politics*: National Imprints of a Worldwide Movement. Philadelphia: Temple University Press, 1998.

_____. Mais Amor e Mais Tesão: A Construção de um Movimento Brasileiro de Gays, Lésbicas e Travestis. *Cadernos Pagu* 15, 2000a, p.271-96.

_____. Desire and Militancy: Lesbians, Gays, and the Brazilian Workers' Party. In: DRUCKER, P. (org.). *Different Rainbow: Same-Sex Sexuality and Popular Struggles in the Third World*. London: Gay Men's Press, 2000b, p.57-70.

_____. "Abaixo a repressão, mais amor e mais tesão": uma memória sobre a ditadura e o movimento de gays e lésbicas de São Paulo na época da abertura. *Revista Acervo*, 27, 1, jan.-jun. 2014, p.53-82

_____. O Grupo Somos, a esquerda e a resistência à ditadura. In: GREEN, J. N., QUINALHA, R. H. (orgs.). *Ditadura e homossexualidades: Repressão, Resistência e a busca da verdade*. São Carlos: Universidade Federal de São Carlos, 2014a, p.177-200.

_____. Forjando alianças e reconhecendo complexidades: as ideias e experiências pioneiras do Grupo Somos de São Paulo. In: GREEN, J. N., QUINALHA, R., CAETANO, M., FERNANDES, M. (orgs.) *História do movimento LGBT no Brasil*. São Paulo: Alameda Editorial, 2018.

_____. *Revolucionário e gay: a vida extraordinária de Herbert Daniel, pioneiro na luta pela democracia, diversidade e inclusão*. Rio de Janeiro: Civilização Brasileira, 2018a.

GREEN, J. N., QUINALHA, R. H. (orgs.). Ditadura e homossexualidades. In: *Relatório Final da Comissão Nacional da Verdade*, Vol. 2. Brasília: Comissão Nacional da Verdade, 2014a, p.289-302.

_____. *Homossexualidades e a ditadura brasileira: Opressão, resistência e a busca da verdade*. São Carlos: Editora da Universidade Federal de São Carlos, 2014b.

GREEN, J. N., TRINDADE, R. (orgs.). *Homossexualismo em São Paulo e outros escritos*. São Paulo: Editora da Unesp, 2005, originalmente publicado em Novos Estudos Cebrap, São Paulo, n. 2, abr. 1983, p.51-60.

GREENBERG, D. F. *The Construction of Homosexuality*. Chicago: University of Chicago Press, 1988.

GREENWOOD, L. Sex, Samba Disputes Cloud Carnival for Rio. *Los Angeles Times*, Los Angeles, 8 feb. 1970, p.4.

GROOTENDORST, S. *Literatura gay no Brasil*: dezoito escritores brasileiros falando da temática homoerótica. Utrecht: University of Utrecht, Holland, 1993. (Mimeogr.).

GRUPO AUÊ. *Mais atuação e menos patrulhagem*. S.d., mimeogr., arquivo pessoal.

GRUPO AUÊ. Resumo Histórico. Mar. 1980, mimeogr., arquivo pessoal.

Grupo de homossexuais italianos lançará revista. *Jornal do Brasil*, Rio de Janeiro, 18 jun. 1971, p.9.

GRUPO GAY DA BAHIA. Grupos de extermínio de homossexuais no Brasil. Salvador: Grupo Gay da Bahia, s. d.

_____. Violação do direitos humanos e assassinato de homossexuais no Brasil – 1997. *Boletim do Grupo Gay da Bahia*, n.37, jan.-fev. 1998.

_____. *Mortes violentas de LGBT+ no Brasil. Relatório 2018*. Salvador: Grupo Gay da Bahia, 2018.

GRUPO OUTRA COISA (AÇÃO HOMOSSEXUALISTA). *Informe à Coletividade Homossexual de São Paulo*, panfleto mimeogr., jun. 1983, arquivo pessoal.

Grupo Somos insiste em definições. *Folha de S.Paulo*, 2 fev. 1982.

GRUPO TRIÂNGULO ROSA. Por que Apoiar a Candidatura de Herbert Daniel. S.d., acervo.

GRUZINSKI, S. Las cenizas del deseo: homosexuales novohispanos mediados del siglo XVII. In: ORTEGA, S. *De la Santidad a la perversion, o, de porqué no se complía la ley de Dios en la sociedad novohispana*. Ciudad de México: Enlace/Historia, 1985. p.255-81

GUILLERMOPRIETO, A. *Samba*. New York: Vintage Books, 1991.

GUIMARÃES, C. D. O Homossexual visto por entendidos. Rio de Janeiro, 1977. Dissertação (Mestrado) – Museu Nacional da Universidade Federal do Rio de Janeiro.

GUIMARÃES, C. D. O homossexual face à norma familiar: desvios e convergências. ENCONTRO DO GRUPO DE TRABALHO SOBRE PROCESSOS DE REPRODUÇÃO DA POPULAÇÃO, VI, 1980, Teresópolis. Teresópolis, 1980. (Mimeogr.).

_____. Um discurso de retorno: a reconstrução da identidade homossexual. ENCONTRO DA ASSOCIAÇÃO BRASILEIRA DE ANTROPOLOGIA, XIII, 1982, São Paulo. (Mimeogr.).

_____. Casos e acasos. ENCONTRO NACIONAL ESTUDOS POPULACIONAIS, IV, 1984, s. n. *Anais...* s. l: s. n., 1984, v.1, p.575-86.

GUIMARÃES, C. Z. *Homossexualismo*: mitologias científicas. Campinas, 1994. Dissertação (Mestrado) – Universidade Estadual de Campinas, 1994.

GUTEMBERG, L. O baile proibido. *Manchete (Rio de Janeiro)*, n.255, p.56-7, 9 mar. 1957.

GUY, D. J. Future Directions in Latin American Gender History. *The Americas*, v.51, n.1, p.1-9, jul. 1994.

HAHNER, J. E. *Poverty and Progress*: The Urban Poor in Brazil, 1870-1920. Albuquerque: University of New Mexico Press, 1986.

HALFOUN, E. Agora para Paulista. *Última Hora Revista (Rio de Janeiro)*, p.3, 12 ago. 1964.

HALLER, A. O., TOURINHO, M. M., BILLS, D. B., PASTORE, J. Migration and Socioeconomic Status in Brasil: Interregional and Rural-Urban Variations in Education, Occupational Status, and Income. *Luso-Brazilian Review*, v.18, n.1, p.117-38, Summer 1981.

HANCHARD, M. G. *Orpheus and Power*: The Movimento Negro of Rio de Janeiro and São Paulo, 1945-1988. Princeton: Princeton University Press, 1994.

HECKER FILHO, P. *Internato*. [Porto Alegre?]: Edição Fronteira, 1951. Reimpresso em Boarding-School. In: LEYLAND, W. *My Deep Dark Pain is Love*: A Collection of Latin American Gay Fiction. Trad. E. A. Lacey. San Francisco: Gay Sunshine Press, 1983. p.245-66.

HERRMANN, L. Estudo do desenvolvimento de São Paulo através da análise de um radial: a estrada do café (1935). *Revista do Arquivo Municipal (São Paulo)*, v.99, p.7-45, 1944.

HERSCHMANN, M. M., PEREIRA, C. A. M. O imaginário moderno no Brasil. In:_____. (Ed.) *A invenção do Brasil moderno*: medicina, educação e engenharia nos anos 20-30. Rio de Janeiro: Rocco, 1994. p.9-42

HIDALGO, H. A., CHRISTENSEN, E. H. The Puerto Rican Lesbian and the Puerto Rican Community. *Journal of Homosexuality*, v.2, n.2, p.109-21, Winter 1976-1977.

HIGGS, D. Rio de Janeiro. In: _____. *Queer Sites*: Gay Urban Histories Since 1600. London, New York: Routledge, 1999. p.138-63

História de Atobá. mimeogr., [s.d.], arquivo pessoal.

(A) história do "EBHO": encontro brasileiro de homossexuais (Continuação II). *Boletim do Grupo Gay da Bahia*, v.13, n.27, p.7, ago. 1993.

HOLANDA, N. de. *Memórias do café Nice*: subterrâneos da música popular e da vida boêmia do Rio de Janeiro. Rio de Janeiro: Conquista, 1970.

HOLLANDA, H. B. de. *Impressões de viagem*: CPC, vanguarda e desbunde, 1960-1970. Rio de Janeiro: Rocco, 1992.

HOLLOWAY, T. H. *Policing Rio de Janeiro*: Repression and Resistance in a 19th-Century City. Stanford, California: Stanford University Press, 1993.

(Os) homossexuais: Direitos humanos no liminar o século XXI. Set. 1997, arquivo pessoal.

Homossexuais dão apoio a negros, índios e feministas. *O Globo*, 21 abr. 1981.

Homossexuais discutem problemas. *Folha de São Paulo*, 4 abr. 1980.

Homossexuais exigem liberdade. *Jornal do Brasil*, Rio de Janeiro, 5 abr. 1973, p.8.

Homossexuais protestam em Nova Iorque. *Jornal do Brasil*, Rio de Janeiro, 29 jun. 1971.

Homossexuais são ameaçados. *A Tribuna*, 11 jul. 1981.

Homossexuais são detidos em São Paulo. *Jornal do Brasil*, Rio de Janeiro, 6 out. 1971, p.6.

Homossexualismo. *Realidade (Rio de Janeiro)*, v.3, n.26, p.112-22, maio 1968.

Homossexualismo: do gueto para o debate público. *Folhetim*, Folha de S. Paulo, 10 jan. 1982, p.6-8.

HOOVEN, III, F. V. *Beefcake*: The Muscle Magazines of America 1950-1970. Köln: Benedikt Taschen, 1995.

HOWES, R. Introduction. *Bom-Crioulo*: The Black Man and the Cabin Boy. Trad. E. A. Lacey. San Francisco: Gay Sunshine Press, 1982.

_____. The Literatures of Outsiders: The Literature of the Gay Community in Latin America. *Latin American Masses and Minorities*: Their Images and Realities. Seminar on the Acquisition of Latin American Library Materials, 30, p.288-304, 1987.

HOWES, R. Literature of the Contemporary Brazilian Gay Community: A Review. *Modernity and Tradition*: The New Latin American and Caribbean Literature, 1956-1994. Seminar on the Acquisition of Latin American Library Materials, p.126-38, 1996.

_____. Raising the Flag: The Early Years of the Lesbian, Gay, Bisexual, and Trans Press in Brazil, 1963-1981. *Studies in Latin American Popular Culture*, Vol. 33, 2015, p.179-98.

_____. Market Conditions: the Brazilian LGBT+ Press in the 1990s and 2000s – *SuiGeneris and G Magazine*. *Brasiliana: Journal for Brazilian Studies*, 9, n. 1, 2020, p. 332-56.

Bibliografia

HUDSON, R., DAVIDSON, S. *Rock Hudson*: His Story. New Work: William Morrow and Company, 1986.

HUMPHREY, L. *Tearoom Trade*: Impersonal Sex in Public Places. Chicago: Aldine Publishing Company, 1970.

Internacional baile das bonecas. *Última Hora*, Rio de Janeiro, 4 fev. 1966, p.7.

IRAJÁ, H. de. *Psicoses do amor*: estudo sobre as alterações do instinto sexual. 6.ed. Rio de Janeiro: Freitas Bastos, 1935.

_____. *Adeus! Lapa*. Rio de Janeiro: Gráfica Record Editora, 1967.

IRINEU, B. A. 10 Anos do Programa Brasil sem Homofobia: notas críticas. *Temporalis*. Brasília, DF, 14, n. 28, p. 193-220. Jul./dez. 2014, p.199.

Ipanema cria Banda Carmen Miranda. *O Globo*, Rio de Janeiro, 15 dez. 1984, p.12.

Ipanema: os alegres rapazes da Banda. *Manchete (Rio de Janeiro)*, n.1.508, p.50-4, 14 mar. 1981.

JAGUAR. Noite deslumbrante no Carlos Gomes. *O Pasquim*, Rio de Janeiro, 17 set. 1974, v.6, n.272, p.6-7.

_____. Miss Boneca Pop 75. *O Pasquim*, Rio de Janeiro, 1º ago. 1975, v.7, n.318, p.116-7.

JAIME, J. *Homossexualismo masculino*. Rio de Janeiro: Editora "O Constructor", 1953.

_____. *Monstro que chora*. Rio de Janeiro: Livraria Império, 1957.

(A) jaula da bicha está aberta. *Bagaço (Rio de Janeiro)*, 1976.

JÁUREGUI, C. *La homosexualidad en la Argentina*. Buenos Aires: Tarso, 1987.

JESUS, J. G. de. O protesto na festa: política e carnavalização nas paradas do orgulho de lésbicas, gays, bissexuais, travestis e transexuais (LGBT). Brasília, 2010. Tese (doutorado) – Psicologia Social, do Trabalho e das Organizações, Universidade de Brasília.

JESUS, J. G. de. Alegria momentânea: paradas do orgulho de lésbicas, gays, bissexuais, travestis e transexuais. Gerais: *Revista Interinstitucional de Psicologia*, 6, n. 1, jan.-jun. 2013, p.54-70.

JOÃO ANTÔNIO. *Ô Copacabana!* Rio de Janeiro: Civilização brasileira, 1978.

JOHNSON, P. T. Academic Press Censorship Under Military and Civilian Regimes: The Argentine and Brazilian Cases, 1964-1975. *Luso-Brazilian Review*, v.15, n.1, p.3-25, Summer 1978.

JOTA EFEGÊ [João Ferreira Gomes]. *Figuras e coisas do carnaval carioca*. Rio de Janeiro: Funarte, 1982.

Juiz autoriza registro do "Grupo Gay" da Bahia. *O Globo*, 1 fev. 1983, p.6.

JURTH, M. L'homophilie au Brésil. *Arcadie*, v.83, p.654-65, nov. 1960.

KALIL, G. *Loura, provocante, sensual*: Astolfo Barroso Pinto, ou melhor... Rogéria. *Nova (Rio de Janeiro)*, v.13, p.72-5, out. 1974.

KAPLAN, S. A "explosão gay" na festa carioca atrai mais turistas. *O Globo*, Rio de Janeiro, 1º mar. 1984, p.4.

KATZ, J. N. *Gay American History*: Lesbian and Gay Men in the U.S.A. A Documentary History. Rev. ed. New York: Meridan, 1992.

KECK, M. Update on the Brazilian Labor Movement. *Latin American Perspectives*, v.11, p.27-36, Winter 1984.

KECK, M. E. The Workers' *Party and Democratization in Brazil*. New Haven: Yale University Press, 1992.

KENNEDY, H. Karl Heinrich Ulrichs: The First Theorist of Homosexuality. In: ROSARIO, V. A. (Ed.) *Science and Homosexualities*. New York: Routledge, 1997. p.26-45

KLABIN, A. A. L. *Aspectos jurídicos do transexualismo*. São Paulo: Faculdade de Direito da Universidade de São Paulo, 1977.

KLIXTO [Pseudônimo]. "Caricatura". *O Malho (Rio de Janeiro)*, v.2, n.20, p.14, 28 mar. 1903.

KOSINSKI, C. J. Homossexual: onde está a diferença. *IstoÉ (São Paulo)*, p.114-7, out. 1976.

KOVARICK, L., ANT, C. One Hundred Years of Overcrowding: Slum Tenements in the City. In: KOWARICK, L. *Social Struggles and the City*: The Case of São Paulo. New York: Monthly Review Press, 1994. p.60-76.

KUCINSKI, B. *Abertura, a história de uma crise*. São Paulo: Brasil Debates, 1982.

KUCINSKI, B. *Jornalistas e revolucionários nos tempos da imprensa alternativa*. São Paulo: Página Aberta, 1991.

KULICK, D. Travesti: Sex, Gender, and Culture among Brazilian Transgendered Prostitutes. Chicago: The University of Chicago Press, 1998.

KUSHNIR, B. *Baile de máscaras: mulheres judias e prostituição*: as polacas e suas associações de ajuda mútua. Rio de Janeiro: Imago, 1997.

LA CAZ, C. da S. *Vultos da medicina brasileira*. Academia Nacional de Medicina. São Paulo: Aliança Gráfica Industrial, 1977. v.IV.

LAMENHA, S. Gay Power. *Já (Rio de Janeiro)*, n.7, 27 jul. 1971, p.8.

LANCASTER, R. N. *Life is Hard*: Machismo, Danger and Intimacy of Power in Nicaragua. Berkeley: University of California Press, 1992.

LANDES, R. *The City of Women*. Albuquerque: University of New Mexico Press, 1994.

_____. A cult matriarchate and male homosexuality. *Journal of Abnormal and Social Psychology*, v.34, p.386-97, 1940.

LAURINDO-TEODORESCU, L., TEIXEIRA, P. R. *Histórias da aids no Brasil, 1983-2003. Vol. II. A sociedade civil se organiza pela luta contra a aids*. Brasília: Ministério da Saúde, Secretaria de Vigilância em Saúde, Departamento de DST, Aids e Hepatites Virais, 2015, p.22.

LEAL, F. *Um homem gasto*: episódio da história social do XIX século. Estudo naturalista por L.L. 2.ed. Rio de Janeiro: Matheus, Costa, 1885.

LEINER, M. L. *Sexual Politics in Cuba*: Machismo, Homosexuality, and AIDS. Boulder: West View Press, 1994.

LEITE, F. *Flagrantes da "Cidade maravilhosa"*. Rio de Janeiro: José Olympio, 1939.

LEITE, R. M. *Acasos, casos e ocasos*: o relacionamento homossexual masculino e a ideologia sexual dominante. Fortaleza, 1986. Dissertação (Mestrado) – Universidade Federal do Ceará.

LEMBRUGER, M. J. *Cemitério dos vivos*. Rio de Janeiro, 1979. Dissertação (Mestrado) – Museu Nacional da Universidade Federal do Rio de Janeiro.

LENHARO, A. *Sacralização da política*. Campinas: Papirus, 1986.

LENHARO, A. *Cantores do rádio*: a trajetória de Nora Ney e Jorge Goulart e o meio artístico de seu tempo. Campinas, São Paulo: Editora da Unicamp, 1995.

Lennie – Pó de guaraná, ginseng, drugs, sex and rock & roll! *O Pasquim*, Rio de Janeiro, 16 abr. 1981, v.616, p.8-10.

Lennie Dale confessa, sob protestos gerais. *Lampião da Esquina*, Rio de Janeiro, 25 jun. 1978, v.1, n.2, p.6-7.

LESSER, J. *O Brasil e a questão judaica da imigração*: diplomacia e preconceito. Rio de Janeiro: Imago, 1995.

Levantamento: Brasil teve ao menos 297 paradas LGBT em 2019. 5 mar. 2020, Agência de Notícias da AIDS. Disponível em: https://agenciaaids.com.br/noticia/levantamento-brasil-teve-ao-menos-297-paradas-lgbt-em-2019/

LEVER, J. *Soccer Madness*. Chicago: University of Chicago Press, 1983.

LEYLAND, W. (Ed.) *Now the Volcano*: An Anthology of Latin American Gay Literature. San Francisco: Gay Sunshine Press, 1979.

_____. (Ed.) *My Deep Dark Pain is Love*: A Collection of Latin American Gay Fiction. Trad. E. A. Lacey. San Francisco: Gay Sunshine Press, 1983.

LGBT SEM TERRA: O AMOR FAZ REVOLUÇÃO (filme). 2020.

LIGIÉRO, Z. *Carmen Miranda*: An Afro-Brazilian Paradox. New York, 1998. Dissertação (Ph.D) – New York University.

LIMA, D. M. de. *Comportamento sexual do brasileiro*. Rio de Janeiro: Francisco Alves, 1976.

_____. *Os homoeróticos*. Rio de Janeiro: Francisco Alves, 1983.

LIMA, E. de. *A inversão dos sexos*. Rio de Janeiro: Guanabara, 1935.

LIMA, E. F. W. *Arquitetura do espetáculo*: teatros e cinemas na formação do espaço público das praças Tiradentes e Cinelândia. Rio de Janeiro 1813-1950. Rio de Janeiro, 1997. Tese (Doutorado) – Universidade Federal do Rio de Janeiro.

LIMA, H. *História da caricatura no Brasil*. Rio de Janeiro: José Olympio, 1963. v.3.

LIMA, L. A. C. *Cazuza: lenda e legenda dos anos 80*. Londrina: Editora UEL, 1997.

LIMA, M. A. A. Em busca da normalidade: Sui Generis e estilo de vida gay. *Gênero*, Niterói, v. 2, n. 1, jan./jun. 2001, p.109-128.

LINHARES, M. H. O Carnaval de antigamente (Primeira parte: há quatro séculos nascia o gosto brasileiro pelas folias). *Estado de Minas*, 30 jan. 1986, p.8.

LISPECTOR, C. Clóvis Bornay. *Manchete (Rio de Janeiro)*, n.879, p.48-9, 22 fev. 1969.

LOBERT, R. A palavra mágica Dzi: uma resposta difícil de se perguntar. Campinas, 1979. Tese (Mestrado) – Universidade Estadual de Campinas.

LOCKHART, M. A. Nelson Rodrigues. In: FOSTER, D. W. (Ed.) *Latin American Writers on Gay and Lesbian Themes*: A Bio-Critical Sourcebook. Westport, Connecticut: Greenwood Press, 1994. p.370-74.

_____. Walmir Ayala. In: FOSTER, D. W. (Ed.) *Latin American Writers on Gay and Lesbian Themes*: A Bio-Critical Sourcebook. Westport, Connecticut: Greenwood Press, 1994. p.46-8.

LORAND, J. M. Homens montados: homossexualidade e simbolismo da possessão nas religiões afro-brasileiras. In: REIS, J. J. *Escravidão e invenção da liberdade*. São Paulo: Brasiliense, 1988. p.215-31.

LUIZETTO, F. V. *Os constituintes em face da imigração*. São Paulo, 1975. Dissertação (Mestrado) – Universidade de São Paulo.

Lula participa de *live* com Jean Wyllys. Disponível em: <https://www.youtube.com/watch?v=23wf3NWctvI>.

LUMSDEN, I. *Homosexuality*: Society and the State in Mexico. Toronto: Canadian Gay Archives, 1991.

Bibliografia

_____. *Machos, Maricones and Gays*: Cuba and Homosexuality. Philadelphia: Temple University Press, 1996.

LUTZ, G. A. Autoacusação, homossexualismo e transvestismo: contribuição à prática da criminologia psicanalítica. Rio de Janeiro, 1939. Tese – Escola Nacional de Medicina, Universidade do Brazil.

MACAULAY, N. *Dom Pedro*: The Struggle for Liberty in Brazil and Portugal, 1798-1834. Durham: Duke University Press, 1986.

MACEDO, J. M. de. *Memórias da rua do Ouvidor*. Brasília: Editora da UnB, 1988.

MACHADO, E. Madame Satã para o *Pasquim* "Enquanto eu viver, a Lapa viverá". *O Pasquim*, Rio de Janeiro, 30 abr. 1976, v.7, n.357, p.6-11.

MACHADO, L. C. *Descansa em paz, Oscar Wilde*. Rio de Janeiro: Codecri, 1982.

MacRAE, E. Os respeitáveis militantes e as bichas loucas. In: *Caminhos Cruzados*: linguagem, antropologia e ciências naturais. São Paulo: Brasiliense, 1982. p.99-111

_____. Gueto. *Novos Estudos Cebrap (São Paulo)*, v.2, n.1, p.53-60, abr. 1983.

_____. A homossexualidade. In: *Macho, masculino, homem*. Porto Alegre: L&PM, 1986. p.64-71

_____. *A construção da igualdade*: identidade sexual e política no Brasil da "abertura". Campinas: Editora da Unicamp, 1990. 2.ed.: Salvador: EDUFBA, 2018.

_____. Homosexual Identities in Transitional Brazilian Politics. In: ESCOBAR, A., ALVAREZ, S. E. (Ed.) *The Making of Social Movements in Latin America*: Identity, Strategy and Democracy. Boulder: Westview Press, 1992. p.185-203.

MacRAE, E. Em defesa do gueto. In: *Homossexualismo em São Paulo e outros escritos*. São Paulo: Editora Unesp, 2005, p. 291-308.

MAGALHÃES JÚNIOR, R. *Olavo Bilac e sua época*. Rio de Janeiro: Companhia Editora Americana, 1974.

_____. *A vida vertiginosa de João do Rio*. Rio de Janeiro: Civilização Brasileira, 1978.

MAIA, C. *Sol quadrado (Da vida de um ex-presidiário)*. Rio de Janeiro: Irmãos Pongetti, 1962.

MAIA, C. E. S. Go West, In the Open Air: Parada do Orgulho LGBT Goianiense: da repressão à turistificação. *Revista Latino-americana de Geografia e Gênero*. Ponta Grossa, 6, n. 1, jan.-jul. 2015, p.200-221.

MAINWARING, S. *The Catholic Church and Politics in Brazil, 1916-1985.* Stanford: Stanford University Press, 1986.

MAIOR JÚNIOR, P. R. S. Assumir-se ou não assumir-se? *O Lampião da Esquina* e as homossexualidades no Brasil (1978-81). Recife, 201. Dissertação (mestrado) – História, Universidade Federal de Pernambuco, 2015.

Mais 28 travestis detidos pelo Deic. *Notícias Populares*, São Paulo, 8 out. 1977.

(A) Maison Moderne. *O Malho (Rio de Janeiro)*, v.3, n.95, p.10, 9 jul. 1904.

MALUCO, C. [pseudônimo]. *O menino do Gouveia.* Contos Rápidos n.6. Editora Cupido & Comp: Ilha de Vênus [1914].

MANTA, I. de L. N. *A arte e a neurose de João do Rio.* Rio de Janeiro: Francisco Alvarez, 1977.

MANTEGA, G. (Ed.) *Sexo e poder.* São Paulo: Brasiliense, 1979.

MARAM, S. Juscelino Kubitschek and the Politics of Exuberance, 1956-1961. *Luso-Brazilian Review*, v.27, n.1, p.31-45, Summer 1990.

MARAÑÓN, G. Una clasificación de los homosexuales desde el punto de vista médico-legal. *Arquivos de Medicina Legal e de Identificação*, v.7, n.15, p.90-100, jan. 1937.

_____. Prefácio. In: RIBEIRO, L. *Homossexualismo e endocrinologia.* Rio de Janeiro: Livraria Francisco Alves Editora, 1938.

Marcha de homossexuais dá briga. *O Globo*, Rio de Janeiro, 31 ago. 1970.

MARCONI, P. *A censura política na imprensa brasileira (1968-1978).* São Paulo: Global, 1980.

MARINHO, I. Turistas LGBTs são 30% da receita do carnaval do Rio, diz Prefeitura. *G1*, Rio de Janeiro, 2 abr. 2014.

MARONE, S. Considerações em torno de uma nova classificação de missexuais. *Arquivos da Polícia Civil de São Paulo*, v.10, p.103-36, dez. 1945.

_____. *Missexualidade e arte.* São Paulo: s. n., 1947.

MARSIAJ, J. P. P. Social Movements and Political Parties: Gays, Lesbians, and Travestis and the Struggle for Inclusion in Brazil. *Canadian Journal of Latin American and Caribbean Studies* 31, n. 62, 2006, p.167-96.

MARSIAJ, J. P. P. Unpacking Social Movements' Democratizing Impact: The Case of the Lesbian, Gay, Bisexual, and Travesti Movement in Brazil. Toronto, 2017. Tese (doutorado) – Ciências Políticas, Universidade de Toronto.

MARTINHO, M. Brazil. In ROSENBLOOM, R. (Ed.) *Unspoken Rules*: Sexual Orientation and Women's Human Rights. San Francisco: International Gay and Lesbian Human Rights Commission, 1995. p.18-22.

MARTINS, L. *Noturno da Lapa.* Rio de Janeiro: Editora Brasileira, 1964.

MARTINS, S., SRUR, J. A passarela dos caubóis. *Última Hora*, Rio de Janeiro, 7 nov. 1970, p.5.

MARTINS FILHO, J. R. *Movimento estudantil e ditadura militar: 1964-1968*. Campinas: Papirus, 1987.

MASCARENHAS, J. A. de S. *A tríplice conexão*: machismo, conservadorismo político e falso moralismo. Rio de Janeiro: 2AB Editora, 1997.

MASCARENHAS, J. A. Os dois lados do Beijo: o do Candidato a Deputado Estadual e o do Amigo Herbert Daniel a João Antônio Mascrenhas. *OKzinho*, Rio de Janeiro, 3, n. 5, 3 jun. 1986, p.1-2.

MASCARENHAS, J. A. Quantificação do Machismo no Legislativo Federal. Rio de Janeiro, não publicado, 1994.

Matadores do vereador Renildo podem ser presos a qualquer momento. *Éassim*, 9 nov. 2015. Disponível em: https://eassim.net/depois-de-22-anos-juiz-manda-prende-matadores-do-vereador-renildo-jose/ Acesso em 22 maio 2020.

MATORY, L. J. Homens montados: homossexualidade e simbolismo da possessão nas religiões afro-brasileiras. In: REIS, J. J. (Ed.) *Escravidão e invenção da liberdade*. São Paulo: Brasiliense, 1988. p.215-31.

MATOS, M. I. S. de. *Dolores Duran*: experiências boêmias em Copacabana nos anos 50. Rio de Janeiro: Bertrand Brasil, 1997.

MATTOS, R. B. de, RIBEIRO, M. A. C. Territórios da prostituição nos espaços públicos da área central do Rio de Janeiro. Rio de Janeiro, 1994. (Mimeogr.).

MAUNDER, V., MOTT, L., ASSUNÇÃO, A. Homossexuais e o 1º de maio. *Em Tempo*, 14-27 maio 1980, p.14.

MAURÍCIO, A. *Algo do meu velho Rio*. Rio de Janeiro: Brasiliana, 1966.

McCANN, B. D. Thin Air and the Solid State: Radio, Culture and Politics in Brazil, 1930-1955. Yale, 1999. Dissertation (Ph.D) – Yale University.

McDONALD, D. Peripheral Citizenship: The Popular Politics of Rights, Welfare, and Health in São Paulo, 1964-1990. Providence, 2020. Tese (Doutorado) – Brown University.

MEADE, T. A. *"Civilizing" Rio*: Reform and Resistance in a Brazilian City, 1889-1930. University Park, Pennsylvania: Pennsylvania State University Press, 1997.

MEIRELLES, N. F. CNBB recomenda que homossexuais casem ou mantenham abstinência. *Jornal do Brasil*, Rio de Janeiro, 31 out. 1986, p.1.

MELLO E SOUZA, A. C. de. The Brazilian Family. In: SMITH, T. L. (Ed.) *Brazil*: Portrait of Half a Continent, New York: Dryden Press, 1951. p.291-312.

MELO FILHO, M. O governo garante um clima de tranquilidade e trabalho: o mundo em guerra; o Brasil em paz. *Manchete (Rio de Janeiro)*, n.1.035, p.20-1, 19 fev. 1972.

MELO, J. V. de. Sua hora e a sua vez. *Em Tempo*, 17-30 abr. 1980, p.1.

MELO, J. V. de. Sua hora e sua vez, *Em Tempo*, 17-30 abr. 1980, p.18.

MENEZES, L. M. de. *Os estrangeiros e o comércio do prazer nas ruas do Rio (1890-1930)*. Rio de Janeiro: Arquivo Nacional, 1992.

Mesa Redonda: Somos-Grupo de Afirmação Homossexual: 24 anos depois. In: GREEN, J. N., MALUF, S. (orgs.) *Homossexualidade: sociedade, movimento e lutas*. Edição especial de Cadernos Edgard Leuenroth, 18/19 (2003) [49-73] 62. Campinas: UNICAMP.

MEYER, R. Rock Hudson's Body. In: FUSS, D. (Ed.) *Inside/Out*: Lesbian Theories, Gay Theories. New York: Routledge, 1991. p.259-88.

MICELI, S. *Intelectuais e classe dirigente no Brasil (1920-1945)*. São Paulo: Difel, 1979.

MÍCCOLIS, L. Snob, La Femme... os bons tempos da imprensa gay. *Lampião da Esquina*, Rio de Janeiro, v.3, n.28, set. 1980, p.6-7.

MÍCCOLIS, L., DANIEL, H. *Jacarés e lobisomens*: dois ensaios sobre a homossexualidade. Rio de Janeiro: Achiamé, 1983.

Mineiro quer Dener fora da TV. *Jornal do Brasil*, Rio de Janeiro, 19 abr. 1972, p.26.

MISKOLCI, R. Pânicos morais e controle social: reflexões sobre o casamento gay. *Cadernos Pagu*, 28, 2007, p.101-128.

MISSE, M. *O estigma do passivo sexual*: um símbolo de estigma no discurso cotidiano. Rio de Janeiro: Achiamé, 1979.

MOISES, J. A. What is the strategy of the "New Syndicalism"? *Latin American Perspectives*, v.9, p.55-73, Fall 1982.

MONCAU JUNIOR, P. Pesquisas endocrinológicas em criminosos. *Arquivos de Polícia e Identificação*, v.2, p.92-101, 1938-1939.

MONTEIRO, W., MOTT, L., ASSUNÇÃO, A. Cheguei: sou gay. *Em Tempo*, 14-27 maio 1981, p.14.

MORAES, E. *História do carnaval carioca*. Nova edição revista e ampliada por Haroldo Costa. Rio de Janeiro: Record, 1987.

MORENO, A. do N. A personagem homossexual no cinema brasileiro. Campinas, 1995. Dissertação (Mestrado) – Universidade Estadual de Campinas.

MOTT, L. R. B. Relações raciais entre homossexuais no Brasil colonial. *Revista Brasileira de História*, v.10, p.89-102, 1985.

Bibliografia

_____. Escravidão e homossexualidade. In: VAINFAS, R. (Ed.) *História e sexualidade no Brasil*. Rio de Janeiro: Graal, 1986. p.19-40.

_____. *O lesbianismo no Brasil*. Porto Alegre: Mercado Aberto, 1987.

_____. Pagode português: a subcultura gay em Portugal nos tempos inquisitioriais. *Revista Ciência e Cultura*, v.40, n.20, p.120-39, 1988.

_____. *O sexo proibido*: virgens, gays e escravos nas garras da Inquisição. Campinas: Papirus, 1989.

_____. Os veados são viados. *Nós Por Exemplo (Rio de Janeiro)*, v.3, n.16, p.13, set.-out. 1994.

_____. The Gay Movement and Human Rights in Brazil. In: MURRAY, S. O. (Ed.) *Latin American Male Homosexualities*. Albuquerque: University of New Mexico Press, 1995. p.221-30.

_____. *Epidemic of Hate*: Violations of the Human Rights of Gay Men, Lesbians and Transvestites in Brazil. San Francisco: Grupo Gay da Bahia/International Gay and Lesbian Human Rights Commission, 1996.

_____. *Homofobia*: a violação dos direitos humanos de gays, lésbicas & travestis. Salvador: Comissão Internacional de Direitos Humanos de Gays e Lésbicas/ Grupo Gay da Bahia, 1997.

_____. *Violação dos direitos humanos e assassinato de homossexuais no Brasil – 1999*. Salvador: Editora Grupo Gay da Bahia, 1999. p.11

MOTT, L. R. B. *Carnaval: da Redentora à Praça do Apocalipse*. Rio de Janeiro: Jorge Zahar, 1986.

MOURA, R. M. O canto do eterno feminino. *O Pasquim*, Rio de Janeiro, n.243, 26 fev. 1974, p.19.

_____. *Tia Ciata e a Pequena África no Rio de Janeiro*. Rio de Janeiro: Prefeitura da Cidade do Rio de Janeiro, Secretaria Municipal de Cultura, Departamento Geral de Documentação e Informação Cultural, Divisão de Editoração, 1995.

MOTT, L. Foto-reportagem sobre o Grupo Gay da Bahia (GGB). In: CAETANO, M., RODRIGUES, A., NASCIMENTO, C., GOULART, T. E. (orgs.). *Quando Ousamos Existir: Itinerários fotobiográficos do movimento LGBTI Brasileiro* (1978-2018), 25, p.22-26.

(A) mulher brasileira, hoje. *Realidade (Rio de Janeiro)*, v.1, n.10, p.20-9, jan. 1967.

MÜLLER, N. L. A área central da cidade. In: AZEVEDO, A. de. (Ed.) *A cidade de São Paulo*: estudos de geografia urbana. *Aspectos da metrópole paulista*, v.3. São Paulo: Companhia Editora Nacional, 1958. p.121-82.

(O) mundo gay rasga as fantasias. *Veja (São Paulo)*, p.52-3, 12 maio 1993.

MUNERATO, E., CAMPELLO, M. Convite aos homossexuais. *IstoÉ (São Paulo)*, p.60-1, 21 set. 1977.

MURRAY, S. O. (Ed.) *Latin American Male Homosexualities*. Albuquerque: University of New Mexico Press, 1995.

_____. Machismo, Male Homosexuality, and Latin Culture. In: MURRAY, S. O. (Ed.) Latin American Male Homosexualities. Albuquerque: University of New Mexico Press, 1995, p.49-70.

Na festa baiana da SPBC, uma ameaça aos homossexuais. *Folha de S.Paulo*, 10 jul. 1981.

NACHMAN, R. G. Positivism, Modernization, and the Middle Class in Brazil. *Hispanic American Historical Review*, v.57, p.1-23, 1977.

NATIVIDADE, M. Sexualidade ameaçadores: religião e homofobia(s) em discursos evangélicos conservadores. *Sexualidade, Salud y Sociedad: Revista Latinoamericano* n. 2, 2009, p.121-61.

NEGROMONTE, A. (Padre) *A educação sexual* (para pais e educadores). Rio de Janeiro: Livraria José Olympio, 1953.

NEEDELL, J. D. *A Tropical Belle Époque*: Elite Culture and Society in Turn-of-the-Century Rio de Janeiro. Cambridge: Cambridge University Press, 1987.

_____. The *Revolta Contra Vacina* of 1904: The Revolt Against "Modernization" in Belle-Époque Rio de Janeiro. *Hispanic American Historical Review*, v.67, n.2, p.233-69, maio 1987.

NEEDELL, J. D. *Belle époque tropical*: sociedade e cultura de elite no Rio de Janeiro. São Paulo: Companhia das Letras, 1993.

_____. Identity, Race, Gender, and Modernity in the Origins of Gilberto Freyre's *Ouvre*. *American Historical Review*, v.100, n.1, p.51-77, fev. 1995.

NEWLANDS, L. Elvira Pagã, a primeira rainha do Carnaval. *Jornal do Brasil*, Rio de Janeiro, 15 jan. 1984, p.4.

Ney Matogrosso fala sem make-up. *Interview (São Paulo)*, n.5, p.5-7, maio 1978.

NINA, M. D. Jorge Guinle e o Copa: entrevista a Marcelo Della Nina. In: COUTINHO, W. (Ed.) *Copacabana cidade eterna*. 100 anos de um mito. Rio de Janeiro: Relume Dumará, 1992. p.39-44.

NOBLAT, R. *Playboy* entrevista Gilberto Freyre. *Playboy (Rio de Janeiro)*, n.5, p.27-37, mar. 1980.

NÓBREGA, R. Tudo começou com "seu" Paschoal. *Lampião da Esquina*, Rio de Janeiro, maio 1981, v.3, n.36, p.15.

Bibliografia

NÓBREGA, V. A explosão do homossexualismo. *Nova (São Paulo)*, p.84-7, ago. 1977.

Um novo poder nas ruas da Califórnia. *Jornal da Tarde*, São Paulo, 4 dez. 1969.

NUNES, V. F. *As perversões em medicina legal*. Tese inaugural da Faculdade de Direito de São Paulo. São Paulo: Irmãos Ferraz, 1928.

OKITA, H. *Homossexualismo*: da opressão à libertação. São Paulo: Proposta, 1981. 2.ed.: São Paulo: Sundermann, 2015.

OLIVEIRA, L. S. de. *Masculinidade, feminilidade, androginia*. Rio de Janeiro: Achiamé, 1983.

OLIVEIRA, L. L., VELLOSO, M. P., GOMES, A. M. de C. *Estado Novo*: ideologia e poder. Rio de Janeiro: Zahar, 1982.

OLIVEIRA JÚNIOR, I. B. de, MAIO, E. R. "Não vai ser permitido a nenhum órgão do governo fazer propaganda de opções sexuais": o discurso inaugural no "desagendamento" do Kit Gay do MEC. *Revista e- Curriculum*. São Paulo, 15, n. 1, jan.-mar. 2017, p.125-52.

OLIVERIA, N. M. *As monas da Casa Amarela*: os travestis no espelho da mulher. Salvador, 1986. Dissertação (Mestrado) – Universidade Federal da Bahia.

Ontem, no distrito da Gávea: quatorze presos rebentaram a grade e tentaram fugir. *Última Hora*, Rio de Janeiro, 9 fev. 1953, p.5.

OPENHEIMER, J., VITEK, J. *Idol*: Rock Hudson, The True Story of an American Film Hero. New York: Villard, 1986.

ORAZIL, A. *Rio de Janeiro and Environs, Travelers's Guide*. Rio de Janeiro: Guias do Brasil, 1939.

OTTONI, P. R. A prostituição masculina homossexual e o "Travesti". Campinas, 1981. (Mimeogr.).

OUTRA COISA – Ação Homossexualista. *O bandeirante destemido*: um guia gay de São Paulo. São Paulo, 1981.

Outro rancho: "O quem são eles". *Jornal do Brasil*, Rio de Janeiro, 4 mar. 1938, p.13.

PACHECO E SILVA, A. C. *Direito à saúde*: documentos de atividade parlamentar. Brazil: s. n., 1934.

_____. *Psiquiatria clínica e forense*. São Paulo: Companhia Editora Nacional, 1940.

PACHECO E SILVA, A. C., MATTOS, O. de. Um interessante caso de homossexualismo feminino. *Arquivos da Sociedade de Medicina Legal e Criminologia de São Paulo*, v.10, p.69-81, 1939.

PACHECO E SILVA, A. C., SILVA, P. A. da, SILVA JUNIOR, J. de A. A insulinoterapia nas formas delirantes da paralisia geral. *Arquivos da Assistência Geral a Psicopatas do Estado de São Paulo*, v.2, n.2, p.461-6, 1937.

PACHECO E SILVA FILHO, A. C. *As origens psicológicas da homossexualidade masculina*. São Paulo, 1971. Tese (Doutorado) – Faculdade de Medicina da Universidade de São Paulo.

PAEZZO, S. *Memórias de Madame Satã*: conforme narração a Sylvan Paezzo. Rio de Janeiro: Lidador, 1972.

PAGE, J. A. *The Brazilians*. Reading. Massachusetts: Addison-Wesley, 1995.

PAIVA, S. C. de. *Viva o rebolado!*: vida e morte do teatro de revista brasileiro. Rio de Janeiro: Nova Fronteira, 1991.

PAMPLONA, M. A. *Riots, Republicanism, and Citizenship*: New York City and Rio de Janeiro City during the Consolidation of the Republication Order. New York: Garland, 1996.

Pancadaria, enxutos e pouca gente animada no "Baile dos Artistas". *Última Hora*, Rio de Janeiro, 3 fev. 1964, p.7.

Para 74%, homossexualidade deve ser aceita pela sociedade, mostra Datafolha. *Folha de S.Paulo*, São Paulo, 27 out. 2018.

PARKER, R. *Bodies, Pleasures and Passions*: Sexual Culture in Contemporary Brazil. Boston: Beacon Press, 1991.

PARKER, R. *Corpos, prazeres e paixões*: cultura sexual no Brasil contemporâneo. Trad. Maria Therezinha M. Cavallari. São Paulo: Best Seller, 1992.

_____. After AIDS: Changes in (Homo)sexual Behaviour. In: DANIEL, H., PARKER, R. (Ed.) *Sexuality, Politics and AIDS in Brazil*. London: Falmer Press, 1993. p.97-114

_____. *A construção da solidariedade*: AIDS, sexualidade e política no Brasil. Rio de Janeiro: Relume Dumará, ABIA, IMS, UERJ, 1994.

_____. Changing Brazilian Constructions of Homosexuality. In: MURRAY, S. O. (Ed.) *Latin American Male Homosexualities*. Albuquerque: University of New Mexico, 1995. p.241-55.

PARKER, R., TERTO JR., V. (orgs.) *Solidariedade: ABIA na Virada do Milênio*. Rio de Janeiro: ABIA, 2001.

PEDROSA, M. Copacabana – cidade independente e seminua. *Manchete (Rio de Janeiro)*, n.42, p.46-77, fev.1953.

PEIXOTO, A. Missexualismo. *Arquivos de Medicina Legal e Identificação*, v.3, n.6, p.67-73, fev.1933.

_____. *Sexologia Forense*. Rio de Janeiro: Guanabara, 1934.

Bibliografia

PELEGRIN DE OLIVEIRA, N. O Carnaval começou com um rei para acabar na rua. *Folha de S.Paulo*, São Paulo, 23 fev. 1979, p.39.

PELLEGRINI, T. *Gavetas vazias*: ficção e política nos anos 70. São Carlos, São Paulo: Mercado de Letras, 1996.

PENNA, L. de A. *Uma história da República*. Rio de Janeiro: Nova Fronteira, 1989.

PENTEADO, D. *A meta*. São Paulo: Símbolo, 1976.

PENTEADO, D. O homossexualismo não é uma doença e nem mesmo um crime. *Movimento*, 21-27 jul. 1980.

PEREIRA, A. *Sexo e prostituição*. Rio de Janeiro: Record, 1967.

PEREIRA, C. A. M. Desvio e/ou reprodução: o estudo de um "caso". In: *Testemunha ocular*: textos de antropologia social do cotidiano. São Paulo: Brasiliense, 1984. p.107-33

_____. O direito de curar: homossexualidade e medicina legal no Brasil dos anos 30. In: HERSCHMANN, M. M., PEREIRA, C. A. M. (Ed.) *A invenção do Brasil moderno*: medicina, educação e engenharia nos anos 20-30. Rio de Janeiro: Rocco, 1994. p.88-129

PEREIRA, C. S. *Um gênero alegre*: imprensa e pornografia no Rio de Janeiro, 1898-1916. Campinas, 1997. Dissertação (Mestrado) – Universidade Estadual de Campinas.

PEREIRA, R. C. *O desperdício do sêmen*: um estudo do erotismo entre rapazes. Salvador, 1988. Dissertação (Mestrado) – Universidade Federal da Bahia.

PERLONGHER, N. *O negócio do michê*: prostituição viril em São Paulo. São Paulo: Brasilense, 1987.

PERRONE, F. *Relato de guerra*: Praga, São Paulo, Paris. São Paulo: Busca Vida, 1988.

PETRONE, P. São Paulo no século XX. In: AZEVEDO, A. de (Ed.) *A cidade de São Paulo*: estudos de geografia urbana. A evolução urbana, v.2. São Paulo: Companhia Editora Nacional, 1958. p.101-65

PIERANGELLI, J. H. (Ed.) *Códigos penais do Brasil*: evolução histórica. Bauru: Jalovi, 1980.

PINTO, R. P. do N. ALVES, J. L. da S. Historiografia e masculinidades gays no Brasil: contribuições teóricas. *Revista Albuquerque* 11, n. 21, jan.-jun. 2019, p.162-83.

PIRES DE ALMEIDA, J. R. *Homossexualismo* (a libertinagem no Rio de Janeiro): estudo sobre as perversões do instinto genital. Rio de Janeiro: Laemmert, 1906.

Polícia acaba com dia do homossexual. *Última Hora*, Rio de Janeiro, 5 jul. 1976, p.6.

POMPÉIA, R. *O Ateneu*. São Paulo: Ática, 1991. (Trechos selecionados reimpressos em LEYLAND, W. (Ed.) *My Deep Dark Pain is Love*: A Collection of Latin American Gay Fiction. Trad. E. A. Lacey. San Francisco: Gay Sunshine Press, 1983. p.343-83).

Polícia diz que Cinelândia à noite seguiu sua vocação. *Jornal do Brasil*, Rio de Janeiro, 3 mar. 1972, p.15.

Pontos de princípio do Grupo Somos. Jun. 1980, mimeogr., arquivo pessoal.

PORTÃO, R. G. Polícia declara guerra aos travestis paulistanos. *Folha da Tarde*, São Paulo, 31 jan. 1977, p.13.

PORTINARI, D. *O discurso da homossexualidade feminina*. São Paulo: Brasiliense, 1989.

PRADO JÚNIOR, B. A biblioteca e os bares na década de 50. *Folha de S.Paulo*, São Paulo, 22 jan. 1988. Folhetim, p.20-1.

PRANDI, R. Homossexualismo: duas teses acadêmicas. *Lampião da Esquina*, Rio de Janeiro, v.1, n.11, abr. 1979. p.17.

PRANDI, R., SANTOS, R. W. dos. Quem tem medo da bancada evangélica? Posições sobre moralidade e política no eleitorado brasileiro, no Congresso Nacional e na Frente Parlamentar Evangélica. *Tempo Social, revista de sociologia da USP*, 29, n. 2, 2017, p.187-214.

PRETI, D. *A linguagem proibida*: um estudo sobre a linguagem erótica. São Paulo: T. A. Queiroz, 1983.

(O) Prostituto. *Veja (São Paulo)*, n.117, p.30, 18 nov. 1970.

Protesto encheu o circo. *A Tarde*. Salvador, 11 jul. 1981.

Psicoses do Amor de Hernâni de Irajá. *Fon-Fon (Rio de Janeiro)*, n.6, p.17, fev.1931.

PUCCINELLI, B., SILVA FILHO, M. R. da, REIS R. P., SOLIVA, T. B. Sobre gerações e trajetórias: uma breve genealogia das pesquisas em Ciências Sociais sobre (homo)sexualidades no Brasil. *Revista Pensata* 4, n. 1, dez. 2014, p.9-45.

Qualquer maneira de amor vale a pena. Rio de Janeiro, mimeogr., 1982, arquivo pessoal.

QUEIROZ, L. G. M. *Transgressores e transviados*: a representação do homossexual nos discursos médicos e literários no final do século XIX (1870-1900). Belo Horizonte, 1992. Dissertação (Mestrado) – Universidade Federal de Minas Gerais.

Bibliografia

QUEIROZ, M. I. P. de. *Carnaval brasileiro*: o vivido e o mito. São Paulo: Brasiliense, 1992.

QUEIROZ, S. R. R. de. *São Paulo*. Madrid: Mapfre, 1992.

QUINALHA, R. H. *Contra a moral e os bons costumes: LGBTs na ditadura.* São Paulo: Companhia das Letras, 2021.

RAGO, M. *Os prazeres da noite*: prostituição e códigos da sexualidade feminina em São Paulo (1890-1930). Rio de Janeiro: Paz e Terra, 1991.

RAMÍREZ, R. L. *Dime capitán*: reflexiones sobre la masculinidad. Río Piedras: Ediciones Huracán, 1993.

RAMOS, S., CARRARA, S. A Constituição da Problemática da Violência contra Homossexuais: a articulação entre ativismo e academia na elaboração e políticas públicas. *PHYSIS: Revista de Saúde Coletiva*, Rio de Janeiro, 16, n. 2, p.185-205.

RASMUSSEN, K. W. *Brazilian Portuguese Words and Phrases for Certain Aspects of Love and Parts of the Body.* Wisconsin, 1971. Dissertation (Ph.D) – University of Wisconsin.

Reclamando nossos direitos, *Jornal Folha de Parreira*, Curitiba, v.3, n.25, maio 1995, p.2.

REIS, J. J. *Escravidão e invenção da liberdade.* São Paulo: Brasiliense, 1988.

REIS, T. Avanços e Desafios para os Direitos Humanos da Comunidade LGBT no Brasil. In: VIEIRA, T. R., *Minorias sexuais: direitos e preconceitos.* Brasília: Consulex, 2012, p.377 [p.370-84].

Relatório Final, VI Encontro Brasileiro de Homossexuais. Rio de Janeiro, 29, 30, 31 maio 1992.

RIBAS, J. C. *Apontamentos de psiquiatria*: curso do Professor A. C. Pacheco e Silva. Faculdade de Medicina da Universidade de São Paulo, 1938. (Mimeogr.).

_____. Oscar Wilde à luz da psiquiatria. *Arquivos da Polícia Civil de São Paulo*, v.16, n.2, p.87-185, 2º sem. 1948.

RIBEIRO, L. Aspectos médico-legais da homossexualidade. *Arquivo de Medicina Legal e Identificação (Rio de Janeiro)*, v.5, 12, 1935a.

_____. El problema medicolegal del homosexualismo. Contribución a su estudio bajo el punto de vista endocrinológico. *Archivos de Medicina Legal (Buenos Aires)*, p.362, 1935b.

_____. Homossexualismo e endocrinologia. *Revista Brasileira (Rio de Janeiro)*, v.5, p.155, 1935c.

_____. O problema medico-legal do homossexualismo sob o ponto de vista endocrinológico. *Revista Jurídica (Rio de Janeiro)*, v.3, p.185, 1935d.

_____. O problema medico-legal do homossexualismo. *Arquivo da Medicina Legal e Identificação (Rio de Janeiro)*, v.5, p.145-60, 1936a.

_____. Aspectos medico-legais da homossexualidade. *Arquivo de Antropologia Criminal (Rio de Janeiro)*, v.56, p.425-36, 1936b.

RIBEIRO, L. Homossexualismo e endocrinologia. *Arquivos da Medicina Legal e Identificação (Rio de Janeiro)*, p.167, 1937.

_____. Omosessualitá ed endocrinologia. *La Giustizia Penale (Roma)*, v.44, n.1, p.527, 758, 1938a.

_____. Etiologia e tratamento da homossexualidade. *Arquivos de Medicina Legal e Identificação (Rio de Janeiro)*, parte 1, p.xcvii-c, 1938b.

_____. Homosexuality: Etiology and Therapy. *Arquivos de Medicina Legal e Identificação (Rio de Janeiro)*, parte 1, p.8-15,1938c.

_____. Homossexualité et glandes endocrines. *Arquivos de Medicina Legal e Identificação (Rio de Janeiro)*, parte 1, p.98, 1938d.

_____. *Homosexualismo e endocrinologia*. Com Prefácio de Gregório Marañón. Rio de Janeiro: Livraria Francisco Alves, 1938e.

_____. *De médico à criminalista*: depoimentos e reminiscências. Rio de Janeiro: Livraria São José, 1967.

RIBEIRO, L. *Memórias de um médico legista*. Rio de Janeiro: Editorial Sul Americana, 1975. v.1

_____. *O novo código penal e a medicina legal*. Rio de Janeiro: Jacintho, 1942.

RIBEIRO, S. *Roteiro de Adolfo Caminha*. Rio de Janeiro: Livraria São José, 1957.

RIBEIRO, S. N. *Crimes passionais e outros temas*. 2.ed. Rio de Janeiro: Itambé, 1975.

RICCI, R. G. Movimentos e mobilizações sociais no Brasil: de 2013 aos dias atuais. *Saúde Debate*, Rio de Janeiro, 42, n. 3, nov. 2018, p.90-107.

RIO, João do [Paulo Barreto]. *A alma encantadora das ruas*. Rio de Janeiro: Secretaria Municipal de Cultura, Departamento Geral de Documentação e Informação Cultural, Divisão de Editoração, 1995.

_____. A fisionomia dos jardins. *Gazeta de Notícias*, Rio de Janeiro, 20 jul. 1907, p.2.

_____. Impotência. *A Cidade do Rio*, Rio de Janeiro, 16 ago. 1899, p.2.

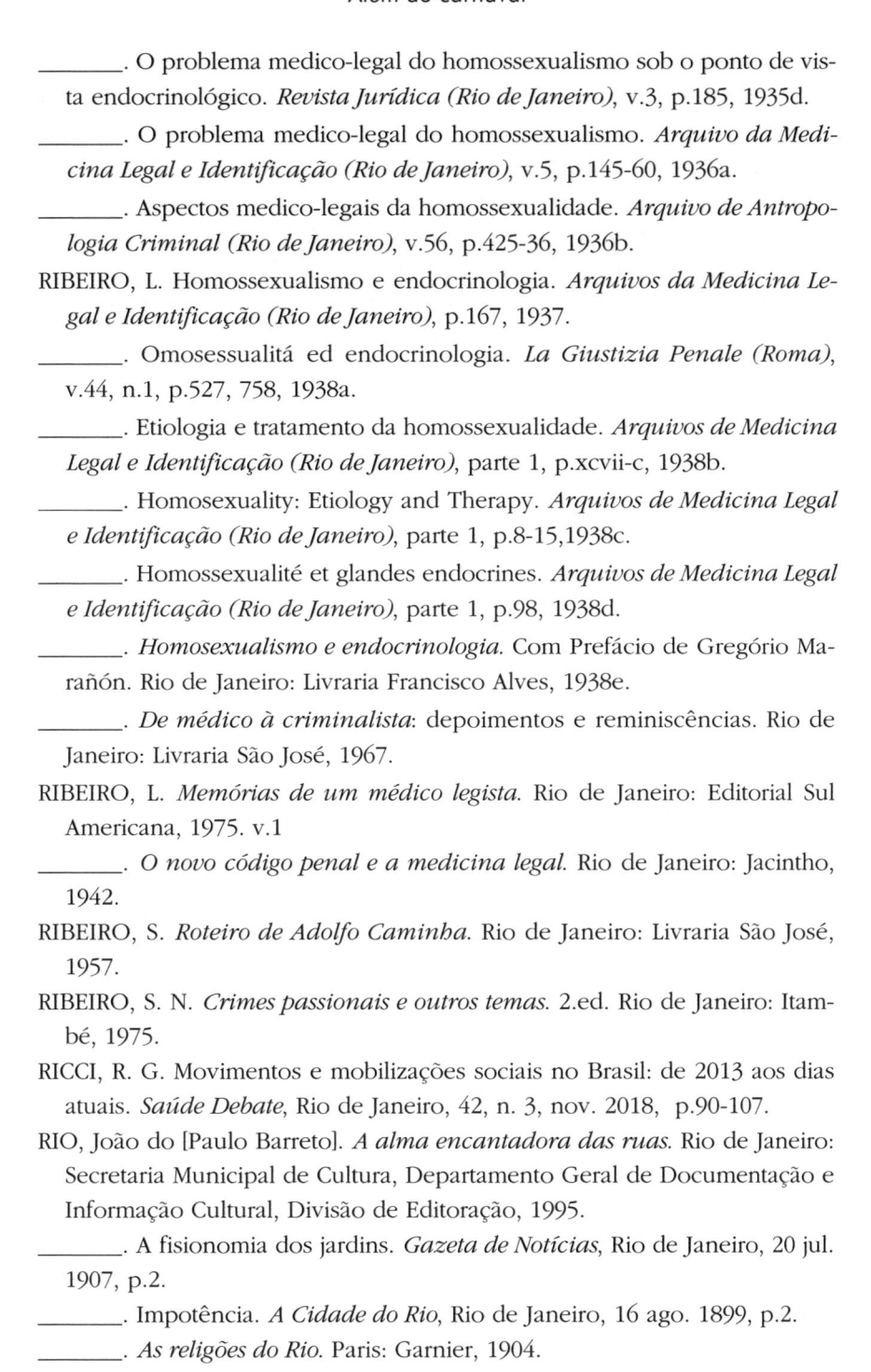

_____. *As religões do Rio*. Paris: Garnier, 1904.

RIOS, L. F. O paradoxo dos prazeres: trabalho, homossexualidade e estilos de ser homem no candomblé queto fluminense, *etnográfia* 16, n. 1, 2012, p.53-74.

ROBERTO, S. Noite dos artistas: 4.000 pessoas brincando. *Manchete (Rio de Janeiro)*, n.44, p.32-6, 21 fev.1953.

MARCO OF RIO (filme). Direção de Pat Rocco. Los Angeles, 1970, color., son., 16mm, v.o. inglês. Bizarre Productions.

ROCHA, O. P. *A era das demolições*: cidade do Rio de Janeiro, 1870-1920. Rio de Janeiro: Prefeitura da Cidade do Rio de Janeiro, Secretaria Municipal de Cultura, Departamento Geral de Documentação e Informação Cultural, Divisão de Editoração, 1995.

RODRIGUES, A. C., PAIVA, L. M. Transexualismo, transvestismo, homossexualismo. *Arquivos da Polícia Civil de São Paulo*, 26, p.7-39, jul.-dez. 1976.

RODRIGUES, J. C. *João do Rio*: catálogo bibliográfico, 1899-1921. Rio de Janeiro: Prefeitura da Cidade do Rio de Janeiro, Secretaria Municipal de Cultura, Departamento Geral de Documentação e Informação Cultural, Divisão de Editoração, 1994.

_____. *João do Rio*: uma biografia. Rio de Janeiro: Topbooks, 1996.

RODRIGUES, J. C. A imprensa gay do Brasil. In: GREEN, J. N., QUINALHA, R., CAETANO, M., FERNANDES, M. (orgs.) *História do movimento LGBT no Brasil*. São Paulo: Alameda Editorial, 2018, p.245-46 [p.237-53]

RODRIGUES, J. C. Um Lampião iluminando esquinas escuras da ditadura. In: GREEN, J. N., QUINALHA, R. (orgs.) *Ditadura e homossexualidades*, p. 118.

RODRIGUES, R. C. C. De Daniele a Chrysóstomo: quando travestis, *bonecas* e homossexuais entre em cena. Niterói, 2012. Tese (doutorado) – História Social, Universidade Federal Fluminense.

RODRIGUES, S. A. Fazer-se no "Estado"; uma etnografia sobre o processo de constituição dos "LGBT" como sujeitos de direitos no Brasil contemporâneo. Campinas, 2014. Tese (Doutorado) – Ciências Sociais, Universidade Estadual de Campinas, 2014.

Rogéria. *O Pasquim*, Rio de Janeiro, v.5, n.223, 9 out. 1973. p.4-7.

ROMANCINI, R. Do "Kit Gay" ao "Monitor da Doutrinação": a reação conservadora no Brasil. *Contracampo*, Niterói, 37, n. 2, ago.-nov. 2018, p.88-108.

ROSA, F. da. *Rio de Janeiro, notícias históricas e descritivas da capital do Brasil*. Rio de Janeiro: Anuário do Brasil, 1978.

ROSARIO, V. A. *The Erotic Imagination*: French Histories of Perversity. New York: Oxford University Press, 1997.

RUIZ, R. *O teatro de revista no Brasil*: do início à Primeira Guerra Mundial. Rio de Janeiro: Inacen, 1988.

SAFFIOTI FILHO, J. Os acordes da liberação Gay. *Manchete (Rio de Janeiro)*, p.89-90, 9 out. 1977.

Saindo do gueto. *Lampião da Esquina*, Rio de Janeiro, n.0, abr. 1978, p.2.

SALESSI, J. The Argentine Dissemination of Homosexuality. In: BERMANN, E. L., SMITH, P. J. (Ed.) *Entiendes?*: Queer Readings, Hispanic Writings. Durham: Duke University Press, 1995. p.49-91.

_____. *Médicos, maleantes y maricas*: higiene, criminología y homosexualidad en la construcción Argentina (Buenos Aires 1871-1914). Rosario: Beatriz Viterbo, 1995.

SANTA INEZ, A. L. de. (Ed.) *Pesquisa acerca dos hábitos e atitudes sexuais dos brasileiros*. São Paulo: Cultrix, 1983.

SANTIAGO, S. Repressão e censura no campo da literatura e das artes na década de 70. *Encontros com a Civilização Brasileira*, n.17, p.187-95, nov. 1979.

SANTOS, C. N. F. dos. Bichas e entendidos: a sauna como lugar de confronto. Rio de Janeiro, 1976. (Mimeogr.).

SANTOS, J. F. dos. *Feliz 1958*: o ano que não devia terminar. Rio de Janeiro: Record, 1997.

SANTOS, M. S. dos. Sexo, gênero e homossexualidade: o que diz o povo-de-santo paulista? *Horizonte*, Belo Horizonte, 6, n. 12, jun. 2008, p.145-156.

SANTOS, R. *Caracteres sexuais neutros e intersexualidade*. Rio de Janeiro: Tipografia Artes Gráficas, 1931.

SATÃ, Madame. Madame Satã. Entrevistado por Sérgio Cabral, Millôr Fernandes, Chico Júnior e Paulo Francis. *O Pasquim*, Rio de Janeiro, n.95, 29 abr.-5 maio, 1971, p.2-5.

SCHIFTER, J. *La formación de una contracultura*. Homosexualismo y SIDA en Costa Rica. San José: Editorial Cuaycán, 1989.

_____. *Lila's House*: Male Prostitution in Latin America. New York: Harrington Park Press, 1998.

SCHMIDT, B. B. História LGBTQI+ no Brasil: atravessamentos entre militância e produção acadêmica. In: RODRIGUES, R. DE C. C., VERAS, E. F., BISSO, B. (orgs.). *Clio sai do armário: Historiografia LGBTQIA+*. São Paulo: Letra & Voz, 2021.

SCHNEIDER, R. M. *"Order and Progress"*: A Political History of Brazil. Boulder: Westview Press, 1991.

Bibliografia

SCHWARTZMAN, S. *A Space for Science*: The Development of the Scientific Community in Brazil. University Park, Pennsylvania: The Pennsylvania State University Press, 1991.

SCLIAR, S. Tipos de carnaval. *Manchete (Rio de Janeiro)*, v.44, p.30-1, 21 fev. 1953.

SECCO, C. L. T. *Morte e prazer em João do Rio*. Rio de Janeiro: Francisco Alves, Instituto Estadual do Livro, 1978.

SECRETARIA ESPECIAL DOS DIREITOS HUMANOS. *Plano Nacional de Promoção da Cidadania e Direitos Humanos de Lésbicas, Gays, Bissexuais, Travestis e Transexuais*. Brasília: Presidência da República, 2009.

SELL, T. A. *Identidade homossexual e normas sociais* (histórias de vida). Florianópolis: Editora da UFSC, 1987.

SERBIN, K. P. Priests, Celibacy, and Social Conflict: A History of Brazil's Clergy and Seminaries. San Diego, 1993. Dissertation (Ph.D) – University of California, San Diego, 1993.

SERRA, I. Ivana – a grande dúvida. *Manchete (Rio de Janeiro)*, p.25-6, 26 set. 1953.

SEVCENKO, N. *A revolta da vacina*. Mentes insanas em corpos rebeldes. São Paulo: Brasiliense, 1984.

SEVERO, J. A. Emilinha: ou a volta da Cinderela que acabou Rainha do Brasil. *Realidade (Rio de Janeiro)*, v.6, n.72, p.122-30, mar. 1972.

Sexo Sadio. Lambda: *Movimento pela Livre Orientação Sexual*, [s.d.], arquivo pessoal.

SHARP, W. R. Methods of Opinion Control in Present-day Brazil. *Public Opinion Quarterly*, v.5, n.1, p.3-16, mar. 1941.

SILVA, A. Rogéria: minhas memórias de alcova abalariam o Brasil. *O Pasquim*, Rio de Janeiro, n.107, 22 jul. 1971, p.6.

_____. *Primeira carta aos andróginos*. Rio de Janeiro: Pallas, 1975.

_____. Compromissos, queridinhas? Nem morta! *Lampião da Esquina*, Rio de Janeiro, v.3, n.26, jul. 1980, p.10-1.

_____. Uma cachoeira de grupos gueis. *Lampião da Esquina*, vol. 27, ago. 1980a, p.4

_____. Balada para Madame Satã. *Pleiguei (Rio de Janeiro)*, n.1, p.24-6, nov. 1981.

SILVA, C. N. Programa Brasil sem Homofobia—Intenções e Ações. In: CAETANO, M., RODRIGUES, A., NASCIMENTO, C., GOULART, T. E. (orgs.). *Quando Ousamos Existir: Itinerários fotobiográficos do movimento LGBTI Brasileiro* (1978-2018), p. 154-58.

SILVA, C. R. da. *Reinventando o sonho*: história oral de vida política e homossexualidade no Brasil contemporâneo. São Paulo, 1998. Dissertação (Mestrado) – Universidade de São Paulo.

SILVA, C. L. C. da. *Triângulo Rosa*: a busca pela cidadania dos homossexuais. Rio de Janeiro, 1993. Dissertação (Mestrado) – Universidade Federal do Rio de Janeiro.

SILVA, H. R. S. *Travesti*: a invenção do feminino. Rio de Janeiro: Relume Dumará, 1993.

SILVA, L. L. *Aids e homossexualidade em São Paulo*. São Paulo, 1986. Dissertação (Mestrado) – Pontifícia Universidade Católica de São Paulo.

SIMÕES, I. *Salas de cinema em São Paulo*. São Paulo: Secretária Municipal de Cultura de São Paulo, 1990.

SIMÕES, J. A., FACCHINI, R. *Na trilha do arco-íris: do movimento homossexual ao LGBT*. São Paulo: Editora Fundação Perseu Abramo, 2009.

SINGER, A. Brasil, junho de 2013: Classes e ideologias cruzadas. *Novos Estudos* 97, nov. 2013, p.23-40.

SINISGALLI, A. Considerações gerais sobre o homossexualismo. *Arquivos de Polícia de Identificação (São Paulo)*, v.III, p.282-303, 1938-1940.

_____. Observações sobre os hábitos, costumes e condições de vida dos homossexuais (pederastas passivos) de São Paulo. *Arquivos de Polícia e Identificação (São Paulo)*, v.III, p.304-9, 1938-1940.

SKIDMORE, T. E. *Politics in Brazil, 1930-1964*: An Experiment in Democracy. New York: Oxford University Press, 1967.

SKIDMORE, T. E. *The Politics of Military Rule in Brazil, 1964-85*. New York: Oxford University Press, 1988a.

_____. *Brasil de Castelo a Tancredo – 1964-1985*. Trad. De Mario Salviano Silva. Rio de Janeiro: Paz e Terra, 1988b.

_____. *The Politics of Military Rule in Brazil*, 1964-85. New York: Oxford University Press, 1988c.

_____. *Preto no branco*: raça e nacionalidade no pensamento brasileiro. 2.ed. Rio de Janeiro: Paz e Terra, 1989.

_____. *Black into White*: Race and Nationality in Brazilian Thought. Durham: Duke University Press, 1993.

_____. *Brasil de Getúlio a Castelo (1930-1964)*. Rio de Janeiro: Paz e Terra, 1996.

SMITH, A.-M. *A Forced Agreement*: Press Acquiescence to Censorship in Brazil. Pittsburgh: University of Pittsburgh Press, 1997.

Bibliografia

SNOEK, J. Eles também são da nossa estirpe: considerações sobre a homofilia. *Revista Vozes*, v.9, p.792-802, set. 1967.

_____. Emancipação dos homossexuais e valores positivos da homossexualidad. In: MATTOS, A. G. (Ed.) Católicos e medicina hoje: CONGRESSO CATÓLICO BRASILEIRO DE MEDICINA, II, 1967. São Paulo *Anais*... São Paulo: s. n., 1967.

Soares levou bonecas de luxo ao seu baile. *Última Hora*, Rio de Janeiro, 28 fev. 1968, p.1.

SOARES, L. C. *Rameiras, ilhoas, polacas*... a prostituição no Rio de Janeiro do século XIX. São Paulo: Ática, 1992.

SOIHET, R. *Condição feminina e formas de violência*: mulheres pobres e ordem urbana, 1890-1920. Rio de Janeiro: Forense Universitária, 1989.

SOUZA, I. L. F. S. C. *Pátria corada*: o Brasil como corpo político autônomo, 1780-1863. Campinas, 1997. Tese (Doutorado) – Universidade Estadual de Campinas.

SOUZA, P. de. *Confidências da carne*: o público e o privado na enunciação da sexualidade. Campinas, 1993. Tese (Doutorado) – Universidade Estadual de Campinas.

SOUZA, S. D. de. Política religiosa e religião política: os evangélicos e o uso político do sexo. *Estudos de Religião* 27 n. 1, jan.-jun. 2013, p.177-201.

SPAGNOL, A. S. *O desejo marginal*: violência nas relações homossexuais na cidade de São Paulo. São Paulo, 1996. Dissertação (Mestrado) – Universidade de São Paulo.

STANISLAW PONTE PRETA [Sérgio Porto]. Coccinelli – badalando, badalando, badalando. *Última Hora*, Rio de Janeiro, 19 mar. 1963, p.10.

STEPAN, N. L. *Beginnings of Brazilian Science*: Oswaldo Cruz, Medical Research and Policy, 1890-1920. New York: Science History Publications, 1981.

_____. *The Hour of Eugenics*: Race, Gender and Nation in Latin America. Ithaca: Cornell University Press, 1991.

STF permite criminalização da homofobia e da transfobia. Disponível em: <https://g1.globo.com/politica/noticia/2019/06/13/stf-permite-criminalizacao-da-homofobia-e-da-transfobia.ghtml>.

SUPLICY, M. *Conversando sobre sexo*. Rio de Janeiro: Vozes, 1983.

TAVARES, P. Os alegres enxutos. *Manchete (Rio de Janeiro)*, n.517, p.60-3, 17 mar. 1962.

TAYLOR, C. C. Legends, Syncretism, and Continuing Echoes of Homosexuality from Pre-Columbian and Colonial México. In: MURRAY, S. O. (Ed.)

Latin American Male Homosexualities. Albuquerque: University of New Mexico Press, 1995. p.80-99.

TEIXEIRA, F. Vocabulário do caipira paulista. *Revista do Arquivo Municipal (São Paulo)*, v.13, n.61, p.67-104, 1946.

TEIXEIRA, M. L. L. *Transas de um povo de santo*: um estudo sobre as identidades sexuais. Rio de Janeiro, 1986. Dissertação (Mestrado) – Universidade Federal do Rio de Janeiro.

TEIXEIRA, P. R. *Políticas Públicas em AIDS*, mimeogr., s.d., 2, arquivo pessoal.

(A) terceira força no carnaval carioca. *Manchete (Rio de Janeiro)*, n.356, p.64-8, ed. esp., fev.1959.

TERTO JUNIOR, V. *No escurinho do cinema...*: socialidade orgiástica nas tardes cariocas. Rio de Janeiro, 1989. Dissertação (Mestrado) – Pontifícia Universidade Católica do Rio de Janeiro.

THOMAZ, D. Gay de direita, Clodovil é lembrado por polêmicas no Plenário. *Época*, 18 jun. 2018.

Todo paulista que não gosta de mulher é bicha. *O Pasquim*, Rio de Janeiro, 8 jul. 1971, v.3, n.105, p.3.

TOITIO, R. D. Cores e contradições: a luta pela diversidade sexual e de gênero sob o neoliberalismo brasileiro. Campinas, 2016. Tese (doutorado) – Ciências Sociais, Universidade Estadual de Campinas, p. 176-80.

TOLEDO, B. L. de. *Anhangabaú*. São Paulo: Federação das Indústrias do Estado de São Paulo, 1989.

Travesti, presença crescente na cidade. *Folha de S.Paulo*, São Paulo, 16 ago. 1976, p.26.

Travestis são presos de biquínis. *Jornal do Brasil*, Rio de Janeiro, 18 set. 1972, p.22.

TRÉSOR de la langue française. Paris: CNRS, 1975.

TREVISAN, J. S. Demissão, processo, perseguições. Mas qual é o crime de Celso Curi? *Lampião da Esquina*, Rio de Janeiro, abr. 1978, n.0, p.6-8.

_____. *Devassos no Paraíso*. São Paulo: Max Limonad, 1986a.

_____. *Perverts in Paradise*. Trad. Martin Foreman. London: GMP Publishers, 1986b.

_____. *Devassos no Paraíso*. A homossexualidade no Brasil, da colônia à atualidade. Rio de Janeiro: Record, 2000.

TREXLER, R. *Sex and Conquest*: Gendered Violence, Political Order and the European Conquest of the Americas. Ithaca, New York: Cornell, 1995.

Triângulo Rosa, Arquivo Edgard Leuenroth, Universidade Estadual de Campinas.

Bibliografia

TURNER, V. Carnaval in Rio: Dionysian Drama in an Industrializing Society. In: *The Anthropology of Performance*. New York: PAJ Publications, 1986.

Um Pouco de Nossa História. *O Corpo*, São Paulo, n. 0. Nov. 1980, p.8.

VALENTE JUNIOR, A. *Da responsabilidade moral e legal dos médicos*. São Paulo, 1929. Tese (Doutorado) – Faculdade de Medicina de São Paulo.

VALLINOTO, T. C. *A construção da solidariedade*: um estudo sobre a resposta coletiva à AIDS. Rio de Janeiro, 1991. Dissertação (Mestrado) – Escola Nacional de Saúde Pública da Fundação Oswaldo Cruz.

VAREJÃO, M., ALMEIDA, N. de. Quase tudo que você sempre quis saber sobre o homossexualismo e nunca ousou perguntar. *Manchete (Rio de Janeiro)*, n.1.234, p.16-9, 13 dez. 1975.

VAZ, D. P. *Ney Matogrosso*: um cara meio estranho. Rio de Janeiro: Rio Fundo, 1992.

VAZ, R. Aspectos clínicos da intersexualidade. *Arquivo de Medicina Legal e Identificação (Rio de Janeiro)*, v.3, n.7, p.190-202, ago. 1933.

VELHO, G. *A utopia urbana*: um estudo de antropologia social. 4.ed. Rio de Janeiro: Zahar, 1982.

_____. Estigma e comportamento desviante em Copacabana. In: VELHO, G. (Ed.) *Desvio e divergência; uma crítica da patologia social*. Rio de Janeiro: Zahar, 1981. 116-24

_____. A busca de coerência: coexistência e contradições entre códigos em camadas médias urbanas. In: FIGUEIRA, S. A. (Ed.) *Cultura da psicanálise*. São Paulo: Brasiliense, 1985. p.169-77

VENCIGUERRA, M., MAIA, M. *O pecado de adão*: crimes homossexuais no eixo Rio-São Paulo. São Paulo: Ícone, 1988.

VENEZIANO, N. *O teatro de revista no Brasil*: dramaturgia e convenções. Campinas: Editora da Unicamp, 1991.

VENTURA, Z. *1968, o ano que não terminou*. Rio de Janeiro: Nova Fronteira, 1988.

VERAS, E. F., PEDRO, J. M. Os silêncios de Clio: escrita da história e (in)visibilidade das homossexualidades no Brasil. *Revista Tempo e Argumento*, Florianópolis, set.-dez. 2014, p.90-109.

A vida continua. *Veja (São Paulo)*, n.119, p.32-3, 25 nov. 1970.

(A) Vida de Marlene: Depoimento. Rio de Janeiro: Editora Rio Cultura, s. d.

VILLA, R. *Il deviante e i suoi segni*: Lombroso e la nascita dell'antropologia criminale. Milan: Angeli, 1985.

VIVEIROS DE CASTRO, F. J. *Attentados ao pudor*: estudos sobre as aberrações do instincto sexual. 3.ed. rev. aum. Rio de Janeiro: Livraria Editora Freitas Bastos, 1934.

WAFER, J. *The Taste of Blood*: Spirit Possession in Brazilian Candomblé. Philadelphia: University of Pennsylvania Press, 1991.

WEINBERG, E. Tending to the Body Politic: Doctors, Military Repression, and Transitional Justice in Brazil (1961-1988). Austin, 2019. Tese (Doutorado) – University of Texas.

WEINSTEIN, B. For Social Peace in Brazil: Industrialists and the Remaking of the Working Class in São Paulo, 1920-1964. Chapel Hill: The University of North Carolina Press, 1996.

WOLL, A. L. *The Latin Image in American Film.* Los Angeles: UCLA Press, 1977.

WORCESTER, D. E. *Brazil*: From Colony to World Power New York: Charles Scribner's Sons, 1973.

WHITAKER, E. de A. Contribuição ao estudo dos homossexuais. *Arquivos de Polícia e Identificação (São Paulo)*, v.2, n.1, p.32-5, 1938-1939.

_____. O crime e os criminosos à luz da psicologia e da psiquiatria – Estudo acerca de 50 delinquentes – Considerações sobre o problema da delinquência em São Paulo. *Arquivos da Polícia Civil de São Paulo*, v.3, p.426-38, 1º sem. 1942.

_____. *Manual de psicologia e psicopatologia jurídica.* São Paulo: Serviço Gráfico da Secretaria da Segurança Pública, 1958.

WHITAKER, E. de A., KRAUS, E., OLIVEIRA, M. R. de, SINISGALLI, A. Estudo biográfico dos homossexuais (pederastas passivos) da capital de São Paulo. Aspectos da sua atividade social, costumes, hábitos, "apelidos", "gíria". *Arquivos de Polícia e Identificação*, v.2, n.1, p.244-60, 1938-1939.

WHITAM, F. Os Entendidos: Gay Life in São Paulo in the late 1970s. In: MURRAY, S. O. (Ed.) *Latin American Male Homosexualities.* Albuquerque: University of New Mexico Press, 1995. p.231-40

WYLLYS, J. *Tempo bom, tempo ruim; identidades políticas e afetos.* São Paulo: Companhia das Letras, 2014.

WYLLYS, J., ABUJAMRA, A. *O que será: a história de um defensor de direitos humanos no Brasil.* São Paulo: Companhia das Letras, 2019.

YOUNG, A. Gay gringo in Brazil. In: RICHMOND, L., NOGUERA, G. (Ed.) *The Gay Liberation Book.* San Francisco: Ramparts Press, 1973. p.69-7.

_____. Brazilian journalists rally around gay newspaper. *Gay Community News*, p.5, mar. 1979.

ZANATTA, E. M. Documento e identidade: o movimento homossexual no Brasil na década de 80. *Cadernos AEL Arquivos e Memória*, n.5/6, p.193-220, 1996-1997.

Índice remissivo

A alma encantadora das ruas (1908), 111, 131n.111
A Cena Muda, 179
A construção da igualdade (1990), 62n.43, 321
A educação sexual (1953), 212
A inversão dos sexos (1935), 210, 256n.16, 259n.52
A meta (1976), 429-30
A Nova Revista, 90-1
A Tasca, 275, 301, 337n.96
A utopia urbana, 331n.8
Abreu, Gilda de, 123n.23, 176, 179-80, 182, 184-6, 188-9, 199n.92
Academia Brasileira de Letras, 113-4, 131n.116
Academia de Polícia, São Paulo, 254-5n.7
Academia Real de Medicina Italiana, 144
academias de ginástica, 282-4
açoitamento público, 69-70
Adalberto de O., 237-8, 243, 261n.74
adolescentes, 179, 239, 298, 335n.66, 516, 539

Ver também jovens.
advogados
   escritos sobre homossexualidade, 43-4, 77, 85, 91-108, 204, 208, 212, 229-30
   influência em questões sociais, 204, 230-4, 248
Aelson, 368, 399n.48
afirmação
   auto, 36, 138, 156-7, 171, 267, 292, 305, 306-7, 314, 319-20, 379
   coletiva, 360-1, 374, 375-8, 390-1, 409-10, 421, 424-6, 430-5, 457n.84 e 85
África
   influências culturais no Brasil, 142, 209, 250
afro-brasileiros, 65, 74, 87, 113, 126n.57, 163-71, 470, 473, 497
   como degenerados, 207
   como objeto sexual, 35-7
   crioulo, 126n.57
   durante o carnaval, 35-6, 54-5, 59n.24, 343-4, 347-8, 358-9
   e Leonídio Ribeiro, 144, 257n.30

Índice remissivo

estereótipos sexuais de, 35-7
expulsos do centro do Rio de
  Janeiro, 74-5
imagens da, em *Bom-Crioulo*, 86-7
migração para o Rio de Janeiro,
  65-6
nas instituições mentais, 234-9
no censo, 193n.29
vistos como criminosos, 144-5,
  257n.30
Ver também baianas; religião;
  tradições afro-brasileiras;
  mulheres.
agitação de trabalhadores, 215-6
Ver também greve geral.
agitação urbana, 65-7, 207
Agora é que são elas (1967), 388
Aids (Síndrome da Imunodeficiência
  Adquirida), 29, 57n.10, 460n.113,
  462-3n.130, 465-6, 481-2, 485, 487,
  488-92, 494-5, 498-9, 500, 501, 504-
  6, 507, 508, 510-2, 514, 515,
  526n.74, 542-3
Aïnour, Karim, 32, 197n.60
Ajuda, Convento da, 135
Alagoas, 39, 503, 506
Alcatraz, 276
Alcazar, 272-3, 378
alegóricos, carros, 352-4, 393-6
alegre (*gay*), termo, 337-8n.107
Aleixo (*Bom-Crioulo*), 86-91
Alemanha, 210, 212, 232, 240, 242,
  250
  nazista, 232, 250
alfaiates, 145, 176, 183, 186
Alfredão, 276, 332n.26
Alfredinho, 179, 187, 188, 189-90,
  306-7
Almeida, Fernando José de, 122n.10
Alvarez, Sônia, 408, 409, 451n.10
Alves, Adauto Belarmino, 33, 38, 420,
  503, 515
Alves, Chico, 162, 163

Alves, Francisco de Paula Rodrigues
  (presidente, 1902-1906), 66
Alves, Sérgio José de Almeida, 422
Amaral, "Preto" J. A., 222-3, 226
Amaro (*Bom-Crioulo*), 86-91
Amazonas, 42-3
ambiguidade de gênero, 36, 37, 55-6,
  56n.5, 161, 185-6, 360-1, 370, 425-7
América Latina, sistemas de gênero,
  44-6
Amor sáfico e socrático (1922), 295
Amorim, Luiz, 31, 286
anarquistas, 142-3, 215-6, 257n.28
Andrade, Mário de, 118, 162, 164,
  196n.48, 302, 336n.84
Andrade, Oswald de, 162, 196n.47
androginia, 167, 380, 393, 410, 417,
  421, 422-30, 454-5n.61
Ângelo, 377, 394-5
Angola, 390
Anhangabaú, Vale do. *Ver* Vale do
  Anhangabaú.
anistia, 409, 444
Anjo Negro, 293-4
Antárctica, Companhia, 376
antiautoritarismo, 382
anti-imperialismo, 460-1n.122
antropofagia, 142
Antropologia Criminal, Laboratório de
  (Rio de Janeiro), 144-5
antropólogos criminologistas, 139,
  142, 213, 220-1
antropometria, 107, 213, 216-2
anúncios
  na imprensa gay, 435-8
  para bailes de carnaval, 356-7
  para bailes de travestis, 376, 380,
    381-3, 400n.60 e 61
  para o primeiro Baile de Máscaras,
    352
Aphrodite Uranus, 129n.86
Aquário, bar, 275
Arcadie, 295, 336n.83

Argentina, 374, 431, 446, 489
   homossexualidade na, 60-1n.37, 376
   sob a ditadura militar, 412
   subcultura homossexual no início do século XX, 45-6
   uso do termo "entendido", 337-8n.107
Armando de S. O. Filho, 244-5
Arpège, 293-4, 336n.77
arquitetura
   beaux-arts, 66, 73-4, 135-6
   Rio de Janeiro, 66
Arquivo Nacional, Rio de Janeiro, 32, 51, 63-4n.54
Arquivos de Medicina Legal e de Identificação, 213
artistas
   como boêmios, 74, 131n.116
   e representações de homossexuais, 77
   em oposição à ditadura militar, 405-6, 422-3
   em São Paulo, 49-50
   homossexuais, 94-5, 391-2, 394-5, 429-30
   no Rio de Janeiro, 49-50
asilo político
   com base na orientação sexual, 39-40
assassinatos
   de gays, lésbicas, travestis, 21, 38-40, 58n.17, 421-2, 500-1
   de profissionais do sexo, 38-9, 500-1
   de Renildo José dos Santos, 39
   impunes, 38-9
   por grupos não identificados, 38-9
   por homossexuais, 100-2, 123-4n.23, 166-7, 222-7, 421-2
Assembleia Constituinte, 122n.10, 258-9n.46, 467, 495, 497-500, 509
assobiar, 107

Associação Brasileira da Imprensa Gay (ABIG), 327
Associação Brasileira de Gays, Lésbicas e Travestis (ABGLT), 38, 510, 515, 521n.5, 536
Associação Brasileira de Imprensa, 448
atentado público ao pudor. *Ver* pudor, atentado público ao.
Athanasio, 104-5
atores, 75, 179, 357-8, 425, 430, 438, 512
Ato Institucional, AI-5, 382, 405, 411
Attentados ao pudor: estudos sobre as aberrações do instincto sexual (1894), 77, 99, 102, 125n.42, 356
Automóvel Clube do Brasil, *381*
Avenida Beira-Mar, 109, 134
Avenida Central, 67, 108-11, 121n.4
   durante o carnaval, 343-4, 352-3, 362-3
   Ver também Avenida Rio Branco.
Avenida Ipiranga, 290
Avenida Nossa Senhora de Copacabana, 269-76
Avenida Paulista, 414, 416, 501, 518-9
Avenida Presidente Vargas, 380
Avenida Rio Branco, 67, 108-9, 134-5, 326-7, 362-3
   Ver também Avenida Central.
Avenida São João, 175-8, 290-1
Ayala, Walmir, 427-8
Ayres, Emílio Cardoso, 116

bagaxa (prostituto efeminado), 94, 96
Bahia, 35, 38-40, 182, 184-5, 326, 477, 541
baianas, 35-6, 55, 56n.1 e 5, 343, 350-1, 358-9, 361-4, 365, 401n.68
Baile da Paulistinha, 385, 402n.89
Baile das Bonecas, 380, *381*, 385
Baile das Meninas do Paraíso, 368-9
Baile do Arco-Íris, 371

Índice remissivo

Baile dos Artistas, 364-5, 374
Baile dos Enxutos, 374, 376, 377-8, 380, 385, 391-2, 394-6, 399-400n.56, 400n.60, 401n.68
Baile dos Travestidos (Teatro João Caetano), 268, 368-9, 374
bailes. *Ver* carnaval no Rio de Janeiro, bailes.
Bakhtin, Mikhail, 347
Banana da terra (1938), 35, 56n.1, 343
banda (grupo de foliões de rua), 337-8n.107
Banda Carmen Miranda, 36, 57n.9, 396
Banda de Ipanema, 36, 57n.9, 385
banheiros públicos, 84, 112, 177, 199n.84 e 85, 272-3, 290, 294, 337n.96
Bao, Daniel, 45-6
Baptista, João (fisiculturista), 279-80, 282-6
Bar do Jeca, 291
Barbazul, 293, 336n.77
Barbosa da Silva, José Fábio, 18, 33, 63n.47, 287-94, 304-5, 315, 317, 322-3, 335n.64 e 65, 336n.77, 338-9n.115, 439
Barbosa, Dom Marcos, 324
Barcelona, 390
bares
  gays, 47-8, 96-7, 272-5, 291-5, 300-1, 328, 332n.26, 336n.77, 338-9n.115, 387-8, 409-10, 410-6, 431-2, 434, 444-5, 470, 486-7
  Rio de Janeiro
    Alcatraz, 276
    Alfredão, 276
    Aquário, 275
    Bolero, 301, 308-9, 310, 337n.96
    Dezon, 276
    Scotch, 275-6
    Sótão, 412, 414-5, 452n.26

    Sunset, 276
    Tasca, 275, 301, 337n.96
    Why Not?, 276
    Zig-Zag, 414, 452n.26
  São Paulo
    Anjo Negro, 293
    Arpège, 293, 336n.77
    Bar do Jeca, 291
    Barbazul, 293, 336n.77
    Lapa, 161-2, 165-6
    Nick's Bar, 293-4
Barreto, Paulo Alberto Coelho. *Ver* João do Rio.
batom. *Ver* maquiagem, como indicador de homossexualidade.
Beach Blanket Babylon, 57n.8
Beattie, Peter, 47, 90, 127n.63 e 64
beijos, proibição de, durante o Carnaval do Rio de Janeiro, 400-1n.67
beleza feminina, 106, 179, 246-7, 318-20, 359-60, 363, 386-93, 433-4
belle époque, 65-132, 135, 140-1, 172-3
  edifícios, 66-7, 73
  início da, 65, 120-1n.1
Belo Horizonte, 64n.58, 144, 305, 415-6, 475
Benkert, Karoly Maria, 91
Bentham, Jeremy, 70
Bergman, David, 350
Bernardet, Jean-Claude, 31, 131n.109, 445
Bernardino de C. A., 157-9
bestialismo, 222, 225
Bethânia, Maria, 423
Biblioteca Municipal (São Paulo), 293, 294-5, 336n.84 e 87
bicha, 16, 17, 24, 41, 42-4, 55-6, 163-4, 165, 167-71, 175-8, 185-6, 188-90, 198n.67, 267-8, 276-81, 292, 294-5, 312, 315-20, 322-3, 324, 327, 332n.33, 333n.41, 350-1, 356, 370,

378-9, 385, 393-6, 410, 417, 420-2, 425-6, 429, 432-3, 439, 496, 507, 534-5, 536
bicha bacana, 159
bicha brava, 433
bicha sucesso, 159
bicha/bofe, 26, 42, 278, 279, 311-2, 315-20, 322-3, 392, 422, 438, 439, 440-1
   origens do termo, 159-61, 194n.38, 194-5n.39, 195n.40 e 41
Bilac, Olavo, 115, *117*, 118
bilhar, salões de, 96, 105
Birman, Patrícia, 43
bissexualidade, 37, 39, 43, 87-9, 94-5, 209, 410, 420-1, 503, 506
Bjorn, Kristen, 37, 57n.12
Bland, John Otway Percy, 109-10
Bleys, Rudi, 199n.88
Bloco Caçadores de Veados, 168, 354, 356
bloco dos sujos, 364
Bloco Operário e Camponês, 143, 191-2n.17
Boas em liquidação (1965), 388
Boa Vizinhança, Política de, 56-7n.7
boêmios
   em São Paulo, 174-5, 294-5
   durante o carnaval, 354-6, 397-8n.22
   no Rio de Janeiro, 57n.9, 74, 119-20, 131n.116, 161-71, 195-6n.46, 247, 248, 272, 331n.12, 362-3
bofe (homem "verdadeiro"), 41, 42, 55, 149, 157, 189, 194n.38, 268, 311, 315-7, 422, 438, 440-1
bói (jovem efeminado), 398n.26
Bolero, 301, 308-9, 337n.96
"Bolsa de Valores", 276-9, 305, 332n.33, 333n.41, 416
Bom Retiro, 287
Bom-Crioulo (1895), 86-91, 99, 127n.69, 129n.84, 429

boneca/bofe. *Ver* gênero; papéis; bicha/bofe.
bonecas, 37, 281, 311-2, 314-6, 318-22, 324-8, 339n.120, 346-7, 360, 362, 376, 378, 383-5, 392, 393-4, 395-6, 410, 412, 422, 432, 436, 439-41, 466, 534-5
Bonecas, Baile das, 380, *381*, 385
Bonecas de minissaia (1967), 388
Bonecas na quarta dimensão (1965), 388
Borba, Emilinha, 284-5, 333n.52, 334n.53 e 56
bordéis, 74-5, 86, 145-6, 161-2, 164-5, 171, 174-7, 180-5, 193n.26, 198n.78, 200n.97, 287
Borges, Coronel Gustavo, 400-1n.67
Bornay, Clóvis, 40-1, 367-8, 395, 399n.48
bossa nova, 57n.9, 270, 331n.13, 379
Botelho, Abel, 127-8n.69
Boullet, Jean, 283
Bouvard, Joseph Antoine, 173-4
Braga, José Luiz, 433-4
Brasil
   colonial, 45-6, 48, 61-2n.38, 69, 77, 209
   como um lugar exótico, 37
   portugueses, 48-9, 65-8, 69-70, 72-3
   republicano, 53, 65-6, 69-73, 88, 119-20, 211
   sexo entre senhores e escravos homens, 105
   sexo inter-racial entre homens, 104-5
   status jurídico da homossexualidade, 69-70
   uso da palavra puto (homem prostituto, efeminado), 75-7
Brasil nunca mais, 450n.2
Brasil rural, homoerotismo no, 48-9, 151-2
Brasília, 330n.1, 475, 479, 500, 516, 543, 547-8

Índice remissivo

Bryant, Gigi, 520
brésilien (termo francês para travesti prostituto), 453n.41
Buarque de Holanda, Chico, 406
Buenos Aires, 15, 37, 45-6, 47, 446

cabarés, 73, 75, 161-3, 166, 169, 358, 514
"Cabeleira do Zezé", 378-9
cabeleireiros, 118, 122n.10, 399n.48, 403n.106, 419, 430, 501
"caçar"
  a arte de, 415-6, 520
  "Bolsa de Valores", 276-9, 305, 332n.33, 333n.41, 416
  Central do Brasil, 137
  Cinelândia, 135, 161, 168, 171, 175, 177-8, 269, 271, 302, 305, 312, 389-90, *411*, 416, 428, 534-5
  controle da polícia, 68-9, 409-12
  Copacabana, 57n.10, 267, 271-9, 308-9, 378, 389-90, 414, 416
  Ipanema, 416
  Nossa Senhora de Copacabana, 269, 273-4
  Praça Tiradentes, 70, 73, 74-9, 86, 99, 103-4, 136, 157, 161, 268-9, 356-7
  Rio de Janeiro, locais de, 65-9, 135-6, 148, 534-5
  salas de cinema. *Ver* cinema, salas de, no Rio de Janeiro.
  São Paulo, 172-7, 177-9, 180-7, 410-2, 534-5
Caçadores de Veados, 168, 354, 356
Caê [Jorge Luiz Pinto Rodrigues], 452n.26, 475-6
Café Criterium, 75
Café Suíço, 74
cafés, 124n.32
  como ponto de sociabilidade homoerótica, 96, 105-6, 143, 271, 293-4, 337n.96, 378

cafetões, 152, 160, 161-2, 166
caixas de fósforos (residências), 269
Caminha, Adolfo, 86-91, 99, 102, 126n.59, 127n.66, 127-8n.69, 129n.84
camp, 267, 281, 295, 306, 307-8, 314, 350, 416, 424, 436
  definição, 350
  durante o carnaval, 37, 56, 56n.5, 350-1, 365-6, 377-8, 385, 395-6
  Dzi Croquettes, 424-5
campanha sanitária, Rio de Janeiro, 66-7
campo de Sant'Anna, 105-6
Campo dos Ciganos, 121-2n.8
Campos Sales, Manuel Ferraz (presidente, 1898-1902), 65, 120-1n.1
Campos, 268, 305
Campos, Francisco, 232-3
Canadá, atitudes a respeito da homossexualidade, 58n.14
candomblé, 43, 46, 60n.29, 485, 540
Canecão, 381
cantada, 93, 96-7
cantoras de rádio, 179, 267, 284-6, 333-4n.52, 334n.53, 56 e 59
cantores
  Alves, Chico, 162, 163
  Bethânia, Maria, 423
  Borba, Emilinha, 284-6, 333-4n.52, 334n.53 e 56
  Buarque de Holanda, Chico, 405-6
  Gil, Gilberto, 405-6, 423
  Lobo, Edu, 405-6
  Marlene, 185, 284-5, 285-6, 334n.53 e 56
  Matogrosso, Ney, 410, 423, 426-7, 506
  Miranda, Carmen, 35-7, 56, 56n.1 e 2, 56-7n.7, 57n.8, 9 e 10, 166, 195-6n.46, 196-7n.57, 343, 350-1, 358, 388-9, *549*

Ney, Nora, 284-5, 285-6, 334n.53, 419
Veloso, Caetano, 405-6, 410, 423, 454n.60, 480, 505
Cantores de rádio (1995), 285
capitalismo, 141, 426, 457n.83, 485
características femininas secundárias, 218, 221-2
cariocas, estereótipos de, 49-50
carnaval em São Paulo, 50
carnaval no Rio de Janeiro
　abertura em relação à homossexualidade no, 35-7, 47-8, 53, 333n.41, 409-13, 468
　Avenida Central (Avenida Rio Branco), 343-4, 352-3, 362-3
　baianas, 35-6, 55, 56n.1 e 5, 343, 350-1, 358-9, 361-4, 365, 401n.68
　bailes
　　de Gala, no Teatro Municipal, 372, *373*, 374, 401n.84, 451-2n.23
　　de máscaras, 77, 100, 352, 356, 372, 395
　　de travestis, 50, 268-9, 271, 276, 346, 359-68, 374-5, 398n.28
　　não travestis, 77, 100, 267, 345, 351, 352, 357-8, 360, 361-3, 364-6, 371, 372-3, 380
　beijos, proibição de, durante, 400-1n.67
　Bloco Caçadores de Veados, 168, 354, 356
　Bloco carnavalesco negro, 343-4, *344*, 350-1
　bloco dos sujos, 364
　camp, 37, 56, 56n.5, 350-1, 377-8, 385, 395-6
　Canecão, 381
　carros alegóricos no, 352-4, 393-6
　casa/rua, 347-8, 352-3
　celebrações de rua durante o, 35, 50, 57n.9, 271-2, 345-6, 351-6, 362-3, 378, 384-5, 397-8n.22
　celebridades, 277, 350-1, 359, 372-3, 385
　　Rock Hudson, 277, 372-3, 399n.54 e 55
　　Liza Minelli, 385
　　Rachel Welsh, 385
　classe média, participação no, 359, 363, 368, 393-6, 403-4n.110
　classes pobres e operárias durante o, 352, 353-4, 363, 368, 393-6
　clubes, 135, 270, 275, 286, 351, 354-6, 362, 387-9, 390, 393, 397-8n.22, 412, 414, 421, 434
　cobertura da imprensa, 356-7, 359-77, 399n.54, 401n.68
　códigos de vestuário no, 348-9, 360, 365-8, 400n.63
　comercialização do, 37, 343-4, 345-6, 352-3, 392-3, 394
　Comissão de Turismo, 353, 397n.13, 401-2n.84
　communitas (sentimento de comunidade), 347, 351, 370
　concursos de fantasias, 50, 167-8, 346-7, 352, 356, 360, 367-8, 370-1, 372-3, 375-7, 413-4
　　em bailes de travestis, 311, 358-9, 374-5, 380, 400n.63, 402n.89
　　no Teatro Municipal, 40-1, 346, 352, 367-8, 370-1, 384, 395, 397n.13, 401-2n.84, 413, 451-2n.23
　　proibição de, 370-1, 374, 384, 400n.63
　　restrições governamentais sobre, 370-1, 374, 400n.63, 402n.89
　confluência com a homossexualidade, 58n.13
　controle da polícia no, 369, 370-1, 377-8, 380, 400n.63, 401n.68, 402n.89
　cordão do Bola Preta, 354-6, 365, 397-8n.22

Índice remissivo

corso (desfile de carros no carnaval), 343, 353
durante o Império, 352
empresários do, 358-9, 375-6, 399-400n.56, 402n.91
entrudo (folia barulhenta nas ruas), 348, 351-2
escolas de samba. *Ver* samba, escolas.
e turismo, 36-7, 168, 272, 345-6, 370-1, 387-8, 399-400n.56
espaço semipúblico durante o, 370
falsa baiana, 35-6, 56n.5, 362-4
fluidez da identidade sexual durante o, 35-6, 55-6, 379
folia interclasses, 347, 363
fotos do, *344, 357, 373*, 398n.31
gênero, ambiguidade durante o, 36, 54, 56, 56n.5, 370
desvios, 354, 356
história do, 351-6, 397n.10 e 18, 399-400n.56, 400n.63, 451n.21
homens casados travestidos durante o, 35-6, 348, 354-6
hostilidade diante da presença de homossexuais no, 346, 351, 368-73, 374, 382-5, 402n.89
Hotel Copacabana Palace, 358, 362-3, 374, 381-2
humor de homossexuais durante o, 354-5, 363, 377, 378, 395-6, 401n.68
igualitarismo durante, 345-7
imitação do feminino durante o, 343-7, 347-51, 354-5, 359-68
invasão do espaço durante, 100, 343-4, 356-9
Ipanema, 36, 57n.9, 133-4, 362, 385
lança-perfume, 365, 400n.63
legislação sobre o, no regime de Vargas, 249, 345-6, 353-4
Liza Minelli no, 385
loucura durante o, 351

malandro, como figura presente no, 165-6
masculinidade no, 344, 345-6, 359-60, 367-8
moralidade durante o, 354-6, 369-70, 373, 376-7, 400n.63, 400-1n.67
mulatas no, 36-7, 353-4
músicas
  "Pelo telefone", 353
  "Cabeleira do Zezé", 378-9
no período colonial, 351-2, 400n.63
no século XIX, 77, 100
"O maior espetáculo da Terra", 353
orgulho gay durante, 36, 57n.10, 379
papéis
  inversão de, 344-51, 354
  reforço dos tradicionais, 357-8, 368, 369-70, 387
  transgressão de, 54-5, 345, 348-9, 370, 371-2
paródia do feminino durante o, 35-6, 54-5, 56n.5, 348-50, 354-6, 358-9, 365-6
participação da classe alta no, 352, 362-3, 366-8, 372
performance durante o, 346
permissividade durante o, 37, 354-5, 371-2, 378, 400-1n.67
Praça Tiradentes, 167-8, 356-8, 362-3, 366-7, 374-5, 379, 384-5
prisões durante o, 377-8, 380, 395, 401n.68
rancho no, 353
Raquel Welsh no, 385
Rei Momo no, 354-5
Rock Hudson no, 277, 372-3, 399n.54 e 55
samba no, 353-4
  escolas de, 35, 50, 166, 346-7, 353-4, 363, 393-6, 403-4n.110, 404n.114
  restrições governamentais à

participação de homens travestidos, 404n.114
sensualidade durante o, 36, 55, 347, 350, 352-4, 370, 372-3, 375-7
Teatro Municipal, 346, 352, 363, 367-8, 372, 374, 381-2, 384, 395, 401-2n.84, 451-2n.23
tolerância sexual no, 37-8, 40
tradições afro-brasileiras no, 343-4, 352-3
transgressões durante o, 35-6, 54-5, 344-9, 354-5, 356, 360-1, 365-6, 368-73
travestis, bailes de, 50, 52, 267, 268-9, 271, 276, 346, 374-85, 386-9, 393, 394, 399-400n.56, 400n.60 e 63, 400-1n.67
  anúncios para o, 352, 356-7, 376, 380, 382-3, 400n.60
  Baile do Arco Íris, 371
  Baile dos Artistas, 364-5, 401n.68, 374
  Baile das Bonecas, 380, *381*, 385
  Baile das meninas do Paraíso, 369
  Baile da Paulistinha, 385, 402n.89
  Baile dos Enxutos, 374, 376, 376, 377-8, 380, 382-3, 385, 391-2, 395-6, 400n.60 e 67, 401n.68
  Baile dos Travestidos, 268, 368-9, 374
  localizações do
    Automóvel Clube do Brasil, *381*
    Cinema São José, 380, 382, 402n.88 e 89
    Teatro João Caetano, 268, 358-9, 374, *375*, 398n.28
    Teatro Recreio, 358, 359, 377, 380, 382, 400n.60
    Teatro República, 167-8, 356, 359, 362, 363, 390

Teatro Rival, 382-3
proibição governamental dos, 383-4, 400n.63
restrições governamentais sobre o, 370-1, 374, 400n.63, 402n.89
travestis, 271, 276, 304, 344-5, 346, 359, 362, 366, 368, 374, 378, 379, 380, 383-5, 387, 389, 393-4, 401n.68
Ver também bailes de travestis; concursos de fantasias; carnaval no Rio de Janeiro.
travestismo no, 35, 71-2, 100, 166, 281, 343-5, 350, 354-82, 395-6, 399-400n.56, 400n.60 e 63
violência contra homossexuais durante o, 368-72
visibilidade dos homossexuais durante o, 35-7, 54, 343-7
Carnival in Rio (1989), 37
Carrilho, Heitor, 258n.45
Carrousel, clube, 390
Carvalho, Thor, 457n.85
Casa grande e senzala (1933), 59n.24, 63n.49, 142, 209
casa, 47, 186, 347, 378, 380, 395
casamento
  de homens que praticam sexo com homens, 43, 148-9, 184, 268, 299, 336n.85
  proposta para casamento civil entre pessoas do mesmo sexo, 500
casas noturnas, 269, 272, 275-6, 337n.96, 385, 414-5, 512, 518, 533-4
  gays, 275-6, 328, 387-8, 414-5, 434, 473-4, 486-7, 535
casos judiciais, 51-2, 63-4n.54
Cassino Atlântico, 195-6n.46, 358
Cassino da Urca, 195-6n.46, 358
cassinos, 195-6n.46, 269, 297-8, 358
Castro, Fidel, 447
Castro, Moacir Werneck de, 162
Católica, Igreja. *Ver* Igreja Católica.

Caulfield, Sueann, 191n.6, 193n.26, 259n.49
Ceará, 87, 126n.59, 127n.66
celebridades, 40, 269, 277, 285, 334n.53, 350-1, 372-3, 385, 399n.54 e 55
Celso Ricardo, 32, 452n.30
censo, 16, 63n.52, 147-8, 176, 193-4n.30, 210
1890, 66
e raça, 193n.27 e 29
censura
  à imprensa, 265, 382-3, 407, 412-3, 423, 427, 430-1, 442-4, 448, 450-1n.7, 456-7n.80, 468-9
  ao teatro, 393, 412-3, 423, 427, 450-1n.7
  autocensura, 382-3
  relativa à homossexualidade, 383-4, 413, 427, 435, 442-4, 448, 456-7n.80, 482
Censura e Entretenimento Público, Divisão de, 383, 384
Central do Brasil, Estação Ferroviária, Rio de Janeiro, 137
centro, "limpeza" do, 280, 462n.129
chantagem, 29, 112-3, 280, 298-9
Charcot, Jean-Martin, 129n.84
charges, 78-83, 100, 115-9, 140
Chauncey, George, 50, 106, 337-8n.107
chauvinismo masculino, 433-4
Chevalier, Julien, 99, 104, 129n.84
Chile, 374, 376
Cidade Maravilhosa, 66-7, 121n.6, 269, 309
ciganos, 121-2n.8
Cinelândia
  como espaço urbano, 135
  como ponto de interação gay, 161, 168, 171, 177-8, 269, 271, 302, 305, 312, 389-10, *411*, 416, 428, 534

Cinema Passatempo, 271
Cinema São José
  bailes de travestis no, 380, 382, 402n.89
cinema, salas de, 46, 73, 106, 135, 184, 195-6n.46, 269, 357-8
  como pontos de encontro, 62n.43, 86, 112, 137, 138, 177-80, 271, 280, 294, 310, 362, 415, 429, 534
  em São Paulo, 143, 174-5, 184, 199n.86, 290, 294, 452n.30
    Art Palácio, 290
    Cairo, 290
    Marabá, 290
    Oásis, 290
  no Rio de Janeiro, 62n.43, 73, 84, 112, 124n.30, 135, 143, 271-3, 280, 357-8, 415, 452n.28 e 30
    Cinema Passatempo, 271
    Copacabana Metro, 273
    Íris, 280
    Primor, 415, 452n.30
    Rian, 273
classe médica. *Ver* médicos.
classe, 48, 50-1, 103, 120, 266-9, 408, 422, 425, 470, 490, 494, 520, 536
  alta, participação no carnaval do Rio de Janeiro, 352, 362-3, 366-8, 372
  Ver também elites.
  hierarquia, 46, 50-1, 103-4, 120, 408-9, 470
  média, 24-5, 27, 37, 430, 432-3, 439, 470, 473, 480, 509
    como boêmios, 74
    durante a *belle époque*, 108-9
    durante o carnaval, 368
    e homossexuais, 43, 45, 50-1, 315, 440-1
    e o "milagre econômico", 406, 414
    expansão, nos anos 50, 266
    homens verdadeiros, 278-9, 315

homossexuais, 24, 43, 45, 105,
    138, 146, 234-5, 243, 271, 287-
    8, 294, 315, 318-9, 321, 414,
    416, 421, 423, 441, 511, 534
  nos anos 70, 42-3, 511
  operária, 42-3, 257n.28, 362-3,
    405-6, 448, 457n.83
  participação no carnaval do Rio
    de Janeiro, 359, 363, 368, 393-
    6, 403-4n.110
  pobres e operárias
    durante o carnaval no Rio de
      Janeiro, 352, 353-4, 363, 368,
      393-6
    em São Paulo, 236-7
    homossexuais, 42-3, 49-50, 144-6,
      149-57, 161-71, 201n.110, 234-
      5, 297-318, 393-4, 440-1
    no Rio de Janeiro, 65-6, 108, 163-
      5, 168-9, 271
    nos anos 70, 405-7
Clínica Psiquiátrica da Escola de
  Medicina da Universidade de São
  Paulo, 225
Clodovil, 40, 528n.99
Close, Roberta, 40, 514
Clóvis, 292-3, 294, 310, 336n.77, 410-
  2, 439
Clube Militar, 135
Clube Naval, 135
clubes de carnaval, 345-7, 351-4, 364-
  5, 397n.22
cobertura da imprensa
  Coccinelli, 386-7, 390, 402n.91
  do carnaval do Rio de Janeiro,
    356-7, 359-85
  Hudson, Rock, 277, 372-3,
    399n.54 e 55
Coccinelli, 386-7, 390, 402n.91
Cockettes, The, 455-6n.62
Código Filipino (1603), 122-3n.14
Código Penal
  Brasileiro (1830), 70, 71, 230

Brasileiro (1890), Artigo 266
  (atentado ao pudor), 71, 123n.20,
  260n.64
Artigo 282 (atentado público ao
  pudor), 70-1, 75, 170, 233
Artigo 379 (travestismo), 71, 186
Artigo 399 (vadiagem), 72, 170
Brasileiro (1940), Artigo 258
  (proposta para criminalizar a
  homossexualidade), 233, 234
Consolidação (1932), 234, 260n.64
Filipino (1603), 122-3n.14
Francês (1791), 70
militar brasileiro, 127n.63
Napoleônico (1810), 70
Napolitano (1819), 70
Códigos Consolidados (1932), 234,
  260n.64
códigos de vestuário
  durante o carnaval no Rio de Janeiro,
    348-9, 360, 367-8, 400n.63, 417-8
códigos morais
  da ditadura militar, 382-5, 392-3,
    400-1n.67, 412
Colé, 388
colunistas, 196n.47, 321, 324, 325,
  393, 431-2, 434-5, 445, 457n.85,
  458n.94, 482, 512
Comar, 412
comércio como profissão, 95, 145,
  146, 287, 362
Comissão Internacional de Direitos
  Humanos de Gays e Lésbicas
  (International Gay and Lesbian
  Human Rights Commission), 38
communitas (sentimento de
  comunidade), 347, 351, 370
Companhia Antárctica, 376
Companhia Cinematográphica do
  Brasil, 135
comportamento
  degenerado, 206, 207, 213, 248
  igualitário, 321-2

imoral, 76-8, 82-3, 90, 92, 101-2, 125n.39, 188, 205-6, 212-4, 239, 310-1, 459n.107, 502-3
  natureza degenerada, 91, 101, 128n.75, 148, 206, 212-5, 220-7, 231-3, 258-9n.46
  teorias do, 206, 212-4
comunismo, 143, 205-6, 207, 257n.28
Comunista, Partido. *Ver* Partido Comunista.
concepções morais sobre a homossexualidade, 46-7, 94, 137-8
concertos, salas de, 73
Conchita, 180, 185-7
concursos de beleza, 267, 281-6, 304, 310-1, 333n.41
  Miss Brasil, 267, 281, 284, 304, 514, 520
  rainhas da beleza, 318-20
concursos de fantasias. *Ver* carnaval no Rio de Janeiro, concursos de fantasias.
condição mista, 93, 95-6, 215
Conferência Nacional dos Bispos do Brasil (CNBB), 340-1n.145
Confusion of Sentiments (*A confusão dos sentimentos*) (1932), 296
Congresso Brasileiro, fechamento do, 265, 382, 405
Congresso Nacional sobre Identificação, 144
Conniff, Michael L., 257n.28
consumismo
  classe média, 266, 333-4n.52, 423, 456n.71
  classe média gay, 409-10, 414, 487, 511-2, 534
conto do suador, 182-3, 184, 189
contra-casa, 47
contracultura
  influência na identidade gay, 43
  influência sobre os estudantes, 382, 423-6, 430-4, 457n.83, 478-9

conventos, portas de, como locais de sociabilidade homoerótica, 105
Convergência Socialista, 462n.129, 468, 477, 484, 516, 524n.42
Copa do Mundo, 406
Copacabana, 57n.10, 133, 195-6n.46, 267-9, 271-9, 281, 331n.8, 10, 12 e 13, 473, 515
  como bairro de classe média, 269-70
  como ponto da subcultura homossexual, 267, 271-8, 301, 308, 309, 378, 387-9, 413, 414, 416
  gay, 494, 534
  turismo em, 271-2, 276-7
  vida noturna, 271-6, 308-9, 358, 362, 387, 414, 421, 534
Copacabana Palace, Hotel, 133, 195-6n.46, 269, 276-7, 279, 358, 363, 374, 381, 383, 386, 399n.48, 416
Coqueiro Seco, Alagoas, 39, 503
Corcovado, 88, 133-4, 211
cordão do Bola Preta, 354-6, 365, 397-8n.22
Corrêa, Mariza, 63n.49
Correio de Copacabana, 434
corso (desfile de carros no carnaval), 343, 353
corte marcial, para a homossexualidade, 90
Corydon, 296
Costa Rica, 60-1n.37
Costa, Gal, 423
costureiros, 118, 145, 146, 176, 183, 186, 358
cozinheiros, 165, 166, 181
crianças, molestadores de, 101, 123n.20
crime
  como questão social, 141-2
  homossexualidade como, 225, 227
  no Rio de Janeiro, 67
  Ver também criminalização da homossexualidade.

crimes
 cometidos por homossexuais, 163-71, 182-4, 197n.60, 421-2
 contra gays, lésbicas e travestis, 38-9, 421-2, 502, 503, 514-5
criminalidade, 213, 216, 257n.30, 258n.45, 298
criminalização da homossexualidade, 226-7, 230-4
Criminologia, Instituto de (São Paulo), 123-4n.23, 151, 176, 179, 182, 186, 198-9n.82, 199n.85, 201n.110, 230, 257n.38
criminologistas, 46, 51, 136, 142, 224
 e o estudo da homossexualidade, 101, 107, 139, 144-57, 190, 206-9, 212-5, 220-2, 232-3, 253
 intervenção em questões sociais, 141-2, 199n.84, 206-8
criminosos, 17, 148, 169, 207, 223-4, 258n.45, 298
 afro-brasileiros, 144-5, 163-4, 257n.30
 japoneses, 258n.46
crioulo, 126n.57
cristãos, catolicismo, 155, 211, 212, 228, 240, 323, 340-1n.145, 498-9, 518, 538-40, 544, 547
 Ver também Igreja Católica.
Cristo Redentor, 133, 211
Cruz, Oswaldo, 121n.4, 263n.93
Cuba, 60-1n.37, 358, 447, 484
Cultura de massa no século XX, 426
cultura física
 sob o Estado Novo, 248-54
 Ver também fisiculturismo.
Cunha, Maria Clementina Pereira, 32, 235, 348
Curi, Celso, 434-5, 438, 445, 458n.94
Curitiba, Paraná, 38, 510, 517

D'Emilio, John, 34, 54, 60n.35
Da Matta, Roberto, 56n.4, 63n.48, 200n.94, 347-9, 351, 396n.3

Dale, Lennie, 424, 455-6n.62
Damata, Gasparino [Gasparino da Mata e Silva], 318, 337-8n.107, 429
Damé, 176, 179, 185-6
dançarinos, 75, 150, 358, 402n.91, 424
dândis, 80, 97-8, 111, 129n.81, 131n.107, 140-1
Daniel, Herbert, 442, 460n.113, 474-5, 479, 483-5, 490, 495-6, 504, 507
Dantas, Gilka, *313*, 317, 326
 Ver também Guimarães, Agildo.
Dean, Warren, 257n.28
Decca, Edgar de, 191-2n.17
delegacia de polícia, 136-7, 170, 298, 377-8, 380, 395, 401n.68, 453n.40
 Ver também quartéis de polícia.
delinquente nato, 213
De l'inversion de l'instinct sexuel au point de vue médico-legal (1885), 99
democracia racial, 40, 59n.24, 472-3
Dener, 40
Departamento de Identificação (Rio de Janeiro), 192n.18, 216, 254-5n.7
 Ver também Instituto de Identificação (Rio de Janeiro).
Departamento Estadual de Ordem Política e Social (DOPS), 449, 462n.129
descriminalização da homossexualidade
 na Grã-Bretanha, 325
 no Brasil, 69-72, 230-4
Deufresnoy, Jaqueline. *Ver* Coccinelli.
Dezon, 276, 332n.26
Dia do Trabalho, 249, 449, 468-9, 470
Dicionário moderno, 78
direitos da parceria civil, 471-2
direitos humanos, 20, 39-40, 341n.145, 408-9, 450n.2, 467, 503, 513, 515, 537-8, 542-3, 546-8
discotecas, 274, 410, 410-6, 434-5, 443, 452n.26, 487, 512

Índice remissivo

Medieval, 412, 414
Nostro Mondo, 414
Sótão, 412, 414-5, 452n.26
Zig-Zag, 414, 452n.26
discurso médico-legal sobre homossexualidade
  durante os anos 20, 30 e 40, 18-9, 47, 139, 151-2, 192n.21, 203-5, 205-18, 227-30, 250-4, 255n.9 e 10, 256n.25, 258n.45, 259n.52 e 53, 260n.62
  durante os anos 50, 293-4, 299-300
  influências europeias sobre, 9-10, 43-6, 95-6, 98, 104, 106, 205-6, 208-9, 212-5, 227, 229, 249-50, 251-2, 256n.25, 258n.45, 259n.52 e 53, 260n.62
  na Argentina, 45-6
  no Brasil, 43-8, 49-50, 466-7, 468
  no início do século, 43-4, 91-108, 119-20
  nos anos 70, 437-8, 444-5, 459n.108
distúrbios hormonais, 214, 216-22
ditadura militar (1964-1985), 13-4, 52, 53, 208, 250-1, 312, 327, 330n.1, 341-2n.145, 380-2, 405-10, 422-3, 451n.15
  anistia sob a, 409, 444, 450n.1, 467
  e prisão da oposição, 265, 405-6
  códigos morais da, 382-5, 392-3, 400-1n.67, 412, 448, 477
  da imprensa, 265, 380-2, 407, 412, 422-3, 426-7, 430, 432-3, 443, 448, 468-9, 482
  do teatro, 382, 392-3, 407, 412-3, 422-3, 427-8, 450-1n.7
  e banimento da oposição, 405-6, 441-2
  e censura, de manifestações de homossexualidade, 382-3, 410-2, 423, 443, 448
  e o Ato Institucional n.5, 382, 405, 411
  e tortura da oposição, 405-6, 406-7, 422-3
  exilados durante a, 405-6, 442, 460n.113, 467
  Figueiredo, presidente general João Batista, 409, 467
  Geisel, presidente general Ernesto, 384, 407, 409, 451n.8, 467
  guerrilha durante a, 405-6, 422-3, 441-2, 460n.113 e 114
  liberalização política sob a, 384, 406-8, 451n.8, 468-9
  Médici, presidente general Emílio Garrastazu, 53, 265, 312, 382, 392-3, 405-7
  mobilização dos trabalhadores contra a, 408, 446-7
  movimento de gays e lésbicas sob a, 14, 54, 328, *329*, 408-9, 441-50
  oposição à, 11, 265, 326-7, 330n.1, 382-3, 405-10, 422-3, 430-5, 441-2, 448, 450n.1, 457n.83
  oposição da esquerda à, 405-6, 406-9, 422-3, 441-2, 446-8, 462n.129
  patriotismo sob a, 405
  prisão da oposição pela, 406-7
  protestos estudantis contra a, 325-6, 382, 405, 408-9, 471-2
  repressão sob a, 326, 405-9, 449, 462n.129
  sequestro do embaixador norte-americano sob a, 405
dívida externa, 407
doentes mentais, hospital para, 101, 158-9, 187, 203-4, 223, 235-9, 241-2, 244-5, 258n.45, 261-2n.78, 301
  Ver também hospitais psiquiátricos.
DOPS. *Ver* Departamento Estadual de Ordem Política e Social.
drogas, 300, 423, 499
Dunn, Christopher, 454n.60
duplo (ativo e passivo sexualmente), 288

Duran, Dolores, 331n.12
Dutra, marechal Eurico Gaspar (presidente, 1946-1950), 330n.1
Dzi Croquettes, 423-6, 455n.62

ecologia, 444
educação física, 249
efeminação, efeminados, 40-6, 55, 60n.29, 72, 76-81, 83-4, 86, 89, 91-9, 100-1, 104, 106-8, 117-20, 123-4n.23, 125-6n.52, 128n.75, 130n.98, 145-6, 149, 156-7, 159-61, 165, 171, 181-2, 185, 188, 190, 206, 209, 224, 230, 236, 244, 252, 267, 279, 281, 288-9, 306-7, 310, 314-5, 320, 322, 336n.85, 337-8n.107, 339n.120, 360-2, 379, 384-5, 387, 391, 413, 417-8, 420, 425-6, 429, 433, 482
eletrochoques, 187, 244-8
elites, 17, 40, 45, 51, 59n.24, 65, 97-8, 120-1n.1, 127-8n.69, 130n.103, 143, 164, 173, 195-6n.46, 215, 251, 269, 481-2
  atitudes em relação à raça, 59n.24, 105, 114, 142
  como dândis, 97
  como figuras boêmias, 74
  e a alta sociedade carioca, 65, 67, 108-13, 116-8, 269
  e a homossexualidade, 103, 108, 269, 293-4, 318, 414, 438-9
  e o carnaval, 352, 358, 363, 366-7, 380, 383, 399n.48
  intelectuais, 116-7, 142, 144-5, 208, 210, 215, 223
  suposta ausência de homossexualidade entre as, 97, 103, 367-8
embaixador dos Estados Unidos
  Gibson, Hugh, 135, 343-5, 350, 365, 405, 507
  sequestro do, em 1969, 405

emenda constitucional contra a discriminação, 470-2, 508-9, 515
Emilinha. *Ver* Borba, Emilinha.
empregados do governo, 69, 74, 103, 105, 158, 161, 269, 367, 383, 492
emprego
  de homossexuais, 37, 75, 95, 137, 138, 145, 150, 164, 165, 171, 178, 181-2, 184, 185-6, 289, 417-9, 514
  discriminação contra homossexuais no, 38, 38, 186-7, 289-90, 306-7, 318, 417-9, 428, 445-6, 448, 518
  para homens solteiros, 65-6
empresários
  de casas noturnas, 73-4, 276, 358, 380-2, 387-8, 390, 402n.91, 414, 416, 434-5
  durante o carnaval, 359, 375, 379, 399-400n.56, 402n.91
endocrinologia, 144-5, 192n.21, 209-10, 212-31, 249-51, 256n.25, 257n.30 e 38, 259n.53, 260n.62
Entender (1977), 437, 438
entendidos, 16, 26, 95, 306-9, 312, 314-5, 321-3, 337-8n.107, 341n.152, 392, 399n.48, 421-2, 428-9, 434-9, 452n.32, 457n.85, 520, 523n.22, 534
entrudo (folia barulhenta nas ruas), 348, 351-2, 363
enxuto, 374, 376, 380-5, 401n.68
Escobar, Ruth. *Ver* Teatro Ruth Escobar.
Escoffier, Jeffrey, 34, 331n.4
Escola de Sociologia e Política, 335n.64
Escola Nacional de Belas-Artes, Rio de Janeiro, 135
Escola Nacional de Direito, Rio de Janeiro, 296
Escola Naval, 87
escolas de samba, 36-7, 50, 166, 346-7, 353-4, 363, 393-6, 403-4n.110, 404n.114

restrições governamentais à participação de homens travestidos nas, 404n.114
escolas internas, 150, 302-3, 335n.66
escravidão, abolição da, 65, 87-8, 103
escravos, 76, 87-8, 103, 105, 164, 226, 348, 352
escritores, oposição à ditadura militar, 382, 423
escriturários, 87, 90, 105, 140, 182, 186-7
espaço semipúblico durante o carnaval, 370
espaço (oportunidade de), 408-9
Espanha, 212-3, 418
espetáculos musicais. *Ver* teatro de revista.
esquerda brasileira, 10, 14, 143, 205-6, 231-2, 314, 327, 330n.1, 370-1, 405-9, 410, 423, 441-2, 446-50, 457n.83, 460n.113, 461n.124, 462n.129, 467-8, 473, 478, 482, 484, 496, 507, 508-9, 514, 548
e homossexualidade, 441-2, 446-50, 460n.113, 461n.124, 471-2, 510
Ver também comunismo; comunistas; Partido Comunista; socialistas.
esquisitos, gays, 452-3n.36
esquizofrenia, 158, 243, 244-6, 248, 262n.80
Estação da Luz, 176, 199n.85, 287
estações de rádio, 284-6
Estado Novo, 53, 143, 192n.18, 208, 230-4, 248-54, 260n.59, 265-6, 287, 337-8n.107
Estados Unidos
Departamento de Estado, relatório sobre direitos humanos no Brasil (1993), 38-9
influências econômicas sobre o Brasil, 266
influências musicais sobre o Brasil, 270
influências sociológicas dos, 9, 43, 44, 46, 135, 284
movimento de gays e lésbicas nos, 24, 54, 57n.10, 193n.23, 430, 435-6, 441, 444-5, 446, 457n.84, 489
tratamento da homossexualidade com eletrochoques nos, 187, 243-6, 262n.79
vida gay nos, 305-6, 308-10
estilistas
de fantasias, 358, 368, 396
de moda, 40, 118, 368, 399n.48, 413, 430, 528n.99
estrelas, 41, 161, 165, 177-80, 184, 196-7n.57, 327, 349-50, 382, 386-95, 402n.91 e 98, 402-3n.99, 417-8, 432
do rádio, 281-6, 333-4n.52, 334n.56
do teatro de revista
Colé, 388
Gil, Carlos, 388
Gonçalves, Dercy, 358
Grande Otelo, 388
Oscarito, 388
Rogéria, 40, 327, 382, 389-92, 402n.98, 402-3n.99, 417-8, 432-3
Valéria, 369, 382, 402n.98
estudantes, 14, 74, 127-8n.69, 246, 268, 293, 295, 302, 325-6, 327, 382, 405-6, 408, 422-3, 431, 447, 454-5n.61, 457n.83, 467-8, 513, 545
atitude diante da homossexualidade, 58n.14
do Instituto de Criminologia, 110, 123-4n.23, 151-2, 155-6, 164, 176, 180, 183, 188-90, 201n.110, 230-1, 257n.38
Ver também movimento estudantil.
estupro de menores, 101, 222-7
Eu Sei Tudo, 179
eugenia, 51, 142, 148, 207, 212-3, 224-5, 227, 237, 250, 254-5n.7, 256n.21, 258-9n.46
eurocentrismo, 142

evangélicos, 498-9, 517-8, 534, 540, 545, 554n.36 e 39
exército brasileiro, 87, 90, 93, 103, 105, 143, 268, 467, 478, 544-5
exílio
  como punição da sodomia pela Inquisição, 69-70
  sob a ditadura militar (1964-1985), 406-7, 442, 460n.113, 467, 474
explosão demográfica
  Rio de Janeiro, 66, 172-3
  São Paulo, 172-3
extorsão pela polícia, 70-1, 280, 298

Façanha, Edgar, 383
falsa baiana, 35-6, 56n.5, 362-4
família
  apoiada economicamente por homossexuais, 391
  atitudes da, em relação à homossexualidade, 41, 48-9, 51, 55, 116-7, 181, 186, 234-48, 267-9, 279, 280, 306-7, 390-1
  colonial, 48-9, 63n.49
  como controle da pureza feminina, 96-7
  e a sociedade, 139-40
  morar com a, 112-3, 186, 391
  patriarcal, 48-9, 63n.49
  pressão da, sobre homossexuais, 203-5, 234-9, 243-8, 390-1, 490, 535
  redes alternativas à, 47-8, 55, 62n.43, 106, 180, 267, 304-28, 473-4, 520, 535
  vista pela Igreja Católica, 256n.17
fanchono (homossexual masculino), 26, 84-7, 89-90, 112, 126-7n.52, 163
fantasia. *Ver* carnaval no Rio de Janeiro, concursos de fantasias.
Farah, Anuar, 305, 328, 341n.154, 435-6
fascismo, 143, 205-6, 207

fã-clubes, rádio, 267, 284-6, 305, 333-4n.52, 334n.53
favela, 113, 353, 363
fazer crochê (tocar os genitais de outro homem), 178, 199n.88
febre amarela, campanha contra a, 66, 121n.4
Febrônio Índio do Brasil, 222-5, 227, 258n.42 e 45
Feld, Fred, 421
Feldman, Sara, 63n.47, 200n.97
feminilidade, 24, 36-7, 42, 55, 85, 96, 100, 171, 179-80, 206, 218, 281, 308-9, 317, 320-1, 346, 350, 356, 391-2, 395-6, 420-2, 454-5n.61
feminismo, 23, 24-5, 408-9, 433-4, 445, 460n.114, 466-7, 470, 472, 473, 476-7, 482-3, 507, 548
Fernandes, Millôr, 433
Ferraz de Macedo, Francisco, 92-100, 102-3, 105, 111, 129n.81, 130n.103, 188-9
Ferreira Leal, 127-8n.69
Ferro's Bar, 293, 416
festas, 51, 57n.10, 178, 271, 303, 309, 310-8, 326, 327-8, 331n.4, 333n.41, 341n.154, 345, 349, 351, 392, 436-7
Figueiredo, general João Batista de Oliveira (presidente, 1979-1985), 409, 467
filmes brasileiros, retratos de homossexuais em, 62n.43
fisiculturismo, 282-4, 333n.46
  Ver também cultura física.
Flamengo, praia do, 278, 416
flânerie (footing), 109, 111
flâneur (que pratica o *footing*), 109, 111
Flor-de-Abacate, 182, 345
Floriano Peixoto, Praça, 135, 161
fluidez da identidade sexual durante o carnaval no Rio de Janeiro, 37-8, 55-6

fofocas, 82, 109-10, 136, 180, 267, 278, 291, 312, 319, 325, 392, 436
Follies, 301, 337n.96
Fonseca, Guido, 195n.44, 198-9n.82, 200n.97, 418-20, 453n.40
Fonseca, Hélio [Gato Preto], 320, 324, 326-8, 435-2
fontes históricas, 50, 51-2, 53-4
footing, 109-10, 290-1
For Friends, sauna, 412
Força e Saúde, 282-4, 333n.42
Ford, Talisman, 46, 251-2, 255n.8
Foster, David William, 60-1n.37
fotografias
  de bailes de travestis, *357*, 369, 371, 372, 398n.31, 401n.68
  de Febrônio Índio do Brasil, 222-3, 224, 258n.42 e 45
  de homossexuais por estudantes paulistas, 179, 180
  de homossexuais por Leonídio Ribeiro, 145, 182, 192n.20, 215-22
  de lésbicas, 225
  de Preto Amaral, 226
  de Rock Hudson, 373
  do carnaval no Rio de Janeiro, 343-4, 350-1, *355*, *357*, 359, 360-2, 365, 369, 371-2, *375*, 398n.31, 401n.68
  do Bloco carnavalesco negro, 343-4
  do teatro de revista, *389*
  em *Gente Gay*, *329*, 435-6
Foucault, Michel, 128n.71
França, 97, 99, 160, 210, 212, 283, 386, 418, 453n.41
Franca, Germiniano da (chefe de polícia), 193n.26
francesas, prostitutas, 74, 97, 124n.31
Francis, Kay [João Ferreira da Paz], 165-6, 178-80, 186, 200n.106, 349-50
Franco da Rocha, Francisco, 235-7, 261n.70

Franco, Daniel, 296, 301-2
"Frederico Paciência", 196n.48, 302
Frente de Liberação Homossexual Argentina (Frente de Liberación de Argentina), 430-1, 446, 489
fresco, 16, 26, 77-82, 83, 85-7, 90, 100-1, 106, 108-9, 110-1, 112-4, 115-9, 130n.103, 156-7, 161-2, 195n.40 e 41, 303, 354
Freud, Sigmund, 137-8, 193n.23, 365
Freyre, Gilberto, 59n.24, 63n.49, 142, 209-10, 250, 288
  textos sobre homossexualidade, 209-10
Friedan, Betty, 434
frigidez, 225
Frontin, Paulo de, 121n.4
Fry, Peter, 18-9, 23-9, 42-3, 46, 59-60n.26, 62n.43, 258n.42 e 45, 321, 438-40, 444-5, 483-5
futebol, 282, 333n.46, 412, 424, 432, 448, 505

Gabeira, Fernando, 442, 460n.114, 506-7
Gala, Baile de, 367, 372, *373*, 374, 383, 401-2n.84, 451-2n.23
Galeria Alasca, 332n.26, 387-8, 414, 421
Galeria Metrópole, 292, 294-5, 411-2
garçons, 75, 136-7, 164-5, 165-6, 181, 184, 199n.84, 362, 452n.26
Garland, Judy, 334n.56
Gato Preto. *Ver* Fonseca, Hélio.
gaúcho, 302, 304
gay
  como identidade, 29, 43, 45, 60-1n.37, 321, 339n.120
  uso da palavra, 17, 26, 28, 159, 276, 337-8n.107, 434-5, 435-6, 439, 446, 460-1n.122
gays e lésbicas, movimento de. *Ver* movimento, de gays e lésbicas.

"Gay is Good", 314-5, 339n.120
Gay Liberation Front (Frente de Liberação Gay), 431
Gay New York (1994), 50, 106, 337-8n.107
"Gay Power", 413, 429-30, 431-2, 435, 438, 457n.84 e 85, 413
Gay Society, 438
Gay Sunshine Press, 444, 492
Geisel, general Ernesto (presidente, 1974-1978), 384-5, 407, 409, 451n.8, 467
gênero
  ambiguidade no carnaval do Rio de Janeiro, 36, 37, 55-6, 56n.5, 360-1, 370
  desvio de, 354, 384, 423
  dominante, paradigma, 36-7, 40-4, 77, 93, 95, 139-40, 141, 149, 153, 157, 206-7, 221-2, 266, 348-9, 368, 368-73, 386-7, 395-6, 423, 437-41, 465-6
  hierarquia, 46-7, 93, 408-9, 438-9
  identidade, 55, 139, 142, 267, 315, 422, 438-41, 453n.37, 454-5n.61, 466, 481, 514, 518, 534-6, 545-6, 549-50
  papéis tradicionais, reafirmação dos, 348-51, 368, 369-70
  sistemas na América Latina, 44-5
  transgressões durante o carnaval, 19, 35-6, 54-5, 344-5, 365-6, 369-73
genitais, tamanho de, como indicação de homossexualidade, 219-20, 236
Gente Gay, 328, *329*, 435-8, 440-1
Gibson, Hugh, 135, 343-96
Gide, André, 296
Gikovate, Flávio, 440, 459n.108, 482
Gil, Carlos, 388-9
Gil, Gilberto, 406, 423
Gilda de Abreu. *Ver* Abreu, Gilda de.
gíria, 42, 50, 78, 81, 83, 84-5, 96, 113, 123-4n.23, 151, 159-60, 176, 194n.35, 195n.44, 279, 301, 305, 337n.106, 337-8n.107, 374, 398n.26, 428
bagaxa, 94, 96
bicha, 16, 17, 24, 26, 41, 42-4, 55, 159-61, 170, 189, 194n.38 e 39, 195n.41, 316, 317, 319-20, 322-3, 379, 385, 420-1, 425, 429, 433, 439, 440-1, 496, 534-5, 536
bofe, 26, 42, 311, 315-8, 319, 323, 422, 438, 439, 440-1
bói, 398n.26
boneca, 281, 311, 314-5, 316, 317, 318, 320-1, 339n.120, 360, 383, 384, 385, 395, 410, 439-40, 534-5
brésilien (termo francês para travesti prostituto), 453n.41
entendido, 16, 26, 306-7, 321-3, 337-8n.107, 341n.152, 435, 438-9, 534, 399n.48
fanchono, 26, 84-5, 86-7, 89, 90, 112-3, 125-6n.52, 163
fazer crochê, 178, 199n.88
fresco, 16, 26, 77-82, 86-7, 90, 100-1, 106, 108-9, 112, 117-8, 118-9, 130n.103, 156-7, 161, 195n.41, 303, 354
louca, 310, 322
pássaros de Copacabana, 279
puto, 16, 75-80, 119, 157, 161, 195n.44, 300
revertério, 279
tias, 318, 323, 421-2
viado, 16, 157-61, 168-9, 194n.34 e 35, 195n.40, 197n.59, 244, 300, 322, 379, 385, 397n.21
vinte e quatro, 159, 195n.41
globalização, das culturas gays norte-americanas e europeias, 106
Gluck, Sherna, 56n.6
golpe de Estado
  fascista, 143
  de 1964, 265, 314, 330n.1, 335n.64
Gonçalves, Dercy, 358-9

Gonçalves, Dulcídio, 145, 193n.24
Goulart, Jorge, 163, 378-9
Goulart, presidente João (1961-1964), 314, 330n.1
Grã-Bretanha, 325
Graham, Sandra Lauderdale, 347-8
Grande Depressão, 143, 205
Grande Otelo, 388
gravatas vermelhas, 99-108, 130n.98
grego, paradigma da homossexualidade, 89, 129n.83
Greta Garbo, quem diria, acabou no Irajá (1974), 428-9
greve geral
　1917 e 1919, 143, 205-6, 207, 257n.28
　1978 a 1980, 11, 408, 409, 448, 468, *471*
Grupo Gay da Bahia, 21, 38, 39-40, 477, 487, 494-5, 504, 528n.110
grupos de gays e lésbicas, 11, 31, 38-9, 57n.10, 341n.151, 431, 442, 444-8, 469-70, 477, 481, 483-4, 486-7, 497, 507, 508-10, 515, 517, 529n.132
Guanabara, baía de, 109, 133-4
Guerra do Vietnã, 14, 325-6, 406
guerra fria, 330n.1
guerrilhas, 405-6, 421-2, 441-2, 460n.113 e 114
Guimarães, Agildo, 33, 267-9, *274*, *277*, *313*, 305, 311, 314, 316-7, 320, 322, *325*, 326-8, *329*, 341n.154, 399n.48, 435, 440
　Ver também Dantas, Gilka.
Guimarães, Carmen Dora, 18, 305, 321, 473-4, 523n.22
Guimarães, Celeste Zenha, *119*, 132n.127, 251
Gusmão, Raul de, 114
Guy, Donna J., 34, 45, 60n.36

habitações, moradias
　no Rio de Janeiro, 66-7, 74, 180, 268, 270
　remoção de populações urbanas, 66
　unidades para aluguel, 66, 161, 164, 174, 269
Halfoun, Eli, 457n.85
Hall, Radclyffe, 302
Haussman, Georges Eugène, 121n.4
Hecker Filho, Paulo, 302-3
Henrique, 136-8, 145, 149, 171, 178, 181-2, 193n.25
Herrmann, Lucilia, 175-6
hierarquia, de gênero, 46-7, 93, 408-9, 438-9
Higgs, David, 63n.47
Hirschfeld, Magnus, 295
história
　do movimento brasileiro de gays e lésbicas, 11, 31-2, 41-2, 52-4, 57n.10, 62n.43, 328, 341n.151, 430-1, 443, 446-9, 451n.14, 457n.84, 460n.114 e 120, 462n.129, 462-3n.130, 468, 472-3, 478-9, 481, 493, 497, 500, 506-10, 515
　da homossexualidade, 11, 19, 49, 55, 208-15, 466-7
　do carnaval no Rio de Janeiro, 347-8, 349-51, 351-6, 357-9, 359-62, 364, 397n.10 e 18, 399-400n.56, 400n.63, 451n.21
História da sexualidade. A vontade de saber, 128n.71
Histórias do amor maldito (1967), 429
história pornográfica, 82-6, 86-7, 272, 282, 284
histórias orais, 17-8, 51-2, 460n.120
Holanda, 323, 324, 340-1n.145
Hollywood
　Carmen Miranda, 36, 56-7n.7, 358
　filmes, 36, 56-7n.7, 140-1, 154-5, 178-9, 266, 273
　símbolos sexuais, 372-3, 399n.54 e 55

homem
  casados que praticam sexo com homens, 43, 85, 148-9, 150, 184, 316-7, 372-3, 415
  casados, travestismo durante o carnaval no Rio de Janeiro, 35-6, 348, 354-6
  casamento de homens que praticam sexo com homens, 43, 148-9, 268, 299, 336n.85
  classe baixa, 19, 20, 27, 43, 50-1, 67, 73-4, 109, 130n.103, 137, 166, 171, 178, 181-2, 236-7, 248, 415-6
  Ver também classes pobres e operárias.
  e o candomblé, 43, 46, 60n.29, 485, 540
  efeminados, 40-6, 55, 58n.14, 60n.29, 72, 76-81, 83-4, 86, 89, 91-9, 100-1, 104, 106-8, 117-20, 123-4n.23, 125-6n.52, 128n.75, 130n.98, 145-6, 149, 156-7, 159-61, 165, 171, 181-2, 185, 188, 190, 195n.41, 206, 209, 224, 230, 236, 244, 252, 267, 279, 281, 288-9, 306-7, 310, 314-5, 320, 322, 336n.85, 337-8n.107, 339n.120, 360-2, 379, 384-5, 387, 391, 413, 417-8, 420, 425-6, 429, 433, 482
  travestismo durante o carnaval, 35, 71-2, 100, 166, 281, 343-5, 350, 354-82, 395-6, 399-400n.56, 400n.60 e 63
  Ver também bofe; solteiros.
  "verdadeiro", 41-2, 55, 149, 157, 189, 268, 271, 278-9, 311, 315-7, 339-40n.124, 348-9, 422, 440-1
homem/bicha. *Ver* homem "verdadeiro"; bofe.
homófilas, organizações. *Ver* organizações homófilas.
homofobia, 11-2, 38-9, 45-6, 327, 335n.64, 410, 427-8, 442, 445, 458n.92, 500, 502, 514, 542-6, 549-50, 554n.40
  e a esquerda brasileira, 446-7, 484-5, 548-9
Homofobia: a violação dos direitos humanos de gays, lésbicas & travestis no Brasil (1996), 38-9
homossexualismo
  primeiro uso do termo no Brasil, 127n.67
  uso do termo nos anos 50, 317-8
  uso do termo nos anos 70 e 80 pelo movimento, 460-1n.122
Homossexualismo (a libertinagem no Rio de Janeiro): estudo sobre as perversões do instinto genital (1906), 102
Homossexualismo e endocrinologia (1938), 144, 213, *217*, 223-8, 255n.11, 257n.30, 259n.53
Homossexualismo masculino (1953), 296-306, 322, 336n.87, 337n.92 e 106
Homossexualismo: da opressão à libertação (1981), 462n.129 e 130, 484
hormônios
  como causa da homossexualidade, 205-6, 213, 216-8, 221, 224-5, 249-50, 298
  uso por travestis, 384, 417, 436-7, 453n.40, 514
Horne, Lena [Osvaldo], 179, 199n.91
hospedaria. *Ver* quartos, alugados.
hospitais psiquiátricos, 101, 158-9, 187, 203-5, 222-3, 225, 235-48, 258n.42 e 45
Hospital Estadual Psiquiátrico do Juquery, 223, 225, 235-7, 241, 254-5n.7
Manicômio Judiciário (hospital para psicopatas criminosos), 223-4, 232, 258n.45

Sanatório do Pinel, 16, 157-8, 187, 203, 237-48, 254-5n.7, 261-2n.78
hospitalização de homossexuais, 48, 108, 203-5, 222-3, 225, 232-48, 250-1, 258n.42 e 45, 261-2n.78, 298, 301-2, 307
hostilidade para com homossexuais, 28, 37-40, 47-8, 55-6, 115, 160-1, 162, 175-6, 180, 186, 197n.60, 238, 240, 267-8, 275-6, 286, 289-90, 304, 306-7, 310, 322-3, 331n.4, 430, 433-4, 452-3n.36, 454-5n.61, 470, 534-5, 548
   durante o carnaval no Rio de Janeiro, 40, 345-6, 351, 354-6, 368-74, 382-5, 402n.89, 403n.108
hotéis. *Ver* quartos alugados.
Hotel Copacabana Palace. *Ver* Copacabana Palace, Hotel.
Hotel Glória, 372, 374
Hotel Itália, 352
Howes, Robert, 34, 60-1n.37, 89, 127n.62
Hudson, Rock, 277, 372-3, 399n.54 e 55
humor
   acerca da homossexualidade, 36, 78-82, 86, 105-6, 114-5, 118-20, 267, 432-4, 436-7, 460n.120, 480
   de homossexuais durante o carnaval, 354, 361-2, 378, 380-2, 393-6, 401n.68

identidade
   compartilhada, como alternativa à família, 48-9, 54-5, 62n.43, 180-1, 268, 271-2, 278, 304-8
   da classe média, 43, 271, 339-40n.124, 438-9, 470
   de gênero, 12, 21, 55, 139, 142, 151, 188, 267, 315, 422, 438-41, 453n.37, 454-5n.61, 466, 481, 514, 518, 534-6, 545-6, 549-50

gay, 26, 29, 43, 45, 339n.120, 511
   múltipla, 14, 45, 55
   racial, 147-8, 193n.29, 536
   sexual, 36, 43, 77, 120, 125-6n.52, 149, 151, 157, 245, 248, 341n.154, 481, 483, 485, 490, 506, 536
identidade, carteiras de, 144, 192n.20, 216, 257n.28
Igreja Católica
   ala progressista da, 407
   apoio ao golpe de 1964, 330n.1
   códigos morais da, 205, 227-30, 298-9, 323, 340-1n.145
   durante o período colonial, 93
   e o Concílio Vaticano II, 323
   e o Estado brasileiro, 211-2
   e padres, 240-3, 340-1n.145, 403n.108, 539
   e Teologia da Libertação, 323
   ensinamentos da, sobre a homossexualidade, 92, 208-11, 227-8, 340-1n.145, 539-40
   influência em assuntos civis, 256n.17
   oposição à ditadura militar, 323-4, 407, 450n.2
   procissões, como ocasiões de sociabilidade homoerótica, 96-7
   visão dos dissidentes da, 323-4, 340-1n.145
igrejas, escadas de, como locais de sociabilidade homoerótica, 105-6
igualitarismo no carnaval do Rio de Janeiro, 348
imigração estrangeira
   distribuição dos gêneros no Rio, 65-6
   japoneses, 50, 258-9n.46
   para o Rio, 48, 65-6, 139
   para São Paulo, 50, 139, 172
   restrições à, 207, 258-9n.46
imigrantes europeus
   tensões com afro-brasileiros, 75-6
   tensões entre grupos, 75-6

imitação do feminino durante o
　carnaval, 36, 40, 55, 343-7, 348-51,
　354-5, 359-85
Império brasileiro (1822-1889), 65,
　67-9, 77-8, 87-8, 92-3, 98-9, 103-5,
　119-20, 127-8n.69, 134, 352
imprensa alternativa, 53, 408, 431,
　457n.83
　Já, 428, 431, 457n.84 e 85
　Lampião da Esquina, 17, 24, 52,
　　409-10, 437, 442-50, 460n.120,
　　461n.129, 466-7, 472, 474-6, 486,
　　492-3, 511-2, 523n.28
　Nós Mulheres, 409
　O Pasquim, 197n.58, 198n.70,
　　397n.21, 426, 431-4, 458n.92
impressões digitais, 144, 192n.20, 216
indecência, ato de, punição por, 71,
　231, 232, 233, 448
independência brasileira, 67, 70-1, 73,
　133, 142, 204
índios
　e a homossexualidade, 255n.11
　guaranis, 144, 208-9
　influências culturais no Brasil,
　　59n.24, 142, 209
industrialização, 27, 139, 141-3, 205-6,
　265-6, 407
　efeitos na formação de uma
　　subcultura, 535-6
　subcultura, 535-6
inferninhos, 270
　Ver também vida noturna, Rio de
　　Janeiro.
Inquisição, Santo Ofício da, 45, 61-
　2n.38, 69
　Código Filipino (1603), 122-3n.14
　e lésbicas, 61-2n.38
　julgamentos e punição pela, 69-70
　sodomia, denúncias de, 61-2n.38,
　　69-70
Instituto de Criminologia. *Ver*
　Criminologia, Instituto de.

Instituto de Identificação (Rio de
　Janeiro), 192n.18, 216, 254-5n.7
　Ver também Departamento de
　Identificação (Rio de Janeiro).
Instituto Félix Pacheco, 192n.20,
　197n.60
Instituto Oswaldo Cruz, 121n.4,
　263n.93
insurreição comunista de 1935, 143
intelectuais, 14, 50, 52, 75, 77, 87,
　142, 145, 148, 161-2, 208-9, 222-3,
　227, 250-1, 253, 259n.52, 293-4,
　323, 336n.77, 362, 409, 431, 437,
　442, 444-5, 448, 457n.83, 467-8,
　483, 487, 505, 512
　Associação Internacional de Gays e
　　Lésbicas (ILGA), 17ª Conferência
　　Anual no Brasil (1995), 57n.10
　como boêmios, 74, 161, 294-5, 362
　elite, 142, 145, 210, 215, 223
　em São Paulo, 49-50, 293, 294
　gays, 444-5, 512
　no Rio de Janeiro, 49-50, 74-5, 87,
　　146-7, 161-2, 326-7, 416
interação de classes
　entre homossexuais, 48, 50, 75,
　　100, 119-20, 135-6, 148, 279,
　　341n.154, 347-9, 362, 415-6, 421-2
　folia. *Ver* carnaval do Rio de
　　Janeiro, folia interclasses.
　homens de elite e mulheres de
　　classe baixa, 74
interações entre as raças, 48, 87-90,
　103-20, 135-6, 222-3, 422
　durante o período colonial entre
　　homens, 104-5
Internato (1951), 302-3, 337n.99, 429
intersexual, 213-5, 250, 259n.53
Interview, 427
invasão do espaço durante o carnaval,
　100-1, 294, 345-6, 356-9, 364
inversão, 99-100, 108, 129n.84, 137-8,
　158, 209-10, 214-5, 220-1, 225, 227-

Índice remissivo

30, 253-4, 255n.12, 256n.16, 259n.52, 309, 345-6, 347-51
invertidos, 99-100, 105, 115-6, 129n.84, 137-8, 158, 195n.41, 209-11, 215, 231, 235, 237-8, 244-5, 299, 366
Ver também inversão.
Ipanema
  bairro do Rio de Janeiro, 133-4, 494
  boêmia, 362, 416, 433
  como ponto turístico gay, 534
  durante o carnaval, 36, 57n.9, 385, 534
  e a bossa nova, 331n.13
  garota de, 36
  praia gay em, 416, 452-3n.36
  saunas gays em, 412
Irajá, Hernani, 253-4, 295
Itália, 144, 266, 418, 453n.42
Ivana [Ivan Monteiro Damião], 402n.91

Já, 428, 431, 457n.84 e 85
Jaime, Jorge, 296-302, 305-6, 322, 337n.92, 96 e 106
Japão, comércio com o, 406
japonesa, imigração. *Ver* imigração estrangeira.
jardins, como ponto de encontros gays, 68-9, 86, 112, 176-7
João Baptista, 279, 282-3
João Caetano, Teatro. *Ver* Teatro João Caetano.
João Cândido, 203-5, 254n.4
João do Rio [Paulo Alberto Coelho Barreto], 18, 40, 108-20, 131n.107, 109, 111 e 116, 132n.122 e 123
Joãosinho Trinta, 394
jogo do bicho, 159
Johnson, Peter T., 450-1n.7
jornais caseiros, 52, 305-6, 310-18, 338-9n.115, 412, 437, 476
Jornal da Tarde, 430

Jornal do Brasil, 64n.55, 135, 324, 340-1n.145, 356-7, 360, 430-1, 456-7n.80, 477, 499
jornalistas
  escritos sobre, carnaval, 356-7, 360-1, 362, 368-70, 372-4, 376, 380-3, 399n.54, 401n.68
  homossexualidade, 40, 371-2, 430-40, 444-5, 448, 475-6, 482, 486, 505-6, 512
  João do Rio, 18, 40, 108-20, 131n.107, 109, 111 e 116, 132n.122 e 123
jovens, 27, 48-9, 66, 74, 83-4, 96-7, 123-4n.23, 136-8, 142-3, 146, 148, 157, 159-60, 161, 164-5, 171, 176, 179, 181, 186-7, 205-6, 222, 224, 226, 240, 261-2n.78, 273, 277, 279, 285-6, 290-1, 298-9, 303, 314-5, 318, 324-5, 336n.77, 362, 383, 391, 405-6, 421, 423, 431, 441, 454-5n.61, 479, 480, 485, 505, 512-3, 535, 547, 550
  Ver também adolescentes; movimento jovem.
Juquery, Hospital Psiquiátrico Estadual. *Ver* hospitais psiquiátricos.
Jurema, 123-4n.23, 178, 186-7, 345
juristas
  escritos sobre homossexualidade, 77-8, 99-101, 107, 118-9, 129n.83, 130n.103, 139, 190, 207, 212, 296
  intervenção em questões sociais, 141-2, 190, 206-7, 211
Jurth, Max, 295-6, 336n.84, 337n.92

Kay Francis. *Ver* Francis, Kay.
Kelly, João Roberto, 379
Kepner, James (Jim), 33, 283
Kinsey, Alfred, 193n.23, 256n.16
Krafft-Ebing, Richard von, 101, 104, 129n.84, 226

Kubitschek, presidente Juscelino (1955-1960), 330n.1
Kucinski, Bernardo, 451n.8
Kushnir, Beatriz, 32, 196n.48

La evolución de la sexualidad e los estados intersexuales (1930), 213
Laboratório de Antropologia Criminal. *Ver* Antropologia Criminal, Laboratório de.
Lady Hamilton (1953), 296, 300, 303
laicização, 211
Lamenha, Sylvio, 428, 431
Lampião da Esquina, 17, 24, 52, 409-10, 437, 442-50, 460n.120, 462n.129, 466, 472, 474-6, 486, 492-3, 511, 523n.28
lança-perfume, 365, 400n.63
Lancaster, Roger, 61-2n.37
Landes, Ruth, 43, 60n.29
lanterninhas de cinema, 358, 452n.30
Lapa, 74, 84, 124n.25, 136, 161-71, 175, 195-6n.46, 196-7n.57, 200n.97, 269, 341n.154, 357-8, 362, 385, 416, 421, 433
Largo do Arouche, 290
Largo do Paissandu, 174-5, 290
Largo do Rossio. *Ver* Praça Tiradentes.
Leal Filho, João, 284
legalidade da homossexualidade, 69-72
legislação
  controle da vadiagem, 72
  descriminalização da sodomia, 70-1
  proibição de sexo em espaços públicos, 70-1
  proibição de sexo entre um adulto e um menor, 71
  proibição de travestismo, 71-2
  restringindo a homossexualidade, 72
legislação sobre o carnaval no regime de Vargas, 248-9, 345-6, 352-3

leis, legislação a respeito da homossexualidade, 205-6, 231-2, 298-9
Leme, cardeal dom Sebastião, 211
Lena Horne. *Ver* Horne, Lena.
Lenharo, Alcir, 33, 163, 249, 263n.92, 285-6, 334n.56, 391
Les girls (1964), 332n.26, 379, 387, 390, 392, 402-3n.99, 403n.108, 428-9
Les girls em alta tensão (1967), 388
Les perversions de l'instinct génital (1893), 99
lésbicas, 9, 11, 31-2, 41, 54, 57n.10, 60-1n.37, 64n.58, 225, 261n.65, 302, 328, 341n.151, 415, 430-1, 443, 445-9, 457n.84, 462n.129 e 130, 465-520, 521n.5, 534, 540, 546
  afro-brasileiras, 225, 261n.65
  assassinato de, 38-9
  e a Inquisição, 61-2n.38
  Ferro's Bar, 293, 416
  mulheres vestidas como homens, 225, 259n.49
  pesquisa sobre, 53-4
  violência contra, 39-40
  Ver também grupos de gays e lésbicas; história do movimento brasileiro de gays e lésbicas; ditadura militar, movimento de gays e lésbicas sob a; México, formação de grupos de gays e lésbicas no; movimento de gays e lésbicas; protestos de gays e lésbicas; Porto Rico, formação de grupos de gays e lésbicas em; Estados Unidos, movimento de gays e lésbicas nos.
Leyland, Winston, 444, 460n.117, 492
Liga Brasileira de Higiene Mental, 142
Liga Paulista de Higiene Mental, 237, 254-5n.7
Ligiéro, Zeca, 56n.2

Lima Barreto, 114, 131n.116
Lima, Estácio de, 210, 259n.52
Lima, Evandro Castro, 399n.48
literatura e homossexualidade
 na América Latina, 60-1n.37, 444
 no Brasil, 62n.41, 83-91, 127-8n.69, 295-304, 429-30
 romances
   Bom-Crioulo (1895), 86-91, 99, 127-8n.69, 129n.84, 429
   A meta (1976), 429-30
   Histórias do amor maldito (1967), 429
   Internato (1951), 302-3, 337n.99, 429
   Lady Hamilton (1953), 296, 300, 303
   Passagem para o próximo sonho (1982), 460n.113, 474, 484
   Primeira carta aos andróginos (1975), 429
livrarias, 15, 192n.22, 294, 485
Lobato, Monteiro, 131n.116
Lobo, Edu, 406
Lombroso, Cesare, 107, 130n.100, 213, 215-6, 226
Lombroso, Prêmio, 144, 213, 257n.30
Los Angeles, 10, 25, 37, 283, 332n.14, 333n.47, 335n.64
louca (bicha), 310, 322, 462-3n.130
loucura durante o carnaval, 351, 364
Luanda (Angola), 390
Luiz Edmundo, 75
luta armada, 405, 407, 422-3, 442, 460n.113 e 114, 484
luxo, fantasias de, concursos de. *Ver* Carnaval no Rio de Janeiro, concursos de fantasias.
Luzardo, Baptista, 144, 192n.18

Macario S., 240-3, 261-2n.78
Machado de Assis, 113-4
Machado, Alcântara, 233

Machado, Carlos, 382, 386, 390, 402n.91, 484
macho, 157, 267, 298, 301, 303, 394, 421
 gay, 429
MacRae, Edward, 18, 23, 31, 321-2, 336n.80, 469, 473, 475, 485, 486, 490
Macunaíma, 162
Magnan, Valetin, 129n.84
Maison Moderne, 73
malandro, 124n.25, 160, 165-70, 170-1, 433
 como personagem do carnaval do Rio de Janeiro, 165-6
Manchete, 272, 282, 361, 365, 368, 369-73, 374, 382, 398n.31, 455-6n.61
Mangue, 165
Manicômio Judiciário, 223-4, 232, 258n.45
manicures, 419
manuais de sexo, 212-3, 251-4
mapas, 34
 Rio de Janeiro (*c.* 1906), Mapa 1, 68
 Rio de Janeiro (1932), Mapa 2, 134
 Rio de Janeiro (1960), Mapa 4, 270
 São Paulo (1930), Mapa 3, 173
 São Paulo (1960), Mapa 5, 291
maquiador, 390, 415
maquiagem, como indicador de homossexualidade, 72, 75, 80, 104, 106, 118-9, 154, 179-80, 184-6, 199n.92, 218, 247, 252, 348, 349, 360, 364, 391, 424, 426, 436
Maracanã, 432
Maracanãzinho, 281, 520
Maram, Sheldon, 330n.1
Marañón, Gregório, 213-4, 216, 218, 220, 229, 250, 256n.25, 296, 298, 336n.85
Marcha do Orgulho Gay, Nova York (Gay Pride March), 193n.23, 430-1

Marcha dos Cem Mil, 326
Marcha pela Plena Cidadania, 57n.10, 470-1
Marco of Rio (1970), 37
Marina, 150-2, 223
Marinha, 87, 90, 91, 93, 126n.59
marinheiros, 86, 88-91, 111, 240, 271, 300, 308-9, 344, 359
Mário B. X., 245-2
Marlene, 185, 284, 285-6, 334n.53 e 56
Marone, Sílvio, 295, 336n.85
Marquesa, 392, 403n.108
Marselha, França, 116
Martins Filho, João Roberto, 32, 450n.1
Marzullo, Álvaro, 399-400n.56
Marzullo, Vicente, 399-400n.56
Mascarenhas, João Antônio de Souza, 33, 268, 275, 304, 444-5, 460n.117, 492-6, 497-500
mascates, 67
masculinidade, 14, 24, 32, 36, 40, 42, 45, 52, 55, 80, 85, 89, 97, 120, 125n.39, 125-6n.52, 140, 158-60, 161, 166-9, 179-80, 186, 190, 206, 215, 224, 249, 316-7, 346, 413, 421-2, 424-5, 429, 441, 454-5n.61, 480
  e o carnaval no Rio de Janeiro, 343-4, 346, 356, 372-3, 395
  e privilégio, 96-7
masturbação, 178, 212, 222, 238, 239, 475
Matogrosso, Ney, 410, 423, 426-7, 506
Matos, Maria Izilda Santos de, 32, 331n.12
Mattachine Society, 432
McCann, Bryan D., 333-4n.52
McCarthy, John, 31, 414
medicalização da homossexualidade
  na Argentina, 46
  no Brasil, no início do século XX, 100, 107-8, 128n.71
  nos anos 20 e 30, 46, 142-3, 235, 250-2
Médici, general Emílio Garrastazu (presidente, 1969-1974), 53, 265, 312, 382, 392-3, 405-7
médico-legal, discurso. *Ver* discurso médico-legal.
médicos
  e controle da homossexualidade, 203-5, 234-5, 251-2
  escritos sobre homossexualidade, 51-2, 78, 91-108, 137-8, 144-9, 190, 205-8, 212, 213-30, 255n.10, 258n.45, 258-9n.46, 259n.53, 261n.65, 261-2n.78, 459n.108
  intervenção em questões sociais, 141-2, 204, 249-52
Medieval, 412, 414
Mello, Fernando, 428
Meneses, Emílio, 114
Mercadinho Azul, 301, 337n.96
México
  colonial, 61-2n.38
  formação de grupos de gays e de lésbicas no, 60-1n.37
  Inquisição no, 61-2n.38
Meyer, Richard, 399n.55
michês (prostituição masculina), 62n.43, 63n.47, 335n.76, 336n.77, 410, 417, 421-2, 429, 454n.57
mictórios públicos. *Ver* banheiros públicos.
migração
  afro-brasileira para o Rio de Janeiro, 65-6, 136
  de homossexuais para o Rio de Janeiro, 48, 49, 136, 138, 150, 162, 181, 268, 278, 304, 364
  do campo para a cidade, 27, 136, 139, 150, 163-4, 172, 180-1, 185, 265, 268, 278, 304, 419, 516
"milagre econômico" (1968-1973), 406, 414, 417

Índice remissivo

Milão, Itália, 145
militar
  Código Penal, 127n.63
  ditadura. *Ver* ditadura militar (1964-1985).
militares e homossexualidade, 28, 47, 90, 94-5, 103, 126n.59, 127n.63
Minas Gerais, 143, 237, 479
Minelli, Liza, 385
minoria
  homossexuais como, 23, 287, 323, 392, 432, 446-7, 495
  índios como, 447
  mulheres como, 447, 495
  negros como, 447, 495
Miranda, Carlos, 268, 273, 277, 279
Miranda, Carmen, 35-7, 56, 56n.1 e 2, 56-7n.7, 57n.8 e 10, 166, 195-6n.46, 196-7n.57, 343, 350-1, 358
  paródias de, 36, 56, 57n.8 e 9, 388, 396
miscigenação, 19, 59n.24, 142
missexual, 214-5, 250, 336n.85
Missexualidade e arte (1947), 295
misto. *Ver* condição mista.
moda
  desfiles de, 311
  feminina, imitação da, 315, 318-9
  modelos, 312
modernização, 141-2
  do Rio de Janeiro, 121n.4
  durante os anos 30 e 40, 46-7, 205-6
  e degeneração, 78
  efeitos na formação da subcultura, 438, 535-6
  efeitos nos relacionamentos entre pessoas do mesmo sexo, 535
molestadores de crianças, 101, 123n.20
Moll, Albert, 99, 101, 104, 107-8, 129n.84
monarquia, queda da, 53, 72-3, 87-8, 103

Monroe, Palácio, 135
Monteiro, Arlindo Camillo, 295
Monteiro, Zacarias do Rego, 368
moral acerca da homossexualidade. *Ver* concepções, morais, sobre a homossexualidade.
moralidade, 72, 75, 82, 91, 94, 176, 181, 205, 214, 347, 354, 370, 413, 448, 554n.36
Morel, Bénédict, 128n.75
Moreno, Antônio, 434
Morin, Edgard, 426
Mott, Luiz R. B., 31, 38-9, 39-40, 57n.10, 105, 477, 487, 493, 497, 500
movimento
  consciência negra, 408, 444, 445, 448, 471, 472, 473, 477-8, 482-3, 493, 514
  de gays e lésbicas, na Argentina, 431, 446, 448, 489
  de mulheres, 24-5, 408-9, 434, 445, 448, 451n.10, 471-2, 473, 476, 477-8, 482-3, 492, 493, 509, 514
  ecológico, 444, 460n.113, 474, 548
  estudantil, no Brasil, 207, 325, 382, 405-6, 408-9, 443, 447, 450n.1, 471, 517
  hippie, 325
  internacional, 325, 336n.83, 408, 410, 413, 431-42, 444-5, 456-7n.80, 460-1n.122, 466, 492, 497, 511
  jovem, 321, 325, 422-3
  na Europa Ocidental, 430-2, 492-3
  no Brasil, 9-11, 13-5, 26, 28, 31-2, 38-9, 41, 52, 54, 57n.10, 62n.43, 296, 301, 327-8, 336n.83, 341n.151, 393, 405-10, 414-5, 426, 429, 434, 441-2, 445-7, 449-50, 451n.14, 457n.85, 460n.114, 117 e 120, 460-1n.122, 461n.124, 462n.129 e 130, 465-520, 521n.4 e 5, 528n.99, 530n.145, 536-8, 540-50

nos Estados Unidos, 24, 54, 57n.10, 193n.23, 314-5, 430-2, 435, 441, 446, 457n.84, 492, 493
revolucionário, 314, 327, 382, 405-10, 422-3, 449
Movimento Democrático Brasileiro, 407, 467-8, 481
movimento modernista, 142, 161-2
mulatas, 36-7, 165, 74, 353-4
  durante o carnaval no Rio de Janeiro, 36-7, 353-4
  Ver também mulheres, afro-brasileiras.
mulheres
  afro-brasileiras
    como prostitutas, 74
    durante o carnaval, 35-6, 54-5, 59n.24, 343-4, 347-8, 358-9
    estereótipos sexuais das, 35-7, 59n.24
    Ver também afro-brasileiros; baianas; mulatas.
  classe média, 43, 109, 140-1, 266, 316, 333-4n.52, 347, 409, 426
  como mães e namoradas, 41, 139-40, 290-1, 386
  como namoradas de bofes, 316
  de classe alta durante a belle époque, 110-1
  de classes pobres e menos favorecidas, 139-40, 316, 333-4n.52, 409
  e a Igreja Católica, 256n.17
  e moda, 139-40
  e o padrão duplo, 266
  e papéis de gênero, 139, 266, 330n.1, 408-9
  ideais, 40-1, 266, 316, 386
  imagens latino-americanas das, 56-7n.7
  modernas, 140
  papel das, na sociedade, 40-1, 110-1, 139-40, 181, 206-7, 266, 408-9

paródias de, durante o carnaval, 35-6, 54-5, 348-50, 354-6, 358-9, 365-6, 378
trabalhadoras, 139-40
tradições afro-brasileiras apropriadas, 113, 179, 250
"verdadeiras", 386, 389
"vestidas num corpo masculino", 150, 194n.32
Müller, Lauro, 121n.4, 198n.78
Murillo de Campos, 258n.45
Murray, Stephen O., 60n.27, 60-1n.37, 339-40n.124
Músculo, 282-5, 333n.46
Museu de Arte Moderna, Rio de Janeiro, 442
músicas de carnaval
  "Cabeleira do Zezé", 378-9
  "Pelo telefone", 353
músicos
  em oposição à ditadura militar, 405-6
  rock, 426-7

nacionalismo, 47, 68, 142, 196n.47, 231, 314, 330n.1, 406, 460-1n.122
namoradas de bofes, 316
Napoleão B., 18, 203-5, 243, 248, 254n.1 e 4
naturalismo, 87, 127-8n.69
necrofilia, 225-6
Needell, Jeffrey, 59n.24, 118, 120-1n.1, 121n.4, 129n.81, 335n.66
negro, Bloco carnavalesco (Negro Carnival Club), 343-4, *344*, 350-1
Negromonte, Álvaro, 212
Ney, Nora, 284-6, 334n.53
Nicarágua, 60-1n.37
Nick's Bar, 293
ninfomania, 225
Nordeste
  Alagoas, 39, 503, 506
  Bahia, 35, 38-9, 51, 182, 185, 326, 477, 541

Índice remissivo

Grupo Gay da Bahia, 21, 38-9, 477, 487, 494-5, 504
Mott, Luiz, 31, 38-9, 39-40, 57n.10, 105, 477, 487, 493, 497, 500
Salvador, 17, 43, 338-9n.115, 453n.37, 475, 486, 500
noções de homossexualidade, 58n.14 e 15
Paraíba, Campina Grande, 58n.14
Pernambuco, 116, 164-5, 178, 179, 310
Recife, 165, 178, 267, 284, 508
sexualidade no, 288
Ver também migração do campo para a cidade; de homossexuais para o Rio de Janeiro.
Nós Mulheres, 409
Nosso filho vai ser mãe (1965), 427
Notícias Populares, 456-7n.80
Nova York, 15, 47, 106, 174, 193n.23, 266, 300, 306, 309, 358, 415, 430, 436, 507, 515
Núcleo de Ação pelos Direitos dos Homossexuais, 446
número de homossexuais
na Europa, 210
no Brasil, 210
nos Estados Unidos, 210
Nunes, Viriato Fernandes, 210, 222-3, 227, 229-30, 259n.52
nus masculinos, 321, 324, *325*, *329*, 436-7

O Ateneu (1888), 127-8n.69, 288, 335n.66
O Banquete, 129n.86, 296
O Barão de Lavos (1891), 127-8n.69
O beijo no asfalto (1966), 428
O Gato, 115, *117*
O Globo, 313, 430
O maior espetáculo da Terra, 354
O Malho, 78-82

O menino do Gouveia (1914), 82-6, 89, 125-6n.52
O monstro que chora (1957), 301
O Mundo Gay: o Jornal dos Entendidos (1977), 437, 438
O novo código legal e a medicina legal (1942), 261n.65
O Pasquim, 197n.58, 198n.70, 338-9n.107, 397n.21, 402-3n.99, 426, 431-4, 459n.92
"O que é que eu vou dizer em casa?" 378, 380, 395, 401n.68
O Snob, 17, 33, 267, *311*, 311-28, 338n.113, 339n.120, 341n.151, 152 e 154, 392, 393-4, 402-3n.99, 403n.108, 412, 423, 431, 435-7, 439-40, 520
Octávio de Barros de O., 246, 263n.86
ocupações domésticas
homossexuais exercendo, 145, 164, 1181-2
mulheres exercendo, 139-40
oficiais jovens. *Ver* tenentes, revolta dos.
OK (rede social), 273-4, 337n.96, 341n.154
Okita, Hiro, 31, 462n.129
Oliveira, Dalva de, 285
onanismo, 225, 295
Ver também masturbação.
One Institute, 33, 283
One, revista, 277, 283
oposição à ditadura militar, 11, 265, 324-6, 328, 330n.1, 382-3, 388, 405-9, 422-3, 434, 442, 448-9, 450n.1, 457n.83, 467
organizações homófilas
Arcadie, 295, 336n.83
Mattachine Society, 432
na Europa, 323
nos Estados Unidos, 277, 323, 336n.83

Além do carnaval

One Institute, 33, 283
Os pássaros (1963), 279
Os rapazes da banda (*The Boys in the Band*), 337-8n.107, 428
Os solteirões (1975), 318, 429
Oscarito, 388
Outra Coisa, 449, 472, 486, 489, 523n.33

Pacheco e Silva, Antônio Carlos, 18, 204, 223-7, 237, 243-4, 254-5n.7, 258-9n.46, 260n.62, 261n.65, 262n.80 e 81
Padilha, Raimundo, delegado, 272, 280, 327
padres, 212, 240-3, 261-2n.78, 323-4, 340-1n.145, 403n.108, 539
Pagã, Elvira, 360
pais de santo, 43
Paissandu, Largo do, 174-5, 290
Paiva, Maurício de, 457n.85
Panella de Bronze, 77
Pão de Açúcar, 88, 133, 195n.46
papéis, de gênero, 36-7, 40-4, 93, 95, 139-40, 149, 153, 157, 185-6, 206-7, 221-2, 266, 348-9, 354, 368, 368-73, 386-7, 408-9, 422-5
  bicha/bofe, 26, 42, 278, 279, 311-2, 315-20, 322-3, 392, 422, 438, 439, 440-1
  crítica das feministas brasileiras aos, 408-9
  fluidez nos, 35-6, 422-5
  inversão de, durante o carnaval, 344-6, 354
  mudanças nos, 43, 139-40, 249-50, 266, 438-41
  mulheres e, 139-40, 266, 330n.1, 408-9
  na América Latina, 44-5
  reafirmação dos tradicionais, durante o carnaval do Rio de Janeiro, 348-51, 368, 369-70

  transgressão durante o carnaval do Rio de Janeiro, 54-5, 343-7, 354-5, 365-6, 368, 370, 371-2
papéis sexuais
  ativo, 19, 42-3, 90, 93, 94-5, 108, 128n.75, 149, 151, 156, 187, 188, 251-2, 288-9, 317, 420, 425-6, 511
  como definido pela Inquisição, 69-70
  críticas aos, 320
  díade ativo/passivo, 42-3, 44-5, 93, 103-4, 108, 128n.73 e 75, 149, 151-2, 156-7, 188-90, 251-2, 288-9, 315-8, 321-2, 420, 439-40, 454-5n.61
  e os travestis, 420
  fluidez nos, 19, 44, 93, 120, 156-7, 440
  passivo, 19, 42-3, 77, 84, 90, 93, 94-5, 108, 120, 128n.75, 136-7, 149, 156, 168-71, 189-90, 194n.38 e 39, 236, 239, 251-2, 288-9, 317, 337n.106, 420, 439-40, 511
  sanções legais contra, 260n.64
Paribar, 293, 295, 336n.77
Paris, França, 37, 66, 97, 99, 109, 116, 121n.4, 135, 160, 173, 210, 212, 266, 272, 282-3, 285-6, 325-6, 390, 402n.98, 403n.99, 418, 453n.41, 460n.113, 474
Opéra, 135
Rio como Paris tropical, 66
Parker, Richard G., 42-3, 58n.14, 59-60n.26, 62n.43, 194n.35 e 39, 505
paródia
  da vida heteronormativa, 306-8
  de Carmen Miranda, 36, 56, 57n.8 e 9, 388, 396
  do feminino durante o carnaval, 35-6, 54-5, 56n.5, 348-50, 354-6, 358-9, 365-6
Parque D. Pedro (São Paulo), 287
Parques (praças)

como espaço de interação 68, 74-86, 96-7, 99-100, 104-5, 108-9, 112-3, 290-1, 310
controle da polícia sobre, 68-9
São Paulo, 172-5
Partido Comunista, 143, 330n.1, 442
Partido Comunista Brasileiro, 484, 498
Partido Verde, 460n.113, 495, 507, 516
partidos de oposição, 330n.1, 407, 467, 488
Passagem para o próximo sonho (1982), 460n.113, 474, 484
"Pássaros de Copacabana", 279
Passeio Público, 88, 104, 161, 168
Passos, Francisco Pereira, 66, 121n.4
  Ver também Pereira Passos, reformas.
patriarcado, 48, 63n.49, 408
paulistas, estereótipos de, 49-50
pecado, abominável e pervertido, 69
pecado, homossexualidade como, 69, 82, 208-9, 212, 227-8, 340-1n.145
peças de teatro, temas gays, 20, 392-3, 423, 426-8, 456n.71
  Greta Garbo, quem diria, acabou no Irajá (1974), 428
  Nosso filho vai ser mãe (1965), 427
  O beijo no asfalto (1966), 428
  Os rapazes da banda, 337-8n.107, 428
pederasta, 16, 100-6, 107-8, 119-20, 125-6n.52, 128n.75, 151-2, 155-6, 159, 161, 169, 171, 172-7, 186-8, 190, 199n.85, 231, 232, 297-300, 301, 355-6, 545
  passivo, 100, 103-4, 107-8, 115-6, 123-4n.23, 128n.75, 159, 169, 182, 190, 215, 220, 236, 252-3, 257n.38, 260n.62, 337n.106
  uso do termo, 103, 129n.83, 151-2
pederastia, 77, 92, 99, 101, 128n.71, 129n.83, 156, 182, 184, 193n.26, 200n.101, 254

Pedro I, imperador do Brasil (1822-1831), 70, 122n.10
  estátua de, 67-8, 75, 78, 86, 136, 533
Pedro II, imperador do Brasil (1840-1889), 67, 72-3, 88
Peixoto, Afrânio, 210-1, 214, 228, 256n.16, 259n.52, 296, 336n.85
Pellegrini, Tânia, 32, 450-1n.7
"Pelo telefone" (1917), 353
pelos
  como indicadores de homossexualidade, corpo, 218
  depilação de, 154, 169, 187, 218, 247
  distribuição, 218, 221
  pubianos, 218
Pena, Martins, 130n.98
pensões, 74, 86, 112, 131n.111, 136, 145, 161, 164-5, 166, 171, 174, 180-1, 184, 196-7n.57, 198n.78, 200n.97, 271, 362, 364
Penteado, Darcy, 294, 336n.80, 429-30, 436, 445, 450, 462n.129
pentecostais, 497, 534, 540, 547
Pereira Passos, reformas, 67, 74, 78, 109, 121n.4
Pereira, Carlos Alberto Messeder, 46, 215
Pereira, Cristiana Schettini, 32, 82, 125n.46
Pereira, Glorinha, 434
performance durante o carnaval, 346
periodização histórica, 53
período pós-guerra, 36, 53-4, 139, 211, 265-6, 272, 282, 287, 305, 308, 338-9n.107, 359, 539
período pré-guerra, 139-40
Perlongher, Néstor, 18, 63n.47, 335n.76, 489
permissividade durante o carnaval, 37, 354-5, 371-2, 378, 400-1n.67
Pernambuco, 116, 164-5, 178-9, 310

Peru, 30-1n.37, 337-8n.107
perversão, 27, 69, 99, 102-3, 107, 205-6, 210, 212, 222-3, 225-7, 229-32, 234-8, 240, 296, 459n.108
pescadores portugueses, 115, 118
pesquisas de opinião
  atitudes diante da homossexualidade, 38, 454-5n.61
pesquisas sobre homossexualidade, 10, 17, 19, 38, 45, 47-8, 50-4, 58n.15, 60n.29, 60-1n.37, 287-9, 454-5n.61
  nos anos 80 e 90, 38, 454-5n.61, 461n.125
  por Barbosa da Silva, José Fábio, 287-94, 304-5, 315, 317, 322-3, 335n.64, 336n.79
  por estudantes do Instituto de Criminologia, 151, 182, 186, 188-9, 201n.110, 232, 257n.38
  por Ribeiro, Leonídio, 144-51, 182, 205-6, 220-1, 254-5n.7, 296, 298, 336n.85, 488
  por Whitaker, Edmur de Aguiar, 159, 182-3, 195n.40, 206, 221-2, 254-5n.7, 257n.38, 295-6, 298
peste bubônica, 121n.4
Physique Pictorial, 284
Pinel, Sanatório. *Ver* Sanatório do Pinel.
Pinto, Astolfo Barroso. *Ver* Rogéria.
Pinto, Walter, 358, 377, 399-400n.56, 402n.91
Pires de Almeida, José Ricardo, 102-8, 111, 118, 130n.98 e 103, 212, 252
Platão, 129n.86, 296
pó de arroz. *Ver* maquiagem.
pobreza
  como razão para homens praticarem sexo com homens, 97, 421
  no Rio de Janeiro, 66-7
poesia, 301, 324, 443, 505

polacas (prostitutas da Europa Oriental), 74, 124n.31, 165
polícia
  Civil do Distrito Federal, 144, 216
  controle da homossexualidade, 68-9, 91-2, 141-9, 166-71, 176-7, 179, 182-3, 197n.58 e 60, 205, 215, 272, 275, 280, 298, 326, 345-6, 409-12, 418, 443, 448, 462n.129
  controle do carnaval no Rio de Janeiro, 369, 370-1, 377-8, 380, 400n.63, 401n.68, 402n.89
  definição legal dos travestis como prostitutos, 418
  Delegado, Rio de Janeiro, 144, 192n.18, 193n.26, 400-1n.67
  em São Paulo, 449
  Ver também Departamento Estadual de Ordem Política e Social (DOPS).
  envolvida no assassinato de homossexuais, 39
  no Rio de Janeiro, 144, 166-71, 370-1, 377-8, 380, 400n.63, 400-1n.67
  política, arquivos da, 449, 462n.129
  registros, 51-2, 419, 449, 462n.129
  tolerância à homossexualidade, 102
  vigilância dos parques, 68-9
polícia de costumes, 175
Pompeia, Raul, 127-8n.69, 288, 335n.66
população, 51, 63n.52, 65-6, 139, 147-8, 173, 192n.20, 193-4n.30, 207
  1890, 65
  1906, 66
  1920, 139, 148, 193n.27, 193-4n.30
  1940, 139, 148, 193-4n.30
  1950, 63n.52
  de homossexuais no Brasil, 210, 259n.53, 323
  de imigrantes estrangeiros no Rio de Janeiro, 65-6

de pessoas nascidas no Rio de Janeiro, 65, 139
de São Paulo, 49-50, 139, 176, 182
1950, 63n.52
deslocamento do campo para a cidade, 49, 265
distribuição de gênero, 65-8
do Rio de Janeiro, 139, 193n.27
1872, 65
mudança entre 1900 e 1940, 139
pornografia, 37, 57n.12, 78, 82, 82-6, 90, 284
Portugal, 69, 77, 122n.10, 125-6n.52, 182, 479
uso da palavra puto (homem efeminado, prostituto), 77
portugueses, 59n.24, 76, 121-2n.8, 127-8n.69, 209, 402n.91
no Rio, 65
pescadores, 115, 118
positivista, 206-7, 222-3
Posto 5, 275, 301, 337n.96
Praça da Constituição. *Ver* Praça Tiradentes.
Praça da República, 23, 40, 157, 176, 198-9n.82, 290-1, 502, 534
Praça Floriano Peixoto, 135, 161
Praça Mauá, 134
Praça Ramos de Azevedo, 290
Praça Tiradentes
arquitetura ao redor da, 73
bailes (não travestis) na, 351, 352, 357-8, 360
teatro de revista, 73, 358
bailes de travestis na, 268-9, 271, 359-68, 372-3, 374-82, 384-5, 386, 388-9, 398n.28, 402n.89
bares na, 73, 75
bordéis na, 74
cabarés na, 73, 75, 358
Café Suíço, 74
cafés na, 73
cinema, salas de, 73-4, 75, 358, 362, 380, 402n.89

como centro de entretenimento, 73-4, 166, 357-8
como ponto de encontro, 67-8, 72-82, 90, 94, 100, 104-5, 135-6, 157, 269, 357-8, 398n.26, 533
como ponto de sociabilidade homoerótica, 94, 105-6, 272-3, 293-95, 337n.96, 374
como símbolo nacional, 67-8, 73-4
durante o carnaval, 167-8, 352, 356, 358-9, 374-7, 379, 384
história da, 121-2n.8, 122n.10
Maison Moderne, 73
Pedro I, estátua de, 67-8, 75, 78, 86, 136, 533
pensões na, 74
Pinto, Walter, 358, 377, 399-400n.56, 402n.91
prostituição feminina na, 73
renovações na, 78-9
salas de concerto, 73
Secreto, Pascoal, 73
shows de travestis na, 358-9, 378, 380-2, 386-93, 398n.26, 402-3n.99, 412, 424
Stadt München, 74
teatro de revista na, 73, 124n.28 e 30, 150, 358
Teatro João Caetano, 268, 358-9, 374, *375*, 398n.28
Teatro Recreio, 358, 359, 377, 380, 382, 400n.60
Teatro República, 167-8, 356, 359, 362, 390
Teatro Rival, 382-3
Teatro São João, 122n.10
Teatro São Pedro, 68, 73, 77, 100, 122n.10
teatros localizados na, 73-5, 398n.26
transporte de e para a, 73
vida noturna na, 74-5, 166, 358-9
vigilância da polícia na, 69

Ziegfeld da Praça Tiradentes, 358
praias gays, 277, 282, 331n.4,
   333n.41, 452-3n.36
Copacabana (Bolsa de Valores),
   276-9, 305, 332n.33, 333n.41, 416
Flamengo, 278, 416
Ipanema, 36, 57n.9, 416, 494
Prefeitura Municipal, Rio de Janeiro,
   135
Preferida, 176
Primeira carta aos andróginos
   (1975), 429
Primeira Guerra Mundial, 49, 109,
   120-1n.1, 124n.28, 139, 211
Primeiro Congresso de Jornalistas
   Entendidos, 322
Primeiro Congresso Paulista de
   Psicologia, Neurologia, Psiquiatria,
   Endocrinologia, Identificação,
   Criminologia e Medicina Legal,
   230-1, 260n.62
Primeiro de Maio, 11, 249, 448-9, 468,
   469-70, *471*, 472, 478
Primeiro Encontro Nacional de
   Travestis, 420, 476
Primeiro Festival de Entendidos, 520
Primor, 415, 452n.30
prisão, 11, 70-1, 136, 146, 148, 157,
   167, 170-1, 177, 183, 197n.60,
   198n.67 e 70, 226, 230-1, 233,
   258n.42, 405, 407, *411*, 418, 423,
   453n.42, 501-2
prisões
   de assassinos de homossexuais, 38,
      39, 501-2
   de homossexuais, 55, 136-8, 144-9,
      165-71, 182, 186-7, 203, 231-3,
      234, 248, 298-9, 341n.151, 442,
      446-7, 462n.129
   de travestis, 51-2, 195n.44, 199n.84,
      409-10, 416, 449, 450
   dos opositores da ditadura militar,
      265, 405, 408-9, 4010-2, 422-3, 442

durante o carnaval, 377-8, 380, 395-
   6, 401n.68
para o estudo de Leonídio Ribeiro,
   136-8, 144-51, 155-6, 182, 190,
   192n.18, 205-6, 213, 215-22, 224-
   5, 234, 257n.30, 258n.42, 259n.53
por travestismo, 72, 123-4n.23, 344-
   5, 416, 418-9, 462n.129
por vadiagem, 27, 72, 92, 124n.25,
   170, 234-5, 280, 418-9
privado. *Ver* casa.
procissões como ocasiões para a
   sociabilidade homoerótica, 96
profecia espiritual, 258n.42
professores, 33, 34, 77, 99, 140, 181,
   200n.103, 203, 208, 213, 225, 232-3,
   254-5n.7, 259, 324, 340-1n.145, 477,
   543, 545
prostituição feminina, 63n.47, 67,
   74-5, 87, 92-3, 95, 96-7, 98, 102-3,
   105, 112, 120, 152, 154, 158, 160,
   165, 169, 175-6, 179, 189, 195n.44,
   200n.97, 287, 308-9, 337-8n.107,
   341n.151, 356, 417, 420, 424, 450
   da Europa Oriental, 74, 124n.31,
      165
   francesas, 74, 97, 165, 124n.31
   judias, 74, 124n.31, 165
   legislação sobre, 70-1, 98-9, 287,
      450
   mulatas, 74
   no Rio de Janeiro, 63n.47, 67, 74-5,
      92-3, 95, 96-7, 102-3, 120,
      124n.31, 165
   polacas, 74, 124n.31
   São Paulo, 63n.47, 287, 450
prostituição masculina, 62n.43,
   63n.47, 72, 74-80, 83-4, 86, 92-3,
   95-6, 97-8, 102-3, 136-7, 145, 151,
   158, 160-1, 165-6, 171, 182-5, 187,
   189, 195n.44, 234-5, 272, 287-8,
   299, 418, 420, 425, 452n.30, 501
   dândis, 80, 97-8, 111, 140-1

michês, 63n.43, 335n.86, 336n.77, 338-9n.107, 410, 417, 421-2, 429, 454n.57
travestis, 393, 410, 418-9, 425, 453n.41, 494, 514, 533
protestos
 de gays e lésbicas, 327, 446-50, 471-3, 462n.129
 estudantis, 325-6, 382, 405, 408-9, 471-2
 no Rio de Janeiro na virada do século, 66-7
psicanálise, 220-1, 223, 440
psicopatas criminosos, 222-7, 232-3, 258n.45, 258-9n.46
psicopatas, homossexuais como, 222-7
Psicoses de amor, 253-4, 295-6
psiquiatras, 26, 91, 100-1, 155, 190, 200n.103, 203, 207-8, 221, 228, 234, 254-5n.7, 258n.45, 387, 440, 447, 459n.108, 482
Psiquiatria clínica e forense (1940), 225, 258-9n.46
público. *Ver* rua.
pudor, atentado público ao, 27, 71, 75, 123n.20, 170, 177, 197n.60, 233, 234-5, 418
punição legal, 69-72, 75-6, 102, 127n.63, 170, 186, 230, 232-4, 261n.65, 418
 para sexo em espaços públicos, 71
 para sexo entre adultos e menores, 71
 para sodomia durante a Inquisição, 69-70
 para travestismo, 72
 para vadiagem, 72
puto (homem efeminado, prostituto), 16, 75-8, 80, 82-6, 119, 157, 161, 300
 do Rossio, 75-6, 78-9
 Ver também prostituição masculina.

Quadros, Jânio (presidente, 1961), 330n.1, 501
Quaintance, George, 283
quartéis de polícia (delegacias), 136-7, 170, 298, 377-8, 380, 395, 401n.68, 453n.40, 462n.129
quartéis do exército, 94
quartos alugados, 74, 87-9, 94, 102, 112, 131n.111, 136-8, 161, 174, 176, 180-1, 182, 198n.78, 203, 287, 355, 338-9-n.115
 hospedaria, pensões, 86, 102, 131n.111, 136, 161, 174, 180-1, 184, 193n.26, 198n.78

raça, 48, 120, 139-42, 206, 213, 222-7
 atitude da elite perante a, 59n.24
 e censura, 193n.26 e 29
 e criminalidade, 216, 222-7, 257n.30, 258-9n.46
 e democracia racial, 40, 59n.24, 542
 e eugenia, 142, 206-7, 249-50, 256n.21, 258-9n.46
 e hierarquia racial, 105
 e homossexualidade, 19, 222-7
 e profissionais médico-legais, 141-2, 148, 206, 222-7
racismo, 40, 87, 114, 142, 209, 447, 471, 536-7, 542, 549-50
Rádio Nacional, 284-6, 334n.53, 534
rádio, 39, 179, 266-7, 284-6, 333-4n.52, 334n.53 e 59, 377, 407, 503
Radiolândia, 334n.53
Rafael, 336n.85
Rago, Margareth, 32, 200n.97
Ramalhete, 316, 394-5, 439
rancho (bloco carnavalesco), 353, 360
rapazes alegres (gays), 337-8n.107, 376
rapazes, 197n.60, 229, 279, 281, 315, 318, 358, 403n.108, 421, 422
Realidade, 440, 459n.107
Recife, 165, 178, 267, 284, 508

Recordações do escrivão Isaías Caminha (1909), 114
redes, como alternativas à família, 47-8, 55, 62n.43, 106, 180, 267, 304-28, 473-4, 520, 535
Redondo, 293
Reeves, Steve, 282
registros médicos, 16, 51-2, 158, 203, 243, 246, 248, 261-2n.78
Rei Momo, 354-5
Reis, Toni, 32, 38, 517
religião
  afro-brasileira, 43, 46, 60n.29, 540
  matérias jornalísticas sobre não católicos, por João do Rio, 113
  Ver também Igreja Católica; evangélicos; pentecostais.
Renato E. de A., 246-8, 263n.87
renda, concentração da, nos anos 70, 406
rendez-vous (quartos para alugar), 102, 181, 198n.78
Renoir, Claudia, 324, 325-6
renovação urbana, 66-7, 73, 78, 121n.4 e 7, 173, 191n.6, 533
repressão sob a ditadura militar (1964-1985), 326, 405-9, 449, 462n.129
República. *Ver* Brasil, republicano.
restaurantes, 74, 105, 135, 273, 275, 280, 416
  como ponto de encontro, 74, 273, 275, 294, 337n.96
  Ferro's, 293, 416
restrições governamentais
  a bailes de travestis, 370-1, 374, 400n.63, 402n.89
  à imigração estrangeira, 207, 258-9n.46
  aos homens travestidos em desfiles de carnaval, 404n.114
"revertério" (ataques a homossexuais), 279

Revista do Rádio, 334n.53
revistas de fisiculturismo, 282-4, 333n.45 e 46
Revolução Cubana, 447
Revolução de 30, 53, 144, 191-2n.17, 237
Ribeiro, Leonídio
  e crime, 192n.20, 213-23, 257n.30, 258n.45
  e criminalização da homossexualidade, 231-2, 261n.65
  e Febrônio Índio do Brasil, 222-5, 227, 258n.42 e 45
  e homossexualidade feminina, 261n.65
  e o Prêmio Lombroso, 144, 213, 257n.30
  e Oscar Wilde, 255n.12
  e raça, 222-30, 257n.30
  e seus laços profissionais, 254-5n.7
  pesquisa em homossexuais presos, 136-8, 144-51, 182, 192n.18, 203-4, 205-6, 212-22, 224, 248, 254-5n.7, 296, 298, 336n.85, 488
  reabilitação de homossexuais, 228-30, 232
  teorias sobre, 136, 149, 193n.23, 210, 213-22, 253-4, 255n.11, 257n.30, 296, 298
Ricardo, 286, 305
Richetti, comissário de polícia, 341n.151
Rio Branco, Avenida. *Ver* Avenida Rio Branco.
Rio Branco, barão do, 114
Rio de Janeiro
  afro-brasileiros no, 65-6, 74, 136
  arquitetura do, 66-7
  assassinato de homossexuais no, 38
  Avenida Beira-Mar, 109, 134
  Avenida Central, 67, 108-11, 343-4, 352-3, 362-3

Índice remissivo

Avenida Nossa Senhora de Copacabana, 269-76
Avenida Presidente Vargas, 380
Avenida Rio Branco, 67, 108-9, 134-5, 326-7, 362-3
bailes, 374
bares, gays
  Alcatraz, 276
  Alfredão, 276
  Aquário, 275
  Dezon, 276
  Scotch, 275
  Sótão, 412, 414-5, 452n.26
  Sunset, 276
  Tasca, 275, 301
  Why Not?, 276
  Zig-Zag, 414, 452n.26
boêmios, 57n.9, 66, 74, 120, 131n.116, 161-3, 175, 195-6n.46, 248, 294-5, 362, 397-8n.22
campanha contra a febre-amarela no, 66-7
campanha sanitária no, 66-7
capital da nação, 49, 66-7, 162
carnaval. *Ver* carnaval no Rio de Janeiro.
Cidade maravilhosa, 66, 121n.6, 269, 309
Cinelândia, 135, 161, 168, 171, 175, 177, 269, 271, 302, 305, 312, 389-90, *411*, 416, 428, 534
classe trabalhadora no, 66, 357-8
classes pobres e operárias no, 65-6, 108, 163-5, 168-9, 271, 362-3
como a Paris tropical, 66
como centro artístico e cultural, 49-50
Copacabana, 57n.10, 133, 195-6n.46, 267-80, 281, 301, 308-9, 312, 331n.8, 10, 12 e 13, 358, 360, 362-3, 378, 387-8, 390, 413-4, 416, 421, 473, 534
crime no, 67
descrições do, 65-6, 89-90, 133-5, 343-4
discotecas, gays
  Sótão, 412, 414-5, 452n.26
  Zig-Zag, 414, 452n.26
entretenimento no, 66-7, 73-4, 166, 357-8
explosão demográfica no, 66-7
febre amarela, eliminação da, 66-7
habitações no, 66-7, 73, 269-70
homens solteiros no, 66-7
Hotel Copacabana Palace, 133, 195-6n.46, 269, 277-9, 358, 363, 374, 381, 383, 386, 399n.48, 416
imagens do, 50
imigração para o, 48-9, 65-6
imigrantes no, rivalidade entre, 76-7
industrialização do, 49-50
infraestrutura do, 66-7
inoculação da população do, 65-6
Instituto de Identificação do, 144
Ipanema, 36, 57n.9, 133-4, 331n.13, 362, 385, 412, 416, 433, 534
Jornal do Brasil, 64n.55, 135, 324, 356-7, 360, 430-1, 456-7n.80, 477, 499
Laboratório de Antropologia Criminal, 144
Lapa, 74, 84, 124n.25, 136, 161-71, 175, 195-6n.46, 196-7n.57, 200n.97, 269, 341n.154, 358, 362, 385, 416, 421, 433
mapas do, 68, 134, 270
mascates no, 67
migração de homossexuais para o, 48, 49, 136, 138, 150, 162, 181, 268, 278, 304, 364
migração europeia para o, 65-6
O Pasquim, 197n.58, 198n.70, 397n.21, 426, 431-4, 458n.92
Palácio Monroe, 135
Pereira Passos, Francisco, 66-7, 74, 109, 121n.4

pobreza no, 66-7
polícia no, 145, 166-71, 369, 370-1, 377-8, 380, 400n.63, 401n.68, 402n.89
pontos de encontro no, 63n.47, 67-8, 135-6, 269-76, 444-5, 533
população do, 139
   1872, 65-6
   1890, 65-6
   1906, 65-6
   1920, 193-4n.30
   1940, 193-4n.30
   1950, 63n.52
portugueses no, 65-6
Praça Floriano Peixoto, 135, 161
Praça Mauá, 134
Praça Tiradentes, 70, 73, 74-9, 86, 99, 103-4, 136, 157, 161, 268-9, 356-7. *Ver* Praça Tiradentes.
praias
   Copacabana (Bolsa de Valores), 276-9, 305, 332n.33, 333n.41, 416
   Flamengo, 278, 416
   Ipanema, 416, 452-3n.36
prostituição feminina no, 63n.47, 67, 74-5, 92-3, 95, 96-7, 102-3 120, 124n.31, 165
protestos contra o governo, 66, 325-6
reforma de Pereira Passos, 67, 74, 78, 109, 121n.4
renovação urbana do, 66
Rio Nu, 80-3
Rua da Misericórdia, 88
Rua do Ouvidor, 108-11
Rua dos Ciganos, 105
Rua São Pedro, 137
saúde pública no, 66
saunas gays no, 412
tensões com afro-brasileiros, 75-6
tumultos populares contra o governo, 66-7

turistas gays no, 534
vida noturna no, 68-9, 72, 75, 166, 195-6n.46, 268-9, 271-6, 308-9, 358, 362, 387, 414, 421, 534
Rio Grande do Norte, 310, 360
Rio Grande do Sul, 143, 268, 275, 360, 403n.108, 479, 492, 541
Rio Nu, 80-3
Riva, 278-81, 341n.154
riviera francesa, 116
Rocco, Pat, 37
Rodrigues, José, 316, 332n.33, 333n.41, 364, 435
Rogéria [Astolfo Barroso Pinto], 40, 327, 382, 389-92, 402n.98, 402-3n.99, 417-8, 432-3
Roma, 145, 192n.22, 209, 266, 418
romances
   A meta (1976), 429-30
   Bom-Crioulo (1895), 86-91, 99, 126n.54, 127-8n.69, 129n.84, 429
   Histórias do amor maldito (1967), 429
   Internato (1951), 302, 337n.99, 429
   Lady Hamilton (1953), 296, 300, 303
   Passagem para o próximo sonho (1982), 460n.113, 474, 484
   Primeira carta aos andróginos (1975), 429
   Ver também literatura e homossexualidade.
roubo, de homossexuais, 38, 421
Rua da Misericórdia, 88
Rua do Ouvidor, 108-11
Rua dos Ciganos, 105
Rua São Pedro, 137
Rua Vitória, 176
rua, 47, 200n.94, 347-8, 351-2
   como local de celebrações durante o carnaval no Rio de Janeiro, 35, 50, 57n.9, 271-2, 345-6, 351-6, 362-3, 378, 384-5, 397-8n.22

como local de interação, 63n.47,
    66-9, 110, 135-6, 145, 146-7, 161,
    171, 173-4, 175-7, 184-8, 269-72,
    280, 287-95, 305-6, 312, 390, 415-
    6, 428-9, 443, 533-5
rua/casa, 200n.94
ruge. *Ver* maquiagem.

Sade, Marquês de, 224
sadismo, 38, 222-7, 258n.42
Sagrada Inquisição. *Ver* Inquisição.
"saindo do armário", 425-6, 429-30,
    435-8, 447, 462n.129
Salessi, Jorge, 46
Salomé, 116
Salvador, Bahia, 17, 43, 338-9n.115,
    453n.37, 475, 486, 500
samba, 56n.5, 57n.9, 166, 353,
    397n.15, 403-4n.110
samba, escolas de. *Ver* escolas de
    samba.
Sanatório Pinel, 16, 157-8, 187, 203-5,
    234-48, 254-5n.7, 261-2n.78
    Ver também hospitais psiquiátricos.
sanatórios. *Ver* hospitais psiquiátricos.
Santiago, Silviano, 450-1n.7
Santos, 152, 187
Santos, João Francisco de. *Ver* Satã,
    Madame.
Santos, Renildo José dos, 39, 503
São Francisco, Califórnia, 37, 57n.8 e
    10, 59n.23, 430, 441, 444, 455-
    6n.62, 512
São Paulo
    áreas de encontro, 173-4, 176-7,
        177-8, 184-7, 413-6, 534-5
    assassinatos de homossexuais em,
        40
    bares gays em
        Anjo Negro, 293
        Arpège, 293, 336n.77
        Barbazul, 293, 336n.77
        Bar do Jeca, 291
    Biblioteca Municipal, 293-5,
        336n.84 e 87
    boêmios, 294-5
    Bom Retiro, 287
    carnaval em, 50
    centro da cidade, 175-82, 184-7,
        290, 450, 462n.129
    centro, 290
    classes pobres e operárias em, 236-
        7
    Clínica Psiquiátrica da Escola de
        Medicina da Universidade de São
        Paulo, 110, 225, 254-5n.7
    como centro artístico e cultural,
        49-50
    discotecas gays
        Nostro Mondo, 414
        Medieval, 412, 414
    escadas rolantes, 294
    Escola de Direito, 210, 232
    Escola de Sociologia e Política,
        335n.64
    Estação da Luz, 176, 199n.85, 287
    imagens de, 49-50
    imigração para, japonesa, 258-9n.46
    industrialização de, 49-50, 265-6
    Instituto de Criminologia, 123-
        4n.23, 151, 176, 179, 182, 186,
        198-9n.82, 199n.85, 201n.110,
        230-1, 257n.38
    livrarias, 294
    mapas de, 173, 291
    migração para, 48-9
    Parque D. Pedro, 287
    parques (praças), 172-7
    planejamento urbano, 173-4
    polícia, 418-9
    população de, 51, 139, 173
        1950, 63n.52
    prostituição feminina em, 63n.47,
        287, 450
    Revolução de 1932, 144
    saunas gays, For Friends, 412

Serviço de Identificação, Polícia de São Paulo, 200n.103, 221, 254-5n.7
Sociedade de Medicina Legal e Criminologia, 200n.103, 232-3, 258-9n.46, 259n.48, 260n.57 e 62
Teatro Municipal, 173-4, *476*, 501
Vale do Anhangabaú, 172-4, *174*, 184-5, 198n.78, 230-1, 287, 290, 417, 534
  Parque do, 175, 176, 180, 185-7
Viaduto do Chá, 172
vida noturna em, 267, 290, 321-2, 412, 414
Satã, Madame [João Francisco dos Santos], 18, 124n.25, 163-71, 179, 181-2, 190, 195-6n.46, 196n.51, 196-7n.57, 58, 59 e 60, 198n.67 e 70, 199n.91, 200n.97, 354, 356-7, 359, 388, 397n.21, 433
sátira, 78, 82, 112, 115, 185, 225, 319, 352, 354
saúde pública, no Rio de Janeiro, 66
saunas, 105, 410, 413
  anúncios de, 434
  For Friends, 412
  gays, 412, 415-6, 434-5, 437, 452n.32, 470, 474, 483, 484, 487
  Sauna Ipanema, 412
Scotch Bar, 275-6
Secos & Molhados, 426
Secretaria de Assuntos Interamericanos do Departamento de Estado, 56-7n.7
Segreto, Pascoal, 73
Segunda Guerra Mundial, 36, 53, 56-7n.7, 143, 249, 265-6, 282, 287, 300, 305, 308, 337-8n.107, 359
Semana de Arte Moderna, 142
sequestro
  de Renildo José dos Santos, 39, 503
  do embaixador dos Estados Unidos sob a ditadura militar, 405, 442, 507

Serbin, Kenneth P., 240, 261n.76
Sérgio, 271
Sergipe, 310, 500
Serviço de Identificação, Polícia de São Paulo, 200n.103, 221, 254-5n.7
Setta, Antônio, 354
sexo
  anal
    ativo, 42, 90, 93, 95, 108, 149, 152, 156, 187, 188-90, 252, 288-9, 316, 420, 439, 440
    passivo, 42, 77, 84, 90, 93, 95, 107, 108, 115, 120, 149, 156-7, 159, 169, 171, 182, 188, 190, 194n.38, 236, 237, 239, 252, 288-9, 316, 337n.106, 420, 439
  com um travesti, 420
  de adultos com menores, 71, 123n.20, 222-4, 260n.64
  durante o carnaval, 37, 54-5, 347-8, 351, 354-5, 370, 372-3, 377
  e adolescência, 84, 86-7, 288
  em banheiros públicos, 84, 112, 176-7, 199n.84 e 85, 273, 290, 294, 337n.96
  em espaços públicos, 67-9, 71, 190
  entre classes, 48, 51, 76-7, 103, 120, 136, 150, 278, 341n.154, 347-8, 362, 415, 420-2
  entre dois bofes, 316
  entre pessoas de diferentes gerações, 82-91, 93-4, 129n.83, 136-7, 182, 222-3, 225, 240-2, 260-1n.78, 296-7, 318, 335n.66, 421-2
  inter-racial e entre homens, 104-5
sexólogos
  brasileiros, 209, 223, 251-4, 256n.26, 447, 515, 539-40
  europeus, 47, 99-100, 104, 129n.83 e 84, 229, 252, 253-4
Sexual Politics, Sexual Communities (1983), 54

Índice remissivo

Shangri-Lá, 328, 341n.154
shows de travestis, 293, 332n.26, 337-8n.107, 341n.154, 379, 381-2, 386-90, 391-3, 402n.89 e 91, 402-3n.99, 403n.108, 413, 415, 417, 425-6, 428-9, 457n.85
Agora é que são elas (1967), 388
Boas em liquidação (1965), 388
Bonecas de minissaia (1967), 388
Les girls (1964), 332n.26, 379, 387, 390, 392, 402-3n.99, 403n.108, 428-9
Les girls em alta tensão (1967), 388
The International Set (1964), 332n.26, 387
sífilis, 93, 95-6, 228, 237, 239, 241-2, 261-2n.78
Silva, Aguinaldo, 429, 432, 442, 444, 475
Silva, Carlos Ricardo, 31
Silva, Cláudio Roberto da, 32, 460n.120
sindicato dos jornalistas, 448
sindicatos sob o regime de Vargas, 249
Síndrome da Imunodeficiência Adquirida. *Ver* Aids.
Sinisgalli, Aldo, 230-2, 296, 298
Skidmore, Thomas, 330n.1
Snoek, Jaime, 323-4, 340n.144, 340-1n.145
Soares, 381, 392
Soares, Ilka, 372
sobrancelhas tiradas, como indicador da homossexualidade, 106, 118-9, 123-4n.23, 154, 169, 185, 189, 252, 344
socialistas, 143, 216, 257n.28, 293, 467-8, 479-80, 541
Sodoma, 208-9, 210
sodomia, 16, 77, 84, 90, 93-4, 94-5, 98, 99, 102, 188, 209, 211, 298
definição colonial da, 69, 77

descriminação da, 69-71, 72, 92, 233
e a Inquisição, 45, 69, 122-3n.14
leis contra, 69-70, 77, 122-3n.14
sodomita, 69, 77, 93-4, 94-5, 97, 98, 119-20, 125-6n.52, 128n.75
soldados, 94, 105, 111, 137, 196n.47, 198-9n.82, 249, 271, 298, 344, 359, 503
solidão, 112, 300, 304-5
solteiros, 41, 66, 74, 85, 110, 115, 148, 169, 176, 181, 187, 203, 236, 245, 318
Somos, Grupo de Afirmação Homossexual, 10, 14, 62n.43, 321, 409-10, 446-9, 451n.14, 461n.124, 462n.129, 468-70, 472-7, 485-6, 489-90, 495, 501, 503, 508, 519
Sótão, 412, 414-5, 452n.26
Souza, Iara Lis Carvalho, 32, 122n.9
Spagnol, Antônio Sergio, 58n.17
Stadt München, 74
Stepan, Nancy Leys, 207, 212
Stonewall, Rebelião de, Nova York (1969), 443, 507, 515
Stop, 276, 332n.26, 387, 390
subcultura homossexual
em Nova York, 47
na Argentina, 47
no Brasil, 15, 44-6, 47, 49, 50, 53, 54, 85, 91, 92, 94-108, 119-20, 125-6n.52, 137-9, 146, 149, 152, 159-60, 184, 188, 206, 267, 269, 278, 286, 287-9, 301, 304-5, 307, 309, 310-23, 331n.4, 346, 349, 359, 379, 387, 389-90, 392, 396, 412, 428-9, 434-5, 438, 440, 452-3n.36, 457n.85, 535-6
suborno, 280, 499
subversão, ataques do governo à, 328, 405, 410, 412, 443, 449
Sunset, Bar, 276, 332n.26
Suprema Corte, 135
Sydney de S. F., 238-9, 243

Tabu, 176, 180, 182, *183*, 185
Tamassia, Arrigo, 129n.84
Tardieu, Ambroise-Auguste, 104, 128n.75, 129n.84
teatro, 73, 322, 357-8, 456n.71
  amador, 305
  como local de sociabilidade homoerótica, 97, 105
Teatro Brasileiro de Comédia, 293-4
teatro de revista, 73, 124n.28, 150, 358, 361, 382, 388-9, *389*, 398n.26
  Ver também espetáculos musicais.
Teatro João Caetano, 268, 358, 359-60, 362, 363, 368-9, 374, *375*, 398n.28
Teatro Municipal, Rio de Janeiro, 135, 346, 352, 363, 367-8, 372, 374, 381-2, 395, 451-2n.23
  e o carnaval, 40-1, 346, 352, 363, 367-8, 370-1, 372, *373*, 374, 381-2, 384, 395, 401n.84, 451-2n.23
Teatro Municipal, São Paulo, 173-4, *476*, 501
Teatro Oficina, 423, 454n.59
Teatro Recreio, 358, 359, 377, 380, 400n.60
Teatro República, 167-8, 356, 359, 362, 363, 390
Teatro Rival, 382
Teatro Ruth Escobar, 448
Teatro São João, 122n.10
Teatro São Pedro, 68, 73, 77, 100, 122n.10
televisão, 266, 286, 384, 390, 394, 407, 413, 482, 485, 505, 511, 528n.99
tenentes, revolta dos, 133, 143, 205-6
teólogos, 323-4, 340-1n.145
teorias médico-legais
  europeias, 44, 47, 93-4, 99, 107, 209, 212-6, 227, 250, 251-2, 296
  sobre causas da homossexualidade, 90-7, 99, 102-8, 205-7, 207-9, 212-22

  sobre desequilíbrios hormonais, 205-6, 209, 213-22
"Terceira Força", 374
"terceiro sexo", 101n, 104, 374, 459n.108
termos codificados
  entendido, 306-9, 337-8n.107, 434-9
  gay, 337-8n.107, 460-1n.122
  Ver também gírias.
Terto Júnior, Veriano, 31, 452n.28 e 30, 474, 490
The International Set (1964), 332n.26, 387
tia/michê, díade, 422
tias (homossexuais velhos), 318, 323, 421, 422, 429
tipos sanguíneos, 144, 216
Tiradentes [Joaquim José da Silva Xavier], 73
tolerância, 37-8, 40, 59n.24, 103, 118, 175, 193n.26, 276, 294, 324, 340n.144, 346, 370, 382, 385, 387, 391, 413, 416, 427, 454-5n.61, 466, 489, 538, 541
topografia sexual do homoerotismo, 85, 102, 138, 161, 176, 177, 278, 335n.76, 416, 534
tortura, 213, 328, 382, 405, 423, 467, 502-3, 538
trabalhadores, mobilizações de, 408, 449, 467-8, 471-2
  Ver também classe operária.
tradições afro-brasileiras
  e sua contribuição à cultura brasileira, 250
  influências sobre Carmen Miranda, 56n.2
  no Rio de Janeiro, 50
Traité de dégénérescences physiques (1857), 128n.75
transexuais, 31, 38, 40, 151n, 386, 420, 494, 546, 548
transformista, 388, 390, 392-3

transgressões durante o carnaval,
    35-6, 54-5, 344-9, 354-5, 356, 360-1,
    365-6, 368-73
transplantes de testículos, 229, 250
transporte
    entre o Rio de Janeiro e São Paulo,
        50
    linhas de bonde, 73
transviado, 48, 379
tratamento para a homossexualidade
    convulsoterapia, 243-6
    emprego da, nos Estados Unidos,
        262n.79
    terapia com insulina, 243, 245-6,
        262n.80
    terapia de eletrochoque, 187, 243-6,
        248
    transplante de testículos, 229, 250
travestis, 28, 40-1, 50, 51-2, 118, 123-
    4n.23, 179, 195n.44, 267-8, 346,
    359, 364-6, 369-70, 371-84, 385,
    390-1, 395, 401n.68, 430, 432-3,
    435-7, 450, 533
    assassinato de, 21, 38-40, 58n.17,
        421-2, 500-1
    como prostitutos, 393, 410, 418-9,
        425, 453n.40, 41 e 42, 494, 514,
        533
    sexo com, 417-8
    Ver também concursos de fantasias;
        bailes de travestis; carnaval no
        Rio de Janeiro; travestis;
        transexuais.
travestismo, 35, 71-2, 100, 181-2, 186,
    268-9, 281, 343-5, 354-82, 386-93
    de mulheres como homens, 225-6,
        259n.49
    durante o carnaval. *Ver* carnaval no
        Rio de Janeiro, travestismo.
    Dzi Croquettes, 423-6
    nas peças de Martins Pena, 130n.98
    no teatro, 388-9
    proibição legal do, 71-2, 123-4n.23

Traviata, 103-4
Trevisan, João S., 441-2, 445-7,
    454n.60, 521-2n.8
tribunais, controle da
    homossexualidade, 72, 205
Trinidade, Aelson Nova, 368, 399n.48
tropicalismo, 382, 423
tumultos, Rio de Janeiro, 66
turismo
    e celebridades
        Rock Hudson, 277, 372-3,
            399n.54 e 55
        Liza Minelli, 385
        Raquel Welsh, 385
    gay, 36, 345, 533-4
    internacional, 36, 345, 388
    no Rio de Janeiro, 353, 397n.13,
        401-2n.84
Turma OK, 273-4, 337n.96, 341n.154
turmas, 304, 305, 310, 314, 318-9,
    320-1, 325
Turner, Victor, 347, 396n.4

Ulrichs, Karl Heinrich, 101*n*, 107,
    129n.83, 84 e 86, 194n.32
Última Hora, 313, 362, 371-2, 376,
    380-1, *381*, 382, 399n.54, 400n.60,
    61 e 63, 400-1n.67, 401n.68,
    402n.91, *411*, 434, 445, 457n.85,
    458n.94
Um homem gasto (1885), 127-8n.69
umbanda, 43
União do Homossexual Brasileiro,
    442-3
unissex, 417, 423
Universidade de São Paulo
    como instituição de pesquisa, 225,
        254-5n.7, 258-9n.46, 262n.80,
        263n.93, 459n.108
    debate sobre minorias na, 446-7,
        461n.124, 468, 477, 513
    pesquisas recentes sobre
        homossexualidade na, 459n.108

universidade, matrículas, 456n.71
uranianos/uranistas, 101-5, 107-8, 129n.86, 299, 337n.106
urbanização, 43, 139, 141, 142-3, 205
  efeitos na formação da subcultura, 43, 535
  efeitos nas relações homoeróticas, 43, 78, 535
Uruguai, 376, 387, 392, 403n.108

vadiagem
  Código Penal (1890), 72, 92, 170
  prisão por, 27, 72, 92, 124n.25, 170, 234-5, 280, 418-9
Vale do Anhangabaú, 172-4, *174*, 175, 176, 180, 184-7, 198n.78, 230-1, 287, 290, 417, 534
Valéria, 382, 402n.98, 420
Vargas, Getúlio (presidente, 1930-1945, 1950-1954), 32, 53, 143-4, 192n.18, 206, 208, 215-6, 231, 234, 237, 249-51, 257n.28, 265, 330n.1
  controle do carnaval sob, 249, 345-6, 353
varíola, 121n.4
Vaz, Rocha, 259n.53
veado. *Ver* viado.
Veja, 58n.15, 384, 482, 499, 505-6, 518
Velho, Gilberto, 331n.8
Veloso, Caetano, 406, 410, 423, 454n.60, 480, 505
Venezuela, 334n.107, 376
vestuário como indicador de homossexualidade, 44, 50, 72, 75, 78-9, 80, 96, 97, 98-100, 105-6, 109-10, 116-20, 178, 185-6, 187, 281, 348, 417, 424
viado, 16, 158-61, 167-9, 187, 194n.34 e 35, 195n.40, 197n.59, 244, 300, 322, 369, 379, 397n.21, 481
  origem da palavra, 157, 160, 194n.35, 195n.41, 385

Viaduto do Chá, 172
vício sexual, 77, 201n.110, 208-9, 212, 228, 253-4, 272
vida alegre (vida da prostituição), 337-8n.107
vida noturna
  Rio de Janeiro, 66, 68-9, 72, 75, 166, 195-6n.46, 268-9, 271-6, 308-9, 358, 362, 387, 414, 421, 534
  São Paulo, 267, 290, 321-2, 412, 414
Vida Policial, 259n.49
Vietnã, 14, 325-6, 406
vinte e quatro, 159, 195n.41
violência
  contra homossexuais durante o carnaval no Rio, 368-72, 377-8
Vítor, 275
vitrines, decoradoras de, 419
Viveiros de Castro, Francisco José, 77, 99-104, 107-8, 111, 118, 125n.42, 127n.67, 129n.83 e 84, 130n.103, 212, 252, 356

Wafer, Jim, 60n.29
Weinstein, Barbara, 257n.28
Well of Loneliness [*Poço da solidão*], 302
Welsh, Raquel, 385
Whitaker, Edmur de Aguiar, 159, 182-3, 195n.40, 200n.103, 206, 221-2, 254-5n.7, 257n.38, 295-6, 298
Why Not?, 276, 332n.26
Wilde, Oscar, 116, 132n.122, 209, 255n.12

Young, Allen, 452-3n.36

Zazá, 151-7, 169, 171, 176, 179, 180, 182, 183, 185-6, 189, 223
Ziegfeld da Praça Tiradentes, 358, 360, 399-400n.56
Zig-Zag, 414, 452n.26
Zona Sul, 195-6n.46, 421, 433
Zweig, Stefan, 296

SOBRE O LIVRO

Formato: 16 x 23 cm
Mancha: 27,5 x 49 paicas
Tipologia: Gatineau 11/15,5
Papel: Off-white 80 g/m² (miolo)
Cartão Supremo 250 g/m² (capa)
1ª edição Editora Unesp: 2000
2ª edição Editora Unesp: 2019
3ª edição Editora Unesp: 2022

EQUIPE DE REALIZAÇÃO

Capa
Negrito Editorial

Edição de Texto
Fábio Gonçalves e
Solange Scattolini Felix (Preparação de original)
Armando Olivetti Ferreira e
Nelson Luís Barbosa (Revisão)

Revisão dos originais para a 3ª edição
Augusta da Silveira de Oliveira

Editoração eletrônica
Vicente Pimenta

Assistência editorial
Alberto Bononi
Gabriel Joppert

Impressão e Acabamento
assahi
gráfica e editora ltda.